Der gebrauchte Text

Stephan Mösch

Der gebrauchte Text
Studien zu den Libretti Boris Blachers

Verlag J. B. Metzler
Stuttgart · Weimar

Gedruckt mit Unterstützung
des Förderungs- und Beihilfefonds Wissenschaft der VG WORT

D 83

Die Deutsche Bibliothek - CIP-Einheitsaufnahme

Ein Titeldatensatz für diese Publikation ist bei
Der Deutschen Bibliothek erhältlich.

ISBN 3-476-45305-7

Gedruckt auf säure- und chlorfreiem, alterungsbeständigem Papier.

Dieses Werk einschließlich aller seiner Teile ist urheberrechtlich geschützt. Jede Verwertung außerhalb der engen Grenzen des Urheberrechtsgesetzes ist ohne Zustimmung des Verlages unzulässig und strafbar. Das gilt insbesondere für Vervielfältigungen, Übersetzungen, Mikroverfilmungen und die Einspeicherung und Verarbeitung in elektronischen Systemen.

M & P Schriftenreihe für Wissenschaft und Forschung

© 2002 J.B.Metzlersche Verlagsbuchhandlung
und Carl Ernst Poeschel Verlag GmbH in Stuttgart
Einbandgestaltung: Willy Löffelhardt unter Verwendung einer Fotografie
von Boris Blacher (hinter einer Porträtbüste von Bernhard Heiliger, 1964)
© Stefan Moses
Satz: Dr. Rainer Ostermann, München
Druck und Bindung: Ebner&Spiegel GmbH, Ulm
Printed in Germany
Oktober / 2002

Inhalt

1. Ortsbestimmung.................................... 1
   1.1 Blacher heute? Fragen, Methodik und Ziel der Arbeit.......... 3
   1.2 Zum Forschungsstand................................ 27

2. Voraussetzungen und Vorbehalte: Der Operntext als
   Literaturadaption....................................... 33
   2.1 Das Libretto zwischen Funktionalität und Autonomie.......... 35
   2.2 Literaturoper, die obsolete Innovation 49

3. Mit den Worten: „Dantons Tod"....................... 71
   3.1 Umstände eines Einstandes............................. 73
   3.2 Intentionen und Positionen............................. 84
   3.3 Intermezzo: Aspekte der Vorlage 91
   3.4 Zum Textkorpus 98
   3.5 Dichterliebe, Dichterferne: Im Transformationsprozeß 101
       3.5.1 Das Motto..................................... 101
       3.5.2 Aufbau.. 104
       3.5.3 Bild I 112
       3.5.4 Bild II 118
       3.5.5 Bild III 128
       3.5.6 Bild IV 132
       3.5.7 Bild V 140
       3.5.8 Bild VI 144
   3.6 Zusammenfassung.................................... 151

4. Jenseits der Worte: „Abstrakte Oper Nr. 1"............... 159
   4.1 Entstehung... 161
   4.2 Idee 168
   4.3 Struktur 175
   4.4 Wirkung... 188
   4.5 Zum Dada-Kontext 193
   4.6 Abstraktes, Absurdes, Groteskes: Folgen für das Musiktheater ... 199

5. Unter den Worten: „Yvonne, Prinzessin von Burgund" 207
5.1 Entstehung und Wertung ... 209
5.2 Voraussetzungen von Blachers Gombrowicz-Rezeption ... 220
5.2.1 Zur Position des Schauspiels ... 220
5.2.1.1 Faszination der Unbestimmtheit ... 220
5.2.1.2 Künstliche Kunst ... 227
5.2.1.3 Vorläufer und Nachzügler: Gombrowicz im Traditionszusammenhang ... 236
5.2.2 Bühnenmusik zu „Die Trauung" ... 245
5.2.2.1 Rezeption ... 245
5.2.2.2 Musikalischer Befund ... 249
5.3 Zum Transformationsprozeß ... 258
5.3.1 „Nach Gombrowicz": Der Textkorpus ... 258
5.3.2 Lob der Symmetrie: Der Aufbau ... 261
5.3.3 Lob der Askese: Zum Klangbild ... 266
5.3.4 Die sechsfache „Yvonne": Ein Fassungsvergleich ... 277
5.3.5 Wie beredt ist das Schweigen? Yvonne als stumme Figur ... 291
5.4 Zusammenfassung ... 319

6. Statt eines Fazits: „Arbeit am Bewußtsein der Zeit" ... 325

7. Anhang ... 341
7.1 Zeittafel ... 344
7.2 Abkürzungsverzeichnis ... 354
7.3 „Yvonne"-Textfassungen ... 355
7.4 Primärquellen ... 368
7.5 Selbstzeugnisse von Blacher ... 369
7.6 Schriften über Blacher ... 370
7.7 Sekundärliteratur ... 375
7.7.1 Zur Musik- und Librettogeschichte ... 375
7.7.2 Zur Literatur-, Theater- und Kunstgeschichte ... 386
7.8 Register ... 394

Dank ... 404

1. Ortsbestimmung

1.1 Blacher heute? Fragen, Methodik und Ziel der Arbeit

Anything goes und *rien ne va plus* liegen näher beieinander, als die Scheinkausalität mancher kompositorischen Individualästhetik heute glauben macht. Hans Zender, als Komponist, Interpret und Lehrer in die Sache gleichermaßen verwickelt, hat deshalb das Dilemma der Postmoderne von der „Dialektik der absoluten Freiheit"[1] her avisiert, die die aktuelle künstlerische Produktion einerseits beängstigend beflügelt und anderseits in die Falle einer orientierungslosen Äquilibristik treibt. Das „Erschrecken" angesichts eines „unendlich weißen Horizontes"[2] diagnostiziert Zender in einem Essay, der, eben weil er diesen Horizont nicht als blinde Perspektive zu akzeptieren bereit ist, Orientierung sucht, indem er Sortierung versucht. Eine der Vorstellungen, die dazu taugen können, die vertrackte Situation wenn schon nicht in den Griff zu bekommen, so doch wenigstens in die Nähe der Fixierbarkeit, ist die einer Ästhetik, die „endgültig nicht mehr als fester Standpunkt, sondern als Bewegung zwischen Punkten beschreibbar" sein könnte, als „eine Ästhetik des ‚Unterwegs'", wobei das Tempo der Paradigmenwechsel kontinuierlich acceleriert:

> „In der andauernden Destruktion und Neuschaffung von ästhetischen Konfigurationen muß der einzelne Komponist, Dichter, Maler eine Arbeit bewältigen, die früher von Generationen geleistet wurde. Dies ist der Tribut, den der Zuwachs an Bewußtheit verlangt."[3]

Der Weg dahin führt vom Extrem einer hegelianisch geprägten, bei Beethoven beispielhaft realisierten „Obsession eines Ganzen"[4] zum anderen Extrem eben jener „Polyphonie von ästhetischem Sinn"[5], die die derzeitige Situation von Einzelwerk wie Gesamtwerk kennzeichnet. Auf diesem Weg zu den Strudeln der Postmoderne ist Boris Blacher ein aufregender und erstaunlich wenig konsultierter Kontaktmann. Eine Rückversicherung bei seinem Schaffen kann Ereigniszusammenhänge freilegen, die unmittelbar in die Gegenwart hineinwirken, ohne daß Blacher deswegen gleich zum Pionier stilisiert werden müßte. Denn der Großteil seiner Musik impliziert eine Dialogizität und Fülle des Heterogenen, ein spontanes Positionieren und eine Lust des Rollenspieles, die musikästhetisch weit über seinen Tod 1975 hinausweisen. Die Richtung ist, kein Zufall, auch mit einem der raren verbalen Statements von Blacher dokumentiert,

---

[1] Hans Zender: *Happy New Ears*, Freiburg, Basel u.a. 1991, S. 57.
[2] Ebd., S. 64.
[3] Ebd., S. 73.
[4] Peter Gülke: „*... immer das Ganze vor Augen". Studien zu Beethoven*, Stuttgart 2000, S. 16.
[5] Zender: *Happy New Ears*, a.a.O., S. 74.

das überhaupt reflexiven Bezug aufweist. Es markiert – dem lockeren Tonfall zum Trotz – nicht weniger als eine Grundsatzerklärung:

> „Ein Komponist soll im Grunde schreiben, was ihm Spaß macht. Sich nach dem Geschmack des Tages richten, ist nie gut und überdies im Ergebnis meist sehr kurzlebig. Dabei gibt es viele Arten von Musik, leicht und schwer faßliche, rein unterhaltende und experimentelle. Es gibt Komponisten, die nur den einen oder nur den anderen Weg gehen. Das ist im Grund eine Frage der schicksalhaften ‚Bestimmung'. Und es gibt wieder andere – zu ihnen rechne ich mich selbst –, die, je nachdem es ihnen Vergnügen macht, bald auf diese und bald auf jene Art komponieren, die also gleichsam ‚zweigleisige' Musik machen. Die Hauptsache ist nur, daß sie auf ihre Art gut ist."[6]

Interessant, daß Blacher zwar einerseits – und darin ist er durchaus traditionell – Individualästhetik vom „Geschmack des Tages" trennt, daß er aber andererseits mit der Freiheit der kompositorischen Entscheidung auch deren inhaltliche Variabilität emphatisiert. Gebrauch und Gewicht von Musik werden damit voneinander losgekoppelt, die Dichotomie von Anspruch und Anlaß aufgehoben. Nicht nur Werkvielfalt favorisiert dieser pluralistische Ansatz und – strukturell-innermusikalisch – Stilkonglomerat, sondern auch ein Rollenspiel des Komponisten, das sich jeder Normierung verweigert. In allen drei Fällen liegt, dem Paradox wird nachzugehen sein, die stabile Selbstverständlichkeit in der Varianzbreite der praktischen Umsetzung.

Blacher, das verrät die zitierte Passage außerdem, trennte zwischen musikalischem Sachurteil und Kategorien einer ästhetischen Wertigkeit. In der Forderung

---

[6] Zit. nach Josef Rufer: *Bekenntnisse und Erkenntnisse. Komponisten über ihr Werk*, Frankfurt am Main u.a. 1979, S. 261. Am 19. November 1957 bat Bain Murray vom Oberlin Conservatory (USA) Blacher schriftlich um Informationen, insbesondere zur „Music for Cleveland", die Murray im „Musical Quarterly" zu rezensieren hatte. Er legte hierzu einen Fragebogen bei, den Blacher am 2. Dezember auf Englisch beantwortete. Die ersten vier allgemein gehaltenen Fragen bzw. Antworten sollen hier wiedergegeben werden, weil sie die von Rufer veröffentlichten Äußerungen Blachers zum Teil bestätigen, zum Teil ergänzen (vgl. UKA, Bestand 11, Nr. 6, S. 1148):
„1) What or whom do you regard as the chief influences on your musical style?
Strawinsky and Schönberg.
2) Remarks about your methods of composing.
No methods.
3) Remarks on the directions of current musical trends and your position in them.
I am more interested in the quality of music than in any style or trend.
4) Do you feel that your works can be divided into periods? If so, which works would you put into each, and what are the delineating factors of periodization?
I don't believe in periods, even in musical history."

Blacher heute?

nach einer Musik, die „auf ihre Art gut ist", steckt freilich ein Widerspruch, den er nur durch die Kraft seines Personalstiles überwinden konnte: Die Ansicht darüber, ob ein Stück gut komponiert ist, kann sich nur anhand eines gewachsenen und damit zwangsläufig historisch verankerten Wertesystems bilden. Dem läuft die Vorstellung einer individuellen Norm, die sich ausschließlich durch werkimmanente Kriterien konstituiert, zuwider. Gerade aus der Spannung zwischen einer gewissen Sorglosigkeit in Sachen Ästhetik und dem Glauben an konstante Kriterien des kompositionstechnischen Handwerks bezieht Blacher jedoch den Anspruch an sich selbst und an seine Schüler.

Damit stoßen wir auf eine erste Frage, die es im Vorfeld zu klären gilt, weil sie in die einzelnen Fallstudien wechselhaft hineinspielt. Man sollte sich bei ihr um der intellektuellen Redlichkeit willen nicht mit einer vorschnellen Antwort zufriedengeben. Wie steht es um eine innere Beziehung zwischen Blachers pluralistischem Musikdenken und den Ansätzen, die später die Postmoderne auskomponierte? Kein Zweifel: Blacher internalisierte das Wesenhafte seiner Kunst in den 20er Jahren, als Stil – allen Brechungen zum Trotz – noch keineswegs ein Phantom war. Und sein Rekurs aufs Handwerk ist auch Ausdruck jenes Wandels im kompositorischen Selbstverständnis, der mit dem Abstoßen (spät)romantischen Traditionsballastes die Chance einer neuen, gesellschaftlichen Einbindung von Musik witterte. Daß sich die Qualität von Kunstmusik keineswegs durch die Konstanz ihrer Stilhöhe legitimieren muß, gehört zu den Einsichten, die Blacher sofort produktiv umsetzte, als er nach Europa kam. Andererseits, und auch das zeigt, wie sehr seine Wurzeln mit den 20er Jahren verwachsen sind, trieb er die auskomponierte Kritik am Autonomieprinzip nie so weit, daß der Kunstcharakter als solcher in Frage gestellt wäre. Seine Berufung auf „Strawinsky and Schönberg" läßt keinen Zweifel daran: Blacher denkt in Kontinuitätskategorien, die es später nicht mehr gibt. Er hält an autonomem Werkcharakter, Intentionalität des Schaffensprozesses (nicht zuletzt verstanden als dialektischer Ausformung des Materials) fest und damit an der Forderung nach kompositorischer Individualität. Niemand wird ernstlich behaupten, Blacher habe den Freibrief des *Anything goes* jemals unterschrieben und wäre – so der Vorwurf von Luciano Berio an den Postmodernismus – vor der Verantwortung in eine Art richtungsloser Behaglichkeit geflüchtet.

Ebensowenig läßt sich freilich leugnen, daß Blacher in seinem Umgang mit der Perspektive eines musikalischen Pluralismus und Funktionalismus weit über seine Vorbilder – die „Groupe des Six" eingeschlossen – hinausging. In diesem Sinne ist er auch jenseits des Umbruchs im Musikdenken, wie ihn Heinrich Besseler mit seinem Rekurs auf den „Eigenwert des Gebrauchshaften"

1925 beschrieb[7], früher Repräsentant einer „Ästhetik des ‚Unterwegs'". Hat er sich nicht vehement eingelassen auf das „gleichberechtigte Nebeneinander ganz verschiedener musikalischer Modernitätskonzepte (...), die sich zu keinem stilistischen Normalitätsmuster zusammensetzen lassen"[8]? Seine Musik macht zwischen Jazz und Elektronik, Literaturadaption und Kabaretthaftem, Webernscher Ausdruckskontraktion und munter narrativer Virtuosität viel Heterogenes verfügbar, und zwar durchaus spielerisch und nur partiell funktional. Im Gegensatz zum Signum der Postmoderne setzt Blacher diese Vielfalt jedoch seltener innerhalb eines Werkes, also im Sinne einer „dissensuelle(n) Pluralität"[9] ein, sondern vorzugsweise als wechselnde Positionierung des komponierenden Subjekts. Gerade in der Öffnung des solitären Bewußtseins hin zu dem, was Hans Robert Jauß ein „polyphones Ich und Du" genannt hat[10], liegt freilich ein Charakteristikum, das Blacher mit der Postmoderne gemeinsam hat. Es ist, mit dem Verzicht auf jede Art von selbstreferentieller Poetik, der Versuch, Werkanlaß, Rezeption und Wirkung in das ästhetische Interesse einzubeziehen. Daß darin ein genießerisches Moment für Komponist (und Hörer) liegen kann, deutet unser Blacher-Zitat an. Begreift man das Kunstwerk als eine „prinzipiell auf Wahrnehmungsvielfalt hin offene Struktur, die aktive Koproduktion des Rezipienten benötigt und so eine (...) Vielfalt von Konkretisierungen zeitigt"[11], so dynamisiert sich der substantialistische Werkbegriff in einem Sinn von Kommunikation, der Blacher sehr nahekommt.

So konnte Blacher aus einer dogmatisch umzäunten Moderne heraus Türen aufstoßen – leicht auch dort, wo die Aussage auf Gewichtiges zielt, immer ge-

---

[7] Besselers Habilitationsvorlesung „Grundfragen des musikalischen Hörens" vom 3. November 1925 in Freiburg (Breisgau) findet sich in dem von Peter Gülke herausgegebenen Besseler-Band *Aufsätze zur Musikästhetik und Musikgeschichte*, Leipzig 1978, S. 29-53, Zitat S. 42.

[8] Hans-Klaus Jungheinrich: *Unser Musikjahrhundert*, Salzburg und Wien 1999, S. 188.

[9] Wolfgang Welsch: „Asynchronien. Ein Schlüssel zum Verständnis der Diskussion von Moderne und Postmoderne", in: Bayerische Akademie der Schönen Künste (Hg.): *Jahrbuch 4*, Schaftlach 1990, S. 362.

[10] Jauß: „Die literarische Postmoderne – Rückblick auf eine umstrittene Epochenschwelle", in: Bayerische Akademie der Schönen Künste (Hg.): *Jahrbuch 4*, a.a.O., S. 314.

[11] Gegen den Umstand, daß die kommunikative Dimension des Kunstwerks zu wenig Teil des methodischen Disputs ist, hat sich Jauß aus Sicht der Literaturwissenschaft bereits in den 70er Jahren gewandt (zentral hierzu: *Literaturgeschichte als Provokation*, Frankfurt am Main 1970 bzw. *Ästhetische Erfahrung als literarische Hermeneutik*, Band 1, München 1977). Siegfried Mauser hat das in bezug auf die musikalische Postmoderne weiterverfolgt: „Rezeptionsästhetik als Paradigma postmoderner Theoriebildung", in: Otto Kolleritsch (Hg.): *Wiederaneignung und Neubestimmung. Der Fall „Postmoderne" in der Musik*, Wien und Graz 1993, Zitat S. 19.

witzt, immer mit sorgfältig gepflegtem Understatement, zwischen E- und U-Musik unbesorgt zu Hause. Für Blacher war, ohne daß die Seriosität seines Selbstverständnisses darunter gelitten hätte, auch die Unterhaltung eine ernstzunehmende Haltung. Das L'art-pour-l'art-Prinzip blieb ihm stets suspekt. Nimmt man den Hinweis von Carl Dahlhaus, nach dem die Trennung von U- und E-Musik soziale und ästhetische Differenzen impliziert[12], für Blacher in Anspruch, so erweist er sich in dreifacher Hinsicht als bedeutsam: Erstens wird dadurch Blachers ästhetische Flexibilität als Kehrseite einer Lebenseinstellung plausibel, die keinerlei sozialpsychologische Ressentiments kannte. Zweitens verdeutlicht er Blachers musikalische Herkunft aus den 20er Jahren, in denen „die Neue Sachlichkeit den Anspruch erhob und durchsetzte, die Forderung des Tages zu erfüllen"[13]. Dabei bedeutete der „Einschlag von U-Musik in der E-Musik (...) zwar immer noch einen Stilbruch, aber gewissermaßen das Paradox eines Stilbruchs als Konstituens eines Stils". Drittens aber lenkt gerade Blachers Umgang mit diesem konstituierenden Stilbruch das Verfahren zugleich in Richtung der Postmoderne. Denn diese nivelliert die Distanz zu einer „musikalischen Umgangssprache" völlig und strebt, wie Blacher, durch einen „interdisziplinäre(n) Zug" vermittelnde Funktion an.

Pluralität meint bei Blacher somit weniger den werkimmanenten Faktor des Interferentiellen, als das, was Siegfried Mauser als weiter gefaßte Definition des Begriffes anbietet: „systementlastete Offenheit in Stil und Technik".[14] Damit erklärt sich auch, warum Blacher, bei aller Unbefangenheit gegenüber einer „Autorität der Tradition"[15], noch nicht in Richtung jener mehrfach kodierten Werkkonzeption arbeiten konnte und wollte, die als Rezeptionsphänomen zur Zeit nach ihm gehört.[16] Statt dessen zeichnet sich eine Position ab, die auf Öffnungsperspektiven der 20er Jahre baut, diese aber so radikal weiterdenkt, daß dahinter bereits einige konstituierende Offenheitsmerkmale des Postmodernismus durchschimmern.

Blacher begann als Lieferant von Gebrauchsmusik. Und auch später, als sich Anspruch und Inhalte gewandelt hatten, waren die meisten seiner Stücke Auftragswerke. Er blieb Pragmatiker ohne demiurgischen Anspruch, „ohne größere

---

[12] Dahlhaus: „Postmoderne und U-Musik", in: *ÖMZ* 4/1985, S. 154f.
[13] Ebd., S. 156. Dort auch die folgenden Zitate.
[14] Mauser: „Zur Theoriebildung in der musikalischen Moderne/Postmoderne-Diskussion", in: Bayerische Akademie der Schönen Künste (Hg.): *Jahrbuch 4*, a.a.O., S. 382.
[15] Jauß: „Die literarische Postmoderne", a.a.O., S. 314.
[16] Vgl. hierzu allgemein Hermann Danuser: „Postmodernes Musikdenken – Lösung oder Flucht?", in: ders. (Hg.): *Neue Musik im politischen Wandel*, Mainz 1991, S. 63ff.

kompositorisch-intellektuelle Skrupel"[17], achtete jedoch penibel auf den schmalen Grat zwischen Vielseitigkeit und Beliebigkeit. Funktionalität und ästhetische Substanz müssen sich dabei nicht kontraproduktiv gegenüberstehen. Vielmehr existiert gerade bei Blacher ein kreatives Potential, das sich erst durch den Bezug anregen läßt und mit ihm zu sich selber findet.[18] Heribert Henrich beschreibt Blachers Kompositionshaltung in diesem Sinn als eine, „derzufolge sich das Kunstwerk nicht primär durch die inventio, sondern durch die elaboratio definiert", und hält fest, daß sie „in Blachers Schaffen in der auffälligen Bevorzugung zweier Werk- bzw. Satzgattungen ihren Niederschlag gefunden (hat), für die das Arbeiten mit vorgefundenem oder gesetztem Material essentiell ist: der Studien über ein technisches Problem oder der Variationsfolge".[19] Auch Blachers Verhältnis zur Literatur ist vor diesem Hintergrund zu sehen.

Für die Nachkriegsavantgarde lief dergleichen zumeist auf munteren Eklektizismus hinaus. Ihrer Vorstellung eines evolutionären Materialbegriffs fühlte sich Blacher ohnehin nicht zugehörig – und doch ging er mit ihr, ungeachtet aller stilistischen Divergenzen, insofern konform, als er Fortschritt begriff im

---

[17] Martin Willenbrink: *Der Zeitopernkomponist Boris Blacher*, Diss., Berlin 1994, S. 5. Blachers Praxis von Gebrauchsmusik reichte weit über Arbeiten für Schauspiel und Film hinaus und war offenbar nicht nur Insiderkreisen bekannt. Zu den Kuriosa dabei gehört eine Bitte des Deutschen Gewerkschaftsbundes im November 1958 nach einer Musik zur Feierstunde anläßlich des 50jährigen Bestehens der Gewerkschaft Gartenbau, Land- und Forstwirtschaft (UKA, Bestand 11, Nr. 8, S. 201); für die Universität Kiel fragte 1964 immerhin Walter Wiora um ein Stück zum 300jährigen Bestehen des Instituts an (UKA, Bestand 11, Nr. 12, S. 826). Beiden Bitten kam Blacher nicht nach. Ausgeführt hat er hingegen – und finanzielle Gründe können dafür kaum ausschließlich verantwortlich gemacht werden – die Musik zu einem „Werksfilm" der Waschmittelfirma Henkel, die er in den Bavaria Studios von München-Geiselgasteig Ende 1961 selbst dirigierte. Vgl. hierzu die Korrespondenz UKA, Bestand 11, Nr. 7, S. 18ff. Blachers unkomplizierter Umgang mit dem eigenen Schaffen ist auch durch einen Brief vom 30. Oktober 1961 dokumentiert, in dem er seine Zustimmung zur Bearbeitung seiner „Concertanten Musik" für „symphonisches Blasorchester" gibt. Die Anfrage kam vom Chef des Musikcorps 6 in Hamburg (vgl. UKA, Bestand 11, Nr. 7, S. 119f.).

[18] Symptomatisch dafür ist ein Brief Blachers vom 13. April 1962 an Heinrich Strobel, den damaligen Leiter der Abteilung Musik des Südwestfunks. Strobel hatte bei Blacher ein Stück für Donaueschingen in Auftrag gegeben, und der Komponist schlug die Besetzung für Bläserquintett und Streichorchester vor. Blacher weiter: „Sollte diese Offerte Ihnen zusagen, so würde ich Ihnen dankbar sein, wenn Sie die Herren Bläser um die Liste ihrer Spezialitäten bäten, die sie gern reingebaut haben möchten. Wie Sie wissen, ist Maßschneiderei immer meine Lieblingsbeschäftigung gewesen, und ich würde es gern tun" (vgl. UKA, Bestand 11, Nr. 11, S. 630).

[19] Henrich (Hg.): *Boris Blacher. Dokumente zu Leben und Werk*, Berlin 1993, S. 94.

Blacher heute?

Sinne der „Radikalisierung einer befreiten Wahrnehmung des Jetzt und der davor und dahinter liegenden Wirklichkeiten"[20]: Sowenig Blacher Kunst als elitären oder gar hegemoniell ausgerichteten Reflexionsbezirk verstand, sowenig trennte er sein Schaffen von Richtung, Tempo und Verlauf eines Zeitflusses – ganz unabhängig davon, ob er mit oder gegen ihn schwamm. Seine Stücke sind durchweg Dokumente einer so engagierten wie reflektierten Zeitgenossenschaft. In diesem Sinn war Blacher ein Kind seiner Zeit: weniger als ästhetischer Stratege, sondern als Seismograph.

Das macht die Beschäftigung mit ihm reizvoll. Dennoch scheint Blacher, solchen offenliegenden Befunden zum Trotz, aus dem kollektiven Gedächtnis gestrichen. Der erste Blick ins Rezeptionsloch stößt auf eine Diskrepanz: Zu seinen Lebzeiten galt Blacher als einer der angesehensten Komponisten des deutschsprachigen Raumes, gesucht, geschätzt und gespielt aber auch in den USA[21], in Israel[22] und Japan. Keine seiner Ur- und Erstaufführungen, die nicht aufmerksam von den großen Tageszeitungen rezensiert worden wäre. In Berlin reichte sein Einfluß nach dem Zweiten Weltkrieg bis zu kulturpolitischen Fragen: Er wurde konsultiert als Direktor der Musikhochschule, als renommierter Kompositionslehrer, als geistiger Motor am elektronischen Studio der TU, als Präsident der Akademie der Künste, als Mitglied auch der Deutschen Akademie der Künste zu Berlin (DDR).[23] Er trat öffentlich als Dirigent in Erscheinung – sogar bei den Berliner und Wiener Philharmonikern. Nur einen Bruchteil der Kompositionsaufträge, die bei ihm eingingen, konnte er ausführen. Die internationalen Meisterklassen, die er gab, waren, wie die Wettbewerbe, bei denen er in der Jury saß, immer nur eine Auswahl. Wirkungsmöglichkeiten, Einflußnahmen, Aufführungen mehr als genug.[24]

Heute dagegen ist er auf den Spielplänen unserer Konzertsäle vor allem bei runden Jubiläen präsent, eher als Pflichtübung und kaum über Berlin hinaus.

---

20 Helmut Lachenmann: „‚Fortschritt'? (Irrtum ausgeschlossen – nicht ‚Foxtrott'??)", in: H.-K. Metzger/R. Riehn (Hg.): *Was heißt Fortschritt?* (= *Musik-Konzepte*, Band 100), München 1998, S. 56.
21 Etwa als „composer in residence" beim Tanglewood-Festival 1955.
22 1961 wurde Blacher als erster repräsentativer deutscher Komponist nach Israel eingeladen.
23 Götz Friedrich hat in einer Rede zu Blachers 90. Geburtstag hervorgehoben, daß der Komponist „durch menschliche und künstlerische Kontakte" immer wieder „die durch Berlin gezogene Mauer zu überwinden versuchte". Er erwähnt als Beispiel, daß er als junger, unbekannter Assistent von Walter Felsenstein an der Komischen Oper eine Anfrage von Blacher zur Inszenierung der „Rosamunde Floris" erhielt. Vgl. Götz Friedrich: „Festrede anläßlich des 90. Geburtstages von Boris Blacher", 5seitiges Typoskript, VA/BB, Zitat S. 4.
24 Zur biographischen Orientierung vgl. die Zeittafel im Anhang der vorliegenden Arbeit.

Einige CD-Initiativen können das kaum ausgleichen. Aus dem Repertoire unserer Opernhäuser bleibt er verschwunden, was einige wenige Aufführungen des „Preußischen Märchens" mehr unterstreichen als wettmachen. In Hermann Danusers „Musik des 20. Jahrhunderts" spielt er keine Rolle.[25] Selbst neuere Lexika halten ihn für kaum einer Fußnote wert: Nicht einmal unter den 85 wichtigsten Komponisten des 20. Jahrhunderts hat er nach Ansicht eines 1999 erschienenen Rückblicks Platz.[26] In Hans-Klaus Jungheinrichs „Musikjahrhundert" taugt er gerade für eine einzige Anekdote.[27] Hat Blacher sich – trotz oder gerade wegen der skizzierten Konstitution seines Schaffens – überlebt? Sollten ihn seine Stücke nicht überdauert haben? Oder liegt es an den Denkschablonen von Managern und Autoren, daß er heute so gut wie vergessen ist? Ist er überhaupt vergessen? Oder steckt im Nicht-Spielen und Nicht-Erwähnen etwas Aktiveres: Skepsis, Ablehnung, gar der Verdacht des Epigonalen?

Daß die Blacher-Rezeption nahezu mit den drei Jahrzehnten zwischen 1945 und 1975 zusammenfällt, hat eine Folge, die man sich immer wieder bewußt machen muß: Das Blacher-Bild, das sich abzeichnet, wenn man die Spuren des Komponisten in Noten- und Textarchiven verfolgt, wurde von Zeitgenossen, oft auch von Freunden entworfen. Deshalb ist es erstaunlich stimmig und quasi gerahmt. Urteile und Meinungen über ihn und von ihm widersprechen sich kaum. Die Beschreibungen sind deckungsgleich. So kontrovers einige Stücke Blachers aufgenommen wurden, so wenig führt das zu Kontroversen über seine Bedeutung oder seine Ästhetik. Dieses Blacher-Bild von Mensch und Werk atmet die Authentizität eines Porträts aus erster Hand, ohne daß dies bereits eine Wertung implizieren würde. Weil aber Blacher seit längerem weder im ästhetischen Diskurs noch in der Musikpraxis eine größere Rolle spielt, bleibt er mit und durch dieses Bild konserviert: Blacher als Musterfall für „oral history"? Zumindest einer für deren Gefahren. Ein neues, ein anderes Blacher-Bild, gibt es nicht und kann es nicht geben, solange seine Musik nicht genug zur Diskussion gestellt wird.

Wodurch konturiert sich das zeitgenössische Blacher-Bild? Wolfgang Burde, der später an derselben Musikhochschule unterrichtete wie Blacher, beschreibt ihn als jemanden, „der das Leben permanent auf unprätentiöse Weise befragte". Im gleichen Vortrag findet Burde die auf Blachers Musik gemünzte Formel von einer „Opposition des Schlichten". Er sei „ein Musiker des understatement,

---

[25] Danuser: *Die Musik des 20. Jahrhunderts* (Sonderausgabe), Laaber 1996.
[26] Martin Demmler: *Komponisten des zwanzigsten Jahrhunderts*, Stuttgart 1999.
[27] Jungheinrich: *Unser Musikjahrhundert*, a.a.O., S. 234.

ein leidenschaftlicher Sucher der einfachsten und prägnantesten Formulierung" gewesen.[28] Daß kompositionstechnische Charakteristika umstandslos in den Bezirk der Inhaltsästhetik übernommen werden und sogar Parallelen in der anthropologischen Fixierung finden, gehört zu den Besonderheiten dieses Blacher-Bildes. Die Einheit von Mensch und Werk, Wesen und Wirkung wird dabei stets als Ausdruck kunstsprachlicher Konsequenz begrüßt, Blacher in doppeltem Sinn als intellektueller Energetiker geschätzt.

Die Aspekte einer Lebenskunst, die auf Eigendarstellung verzichtet, und eines aufs Asketische reduzierten Musikstils ziehen sich über Jahrzehnte durch nahezu alle Charakteristiken. So konstatiert Josef Rufer, der Blachers Weg schon während der unmittelbaren Nachkriegszeit, beim „Internationalen Musikinstitut" in Berlin-Zehlendorf begleitete, im Jahr 1955: „Ein stark lyrischer (keineswegs romantischer!) Grundzug seines Wesens wird überlagert von einer Neigung zu kasuistischem Witz und fast salopp wirkender Nonchalance; von einem klaren, mathematisch geschulten Verstand und völlig vorurteilsfreier Menschlichkeit."[29] Hans Heinz Stuckenschmidt, der Blacher als Biograph, Professorenkollege und Freund wie kaum jemand gekannt haben dürfte, gratuliert zum 70. Geburtstag mit ähnlichen Worten: „Blacher liebt nicht das Pathos und die große Gebärde. Ironisch und auf gutmütige Weise zynisch hat er von den Problemen, die ihn künstlerisch und menschlich bewegen, niemals viel Aufhebens gemacht."[30] Als Kritiker der „Frankfurter Allgemeinen" wie auch von zahlreichen Fachblättern konnte Stuckenschmidt sein Blacher-Bild weit verbreiten. Für viele Jahre dürfte es als *opinio communis* gewirkt haben. (Erst ab Beginn der 60er Jahre, genauer: seit der Uraufführung von „Rosamunde Floris" mehrten sich Stimmen, die sich von der Blacher-Wertschätzung durch Stuckenschmidt distanzierten.) Neben einer langjährigen persönlichen Verbundenheit spielt dabei auch noch ein anderes Moment herein: Stuckenschmidt begann als Komponist und dürfte deshalb – auch wenn seine Musik sich stärker an Schönberg anlehnt, als dies Blacher je getan hat – dem Weg des „Kollegen" mit besonderem Verständnis gefolgt sein.[31]

---

28 Burde: „Vortrag zum 90. Geburtstag von Boris Blacher", gehalten im Clubraum der Akademie der Künste, Berlin am 23. April 1993, 6seitiges Typoskript VA/BB, Zitate S. 3 und 4.
29 Rufer: „Boris Blacher – der Komponist und sein Werk", in: ÖMZ 11/1955, S. 369.
30 Stuckenschmidt: „Wege zu Boris Blacher", in: Akademie der Künste Berlin (Hg.): *Ausstellungskatalog Boris Blacher*, 6. Januar – 18. Februar 1973, Berlin 1973, S. 8.
31 Zur Rolle Stuckenschmidts in der Berliner „Novembergruppe", einer der wichtigsten Künstlervereinigungen der Weimarer Republik, vgl. Nils Grosch: *Die Musik der Neuen Sachlichkeit*, Stuttgart und Weimar 1999, S. 26f., 51ff. und 68ff.

Auf ganz andere Weise komponierte auch Jan Meyerowitz, der zur Generation Blachers wie Stuckenschmidts gehörte, in einem Stil, der – in den Grundsätzen, weniger in den Ergebnissen – dem Blachers durchaus verwandt war: Hierzu gehört die Mischung aus Eleganz und Expressivität, von Fremdem und Eigenem, die Vorliebe für ornamentale Formen und das Festhalten an tradierten Operntopoi. Meyerowitz setzt bei denselben Blacher-Charakteristika an wie Stuckenschmidt und beschreibt die „typische Art" seines Kollegen, „nur den Kern der Sache darzustellen", was weder mit Neuer Sachlichkeit noch mit Webern-Nachfolge identifizierbar sei: „Wir haben hier einen Stil vor uns, der eine reine, schlackenlose Verwirklichung der Substanz darstellt."[32] Wobei auch Meyerowitz die Beziehung von Mensch und Werk für besonders eng hält:

> „Blachers Sinn für das Echte, Substantielle beschränkt sich nicht nur auf das Gebiet der Musik allein. Sein Urteil in literarischen und politischen Fragen, in verwaltungstechnischen Problemen entspricht der gleichen eingeborenen Tendenz, sich für das echt Engagierte, das Best-Menschenmögliche einzusetzen."[33]

Als Beleg dient Meyerowitz hierfür Blachers Haltung während der Studentenproteste, „deren Höhepunkt in die Zeit seines Direktorates der *Hochschule für Musik* fiel" und bei denen er „allen Seiten gerecht" wurde: „(...) nur sehr wenigen wurde ein so gleichmäßiges Vertrauen von allen Parteien gezeigt."[34]

Mit dem Blick des Theoretikers ordnet Ulrich Dibelius die genannten Stilcharakteristika Blachers in den musikhistorischen Kontext der Nachkriegszeit ein, indem er seiner Musik jene „reinigenden Gegengifte" attestiert, die damals dringend notwendig waren:

> „Man mag sich für einen Augenblick den protzigen Monumentalstil des Dritten Reiches in Erinnerung rufen, die einfallslos prangende Erhabenheit der Architektur, den großformatigen Schwulst der Malerei oder die Kolossalstatuen der Thorak und Breker, um ganz zu ermessen, welchen Gegenpol die Position Boris Blachers darstellte. In Blachers Musik gab es spielerische Phantasie, Witz, Kürze, Zweckgebundenheit und eine bewußt aussparende Ökonomie. Genau dies hatte ihn den Nazis verdächtig gemacht; und genau dies wurde zu seiner (...) pädagogischen Mission in den Jahren nach dem Zweiten Weltkrieg."[35]

---

[32] Meyerowitz: „Blachers persönlicher Einfluß", in: *Ausstellungskatalog Boris Blacher*, 6. Januar – 18. Februar 1973, a.a.O., S. 14.
[33] Ebd., S. 16. Wie sich Blacher in diesem Sinne engagierte, belegt auch der Fall Günter Reich. Der jüdische Bariton war zur Zeit des „Dritten Reiches" aus Deutschland vertrieben worden und in Israel aufgewachsen, wo seine Stimme am Konservatorium unbefriedigend ausgebildet wurde (als Tenor). Als er sich später an der Berliner Musikhochschule um Aufnahme bewarb, hatte er die Altersgrenze längst überschritten. Blacher ermöglichte ihm dennoch das Studium.
[34] Ebd.
[35] Dibelius: *Moderne Musik nach 1945* (Neuausgabe), München 1998, S. 60.

Blacher heute?

Zu solchen Stilbeschreibungen, sie werden uns im Detail noch beschäftigen, kommt in zeitgenössischen Würdigungen häufig der Aspekt polyglotter Versiertheit: Als „Weltbürger aus Überzeugung" wurde Blacher von Harald Kunz apostrophiert, als Arbeiter „im Sinne internationaler Urbanität".[36] Damit ist auf die Jugend des Komponisten in Asien angespielt, die er selbst immer wieder hervorgehoben hat, etwa im Gespräch mit Wolfgang Burde: Er „habe ja im Grunde gar keine westliche Tradition, vielleicht eine östliche", erwägt er da.[37] Jürgen Hunkemöller hat später daraus gefolgert: „Blacher war ein Intellektueller und doch kein Humanist im Humboldtschen Sinn."[38]

Natürlich hatte Blacher auch Feinde. In den letzten zwanzig Jahren seines Lebens waren das, neben der Gesundheit, vor allem die Kritiker. Je berühmter er wurde, desto schlechter die Rezensionen. Als er 1966 an Hamburgs Staatsoper im Auftrag von Rolf Liebermann „Zwischenfälle bei einer Notlandung" herausbrachte, konstatierte die Presse eine künstlerische Notlandung und schob Blacher endgültig aus dem Kreis moderner Komponisten. Er trug das mit Fassung, was bei ihm hieß: mit Ironie, und blieb sich treu.[39] An dem zeitgenössischen Blacher-Bild von Mensch und Werk hat die späte *Baisse* wenig geändert. Seit seinem Tod ist er ein Fall für verbale Würdigungen und Würdiger einerseits, für Fußnoten und (gelegentliche) journalistische Fußtritte andererseits. Wissenschaftliche Untersuchungen haben dem bisher wenig entgegengesetzt.[40] Ihre Berechtigung haben sie schon aufgrund des defizitären Forschungsstandes

---

36 Kunz: „Boris Blacher", in: W. Brennecke (Hg.): *Neue Musik in der Bundesrepublik Deutschland*, Köln 1976, S. 16.
37 Burde: „Interview mit Boris Blacher", in: *NZfM* 1/1973, S. 20.
38 Hunkemöller: *Boris Blacher, der Jazz-Komponist*, Frankfurt am Main 1998, S. 119.
39 „Ich war einmal ein moderner Komponist", scherzte er anläßlich seines 70. Geburtstages (vgl. Kunz: „Boris Blacher", a.a.O., S. 15). Und im Gespräch mit W.-E. v. Lewinski („Boris Blacher. Die Zeit – das unbarmherzig Maß", in: *Musica* 3/1975, S. 218): „Ich gehöre zu den Greisen, längst von der Spitze heruntergekullert. Danach kommen die Arrivierten, die Vierzigjährigen. Und hinter ihnen kämpfen die ganz Jungen, sie wollen von serieller Technik oder auch Elektronik nichts mehr wissen und entdecken den Reiz der Großväter. So kann es durchaus sein, daß man wieder zu einer Musik kommt, die wie Brahms klingt. Aber – würde es in etwa so kommen – sollte man nicht annehmen, daß die Musik aus der ersten Hälfte unseres Jahrhunderts ein Irrweg oder Umweg war. Die Tonalität, wenn sie wiederkommt – und es gibt Anzeichen dafür –, wird man völlig anders sehen. Man hat bei den jungen Menschen ja keine Hemmungen mehr – wie bei einem Fünfzigjährigen von heute, für den ein Dur-Dreiklang nur eine Erinnerung an die Vergangenheit ist." Auch in dieser Äußerung zeigt sich Blachers hellsichtig antizipatorischer Blick auf die Postmoderne.
40 Details zum Forschungsstand in Abschnitt 1.2.

alle. Angesichts der vielen Facetten von Blachers Werk wirken die bisher erschienenen Arbeiten wie Schlaglichter, ja sie zeigen – bei aller Ausführlichkeit – gerade, welche Fülle von unbeachteten Facetten es bei Blacher gibt. Vieles an diesem Komponisten ist nach wie vor zu entdecken.

In der vorliegenden Arbeit entsteht Neues bereits durch ihren Blickwinkel. Aus der Perspektive, die seine Operntexte eröffnen, ist Blacher bisher nicht betrachtet worden. Das erstaunt. Belegt nicht schon die Fülle und Vielfalt seiner Adaptionen, daß der Konnex zwischen Musik und Literatur als zentrale Inspirationsquelle in seinem Schaffen angesehen werden muß? Es erscheint unter diesem Gesichtspunkt eher verblüffend als symptomatisch, daß Blacher der Durchbruch mit einem Orchesterstück gelang: mit der „Concertante(n) Musik für Orchester", die Carl Schuricht am 6. Dezember 1937 mit dem Berliner Philharmonischen Orchester uraufführte und die im selben Konzert wiederholt wurde: eine Art musikalisches Logo, von dem er nie mehr loskam.[41]

In fünf divergierenden Schaffensbereichen dokumentiert sich Blachers Interesse an und seine Sensibilität für Literatur. Neben der Oper gehören dazu zunächst Schau- und Hörspielmusiken, zu denen ab 1945 verstärkt Arbeiten für Film und Fernsehen kommen. Schon 1925/26 arbeitete Blacher gemeinsam mit Winfried Wolf an der Musik zu einem Stummfilm über Bismarck. Nach dem Zweiten Weltkrieg komponierte er über dreißig Beiträge für Schauspiel, Film und Hörspiel, deren Umfang und Funktion stark voneinander abweichen. Viele

---

[41] Blacher kommentierte diesen Durchbruch später in der für ihn typischen Weise, indem er das Werk zusammen mit den „Paganini-Variationen" als „zwei Edelschnulzen" bezeichnete, von denen „eine Weile leben" konnte („Die Zeit – das unbarmherzig Maß", a.a.O., S. 218). Die Uraufführung beschrieb Blacher so: „Am Anfang – da sind so ein paar häßliche Synkopen – gab's ein bißchen Kuddelmuddel im Orchester. Den Musikern war das natürlich etwas peinlich, dem Dirigenten auch, aber die Leute blieben friedlich und klatschten zum Schluß. Nicht sehr gewaltig, nicht so, daß die Philharmonie zusammenbrach. Aber ich konnte mich zweimal verbeugen. Dem Orchester jedoch ging es gegen die Ehre, daß dieses kleine Malheur passiert war. Also stieg Schuricht auf das Podium und spielte das Stück nochmal. Na, da war der Beifall gleich etwas besser. Und mein Glück war, daß anderen Tags in einer Zeitung stand, wegen des riesigen Erfolges sei mein Werk wiederholt worden. Daraufhin haben viele andere Dirigenten das Stück nicht nur angenommen, sondern sich bemüht, es ebenfalls zu wiederholen" (J. Müller-Marein/H. Reinhardt: *Das musikalische Selbstportrait*, Hamburg 1963, S. 411f.). Da von dem Konzert kein Mitschnitt aufzufinden ist, läßt sich nicht überprüfen, inwieweit Blacher hier am Ende seines Lebens den einstigen Erfolg herunterspielt. Bemerkenswert ist allerdings, daß Stuckenschmidt noch nach Blachers Tod und nach der Veröffentlichung des zitierten Interviews an seiner Version festhielt (vgl. Stuckenschmidt: *Boris Blacher*, Berlin 1985, S. 23). Sie wird in der Sekundärliteratur wiederholt nachgebetet.

Blacher heute?

dieser Stücke sind unpubliziert und „lückenhaft ermittelt".[42] Einige der darin avisierten Autoren und Sujets hat Blacher anderweitig aufgegriffen: „Dantons Tod" arbeitete er für seinen Schüler Gottfried von Einem zum Opernlibretto aus; 1962 setzte er sich durch die Schauspielmusik zu Romain Rollands „Robespierre" noch einmal mit der französischen Revolution auseinander. Der Schauspielmusik zu Gombrowicz' „Die Trauung" (1968) folgte mit „Yvonne, Prinzessin von Burgund" seine letzte Oper. Aristophanes, zu dessen Stück „Die Vögel" er 1967/68 für das Deutsche Theater in Göttingen Tonbänder beisteuern sollte[43], hatte ihn bereits 1950 zu einem „Lysistrata"-Ballett angeregt. Nicht zuletzt spiegelt sich in diesen Arbeiten Blachers starkes Interesse an Shakespeare: „Romeo und Julia" hat er zu einer Kammeroper verarbeitet, außerdem schrieb er dazu, wie auch zu „Heinrich IV.", Schauspielmusik. Ebenso existiert von ihm Musik zu den Verfilmungen von „Die bezähmte Widerspenstige" und „Viel Lärm um nichts". „Hamlet" hat ihn, davon wird in Kapitel 5 dieser Studie die Rede sein, ein Leben lang beschäftigt.

Weitestgehend unabhängig davon ist der Bereich des Klavierliedes. Blachers Radius reicht hier von „Fünf Sinnsprüche Omars des Zeltmachers" nach persischen Vorlagen (1931) über Friedrich Wolf und Carl Sandburg bis zu Gottfried Benn. So kontrastreich diese Textauswahl, so zentral sind insbesondere zwei Stücke dieser Reihe, auch wenn beide jeweils kaum zehn Minuten dauern: „Psalmen" aus dem Jahr 1943 und „Thirteen Ways of Looking at a Blackbird", geschrieben Ende der 50er Jahre (für Klavier- oder Streichorchesterbegleitung). Einen Sonderfall der Besetzung stellt das Fragment aus Dantes „Göttlicher Komödie" dar, das Blacher 1954 für Sopran und Solo-Violine ausarbeitete. Diese Kombination von hoher Frauenstimme und Violine hat durch eine Aufnahme des Norddeutschen Rundfunks (mit Carla Henius) schnelle Verbreitung erfahren und ist später von vielen Komponisten eingesetzt worden, besonders eindringlich von György Kurtág in seinen „Kafka-Fragmenten" op. 24 (1985/86).[44]

Auch für seine oratorischen Werke wählte Blacher höchst konträre literarische Quellen. So setzte er vier Texte von François Villon (in deutscher Übersetzung) 1944 für Chor a cappella. Als eines seiner zentralen Werke kann „Der Groß-

---

42 Hunkemöller: *Boris Blacher, der Jazz-Komponist*, a.a.O., S. 34. Vgl. auch das Werkverzeichnis von H. Kunz in: Stuckenschmidt: *Boris Blacher*, a.a.O., S. 58ff.

43 Zum verzögerten Verlauf des Projektes vgl. UKA, Bestand 11, Nr. 8, S. 249ff.

44 Kafka, der uns beim Blick auf die „Yvonne"-Oper beschäftigen wird, wäre ein weiteres Beispiel für Wechselwirkungen in Blachers Schaffen: 1951 entstand das vierte Streichquartett, das „Epitaph" überschrieben und dem „Gedächtnis von Franz Kafka" gewidmet ist. Kurze Zeit später arbeitete Blacher am Libretto von Gottfried von Einems Oper „Der Prozeß" mit.

inquisitor" für Bariton, Chor und Orchester aus dem Jahr 1942 gelten: das klanglich opulentere Gegenstück zu den 1943 geschriebenen „Psalmen", dessen Text Leo Borchard aus „Die Brüder Karamasow" von Dostoevskij destillierte und durch Bibelzitate ergänzte. Nach Hans Arp komponierte Blacher 1955 die Kantate „Träume vom Tod und vom Leben" für das Niederrheinische Musikfest Wuppertal. Schließlich nutzte er Gregor von Rezzoris Texte für eine schmissige Moritatensammlung unter dem Titel „Die Gesänge des Seeräubers O'Rourke und seiner Geliebten Sally Brown, beide auf das Felseneiland En Vano Anhelar verschlagen", die Hans Schmidt-Isserstedt 1959 beim NDR uraufführte. Kurz darauf beteiligte er sich (neben Dessau, Hartmann, Henze und Wagner-Régeny) an der Gemeinschaftskomposition der „Jüdischen Chronik". 1969 folgte die Vertonung von sechs Alfred-Tennyson-Gedichten für gemischten Chor. Im Bereich des Tanztheaters griff Blacher gerne auf Werke der Weltliteratur zurück. So richtete er mit Tatjana Gsovsky „Hamlet" (1949) und „Tristan" (1965) ein und erarbeitete mit Erika Hanka „Der Mohr von Venedig" (1955)

Bereits diese Liste, die nur einige wichtige Werke herausgreift, spiegelt Breite und Vielfalt von Blachers Literaturinteresse. Sie zeigt auch, daß dieses Interesse Entlegenem und Modischem ebenso galt wie Allerbekanntestem. Die These, daß Literatur ein Motor in Blachers Schaffen ist, dürfte kaum zu hoch gegriffen sein. Für seine Opern gilt das in besonderem Maße. Schon sein erstes abendfüllendes Stück für Musiktheater fußt auf einer literarischen Vorlage: „Die Dame Kobold" (unpubliziert und bislang unaufgeführt). Als seine erste Oper bezeichnete Blacher „Fürstin Tarakanowa" (Uraufführung 1941). Es folgte die Kammeroper „Romeo und Julia" (Uraufführung 1947). Danach griff Blacher das Genre des Zeitstücks wieder auf, arbeitete dazu mit den Literaten Friedrich Wolf („Die Nachtschwalbe", 1947) und Heinz von Cramer („Die Flut", nach Maupassant, 1946) zusammen. Cramer lieferte auch das Libretto zu „Preußisches Märchen", knüpfte damit bei Heinrich Mann und Carl Zuckmayer an. Den Text zu „Rosamunde Floris" (1960) schrieb Gerhard von Westermann nach Georg Kaiser. Das Libretto zu „Zweihunderttausend Taler" schließlich richtete sich Blacher selbst nach Scholem Alejchem ein.

Literatur, das war für Blacher nicht nur Baustoff, sondern Brennstoff des eigenen Schaffens. Und das konnte selbstverständlich keine Angelegenheit des stillen Kämmerleins bleiben. Es sind immer wieder Schauspielregisseure, mit denen er sich austauscht und die auf ihn zukommen: Ludwig Berger bringt das „Preußische Märchen" heraus, Gustav Rudolf Sellner verschafft Blachers Werken eine sichere Basis an der Deutschen Oper Berlin, die Zusammenarbeit mit Ernst Schröder begleitet ihn viele Jahre.

Meine Studie konzentriert sich auf das Schaffenssegment der Oper: nicht nur, weil es in Blachers Werkkorpus den gewichtigsten Teil darstellt, sondern auch, weil sich von ihm aus Blachers Verhältnis zur Literatur am hellsten ausleuchten läßt. Das Primärinteresse gilt dabei dem Transformationsprozeß von Schauspieltexten zum Libretto, den diese Arbeit in exemplarischen Analysen vorstellt. Dabei zeigt sich, daß dieser Weg immer auch zum Werkganzen führt. Komparatistischer Ansatz wie auch die Plurimedialität des Librettos[45] zwingen zu einigen Vorüberlegungen, denen das zweite Kapitel gewidmet ist. Denn das Libretto, wie auch immer literarisch inspiriert und legitimiert, weist über seinen sprachlichen Eigenwert hinaus. Theatralischer und dramaturgischer Sinn einer Opernszene sind mit dem Libretto bestenfalls abbrevierend markiert. Zu diesem stückinternen kommt ein externer Aspekt: Spezifika einer Oper lassen sich nicht ohne Rückbezug zur Struktur- und Sozialgeschichte der Gattung verstehen.[46] In

---

[45] Der Begriff hat sich inzwischen etabliert. Erik Fischer (*Zur Problematik der Opernstruktur. Das künstlerische System und seine Krise im 20. Jahrhundert*, Wiesbaden 1982, S. 18) spricht von „plurimedialen Gestaltungsmöglichkeiten" und macht diese bei der Oper verantwortlich für gattungsgeschichtliche Konsistenz: „In einer Oper werden (...) drei Ensembles verschiedenartiger künstlerischer Medien gänzlich aufeinander bezogen. Deshalb behauptet das musikalische Drama seine zentripetale generische Position auch gegenüber anderen, ähnlich komplexen Werkstrukturen, die in seinem unmittelbaren Umfeld angesiedelt sind." Albert Gier, der den Begriff „Plurimedialität" als „wesentliches Merkmal dramatischer Texte" herausstellt (*Das Libretto. Theorie und Geschichte einer musikoliterarischen Gattung*, Darmstadt 1998, S. 5), weist seinerseits auf die Verwendung bei Manfred Pfister hin (*Das Drama*, München ⁹1997, S. 33). Mathias Mayer („Künstlicher Naturzustand. Zur Literaturgeschichte der Oper", in: *Internationales Archiv für Sozialgeschichte der deutschen Literatur*, Band 20, 2. Heft, Tübingen 1995) unternimmt unter dem Leitbegriff der „reflektierten Intermedialität" den Versuch, die „Rückstrahlung" (S. 157) der Oper auf die Literatur zu beschreiben: „Die Oper führt die intermediale Verwobenheit vor Augen und Ohren und verkörpert damit die bald geschmähte, bald ersehnte Utopie literarischer Bemühungen. Das der Oper eigentümliche Widerspiel von Nachzeitigkeit und Gleichzeitigkeit, von Musikstrom und gedehntem Augenblick, von Melodie und Harmonik kann in der Literatur nicht imitiert werden. Indem es als Ideal der Literatur vor allem ihrer ästhetischen Reflexion gegenwärtig bleibt, bringt es das Medium der Literatur zum Bewußtsein seiner spezifischen Position zwischen Schrift und Stimme, zwischen Plastik und Musik, Raum und Zeit. Als Medium der reflektierten Intermedialität ist die Künstlichkeit der Oper aber nichts Nachträgliches oder gar Verwerfliches, sondern gleichsam die Matrix der Literatur" (S. 171).

[46] Albert Gier (*Oper als Text*, Einleitung, Heidelberg 1986) fundiert diesen Gedanken wissenschaftstheoretisch, indem er – analog zu Linguistik und literaturwissenschaftlicher Gattungstheorie – zwischen einer normativen und deskriptiven Libretto-Forschung unterscheidet (S. 10), wobei die letztere seit Jahren deutlich mehr Raum einnimmt. Ihr eröffnen sich die Möglichkeiten einer komparatistischen Vorgehensweise (die sich primär mit der Gattungs-

diesem Sinne hat Wulf Konold in einem grundlegenden und in seinen Forderungen von der wissenschaftlichen Praxis bislang nur selten eingeholten Text ein Plädoyer für interdisziplinäre Opernforschung gehalten und versucht, Richtungsvorgaben anzudeuten. Der „‚kulturgeschichtliche' Anteil der Gattung" käme „in der Detailforschung (...) meist zu kurz".[47] Die „Spannung zwischen Gattungsgeschichte und Werkinterpretation" sei dabei „durch eine Musikgeschichte als Problemgeschichte" zu lösen.[48]

Das läßt sich ganz besonders auf Blacher anwenden, der schon als Kompositionslehrer zur permanenten Gattungs-, Genre- und Materialreflexion gezwungen war, wie auch für den ins Auge gefaßten Zeitraum zwischen der „Danton"-Oper und 1973, in dem normatives Gattungsverständnis permanent von ästhetischer Problematisierung unterlaufen wird. Zudem gehört es zu den Grunderfahrungen der Beschäftigung mit Blacher, daß dokumentarische, ästhetische und funktionale Relevanz seiner Stücke keineswegs konvergent verlaufen, sondern im Gegenteil meist weit auseinanderklaffen. Analysen, die auf diesen Konnex reagieren wollen, steht primär der Weg einer im Sinne der Hermeneutik historischen Interpretation offen: Verstehensvoraussetzungen können sich nur dann herauskristallisieren, wenn historische Reflexion als Korrektiv einer werkimmanenten Deutung fungiert.[49] Das kann nicht ohne die Einbeziehung rezeptionsgeschichtlicher Aspekte funktionieren: Es geht darum, Blachers Opernschaffen im Kontext musik-, theater- und literaturgeschichtlicher Entwicklungen zu fokussieren. Das Risiko der Grenzüberschreitung, das sich damit für die Analyse verbindet, scheint mir aufgewogen durch die (nur so gegebene) Möglichkeit, auf einen derart vielseitig interessierten und versierten Künstler angemessen zu reagieren. Ein solches Vorgehen, das Ivan Nagel mit dem Begriff von „geschichtsgeschärftem Begreifen"[50] auf eine prägnante Formel brachte, ist bei Blacher aus mindestens vier Gründen unverzichtbar:

---

    transformation beschäftigt) wie auch einer „sozial- bzw. mentalitätsgeschichtlich ausgerichtete(n) Forschung" (S. 11). Beide „Grundorientierungen (...) ergänzen und korrigieren sich gegenseitig" (ebd.). 1983 noch als Richtungsweisung einer sich mehr und mehr etablierenden Librettoforschung formuliert, können solche Differenzierungen inzwischen für sich beanspruchen, zu den Voraussetzungen jeder Libretto-Untersuchung zu gehören.

[47] Konold: „Methodenprobleme der Opernforschung", in: M. Arndt/M. Walter (Hg.): *Jahrbuch für Opernforschung*, Frankfurt am Main 1986, S. 16.
[48] Ebd., S. 22.
[49] Vgl. hierzu allg. Ulfert Ricklefs: „Hermeneutik", in: W.-H. Friedrich/W. Killy (Hg.): *Literatur 2.1 (Das Fischer-Lexikon Bd. 35/1)*, Frankfurt am Main 1965, S. 283.
[50] Nagel: *Autonomie und Gnade*, München, Kassel u.a. 1991, S. 133.

Blacher heute?

Erstens war ihm ein lineares Geschichtsdenken, etwa als Fortschrittsglaube in Sachen musikalisches Material, suspekt. Er reagierte auf sehr viele und sehr verschiedene Trends und Traditionen, die er sich zum Teil zu eigen machte, sogar mittrug, gegen die er zum Teil aber auch mit künstlerischen Mitteln protestierte. Die Vielfältigkeit seines Bühnenschaffens ist zu wesentlichen Teilen auch eine Re-Aktion, läßt sich deshalb nur vom Kontext her verständlich machen.

Zweitens reagierte Blacher in den meisten Fällen nicht alleine, sondern im Rahmen eines schöpferischen Kollektivs: Im Gegensatz zu vielen Komponisten seiner Generation (Ernst Krenek, Karl Amadeus Hartmann, Bernd Alois Zimmermann) setzte er weniger auf einen monomanisch ausgerichteten Schaffensprozeß, sondern auf Teamarbeit, was automatisch Reibungsverhältnisse, unterschiedliche Blickwinkel, Kommunikation und eine jeweils neu zu definierende Positionierung des entstehenden Werkes beinhaltet.[51] Das gilt insbesondere für seine Musiktheaterstücke. Das Verhältnis zu seinen Librettisten und Schülern war, bei aller Souveränität Blachers, keineswegs von hierarchischen Modellen dominiert, sondern schloß Anregungen in beiden Richtungen ein.[52] Blacher wechselte auch dabei gerne die Rollen. So war er sich nicht zu schade, für seinen Schüler Gottfried von Einem eine Reihe von Libretti nach literarischen Vorlagen einzurichten. Diese Arbeiten können keineswegs als Gelegenheitswerke oder Gefälligkeitsdienste beiseite geschoben werden. Aus ihnen lassen sich Rückschlüsse auf Blachers innerste menschliche wie künstlerische Ansprüche bzw. Ansätze ziehen.

Drittens waren für Blacher auch Literaturopern in gewissem Sinne Zeitopern. Sein Verhältnis zur Oper erweist sich da als kontinuierlich und janus-

---

[51] Blacher begründete diese Einstellung im Gespräch mit Barbara Nickolaus (in: Deutsche Oper Berlin (Hg.): *Programmheft* zu „Preußisches Märchen", 1981, S. 5) mit der Bemerkung, man sei „ja nur Teil des Ganzen, ob Oper oder Ballett oder Film oder Hörspiel, man ist zwar ein wichtiger Teil, aber man muß auch – ein Ausdruck, den man schon bald nicht mehr hören kann – im ‚Team' arbeiten. Das hat meistenteils schon einen Sinn, denn jeder versteht auf seinem Sektor doch ein bißchen mehr als der andere, und es ist auch besser, wenn ein Fachmann zumindest seinen Teil macht, als daß die anderen dilettantisches Zeug abliefern."

[52] Vgl. Blachers Antwort auf die Interview-Frage, was für ein Kompositionslehrer er sei: „Ich denke ein guter, weil ich in manchen Dingen auch unsicher bin. Ich will auch keine Autorität sein. Wenn ein Schüler mit einem Stil kommt, der mir nicht ganz vertraut ist, dann lerne ich zuerst bei ihm – nur lerne ich schneller. Selbstverständlich muß man die traditionellen Dinge, auf die man manchmal mit Verachtung blickt, beherrschen. Sie sind sehr gesund und im Grunde so einfach – wer in einem halben Jahr das Komponieren im strengen Satz nicht lernt, soll das Komponieren gleich ganz sein lassen" („Die Zeit – das unbarmherzig Maß", a.a.O., S. 216).

köpfig zugleich. Kontinuierlich, weil er im Geist der Zeitoper anfing („Habemeajaja") und dieses Genre bis zuletzt als gedankliches Unterfutter seiner Bühnenwerke verstand. Er war bereit, „sich einem jeweiligen kompositorischen und inhaltlichen Problem vor wechselnden Zeithintergründen in der Haltung eines Experimentierenden, eines Suchenden zu nähern".[53] In diesem Sinn konnte ihm auch eine Dramenadaption als geeignet erscheinen, aktuell Position zu beziehen. Oder eine Radio-Oper (wie etwa „Die Flut"). Janusköpfig blieb Blacher im Bereich des musikalischen Theaters gleichwohl: Er gehört, überblickt man sein Gesamtwerk, in die Reihe jener Komponisten, die, wie Antheil, Krenek, Stravinskij oder Weill, der Oper als Institution mißtrauten: Die „Abstrakte Oper Nr. 1" rüttelt bis zum avisierten Skandal an der Gattungsnorm. Und „Zwischenfälle bei einer Notlandung", geschrieben für Hamburgs Staatsoper, übertragen mehr als ein Jahrzehnt später dasselbe dramaturgische Prinzip auf eine „Musikalische Reportage", die mit elektroakustischen Mitteln die klangliche und ideelle Grammatik des Guckkastens konterkariert. Das hinderte Blacher jedoch nicht daran, in seinen Schauspielvertonungen der Eigengesetzlichkeit dieser Institution gerecht zu werden: Der antibürgerliche Impetus der Zeitoper zog ihn ebenso an wie das musikalisch determinierte Drama. Der oft erhobene Vorwurf, Literaturoper lege es vor allem auf Goutierbarkeit an, oder noch extremer: auf Spielplanverbreitung und Verkaufserfolg, sie sei „nach dem Zweiten Weltkrieg als die der Institution gemäße Opernform" quasi der „kleinste gemeinsame Nenner" nach dem Gusto einer „reproduktiv-konservativen Opernästhetik"[54], dieser Vorwurf läßt sich bei Blachers Werkkorpus kaum aufrechterhalten. Das heißt freilich nicht, daß es überflüssig wäre zu überprüfen, wie sich Blachers Verhältnis zur Oper (als ästhetischem Unterfangen wie als Institution) gerade in diesem Genre dokumentiert. Der „Yvonne"-Abschnitt meiner Studie wird dem nachgehen.

Viertens hat Blacher durch seine pädagogische Arbeit[55] in einer Art auf das Musikleben gewirkt, die der wirkungsgeschichtlichen Dimension seiner eigenen

---

[53] Willenbrink: *Der Zeitopernkomponist Boris Blacher*, a.a.O., S. 267.
[54] So zum Beispiel Jürg Stenzl: „Azione scenica und Literaturoper", in: H.-K. Metzger/R. Riehn (Hg.): *Luigi Nono* (= *Musik-Konzepte*, Band 20), München 1981, S. 45.
[55] Zeit seines Lebens sah er im Unterrichten weit mehr als einen Appendix zur eigenen künstlerischen Tätigkeit oder simplen Broterwerb: einen substantiellen Bestandteil seines Wirkens. Von einem „Lebenselement" spricht Stuckenschmidt (*Boris Blacher*, a.a.O., S. 33); „Leidenschaft des Lehrens" konstatierte Karl Schumann in seinem Nachruf (*Süddeutsche Zeitung* vom 31. Januar 1975). Bereits 1938, als 35jähriger, hatte Blacher einen Lehrauftrag am Dresdner Konservatorium, der ihm aber nach wenigen Monaten wieder entzogen

Blacher heute?

Werke mindestens ebenbürtig, wenn nicht sogar überlegen ist. Durch diese Arbeit und die Werke seiner Schüler zeichnen sich aus der Rückschau Tendenzen ab, die wiederum nicht isoliert betrachtet werden können. Auch wenn Blacher seine Schüler keineswegs zum Schreiben von Opern angehalten hat[56]: Sollte es Zufall sein, daß die wichtigsten unter ihnen, wie Gottfried von Einem, Heimo Erbse, Rudolf Kelterborn, Giselher Klebe oder Aribert Reimann, sich zeitlebens – gerade in der Oper – von Literatur anregen ließen bzw. lassen?[57]

Meine Studie sucht angesichts dieser methodischen wie historischen Situation den Weg diskursiven Verstehens, indem sie zunächst Allgemeines sondiert: Sie systematisiert und beschreibt vorab einige zentrale Aspekte der Librettoanalyse und Librettothematik. Da selbst der Terminus der Literaturoper in der Forschung disparat und unscharf verwendet wird, ohne seine Klärung aber Blachers Musiktheaterschaffen nicht aufzuschlüsseln ist, soll danach seine Begriffsgeschichte

---

wurde, weil er im Unterricht nicht auf Werke von verfemten Komponisten wie Hindemith oder Milhaud verzichten wollte. Sofort nach Kriegsende engagierte er sich als Kompositionslehrer am „Internationalen Musikinstitut" in Berlin-Zehlendorf. Ab 1948 unterrichtete er an der Berliner Musikhochschule. Lehraufträge nahm Blacher später – und parallel zu seiner Berliner Tätigkeit – am Salzburger Mozarteum, in Bryanston (England), Tanglewood und anderen Orten der USA an. In der pädagogischen Wirkung während der 50er und 60er Jahre kommt nur Wolfgang Fortner eine ähnliche Bedeutung zu wie Blacher.

[56] Die Äußerungen von Blacher-Schülern über seinen Unterricht ergänzen sich zu einem Gesamtbild des Pädagogen, das hier im einzelnen nicht referiert werden muß (vgl. hierzu insbesondere die Beiträge von Claude Ballif, Francis Burt, Maki Ishii und Aribert Reimann in: Heribert Henrich (Hg.): *Boris Blacher. Dokumente zu Leben und Werk*, a.a.O.). Die Zusammenarbeit mit Gottfried von Einem wird in Kapitel 3 dokumentiert. Entscheidend ist, daß Blacher auch als Lehrer undogmatisch vorging und – etwa im Gegensatz zu Schönberg oder Busoni – auf das Gerüst einer neu entwickelten Theorie verzichtete. Es gelang ihm, seine Schüler künstlerisch zu sich selbst zu führen. Reimann formulierte das kurz nach Blachers Tod in einem imaginären Brief so: „Aber Sie, lieber Blacher, waren es, der das, was für jeden von uns spezifisch eigen ist, entdeckte, uns vor Augen führte und entwickelte. Sie drängten uns nicht Ihre Vorstellungen auf, sondern holten unsere hervor und formten sie so, wie sie eines Tages für uns von Wichtigkeit sein könnten. Das ist wohl das Geheimnis, warum wir alle, die wir in Ihre Schule gingen, in unserer Handschrift so verschieden sind" (ebd., S. 23). Claude Ballif erinnert daran, daß Blacher seine Studenten durchaus auch bei anderen Lehrern Rat holen ließ – eine innerhalb der Disziplin bis heute ungewöhnliche Souveränität –, und hebt den „rückhaltlos offenen, vertrauensvollen Dialog" hervor (ebd., S. 11).

[57] Auch Isang Yuns Opern, die von den deutschen Spielplänen verschwunden sind, beziehen sich auf literarische Vorlagen: So basiert „Der Traum des Liu-Tung" (1965) auf einem altchinesischen Lehrstück, „Die Witwe des Schmetterlings" (1968) auf einer chinesischen Novelle des 16. Jahrhunderts und „Sim Tjong" (1971/72) auf einer koreanischen Legende. Darüber hinaus läßt sich bei Yun, wie auch bei Frank Michael Beyer, der der Opernbühne reserviert gegenübersteht, ein hochdifferenzierter Umgang mit Lyrik beobachten.

skizziert werden. Mit ihr rückt automatisch die kontroverse Diskussion um das Genre Literaturoper ins Blickfeld. Hier anzusetzen erscheint schon wegen einer sich mehr und mehr vertiefenden Kluft notwendig: Einerseits stößt die opernpraktische Funktionalisierung von Dramen seit ihren Anfängen auf Skepsis bei Wissenschaftlern und Kritikern, wird nicht selten rüde stigmatisiert – im Gegensatz zu Lyrikvertonungen. Andererseits bestimmt sie seit über hundert Jahren in wellenartigen Verläufen die Sujetgeschichte der Oper. Und so detailliert gerade in jüngster Zeit Anforderungen an einen Operntext herausgearbeitet wurden[58], so rar sind Untersuchungen zu den ästhetischen Grundlagen der sogenannten Literaturoper, die über Polemik, Definition oder Bestandsaufnahme hinausgehen.

Das ist umso bedauerlicher, als gerade dieses Genre derzeit in der internationalen Opernszene boomende Konjunktur erlebt, die zum Teil (etwa in den USA oder Finnland) mit der Etablierung eines frischen nationalen Opernbewußtseins und -Selbstbewußtseins korrespondiert, andererseits (bei Adriana Hölszky, Peter Eötvös, Manfred Trojahn, Antonio Bibalo und anderen) auch ästhetische Innovation impliziert. Es ist aber selbstverständlich kein Zufall: Interpretationsmodelle durch die Literaturoper lassen sich kaum normativ festschreiben. In jedem Einzelwerk bildet sich eine neue, eigene Korrelation im „Medienverbund ‚Oper'"[59] heraus. Literatur als Libretto, das beweist die gegenwärtige Situation, beinhaltet eine größere Spannweite, Variabilität und Labilität der Parameter als häufig angenommen. Daß die Literaturoper sich keineswegs starr behauptet, sondern von einer ideengeschichtlichen Dynamisierung lebt, macht der Blick auf Boris Blacher besonders deutlich. Gerade angesichts der Polarität von Innovationspotential und Anachronismus, in die das Genre in der aktuellen Diskussion gedrängt wird, erscheint eine solche Rückversicherung an seinen Positionen hilfreich: Das historische Erkenntnisinteresse konstituiert sich nicht zuletzt durch Fragen der Gegenwart.

Besonders im Kontext von konstantem Adaptionsprinzip einerseits und ständig variierenden typologischen Prämissen andererseits verdient Blacher Aufmerksamkeit. Der Titel meiner Studie nimmt darauf Bezug: Er verschärft Ingeborg Bachmanns respektvolle Formulierung vom „der Oper geliehene(n) Theaterstück"[60] und setzt auf die doppelte Anbindung der Literaturoper an ihre Dramen-

---

[58] Zur Literatur vgl. Kapitel 2.1.
[59] Thomas Beck: *Bedingungen librettistischen Schreibens. Die Libretti Ingeborg Bachmanns für Hans Werner Henze*, Würzburg 1997, S. 42.
[60] Vgl. hierzu näher Petra Grell: *Ingeborg Bachmanns Libretti*, Frankfurt am Main 1995, S. 51.

vorlage. „Gebraucht" wird der Text als Auslöser, was noch keine ästhetische Sklaverei bedeuten muß. „Gebraucht" wird er freilich auch im Sinne von „benutzt", woran sich die Mehrzahl der Einwände gegen das Genre klammert. Der Untertitel deutet dann den Hintergrund der Produktionspraxis an: „Libretti Boris Blachers" impliziert ein Dreifaches. Gemeint sind Operntexte, die Blacher für andere schrieb, Operntexte, die er sich selbst einrichtete, und solche, die von anderen für ihn eingerichtet wurden – drei variierende Kraftfelder bzw. Verfahrensweisen, deren Spannungen und Ergebnisse höchst disparat ausfallen. Es schien mir sinnvoll, je einen Werktypus herauszugreifen, wobei die Entstehungsgeschichte, die am Anfang der jeweiligen Kapitel aufgerollt wird, über Biographisches hinausweist: auf divergierende Werkschichten, deren Brüche bzw. strukturelle Äquivalenzen. Die daraus resultierenden Fragestellungen unterscheiden sich selbst dann, wenn man voraussetzt, daß sich die Spezifika einer Literaturoper zunächst am Verhältnis von Textvorlage und Umsetzung festmachen lassen. Gefordert ist somit ein von Werk zu Werk verschiedenes analytisches Vorgehen[61], zu dessen Konstanten es freilich gehört, die Poetizität der literarischen Vorlagen genau zu klären.

Das führt in den folgenden Untersuchungen zu einer unterschiedlichen Gewichtung der Musik, was einer kurzen Erläuterung bedarf. In seinem oben zitierten Aufsatz läßt Wulf Konold eine Bemerkung fallen, die er dann nicht näher ausführt: den Gedanken, daß „die Fragestellungen, unter denen Libretto-Forschung sinnvoll betrieben werden sollte, vielfach spezifisch musikalische sind".[62] Außerdem führe die „Konzentration auf die Wort-Ton-Problematik" häufig zu einer „Vernachlässigung des theatralisch-szenischen Moments".[63] Die Lösungsmöglichkeit, das Wort-Ton-Verhältnis aus dem musikalisch-theatralischen Gesamtzusammenhang eines Werkes zu erfassen, wäre „ein ästhetischer Ansatz, der weniger vom musikalisch-sprachlichen Text, wie er in der Partitur niedergelegt ist, als vom theatralischen Ereignis ausgeht. Text und Musik wären aus dieser Sicht als Mittel des szenisch-gestischen Ausdrucks zu verstehen (...).

---

[61] Zwei von Harald Kaufmann (*Spurlinien. Analytische Aufsätze über Musik und Sprache*, Wien 1969) formulierte Einsichten bieten sich trotz der Heterogenität der Ansätze als gedankliche Klammer an: „Analytische Präzisierung ersteht im Verhältnis zum jeweils Analysierbaren, nicht als prädeterminierte Ableitung aus einem verallgemeinerbaren wissenschaftlichen Apparat" (S. 9). Analysen können immer nur „Erkundungen von Teilaspekten, Spurlinien des subjektiven Verhaltens zum ästhetischen Objekt" sein (S. 10).
[62] Konold: „Methodenprobleme der Opernforschung", a.a.O., S. 12.
[63] Ebd., S. 17.

Eine ‚theatralische Analyse' hätte also in der Musik wie im Text jene Momente herauszuarbeiten, die für die Struktur des Werkes als Theaterereignis konstitutiv sind."[64]

Ein solcher methodischer Ansatz erweist sich insbesondere im Falle von Blachers „Yvonne"-Oper als fruchtbar, deren Text der Komponist selbst nach Gombrowicz einrichtete. Meine Analyse, die Yvonnes Schweigen durch das Stück verfolgt, geht deshalb von theatralischen Momenten aus und versucht von dort, die Koordinaten von Text wie Musik abzustecken. „Vertonung" wird so nicht lediglich als Umsetzung eines Librettowortlauts, sondern von dessen Subtext her nachvollziehbar. Somit stellt der musikalische Part in diesem Abschnitt meiner Studie einen wesentlichen Teil dar, werden die medialen Schichtungen der Oper am direktesten auf gemeinsame Problemzusammenhänge untersucht und aufeinander bezogen.

Ganz anders die Situation bei „Dantons Tod". Blacher hat das Libretto in den Kriegsjahren für Gottfried von Einem geschrieben, dabei dramaturgische Prämissen vorgegeben, auf die Vertonung aber kaum Einfluß genommen. In unserem Zusammenhang interessiert besonders die erste Phase der Entstehung: Blachers Umgang mit der Vorlage, deren Besonderheiten verstärkt hervortreten, wenn man Einems Veränderungen dieser Blacher-Fassung in die Betrachtung einbezieht. Der Aspekt der Musikalisierung tritt demgegenüber zurück. Wichtiger erscheint statt dessen ein Rückbezug auf den zeitgenössischen Stand der Büchner-Rezeption, der über subjektive Einrichtungsaspekte hinaus diese Schauspieladaption bestimmt.

Mit der „Abstrakten Oper Nr. 1", die zunächst 1953 im Rundfunk herauskam und für die Werner Egk den Text schrieb, oder besser: das Lautmaterial bereitstellte, betritt Blacher Neuland. Es ist ein Stück ohne Text. Statt dessen finden sich Lautketten, abstrakte Wortbildungen, typisierte Grundsituationen und – wenn überhaupt – ein formelhafter Dialog. Blacher ist da ganz progressiv, ganz avantgardistisch. Er verläßt den Bezirk der Literaturoper, nicht aber den der literarischen Anbindung. Analyse wurde bei der „Abstrakten Oper Nr. 1" bisher primär als Untersuchung der Musik verstanden. Die vorliegende Studie ist in diesem Fall verstärkt an der Herausarbeitung des literaturgeschichtlichen Kontextes interessiert, vor dem sich der größte deutsche Opernskandal der 50er Jahre erst nachvollziehen läßt.

Evident ist der inhaltliche Bogen, der sich mit der Auswahl der drei Stücke spannt: zwei Literaturadaptionen als Eckpfeiler, die in etwa den Zeitrahmen

---

[64] Ebd., S. 23f.

von Blachers Opernschaffen umgrenzen[65] und deren Sujet denkbar kontrastiert: einmal die frühexpressionistisch aufgeladene Historienparabel, zumindest tendenziell in Richtung Bekenntnisdrama weisend; dann das süffisant witzige, persiflierende Pamphlet der Bissigkeit, jedes Bekenntnis verhöhnend. Dazwischen das experimentelle Gegenstück, die Oppositionsform als nur partiell weitergeführter Versuch: der ganz andere Blacher. „Yvonne" fordert in dieser Trias die Frage nach der Literaturadaption am direktesten heraus (und das ihr gewidmete Kapitel ist denn auch das ausführlichste geworden): inwieweit Oper sich innerhalb des Genres als (Nach)Folge versteht oder aus Musik und poetisch autonomem Text eine neue Semantik wächst. Dabei legt die Schauspielvorlage nahe, bei der Vertonung an Aspekte der „Abstrakten Oper Nr. 1" anzuknüpfen. Schließlich wird Gombrowicz in der Sekundärliteratur immer noch als Vorläufer des Absurden Theaters gehandelt, schließlich geht es auch bei „Yvonne" um die Grenze zwischen Schweigen und Sprechen, um Experimentelles, um die Lust an der Unlogik. Das ermöglicht es, Blachers letzte große Oper auf die Erfahrungen mit der „Abstrakten Oper Nr. 1" zu beziehen. Eine Steigerungsdramaturgie ergibt sich aus diesem Aufbau der Studie von selbst, oder besser: eine Schraubendrehung in das Werk Blachers hinein.

Direkt zum Thema Literaturoper ist, soweit ich sehe, nur eine Äußerung von Blacher überliefert. Sie findet sich in einem wenig beachteten Interview, das am 22. September 1973 im „Kölner Stadt-Anzeiger" erschien, und es liegt nahe, daß in Blachers Tonfall eine Reaktion auf die negativen Stimmen zu seiner wenige Tage vorher uraufgeführten „Yvonne"-Oper mitklingt:

> „Das Gerede über die Literatur-Oper ist doch Quatsch. Seit der Erfindung der Oper wird über das Verhältnis von Wort und Ton gestritten und immer mit denselben Argumenten. Das ist doch langsam langweilig. Mich interessiert: Das Stück ist gut – wenn man es kräftig streicht, kann die Musik eine kontrapunktierende Funktion erfüllen."

Mag das in der besonderen Interviewsituation gesprochen sein, so kommt einem anderen Statement Blachers gewichtigere Bedeutung zu. Es entstand vier Jahrzehnte vorher, ist zusammen mit dem späteren WDR-Produzenten Karl O. Koch

---

[65] Bereits 1928/29 entstand die Kammeroper „Habemeajaja". Bei einem fünfaktigen „Demetrius" ist Blachers Autorenschaft umstritten (vgl. das Opernverzeichnis bei M. Willenbrink: *Der Zeitopernkomponist Boris Blacher*, a.a.O., S. 277-278 und die Zeittafel im Anhang der vorliegenden Arbeit). Nach „Yvonne, Prinzessin von Burgund" ließ sich Blacher von Herbert Brauer Edgar Allan Poes Erzählung „The Purloined Letter" zum Libretto umformen. Die Uraufführung erfolgte posthum am 14. Februar 1975 in der Berliner Hochschule der Künste.

verfaßt und markiert Blachers Opernästhetik anläßlich der Uraufführung von „Fürstin Tarakanowa" in Wuppertal. Nie vorher oder nachher hat sich Blacher vergleichsweise ausführlich zu diesem Thema geäußert. Der Text kann daher als Folie für alle folgenden Untersuchungen gelten:

> „Wenn wir uns heute entschließen, eine Oper zu schreiben, so glauben wir, gleichzeitig zwei Stile des musikalischen Theaters berücksichtigen und in einer gewissen Weise verschmelzen zu müssen: einerseits die aus Nummern (Arien, Ensembles) zusammengesetzte Form der Oper, andererseits die Erscheinung des musikalisch bestimmten Dramas, die in ihren heiteren und tragischen Extremen im ‚Rosenkavalier' und im ‚Wozzeck' ihren Ausdruck gefunden hat.
>
> Der textliche Aufbau war von vornherein auf eine möglichst variable musikalische Formung der Szenen zugeschnitten, da der dramatische Impuls und die dramaturgische Logik der einzelnen Szenen eines für die Komposition bestimmten Textes durchaus musikalisch-formaler Natur sein müssen – wozu noch erwähnt sein soll, daß verschiedene Komponisten über die Möglichkeit der musikalischen ‚Formbarkeit' eines Textes nicht gleicher Meinung zu sein brauchen.
>
> Die Musik zur ‚Fürstin Tarakanowa' versucht nun, eine uns heute geläufige, musikantische, aus rhythmisch-melodischen Impulsen erwachsende Gestaltungsweise im Sinne der Formen der Oper anzuwenden, dabei aber sowohl den dramaturgischen Bau des Ganzen als auch den theatralischen Wert der einzelnen Situationen und Szenen zu berücksichtigen. Musikalisches und Theatralisches sollen sich so durchdringen, daß der Zuhörer und Zuschauer die dramatische Begebenheit auf musikalischem Wege vermittelt bekommt.
>
> Die Zahl der Sänger sowie der orchestrale und szenische Apparat halten sich bewußt an die im Rahmen des normalen Repertoirebetriebes zur Verfügung stehenden Mittel."[66]

---

[66] Erstmals veröffentlicht in den „Blättern des Stadttheaters Wuppertal 1940/41", Heft 8. Zit. nach: „Der Komponist Boris Blacher", Broschüre der Edition Bote & Bock, Berlin; zugänglich in BBA/GH, Signatur 1.69.283, S. 20. Zum letztgenannten Prinzip ermahnte Blacher auch seine Schüler. So erinnert sich Gottfried von Einem: „Blacher sagte mir oft: ‚Instrumentieren Sie so, daß auch das letzte Provinzorchester Ihre Partitur realisieren kann'" („Mein Lehrer Boris Blacher", in: ÖMZ 7/8-1950, S. 149).

1.2 Zum Forschungsstand

Blachers Nachlaß wird von der Akademie der Künste Berlin verwaltet, ist dort nach Depositum Gerty Blacher-Herzog und Depositum des Verlages Bote & Bock geordnet. Archivalien werden im folgenden nach dieser Einteilung ausgewiesen. Außerdem habe ich Dokumente des Ernst-Schröder- wie des Boleslav-Barlog-Nachlasses, die ebenfalls von der Akademie betreut werden, ausgewertet. Daneben hat sich das Verlagsarchiv Boosey & Hawkes/Bote & Bock als ergiebig erwiesen, insbesondere der dort aufbewahrte Pressespiegel samt Programmheften von wichtigen Blacher-Aufführungen und Aktenvermerke bzw. Gesprächsnotate von Dr. Harald Kunz: Dieser war ab 1955 Lektor, ab 1963 dann Verlagsdirektor und Prokurist der Firma Bote & Bock und in dieser Funktion permanenter Ansprechpartner Blachers. Vortragstyposkripte, Radiomanuskripte und Briefe von, an und über Blacher finden sich in beiden Archiven. Autographe, Skizzen, Libretto- und Partiturentwürfe lediglich in der Akademie.[67] Im Archiv der Berliner Universität der Künste findet sich Blachers Korrespondenz unterteilt nach „Geschäften des Direktors" und künstlerischen Belangen, wobei beides häufig ineinanderfließt. Bei der Durchsicht dieser Dokumente erschließen sich Aspekte des damaligen Musiklebens, vor allem von kulturpolitischen Fragen (GEMA-Diskussionen, Architekturwettbewerb zum Neubau der Berliner Philharmonie, Aspekte des Ost/West-Kulturaustausches etc.). Blacher wird von vielen Seiten und in vielfältiger Funktion konsultiert. Zur Genese und Deutung seiner Werke bietet das dort verfügbare Material hingegen wenig Information. Die Korrespondenz Blacher-Einem sowie weitere Dokumente zur Entstehung und Wirkung der Oper „Dantons Tod" konnte ich in Wien in den Archiven der Gesellschaft der Musikfreunde, der Universal Edition sowie in der Stadt- und Landesbibliothek einsehen.

Unbekannt war bisher, daß sich im Landesarchiv Berlin das Autograph und ausgeschriebene Stimmen zu fünf Musiknummern von Blachers Bühnenmusik zu „Die Trauung" befinden.[68] Es handelt sich dabei um einen Restbestand des Archives des Schiller-Theaters, das – nach der Schließung des Hauses als Schauspielbühne – unter Landesarchiv und Stadtmuseum Berlin aufgeteilt wurde. Das Notendokument verdient nicht zuletzt deshalb Interesse, weil der gesamte Komplex von Blachers Gebrauchsmusik nur rudimentär dokumentiert ist und

---

[67] Im VA/BB werden die Dokumente ohne Einzelsignaturen geführt.
[68] Signatur B Rep. 127, Nr. N 57.

in der Forschung bislang kaum Beachtung gefunden hat. Es wird in Abschnitt 5 ausgewertet.

Blacher war im Gespräch mit vielen und von vielen, aber er selbst redete wenig. Am wenigsten über sich selbst. So sind seine Selbstzeugnisse knapp, rar und verstreut. Jürgen Hunkemöller hat eine Sammlung von Eigenanalysen und Werkkommentaren Blachers zusammengestellt, die noch nicht gedruckt war, als meine Arbeit abgeschlossen werden mußte. Blachers Selbstkommentare werden deshalb nach den Originalquellen zitiert. Auskünfte Blachers über sich und sein Werk finden sich in der Fachpresse, in Tageszeitungen, Magazinen und Programmheften. Nur selten schrieb er dafür geschlossene Texte, wie etwa die Einführung „Über variable Metrik" in der ÖMZ oder den Beitrag „Musik lehren und erlernen" für die Ruhrfestspiele Recklinghausen. Lieber ließ er sich befragen. So nehmen die Interviews bei ihm eine besondere Stellung ein. Generell läßt sich hierbei beobachten, daß Blacher selten zu seiner Person Stellung nimmt und statt dessen versucht, Sachverhalte allgemein darzustellen, ohne seine Position dabei zu verabsolutieren. Daß alle Interviewbeiträge mit Ironie unterfüttert sind, mit einer Distanz zu sich und dem behandelten Gegenstand, versteht sich bei Blacher von selbst. Dietrich Fischer-Dieskau hat ihn nicht zufällig als Mann einer „geflissentlichen Überentspanntheit" bezeichnet.[69]

Aus einem ausführlichen Gespräch beim NDR destillierten Josef Müller-Marein und Hannes Reinhardt ein Selbstporträt Blachers unter dem Titel „Neuland Rhythmus", das 1963 im Rahmen eines Buches veröffentlicht wurde. Aufschlußreich ist hier der Vergleich mit der wörtlichen Abschrift der Radio-Sendung, die sich im Verlagsarchiv Boosey & Hawkes/Bote & Bock befindet und die Blachers schnoddrig-kühlen Tonfall wesentlich plastischer einfängt. Ebenfalls in Buchform sind die Gespräche Blachers mit Karla Höcker, Josef Rufer und Ursula Stürzbecher publiziert. Häufig zitiert werden in der Sekundärliteratur die Interviews von Wolfgang Burde und Wolf-Eberhard von Lewinski, wenig Beachtung hat dagegen das Gespräch mit Dietolf Greve für den „Kölner Stadt-Anzeiger" gefunden. Blachers autobiographische Skizze „Damals in Chefoo" ist leicht zugänglich in H.H. Stuckenschmidts Blacher-Biographie.

Unter den Schriften über Blacher nehmen die beiden von der Akademie der Künste Berlin zu ihren Blacher-Ausstellungen 1973 bzw. 1993 herausgegebenen Kataloge eine besondere Stellung ein: Sie zeigen den Komponisten vor allem aus der Sicht seiner Schüler. Der zweite Katalog wird ergänzt durch Aufsätze von Christopher Grafschmidt, Jürgen Hunkemöller und Martin Willenbrink,

---

[69] Fischer-Dieskau: *Nachklang*, Stuttgart 1987, S. 239.

Zum Forschungsstand

die ihre Einsichten inzwischen auch anderweitig und ausführlicher publiziert haben:

Willenbrinks Arbeit (1994) über den Zeitopernkomponisten Blacher liegt bisher nicht gedruckt vor, sondern lediglich als Dissertationsschrift der TU Berlin. Sie stellt zunächst Charakteristika der Zeitoper in den 20er Jahren zusammen und arbeitet in diesem Sinn Blachers „Habemeajaja" auf. Der zweite Abschnitt behandelt „Zeitoper als Spiegel deutscher Nachkriegswirklichkeit", wozu die Einakter „Die Flut" und „Die Nachtschwalbe" ebenso gehören wie die späten, elektronisch dominierten „Zwischenfälle bei einer Notlandung". Dazwischen, und für unsere Studie von Belang, findet sich die Einbettung der „Abstrakten Oper Nr. 1" in den Kontext einer „Metamorphose der Zeitoper" (Vorwort). Hunkemöllers monographische Studie über den Jazz-Komponisten Blacher (1998) faßt Forschungsergebnisse und Aufsätze vieler Jahre zusammen. Neben einer Beschreibung kompositorischer Prämissen ist daraus für unseren Zusammenhang die Analyse der „Abstrakten Oper Nr. 1" von Bedeutung.

Grafschmidts aus einer Dissertationsschrift hervorgegangenes Buch (1996) beschäftigt sich ausschließlich mit dem Aspekt der variablen Metren. Es räumt mit dem Mißstand auf, daß zwar überall die Rede von diesem Phänomen ist, es aber kaum eingehend und in seiner Variantenfülle untersucht wurde. Grafschmidt stellt auch die formalen Konsequenzen heraus, die sich aus dem mathematisch organisierten Taktwechsel ergeben. Zudem beleuchtet er erstmals jene Bücher, auf die Blacher baut (Daniel Jones' „Complex Metres" und Joseph Schillingers „System of Musical Composition"), und geht Blachers Hinweis nach, die variablen Metren seien von Stravinskij abgeleitet. Zur Verdeutlichung stellt Grafschmidt idealtypische Modelle auf und führt eine eigene Terminologie ein, auf die ich gelegentlich zurückgreife. Mit den Analysen von Werken der Jahre 1950–1974 erschließt Grafschmidt Teile von Blachers kompositorischer Grammatik, um dann die Brücke zu Olivier Messiaen und vor allem zu Komponisten zu schlagen, die direkt auf Blachers Verfahren reagiert haben: Karl Amadeus Hartmann, Hans Werner Henze und Rudolf Wagner-Régeny. Die Grenze des Buches liegt in der Beschränkung auf kompositionstechnische Fragen. Querbezüge oder Rückschlüsse zur Semantik der Vokalstücke fehlen. Schemata, Zahlenreihen und Graphiken sagen wenig über die musikalische Substanz und deren Motivation.

Eine wesentliche Lücke schließt das von Frank Gertich, Julia Gerlach und Golo Föllmer gemeinsam verfaßte Buch „Musik ..., verwandelt. Das Elektronische Studio der TU Berlin 1953-1995": nicht nur, weil darin zum erstenmal die Entwicklungsgeschichte der Arbeit mit Elektronik an der TU umfassend dokumentiert wird und sich (das ist nicht Aufgabe des Buches) Querbezüge zu den vergleichbaren Studios in Köln oder Gravesano herstellen lassen, sondern auch mit Blick auf Boris Blacher. Die Auseinandersetzung mit elektronischer Musik in dessen Schaffen ist vorher nicht angemessen gewürdigt worden. Ihr wurde (noch bei Stuckenschmidt klingt das durch) eher akzidentielle Bedeutung zugemessen. Blachers spielerischer Umgang mit diesem Medium sollte nicht über die Ernsthaftigkeit hinwegtäuschen, mit der er es nutzte und erforschte. So berichtete mir Dietrich Fischer-Dieskau, Blacher habe in Gesprächen gerade aus seinen letzten Lebensjahren sehr auf das Medium elektronischer Musik gesetzt und für die Zukunft viel davon erwartet. Für den Zusammenhang einer „Yvonne"-Analyse ist das Buch insofern von Bedeutung, als dort aufgezeigt wird, wie sich Blachers Stil unter dem Einfluß elektronischer Mittel verändert hat. Man kann von einer Wechselbeziehung zwischen konventionellen und elektronischen Stücken sprechen, die insbesondere im Spannungsfeld von Semantik und Abstraktion eine große Rolle spielt.

Einen wichtigen, weil über die Bestandsaufnahme des metrischen Gerüstes hinausgehenden Beitrag zur „Abstrakten Oper Nr. 1" liefert Peter Scherf (1988). Auch auf dem 1. Werner-Egk-Symposion in Donauwörth 1999 war die „Abstrakte Oper Nr. 1" Thema eines Vortrages (von Werner Bodendorff). Unter den raren Untersuchungen von Blachers Vokalmusik besonders zu nennen: der Aufsatz von Siegfried Kross über das Oratorium „Der Großinquisitor" (1986). Blachers Stellung im „Dritten Reich" widmet Thomas Eickhoff eine eigene Studie (1999), die Aspekte seines Gottfried-von-Einem-Buches (1998) vertieft. Zu den jüngeren Blacher-Beiträgen gehören vor allem die beiden Lexikonartikel, die Josef Häusler und Jürgen Hunkemöller für die Neuausgaben des New Grove bzw. der MGG (2000 bzw. 2001) geschrieben haben. Alle Texte und Materialien, die für meine Studie von Belang waren, sind im Anhang aufgelistet.

Wichtigster publizistischer Bannerträger war ohne Zweifel Hans Heinz Stuckenschmidt, der Blachers Werke bis zuletzt pries, als die Presse fast geschlossen von ihnen abgerückt war. Stuckenschmidts Blacher-Biographie erschien erstmals 1963. Sie kam 1985 in einer erweiterten Neuausgabe auf den Markt, behielt allerdings den mehr einführenden als analytischen Charakter. Ergänzt wird sie von Kritiken, Essays und anderen Würdigungen Blachers, die Stuckenschmidt im Laufe von vier Jahrzehnten für diverse Medien geschrieben hat.

Selbstverständlich hat Blacher in älteren Gesamtdarstellungen seinen Platz. So sind ihm in den Büchern von Josef Häusler (1969), Hans Vogt (^{3}1983), Friedrich Saathen (1986) und Ulrich Dibelius (Neuausgabe 1998) sowie in der

Zum Forschungsstand

von Hanns-Werner Heister und Walter-Wolfgang Sparrer herausgegebenen Loseblattsammlung „Komponisten der Gegenwart" (1992ff.) eigene Kapitel gewidmet. Blacher-Beiträge von Werner Bollert, Siegfried Borris, Heinz von Cramer, Gottfried von Einem, Horst Koegler, Harald Kunz, Josef Rufer und Karl H. Wörner ergänzen das zeitgenössische Bild des Komponisten in Fachzeitschriften und Sonderpublikationen. In seiner ganzen Plastizität entsteht es allerdings erst bei der Lektüre der Tagespresse. Wichtigste Quelle war hierbei neben dem Verlagsarchiv Boosey & Hawkes/Bote & Bock das Zeitungsarchiv des Bayerischen Rundfunks.

Die zahlreichen Buch- und Zeitschriftenpublikationen, in denen Blacher unter den Aspekten Biographik, Werkgenese und -exegese, Librettoforschung, Musikpolitik im „Dritten Reich", Aufführungspraxis und -geschichte, Hochschulpolitik, Musikpädagogik und Zeitgeschichte behandelt wird, müssen hier nicht einzeln erläutert werden. Ihre Verwendung soll sich aus der Studie selbst erschließen. Das gilt auch für die Auswahl der Sekundärliteratur zur Theater-, Kunst- und Literaturgeschichte sowie die verwendeten Werkausgaben.

2. Voraussetzungen und Vorbehalte: Der Operntext als Literaturadaption

2.1 Das Libretto zwischen Funktionalität und Autonomie

Starker Tobak, was die Redaktion der Zeitschrift „Opera News" im August 2001 ihren Lesern zumutete. Unter dem Titel „A Novel Idea. It's time for american opera to close the books" startete Joel Honig einen Frontalangriff gegen die aktuelle Praxis von Literatur-, speziell Novellenadaptionen: „The trend for cannibalizing novels rests on the fallacy that enough diligence and dexterity can render anything into opera. Just add music, the thinking goes; if you sing it, they will come." Es reiche eben heute nicht mehr, der Mona Lisa einen Schnurrbart anzumalen, wie noch zu Zeiten von Marcel Duchamp, um auf der Höhe der Zeit zu agieren. Oper als Zweitverwertung bewährter Sujets habe ausgedient: „Like Madame Tussaud's wax effigies, these operatic clones are too often sterile and lifeless, they offer nothing more to discover" (S. 22).

Wer würde, angesichts der jüngsten, mit großem Finanzaufwand ausgerichteten Uraufführungen von „The Great Gatsby", „A Streetcar Named Desire" oder „A View from the Bridge" – um nur einige prominente Beispiele zu nennen –, einer solchen Polemik widersprechen? Sie rüttelt (ohne das dezidiert zu benennen) an der Musicalisierung der Oper. Auch die Verschmelzung von Weltliteratur und Film, wie sie aus den USA nicht wegzudenken ist, spielt hier herein. Andererseits stammen gerade aus den USA, deren Musikbetrieb damit die Tendenz zur Einebnung von produktiven Gattungsgrenzen vorgeworfen wird, engagierte Versuche aus der Gegenrichtung: Versuche, Aktuelles ohne Gefälligkeitsbonus auf die Opernbühne zu holen; Opern, die statt aufs hohe C auf CNN schielen. Doch selbst einen John Adams scheint die schwindelerregend schnell zunehmende Vermischung von Virtualität und Realität zu entmutigen: Wie real ist CNN? Bereits „Death of Klinghoffer" bedeutet eine Zurücknahme von „Nixon in China", korrespondiert eher mit Altem Testament und Koran als mit der Tagesschau. „El Niño" zieht daraus weitere Konsequenzen.

Interessanterweise ist die Entwicklung, die in den USA zur Zeit hohe publizistische Wellen schlägt, zeitversetzt – wenn auch unter anderen kompositorischen Vorzeichen – in Europa ähnlich abgelaufen. Auch Luigi Nono ist von der Tua-res-agitur-Gebärde, die sich in „Intolleranza" oder „Al gran sole" aus tagespolitischer Aktualität speist, abgekommen, was – zumindest bei ihm – nicht zwangsläufig einen Paradigmenwechsel impliziert: Das Zarte, Private habe auch seine kollektive, politische Seite, bekannte er Anfang der 80er Jahre.

Aktualität auf der Opernbühne als Alternative zu einer von der Weltliteratur beglaubigten *conditio humana* bleibt also eine heikle Sache: Zwar sind die Tempel der ewigen Werte oft verstaubt, andererseits kann Zeitdiagnostik schnell in ästhetische Sackgassen führen. Die apodiktische Gegenüberstellung von „Azione scenica und Literaturoper", wie sie vor zwanzig Jahren Jürg Stenzl in der Hoffnung auf ein neues, weil antilineares, darin antinarratives und unpsychologisches Musiktheater betrieb[1], ist bis heute virulent. Und mit ihr die Frage, welche ästhetische Relevanz sich mit der Anklammerung an Literatur im Musiktheater überhaupt verbinden kann. Wer sich heute mit dem Phänomen des Operntextes im 20. Jahrhundert beschäftigt, landet deshalb schnell bei Grundsätzlichem, ohne daß damit der trivialen Tatsache widersprochen wäre, daß Gattungsnormen kaum noch existieren, sondern lediglich als Begriffsgespenst kursieren.

Solchen grundsätzlichen Aspekten, sofern sie für Boris Blacher konstruktiv sind, versuchen die folgenden beiden Abschnitte Rechnung zu tragen. Stets geht es dabei um den literarischen Rückbezug von „Oper" im weitesten Sinn, oder genauer: um die Frage, inwieweit musikalisches Theater auch musikalisiertes Schauspiel sein kann. Die Schere zwischen Funktionalität und Autonomie, die sich beim in Musik gesetzten Bühnentext auftut und diesen bisweilen auch zerschneidet, möchte ich dabei zunächst per se betrachten und erst danach am Fallbeispiel der sogenannten Literaturoper. Daß sich dabei im gegebenen Rahmen historische Problemkonfigurationen nur andeuten lassen, versteht sich von selbst: Es geht um eine Zusammenschau, vor deren Hintergrund Blachers Praxis verständlicher wird. Ausgeschlossen werden kann zunächst die Zeitoper, die uns später in Gestalt der „Abstrakten Oper Nr. 1" beschäftigen wird. Denn sie setzt die Akzente klar, wertet das Funktionale einer Textintention nicht als ästhetisches Manko, sondern umgekehrt als Qualität.

Daß sich heute das Opernlibretto – und zwar unabhängig davon, ob es eine Literaturadaption oder eine Neuschöpfung darstellt – als Gegenstand wissenschaftlichen Interesses etabliert hat, ist nichts weniger als selbstverständlich. Noch zu Lebzeiten Verdis und Wagners formulierte H. M. Schletterer im Vorwort zu „Breitkopf und Härtels Textbibliothek": „Keine Branche unserer Literatur erscheint so vernachlässigt wie die Operndichtung, keine von geringerer Sorgfalt und Aufmerksamkeit auch in ihrer Erscheinung behandelt."[2] Daraus ergibt sich die Forderung nach „endlicher Gleichstellung mit anderen Leistungen der dramatischen Poesie".[3] Lange Zeit erschienen Aspekte des Librettos, wenn

---

[1] Stenzl: „Azione scenica und Literaturoper", a.a.O., S. 45-57.
[2] Zit. nach Arthur Scherle: *Das deutsche Opernlibretto von Opitz bis Hofmannsthal*, Diss., München 1954, S. 1.
[3] Karl H. Ruppel: „Die literarische Wendung der Oper", in: ders.: *Musik unserer Zeit*, München 1960, S. 148. Vgl. in diesem Sinne auch Hans-Günter Klein („Aktuelle Realität in Opern

überhaupt, als Appendix musikologischer Forschungen. Andererseits sah die Literaturwissenschaft darin eine Form der Trivialliteratur, deren künstlerisches Eigengewicht Analysen kaum rechtfertigte. So wuchs die Librettofrage, wie Karl Schumann formulierte, „zu einem quälenden Minderwertigkeitskomplex gegenüber dem gesprochenen Drama, das sich – nach der Meinung ernsthafter, allzu ernsthafter Leute – zur Oper verhält wie ein ausdrucksstarker, gelenkiger Schauspieler zu einer statuarischen, selbstgefälligen Primadonna".[4]

Zu unterscheiden ist hierbei freilich zwischen dem Interesse am Verhältnis von Musik und Literatur, das die Gattung seit ihren Anfängen in Theorie und Praxis begleitet, und einer wissenschaftlich fundierten Librettoforschung. Daß insbesondere in Deutschland der Operntext lange von der Musikwissenschaft geringgeschätzt wurde, ist nichts als die Kehrseite einer ästhetischen Favorisierung der Instrumentalmusik, die aus dem 19. Jahrhundert stammt. Ausnahmen, insbesondere der Umgang mit Mozart, Weber und Wagner, bestätigen solche Betrachtungsstereotypen. Erich Valentin bezog hierzu 1938 eine frühe Gegenposition und betonte, daß die „Operndichtung (...) ein die Oper selbst bestimmendes Hauptkennzeichen" ist, „dessen Wichtigkeit so weit geht, daß es über den rein formal-dramatischen Charakter des Werkes hinaus auch den musikalischen Stil beeinflussen und bilden kann".[5] Dennoch sind Versuche, die Geschichte von Libretto wie Librettisten als Ganzes in diesem Sinne darzustellen, erst Jahrzehnte später entstanden. Arthur Scherles Versuch von 1954 beschränkt sich auf den deutschsprachigen Raum und kann angesichts des Vorhabens, den Bogen von Opitz bis Hofmannsthal zu spannen, kaum mehr bieten als einen groben Überblick. Auch dieses Buch blieb lange Einzelvorhaben.

Noch in den 70er Jahren lesen sich Lexikonartikel, die dem Libretto gewidmet sind, wie zögerliche und keineswegs widerspruchsfreie Bestandsaufnahmen. „The New Grove" versuchte es mit Zensuren[6], ohne dabei auf methodische Ansätze zur Librettobehandlung zu verweisen. Auch die vier Librettoaspekte, nach

---

der 50er Jahre", in: H.-W. Heister/D. Stern (Hg.): *Musik 50er Jahre* (sic), Berlin 1980, S. 123): „Die weit verbreitete Auffassung, daß über die Qualität einer Oper die Musik allein entscheide, ist in ihrer Ausschließlichkeit zu bezweifeln, da die Musik als das in der Genese prinzipiell Sekundäre durch den Text bedingt ist."

[4] Schumann: „Die Emanzipation des Librettos. Literarische Tendenzen in der modernen Oper", in: H. Lindlar/R. Schubert (Hg.): *Lebt die Oper?*, Bonn und London 1960, S. 17.
[5] Valentin: „Dichtung und Oper. Eine Untersuchung des Stilproblems der Oper", in: *Archiv für Musikforschung*, 3. Jg., 1938, S. 139.
[6] Vgl. Edward J. Dent/Patrick J. Smith: „Opera. VII Libretto", in: S. Sadie (Hg.): *The New Grove Dictionary of Music and Musicians*, Band 13, London 1980, S. 610ff.

denen Riemanns Musiklexikon die Librettistik des 20. Jahrhunderts separiert, zeigen mehr Dilemma als Lösung.[7] Jürgen Schläder forderte 1981 zu Recht, „die Ästhetik des L.'s fernab von der Wertung sprachlich-dichterischer Formung des Textes zu entwerfen", und führte diese Wertung, die „sich (fälschlich) weniger auf die Eigendynamik eines Werkes und seine musikalisch-szenischen Höhepunkte als auf den Vergleich mit der literarischen Vorlage, nach der die Oper entstanden ist", konzentriert, als Grund für methodische Mißverständnisse an.[8] Aber noch sieben Jahre später beklagte Gerhard Müller, Operntexte seien „keine Kunstwerke sui generis, darum Stiefkinder der Literaturwissenschaft. Trotzdem sind es Sujets und Texte, die die Ästhetik der Oper prägen, und oft deutlicher als in den Partituren kündigt sich in der Stoffwahl eine Umwälzung der ästhetischen Anschauungen an."[9] Kurz: Das Opernlibretto befand sich zwischen den Ansprüchen divergierender Disziplinen und genoß bei beiden „den schlechten Ruf einer subliterarischen Zweckgattung".[10] Freilich stand diese Mißachtung in krassem Widerspruch zur Verbreitung, ja Popularität der Libretti.

Durch das wachsende literaturwissenschaftliche Interesse an Konsum- und Trivialliteratur[11] einerseits und die Etablierung einer interdisziplinär agierenden Musiktheaterwissenschaft[12] andererseits, hat sich die Situation gewandelt. Beiträge zur Librettoforschung müssen heute nicht mehr mit der Klage darüber beginnen, man bewege sich auf wenig erschlossenem Boden: Gegen die 1975 berechtigte Feststellung Klaus Günther Justs, nach der das Opernlibretto eine

---

[7] Anonym: „Libretto", in: H. H. Eggebrecht (Hg.): *Riemann Musik-Lexikon*, Sachteil, Mainz 1967, S. 521.
[8] Schläder: „Libretto", in: M. Honegger/G. Massenkeil: *Das grosse Lexikon der Musik*, Freiburg, Basel u.a. 1981, Band 5, S. 111.
[9] Müller: „‚Affenkomödie' oder Georg Büchner als Musikdramatiker", in: H. G. Werner (Hg.): *Studien zu Georg Büchner*, Berlin und Weimar 1988, S. 256.
[10] Dieter Borchmeyer: „Libretto, Textform", in: L. Finscher (Hg.): *Die Musik in Geschichte und Gegenwart*, Sachteil Band 5, Kassel, Weimar u.a. 1996, Sp. 1117.
[11] Die generelle Subsumierung des Librettos unter die Kategorie der Trivialliteratur, wie sie Klaus-Dieter Link (*Literarische Perspektiven des Opernlibrettos*, Bonn 1975) mit Blick auf Italien vorschlägt, ist problematisch und wird der Vielfalt von Librettoformen kaum gerecht. Mit Blick auf die in dieser Studie zur Diskussion stehenden Operntexte Blachers kann der analytische Ansatz unter dem Aspekt der Trivialliteratur vernachlässigt werden.
[12] Zur wissenschaftstheoretischen Problematik dieses interdisziplinären Ansatzes vgl. Ulrich Weisstein: „Die wechselseitige Erhellung von Literatur und Musik: Ein Arbeitsgebiet der Komparatistik?", in: St. P. Scher (Hg.): *Literatur und Musik. Ein Handbuch zur Theorie und Praxis eines komparatistischen Grenzgebietes*, Berlin 1984, S. 40ff., hier S. 45. Der Aufsatz wurde erstmals veröffentlicht in: *Neohelicon* 5, 1977, Band 1, S. 93-123.

Zwischen Funktionalität und Autonomie 39

„unbekannte literarische Größe" sei[13], wurde schon damals von vielen Seiten angearbeitet.[14] Voraussetzungen des opernspezifischen Textes müssen angesichts dieser Forschungssituation nicht erneut thematisiert werden. Mit Blick auf Boris Blacher interessiert jene Sonderform des Librettos, die sich in der sogenannten Literaturoper dokumentiert. Die Skepsis, die ihr entgegenschlug und -schlägt, resultiert nicht zuletzt aus dem Umstand, daß das Prinzip der Schauspieladaption Grundbedingungen librettistischer Schreibweise nur über den Weg einer *Um*formung der Vorlage einlösen kann – und damit stets das Risiko einer *Ver*formung eingeht. Welche Wege stehen der Musik offen, wenn sie mehr sein will als ein „Vehikel des Textes"?[15] Und welche Änderungen erträgt ein Drama, ohne in seiner Substanz beschädigt und damit geplündert zu werden? Ab wann wird der Zugriff zum Würgegriff?

Um die Genealogie des Problems anzudeuten, ein kurzer, natürlich bruchstückhafter Rückblick. Ältere Beschreibungen des Librettos, etwa die von Anna Amalie Abert[16], akzentuieren primär die Funktionalität des Librettos, abstrahieren von Theorie wie Praxis des 19. Jahrhunderts. Bereits im dritten Teil von Friedrich Theodor Vischers insgesamt sechsbändiger und durchaus normativ

---

[13] Just: „Das deutsche Opernlibretto", wieder abgedruckt in: St. P. Scher (Hg.): *Literatur und Musik*, a.a.O., S. 100.

[14] Erste wichtige, noch quasi vom Pioniergeist getragene Überblicksdarstellungen stammen von Patrick J. Smith (1971) und Kurt Honolka (1979). Die von Leo Karl Gerhartz (1968) angestoßenen Einzeluntersuchungen am dankbaren Objekt Verdi sind zahlreich und müssen hier im einzelnen nicht aufgeführt werden. Zu verweisen ist statt dessen nach wie vor auf die Sammelbände von Jens Malte Fischer (Hg.): *Oper und Operntext*, Heidelberg 1985; Albert Gier (Hg.): *Oper als Text*, Heidelberg 1986; und – aus umgekehrter Perspektive – Albert Gier/ Gerold W. Gruber (Hg.): *Musik und Literatur. Komparatistische Studien zur Strukturverwandtschaft*, Frankfurt am Main, Berlin u.a. 1985; sowie: Steven Paul Scher (Hg.): *Literatur und Musik*, Berlin 1984. Vgl. weiterhin die Studien von Klaus-Dieter Link (1975) und Gary Schmidgall (1977). Einen ausführlichen Bericht über den Forschungsstand stellt Petra Grell ihrer Untersuchung von *Ingeborg Bachmanns Libretti* (1995) voran. Ergänzend hierzu vor allem Beatrice Donin-Janz (1994). Ebenfalls über Detailanalysen hinaus geht Thomas Beck im ersten Kapitel seiner Dissertation, das *Bedingungen librettistischen Schreibens* (1997) vielfältig auffächert. Darauf werden wir zwangsläufig zurückkommen. Ebenso auf Erik Fischers breiter angelegten Versuch von 1982, die „Geschichte der Oper als multiple Entfaltung ihrer generischen Fundamentalstruktur" zu beschreiben. Alle diese Ansätze (weitere Literaturhinweise im Anhang) bilden Bausteine einer neu entstandenen Librettologie, deren Instrumentarium in der ersten Gesamtdarstellung von Theorie und Geschichte des Operntextes als literarischem Phänomen ausdifferenziert wird – 1998 durch Albert Gier (*Das Libretto*, a.a.O.).

[15] Carl Dahlhaus: *Die Musik des 19. Jahrhunderts*, Laaber 1996, S. 6.

[16] In: Friedrich Blume (Hg.): *Die Musik in Geschichte und Gegenwart*, Kassel, Basel etc. 1960, Bd. 8, Sp. 708ff.

gedachter „Ästhetik oder Wissenschaft des Schönen" von 1857 gehört zur Voraussetzung von „Anlage und Disposition des Operngedichts" das „Gesetz der Beschränkung".[17] Was bei Hegel als „mittlere Art von Poesie" oder mit Lortzings berühmtem Ausdruck vom „Mittelgut" beschrieben ist, wurde lange als Qualitätsurteil mißverstanden und weniger als Einsicht in die vermittelnde Funktion des Operntextes. Vermittlung in diesem Sinn besagt: Die Determination verbaler Elemente liegt in der Oper oft außerhalb dieser selbst. Der Text ist dazu da, Musik zu ermöglichen, einen inneren Raum dafür zu schaffen. Er ist lediglich für die Evokation der Musik verantwortlich. Leo Karl Gerhartz geht, die Situation der ersten Hälfte des 19. Jahrhunderts charakterisierend, sogar so weit, „die entscheidenden Aufgaben des Librettisten" mehr im szenischen als im literarischen Sektor zu suchen:

> „Da der Opernkomponist bestrebt ist, ein auf seine bloße theatralische Erscheinung beschränktes Bühnengeschehen musikalisch auszudrücken, muß es konsequenterweise das wichtigste Ziel seines Textautors sein, solch ein Bühnengeschehen zu entwerfen. (...) Der gute Librettist ist daher auch in erster Linie und vor allem Theaterfachmann. Der Dichter als Librettist bedeutet dagegen, falls er sich nicht dem ihm und seinem Material fremden Interessen des Komponisten unterwirft und damit im Grunde aufhört, Dichter zu sein, für die Entfaltung des der Oper Wesentlichen eher eine Gefahr."[18]

In bewußt gesetztem Kontrast zu Richard Wagner und dessen Aufwertung des Operntextes als „in einem dramaturgischen Sinne dichterische(s)" Moment[19] verfolgte und verfeinerte Ferruccio Busoni solche Tendenzen einer Textanpassung im 20. Jahrhundert und beschreibt sie für die kompositorische Praxis:

> „So verlange ich vom Operntext, daß er nicht allein die Musik herbeibeschwöre; sondern überdies; daß er ihr Raum zur Entfaltung gönne. Das Wort gestatte der Musik auszuklingen; andererseits zwinge es sie nicht, sich ihm, dem Worte, zu Diensten ungebührlich auszudehnen, wenn sie selbst zu Ende gesprochen hat."[20]

---

[17] Mehr dazu bei Christoph Nieder: *Von der „Zauberflöte" zum „Lohengrin". Das deutsche Opernlibretto in der ersten Hälfte des 19. Jahrhunderts*, Stuttgart 1989, Zitat S. 13.

[18] Gerhartz: *Die Auseinandersetzungen des jungen Verdi mit dem literarischen Drama*, Berlin 1968, S. 314.

[19] Dahlhaus: „Zur Dramaturgie der Literaturoper", in: S. Wiesmann (Hg.): *Für und Wider die Literaturoper*, Laaber 1982, S. 153.

[20] Busoni: *Über die Möglichkeiten der Oper und über die Partitur des „Doktor Faust"*, Wiesbaden ²1967, S. 24. Busoni konstruiert, um das zu verdeutlichen, eine Szene in der Ausformung von Sprechdrama und Oper. Das „Schlagwort" (ebd.) ersetze in der Oper die „Tirade des Dramas" (S. 25). Busoni gebrauchet den Begriff des Schlagwortes nicht nur textintern, sondern auch in bezug auf die Handlung. Dort bezeichnet er damit vor allem die

Eine solche Devotionshaltung des Operntextes hat später Peter Hacks ins Allgemeinere geweitet: Auch sein Librettobegriff spiegelt freilich die Erfahrung der Theaterpraxis. Zum einen rieb sich Hacks, einer der wichtigsten dramaturgischen Vordenker im Theater der DDR, am Wortfetischismus von Walter Felsensteins Opernästhetik. Zum anderen hielt er die Literaturadaption, wie Busoni, für eine Sackgasse. Gerade weil er sich durchaus im emphatischen Sinn als Librettist versuchte und verstand, fällt Hacks Definition besonders kraß aus:

> „Anders als der Text des Dramas hat der des Librettos keinen Zweck in sich. Sein Zweck ist, außer ihm, in der Musik (...). Im Grunde werden seine Worte von niemandem ernstlich zur Kenntnis genommen, außer vom Komponisten; sobald der, anhand ihrer, seine Tätigkeit vollbracht hat, haben sie aufgehört zu sein."[21]

So prägnant das formuliert ist und so oft es zitiert wird: Es handelt sich lediglich um die Paraphrase einer Überlegung, die W. H. Auden bereits 1952 anstellte:

> „Die Verse, die der Librettist niederschreibt, sind nicht an das Publikum gerichtet, sondern sie sind tatsächlich ein Privatbrief an den Komponisten. Sie erreichen ihren höchsten Ruhm in dem Augenblick, in dem sie ihm eine bestimmte Melodie eingeben. Sobald sie dies getan haben, spielen sie die gleiche Rolle wie die Infanterie für einen chinesischen General: sie müssen völlig zurücktreten und aufhören, sich darum zu kümmern, was mit ihnen geschieht."[22]

Auch Heinz von Cramer, Blachers langjähriger Mit- und Zuarbeiter, notierte 1957 in diesem Sinne: „Aus der Qualität der geschriebenen Musik liest man den Wert eines Textbuches ab, nicht aus seinem gedruckten Wortlaut (und nicht einmal aus seiner ‚Bühnenwirksamkeit', die oft zeitgebunden ist!)."[23] Ebenfalls aus der in praktischer Arbeit gewonnenen Erfahrung heraus schreibt Ingeborg Bachmann mit Blick auf ihre Bearbeitung des „Prinz von Homburg" für Hans Werner Henze: „Ich würde (...) meine Arbeit dann für gelungen halten, wenn sie wenig bemerkt und schließlich vergessen würde."[24]

---

unmittelbare Verständlichkeit von Situationen: „Der Musik gegenüber gilt es eher eine Situation zu schaffen, als sie logisch zu motivieren. Ein Schlagwort in der Handlung wäre beispielsweise der auftretende ‚R i v a l e'" (S. 26, Hervorhebung im Original). Dieter Borchmeyer („Libretto, Textform", a.a.O., Sp. 1119) macht auf die Nähe zwischen dem Schlagwort-Begriff Busonis und Verdis „parola scenica" aufmerksam.

21 Der Mitte der 70er Jahre entstandene Essay wird nach der Neuausgabe zitiert: „Versuch über das Libretto", in: P. Hacks: *Oper*, München 1980, Zitat S. 238.
22 Auden: „Einige Gedanken über die Oper als Kunstgattung", in: *Melos*, 19. Jg., 1952, Heft 1, S. 6.
23 Cramer: „Da wo die Oper sterblich ist: das Libretto", in: *Akzente*, 4. Jg., 1957, Heft 2, S. 137.
24 Zit. nach H. J. Kreutzer: „Vom Schauspiel zur Oper. Ingeborg Bachmanns Libretto für Hans Werner Henzes ‚Der Prinz von Homburg'", in: ders. und K. Kanzog: *Werke Kleists auf dem modernen Musiktheater*, Berlin 1977, S. 64f.

Diese Devotionshaltung steht freilich schon bei Bachmann keineswegs im Widerspruch zum Prinzip der Literaturadaption. Sie findet ihren Gegenpol etwa in Patrick J. Smiths emphatischer Rehabilitierung des Librettisten-Genres, die darauf pocht, daß nicht nur die Worte, sondern auch die Situationen (im Sinne von Verdis „parola scenica") vom Textdichter stammen. Sie liest sich folgendermaßen:

> „Concomitantly, the librettist himself gains the stature and can be judged as a co-equal of the composer: two complete artists in their respective fields intent upon the creation of a synergic neither could create alone."

Und noch deutlicher:

> „The fatal temptation is to assume that the omnipotent composer is therefore omniscient, the librettist but an utilitarian appendage employed to crank the composer's dramatic ideas into some sort of serviceable verse."[25]

Aber ein solches Plädoyer, das weiß auch Smith, kann ebenfalls nur einen Teil der historischen Wahrheit einfangen. Smiths kalkulierte Emphase reagierte auf einen Mißstand der Forschung, auf die tradierte Mißachtung des Librettos. Nüchterner ließe sich festhalten, daß die Autonomie des Librettos epochenweise und partiell auch länderabhängig differiert. Ohne daß hier ein erneuter historischer Überblick notwendig wäre: bereits die zahlreichen Anmerkungen, Vorworte und Kommentare zu den ersten Opern im Italien des 16. Jahrhunderts zeigen, wie ernst die Florentiner Camerata ihre Operntexte nahm. Selbstverständlich gingen ihre Versuche im neuen Genre, das sich als Wiederbelebung eines alten verstand, vom Primat der Dichtung aus. Und bereits am Anfang der Operngeschichte waren, wie später immer wieder, die Grenzen zwischen Literatur und Libretto fließend. Ottavio Rinuccini oder Giovanni Francesco Busenello fungierten als in hohem Maße bestimmende literarische Persönlichkeiten. Ähnliches gilt in Deutschland für die Textlieferanten der Opernanfänge: Opitz, Gryphius oder Harsdörfer. Für das Barockzeitalter repräsentieren Metastasios Libretti – quer durch Europa und inmitten einer Trias mit Zeno und Calzabigi – den Standard von Operntexten eines durchweg literarischen Selbstverständnisses: Der Werkcharakter konstituiert sich durch das Libretto, zu dem dann die (austauschbare) Musik addiert wird. Später, bei Scribe und Sardou, Meilhac und Halévy verschwimmen – ganz unabhängig vom Authentizitätsbegriff – die Grenzen zwischen Opern- und Dramentext mehr, als manches Etikett glauben macht. In der ersten Hälfte des 19. Jahrhunderts fungieren die Oper und ihre

---

[25] Smith: *The Tenth Muse*, London 1971, S. xxi und xviii.

Texte in Deutschland geradezu als Ersatz für den Mangel an tragfähigen Sprechdramen.[26] Die Personalunion von Dramatikern und Librettisten[27], die sich bis ins 20. Jahrhundert zieht und erst nach 1945 zur Rarität wird, weil primär lyrische Begabungen sich dem Musiktheater widmen (W. H. Auden, Ingeborg Bachmann oder Hans-Ulrich Treichel), läßt Trennlinien ohnehin kaum zu.

Ganz ohne literarische Vorlage, soviel steht fest, ist noch selten eine Oper ausgekommen. Albert Gier betont daher bei seinem Blick über die adaptierten Gattungen, daß bei „der Masse der Opernlibretti, die seit etwa vierhundert Jahren in Europa und anderswo geschrieben worden sind, (...) eine verschwindend geringe Zahl von Originalwerken zahllosen Bearbeitungen gegenüber" steht: „In der Regel greifen die Textdichter auf literarische Vorlagen zurück: Adaptiert werden Sprechdramen, im 17. und 18. Jahrhundert häufig auch ältere Libretti, daneben narrative Texte wie Romane, Novellen, Volks- und Kunstmärchen, auch Chroniken."[28]

Für die Autonomie des Librettos, die „freilich nicht gleichbedeutend mit künstlerischer Autonomie des Librettisten" ist[29], spricht auch ein rezeptionsgeschichtlicher Aspekt, auf den Klaus Günther Just hinweist. Das Libretto unterliegt einer strengen Selektion:

> „Das Publikum ist der Oper und dem Libretto gegenüber nicht etwa kritiklos, sondern ganz im Gegenteil von erbarmungsloser kritischer Schärfe oder doch Härte. Die Zahl der Opernlibretti, die sich durchsetzen konnten, ist im Vergleich zur Gesamtproduktion auf diesem Sektor außerordentlich gering."[30]

Allerdings läßt sich eine solche Argumentation schwer ohne den Faktor Musik nachvollziehen: Libretti werden vom Publikum nicht als solche akzeptiert oder verworfen, sondern als vertonte Texte. Es scheint so, als meine Just eher die Sujets und deren dramaturgische Ausgestaltung als den Wortlaut. In bezug auf die Literaturoper kann man seine Beobachtung auch umdrehen: Zahlreiche Schauspiele, die vom Publikum abgelehnt wurden, kommen durch die Oper zu

---

26 Vgl. Nieder: *Von der „Zauberflöte" zum „Lohengrin"*, a.a.O., S. 156 bzw. 250.
27 Zu diesem Themenkomplex vgl. Thomas Koebner: „Vom Arbeitsverhältnis zwischen Drama, Musik und Szene und ein Plädoyer für eine ‚Opera impura'", in: S. Wiesmann (Hg.): *Für und Wider die Literaturoper*, hier: S. 67.
28 Gier: „A = B? Von der Kunst des Weglassens (und des Hinzufügens) im Opernlibretto", in: *Bericht vom Bruckner-Symposion im Rahmen des Int. Brucknerfestes Linz 1996*, Linz 1998, S. 9.
29 Gier: *Das Libretto*, a.a.O., S. 16.
30 Just: „Das deutsche Opernlibretto", a.a.O., S. 101.

neuen Ehren. Das gilt in besonderem Maße für Boris Blacher, der in seinen Opern gerne auf Entlegenes, sogar literarisch Zweitrangiges rekurrierte.

Als Basis eines adäquaten Verständnisses von Literaturoper ergeben sich somit zwei selbstverständliche, in der Diskussion um die ästhetische Gegenwart der Gattung aber häufig ignorierte Voraussetzungen. Erstens schlägt das Pendel im Spannungsfeld von Funktionalität und Autonomie des Librettos in unterschiedlichen Epochen nach verschiedenen Richtungen; Klaus-Dieter Link spricht von „Musik- und Text-Dominanzen in geschichtlichen Intervallen".[31] Zweitens wurde die Trennung von Operntext und Dramentext in der Geschichte des Musiktheaters keineswegs rigide gehandhabt. Die aktuelle Librettoforschung geht sogar davon aus, „daß hinsichtlich der Dramaturgie keine grundlegenden Unterschiede zwischen ‚Literaturopern' und älteren Libretti bestehen".[32] Seine Definition faßt Albert Gier deshalb so weit wie möglich: „Ob ein Autor seine Dichtung für die Sprechbühne oder für das Musiktheater konzipiert hat, scheint letztlich belanglos. Als Libretto wäre demnach nicht der zur Vertonung bestimmte, sondern der vertonbare dramatische Text zu bezeichnen."[33] Demzufolge entwickelt Gier einen Katalog an Charakteristika, die für sämtliche Librettoformen gelten, aus denen sich wiederum Einrichtungsaspekte für den Wandlungsprozeß vom Drama zum Libretto ableiten lassen.

Das Spannungsverhältnis von Zweckgebundenheit und Autonomie im Libretto wird in der jüngeren Opernforschung durch eine Fokussierung von dessen poetologischem Gehalt gelöst. Thomas Becks Ausgangsposition besagt, „daß Funktionalität und Poetizität nicht als Widerspruch aufgefaßt werden dürfen", und beschreibt das Libretto als Textform, „die sich nicht notwendigerweise (...) durch eine generelle Abwesenheit literarischer Qualität auszeichnet, sondern vielmehr auf sehr spezifische Art und Weise ihre besondere Form von Poetizität konstituiert".[34] Voraussetzung für einen Zugang zur letzteren sei, „die ästhetische Eigengesetzlichkeit librettistischer Texte anzuerkennen".[35] Bescheidenheitserklärungen wie die von Auden, Bachmann oder Hacks verdecken das, nicht aber die Arbeitsergebnisse dieser Autoren: Die orientieren sich sehr wohl an der „intermediale(n) Funktion", die dem Text bei der „Konstituierung des

---

[31] Link: *Literarische Perspektiven des Opernlibrettos*, a.a.O., S. 31.
[32] Gier: *Das Libretto*, a.a.O., S. 6.
[33] Ebd., vgl. hierzu auch Pfister: *Das Drama*, München ^{9}1997, S. 33. Oper, Pantomime und Ballett ordnet Pfister gattungssystematisch dem „Untersuchungsbereich" Drama zu, weil sie ähnlichen Kriterien gehorchen.
[34] Beck: *Bedingungen librettistischen Schreibens*, a.a.O., S. 9.
[35] Ebd., S. 15.

Medienverbundes in der Oper"[36] zukommt. Die „eigenständigen poetischen Leistungen des Textes" erweisen sich dabei einerseits durch „die *Funktion* des Librettos im übergeordneten, triadischen Medienverbund Oper (Text – Musik – Bühne)", andererseits durch „die eigene, immanente Poetizität des Textes, seine literarische Qualität betreffend".[37]

Für die Beschaffenheit eines Operntextes in diesem Sinne sind verschiedene Begriffe eingeführt worden, die alle auf denselben Sachverhalt zielen. Die drei griffigsten: Hans Ulrich Gumbrecht spricht von einer „Ermöglichungsstruktur".[38] Thomas Koebner beschreibt ein variables „Arbeitsverhältnis" zwischen Drama, Musik und Szene, in dem das Zukunftspotential der Gattung seit ihren Anfängen liegt und innerhalb dessen sich das Libretto als „ergänzbare literarische Form" verstehen muß und „Anpassungsleistungen" zu erbringen hat.[39] Thomas Beck führt den Begriff der „semantischen Unterdetermination" ein:

> „Diese läßt dem Ausdrucksträger Musik innerhalb der sprachlichen Artikulation Raum für eigene ästhetische Verfahrens- und Gestaltungstechniken. Im Gegensatz zur herkömmlichen Betrachtungsweise jedoch darf die Unterdetermination der librettistischen Sprache nicht als ‚poetisches Defizit' mißverstanden werden. Vielmehr ist sie eine der besonderen librettospezifischen Qualitäten von Operntexten."[40]

Für die Literaturoper essentiell dabei ist, daß eine solche „Unterdetermination" keineswegs a priori als Bestandteil der Vorlage existieren muß, sondern durch gezielte Kürzungen auch im nachhinein hergestellt werden kann: Die in den Text gerissenen Lücken können sich als Potential der Vertonung erweisen. Die Etablierung des Begriffs einer künstlerisch produktiven „Unterdetermination" des Operntextes kann somit helfen, Vorurteile abzubauen: Vorurteile, die stets aus den paradoxen Spezifika des Librettos resultieren. Wenn Dietmar Holland formuliert, die „Eigenart" der Oper „verbietet geradezu differenzierte sprachliche Gestaltung"[41], so treibt er damit einen – historisch umgrenzbaren – Sach-

---

[36] Ebd., S. 47.
[37] Ebd., S. 15f. (Hervorhebung im Original).
[38] Gumbrecht: „Musikpragmatik – Gestrichelte Linie zur Konstitution eines Objektbereichs", in: A. Gier (Hg.): *Oper als Text*, a.a.O., S. 19.
[39] Koebner: „Vom Arbeitsverhältnis zwischen Drama, Musik und Szene", a.a.O., S. 69 und 70.
[40] Beck: *Bedingungen librettistischen Schreibens*, a.a.O., S. 17f.
[41] Holland: „Musikalische Bedingungen des Opernlibrettos. Zu Heimo Erbses *Julietta* nach Kleists *Marquise von O...*", in: K. Kanzog/H. J. Kreutzer (Hg.): *Werke Kleists auf dem modernen Musiktheater*, Berlin 1977, S. 141. Valentin („Dichtung und Oper", a.a.O., S. 238) geht davon aus, daß „Sprache in der Oper um so mehr sagt, je weniger sie sprachlich zu sagen bemüht ist".

verhalt verbal auf die Spitze. Gleichzeitig verwischt eine solche Formulierung den Umstand, daß der Verzicht auf bestimmte Formen sprachlicher Profilierung gerade eine literarische Qualität im medialen Operngefüge ausmacht. Daß zur Zeit, in der Literaturoper noch als ästhetische Attraktion galt, Arthur Schnitzler das Libretto des „Rosenkavalier", das ihm Hugo von Hofmannsthal vorlas, als schlechten Text einstufte, hat mit diesem Paradox zu tun: Schnitzler urteilte nach Sprachkriterien des Dramas (im Sinne der „Elektra"), ohne sich Musik addieren zu können. Umgekehrt findet sich bis heute hartnäckig die (unhaltbare) Ansicht, der Wert des „Rosenkavalier"-Librettos liege in seiner literarischen Eigenständigkeit.

Nur das dialektische Wechselverhältnis von Text, Szene und Musik entscheidet über die „sinnliche Präsenz und Evidenz des Augenblicks"[42], wobei „das musikalische Drama seine zentripetale generische Position"[43] stilübergreifend behauptet. Weil, so Erik Fischer, „die Relationsgefüge der drei Zeichensysteme einander in hohem Maße ähneln (...), dürfen die Strukturen der künstlerischen Materialien insgesamt homolog genannt werden".[44] Das meint nicht nur die Selbstverständlichkeit, daß sich die drei „Ausdrucksmedien" der Oper durch „wechselseitige Integration (...) erhellen", sondern auch, daß sich ähnliche Strukturen bei allen drei Medien finden. Deren – durchaus variierendes – Autonomieverständnis reguliert sich im Sinne der Homologie innerhalb eines „integrierenden Gesamtsystem(s)": „Der Entwurf solcher musikdramatischen Fiktionen gründet stets darauf, daß drei autonome Zeichensysteme durch möglichst vielfältige strukturelle Äquivalenzen funktional miteinander verschränkt werden."[45]

Fischers Ansatz und die jüngste Librettoforschung kommen somit auf verschiedenen Wegen zu einer analogen Einschätzung. Die Verklammerung von Autonomie und Funktionalität betrifft alle drei Schichten der Oper, sie umfaßt bewußt instabile Mischungen, kann Subordination ohne Substanzverlust ebenso implizieren wie die dynamische Evaluation von Dominanz. Daraus folgt,

---

[42] Holland: „Musikalische Bedingungen des Opernlibrettos", a.a.O., S. 140.
[43] Fischer: *Zur Problematik der Opernstruktur*, a.a.O., S. 18.
[44] Ebd., S. 24.
[45] Ebd., S. 19. Fischers daraus entwickelte Thesen zum Präsentationscharakter der Oper, die dramaturgische Divergenzen zwischen Oper und Schauspiel relativieren, waren nicht unumstritten. Vgl. Dahlhaus: „Ist die Oper eine homologe Struktur?", in: ders.: *Vom Musikdrama zur Literaturoper*, München und Salzburg 1983, S. 18ff. Konold („Methodenprobleme der Opernforschung", a.a.O., S. 18ff.) macht sich Dahlhaus' Argumentation zu eigen und ergänzt sie um Fallbeispiele.

Zwischen Funktionalität und Autonomie

daß zwei von Beck eingeführte „idealtypische Vertonungshaltungen"[46] auch im Fall der Literaturoper zueinander gehören: neben dem „illustrativen Vertonungsprozeß"[47], der meist beim musikalischen Nachvollzug eines Librettos unterstellt wird, ein „assoziatives" Verfahren, wie es Arnold Schönberg beschrieben hat. Letzteres gilt keineswegs nur für die Adaption von Lyrik. Vielmehr konstituiert sich auch bei der musikalischen Umsetzung von Dramen „Musik *als* Sprache" durch „Musik *über* Sprache".[48] Entscheidend bleibt hierbei die Vorstellung, daß Sprache „kein bloßes Zeichensystem" ist, „das vorsprachlich gegebene Fakten nachträglich ausdrückt, sondern ein Medium, das überhaupt erst einen Zusammenhang erschließt".[49] Bedeutung und ihre Vermittlung durch Sprache können nicht losgelöst voneinander betrachtet werden. Vertonen bedeutet demnach zunächst eher Verstehen als Übertragen.[50] Doch durch die immanent vermittelnde Funktion von Sprache bleibt hinzukommende Musik keineswegs auf Analogieverfahren angewiesen (und Pierre Boulez ist sich dessen trotz seines Verdikt-Bonmots vom „tönenden Lesen" sehr wohl bewußt). Der phänomenologische Befund eröffnet vielmehr gerade in der Divergenz der Vermittlungsverfahren ein variables Potential. „Vertonen" wäre demnach zu beschreiben als ein Sich-Verhalten zu einem Text, In-Musik-Setzen keineswegs gleichbedeutend mit In-Musik-Übersetzen, die Vorlage noch nicht zwangsläufig eine Vorgabe. Heiner Müller hat in diesem Sinn den Begriff vom „Materialwiderstand" als Notwendigkeit produktiver Opernarbeit geprägt und die darin enthaltene Chance beschrieben: „Distanz, als Funktion der Musik, muß nicht, geographisch oder historisch, vom Stoff beigebracht oder, formal, vom Libretto geleistet werden; die Oper kann in höherem Grad als das Schauspiel ein operatives Genre sein: Was man noch nicht sagen kann, kann man vielleicht schon singen." Das aber setzt voraus: „Je stärker die Bauteile ihre Selbständigkeit behaupten, desto komplexer das Gesamtkunstwerk."[51] Aus der kompositorischen Praxis heraus hat Aribert Reimann diesen Prozeß so charakterisiert:

> „Man sollte versuchen, sich rasch von der textlichen Vorlage zu entfernen, damit die Musik ihr Eigenleben entfalten kann, also den Text in sich selbst zu Musik werden zu lassen, nicht

---

46 Beck: *Bedingungen librettistischen Schreibens*, a.a.O., S. 50.
47 Ebd., S. 52
48 Dahlhaus: „Musik als Text", in: G. Schnitzler (Hg.): *Dichtung und Musik*, Stuttgart 1979, S. 23.
49 Ebd.
50 Vgl. hierzu ausführlich H. H. Eggebrecht: „Vertontes Gedicht. Über das Verstehen von Kunst durch Kunst", in: G. Schnitzler (Hg.): *Dichtung und Musik*, a.a.O., S. 36ff.
51 Müller: „Sechs Punkte zur Oper", in: ders.: *Theater-Arbeit*, Berlin 1975, S. 117f.

die Musik am Text entlang entwickeln. Die Musik hat dann, wenn sie für ein Stück wachgeworden ist, ihr selbständiges Leben; der Text wird sozusagen in sie hineingestellt."[52]

Interessanterweise beschreibt Adriana Hölszky, die für eine völlig andere Form des Musiktheaters steht, diesen Prozeß auf ganz ähnliche Weise:

> „Arbeiten mit dem Text heißt nicht Vertonung, sondern Musik schreiben, indem man den Text vergißt und ihn neu komponiert. Er ist aufgelöst und dient als Baustein eines neuen Organismus."[53]

Der Prozeß läuft somit unabhängig von einer Individualästhetik ab, unabhängig von der Umgangsform mit einer Vorlage, ja sogar unabhängig von den literarischen Parametern dieser Vorlage.

Dies alles vorausgesetzt, erschließt sich das Phänomen des musikalisch adaptierten Dramas in unvorbelasteter Weise: Sachurteile lassen sich von Werturteilen lösen. Die Geschichte des rezeptiven Genres zeigt jedoch, daß davon lange keine Rede sein konnte.

---

[52] Reimann: „Wie arbeite ich an einer Oper?", in: S. Wiesmann (Hg.): *Für und Wider die Literaturoper*, a.a.O., S. 182.
[53] Zit. nach Demmler: *Komponisten des 20. Jahrhunderts*, a.a.O., S. 187.

2.2 Literaturoper, die obsolete Innovation

Als im Jahr 1980 auf Schloß Thurnau unter führenden Wissenschaftlern die Frage nach der Literaturoper diskutiert wurde, schienen die Fronten klar, und die Gegner des Genres konnten sich vom Rückwind tragen lassen, der ihre Thesen aus der ästhetischen Gegenwart heraus belebte. Der Begriff des „Vertuschungsmanövers", den Leo Karl Gerhartz in diesem Zusammenhang gebrauchte, mag als Beispiel genügen. Mit „Hilfe von anerkannter Literatur" werde, so Gerhartz, „über den Umstand hinweggetäuscht, daß es ‚Oper' als aktuelle Komposition kaum mehr oder bestenfalls als den gegen alle Intentionen von Hausarchitektur, Publikum, Verwaltungs- und Probenbürokratie mühselig durchgesetzten Sonderfall gibt. (...) Die literarische Vorlage liefert mithin jene Einheitlichkeit, Dramatik und vor allem jene Harmonie zu den beherrschenden Theaterverhältnissen, die die Musik für sich allein nicht mehr zu leisten imstande ist, vielmehr in der Regel gar nicht mehr leisten will."[54]

Einundzwanzig Jahre später sind die Fragen zwar noch immer dieselben, die Fronten jedoch lassen sich längst nicht mehr so klar ziehen. Als im Jahr 2001 bei der Paul-Sacher-Stiftung in Basel die Gegenwart des Musiktheaters unter die Lupe genommen wurde, ließ sich die Einsicht nicht verdrängen, daß die Dichotomie zwischen narrativer=konservativer (weil in vielfacher Hinsicht geschlossener) und nicht narrativer=avancierter (weil offener) Dramaturgie etwas Künstliches ist. Siegfried Mauser plädierte angesichts einer Bestandsaufnahme textdramaturgischer Strategien bei Chaya Czernowin, Tan Dun, Hanna Kulenty und Mauricio Sotelo dafür, „den Begriff des Erzählens weiter zu fassen".[55] Es geht darum, ein Vexierspiel zwischen Bild, Klang und Text zu erfassen, das immer andere Erzählformen bestimmt. Das Maß, in dem Sprache als Träger semantischer Botschaften fungiert, bleibt dabei flexibel. So sehr sich rituelle und bildhafte Konzepte junger Komponisten vom linearen Narrationsstrang abheben, so wenig läßt sich diesem die Fähigkeit absprechen, aus sich heraus kaleidoskopartige Dramaturgie zu generieren. Zeigt nicht schon Debussys „Pelléas", daß der Schwerpunkt einer Introspektive, den heute viele Komponisten ansteuern, nicht im Widerspruch zur Akribie einer Dramenvertonung stehen muß? Und

---

54 Gerhartz: „Warum und zu welchem Zweck komponiert man heute Opern?", in: S. Wiesmann (Hg.): *Für und Wider die Literaturoper*, a.a.O., S. 54.
55 Die Diskussion schloß sich an Mausers Vortrag im Bischofshof Basel am 22. November 2001 an. Eine schriftliche Dokumentation des Symposions lag noch nicht vor, als die Arbeit an meiner Studie abgeschlossen werden mußte.

seit die Erzählstruktur von Oper in den 60er Jahren generell zur Disposition gestellt wurde, steht keineswegs eindeutig fest, hinter welchem Ansatz sich Haupt-, Neben- oder Abwege verbergen. Nur zeichnet sich, um es paradox zu formulieren, die Unklarheit heute klarer ab als 1980.

So läßt sich das *récit* einer Fabel durchaus vom Faktor Kontinuität loskoppeln. Ein Stück wie „Drei Schwestern" von Peter Eötvös bricht zwar mit Čechovs Linearität, hält aber am Narrativen fest. Daß es dieselbe Geschichte aus dreierlei Perspektive erzählt (und damit beim Film anknüpft), ändert nichts an der Substanz des Dramas. Im Gegenteil: Die dramaturgische Neuschichtung verstärkt Čechovs Aussage. Umgekehrt finden sich seit Bergs „Wozzeck" und „Lulu" zahlreiche Opern, die ein Schauspiel scheinbar linear begleiten, die sich aber bei genauer Betrachtung als Bearbeitung mit und durch Musik entpuppen. Sie stehen letztlich neben ihrer Vorlage wie ein eigenes, anderes Stück. Und es ebnet die Differenzen der Ansätze keineswegs ein, wenn man sich ins Bewußtsein ruft, daß „Das Mädchen mit den Schwefelhölzern" den scheinbaren Widerspruch sogar werkimmanent produktiv macht: Zwar geht Helmut Lachenmann mit Text- und Musikmaterial dekonstruktivistisch um, begreift Hans Christian Andersens Kunstmärchen weder als Rollenspiel noch als Handlungsgerüst, sondern als Bestandteil in der „Anatomie des Klingenden". Die Zergliederung schließt jedoch im Evozieren eines „Wahrnehmungsraumes" wiederum tautologische Verfahren ein, macht diese sogar zum Bestandteil struktureller Substanz.[56]

Die schöne, weil griffige Formel vom „Vertuschungsmanöver" läßt sich folglich heute kaum noch aufrechthalten. Immerhin rechtfertigte Theodor W. Adorno, gewiß kein Freund von Dramenvertonungen, Bergs „Wozzeck" als „Interlinearversion ihres Textes" und erhob das Phänomen des „Verschwindens" im Sinne einer doppelten Auflösung zum Leitmotiv seiner Analyse.[57] Dieser Ansatz läßt sich auch von dem her verstehen, was Hans-Georg Gadamers philosophische Hermeneutik als Vermittlungsideal definiert: „Totale Vermittlung

---

[56] Darauf machte Dörte Schmidt in ihrem Basler Vortrag vom 22. November 2001 aufmerksam. Lachenmann nennt sein Stück „Musik mit Bildern", thematisiert damit die musikalische Sprachfähigkeit generell und bezieht sich sicherlich auch auf eine frühere, plastische Formulierung, nach der Musik für ihn „Körpersprache des Denkens" sei. Die traditionelle Finaldramaturgie der Fabel wird mit dieser Gewichtung des Orchesterparts jedoch keineswegs unterlaufen.

[57] Adorno: *Berg. Der Meister des kleinsten Übergangs*, Wien 1968, Zitat S. 92. Helmut Schanze ist Adornos Interpretation nachgegangen: „Büchners Wiederkehr und Verschwinden. Zum Text von Alban Bergs Oper *Georg Büchners Wozzeck*", in: P. Csobádi u.a. (Hg.): *Alban Bergs Wozzeck und die Zwanziger Jahre*, Anif/Salzburg 1999, S. 109ff.

Die obsolete Innovation

bedeutet, daß das Vermittelnde als Vermittelndes sich selbst aufhebt."[58] Das Verschwinden wäre demnach wechselseitig motiviert und würde gerade daraus die Chance zur Neuformung beziehen.

Von Gadamer aus läßt sich noch ein weiteres Schlaglicht auf die musikalische Dramenrezeption werfen. Ausgehend von Kierkegaards theologischen Schriften hat Gadamer bekanntlich den Begriff der Gleichzeitigkeit auf den Komplex Aufführung übertragen. Das Kunstwerk sei überall dasselbe und lebe doch in der „absolute(n) Gegenwart": „Die Angewiesenheit des ästhetischen Seins auf Darstellung bedeutet also keine Bedürftigkeit, keinen Mangel an autonomer Sinnbestimmtheit. Sie gehört zu seinem eigentlichen Wesen."[59] Das liefert nicht nur gedankliches Unterfutter für eine moderne Inszenierungspraxis, die den Regisseur geradezu als Co-Autor begreift, sondern auch für den Umgang mit der Literaturoper. Die nämlich verliert den Charakter eines vampiristischen Gespenstes, wenn man sie als Teil der literarischen Rezeption versteht und diese wiederum als Voraussetzung „ästhetischen Seins" akzeptiert. Dem intertextuellen Prozeß kann, so verstanden, der Charakter einer Eigenaussage zuwachsen.[60]

Das freilich wurde lange angezweifelt. Man kann die Komplexität, die sich hinter der scheinbar so simplen Dramenadaption als ästhetischem Phänomen verbirgt, kaum verstehen, solange man sich nicht bewußt macht, wie oft der Terminus unscharf gebraucht, widersprüchlich eingesetzt, unterschiedlich definiert wurde. Wenn er für die Analyse von Musiktheaterwerken Boris Blachers taugen soll, müssen daher die wichtigsten Stadien der Begriffsdiskussion (und die damit verbundenen ästhetischen Positionen) wenigstens kurz referiert und ausgewertet werden.

Nach genereller Übereinkunft beginnt die Geschichte der Literaturoper mit Claude Debussys „Pelléas et Mélisande" (1902) und Richard Strauss' „Salome"

---

[58] Gadamer: *Wahrheit und Methode*, Tübingen ³1972, S. 114.
[59] Ebd., S. 122.
[60] In diese Richtung argumentiert etwa Jürg Stenzl anhand von Othmar Schoecks „Penthesilea": „Angesichts von Vertonungen bedeutender Dichtung wird meist die Frage gestellt, ob der Komponist der Dichtung auch gerecht geworden sei – wie wenn sich die Werte von Dichtung und Musik in ein ‚ausgewogenes' Verhältnis bringen ließen, an dem sich dann ein Gelingen der Verbindung Text/Musik wie durch einen Preisvergleich ablesen lasse. (...) Hier muß es uns darum gehen, die Musik Schoecks nicht auf die Erfüllung irgendwelcher vorgegebener Forderungen hin zu befragen, welche von der ‚klassischen', damit kanonisierten Dichtung gleichsam selbstverständlich vorgegeben wären, sondern die Musik als eine subjektive Interpretation, damit Rezeption des Dramas zu verstehen" („Heinrich von Kleists *Penthesilea* in der Vertonung von Othmar Schoeck (1923/25)", in: G. Schnitzler (Hg.): *Dichtung und Musik*, a.a.O., S. 229f.).

(1905), denen Aleksandr Dargomyžskijs 1872 uraufgeführte Puškin-Vertonung „Der steinerne Gast"[61] und Pietro Mascagnis „Guglielmo Ratcliff" (1888/1895) vorausgehen.[62] Aber verweigert sich nicht bereits diese Anfangsphase präzisen Definitions- und Kategorisierungsversuchen? Auf welche gattungsgeschichtliche Situation stoßen die genannten Werke? Was haben sie gemeinsam? Was trennt sie?

„Ich versuche etwas noch nie Dagewesenes", notierte Dargomyžskij 1866.[63] Sigrid Neef beschreibt das ästhetische Vorhaben von „Der steinerne Gast" als den Versuch, „durch Musik zusätzlich einem in Wortsinn, -klang und Sprachrhythmus bereits angelegten und gültig formulierten Lebensgefühl und Weltverhalten Ausdruck zu verleihen."[64] Als Gründe für das Gelingen nennt sie drei Voraussetzungen: die „Besonderheit der Puschkinschen Sprache", „die weltanschauliche Substanz des Dramas" und die „Erfahrungen, die Dargomyshski durch die Komposition von Romanen und Liedern gewonnen hatte". Geht man davon aus, daß Dargomyžskij mit seiner Literaturadaption dazu beitragen wollte, „den auf Rußlands Opernbühnen vorherrschenden, zu Standardisierung und maskenhafter Typisierung neigenden und an französischen sowie italienischen Gesangsmodellen geschulten Vokalstil abzulösen", dann fällt „Der steinerne Gast" in der Tat ein hoher Novitätencharakter zu. Dieser wird dadurch unterstrichen, daß die Mitglieder des „Mächtigen Häufleins" dem Werk wiederholt richtungsweisende Tendenzen attestierten: Cezar' Kjui hob die erstmalige Verwendung des „melodischen Rezitativs"[65] hervor. Für Musorgskij war Dargomyžskij „Lehrer der musikalischen Wahrheit"[66].

---

[61] Die Transliterierung der russischen Eigennamen orientiert sich im folgenden an der Praxis des „Neuen Handbuchs der Musikwissenschaft" bzw. der Neuausgabe der MGG. Da die Sekundärquellen zum Teil eine ältere Praxis anwenden, ergeben sich bisweilen verschiedene Schreibweisen nebeneinander.

[62] Zu nennen ist in diesem Zusammenhang auch Musorgskijs Fragment „Die Heirat", dessen Komposition allerdings nach der von Dargomyžskijs „Der steinerne Gast" einsetzt: im Sommer 1868.

[63] Zit. nach Beate Dissinger: *Die Opern von Aleksandr Dargomyžskij*, Frankfurt am Main u.a. 2001, S. 149.

[64] Neef: *Handbuch der russischen und sowjetischen Oper*, Berlin 1988, S. 160; ebd. die folgenden Zitate.

[65] Ebd., S. 161.

[66] Ebd. Dahlhaus (*Die Musik des 19. Jahrhunderts*, a.a.O., S. 250) spricht von „Der steinerne Gast" als „dem musikalischen ‚Evangelium' des ‚Mächtigen Häufleins'". Zur Rezeptionsgeschichte des Stückes vgl. auch Dissinger: *Die Opern von Aleksandr Dargomyžskij*, a.a.O., S. 207ff.

Die obsolete Innovation

Auch Jürg Stenzl versteht die neue „Sonderform der Oper (...) als deklarierte Gegenposition zur damals übermächtig erscheinenden italienischen Oper".[67] Ergänzend liefert er zwei wichtige Hinweise: Zum einen fällt diese Entwicklung in Rußland mit der Suche nach einer eigenen, nationalen Oper zusammen. Zum anderen hat sie ihre literaturhistorische Voraussetzung im russischen Realismus, der sich in den 40er Jahren des 19. Jahrhunderts herausgebildet hatte und der später auf die russische Musik übergriff. Es ist also keineswegs so, daß – wie oft behauptet – die Literaturoper ausschließlich oder vor allem Folge kompositionstechnischer Standards ist, wie sie durch Richard Wagners Etablierung der musikalischen Prosa und einer Lösung von quadratischer Tonsatzkonstruktion markiert wird. Vielmehr steht an ihrem Anfang der avantgardistische Versuch einer neuen Kompositionsästhetik, die sich von aktuellen literarischen Tendenzen ableitet und erst sukzessive durch die kompositorische Praxis eingeholt wird.

Dieser Aspekt wird durch eine neuere Studie von Sabine Henze-Döhring vertieft, die allerdings den gattungsgeschichtlichen Horizont anders beleuchtet. Sie zieht nicht italienische und französische Opernmodelle des frühen 19. Jahrhunderts zum Vergleich heran, sondern die in Rußland seit den 50er Jahren gespielten Werke des mittleren Verdi.[68] Sie geht im Gegensatz zu Neef davon aus, daß sich Dargomyžskij bei einer Europareise 1864/65 „mit den aktuellen Trends des westeuropäischen Musiktheaters vertraut" machen konnte. Ihr Ergebnis: Dargomyžskij verzichte zwar auf Arien und Ensembles, keineswegs jedoch auf den Typus des Ariosos. Dieser Typus des Ariosos hatte bereits das „Drame lyrique" geprägt und wurde von den Komponisten um so mehr eingesetzt, als sie die strenge Nummernstruktur der Operndramaturgie als problematisch empfanden. Dargomyžskijs Oper, die verstärkt auf solche Ariosi setzt, sie mit deklamatorisch-rezitativischen Passagen kombiniert und auch davon Gebrauch macht, daß Ariosi dialogischen Charakter haben können, wäre demnach als Produkt einer opernhistorischen Experimentierphase zu verstehen. So radikal Dargomyžskijs Entscheidung erscheint, den Puškinschen Text fast unverändert zu vertonen, so sehr läßt sich „Der steinerne Gast" kompositionstechnisch als Zwischenglied zu späteren Formen der Literaturoper verstehen.

---

67 Stenzl: „Heinrich von Kleists *Penthesilea* in der Vertonung von Othmar Schoeck (1923/25)", a.a.O., S. 224.
68 Henze-Döhring/Döhring: *Oper und Musikdrama im 19. Jahrhundert*, Laaber 1997, S. 316f. Höhepunkt der russischen Verdi-Begeisterung zu Lebzeiten des Komponisten war die Uraufführung von „La forza del destino" 1862 in St. Petersburg.

Interessant – und für den Blick auf Blachers Dramenumsetzung wichtig – die kompositorischen Folgen von Dargomyžskijs Adaption: In ihr „kommt dem Text als formbildender Kraft ein neuer Stellenwert zu".[69] Genauer:

> „Die Entscheidung, Puškins Text nahezu unverändert zu vertonen, zeitigte die operngeschichtlich in der Tat frappierende Konsequenz, daß das Werk (von zwei von Dargomyžskij im 2. Bild des I. Aktes auf Texte ebenfalls Puškins vertonten Bühnenliedern und zwei Choreinwürfen abgesehen) keine Gesänge enthält, die sich auch im weitesten Sinn als Arien, Ensembles oder Chöre bezeichnen ließen. Der dem Schauspiel eigene Charakter der wechselnden Rede ist für die Oper strukturbildend, wobei zu beachten ist, daß Dargomyžskij die emotionalen Aufschwünge in den monologischen Partien zu Verdichtungen nutzt, die zwar nicht zur Bildung von Arien führen, so wie dies bei der Adaption von Schauspieltexten in der Oper gewöhnlich der Fall ist, jedoch zu längeren ariosen Passagen von periodenhafter Struktur."[70]

Der Zerfall der musikalisch geschlossenen Form, der sich in „Der steinerne Gast" abzeichnet, bedeutet nicht automatisch, daß sich die Oper damit als musikalisches Drama konstituieren könnte. Diesen Schritt gehen Debussy und Strauss, indem sie auf die Entfaltungsgeschichte von Wagners Orchesterpart (wenn auch höchst unterschiedlich, Debussy verabscheute Leitmotive bekanntlich als klingendes „Adreßbuch") Bezug nehmen.

Auch Debussy wollte bei „Pelléas et Mélisande"[71] das Wesen der vorgegebenen Dichtung mit musikalischen Mitteln erfassen.[72] So verschiedenartig die künstlerischen Ergebnisse bei ihm und Dargomyžskij ausfallen: Vom intentionellen Ansatz wie der kompositionstechnischen Aufgabenstellung in bezug auf das Wort-Ton-Verhältnis liegen beide Opern nahe beieinander, was sich durch Äußerungen der Komponisten belegen läßt. Dargomyžskijs Bemerkung: „Ich

---

[69] Dissinger: *Die Opern von Aleksandr Dargomyžskij*, a.a.O., S. 187.
[70] Henze-Döhring/Döhring: *Oper und Musikdrama im 19. Jahrhundert*, a.a.O., S. 315f.
[71] Aus der Fülle an Literatur über „Pelléas et Mélisande" sei hier der Beitrag von Robert Orledge (*Debussy and the theatre*, Cambridge 1982) besonders hervorgehoben, insbesondere die Seiten 72-87, auf denen verschiedene Fassungsdetails sowie musikalische und textliche Striche behandelt werden. Zum Vergleich von Drama und Vertonung anhand des Einzelaspektes der zeitlichen Verläufe vgl. auch David Grayson: „Waiting for Golaud: the concept of time in *Pelléas*", in: Richard L. Smith (Hg.): *Debussy Studies*, Cambridge 1997, S. 26-45.
[72] Vgl. hierzu Partick J. Smith (*The Tenth Muse*, a.a.O., S. 316): „Debussy's *Pelleas*, however, is Maeterlinck's *Pelleas* with minor excisions: its language is Maeterlinck's language, and Debussy's apprehension of the ethos of Maeterlinck's play is uncanny." In ganz ähnlichem Sinn formuliert Edward Lockspeiser (*Debussy: His Life and Mind. Volume I. 1862–1902*, Cambridge 1978, S. 200): „As an opera *Pelléas* was the realization of (...) a work which, though exteriorized, should explore all the hidden conflicts buried in the pages of books."

Die obsolete Innovation 55

will, daß der Klang das Wort direkt ausdrückt. Ich will Wahrheit"[73], stammt zwar aus dem Jahr 1857, weist aber bereits auf die später in „Der steinerne Gast" erprobte Technik. Eine Interview-Äußerung Debussys kurz nach der Uraufführung des „Pelléas" geht in dieselbe Richtung:

> „Ich wünsche für die Musik eine Freiheit, die ihr vielleicht mehr als irgendeiner anderen Kunstausübung gemäß ist, da sie sich nicht auf eine mehr oder minder genaue Nachahmung der Natur beschränkt, sondern auf die geheimnisvollen Beziehungen zwischen der Natur und der Phantasie eingeht. (...) Das Drama ‚Pelléas' (...) schien meinen Absichten wunderbar zu entsprechen. Es hat eine geheimnisvoll beschwörende Sprache, deren Sensibilität von der Musik und ihrem orchestralen Gewand übernommen werden konnte. Ich habe versucht, einem Schönheitsgesetz zu gehorchen, das man seltsamerweise zu vergessen scheint, wenn es sich um dramatische Musik handelt: die Personen dieses Dramas versuchen zu singen wie natürliche Menschen und nicht in der willkürlich geschaffenen Sprache überalterter Traditionen."[74]

Ohne daß wir hier näher auf die Individualästhetik von Debussy und Dargomyžskij eingehen können, läßt sich festhalten, daß beide Komponisten mit dem neuartig konsequenten Rekurs auf literarische Vorlagen und vor allem mit dem Respekt vor der Autonomie dieser Vorlagen auf verkrustete Formen kompositorischer Opernpraxis reagieren. (Dabei wird Dramenprosa als Zugewinn an Natürlichkeit wie als kompositorische Chance empfunden.)

Bei „Salome" stellt sich die Situation partiell anders dar. Ab 1901 wurde Oscar Wildes Einakter in Deutschland häufig gespielt. Strauss sah 1903 eine Aufführung des Berliner Kleinen Theaters in der Inszenierung von Max Reinhardt mit Gertrud Eysoldt:

> „Nach der Vorstellung traf ich Heinrich Grünfeld, der mir sagte: ‚Strauss, das wäre doch ein Opernstoff für Sie.' Ich konnte erwidern: ‚Bin bereits beim Komponieren.' Der Wiener Lyriker Anton Lindner hatte mir das köstliche Stück schon geschickt und sich erboten, mir daraus einen ‚Operntext' zu machen. Auf meine Zustimmung hin schickte er mir ein paar geschickt versifizierte Anfangsszenen, ohne daß ich mich zur Komposition entschließen konnte, bis mir eines Tages aufstieg: warum komponiere ich nicht gleich ohne weiteres: ‚Wie schön ist die Prinzessin Salome heute nacht'? Von da ab war es nicht schwer, das Stück so weit von schönster Literatur zu reinigen, daß es nicht nur ein recht schönes ‚Libretto' geworden ist."[75]

---

[73] Zit. nach S. Henze-Döhring, a.a.O., S. 315.
[74] Zit. nach Dietrich Fischer-Dieskau: *Fern die Klage des Fauns. Claude Debussy und seine Welt*, Stuttgart 1993, S. 245.
[75] Zit. nach Ernst Krause: *Richard Strauss*, München 1988, S. 322. Carl Dahlhaus bezieht sich in einem polemischen „Opernwelt"-Artikel auf diese Formulierung und führt sie gattungsübergreifend weiter: „Strauss komponierte Dichtung als Librettistik, schrieb Symphonie als Folie, Musikdramen als Opern" („Richard Strauss und der Opernruhm", in: *Opernwelt*, 6/1964, S. 10).

Zwei Informationen machen den Wert der Passage aus: Zum einen widerstrebte es Strauss, das Schauspiel im traditionellen Sinne von einem Librettisten umarbeiten zu lassen, ein Umstand, der sogar zur Inspirationshemmung führte. Daß Strauss sich mit einer Einrichtung des Textes, dessen Wirkung er sofort erfaßte, nicht zufriedengeben konnte, spricht nicht nur für seinen Instinkt, sondern läßt sich auch aus dem eigenen künstlerischen Werdegang heraus verstehen. Schließlich hatte die Begegnung mit Hofmannsthal noch nicht stattgefunden. Im Sinne einer Wagner-Nachfolge hatte Strauss seine erste Oper „Guntram" (1894) als Dichterkomponist bestritten und war damit – auch im eigenen Urteil – gescheitert. Sein zweites Opernprojekt, „Feuersnot" (1901), entstand in enger Zusammenarbeit mit dem „Überbrettl"-Dichter Ernst Ludwig Freiherr von Wolzogen, wobei Strauss selbst den Stoff in einer alten niederländischen Chronik aufgespürt hatte.

Von einem umfassend vertonten Schauspieltext kann beim Transformationsprozeß der Wildeschen Vorlage zum Libretto kaum die Rede sein: Strauss fungierte dabei als sein eigener Dramaturg. Die Striche, die er im Originaltext Hedwig Lachmanns vornahm, umfassen fast die Hälfte des Gesamtumfangs. Die Kürzungen straffen nicht nur, sondern betreffen auch ganze Nebenhandlungen. Durch die Kombination von Wagners Orchesterpart (als Garant musikalischer Kontinuität), formbildender Motivtechnik und der unmittelbaren Anknüpfung an das Schauspiel ist es Strauss jedoch gelungen, der in Wagner-Nachfolge erstarrten deutschsprachigen Musikdramatik neue Impulse zu vermitteln.[76]

Der zweite Punkt, der die Bedeutung des obigen Zitates ausmacht, betrifft Strauss' Selbstverständnis bei der Einrichtung des Textes. Strauss versuchte keineswegs, im Sinne von Dargomyžskij oder Debussy ein autonomes literarisches Gebilde respektvoll in musikalische Gefilde zu transferieren. Vielmehr formte er den verdeutschten Schauspieltext der „Salome" zu dem um, was er unter einem brauchbaren Libretto verstand. Ausgangspunkt war also weniger das Eindringen in ein literarisch bereits ausgeformtes, sprachlich-atmosphärisches Binnengewebe, sondern die präexistente Forderung nach opernhafter Wirksam-

---

[76] Wolfgang Krebs („Zur musikalischen Dramaturgie von Richard Strauss' ‚Salome'", in: W. Kirsch/S. Döhring (Hg.): *Geschichte und Dramaturgie des Operneinakters*, Laaber 1991, S. 257) weist darauf hin, daß „Salome" schon bei Oscar Wilde „auf der Technik sprachlich-leitmotivischer Verknüpfung" beruht: „Leitmotivische Wendungen verleihen dem Schauspiel innere Struktur und äußeren Zusammenhalt im allgemeinen, bedingen – im besonderen – jedoch auch den Eindruck des Fatalen." Das Korrelat zwischen sprachlicher und musikalischer Leitmotivtechnik gehört zweifellos zu den Initiationsimpulsen des Einakters von Strauss.

Die obsolete Innovation

keit. Genauer: Das unterkühlte, mitunter sogar distanzierte Idiom der Wildeschen Vorlage wird von Strauss mit den modernsten Mitteln damaliger Instrumentationstechnik keineswegs unmittelbar übertragen. Vielmehr unterfüttert die, wie auch immer verfeinerte, spätromantische Orchestration den Text mit einer sehr viel direkteren, unmittelbareren Sinnlichkeit, als sie Wildes Text auch noch in der deutschen Übertragung von Hedwig Lachmann suggeriert.

Davon unberührt ist Strauss' genaue Beachtung von Wortklang und Satzmelodie. In diesem Zusammenhang ist die französische Texteinrichtung der Oper besonders aufschlußreich, die Strauss in enger Zusammenarbeit mit Romain Rolland erstellt hat. Die beiden hatten sich im Frühjahr 1899 in Berlin kennengelernt. Zwischen dem 5. Juli 1905 und dem 27. November desselben Jahres entspann sich ein Briefwechsel, der über die Frühphase der Literaturoper in Mitteleuropa wertvolle Hinweise liefert. Rolland, der durchaus Einwände gegen das „Salome"-Sujet hatte, prüfte nahezu jedes Wort der Übertragung, regte Strauss zu zahlreichen Korrekturen an. Es dürfte kaum übertrieben sein, wenn man diese Arbeitskommunikation auch als Sensibilisierungsprozeß für das Strauss'sche Literaturverständnis versteht, nicht nur als Lernphase in Sachen Französisch. Nicht zufällig schlägt dieser Briefwechsel eine Brücke zu „Pelléas et Mélisande", indem Rolland Strauss dringend zu einem Studium der Text-Musik-Relation bei Debussy rät (Brief vom 9. Juli 1905). Strauss seinerseits dürfte sich, wie sein Brief nach Abschluß der Arbeit (vom 10. November 1905) belegt, dieses Prozesses bewußt geworden sein.[77]

Wenn also Strauss', Debussys und Dargomyżskijs Bemühungen um neuartige Literaturadaptionen überhaupt kongruent verlaufen, dann im Respekt vor Sprachsemantik und -syntax, auch vor Klangfarbwerten. Zu diskutieren wäre dabei, ob Strauss daraus (wie seine Kollegen) intertextuelle Innovationen entwickelt[78], ja inwieweit überhaupt in den drei genannten Opern durch den neu und unterschiedlich motivierten Einsatz für Literaturoper auch eine neue, weiterwirkende Art der Textbehandlung im kompositorischen Detail nachweisbar ist. Da die vorliegende Arbeit andere Schwerpunkte setzt, kann in ihrem Rahmen eine solche Diskussion nicht geleistet werden. Festzuhalten bleibt allerdings, daß musikalische Form sich im neuen Genre nicht mehr als Geschlossenheit

---

[77] Vgl. Maria Hülle-Keeding: *Richard Strauss/Romain Rolland. Briefwechsel und Tagebuchnotizen*, Berlin 1994, S. 48 und 110.

[78] In jedem Fall erscheint Justs Formulierung: „Eine pure Redaktion quantitativer Art verwandelt das Drama in ein Opernlibretto", als zu allgemein („Das deutsche Opernlibretto", a.a.O., S. 115).

verstehen kann, sondern – ohne sich dabei in Momentaufnahmen oder Kommentaren zum Dramendialog zu erschöpfen – als Kategorie eines werkspezifisch differierenden Zusammenhangs gedacht werden muß.

Musikalische Dramenadaption als ästhetisches Phänomen ist damit jedoch nur im Ansatz umrissen. Mit welchen begrifflichen Kategorien ist die Entwicklung, die von den drei genannten Opern ausgeht, zu fassen? Wodurch bestimmt sich eine Literaturoper? Nicht der Ehrgeiz einer neuen Definition treibt uns zu solchen Fragen, sondern das, was der Blick in die Begriffsgeschichte an Heterogenem zutage fördert: Fest steht zwar, daß ab „Pelléas" und „Salome" immer wieder und immer häufiger von „Literaturoper" gesprochen wird, aber keineswegs, was genau man darunter versteht. Eingeführt wurde der Terminus, soweit ich sehe, im Jahr 1914 von Edgar Istel. Istel nennt ihn im Zusammenhang einer Überblicksdarstellung, in der verschiedene Haltungen skizziert werden, die ein Komponist gegenüber dem Operntext einnehmen kann. Dabei bezeichnet „Literaturoper" die fünfte und chronologisch letzte dieser Haltungen – eine Haltung, die Istel heftiger Kritik unterzieht:

> „'Die Literaturoper' (Verfahren Strauß-Debussy). Über die Unzweckmäßigkeit dieses Verfahrens (...), herrscht trotz der Sensationserfolge von ‚Pelléas' und ‚Salome' unter Urteilsfähigen kein Zweifel. Daß ein – wenn auch noch so gekürztes – Literaturdrama keine geeignete Unterlage für eine Oper abgeben kann, ist sicher: überall dort, wo die Musik ihrem ganzen Wesen nach ein wenig mehr Raum verlangt, versagt die Dichtung, und der Musiker ist andererseits gezwungen, eine Menge von unmusikalischem Detail in Musik zu setzen, nur weil die literarisch angelegte Handlung es nun einmal so verlangt. ‚Komponieren' – was man so nennt – kann man ja bekanntlich heutzutage alles, sogar Theaterzettel (...). Fehlt leider nur meist das geistige Band zu der quasi mit Haut und Haaren komponierten Dichtung, die (...) nur in höherem Sinne brauchbar ist, wenn sie eigens im Hinblick auf die Komposition verfaßt oder zum mindesten zugerichtet wurde."[79]

Istels Skepsis gegenüber der Literaturoper deckt sich mit einer deutschen und insbesondere auf Wagner rekurrierenden Tradition, die den Dichterkomponisten als Zielfigur einer Entwicklung versteht. Kein Zufall, daß Istel Albert Lortzing als ersten anführt, „der in deutscher Sprache die Textbuchfrage befriedigend löste":

> „Daß (...) nur aus der Vereinigung von Textdichter und Musiker in einer Person etwas Erspriessliches herauskommen konnte, diese Erkenntnis dürfte auch Wagner zuerst am Lortzingschen Beispiel aufgegangen sein. Wagner war – darüber müssen wir uns klar sein, und das hat er auch freimütig selbst bekannt – ursprünglich nichts anderes als Lortzing: ein Musiker

---

[79] Istel: *Das Libretto*, Berlin und Leipzig 1914, S. 44f.

Die obsolete Innovation

von durchaus nicht erstem Rang, der sich auf Grund einer eminenten Bühnenkenntnis seine Texte selbst zurechtmachte."[80] Allerdings ist sich Istel der Problematik von Wagner-Nachahmungen durchaus bewußt und weist auf das „rein persönliche" von Wagners Technik hin.[81] Für ihn bleibt das Vertonen von Schauspielen eine Notlösung, die sich erklärt „aus dem Mangel an wirklich guten Librettisten und aus der Tatsache, daß kaum ein namhafter Dichter der Gegenwart sich zu der sicher sehr undankbaren Herstellung eines Operntextes bereitfinden läßt, andererseits aber gewisse höhere Forderungen poetischer und dramatischer Art heutzutage selbst an ein Libretto gestellt werden".[82]

Die letzte Passage dieses Zitates verweist indirekt auf ein Faktum, das Istel nicht explizit benennt, um das er aber bei seiner Überblicksdarstellung nicht herumkommt: das Faktum, daß die Entwicklung und Ausformung des Wagnerschen Musikdramas die Tendenz zur Literaturoper beschleunigt hat. Wagner emanzipierte seine Operntexte von der Kategorie des bloßen Librettos samt dessen Funktionalität, machte sie zum Träger philosophischer Ideen und sogar eines opernästhetischen Diskurses. Ohne per se literarische Qualitäten aufzuweisen, tendieren die Texte seiner Musikdramen daher zum Literarischen.[83] Dazu kommt, daß die Leitmotivtechnik in ihrem Wesen der Schauspieldramaturgie nahe ist, weil sie eine vom unmittelbaren Bühnengeschehen abstrahierte Ebene konstituiert, deren partiell reflexiver Charakter an den mitdenkenden

---

80 Ebd., S. 16f. Istels Abwertung der Literaturoper wirkte weiter. So bezeichnete Max Kraussold noch 1931, als neben den oben genannten Werken immerhin Mascagnis „Parisina" (1913), Bergs „Wozzeck" (1925), aber auch Schoecks „Penthesilea" (1927) uraufgeführt waren, die „Anleihe der Operndichtung bei großer Literatur" als „im Kern ihres Wesens unerfreuliche Sache" *(Geist und Stoff der Operndichtung,* Wien, Prag u.a. 1931, S. 306).
81 Istel: *Das Libretto,* a.a.O., S. 41.
82 Ebd., S. 45.
83 Der Text eines Musikdramas, darauf macht Dahlhaus („Zur Dramaturgie der Literaturoper", a.a.O., S. 153) aufmerksam, unterscheidet sich nicht „durch besonders geglückte Verse, sondern durch gedanklichen Beziehungsreichtum" von dem einer Oper, und diese Differenz ist „kein Rang-, sondern ein Gattungsunterschied, durch den das Musikdrama in die Nähe des Schauspiels rückt". Ernst Krenek reflektiert das allgemein in seinem Aufsatz „Zur Problematik des Librettos" von 1956 (gedruckt 1958 in: ders.: *Zur Sprache gebracht. Essays über Musik,* München, S. 346): „Die Formulierung gedanklicher Inhalte liegt den neueren Operntexten schon darum nahe, weil sie meistens die Diktion der Prosa der des Verses vorziehen. Das rührt wiederum daher, daß die neue Tonsprache einer symmetrischen Periodenstruktur abgeneigt ist und sich in frei artikulierten Phrasen mit unregelmäßiger Akzentverteilung ergeht."

Zuschauer bzw. Zuhörer appelliert.[84] Noch in einem dritten Punkt sendet Wagners Musikdrama Signale in Richtung Literaturoper, hier freilich nicht ohne historischen Rückbezug: Es pocht, mehr als Metastasio, dessen „Drama per musica" eine Sonderform des literarischen Dramas war, auf den Authentizitätsmodus des Kunstwerkes als Ganzem. Praxisorientierte Änderungen entfallen. Der Kunst-Charakter von Text wie Musik wird nun im emphatischen Sinne beschworen. Der Text führt sein Eigenleben nicht mehr neben, sondern in der Oper. Wenn man so will: Das Denken in medialen Schichtungen der Oper beginnt.

Deutet sich bei Istel eine teleologisch ausgerichtete und bei Wagner kulminierende Interpretation der Gattungsentwicklung an, so setzt Hermann Abert eine auf Kontinuität zielende Deutung dagegen. In seinem Basler Kongreßreferat „Grundprobleme der Operngeschichte" von 1924 versteht er das Musikdrama keineswegs als Phänomen, das den Begriff der Oper terminologisch wie ästhetisch ablöst. Vielmehr versucht er, die These von einem durch die Musikgeschichte konstanten Primat der Musik zu belegen: „Das Natürliche ist (...), daß im musikalischen Drama die *Musik* den Ton angibt und die letzte Quelle des Gestaltens bildet."[85] Daran hält Abert ungeachtet verschiedener Stadien einer „Musikalisierung der Librettistik"[86] fest. Selbst ein philosophisch dimensionierter Text wie der des „Tristan" erscheint ihm „wie keiner zuvor das Erzeugnis einer glühenden musikalischen Phantasie".[87]

Im Sinne einer Gattungstheorie etabliert Abert Oper und Schauspiel als antagonistisches Kontrastpaar: „Nun ist (...) das Reich der Musik nicht die Welt des äußeren, stofflichen Geschehens, sondern des Seelischen, Immateriellen, die

---

[84] Vgl. Dahlhaus: „Zur Dramaturgie der Literaturoper", a.a.O., S. 153. Just („Das deutsche Opernlibretto", a.a.O., S. 114) rückt Wagner als Librettisten aufgrund seiner Behandlung epischer Stoffe in „die Nähe der Librettisten des Spätbarock". Auch in der Art der Mythos-Behandlung weise Wagners Verfahren Parallelen zur barocken Praxis auf. Just verfolgt den Rekurs auf den Mythos weiter und leitet von ihm die Genese der Literaturoper ab: Im Zuge der Wagner-Nachfolge könne von einem „rapiden Schwund der mythologischen Substanz" (S. 114) gesprochen werden. Der Mythos werde (Beispiel Siegfried Wagner) „auf das Märchen reduziert, eben dadurch (sei) aber der strenge Gegenwartsbezug gefährdet" (S. 115). Privatmythologien, wie sie von Pfitzner („Die Rose vom Liebesgarten") oder Strauss/Hofmannsthal („Die Frau ohne Schatten") umgesetzt würden, könnten dieser Misere nicht abhelfen. An die Stelle des Mythos trete „die Literatur selber als Wert, der vorgegeben ist und an dem sich der Komponist zu bewähren hat".
[85] Abert: *Grundprobleme der Operngeschichte* (Sonderdruck), Leipzig 1926, S. 8.
[86] Ebd., S. 28.
[87] Ebd., S. 36.

Welt der Affekte und Stimmungen. Das bedingt natürlich einen ganz anderen Begriff von dramatischer Handlung als im Wortdrama."[88] Unschwer herauszulesen, wo Abert damit anknüpft: beim Begriff des „Poetischen", wie ihn Herder geprägt und Robert Schumann weitergedacht hat.[89] Dabei verstrickt sich Abert jedoch in Widersprüche zwischen der Vorstellung eines „Parallelismus" von Musik und Dichtung (den zu verlassen ein Kompromiß und „ästhetische Unmöglichkeit" sei[90]) und derjenigen von der Dominanz der Musik. Da sein normatives Vorgehen der Gattungsgenese Einheitlichkeit überstülpt, muß Abert zu Hilfskategorien greifen, um Komplexität und Widersprüchlichkeit dieser Entwicklung nicht gänzlich zu nivellieren. In diesem Sinne setzt er den Begriff der „Literaturoper" ein, den er vor allem an Werke des 19. Jahrhunderts knüpft. Carl Maria von Weber dient ihm als Beispiel, wie – nach dem Zerfall der alten Gattungsantagonismen – „die architektonischen Kräfte in der Musik von den poetischen abgelöst" werden.[91] Gemeint ist eine Leitmotivtechnik, mit der „dichterische Grundkräfte (...) musikalisch gefaßt" werden. Das bilde einen Gegensatz zur „Musikoper" und nutze „das dem Poetischen und Musikalischen gemeinsame Gebiet stärker (...) als jemals zuvor".[92] Dennoch scheint das Phänomen für Abert temporär. Bereits Wagners „Tristan" sei wieder Beispiel einer „Musikoper", und die zeitgenössische Entwicklung verstärke diese Tendenz.

Mit entgegengesetzter Intention deutet Erich Valentin die Geschichte des Operntextes. Seine 1938 veröffentlichte Studie stellt mit dem „Wechselspiel der Kräfte"[93] Abhängigkeiten und wechselseitige Einflüsse von Textbuch und

---

[88] Ebd., S. 8.
[89] Wert und Wesen der Musik liegen für Schumann darin, daß sie über „Sprache und Zeichen für Seelenzustände" verfügt. Vgl. hierzu Constantin Floros: *Musik als Botschaft,* Wiesbaden 1989, Zitat S. 103. Im 20. Jahrhundert bezogen sich Komponisten höchst unterschiedlicher Couleur auf solche Gedanken. Bei Pfitzners Irrationalismus überrascht das weniger als bei dem von Pfitzner polemisch attackierten Busoni, der in seinem Essay „Über die Möglichkeiten der Oper" (a.a.O., S. 10) notiert: „Die Musik, die Unausgesprochenes beredsam macht, menschliche Erregungen aus der Tiefe hebt, um sie den Sinnen vorzuführen, die aber äußere Vorgänge, sichtbare Vorkommnisse nicht beschreiben will, findet erst in der Oper erschöpfenden Raum zur eigenen Entfaltung."
[90] Abert: *Grundprobleme der Operngeschichte,* a.a.O., S. 10. Erik Fischer (*Zur Problematik der Opernstruktur,* a.a.O.) hat die Problematik von Aberts Argumentation ausführlich dargestellt (S. 6-17). Er nutzt dessen Vortrag vor allem, um die gängigen Kategorien einer „operntheoretischen Beschreibungssprache" zu problematisieren.
[91] Abert: *Grundprobleme der Operngeschichte,* a.a.O., S. 32.
[92] Ebd., S. 33.
[93] Valentin: „Dichtung und Oper", a.a.O., S. 140.

Musik heraus. Valentin greift den Terminus der Literaturoper auf, findet allerdings zu einem anderen Begriffsdualismus als Abert. Er unterscheidet zwischen „Libretto-Oper" und „Literatur-Oper"[94]. Beiden Werkgruppen ist nach seinem Verständnis gemeinsam, daß die Dichtung auf „Stil und Form" der Oper keinen Einfluß mehr hat, sondern als „Mittel zum Zweck" fungiert. Valentin steht der Verwendung bzw. Bearbeitung von literarischen Texten grundsätzlich skeptisch gegenüber, ohne im einzelnen Wertungskriterien vorzustellen. Insbesondere im 19. Jahrhundert bedeutet der Rückgriff auf die Literatur für ihn eine „Einfallslosigkeit der Librettokunst"[95].

Im Sinne von Istel sieht Valentin den Dichterkomponisten als höchsten Garanten ästhetischen Gelingens. Wagners Musikdrama löse die Dichotomie von Dichtung und Musik, weil es im neuen Gattungsbegriff beide verschmelze. Im Gegensatz zu Istel argumentiert Valentin jedoch strikt im Gefolge von Hans Pfitzners apodiktischen Thesen. Nicht zufällig führt er „Palestrina" als Repräsentanten einer von Wagner ausgehenden „zukunftsträchtigen Eigenentwicklung" der „Libretto-Oper" auf.[96] Pfitzner hatte 1908 in seinem Essay „Zur Grundfrage der Operndichtung"[97] die Tatsache genutzt, daß das Opernlibretto eine kaum untersuchte oder in ihrer Funktionaliät überprüfte Größe war, und das Niemandsland um so nachdrücklicher mit seinen Ansichten überschwemmt. Seine Grundthese: „Richard Wagner bestätigt als Ahnherr einer neuen Kunst: die musikalisch-dramatische Dichtung."[98] Pfitzner führt den Begriff der „Literaturdichtung" ein, worunter er das Schauspiel, den originären literarischen Text versteht, und setzt ihn von dem der „Operndichtung"[99] ab, mit der er die traditionelle Librettistenpraxis des 19. Jahrhunderts avisiert. Der Widerspruch zwischen beiden Kategorien löst sich für ihn mit der „musikdramatische(n) Konzeption". An diesen Terminus knüpft sich Pfitzners Einfallsästhetik, die hier nicht näher beleuchtet werden kann. Interessant erscheint jedoch, daß Pfitzner bereits 1908,

---

[94] Ebd., S. 178.
[95] Ebd., S. 170. Valentin spricht von „Literaturnachahmungen mehr oder weniger annehmbarer Art" (ebd.). Es handle sich „in der Mehrzahl um Literaturausplünderungen". Für ihn gehören dazu nicht nur heute vergessene Werke wie Klenaus „Michael Kohlhaas", Henrichs „Beatrice" (nach Schillers „Braut von Messina") oder Flick-Stegers „Leon und Edrita" (nach Grillparzer), sondern auch Berlioz' „Béatrice und Bénédict", Nicolais „Lustige Weiber" oder Čaikovskijs Puškin-Opern.
[96] Ebd., S. 178.
[97] Zitiert wird im folgenden nach dem 2. Band der *Gesammelten Schriften* in der Ausgabe von 1926.
[98] Ebd., S. 8.
[99] Ebd., S. 10.

Die obsolete Innovation

ohne den Begriff der Literaturoper zu gebrauchen, von „Literaturlibretto" spricht. Er verwendet das Wort im pejorativen Sinn als eine Art Literaturimitat. Die folgende Passage unterstellt zudem, daß einem „Literaturlibretto" das Primat der dichterischen Idee abgeht, die Pfitzner – ganz im Sinne Wagners – als Voraussetzung ästhetischen Gelingens postuliert:

> „Wie man sieht, hat der Dichter die verantwortlichere Aufgabe. Die Musik, die die Gegenwart zu besorgen hat, kann das Werk nur im Einzelnen gefährden. Aber des Dichters Idee ist *eine einzige,* von deren Niederschlag das Ganze abhängt. Ist sie nicht in Ordnung, nicht eine wahrhafte Konzeption, so bleibt für den Begriff der ‚Dichtung' nichts mehr zu retten. (...) Und schöne dichterische Gegenwarten ohne geniale Konzeption geben immer nur das *Literaturlibretto.*"[100]

Erich Valentin, der diese Ansicht übernimmt, ohne seinerseits mit dem Begriff des Literaturlibrettos zu operieren, definiert Literaturoper folgerichtig ex negativo als „veropte Literatur".[101] Für ihn kennzeichnet diese „Vermengung von Dichtung und Oper" den nach Wagner einsetzenden Abschnitt der Operngeschichte. Man kann den Umstand, daß Valentins Aufsatz kaum zu Wesen und Werden der Literaturoper vordringt, auch mit mangelndem zeitlichen Abstand begründen. Doch auch in neueren Publikationen wird der Begriff keineswegs einheitlich gebraucht.

Hilfreich scheint mir dabei die Formulierung der „Dramenoper", unter der Karl Schumann vertonte Schauspiele versteht: ein Genre, das den Komponisten vor allem Kopfzerbrechen bereite, weil „die Dialektik des Schauspieldialogs (...) etwas Musikfremdes, ja Musikfeindliches" habe.[102] Ohne es auf eine genaue Begriffsbestimmung anzulegen, benutzt Schumann „Dramenoper" als Unterform von „Literaturoper" und faßt den letzteren Terminus sehr weit: Er bezeichnet in dieser Verwendung die Rückbindung der Oper an einen literarischen Stoff, nicht nur an bestimmte Stücke. Zudem entsteht Literaturoper, so verstanden, bereits durch die Mitwirkung eines Literaten am Libretto[103]: Blachers „Die Flut" oder „Die Nachtschwalbe" könnten demnach zum Genre zählen, selbstverständlich auch „Preußisches Märchen".

Albert Gier faßt sowohl eine enge wie auch eine denkbar weite Begriffsbestimmung ins Auge. Entscheidend ist sein Plädoyer für einen musikhistorisch

---

[100] Ebd., S. 27 (Hervorhebungen im Original).
[101] Valentin: „Dichtung und Oper", a.a.O., S. 178.
[102] Schumann: „Die Emanzipation des Librettos", a.a.O., S. 19.
[103] Ebd., S. 21f. In diesem Sinne auch Nieder: *Von der „Zauberflöte" zum „Lohengrin",* a.a.O., S. 157.

übergreifenden Literaturopern-Begriff, das sich aus einer identischen Behandlung von Libretto und Sprechdrama durch die Komponisten herleitet und nach dem sich von „der Art des Umgangs mit dem zu vertonenden Text her (...) eine Subgattung ‚Literaturoper' nicht etablieren" läßt, „es sei denn, man wollte ihre Geschichte 1600 in Florenz, mit Ottavio Rinuccini und Jacopo Peri, beginnen lassen".[104] Karl Dietrich Gräwe geht so weit, den Begriff ganz von künstlerischen Inhalten zu lösen:

> „Literaturoper ist eine Erscheinung, die normativ nichts mit ihren Inhalten, ihrer Dramaturgie, ihrer sprachlichen Besonderheit zu tun hat, also durchaus nicht aus sich selbst erklärbar ist; der Begriff Literaturoper deutet lediglich eine Tendenz, eine Art der Häufigkeitsverteilung, eine Neigung zu statistischer Dichte an."[105]

Aber selbst eine so ins Abstrakte ausgedehnte Umschreibung läßt sich inhaltlich noch weiten. Thomas Koebner negiert die Zäsur, die den Beginn des Genres um 1900 ansetzt und von der die meisten der bisher genannten Eingrenzungsversuche ausgingen, auch wenn sie es nicht explizit erwähnten. Er erinnert an den Tatbestand, daß selbst bei Stücken, die immer wieder als Paradebeispiel der Literaturoper aufgeführt werden, das Verhältnis zur Textvorlage höchst disparat ist, daß die sogenannten Literaturopern „der Literatur untreu geworden sind".[106] Deshalb führt er den bereits erwähnten Begriff vom „Arbeitsverhältnis" ein, dessen Gewichtung im Laufe der Operngeschichte variiert und bei dem es „keine geradlinige ästhetische Progression gibt"[107], das aber in der Grundkonstellation erhalten bleibt.

Als äußerst problematisch erweist sich in diesem Zusammenhang das Buch von Almut Ullrich[108], das den Begriff der Literaturoper von einer durch den „literarisch geprägten Text" beeinflußten Oper so wenig trennt, daß historische Entwicklungen geradezu verzerrt erscheinen. Literaturoper, als Vertonung eines Dramentextes, müsse „als historisches Phänomen gelten und deckt in enger

---

[104] Gier: „A = B? Von der Kunst des Weglassens (und des Hinzufügens) im Opernlibretto", a.a.O., S. 16.
[105] Gäwe: „‚Halbgestaltete dichterische Materie'", in: Wiesmann (Hg.): *Für und Wider die Literaturoper*, a.a.O., S. 235. In ganz ähnlichem Sinne äußert sich Danuser (*Die Musik des 20. Jahrhunderts*, a.a.O., S. 350): „Die Verschiedenartigkeit der literarischen Quellen (...) und die Mannigfaltigkeit von Stil und Dramaturgie der Musik (...) machen deutlich, daß der Typus für sich über die spezifische Anlage des einzelnen Werkes so gut wie nichts besagt."
[106] Koebner: „Vom Arbeitsverhältnis zwischen Drama, Musik und Szene", a.a.O., S. 65.
[107] Ebd., S. 70.
[108] Ullrich: *Die „Literaturoper" von 1970-1990*, Wilhelmshafen 1991.

Die obsolete Innovation

Begrenzung den Zeitraum von etwa 1870 bis 1925 (Alban Berg: ‚Wozzeck')
ab".[109] Danach sei von einer „Weiterentwicklung der Literaturoper (...) als
Charakteristikum des 20. Jahrhunderts" zu sprechen bzw. von einer „entwickelten Synthese von Literatur, Musik und Szene".[110]

Der damit zur Diskussion stehende Korpus an Werken tendiert in der Zusammenstellung zur Beliebigkeit. Unschärfe, auch im analytischen Instrumentarium, ist vorprogrammiert. Das „Faszinosum des literarischen Textes"[111] durchzieht, ein Gemeinplatz, die Operngeschichte. Und die von Ullrich als Chance erweiterter Literaturadaption aufgeführten Techniken von Collage bzw. „Zusammenstellung verschiedener literarischer Texte eines Autors oder die Aufbereitung unterschiedlicher Quellen zu einem Libretto"[112] gehören zwischen „Dantons Tod" (in Gottfried von Einems Endfassung) über Ingeborg Bachmanns Einrichtung des „Prinz von Homburg" bis zu Aribert Reimanns „Bernarda Albas Haus" zu den Selbstverständlichkeiten des Transformationsprozesses vom Drama zum Libretto. Da dieselben Techniken gleichzeitig und extensiv in Oppositionsformen eingesetzt werden, die einer Dramenadaption entgegenarbeiten, besagen sie weniger über eine Entwicklung des Genres Literaturoper als über den Weg des Musiktheaters im allgemeinen.

Weiter führen statt dessen Definitionsversuche, die den Radius zunächst eng fassen. Claus H. Henneberg – sein Leben lang ein vom Genre der Literaturoper gleichermaßen Gebeutelter wie Getragener – hat in diesem Sinne eine einfache Formel aufgestellt: „Als ‚Literaturoper' sollte man bezeichnen, was ohne Eingriffe – den Sinn nicht entstellende Striche ausgenommen (Dantons Tod, Blacher/von Einem) (...) – durch den Komponisten vom Blatt weg vertont worden ist."[113] Das ist die Äußerung eines Praktikers. Aber Henneberg steht mit seinem pragmatischen Definitionsversuch nicht allein. Auch Carl Dahlhaus beschrieb in einer Diskussion das Phänomen des heiklen Genres mit präziser Lakonie: Er rekurrierte auf die Konvention der Literaturoper, nach der ein Schauspieltext, meist gekürzt, „so vertont wird, wie er dasteht".[114] An anderer Stelle spricht Dahlhaus mit Blick auf die Dramaturgie von Literaturoper und Schauspiel da-

---

[109] Ebd., S. 364.
[110] Ebd., S. 364f.
[111] Ebd., S. 366.
[112] Ebd., S. 21.
[113] Henneberg: „Gedanken zur Beziehung zwischen Literatur und Musik am Beispiel von Aribert Reimanns ‚Lear'", in: J. M. Fischer (Hg.): *Oper und Operntext*, a.a.O., S. 261.
[114] Vgl. Wiesmann (Hg.): *Für und Wider die Literaturoper*, a.a.O., S. 84. In diesem Sinne war etwa Othmar Schoeck stolz auf seine Kleist-Adaption „Penthesilea": Sie enthalte „kein

von, daß der Schauspieltext „in größeren oder kleineren Bruchstücken die Grundlage der Oper bildet", und verweist gleichzeitig darauf, daß „nicht der Text für sich, sondern der musikalisch gefaßte Text die Dramaturgie einer Literaturoper bestimmt".[115] Damit ist das wesentliche Kriterium genannt. Freilich: Nicht durch den musikalisch gefaßten Text allein, sondern durch dessen Relation zur Textvorlage läßt sich der jeweilige ästhetische Standpunkt einer Literaturoper orten. Es ist der intertextuelle Konnex, aus dem heraus sich die Werke im einzelnen verstehen lassen. Das führt zu einer terminologischen Unterscheidung, die das Dilemma um Eingrenzungsversuche des Phänomens lösbar erscheinen läßt: Sofern man die Literaturoper als Sonderform im Prozeß einer Literarisierung der Oper begreift, hat sie ästhetisch wie wirkungsgeschichtlich einen genau umrissenen Ort.

Am Ende des 19. Jahrhunderts drängt die Entwicklung aus verschiedenen Ansätzen heraus zu einem literarischen Anspruch, dem die Umformung von Dramen im Sinne einer Operndramaturgie nicht mehr genügt. Die musikalische Entwicklung hat einen Stand erreicht, der es ermöglicht, auf semantisch wie syntaktisch komplexe Textstrukturen und autonome Sprache zu reagieren. Seitdem gestaltete sich die Wechselwirkung von Text und Musik zugleich unkomplizierter und komplizierter als vorher. Unkomplizierter, weil die Komponisten tradierte Vokalformen durch musikalische Prosa ersetzen und damit Oper vom Stand der klingenden Moderne aus ansteuern konnten. Unkomplizierter auch, weil der Rückgriff auf Dramen der Weltliteratur aus dem Dilemma schwindender Librettistenpräsenz half.[116] Neue Komplexität entsteht gleichzeitig dadurch, daß das Formproblem im Wechselspiel verbaler und musikalischer

---

Komma, das nicht bei Kleist stehe" (vgl. Chris Walton: *Othmar Schoeck. Eine Biographie*, Zürich u.a. 1994, S. 154 und Jürg Stenzl: „Heinrich von Kleists ‚Penthesilea' in der Vertonung von Othmar Schoeck (1923/25)", a.a.O., S. 230.). Die Definition hat sich inzwischen eingebürgert. Vgl. u.a. H.-J. Kreutzer („Vom Schauspiel zur Oper", a.a.O., S. 68): „Man versteht darunter die wörtliche Übernahme des Textes der Dichtung in die Oper", und, von Dahlhaus abstrahierend, S. Strasser-Vill: „Literaturoper", a.a.O., S. 223ff. sowie H. Danuser: *Die Musik des 20. Jahrhunderts*, a.a.O., S. 424.

[115] Dahlhaus: „Zur Dramaturgie der Literaturoper", a.a.O., S.148 und 149.
[116] Häufig wird das Anwachsen der Literaturoper generell mit dem Mangel an Librettisten begründet, was Karl Schumann 1960 mit der Bemerkung umriß, die Situation des Operntextes sei vom „Paradoxon einer Literarisierung der Oper ohne Unterstützung durch die zeitgenössische Literatur" geprägt („Die Emanzipation des Librettos", a.a.O., S. 18). In diesem Sinne sah auch Rolf Liebermann „Die Krise der Oper (...) vor allem (als) Krise des Librettos" („Die Krise des Librettos", a.a.O., S. 29). Inzwischen hat sich die Situation nicht unwesentlich verändert: Zwischen Elfriede Jelinek, Hans Magnus Enzensberger, Amin Maalouf und Peter Turrini gibt es immer wieder Schriftsteller, die sich dem Libretto wid-

Die obsolete Innovation

Semantik bzw. Syntax jeweils neu gelöst werden muß. Musikalische Grammatik war von dem Punkt an, an dem sie jeder Textform wie selbstverständlich folgen konnte, plötzlich alles andere als selbstverständlich. Deshalb tendiert die Librettofrage im Fall der Literaturoper immer schnell zum Grundsätzlichen: Vor den Stoff stellt sich der Zweifel an der Form, vor den Inhalt der Zweifel am Verfahren als Ganzem.

Welche Dramen können unter diesen Voraussetzungen überhaupt als Libretto fungieren? Albert Gier hat für die „Basisopposition" von offener und geschlossener Dramenform[117] eine neue Terminologie vorgeschlagen, nach der sich von „dominant syntagmatischen und dominant paradigmatischen Dramenformen" sprechen läßt[118] – eine Formulierung, die nicht zuletzt darauf zielt, die historisch übergreifende Wirkung der beiden Modelle zu verdeutlichen. Das für die Oper folgenreichste Unterscheidungsmerkmal der Modelle ist der Umgang mit der Zeit. Während sich das geschlossene bzw. dominant syntagmatische Drama an einer Konfliktstruktur orientiert, die die Geschehnisse sukzessive vorführt, arbeitet die offene bzw. dominant paradigmatische Form mit Kontrasten, die atemporär ausgebreitet werden.[119] Die Oper zeigt in der Hinwendung zur letzteren mehr Affinität zu epischen Formen, Märchen und Mythos als zum Sprechtheater. Carl Dahlhaus hat betont, daß Kennzeichen der offenen Form, die im Schauspiel die moderne Dramaturgie bestimmen, „in der Oper paradoxerweise zu den Kriterien gehören, die immer schon, zumindest im 19. Jahrhundert, für die Gattung konstitutiv waren".[120] Dazu gehören „der Zerfall des Dialoges, die ästhetische Präsenz des Autors, die Trennung des Darstellers von der Rolle und die Montagetechnik der Szenenführung".[121] Die Oper folgte somit bereits einer Tendenz zur Episierung, bevor sich diese im Schauspiel etablierte. Ihr Zeitbegriff setzt dabei in doppelter Hinsicht auf Diskontinuität: Er kann das Geschehen in großen Zeitsprüngen ablaufen lassen und zusätzlich zwischen erlebter und Erlebniszeit differenzieren. In epischen Dramen wie Prosa wird die Zeit durch

---

men. Allerdings ist, wie Thomas Beck zu Recht notiert, „die Bereitschaft der Komponisten, Arbeitsgemeinschaften mit Librettisten einzugehen, drastisch gesunken" (*Bedingungen librettistischen Schreibens*, a.a.O., S. 22).

[117] Vgl. hierzu als Locus classicus Volker Klotz: *Geschlossene und offene Form im Drama*, München 1960.
[118] Gier: „Schreibweise – Typus – Gattung", in: H.-P. Bayerdörfer (Hg.): *Musiktheater als Herausforderung*, Tübingen 1999, S. 44.
[119] Ebd.
[120] Dahlhaus: „Traditionelle Dramaturgie in der modernen Oper", in: *Musiktheater heute. Sechs Kongreßbeiträge*, hg. von Hellmut Kühn, Mainz 1982, S. 25.
[121] Ebd., S. 28.

eine als solche erkennbare auktoriale Instanz gerafft oder gedehnt – eine Funktion, die in der Oper die Musik übernimmt. Während im aristotelischen Drama der Zeitverlauf auf eine Finalwirkung hin konstruiert ist, arbeiten epische Werke verstärkt mit der Differenz von Spielzeit und gespielter Zeit. Deshalb definiert Albert Gier „die diskontinuierlich-subjektive Zeitgestaltung als Dominante, d.h. als zentrales Merkmal der musikoliterarischen Gattung Libretto".[122]

Für die Literaturoper bedeutet das zweierlei. Erstens besteht der Kontrast nicht grundsätzlich zwischen Opern- und Schauspieltext, sondern zwischen Operntext und dem Drama der geschlossenen Form.[123] Zweitens bringen Dramen mit nicht aristotelischem Aufbau per se Merkmale mit, die zur Oper tendieren, und sind folglich leichter adaptierbar. Das gilt unverändert, wenn unter den Begriff der Literaturoper nicht nur Stücke gefaßt werden, die auf Dramen beruhen, sondern auch solche, die an Prosawerke erzählenden Charakters anknüpfen. Die Lenz- und Büchner-Rezeption, aber auch Stücke, die das Genre der Literaturoper entscheidend geprägt haben, wie Bergs „Wozzeck" und „Lulu", gehören in diesen Kontext. Umgekehrt läßt sich damit die Tatsache erklären, daß sich ein Sprechdrama wie Kleists „Der zerbrochene Krug" trotz der intensiven Versuche von Fritz Geißler, Armin Haag, Georg Jarno, Eugen Thomas, Victor Ullmann, Zbynek Vostrák und Rudolf Wagner-Régeny nicht auf der Opernbühne durchsetzen konnte.[124]

In der Konfiguration von offenen und geschlossenen Dramenelementen ist somit ein Kriterium gegeben, dem beim Transformationsprozeß vom Drama

---

[122] Gier: „Schreibweise – Typus – Gattung", a.a.O., S. 49. Vgl. auch ders.: *Das Libretto*, a.a.O., S. 202. Zum doppelten Zeitbegriff vgl. vor allem Dahlhaus: „Zeitstrukturen in der Oper", a.a.O.

[123] Vgl. Gier: *Das Libretto*, a.a.O., S. 14.

[124] Ullmanns 1942 entstandener Einakter zeigt das Problem besonders deutlich: Die Spieldauer ist auf 30 Minuten gerafft. Der Lustspielton prescht vorwärts, ohne daß reflexive Momente zum Tragen kämen. Am Ende baut Ullmann ein Sextett ein, das die Moral verkündet: „Richter soll keiner sein, ist nicht sein Herze rein: fiat justitia." Damit kommt ein distanzierendes Moment in den ansonsten verdichteten Handlungsablauf, das der Musik Raum gibt, dramentheoretisch aber ein Fremdkörper bleiben muß. Zur Einrichtung des „Prinzen von Homburg" durch Ingeborg Bachmann vgl. in diesem Sinne vor allem Dahlhaus: „Traditionelle Dramaturgie in der modernen Oper", a.a.O., S. 29ff. und Beck: *Bedingungen librettistischen Schreibens*, a.a.O., S. 158ff. Zu weiteren grundsätzlichen Details des Einrichtungsaspektes vgl. u.a. Holland: „Musikalische Bedingungen des Opernlibrettos", a.a.O., S. 140ff., Koebner: „Vom Arbeitsverhältnis zwischen Drama, Musik und Szene", a.a.O., Strasser-Vill: „Literaturoper", a.a.O., S. 223f. und Grell: *Ingeborg Bachmanns Libretti*, a.a.O., S. 170ff. und 225ff.

Die obsolete Innovation 69

zum Opernlibretto eine Schlüsselfunktion zukommt. Die Frage, ob nur Dramentexte oder auch andere literarische Formen zur Literaturoper führen können, versucht eine Definition jüngeren Datums zu klären. In ihrem Sammelband über Büchner-Opern schreiben Peter Petersen und Hans-Gerd Winter:

> „Der Terminus ‚Literaturoper' bezeichnet eine Sonderform des Musiktheaters, bei der das Libretto auf einem bereits vorliegenden literarischen Text (Drama, Erzählung) basiert, dessen sprachliche, semantische und ästhetische Struktur in einen musikalisch-dramatischen Text (Opernpartitur) eingeht und dort als Strukturschicht kenntlich bleibt."[125]

Diese Formulierung berücksichtigt, daß sich Literaturoper sowohl aus Schauspielen als auch aus epischen Literaturgattungen entwickeln kann. Sie besteht darauf, daß die sprachlichen, semantischen und ästhetischen Eigenheiten eines Textes in der Oper, die ihn nutzt, erhalten bleiben. Von Literaturoper kann nach dieser Definition nur dann gesprochen werden, wenn der vorliegende literarische Text „partielle Eigenständigkeit bewahrt".[126]

Für den analytischen Umgang mit Boris Blachers Musiktheater ist das Verständnis von Literaturoper als Teil einer Rezeptionsgeschichte von großer Bedeutung, weil Blacher sich diese durchaus bewußt machte, mitunter darauf auch reagierte. Zudem ermöglicht es dieser Ansatz, Auswahl, Texteinrichtung und Vertonung des jeweiligen literarischen Textes vor dem Hintergrund der literaturhistorischen (und zeitkritischen) Situation zu verstehen. Mit anderen Worten: Blachers literarisches Interesse, von dem als allgemeine, schwer greifbare Kategorie immer wieder die Rede ist, läßt sich mit ihm analytisch dingfest machen.

---

[125] Petersen/Winter (Hg.): *Büchner-Opern. Georg Büchner in der Musik des 20. Jahrhunderts*, Frankfurt am Main, Berlin, Bern u.a. 1997, S. 10. Petersen hat diese Definition später noch einmal ausführlich erläutert: „Der Terminus ‚Literaturoper' – eine Begriffsbestimmung", in: *AfMw* 1/1999, S. 52ff. Zur Kritik an der Definition vgl. Giers Rezension in: *Mitteilungen des Dokumentationszentrums für Librettoforschung* 4 (= Juli 1997), S. 21f.

[126] Petersen/Winter: *Büchner-Opern*, a.a.O., S. 12.

3. Mit den Worten: „Dantons Tod"

3.1 Umstände eines Einstandes

Wer sich „Dantons Tod" nähern will – und sei es auch nur unter Aspekten, die die Metamorphose des Revolutionsdramas zum Libretto beleuchten –, kommt um Biographisches nicht herum. Situatives und Assoziatives aus dem Leben und Erleben Gottfried von Einems und, weniger pointiert, auch dem Boris Blachers, spielt nicht nur herein, es löst aus und prägt. Es dringt in die Substanz des artistischen Mediums. Deshalb einiges zur Vergegenwärtigung vorweg.

In der Spielzeit 1937/38 wurde Einem an die Berliner Staatsoper engagiert. Seine Rückschau fällt nicht ohne Selbstironie aus:

> „Ich war damals (...) als ‚Lehrling' an der Staatsoper in Berlin. Ich muß wirklich ‚Lehrling' sagen, denn ich konnte nicht so gut Klavier spielen, um als Korrepetitor eingesetzt zu werden, ich war weder Dirigent noch Orchestermusiker. Ich hatte von nichts eine Ahnung, war aber überaus neugierig und aufgeschlossen, und so kam ich also in die Lehre und konnte tagtäglich mehr in den Opern- und Orchesterbetrieb hineinwachsen und seine Geheimnisse praktisch kennenlernen."[1]

Neben solchen Impulsen aus der Theaterpraxis suchte Einem Orientierung in Sachen Kompositionstechnik. Zu den Lehrern, die er hierfür auswählte, gehörte Friedrich Welter. Der Unterricht bei Welter, einem überzeugten Nationalsozialisten, dessen Ansichten seine „Musikgeschichte im Umriß" (Leipzig 1939) dokumentiert, dauerte allerdings nur wenige Monate, weil der Lehrer als Soldat eingezogen wurde.[2] Beiläufig erwähnt Einem in seiner Autobiographie, er habe

---

[1] Gottfried von Einem: *Ich hab' unendlich viel erlebt*, Wien 1995, S. 93. Zur Situation der Berliner Staatsoper im Nationalsozialismus vgl. Henry Bair: „Die Lenkung der Berliner Opernhäuser", in: H.-W. Heister/H.-G. Klein (Hg.): *Musik und Musikpolitik im faschistischen Deutschland*, Frankfurt am Main 1984, S. 83-90. In einem Gespräch des Jahres 1984 konkretisierte Einem solche Erfahrungen mit Blick auf Instrumentationskenntnisse. Seine Antwort auf die Frage nach der Vorliebe für ein Instrument: „Ich spiel' alle schlecht, d.h. ich spiele keines. Klavier mäßig, aber ich kann mich ausdrücken. Alle anderen habe ich mir genau angeschaut; da habe ich ein Riesenglück gehabt mit den sieben Jahren Staatsoper in Berlin. Die Staatskapelle war ein wunderbarer Apparat, und ich konnte jeden fragen: Kann man das machen (...), ich habe es aus erster Hand" („Werkstattgespräch", in: *Beiträge zur österreichischen Musik der Gegenwart, Dokumente zu Leben und Werk zeitgenössischer Komponisten*, Tutzing 1992, S. 193).

[2] Auf die politische Haltung Welters, die in der Einem-Forschung wenig Beachtung gefunden hat und die, wie die Arbeitsphase bei Welter, in Einems persönlichen Rückblicken keine Rolle spielt, hat jüngst Thomas Eickhoff aufmerksam gemacht (*Politische Dimensionen einer Komponistenbiographie im 20. Jahrhundert – Gottfried von Einem*, Stuttgart 1998, S. 52f.). Im zitierten „Werkstattgespräch" (S. 194) nimmt Einem den Begriff „Lehrer" für keinen seiner Pädagogen vor Blacher in Anspruch.

auch an Paul Hindemith als Lehrer gedacht.[3] Nachdem Hindemith Berlin aus politischen Gründen verlassen hatte, stieß Einem bei seiner Suche nach einem Lehrer auf Boris Blacher. Auslöser für den Weg zu Blacher war die Begegnung mit dessen „Symphonie für großes Orchester", die bei dem angehenden Komponisten einen tiefen Eindruck hinterließ.[4] Trotzdem bemühte er sich nicht sofort um Unterricht, sondern wandte sich erst zwei Jahre später mit einem Empfehlungsschreiben des damaligen Staatskapellmeisters Johannes Schüler an Blacher. Aus der Rückschau bezeichnete Einem den Unterricht bei Blacher ab 1941 als „die entscheidende Zeit meines Lebens" und hat dies, über alle handwerklichen Aspekte hinaus, so begründet: „Ich habe vorher komponiert, schlecht, gut, ich weiß es nicht. Aber nun kam Methode in das Ganze, aber nicht nur eine Methode des Komponierens, eine Anschauung über das, was Musik und was Kunst ist."[5]

---

[3] Einem erlebte Hindemith erstmals 1932: „Er hat (...) etwas für die Plöner Musiktage geschrieben, wo ich mit meiner Krähenstimme gesungen hatte" („Werkstattgespräch", a.a.O., S. 191). Die Tatsache, daß Hindemith durch die Nazis von der Berliner Musikhochschule vertrieben wurde, spielt Einem an mehreren Stellen herunter. Im zitierten „Werkstattgespräch" formuliert er dazu: „... und dann kam dieser ganz große Knatsch – Furtwängler – Goebbels – Hindemith, Hindemith wurde entlassen. Heute kann ich sagen, es war mein Glück. Ich danke Goebbels viel" (ebd.). Einem begründet die Formulierung vom „Glück" mit einer Kritik an Hindemiths Unterrichtsstil: „Hindemith war ja wirklich ein großer Meister, das wissen wir alle, aber er war ein furchtbarer Lehrer (...), weil er die Leute an sich gebunden hat. Das Gegenteil also von Blacher" (ebd.). In Einems Autobiographie heißt es über das Studium bei Hindemith lapidar: „... aber als er von der Hochschule flog, wurde daraus nichts" (*Ich hab' unendlich viel erlebt*, a.a.O., S. 93). Selbst wenn man in Rechnung stellt, daß Einem seine Erinnerungen nicht selbst niedergeschrieben, sondern Manfred A. Schmidt mitgeteilt hat, kann man wohl davon ausgehen, daß er dem Buch, das 1995 erschien, noch seine persönliche Zustimmung gegeben hat. Um so mehr überrascht der darin mehrfach angeschlagene Tonfall. Er verdeckt den wahren Sachverhalt. Bereits 1934 hatte Furtwängler seinen Artikel „Der Fall Hindemith" publiziert. Goebbels antwortete durch eine Rede im Berliner Sport-Palast, in der Hindemith diffamiert wurde. 1935 ließ sich Hindemith von seiner Hochschultätigkeit beurlauben. 1936-38 reiste er mehrfach in die Türkei und in die USA, am 22. März 1937 kündigte er seine Lehrtätigkeit in Berlin, um dann in die Schweiz zu emigrieren. Da Einem sich der öffentlichen Kontroverse zwischen Hindemith und den Nazis bewußt war, muß ihm auch klar gewesen sein, daß an einen geregelten Unterricht bei Hindemith in Berlin nach 1935 nicht zu denken war. Es fällt daher schwer, in seinem wiederholten Hinweis auf Hindemith als Lehrer mehr zu sehen als eine dekorative Gedankenspielerei.

[4] Als Angehöriger der Staatsoper hatte Einem auch die Möglichkeit zu Probenbesuchen (vgl. Friedrich Saathen: *Einem Chronik*, Wien, Köln u.a., S. 92 und *Zeitzeugen, Wege zur Zweiten Republik*, Wien 1987, S. 76). Die Uraufführung fand am 5. Februar 1939 statt. Es spielte die Preußische Staatskapelle unter Leitung von Johannes Schüler.

[5] *Zeitzeugen*, a.a.O., S. 76. Einem war stets Privatschüler bei Blacher. Welche Bedeutung Blacher in seinem Leben hatte, geht auch aus einem an den Regisseur und Schauspieler

In seiner Autobiographie erinnert sich Einem, daß Blacher an einer Beherrschung tradierter Kompositionsmodelle festhielt:

> „Über den klassischen Kontrapunkt bin ich bei Boris Blacher eigentlich nie hinausgelangt. Den freien Satz muß man nämlich gar nicht erlernen. Wenn man das Gerüst kennt, dann kann man selbst am besten beurteilen, was man davon braucht und was man weglassen kann. Das Koordinatenkreuz, nach dem man sich selbst ausrichten kann in puncto Kühnheit, muß sich jeder selbst erstellen."[6]

Wie andere Schüler berichtet Einem davon, daß Blacher jede Abhängigkeit zwischen Lernenden und Lehrer vermieden hat und auf einen schnellstmöglichen Ablösungsprozeß hinarbeitete:

> „Der Schluß des Studiums kam ähnlich abrupt wie der unverhoffte Beginn. Ich hatte etwas componiert, ich weiß nicht mehr genau was, und legte es ihm vor, er aber sah es nicht einmal an. Ich war natürlich gespannt auf sein Urteil und bat ihn dreimal, sich doch die Noten vorzunehmen. Da sagte er: ‚Jetzt ist es Zeit für die Entwöhnung von der Mutterbrust. Sie können jetzt genug, nehmen Sie nicht länger meine Beine in Anspruch, sondern die Ihren, und laufen Sie.' Das war genial."[7]

Blacher beschreibt den Unterrichtsprozeß so:

> „Einem kam zu mir 1941 als völliger Anfänger und hatte in zwei Jahren das kompositorische Rüstzeug erlernt. Das Merkwürdige war, daß sein Personalstil selbst in den läppischsten Harmonielehreaufgaben zu erkennen war. Er brauchte keinen Weg zu finden. Er war eigentlich vor dem Studium schon fertig."[8]

Ernst Schröder gerichteten Brief hervor, der auf den 18. April 1975 datiert ist, also drei Monate nach Blachers Tod entstand: „Blacher ist mir fast gegenwärtiger als zu seinen Lebzeiten. Natürlich empfinde ich den Verlust bitter, habe aber so viel von ihm gegenwärtig, dass mir manchmal fast bang ist. Er war ein sehr großer Mensch" (ESA 41).

6 Einem: *Ich hab' unendlich viel erlebt*, a.a.O., S. 95. Hierzu Blachers Perspektive (Rufer: *Bekenntnisse und Erkenntnisse*, a.a.O., S. 260): „Das Kennenlernen der Meisterwerke der Vergangenheit, das genaue Studium der klassischen und vorklassischen Kompositionstechnik wie jener der modernen Meister ist selbstverständliche Voraussetzung jeder Schulung für den jungen Komponisten."

7 Einem: *Ich hab' unendlich viel erlebt*, a.a.O., S. 97. Bereits 1950 kommentierte Einem diesen Schritt so: „Ich sehe in dieser Handlungsweise den Beweis einer großen Lehrerpersönlichkeit, deren Verantwortungsgefühl stark genug ist, junge Menschen, die noch in sich ungefestigt nach Halt und Anlehnung suchen, nicht an sich zu binden und ihnen dadurch, wenn sie begabt sind, vielleicht den eigenen Weg zu schmälern oder zu verbiegen, oder wenn sie unbegabt sind, sie als Schwanzsterne und Nachahmer hinter sich herzuschleppen" („Mein Lehrer Boris Blacher", in: *ÖMZ* 7-8/1950, S. 148).

8 Dominik Hartmann: *Gottfried von Einem*, Wien 1967, S. 6. Blacher hat Einem später gedrängt, selbst zu unterrichten. 1963 wurde Einem Professor an der Wiener Musikhochschule und hat Blachers pädagogische Ideale auch als Lehrer hochgehalten.

Der Plan, eine eigene Oper zu schreiben, wuchs in Einem noch vor seiner Begegnung mit Blacher. So sandte ihm Friedelind Wagner, mit der er im Sommer 1938 in Bayreuth assistierte, einen Librettoentwurf zu „Hamlet". Auch über eine Oper nach Conrad Ferdinand Meyers Novelle „Der Schuß von der Kanzel" dachte er nach. Zu den Dichtern, deren Stücke und Stoffe ihn außerdem faszinierten, gehörten Carl Zuckmayer, Tennessee Williams und Arthur Miller.[9] In Dresden erlebte Einem 1940 die Uraufführung von Heinrich Sutermeisters „Romeo und Julia", und sofort gingen ihm Gedanken zu einer eigenen, ganz anders gearteten Vertonung durch den Kopf. 1943 sprach er darüber mit Blacher. Der interessierte sich jedoch selbst dafür und begann sofort, die Liebesszene in Musik zu setzen. Einem begrub daraufhin seinen Plan: „Das ist nicht meine Oper, das ist jetzt deine. Dann suchten wir ein Drama, das für mich passend sein könnte."[10]

In seinem Typoskript „Meine Oper ‚Dantons Tod'"[11] berichtet Einem, daß er „schon damals ständig auf der Suche nach einem Stoff" war, „an dem sich meine Vorstellung von einer zeitgenössischen Oper realisieren ließe". Die Stoffwahl von „Danton", die sich im Winter desselben Jahres in Ramsau ergab, beschreibt er an mehreren Stellen als zufällig. Hier die Version der Autobiographie:

„Die Arbeiten an Danton's Tod begannen Anfang 1943, kurz nachdem Boris Blacher seine ‚Romeo'-Uraufführung hinter sich gebracht hatte. Am nächsten Tag suchten wir in der Bibliothek nach einem geeigneten Opernstoff für mich, und es war wirklich zunächst purer Zufall, daß Blacher den Band mit Büchners Dramen hervorzog. Aber der Funken war sofort übergesprungen, und ich war vom Sujet hellauf begeistert."[12]

---

[9] Vgl. Erich A. Dworak: *Das deutschsprachige Opernlibretto in der ersten Hälfte des zwanzigsten Jahrhunderts*, Diss., Wien 1966, S. 242f.
[10] Einem: „‚Das Publikum ist mein Partner', ein Gespräch mit Irene Suchy", in: Freunde der Wiener Staatsoper (Hg.): *Die Wiener Staatsoper. Jahrbuch 1993*, S. 120.
[11] Veröffentlicht bei Eickhoff: *Politische Dimensionen*, a.a.O., S. 307ff.
[12] Einem: *Ich hab' unendlich viel erlebt*, a.a.O., S. 124. Einems Äußerung führt in die Irre. Blachers Kammeroper „Romeo und Julia" wurde 1947 unter Leitung des Komponisten in Berlin uraufgeführt, allerdings nur in einer konzertanten Version. Die erste Bühnenaufführung erfolgte bei den Salzburger Festspielen 1950 unter Leitung von Josef Krips (vgl. das Blacher-Werkverzeichnis von Harald Kunz, a.a.O., S. 63). Auch auf S. 98 seiner Autobiographie erwähnt Einem, daß der Anstoß zu „Dantons Tod" von Blacher gekommen sei. 1981 dagegen hatte er für sich selbst in Anspruch genommen, auf das Schauspiel als Libretto aufmerksam geworden zu sein (vgl. Lezak: *Das Opernschaffen Gottfried von Einems*, Wien 1990, S. 19). Blacher antwortete auf die Frage, inwieweit er bei der Auswahl von Einems Opernstoffen mitgewirkt habe: „Bis auf seine erste Oper, ‚Dantons Tod', hat Einem seine Texte immer selbst ausgesucht. In allem konnte man seine Person und sein Schicksal finden" (Hartmann: *Gottfried von Einem*, a.a.O., S. 6).

Umstände eines Einstandes

So zufällig dies auch abgelaufen sein mag: Die Ramsauer Begegnung mit dem „Danton" war eine Wiederbegegnung, und das Initiationserlebnis hatte eine Inkubationszeit von vier Jahren:

> „Im Winter 1939 hatte ich im Berliner großen Schauspielhaus am Gendarmenmarkt eine Aufführung von Büchners ,Dantons Tod' gesehen, in der Gustav Gründgens in unvergeßlicher Weise den St. Just verkörperte. Der Eindruck dieser Aufführung blieb, abgesehen von ihrer hohen Qualität, dadurch ein besonders starker und verwirrender, weil ich sie mit einer beginnenden Lungenentzündung und 40 Grad Fieber erlebte."[13]

Wann Blacher zum erstenmal mit Büchners Drama in Berührung kam und welche Aufführungen er kannte, läßt sich nicht mehr feststellen. Bei Einem dagegen ist der Kontakt kaum aus dem biographischen Zusammenhang zu lösen:

> „Blacher und ich bearbeiteten das Drama. (...) Es war eine verzehrende, von der Glut der Zeit beleuchtete Arbeit. (...) Eigene Erlebnisse mit der Gestapo, die Ereignisse der Zeit und viel junges Ungestüm und hohe Hoffnungen und Zukunftserwartungen flossen ineinander."[14]

Neben Einems Berliner Kontakt mit der Gestapo, von dem er selbst berichtet[15] (und mit ihm seine Biographen Hartmann und Saathen), weist Blacher auf Gestapo-Untersuchungen während der Entstehungszeit des „Danton"-Librettos in Ramsau hin. Sein Schreiben trägt das Datum 16. September 1946. Blacher unterzeichnet als „Mitglied des Kunstbeirates der Stadt Berlin", allerdings mit privater Adressangabe, und setzt sich für Einems Mutter ein:

> „Allen vom Regime Verfolgten hatte sie stets mit Rat und Tat ihre Hilfe angedeihen lassen. Als ich 1943 etwa ein halbes Jahr bei v. Einems gewohnt habe, habe ich mehrfach Gelegenheit gehabt, Haussuchungen (sic) durch die Gestapo beizuwohnen und habe auch Aufforderung zum Verhör an Frau v. Einem mitangehört."[16]

Daß Einem den „Danton" im Auftrag der Dresdner Oper komponierte, muß zu dieser Entstehungsgeschichte nicht im Widerspruch stehen. Karl Elmendorff dirigierte am 5. Februar 1944 das Ballett „Prinzessin Turandot" und verpflichtete den jungen Komponisten an die Sächsische Staatsoper.

---

[13] Zit. nach Eickhoff: *Politische Dimensionen*, a.a.O., S. 307f. Sabine Pätzolds Bemerkung („Gottfried von Einems Oper ,Dantons Tod'", in: B. Sonntag (Hg.): *„Nach Frankreich zogen zwei Grenadier". Zeitgeschehen im Spiegel von Musik*, Münster und Hamburg 1991, S. 38), nach der Einem das Schauspiel „im Berliner Schillertheater (Staatliches Schauspielhaus) gesehen" hat, ist korrekturbedürftig.
[14] Walter Szmolyan: „Staatspreisträger Gottfried von Einem", in: *ÖMZ* 12/1965, S. 650.
[15] Vgl. Einem: *Ich hab' unendlich viel erlebt*, a.a.O., S. 81ff.
[16] Archiv der Gesellschaft der Musikfreunde in Wien, Gottfried von Einem Archiv (im folgenden abgekürzt: *Einem Archiv*), Korrespondenz Blacher, Signatur 1946 09 16.

"Elmendorff, der Nachfolger Karl Böhms in Dresden, trat an mich mit einem beglückenden Vorschlag heran. Er wollte mich, ich war damals noch an der Berliner Staatsoper tätig, als Componist nach Dresden engagieren. Und so kam es, daß ich den ‚Danton' mit der Überzeugung anfing, daß er in Dresden durch Elmendorff erstmalig uraufgeführt werden würde."[17]

Offenbar entstand die Librettofassung bereits vor dem Auftrag. Dafür spricht Blachers Äußerung, nach der „Danton" ursprünglich, 1943, als „Kompositionsübung"[18] gedacht gewesen sei. Blacher erwähnt im gleichen Interview, er habe erst 1947, und zwar überraschend, gehört, „daß ‚Dantons Tod' in Salzburg herauskommt". Geht man davon aus, daß die Idee zu „Dantons Tod" *vor* dem Kompositionsauftrag aus Dresden existierte, so bleibt immer noch die Zeitspanne zwischen Librettoentstehung und Kompositionsbeginn erstaunlich. Laut eigener Aussage begann Einem mit der Vertonung im Juli 1944, wenige Tage nach dem mißglückten Hitler-Anschlag.[19] Zwei andere Daten von Einems Hand relativieren das. Im Typoskript von Blachers Librettofassung zu „Dantons Tod"[20] finden sich sowohl Bleistift- und Tinteneintragungen von Einems Hand. Dabei sind die Bleistiftkorrekturen offensichtlich zuerst entstanden: Auf dem Titelblatt steht der Bleistiftvermerk „Boris Blacher gewidmet / Exemplar mit

---

[17] Einem: *Ich hab' unendlich viel erlebt*, a.a.O., S. 124.
[18] Ursula Stürzbecher: *Werkstattgespräche mit Komponisten*, Köln 1971, S. 14. Einem bestätigte das in einer späten Rückschau 1993 („Das Publikum ist mein Partner", a.a.O., S. 119): „Blacher war für mich das Ideal eines Lehrers. Aus Neigung zum Musiktheater – er wußte ja nicht, ob ich eine Begabung dafür mitbringe oder nicht – hat er für mich Opern-Stoffe eingerichtet." Gegenüber Karla Höcker (*Gespräche mit Berliner Künstlern*, Berlin 1964, S. 16) äußerte sich Blacher so: „Bühnenbegabungen sind übrigens im allgemeinen Spezialbegabungen. Anfänger beginnen eine Oper meistens mit der Musik, nicht mit dem notwendigen dramaturgischen Aufbau. Besonders originell war der Weg von Gottfried von Einem ‚Dantons Tod'. Das sollte zunächst nur eine Art Übung sein, und ich richtete ihm den Text dafür ein." Einem hat zwar selbst mehrfach auf den Auftrag der Dresdner Staatsoper hingewiesen, wurde aber bisher durch keine andere Quelle bestätigt. So konnte Eickhoff trotz eingehender Materialsichtung „keine Hinweise bezüglich eines möglichen Dresdner Auftrages" eruieren (*Politische Dimensionen*, a.a.O., S. 195).
[19] Vgl. Szmolyan: „Staatspreisträger Gottfried von Einem", a.a.O., S. 650, sowie Saathen: *Einem Chronik*, a.a.O., S. 115, und ders.: „Von Einem, der auszog, die Welt zu erobern", in: A. Bäumer/G. Prossnitz (Hg.): *Gottfried von Einem und die Salzburger Festspiele*, Salzburg 1998, S. 50, sowie Einem: „Das Publikum ist mein Partner", a.a.O. Dort bezeichnet Einem die „Periode zwischen dem Hitler-Attentat am 20. Juli 1944 und dem Ende des Nürnberger Prozesses 1946" als „das seelische Spannungsfeld, in dem sich die Komposition dieser Oper bewegte" (S. 120).
[20] Dieses Typoskript, das die wertvollste Quelle der Librettogenese darstellt, gehört zum *Einem Archiv* und wird dort unter der Signatur Libretti op. 6, Nr. 3 geführt. Im folgenden zitiert als Typoskript 1.

Eintragungen / Ramsau 16. III. 44". Dagegen vermerkt Einem am Ende des Typoskripts, mit Tinte: „Text korr. 9.6.46". Zudem finden sich innerhalb des Dokumentes weitere Daten, die alle zwischen den genannten liegen. Zahlreiche Bleistifteintragungen sind mit Tinte nachgezogen. Zu mehreren Textpassagen schreibt Einem musikalische Notizen an den Rand: Tempovorgaben, rhythmische Modelle, Angaben zur Chorverteilung, zu Höhepunkten etc. Außerdem fügte er Regieanweisungen ein. Es liegt also die Vermutung nahe, daß er doch vor Juli 1944 anfing zu komponieren oder zumindest Blachers Fassung überarbeitet hat und daß dieser Prozeß Mitte März 1944 abgeschlossen war. Ob und warum Einem trotz der sich offensichtlich bereits formenden musikalischen Gedanken das Ganze liegenließ, ist nicht mehr festzustellen.

Wichtig für unseren Zusammenhang ist besonders, daß und wie Einem während der Komposition – und das heißt auch über das Ende des Zweiten Weltkrieges hinaus – Veränderungen am Libretto vornahm. Die letzten Librettokorrekturen sind dennoch nicht mit dem Datum 9. Juni 1946 bezeichnet. Einem hat, offensichtlich nach Abschluß der Partitur, in einer späteren, auf „18.10.46" datierten Typoskriptfassung des Librettos, die er auf dem Titelblatt als „Druckvorlage Textbuch" bezeichnet[21], weitere, entscheidende Änderungen vorgenommen. Diese betreffen vor allem die Figur des Simon.[22]

Die untersuchten Dokumente geben keine Hinweise darauf, daß Blacher nach der Erstellung seiner Textfassung weiter Einfluß auf Libretto oder Musik

---

[21] Dieses Typoskript liegt in der Wiener Stadt- und Landesbibliothek: Signatur 01/02/2 – 1328. Im folgenden zitiert als Typoskript 2.
[22] Vgl. 3.5.6. Weitere Datumsangaben im Zusammenhang mit dem älteren der beiden Typoskripte können den Entstehungsprozeß zwar auch nicht restlos aufklären, widersprechen aber nicht den oben angestellten Vermutungen. Auf einem Extrablatt, das Typoskript 1 beigeheftet wurde, schreibt der Komponist: „Begonnen Ramsau: 2. VIII. 44 / Beendet Ramsau: 29. VI. 46." Aufgrund des langen bezeichneten Zeitraumes sollte man annehmen, daß es sich um die Kompositionsdaten handelt. Sie würden jedoch dem Schlußdatum 8.2.1945 widersprechen, das Einem in allen gedruckten Ausgaben der Partitur in den letzten Takt setzen ließ. Wie widersprüchlich Einem mit seinen Datierungen umging, zeigt sich nicht zuletzt darin, daß selbst diese letztgenannte nur eine aus mehreren Möglichkeiten darstellt: Das Autograph der „Danton"-Partitur enthält nach dem letzten Takt unter dem Vermerk „8. Februar 1945" noch ein zweites Datum: „4. September 1945". Saathen („Von Einem, der auszog, die Welt zu erobern", a.a.O., S. 50f.) gibt deshalb entgegen dem Partiturdruck den 4. September 1945 als Vollendungsdatum an, schreibt aber im selben Aufsatz, Einem habe an der Partitur „bis zum Sommer 46" gearbeitet. Szmolyan („Staatspreisträger Gottfried von Einem", a.a.O., S. 650) zitiert Einem mit den Worten: „Bis Februar 1945 war die halbe Oper geschrieben, dann wurde ich krank für viele Monate. Das Stück wurde 1945/46 beendet."

von „Dantons Tod" genommen hat. Ganz allgemein bestätigt er diese Haltung 1967 in einem Interview:

> „In den meisten Fällen habe ich das Libretto nur nach dramaturgischen Gesichtspunkten zusammengestrichen. Sobald das Gerüst fertig war, hat Einem daran einige Änderungen vorgenommen. Diese mehr nach musikalischen Gesichtspunkten. Für uns beide aber ist der Text (nicht der Inhalt) eine ‚gehorsame Tochter der Musik'."[23]

Daß die von Einem vorgenommenen Änderungen im Falle von „Dantons Tod" keineswegs nur nach „musikalischen Gesichtspunkten" vorgenommen wurden, kann eine detaillierte Analyse der Szenen zeigen. So präzise Blacher die „Danton"-Partitur nach ihrer Fertigstellung kritisierte[24], so wenig wirkte er auf ihre Entstehung ein. Trotzdem bot er seinem Schüler die Möglichkeit von Rücksprachen an. So schrieb er am 16. August 1944 (Poststempel) aus Berlin an Einem in Ramsau[25]:

> „Lieber Gottfried: Sie sind hoffentlich nicht böse das (sic) ich Sie mit Opernproduktion so allein im Stich liess. Aber es ist für die persönlichen Noten so besser und ausserdem muss ich den Schlussakkord hier erleben ... Wenn ein allargando eintritt wollte ich anfang September nach Wien ein paar Tage dann vielleicht etwas zu Ihnen. Am 29. bin ich hier und sehr begierig die Opera zu sehen."[26]

---

[23] Hartmann: *Gottfried von Einem*, a.a.O., S. 6. Bei Ursula Stürzbecher (*Werkstattgespräche mit Komponisten,* a.a.O., S. 14) gibt Blacher zu Protokoll: „Nun, mit Einem war die Sache etwas anders, als sie gern hingestellt wird: Ich habe nicht gedichtet, ich habe nur zusammengestrichen."

[24] Vgl. hierzu Blachers Brief vom 4. Oktober 1947, dessen Original zum Einem Archiv gehört und der auszugsweise gedruckt ist in: Bäumer/Prossnitz (Hg.): *Gottfried von Einem und die Salzburger Festspiele,* a.a.O., S. 152f.

[25] Vgl. *Einem Archiv*, Korrespondenz Blacher, Signatur 1944 08 16. Blachers Briefe werden dort nach Daten geführt. In der vorliegenden Studie werden sie in der Originaldiktion wiedergegeben. Diese weist grammatikalische, orthographische und syntaktische Unsicherheiten auf. Zudem verzichtet Blacher sehr häufig auf Interpunktion. Offenbar ging er, dessen Muttersprache nicht Deutsch war, mit der Sprache seiner Wahlheimat mündlich sehr viel souveräner um als in der Schriftform. Die Diktion sollte jedoch nicht über Blachers Sprachwitz und -prägnanz hinwegtäuschen, die der zitierte Brief etwa in der Formulierung vom „Schlussakkord" für das Ende des Zweiten Weltkrieges dokumentiert.

[26] Die Formulierung des letzten Satzes könnte die Annahme nahelegen, daß die Oper im August 1944 bereits weit fortgeschritten war. Was Einem Blacher angekündigt hatte, läßt sich nicht mehr rekonstruieren. Aufgrund der oben erwähnten Daten ist die Annahme jedoch unbegründet. Vielmehr scheint es, als habe Blacher zu diesem Zeitpunkt keine präzise Angabe über den Kompositionsverlauf gehabt. Am 23. Januar 1945 (Poststempel) schreibt er aus Berlin an Einem in Ramsau auf einer Postkarte: „Freue mich, das (sic) es mit der Oper vorwärts geht" (*Einem Archiv*, Korrespondenz Blacher, Signatur 1945 01 23). Möglicherweise hat

Umstände eines Einstandes

Ausgestattet mit dem Kompositionsauftrag, konnte Einem die letzten Kriegsmonate auf dem Sitz seiner Familie in der Ramsau verbringen. Am 11. Oktober 1944, also bereits nach der Schließung aller Theater in Deutschland, setzte sich der stellvertretende Geschäftsführer der Reichsmusikkammer im Auftrag seines Präsidenten für Einems Freistellung vom Kriegsarbeitseinsatz ein. In einem Brief an das Arbeitsamt in Dresden schreibt er:

„Gottfried von Einem ist eine der stärksten schöpferischen Begabungen der jungen deutschen Musikergeneration. Er ist zur Zeit mit der Komposition einer Oper beschäftigt, für deren Aufführung sich u.a. der Großdeutsche Rundfunk interessiert. Da Herr von Einem aufgrund seines Gesundheitszustandes nicht mit einer Einberufung zur Wehrmacht zu rechnen hat, wäre es wünschenswert, wenn ihm auch durch Zurückstellung vom Arbeitseinsatz Gelegenheit gegeben würde, dieses künstlerisch vielversprechende musikdramatische Werk zu vollenden."[27]

Damit waren die Weichen für die weitere Entstehungsgeschichte der Oper gestellt. Einem beschreibt die Entwicklung so:

„Im Herbst 1944 besuchte ich Elmendorff in Dresden und spielte ihm die damals bestehenden Teile des zweiten Bildes vor. Die Solonummer des Robespierre – diese Figur war damals noch als Bariton angelegt – nahm ich am Klavier mit Josef Hermann durch. Mit Elmendorff wurde besprochen, daß Jürgen Fehling die Regie der Uraufführung übernehmen sollte. Im Dezember des gleichen Jahres fuhr ich dann neuerlich, diesmal mit Fehling, nach Dresden, wo er mit Elmendorff die Besetzung des Stückes besprechen und sich mit den Bühnenverhältnissen vertraut machen wollte. Durch das Kriegsende und den allgemeinen Zusammenbruch wurde dieser Plan zunichte."[28]

---

sich Einem danach mit Fragen an seinen Lehrer gewandt oder ihm Teile der Oper zukommen lassen, denn im April 1945 (keine Tagesangabe) schreibt Blacher wieder aus Berlin: „Wir leben alle noch und es geht leidlich. Wegen der Oper schreibe ich demnächst ausführlicher" (ebd.).

[27] Saathen: *Einem Chronik*, a.a.O., S. 117. Saathen („Von Einem, der auszog, die Welt zu erobern", a.a.O., S. 52) weist darauf hin, daß der Autor (Alfred Morgenroth) von Einems Oper kaum etwas kennen konnte. Ganz unabhängig von Einems Beziehung zum Naziregime hat offenbar die Dresdner Uraufführung seines Balletts „Prinzessin Turandot" seine Stellung gefestigt. Die Aufführung seines „Capriccio" durch das Berliner Philharmonische Orchester 1943 war demgegenüber auf geteiltes Echo gestoßen. Zur Freistellung Einems vom Kriegsdienst vgl. auch das Schreiben Karl Elmendorffs an den Leiter der Abteilung Rundfunk im Reichsministerium für Volksaufklärung und Propaganda (Eickhoff: *Politische Dimensionen*, a.a.O., S. 195).
[28] Einem: „Meine Oper ‚Dantons Tod'", zit. nach Eickhoff: *Politische Dimensionen*, a.a.O., S. 308.

Es ist hier nicht der Ort, aus biographischer Sicht detaillierter auf Einems bzw. Blachers Stellung im Nationalsozialismus einzugehen.[29] Interessant für unseren Zusammenhang bleibt allerdings ein kurzer Blick auf das Verhältnis zwischen Blacher und Einem über die beschriebenen Anfänge hinaus. Anhand der erhaltenen Briefe läßt sich nachvollziehen, wie der Lehrer-Schüler-Abstand im Zusammenhang mit der „Danton"-Oper einem kollegialen Verhältnis weicht, das in wechselseitigen künstlerischen, aber auch geschäftlichen Austausch mündet. Beide Komponisten geben sich wechselseitig Arbeitshilfe und suchen das Urteil des anderen. Dabei fungiert Blacher anfangs vor allem als Berater.[30] Später setzt er sich für die „Danton"-Oper ein.[31] Wie sich das Verhältnis fünf Jahre nach den ersten Librettoentwürfen zu „Danton" entwickelt hat, dokumentiert ein Brief Blachers aus dem Jahr 1948 (ohne Tag- und Monatsangabe),

---

[29] Vgl. hierzu Eickhoff: *Politische Dimensionen*, a.a.O., insbesondere S. 64ff. und 194ff., und „Kalter Intellekt in der Nachfolge Strawinskys? Zu Boris Blacher und der Rezeption seiner Werke im Nationalsozialismus", a.a.O., bzw. Prieberg: *Musik im NS-Staat*, Frankfurt 1982, S. 285f. Ergänzend die Karriereschilderungen von Michael H. Kater (*The twisted Muse. Musicians and Their Music in the Third Reich*, New York und Oxford 1997, S. 227-232). Auch in späteren Jahren blieb Einems Haltung widersprüchlich. Einerseits gab er sich gerne als „Links-Liberaler, nicht etwa im kommunistisch-marxistischen Sinne" (Eickhoff: *Politische Dimensionen*, a.a.O., S. 281), andererseits sprechen zahlreiche Interview-Äußerungen sowie Einems Abrechnung mit György Ligeti, der „Lulu"-Ergänzung durch Friedrich Cerha sowie der Wiener Staatsopernführung unter Claus Helmut Drese eine deutlich reaktionäre Sprache. Einems Formulierung vom „Gerede um Avantgarde", die in seinen Augen „eine Devantgarde" sei, bringt seine Haltung am deutlichsten auf den Punkt (ebd., S. 282).

[30] So rät er Einem in einem Brief vom 30. Januar 1946, dessen Hauptteil von Blachers Frau, der Pianistin Gerty Herzog stammt, in einer Randbemerkung, einen Vertrag mit der Universal Edition abzuschließen. Am 24. Januar 1947 nimmt er in einem Brief Bezug auf die Entstehungszeit des „Danton"-Librettos und seine Aufenthalte in Ramsau. Mit Blick auf den damaligen Chef der Universal Edition, Alfred Schlee, heißt es da: „Wie steht es mit einem Vorschuß für meinen Text ‚Danton'? Diesen könnte er gleich Ihnen geben und so einen Teil meiner Schuld bei Ihnen von anno damals begleichen" (*Einem Archiv*, Korrespondenz Blacher, Signatur 1946 01 30 bzw. 1947 01 24).

[31] So heißt es in einem Brief aus dem Jahr 1948 (ohne genaue Datierung): „Ich habe mit Schüler gesprochen. Sie bekommen diese Tage eine Aufforderung der Staatsoper nach Berlin zu kommen um den ‚Danton' vorzuspielen." Bereits Ende 1946 hatte sich Blacher offenbar für eine Aufführung des „Danton" in Berlin eingesetzt. So schreibt er am 14. November 1946: „Die Staatsoper schreit nach dem Anfang von Danton; dicken Sie oder kommen baldmöglichst. Oder Nachricht wann" (*Einem Archiv*, Korrespondenz Blacher, Signatur 1946 11 14). Umgekehrt setzte sich später Einem anläßlich einer USA-Reise Blachers für dessen Werke ein. Vgl. seine Briefe an die Dirigenten Eugene Ormandy (UKA, Bestand 11, Nr. 10, S. 513) und George Szell (UKA, Bestand 11, Nr. 8, S. 173).

in dem er auf Einems Meinung zu seiner Kammeroper „Die Flut" eingeht und vor allem zu den weiteren Opernplänen Einems Stellung nimmt:

> „Das [sic] Dir die ‚Flut' nicht zusagt ist auch schade. Es ist weder Ost noch West orientiert (ich scheisse auf beides) ist m. E. ein wichtiges Opus ... Nun zu wichtigen Dingen: 1) die Staatsoper will ‚Danton' herausbringen. Die soll aber Ludwig (Leopold) dirigieren was ich nicht für günstig halte, Schüler wäre natürlich besser. Willst Du nicht bei Legal intervenieren? 2) Dein Projekt mit Leonce u. Lena halte ich nicht für eine glohreiche [sic] Idee. Der Stoff ist hübsch, aber zu an das Wort gebunden um als Oper zu wirken. Ich sehe keine möglichkeiten [sic]. Ich finde Du musst die nächste Oper nicht zusammenstreichen (was sehr selten gelingt) sondern von einem jungen Dichter schreiben lassen. Wie wäre es mit Marquise von O... (Kleist)."[32]

---

32 *Einem Archiv*, Korrespondenz Blacher, Signatur: 1948. Später hat Blachers Schüler Heimo Erbse eine Vertonung von Kleists Novelle vorgelegt („Julietta", Uraufführung am 17. August 1959 bei den Salzburger Festspielen, Dirigent: Antal Dorati, Inszenierung: Oskar Wälterlin, Titelpartie: Rita Streich). Einems nächstes Opernprojekt entstand dagegen wieder in Zusammenarbeit mit Blacher: Einem, Blacher und Heinz von Cramer zeichnen gemeinsam für die Libretto-Einrichtung von „Der Prozeß" verantwortlich (Uraufführung am 17. August 1953 bei den Salzburger Festspielen, Dirigent: Karl Böhm, Inszenierung: Oscar Fritz Schuh, Max Lorenz als Josef K.).

3.2 Intentionen und Positionen

Gottfried von Einem hat die Blachersche Vorlage überformt, was hier meint: benutzt, ergänzt, verfremdet, teilweise auch entstellt. All das gehört zum Transformationsprozeß. Es erscheint mir daher unverzichtbar, wenigstens in Ausschnitten zu dokumentieren, welchen Intentionen die Oper nachgeht und wie ihre Rezipienten darauf reagiert haben. Erst mit einer solchen Verdeutlichung von Absicht und Wirkung entsteht ein Koordinatensystem, in das sich Ergebnisse von Detailuntersuchungen einordnen lassen.

Der Partitur ist eine ausführliche Passage aus Büchners Brief an seine Braut vom März 1834 vorangestellt, die sich als Motto versteht:

„Ich studierte die Geschichte der Revolution. Ich fühlte mich wie zernichtet unter dem gräßlichen Fatalismus der Geschichte. Ich finde in der Menschennatur eine entsetzliche Gleichheit, in den menschlichen Verhältnissen eine unabwendbare Gewalt, allen und keinem verliehen. Der einzelne nur Schaum auf der Welle, die Größe ein bloßer Zufall, die Herrschaft des Genies ein Puppenspiel, ein lächerliches Ringen gegen ein ehernes Gesetz, es zu erkennen, das Höchste, es zu beherrschen unmöglich. Es fällt mir nicht mehr ein, vor den Paradegäulen und Eckstehern der Geschichte mich zu bücken. Ich gewöhnte mein Auge ans Blut. Aber ich bin kein Guillotinenmesser. Das Muß ist eins von den Verdammungsworten, womit der Mensch getauft worden. Der Ausspruch: es muß ja Ärgernis kommen, aber wehe dem, durch den es kommt – ist schauderhaft. Was ist das, was in uns lügt, stiehlt, mordet?"[33]

Das ist mehr als ein Appendix, mehr als eine nachgetragene Ergänzung, mehr als eine Anregung. Man übertreibt wohl kaum, in diesem Motto eine Richtungsweisung zu sehen, eine Leitlinie grundlegenden Verständnisses, in jedem Fall einen Kontext, vor dem das Folgende gelesen, gehört, aufgefaßt werden soll. Damit wird Büchners Brief dem Drama unmittelbar zugeordnet. Wie sich das Verhältnis dieser Briefpassage zum Schauspiel darstellt und inwiefern beide Texte aufeinander bezogen werden können, soll in einem eigenen Abschnitt als Teil des Transformationsprozesses untersucht werden. Die Intention des Mottos ist jedoch mit Händen zu greifen: Die Ohnmacht des Einzelnen, sein Ausgeliefertsein, eben an den „gräßlichen Fatalismus der Geschichte", wird als Thema der Oper ausgegeben.

Nun taucht in Blachers Texteinrichtung dieses Motto gar nicht auf. Einem hat es auf einem Blatt, das von den Nachlaßverwaltern Typoskript 1 beigeheftet

---

[33] Einem: *Dantons Tod. Eine Oper in zwei Teilen (sechs Bildern) frei nach Georg Büchner von Gottfried von Einem. Text eingerichtet von Boris Blacher und Gottfried von Einem*, Partitur, Universal Edition 13197, im folgenden abgekürzt: Partitur.

wurde, handschriftlich eingefügt. In welchem Arbeitsvorgang dies geschah, läßt sich nicht mehr genau rekonstruieren. In dem von Einem als „Druckvorlage Textbuch" ausgezeichneten Typoskript 2 erscheint es erstmals maschinengeschrieben und ohne Seitenangabe mit Einems Zusatz „auf 1 eigene S. nach dem Titel (pag 3)". Vermutlich ist Einem auf den Brief im Zuge seiner Überarbeitung der Blacherschen Einrichtung gestoßen, die auch andere Zitate aus Büchner-Briefen interpoliert. In jedem Fall demonstriert Einem damit, weit über Blacher hinausgehend, seine Absicht, das Drama parabolisch aufzugreifen. Das bestätigt er in einem Buch, das die Universal Edition zur Uraufführung herausgegeben hat: „Die fast archaisch wirkende Zeichnung der Büchner-Gestalten ermöglicht es mir, über die hundert Jahre weg dieses glühende Herz schlagen zu fühlen und die Gültigkeit der Worte zu erkennen."[34]

Was Einem hier formuliert, ist Teil einer allgemeinen Veränderung, die sich mit der Rezeption Büchners durch das Musiktheater verbindet: Büchners Texte „ermöglichten das unverschlüsselte Reden über Zeitfragen. Der Zugriff auf seine Stoffe war (...) weniger von literarischer Pietät getragen als von einem aktuellen, eingreifenden Bewußtsein."[35] Mit Einems Worten: „Der Geschichte und den Menschen den Spiegel vorhalten, das ist, was er will, das ist, was ich will."[36] Damit verknüpft er jedoch kein pädagogisches Moment: „Ich habe keinen moralischen Auftrag, sondern ich möchte, daß Sie empfinden und in Ihrem Wesen das Empfinden freigesetzt wird zum Erleben."[37]

Die beiden Intentionsmomente der aktuellen politischen Reflexion wie der paradigmatischen Überhöhung sind in der Sekundärliteratur von Anfang an aufgegriffen und jahrzehntelang immer wieder herausgestellt worden. Bereits im Begleitband zur Uraufführung finden sich Einems Äußerungen vor dem Hintergrund einer Wertung, die das Rezeptionsbild wesentlich prägen will:

---

34 Hans Rutz: *Neue Oper. Gottfried Einem und seine Oper „Dantons Tod"*, Wien 1947, S. 12. Vgl. auch: *Ich hab' unendlich viel erlebt*, a.a.O., S. 124, und „Das Publikum ist mein Partner", a.a.O., S. 120.
35 Gerhard Müller: „Affenkomödie", in: H.-G. Werner (Hg.): *Studien zu Georg Büchner*, Berlin und Weimar 1988, S. 256. Fragwürdig erscheint allerdings Müllers in Fortführung dieses Gedankens entwickelte These, daß Büchner „aus der Sicht der Operndramaturgie (...) als ein unmittelbarer Vorläufer Brechts" erscheint. Die Gemeinsamkeiten von sozialer Problematik und der „Würdigung des einfachen Menschen als des wirklichen Helden der Geschichte" (ebd., S. 257) sind nicht nur zu allgemein, um eine Beziehung zwischen Büchner und Brecht ernsthaft zu fundieren, sie treffen auch nur partiell zu.
36 Zit. nach Lezak: *Das Opernschaffen Gottfried von Einems*, a.a.O., S. 28.
37 „Das Publikum ist mein Partner", a.a.O., S. 118.

„Wie sehr man (...) sich in den Geist des Stückes versenken kann, haben *Boris Blacher*, der Lehrer *Gottfried Einems* (sic) und *Einem* selbst durch ihre Textgestaltung des Opernbuches bewiesen. Sie haben das Textbuch gleichsam aus dem Geist unserer Zeit geformt, die Büchnersche Dichtung verdichtet, gerafft und gestrafft. Ihre Zeitlosigkeit kristallisiert."[38]

Die „Überzeitlichkeit" Büchners, heißt es weiter, habe

„eine weitere Sublimierung, eine Verstärkung und Unterstreichung aus einem anderen turbulenten Zeitgeschehen erfahren, in welchem sich die sich im Ablauf der Menschengeschichte immer wiederholenden Dinge als zeitlos gültig erweisen. Jene Eigenschaften und Mängel, jene furchtbaren Gebrechen des Menschengeschlechts wie sie etwa der Amerikaner *Thornton Wilder* vor nur wenigen Jahren in seiner ironisch tiefen Komödie ‚The skin of our teeth' (‚Wir sind noch einmal davongekommen') apostrophiert."[39]

Erich A. Dworak schließt daran an und hebt 1966 die „Tragik menschlicher Unfreiheit" als Kern von Einems Gestaltungsinteresse heraus, und zwar nicht nur in der „Danton"-Oper.[40] Dominik Hartmann, dessen Einem-Biographie ein Jahr später erschien, greift das Ineinander von Aktualität und Zeitlosigkeit auf, erkennt in der Oper „Ansätze einer Interpretation der Gegenwart"[41]:

„Die Autoren wollten dem Drama Büchners eine bestimmte Deutung geben, durch die das Gegenwärtige darin stärker hervortrat und durch die es jenen bekenntnishaften Charakter erhalten sollte, der schließlich der Oper zu ihrem durchschlagenden Erfolg verholfen hat."[42]

Just dieser Charakter, der der Oper 1947 bei der Salzburger Uraufführung ihren Erfolg sicherte, konnte den Zuspruch jedoch nicht lange sichern. Das Stück wurde zwar schnell nachgespielt (1947 in Wien, 1948 in Brüssel und Hamburg), doch nach einer ersten Welle zeigten sich nur noch wenige Häuser interessiert. Einem schrieb daraufhin eine Neufassung, die insbesondere Kürzungen enthält und am 1. Dezember 1954 in Köln erstmals gespielt wurde.[43] Hartmann über die Intention der Oper:

---

[38] Rutz: *Neue Oper*, a.a.O., S. 12 (Kursivdruck im Original).
[39] Ebd., S. 12f.
[40] Dworak: *Das deutschsprachige Opernlibretto*, a.a.O., S. 243f. Dworak sieht in Einems Interesse an der „Tragik der menschlichen Unfreiheit" auch die Motivation für das Motto der Oper und zieht Parallelen zwischen den Protagonistenfiguren der Opern „Dantons Tod", „Der Prozeß" und „Der Zerrissene".
[41] Hartmann: *Gottfried von Einem*, a.a.O., S. 44.
[42] Ebd., S. 46. Nach Eickhoffs Einschätzung konnte „Einems ‚Danton'-Oper den Rezipienten gleichsam als Projektionsfläche für ihr eigenes Lebensgefühl dienen" (*Politische Dimensionen*, a.a.O., S. 252).
[43] Die erste Fassung stellte dem Anfangsbild ein mehr als siebzig Takte umfassendes Vorspiel („Allegro moderato") voran, enthielt eine 13taktige Maestoso-Passage des Orchesters zur

Intentionen und Positionen

„‚Dantons Tod' ist somit nach dem Willen der Autoren des Opernlibrettos die Tragödie der Freiheit und des freien Menschen unter der Diktatur, die Tragödie der Wissenden in einer Umwelt, die dadurch politisch beherrscht wird, daß die Massen in Ungewissheit gehalten und entmenschlicht werden."[44]

In ähnlichem Sinn notiert Saathen:

„Das Stück stellt in der Fatalität der Geschichte die Tragödie der Menschheit am Beispiel des Individuums dar. Die Oper stellt in der Fatalität der Geschichte die Tragödie des Individuums am Beispiel der Menschheit dar."[45]

Saathen fragt auch danach, ob das Drama durch diese Intention verfälscht wird, und kommt zu dem Ergebnis, daß – ganz unabhängig von der Musik – allein durch „die Verwandlung der Szenerie, die Verkürzung der Perspektive und die partielle Umschichtung der Vorgänge (...) eine Dimension hinzugewonnen" wird, „in der die Dinge ein wenig anders, aber nicht absolut verändert erscheinen", sondern „transparenter und daher durchlässiger auch für den Hintersinn".[46] Saathen verknüpft diese Beschreibung mit einer ästhetischen Wertung. Die Oper

„filtert den Stoff, indem sie Nebensächlichkeiten ausspart, sie destilliert den Geist des Fatalismus; andererseits reichert sie die Substanz dadurch an, daß sie die Inhalte eines neuen, durch den Fortgang der Geschichte erweiterten Bewußtseins einbringt, indem sie das Drama nicht einfach ‚in Musik gesetzt' reproduziert, sondern in der Form einer adäquaten musikalischen Reflexion erneuert."[47]

Dergleichen Rezeptionsmodelle ziehen sich durch die gesamte Aufführungs- und Analysegeschichte von „Dantons Tod".[48] Die Reihe apologetisch ausgerichteter Stimmen, die die von Einem veröffentlichten Intentionen unkritisch übernehmen und Parallelen zwischen Dramenvorlage und Libretto akzentuieren, läßt sich fortsetzen. Wir brechen sie jedoch ab, um sie mit einer Gegenbewegung zu konfrontieren, die ab Mitte der 50er Jahre einsetzt. Bereits bei der Erstaufführung des Werkes an der Bayerischen Staatsoper 1956 hielt Joachim Herrmann fest:

Hinrichtung in Bild VI und ein Adagio-Nachspiel. Die entscheidendste Veränderung gilt Lucile und wird in Abschnitt 3.5.8 diskutiert.
[44] Hartmann: *Gottfried von Einem*, a.a.O., S. 47.
[45] Saathen: *Einem Chronik*, a.a.O., S. 129.
[46] Ebd., S. 128f.
[47] Ebd., S. 126.
[48] Noch 1989 schließt sich Maria E. Brockhoff dieser positiven Einschätzung an („Zum Opernschaffen Gottfried von Einems beobachtet an ‚Dantons Tod' op. 6", in: H. Hopf/B. Sonntag (Hg.): *Gottfried von Einem. Ein Komponist unseres Jahrhunderts*, Münster 1989, S. 62).

"Die von Lovro von Matačić elastisch geführte und den materiellen Klanggehalt der Partitur sehr bestimmt betonende Aufführung ließ doch ziemlich deutlich klar werden, wie wenig im Grunde die starke Dichtung Büchners in ihrer sprachlichen Eigenkraft sich unter das Gesetz der Musik beugen läßt. Auch die intensive Musikalität des Komponisten, seine reiche, bildhaft-plastische Ausdruckssicherheit vermag darüber nicht hinwegzutäuschen. Einems Musik bleibt gleichsam vor dem Drama stehen, sie gibt nur den Widerschein des hochlodernden Sprachfeuers, durchdringt aber nicht wesenhaft dessen heiße Flamme, sie fängt nicht die Dichtung zu dem selbständigen Symbol einer erhöhenden musikalischen Form."[49]

Die hier geäußerte Kritik an einer Diskrepanz zwischen Büchners Drama und der Oper bezieht sich nicht auf die Einrichtung als Opernstoff, sondern auf die Vertonung. Nach der Veröffentlichung der Neufassung 1954 wurde die Librettofrage von „Dantons Tod" lange kaum mehr per se diskutiert. Im Mittelpunkt der Rezeption stand das Verhältnis von Sujet und musikalischer Umsetzung. Dafür nur ein symptomatisches Beispiel: 1963, anläßlich der Premiere an der Deutschen Oper Berlin, notiert Werner Oehlmann, in den konzertanten Partien würde die Handschrift des Komponisten besonders deutlich, „die im übrigen den wilden, großen Stoff doch mehr illustriert als musikalisch erschöpft".[50]

Von den Urteilen aus neuerer Zeit sind sich viele in der Tendenz einig. Es schwankt lediglich die Radikalität. Die Bearbeitung des Schauspiels zum Libretto, so der Tenor, sei weder auf inhaltlicher noch auf sprachlicher Ebene ein Gewinn. „Von Einem's adaption (...) on the whole counteracts the intentions of his model", notiert Gerhard P. Knapp.[51] Karen Achberger spricht davon, daß die literarische Vorlage nicht nur aktualisiert, sondern in ihrem „Bedeutungsrahmen auf einen spezifischen zeitbedingten Aspekt" eingeengt werde, weil „Büchners Studie der Dialektik in Revolution und Geschichte" in der Oper in ein „Porträt des einsamen Einzelnen als Opfer der Massen" transformiert werde.[52] Eine ästhetische Verurteilung nimmt Achberger allerdings nicht vor. Deutlicher auf eine Wertung hin argumentiert Jürgen Schläder. Er beobachtet eine inhaltliche wie sprachliche Unangemessenheit bei der Umarbeitung des Dramas. Für ihn gelang es in der Oper nicht, die „ungeheure Dimension" nationalsozialistischer Politik „in ihrem vollen Umfang der menschlichen Frevel"

---

[49] *Musica* 9/1956, S. 640f.
[50] *NZfM* 4/1963, S. 146.
[51] Knapp: „Some remarks about the inherent discrepancies between Georg Büchner's Drama and Gottfried von Einem's Opera Dantons Tod", in: Z. Konstantinović (Hg.): *Literature and the other arts*, Innsbruck 1979, S. 258.
[52] Achberger: *Literatur als Libretto, Das deutsche Opernbuch seit 1945*, Heidelberg 1980, S. 118.

zu verdeutlichen.⁵³ Zudem kritisiert er die Umformung der Figuren, die „bisweilen die Verzeichnung" streife.⁵⁴ Das Stück diene als „nahezu beliebiger Beweis für den grausamen Mechanismus einer politischen Vollstreckungsmaschinerie".⁵⁵ Schläders finale These: Die Oper liefere genau jene „Bilder aus Frankreichs Schreckensherrschaft", die Karl Gutzkow im Untertitel der Erstveröffentlichung – entgegen Büchners Intention – versprochen habe. Gerade deshalb aber biete „Dantons Tod" in der Opernfassung „ein aufrüttelndes Theatererlebnis".⁵⁶

Noch weiter geht Klemens Kaatz in seiner Kritik. Vor allem der biographische Ansatz seiner Studie wirft ungewohntes Licht auf die Oper. Kaatz geht davon aus, daß „Dantons Tod" 1944 als Auftragswerk der Dresdner Staatsoper begonnen wurde, und findet darin „durchaus Elemente einer Oper, wie sie von der NS-Kulturpolitik gefordert wurde".⁵⁷ Einem habe Schwierigkeiten gehabt, „sich aus den Denk- und Ausdrucksweisen Nazi-Deutschlands zu lösen". Die Oper sei ein „Etikettenschwindel bei gleichzeitiger ästhetischer Kontinuität".⁵⁸ Die Librettogenese wie auch die Arbeitsverteilung zwischen Blacher und Einem thematisiert Kaatz nicht. Seine Arbeit, in deren Mittelpunkt eine musikalische Analyse der Oper steht, geht vom Endprodukt aus. Einems Haltung sei primär auf Breitenwirkung ausgerichtet. Er könne aufgrund „seiner populistischen Einstellung (...) die Büchnersche Haltung nicht (...) verstehen".⁵⁹ Die Zusammenfassung der Studie greift denn auch folgerichtig rezeptionsgeschichtliche Aspekte auf. Sie fällt vernichtend aus:

„Die Möglichkeit für ein konservatives Publikum, durch Identifikation mit dem Helden, der an dem ‚Unverstand der Massen' zugrunde geht, auch sich selbst ein wenig als Opfer zu stilisieren, hat sicher einen Teil zum Erfolg der Oper in der Nachkriegszeit beigetragen. Dabei wurde übersehen, wie sehr die musikalische Anlage der Oper den reaktionären Tendenzen des ‚Dritten Reiches' verhaftet ist. Dieses Werk kann somit als typisches Produkt der Nach-

---

53 Schläder: „‚Die wahren Bilder aus Frankreichs Schreckensherrschaft'. Über den Tod Georges Dantons bei Georg Büchner und Gottfried von Einem", in: Bayerische Staatsoper (Hg.): *Gottfried von Einem, „Dantons Tod"*, Programmheft anläßlich der Neuinszenierung am 2. April 1990, München 1990, S. 45.
54 Ebd., S. 42.
55 Ebd.
56 Ebd., S. 49.
57 Kaatz: „Eine Hinrichtung Büchners: *Dantons Tod* von Gottfried von Einem", in: P. Petersen/ H.-G. Winter (Hg.): *Büchner-Opern. Georg Büchner in der Musik des 20. Jahrhunderts*, a.a.O., S. 160.
58 Ebd., S. 167 und 164.
59 Ebd., S. 166.

kriegszeit angesehen werden (...). Die Inanspruchnahme Büchners ist hier keine angemessene Rezeptionsform, sondern dessen Hinrichtung."[60]

Das schien Thomas Eickhoff denn doch übertrieben. Zwar trägt auch er der Tatsache Rechnung, daß sich Einem an den Charakteristika systemkonformer Opern im Sinne der NS-Kunstideologie orientiert. Es genüge „jedoch nicht (...) es dabei zu belassen, derart zentrale, aber allgemein gefaßte Topoi in einem Werk nur vordergründig nachzuweisen, ohne deren kontextuelle Bedeutung bzw. deren Sinnzusammenhang eingehender zu bestimmen".[61] Für Eickhoff sind „in der ‚Danton'-Oper durch die musikalische Dramaturgie zentrale Aussagen, die als Kritik an repressiven Gesellschaftssystemen interpretiert werden können, deutlich exponiert".[62] Als Hauptargument dient ihm Einems Umgang mit der Rolle des Volkes: Der „für die faschistische Ideologie konstitutive und daher *positiv* besetzte Topos ‚Volk'" sei in der Oper „eindeutig negativ konnotiert" und werde „in Verschränkung mit diktatorischen Verfahrensweisen perhorresziert".[63] Daraus leite sich eine ideologische Divergenz zwischen Oper und NS-Ideologie ab.

Soweit die wichtigsten Positionen der Rezeption. Sie lassen keinen Zweifel daran: Was die Frage ästhetischer Wertungskriterien betrifft, so liefert der Gattungstransfer von „Dantons Tod" ein besonders krasses Exempel. Wer konstituierende Merkmale des Sprechstückes in der Oper sucht, den wird die Anzahl der Fehlmeldungen zum negativen Urteil drängen, ohne daß freilich über das Wesen der Oper viel gesagt wäre. Nur eine detaillierte Untersuchung des Transformationsprozesses, die die Autonomie *beider* Textebenen respektiert, also deren inhärente Logik und Eigengesetzlichkeit herausarbeitet, kann Aufschluß über Ursachen und Wirkung der Änderungen geben, die Blacher und Einem vorgenommen haben. Eine solche Untersuchung steht bisher noch aus und soll im folgenden versucht werden. Bereits die Überprüfung des Quellenmaterials ermöglicht dabei neue Einsichten. Wer die Schichten der Entstehung abträgt und philologische Aspekte mitbedenkt, findet einen veränderten Zugang zum Werkganzen. Gerade bei einem Stück, das so stark zu Urteilen und Verurteilungen herausfordert, scheint mir ein solcher Weg konstruktiv.

---

[60] Ebd., S. 167.
[61] Eickhoff: *Politische Dimensionen*, a.a.O., S. 196.
[62] Ebd., S. 202.
[63] Ebd., S. 196f. (Hervorhebung im Original).

3.3 Intermezzo: Aspekte der Vorlage

Entstanden ist „Dantons Tod" unter großem Zeitdruck Anfang 1835. Büchner wurde nach Erscheinen des „Hessischen Landboten" steckbrieflich gesucht und floh kurz nach der Fertigstellung des Stückes nach Straßburg. Karl Gutzkow veröffentliche „Dantons Tod", gekürzt und nicht ohne zahlreiche Textpassagen geändert zu haben, in „Phönix", einem bei Sauerländer erschienenen belletristischen Tagblatt. Diese Erstveröffentlichung rief nur ein schwaches Echo hervor. Gutzkows Änderungen wurden in spätere Ausgaben übernommen, so auch in die von K. E. Franzos, die 1879 herauskam. Boris Blacher und Gottfried von Einem destillierten ihr Libretto aus der Erstausgabe von 1835.

Die Handlung von „Dantons Tod" schneidet aus der Spätphase der Französischen Revolution einen Zeitraum von zwölf Tagen: Der 24. März 1794 bezeichnet die Hinrichtung der Hébertisten, der 5. April 1794 die von Danton und seinen Freunden. Die Situation des Revolutionsverlaufs ist mehr als kritisch. Im Aufbruch der ersten Jahre nach 1789 waren Feindbilder und Nahziele unbestritten und somit auch leicht durchsetzbar. Erst im fortgeschrittenen Stadium des Umbruchs zeichnete sich ab, daß mit bürgerlicher Opposition gegen das Ancien régime allein noch kein neuer Staat entstehen konnte, daß wirtschaftliche wie soziale Probleme ungelöst blieben. Mit Lösungsvorschlägen, Zukunftsmodellen und Personalgruppierungen spaltete sich die Uniformität der Revolutionäre. Aus dem Weg, der vom Absolutismus zum Staatsstreich Napoleons führte, greift die Dramenhandlung den Abschnitt der Jakobinerdiktatur auf.

Wie ist Büchners Perspektive auf das Geschehen zu deuten? In welchen Passagen dokumentiert sich sein Blickwinkel? Auf die kontroversen Antworten soll im folgenden nur dann Bezug genommen werden, wenn sie im Zusammenhang mit der Oper weiterführen. Hier möchte ich zunächst (und ohne den geringsten Anspruch eines Querschnitts durch die Büchner-Forschung) jene Aspekte des Dramas anreißen, die für eine Analyse des Transformationsprozesses zum Libretto relevant sind. Sie markieren, in skizzenhafter Knappheit, Ausgangspositionen. Im einzelnen gehören dazu: Büchners Arbeitstechnik, der Stückaufbau, die Rolle des stückinternen und stückexternen Publikums und Büchners auktoriale Position.

Büchner hat seinem Stück den Untertitel „Drama" gegeben, knüpft damit an die Praxis des Sturm und Drang an, die mit dieser Form nicht nur den tradierten Dualismus von Tragödie und Komödie überwinden, sondern sich durch die Negierung der Ständeklausel auch die Möglichkeit einer soziologischen Differenzierung schaffen wollte. Neu an „Dantons Tod" war nicht die Stoffwahl. Figuren der jüngeren Geschichte tauchten um 1840 in zahlreichen Dramatisierungen auf. Neu, und in der frühen Rezeption teils als Provokation, teils als ästhetisches Desaster eingeschätzt, ist Büchners Arbeitsweise. Die extensive Inanspruchnahme von Quellentexten führte bisweilen sogar dazu, daß „Dantons Tod" der Kunstcharakter abgesprochen wurde. Die von Büchner primär zu Rate gezogenen Geschichtswerke von Thiers und Mignet waren weithin bekannt: Seine Arbeit mußte einem Leserpublikum, dem ihre strukturelle Modernität kaum in vollem Umfang bewußt werden konnte, wie die bloße Transferierung eines geläufigen Stoffes in dramatische Bilder erscheinen. Wieweit Büchner das übernommene Textmaterial, das ungefähr ein Sechstel seines Dramas ausmacht, funktionalisierte, wurde erst allmählich erkannt. Die jüngere Büchner-Forschung hat Aspekte der Frührezeption aufgegriffen, dabei die Metapher des Bildes vom ästhetischen Vorwurf gelöst und sie als Gestaltungspotential gewertet:

> „Wenn in der modernen Büchner-Forschung die Metapher des Bildes für seinen Text fortbesteht, so geschieht dies vor dem Hintergrund der Idee des modernen Bildes, eines Produktes also, das aus Collage- und Montagetechniken entsteht."[64]

Und weiter:

> „Der Begriff des Mosaiks und in der Folge der Begriff der Montage werden legitime ästhetische Termini, sobald der Mythos von der absoluten Originalität eines Buches oder Autors verschwindet. Nach der Etablierung des montierten Bildes in der bildenden Kunst kann der Begriff der Montage in der modernen Forschung positiv auf den Text angewendet werden."[65]

Dieser Aspekt ist für die Gesamtwertung des Librettos zur Oper „Dantons Tod" von Interesse, weil sich Blacher und Einem, wie zu zeigen sein wird, einer ganz ähnlichen Montagetechnik bedienen.

Kategorien der Dramentheorie können weitere Orientierungshilfe leisten. Wichtig dabei, daß Büchner heterogene Strukturperspektiven verbindet, inhaltlich motiviert und sogar gegeneinander ausspielt. Offene und geschlossene Elemente bedingen einander und spiegeln inhaltliche Konflikte mit den Mitteln der Form. Darin, und nicht nur in Sprach- und Figurendetails, folgt Büchner seinem Vorbild Shakespeare (und zeigt sich auch von Victor Hugo nicht unbeeinflußt). Sein Stück widerspricht einer formal geschlossenen Anlage: nicht nur durch seine Kunstform, sondern indem es den Einspruch zum Thema seines Disputs macht. Das Kunstgespräch zwischen Desmoulins und Danton (II,3)[66]

---

[64] Schmidt: *Tropen der Kunst. Zur Bildlichkeit der Poetik bei Georg Büchner*, Wien 1991, S. 31.
[65] Ebd., S. 33.
[66] Büchners Drama wird im folgenden nach der Münchner Ausgabe zitiert: Georg Büchner: *Werke und Briefe,* hg. von Karl Pörnbacher, Gerhard Schaub, Hans-Joachim Simm und Edda

Intermezzo: Aspekte der Vorlage

verdeutlicht das. Büchners Orientierung an Shakespeare wendet sich gegen die Tragödien-Tradition, insbesondere des französischen Klassizismus. Auch wenn „Dantons Tod" auf das Ende des Helden zuläuft, widersetzt sich die Dramenstruktur eingefahrenen Gattungsschemata. Der Zuschauer soll als Zeuge in das Geschehen eingebunden werden. Nicht um den Transport einer Idee im Sinne einer ethischen oder moralischen Maxime geht es primär, sondern darum, „Leben – einen Lebenszusammenhang – in äußerster Schärfe, Dichte, Vielfalt, ja (...) unaufgelöster Widersprüchlichkeit und Unbeherrschbarkeit zu zeigen".[67]

Diese deiktische Dramenform bezieht den Zuschauer als Faktor eigenen Rechts mit ein. Logik, Konsequenzen aus dem Geschehen werden nicht als Bestandteil der Dramaturgie vorgeführt, sondern sollen sich wesentlich im Kopf des Zuschauers konstituieren. Ambiguität ist allen wichtigen Figuren eingeschrieben. Die Pole von Protagonist und Antagonist implizieren keine moralische Wertung. Büchner schreibt antiideologisch nicht im Sinn reaktionärer Tendenzen, sondern weil er die Widersprüche innerhalb von Figuren, Handlungen und Zeitverläufen thematisieren will.[68] Die so entstandene Perspektivenvielfalt versteht sich als ästhetische Qualität. Büchners Wahrheit, darin liegt nicht zuletzt seine Modernität, ist keine pluralistische, aber sie hält sich für plurale Erkenntnisse offen.[69]

In diesem Sinne favorisiert Büchner in „Dantons Tod" keine soziale oder politische Partei. Er unternimmt keinen Versuch, durch Identifikation mit der einen oder anderen Position ein quasi kommentiertes Wertegefüge zu installieren. Das betrifft nicht nur die beiden bürgerlichen Fraktionen, sondern auch die Rolle des Volkes, was bei der Figur des Simon für die Oper bedeutsam wird. Statt Wertungen präsentiert das Stück Fragen: Fragen, auf die es keine unmittelbaren Antworten folgen läßt. „Das ist sein eigentlicher Skandal."[70] So

---

Ziegler, München 1988 (abgekürzt MA, hier S. 95f.). Als weitere Bezugsbasis diente die Erstausgabe von 1835, die neu aufgelegt wurde: Georg Büchner: *Gesammelte Werke*, Erstdrucke und Erstausgaben in Faksimiles, hg. von Thomas Michael Mayer, Band 4, Frankfurt am Main 1987. Mehr zur Frage der Textschichten in Abschnitt 3.4.

[67] Alfred Behrmann/Joachim Wohlleben: *Büchner: Dantons Tod. Eine Dramenanalyse*, Stuttgart 1980, S. 168.

[68] Vgl. Thomas Michael Mayer: „Zu einigen neueren Tendenzen der Büchner-Forschung", in: H. L. Arnold (Hg.): *Georg Büchner I/II*, München ²1981, S. 354.

[69] Für die Dialogstruktur bedeutet das: Der Widersprüchlichkeit der Charaktere werden auch divergierende Sprechsphären zugeordnet. Die so entstehende „dramatische Totalität" spiegelt „alle Möglichkeiten des Verhaltens ständig aneinander" (Helmut Krapp: *Der Dialog bei Georg Büchner*, Darmstadt 1958, S. 109f.).

[70] Peter von Becker: „Die Trauerarbeit im Schönen", in: ders. (Hg.): *Georg Büchner. Dantons Tod. Die Trauerarbeit im Schönen. Ein Theater-Lesebuch*, Frankfurt am Main 1980, S. 80.

schafft Büchner Voraussetzungen seiner inhaltlich wie formal offenen Dramengestaltung, deren Anliegen nicht eine Idee ist, sondern „die Wirklichkeit einer widerständigen Welt": Das Stück ist „schwer von empirischer Spezifität".[71]

Büchner desavouiert mit den Elementen des offenen Dramas Versatzstücke der geschlossenen Form. Deren Faktoren werden bei „Dantons Tod" vor allem in zweierlei Hinsicht eingesetzt: Einerseits kollidieren sie mit Elementen der offenen Form und werden von dieser letztlich zerbrochen.[72] Dieser Prozeß korrespondiert eng mit inhaltlichen Momenten: Die geschlossene Form steht für das abstrahierte Gedankengebäude der Revolution, wie es in reinster Form St. Just verkörpert. Es schafft jene systemimmanente Logik, an die die Mitglieder des Wohlfahrtsausschusses zumindest als öffentliche Personen glauben. Das Denkraster, mit dem diese Figuren Vergangenheit und Zukunft zueinander in Beziehung setzen, aus dem sie Rechtfertigungen und Argumentationsfiguren ableiten, findet seine Parallele in den Elementen der geschlossenen Form. Klotz' Beobachtung, daß die Handlung im geschlossenen Drama „sich leicht modellieren lasse und sich nicht gegen das strenge Konstruktionsschema sperre, vielmehr ihre Art in ihrer Verwendbarkeit für die übergeordnete, alles durchdringende Idee gegründet ist"[73], gilt ganz besonders für das Figurennetz um Robespierre. Das Scheitern der Revolutionsideen an der Wirklichkeit wird von Büchner dadurch formal verdeutlicht, daß offene Elemente die Konstruktion durchbrechen: „Das Geschlossene ist das, woran der Autor nicht glaubt."[74]

Zum anderen, nämlich in funktionaler Hinsicht, setzt Büchner die Elemente des geschlossenen Dramas zum Spannungsaufbau ein. Die Buntheit des ausgebreiteten Panoramas, seine verschiedenen Handlungsstränge, werden durch eine enge Verfugung der Szenen wie durch einen gerafften Zeitablauf zusammengehalten: Es entsteht eine „Trichterform"[75]. Sie sorgt für den Sog, der Unentrinnbarkeit und Folgerichtigkeit des Geschehens verstärkt. In diesem Sinne ist auch Büchners Akte-Gliederung zu verstehen, die die Stationen von Verdächtigung, Verhaftung, Anlage, Verurteilung und Hinrichtung klar verteilt und die Abschnitte dramaturgisch voneinander absetzt.

---

71 Behrmann/Wohlleben: *Dramenanalyse*, a.a.O., S. 179.
72 Ebd.
73 Klotz: *Geschlossene und offene Form im Drama*, a.a.O., S. 28.
74 Behrmann/Wohlleben: *Dramenanalyse*, a.a.O., S. 181. Krapp (*Der Dialog bei Georg Büchner*, a.a.O., S. 13f.) kommt durch Untersuchungen auf der rein sprachlichen Ebene zu einem ähnlichen Ergebnis.
75 Behrmann/Wohlleben: *Dramenanalyse*, a.a.O., S. 184.

Intermezzo: Aspekte der Vorlage

Aus dem Ineinander von Stationendramaturgie und aktiviertem Zeitfluß, von geraffter Zeitstruktur und Szenenautonomie bezieht Büchners Drama seine Binnenspannung. Damit korrespondiert eine Sprachstruktur, deren eruptives, versatzstückhaftes Moment durch Sprünge im Satzgefüge entsteht. Büchner hält zwar am logisch-grammatischen Zusammenhang fest, verfugt aber die Sätze – im Gegensatz zu den Szenen – keineswegs eng, so daß die Gegenwärtigkeit des Sprechmodus deutlich hervortritt. Die Gedanken sind „aphoristisch komprimiert" und werden vornehmlich dem Prinzip der „epigrammatische(n) Sprechweise" untergeordnet.[76]

Diese Beobachtung weist auf einen für die Libretto einrichtung zentralen Aspekt von Büchners Sprachbehandlung: In seinen Dialogen spielt der Text als Informationsträger oder als Mitteilung keineswegs die Rolle, die er im klassischen Drama einnimmt. Statt dessen geben Textkonstruktion, sprachinterne wie kontextuelle Bezüge Aufschluß über Hintergrund, Inhalt und Kunstcharakter des Gesprochenen.[77] Hörer wie Schauspieler sind gezwungen, den Subtext zu evaluieren und mit der Textoberfläche in Beziehung zu setzen.

Aus solchen Spezifika des Aufbaus folgt für die Figuren: Weil sich das Stück als undramatischer Abklärungsprozeß verstehen läßt, bleibt ihnen kaum Möglichkeit zum Handeln im Sinne der Dramenkonvention. Das wiederum führt „zur Dominanz der subjektiven Reflexion".[78] Diese Reflexion, die die kausalen Zusammenhänge der Handlungsfolge oft in den Hintergrund treten läßt, evoziert letztlich eine Autonomie des Augenblicks. Zu diesem formalen Aspekt kommt der inhaltliche: Weil Büchner das Historische relativiert, weil er „die historisch verifizierbaren Elemente (...) als integrierte Bestandteile weitgehend der Fiktionalität des nicht dokumentierten Materials" angleicht, bleibt den Figuren eine „distinktive Subjektivität"[79], die die Reflexion im Drama überhaupt erst als tragfähig ausweist.

Kontrastdramaturgie, heterogene Zeitstruktur, die Autonomie von Szenen und Sprechpassagen, eine lediglich lockere Dialogverfugung, die Tendenz, reflexive Momente auszukosten und auszuformen, dazu eine Sprache, die weniger als Informations- oder Gedankenträger fungiert, sondern strukturell aus ihrem

---

[76] Ebd., S. 58.
[77] Vgl. hierzu genauer Theo Buck: „‚Die Majestät des Absurden'. Zum Zusammenhang des Schlusses in Victor Hugos *Marion de Lorme* und Georg Büchners *Dantons Tod*", in: B. Dedner/G. Oesterle (Hg.): *Zweites Internationales Georg Büchner Symposium 1987*, Referate, Darmstadt 1990, S. 274.
[78] Albert Meier: *Georg Büchners Ästhetik*, München o.J., S. 43.
[79] Ebd., S. 49.

Subtext lebt: all das sind Voraussetzungen einer Vertonung, die nicht erst durch eine Umformung des Dramentextes geschaffen werden müssen. Für den Librettodialog heißt das: Da Büchner auf sprachliche Gestik setzt und mit Brüchen, Zäsuren und Pausen arbeitet, kann Musik direkt an der Schauspielvorlage ansetzen. Genauer: Weil der Dramendialog zahlreiche Momente jenseits des Sprechens impliziert, weil „jedes Wort ein ganz unsprachliches Korrelat"[80] hat und „jeder Satz auf einem emotionalen Strom" ruht, „der ihn trägt und ohne den sein ganzer Sinn nicht mehr vernommen werden kann"[81], hat musikalische Syntax überhaupt die Chance, sich daneben, darin, damit zu etablieren. Auch die von Helmut Krapp aufgestellte Stilformel, nach der Büchner den Ausdruckscharakter der Sprache gegenüber dem Aussagecharakter präferiert[82], benennt geradezu Aspekte der Vertonbarkeit.[83]

Büchners Stück mußte das zeitgenössische Publikum überfordern, oder besser: es hätte sein Publikum überfordert, wäre es denn im Bühnenlicht umgesetzt worden. Als bewußter Kontrapunkt zu einem in Weimar verfeinerten Modell vom Bildungstheater idealistischer Prägung enttäuscht, enttarnt und entstaubt „Dantons Tod" tradierte Erwartungshaltungen – ohne gleich neue heraufzubeschwören. Statt Handlung aktiviert dieses Drama Stationen; statt Aktionen nachzuhängen, verkapselt es sich im Bezirk der Reflexion; statt abgerundet proportionaler Gesamtdisposition verweist es auf schnell hingeworfene Szenenskizzen; statt stilistischer Kongruenz montiert es Sprachstile, Sprachhaltungen und Sprachgesten zu heteronomer und auseinanderstrebender Fülle.

Freilich erscheint das Publikum bei „Dantons Tod" in der Doppelgestalt von textinternen und tatsächlichen Zuhörern, von „fiktionale(n) Gruppen, die innerhalb der vorgeführten Begebenheiten eine publizistische Situation bilden"[84], und realen Lesern oder Theaterbesuchern. Dergleichen ist nicht neu, aber es rückt (von Shakespeare inspiriert) nun in den Mittelpunkt. Das Publikum innerhalb des Dramas, eben das textinterne, kann selbstverständlich sein Gegenüber jenseits der Rampe beeinflussen – „zu entsprechendem oder gegensätzlichem Verhalten, zu partieller Hinwendung in dieser oder jener Richtung".[85] Auf welche Orientierungsmuster Büchner dabei anspielt, welche „Positionsentscheidungen"

---

[80] Krapp: *Der Dialog bei Georg Büchner*, a.a.O., S. 69.
[81] Ebd., S. 62.
[82] Vgl. ebd., S. 70.
[83] Einen Überblick zu Büchner-Vertonungen bietet Dörte Schmidt mit ihrem Artikel in der neuen Ausgabe der *MGG* (Personenteil, 3. Band, Sp. 1185-1191).
[84] Vgl. hierzu näher Volker Klotz: *Dramaturgie des Publikums*, München 1976, S. 91ff.
[85] Ebd., S. 92.

er suggeriert, hat Volker Klotz beschrieben.[86] Ändert sich die Situation im Libretto? Wird sie erweitert oder verengt? Verschieben sich die „Positionsentscheidungen"?

---

[86] Ebd., S. 134f.

3.4 Zum Textkorpus

„Es steht nicht ein einziges Wort von Blacher oder mir im Textbuch", bemerkte Gottfried von Einem anläßlich von „Der Prozeß", der zweiten Oper, deren Libretto als Gemeinschaftswerk zwischen ihm und seinem Lehrer (sowie, neu im Team, Heinz von Cramer) entstand.[87] Bei „Dantons Tod" sind die Autoren freier mit der Vorlage umgegangen. Allerdings erwecken auch bei dieser Oper mehrere Äußerungen den Eindruck, bei den Veränderungen handle es sich primär um Kürzungen. Zudem hat Einem die Eingriffe weniger im Sinne einer Transformationspragmatik, sondern als Verbesserungen der Vorlage rechtfertigt: Die „Raffung des Operntextbuches" sei „der Deutlichkeit, der Eindringlichkeit zugutegekommen, die im Wechsel manchmal zu kurzer Szenen bei Büchner abhandenzukommen droht".[88]

Man könnte sich diese von Einem lebenslang nicht revidierte Büchner-Kritik damit erklären, daß hier die Denkmuster eines Opernkomponisten den Blick auf das Schauspiel verstellt haben. Allerdings stand Einem zur Entstehungszeit des Stückes mit seiner Meinung nicht allein. Die Einschätzung in der Buchpublikation zur Uraufführung von „Dantons Tod" deckt sich mit Ansichten der zeitgenössischen Germanistik:

> „Das Drama Georg Büchners hat vier Akte (neunundzwanzig Szenen). Es ist also maßlos in seiner Einteilung und verlangt vom Dramaturgen wie Regisseur eines Theaters starkes Kopfzerbrechen, wollen sie es ohne Verluste des Dichterischen vorstellen. Aber gerade aus diesem Grunde reizt es immer wieder zur Repräsentation auf dem Theater. Ihr Expressionismus tut es den Fachleuten der Bühne an, die Lust, diese wilde Formlosigkeit in eine Form zu giessen, damit ihre Schönheit ungebrochene Wirklichkeit werde!"[89]

Dieses Urteil wird mit Blick auf die Oper in den Folgejahren oft repetiert und zwar ganz unabhängig von Phasen der Büchner-Forschung: Die apologetische Einem-Literatur schreibt es fort. Autoren und Zusammenhang, ähnlich wie bei den unter 3.2 dokumentierten Einschätzungen der Oper, müssen hier nicht im Detail aufgeführt werden. Wie eng sind die Grenzen wirklich, innerhalb derer sich die Textveränderungen bewegen? Und vor allem: Meint die Treue zu Büchners Buchstaben auch die Treue zu seiner Aussage, wie oft unterstellt?

---

[87] Zit. nach Hopf/Sonntag (Hg.): *Gottfried von Einem. Ein Komponist unseres Jahrhunderts*, a.a.O., S. 48.
[88] Zit. nach Lezak: *Das Opernschaffen Gottfried von Einems*, a.a.O., S. 25. Später lobte Einem bei seinen Libretto-Mitarbeitern (Blacher, Dürrenmatt, Ingrisch) die „virtuos beherrschte Kunst des Weglassens".
[89] Rutz: *Neue Oper*, a.a.O., S. 11.

Zum Textkorpus 99

Bereits die Textgrundlage gibt Büchners Intentionen nur bedingt wieder. Die Einrichtung des Librettos beruht auf der Erstausgabe durch Sauerländer von 1835, die den Text in veränderter Form präsentiert. Karl Gutzkow war sich als Redakteur sehr wohl der prekären Eingriffe in Büchners Dramensubstanz bewußt. Trotzdem hatte er angesichts der 1832 verschärften Pressebestimmungen keine andere Wahl. Sein Nachruf auf Büchner beschreibt das mit der Formulierung von „wilder Sansculottenlust", die in der Dichtung „tobte": Die „Erklärung der Menschenrechte wandelte darin auf und ab, nackt und nur mit Rosen bekränzt. (...) Die Spitzen der Wortspiele mußten abgestumpft werden oder durch aushelfende dumme Redensarten, die ich hinzusetzte, krumm gebogen. Der *ächte Danton* von Büchner ist *nicht* erschienen."[90]

Der echte „Danton" findet sich somit auch schon a priori nicht im Libretto. Die eindeutig zweideutigen Passagen des Dramas erscheinen in geglätteter Fassung, Büchners Sprachdrastik und Spachrealistik sind stark gemildert.[91] Wobei das Libretto diese Tendenz nicht nur aufgreift, sondern bewußt verstärkt. So sind einige charakteristische Dialektpassagen, die die Erstausgabe durchaus berücksichtigt, ins Hochdeutsche übersetzt.

Noch vor der Uraufführung erinnerte Oscar Fritz Schuh daran, daß die Librettovorlage nicht Büchners Original entsprach, und riet Einem, den Text entsprechend zu überarbeiten.[92] Einem ist diesem Vorschlag nicht gefolgt.

---

[90] Zit. nach dem Nachwort von Georg Büchner: *Gesammelte Werke*. Erstdrucke und Erstausgaben in Faksimiles, Band 3, a.a.O. (Hervorhebung im Original). Eine ausführlichere Fassung von Gutzkows Nachruf auf Büchner bei Dietmar Goltschnigg (Hg.): *Materialien zur Rezeptions- und Wirkungsgeschichte Georg Büchners*, Kronberg 1974, S. 67-74. Neben dem Vorabdruck in „Phönix" sind zwei Exemplare des Erstdruckes von ‚Dantons Tod' in den 80er Jahren wieder zugänglich gemacht worden. Es handelt sich um Exemplare, die Büchner seinen Freunden Johann Wilhelm Baum bzw. August und Adolph Stoeber geschenkt und mit Bleistiftkorrekturen versehen hat. Vgl. Georg Büchner: *Dantons Tod*, Faksimile der Erstausgabe von 1835 mit Büchners Korrekturen. Mit einem Nachwort hg. von Erich Zimmermann, Darmstadt 1981 sowie Georg Büchner: *Gesammelte Werke*. Erstdrucke und Erstausgaben in Faksimiles. 10 Bändchen in Kassette hg. von Thomas Michael Mayer. Band 4: *Danton's Tod*, a.a.O. Zu den Veränderungen zwischen Erstausgabe und Original vgl. insbesondere die Nachworte zu den genannten Faksimiles sowie Band 3.2 der Marburger Ausgabe (Georg Büchner: *Danton's Tod*. Text, Editionsbericht. Bearbeitet von Burghard Dedner und Thomas Michael Mayer, Darmstadt 2000, S. 281ff.).

[91] Büchner hat seine Sexualanspielungen und Doppeldeutigkeiten als substanziellen Bestandteil der Figurencharakteristik begriffen und als solche rechtfertigt. Vgl. seinen Brief vom 28. Juli 1835 an die Familie. Ein Buch, heißt es dort, dürfe „weder *sittlicher* noch *unsittlicher* sein als die *Geschichte selbst*" (MA, S. 305, Hervorhebungen im Original).

[92] Vgl. Saathen: *Einem Chronik*, a.a.O., S. 115.

Auch nicht für die Neufassung der Partitur von 1954. Dafür unterzog er Blachers Einrichtung einer gründlichen Überarbeitung, ergänzte neben Regieanweisungen und eigenen Texten auch Briefe Büchners an seine Familie und seine Braut. Der vertonte Textkorpus setzt sich somit aus drei Schichten zusammen: Dramentext Büchners (in der Fassung der Erstausgabe), Briefe Büchners (zum Teil modifiziert), eigene Passagen Einems.

Die Fülle von Techniken der Textbearbeitung, die Blacher und nach ihm Einem anwenden, gehen jedoch weit über Kürzungen und Einfügungen hinaus und damit über den von Einem selbst beschriebenen und von der Sekundärliteratur wiederholt aufgegriffenen Rahmen. Im einzelnen handelt es sich dabei um folgende Vorgänge: Eliminierung, Verschiebung, Verkürzung und Zusammenziehung von Szenen; Montage von Textpassagen in andere Szenen; Übertragung von Textpassagen auf andere Personen; Veränderung des Dramenwortlauts; Veränderung und Einfügung von Regieanweisungen; Zusammenziehung von Personen; Interpolation von Briefzitaten Büchners; Interpolation eigener Passagen.

Eine Untersuchung von Motivation, Praxis und Folgen dieser Veränderungstechniken kann sich nicht mit additiven Beobachtungen zufrieden geben. Sie muß vielmehr ihren Widerpart an inhaltlichen Parametern finden, die Drama wie Libretto prägen. In diesem Sinne versteht die folgende Analyse die Kategorien von innerem und äußerem Aufbau, Dialogführung, Figurengruppierung und Regieanweisungen. Ein chronologischer Stück-Durchlauf bietet sich hierfür, im Gegensatz zu Blachers „Yvonne", an: Bereits die Bilder I und II bündeln zentrale Aspekte, die später in der Oper mehr inhaltlich als typologisch variiert werden. Einsichten der Büchner-Forschung sind dabei nur dann von Interesse, wenn sich über sie Zugänge zum Libretto erschließen lassen.

3.5 Dichterliebe, Dichterferne: Im Transformationsprozeß

3.5.1 Das Motto

Der Transformationsprozeß, der hier untersucht werden soll, beginnt noch vor dem ersten Akt. Er beginnt, noch bevor ein Wort, eine Regie- oder Szenenanweisung des Dramas gestrichen oder in Verhältnis zur Musik gesetzt wurde. Nicht der Untertitel ist damit gemeint. Daß Blacher und Einem ihr Werk „Oper" nennen, und zwar Oper durchaus im emphatischen Sinn, überrascht kaum: Es verweist auf Sachverhalte, die in den folgenden sechs Bildern geradezu überdeutlich ihre Wirksamkeit herausstellen und deren ästhetische Konsequenzen wir zu untersuchen haben. Nein, die Bearbeitung beginnt mit dem Motto.[93] Wie könnte man bei der Sprach- und Inhaltsvehemenz, mit der Büchner seine Eltern herausforderte, darin eine lockere Kombination von Seiten der Oper unterstellen? Ein lediglich angedeutetes Assoziationsfeld? Dieser Brief interpretiert das, was kommt. Er stellt die Vorzeichen. Damit provoziert er die ersten Fragen.

Denn im biographischen Zusammenhang sind „Dantons Tod" und das Dokument, für das sich der Name „Fatalismusbrief" eingebürgert hat, keineswegs zwei Stellungnahmen zur selben Sache. Zumindest sieht man das heute so. Die vielzitierte Passage wurde lange auf November 1833 datiert. Danach wäre sie ein frühes Zeichen primär resignativer Haltung, von der sich zwar Parallelen zu dem Anfang 1835 verfaßten Drama ziehen ließen, das aber doch in merkwürdigem Kontrast zu der wenig später entstandenen Streitschrift des „Hessischen Landboten" steht.[94] Die Büchner-Forschung datiert das Dokument inzwischen

---

[93] Zunächst hatte Einem eine Passage aus Büchners Brief an Gutzkow aus dem Jahr 1836 ins Auge gefaßt und in Typoskript 1 eingefügt, die sich noch weniger als das spätere Motto direkt auf „Dantons Tod" beziehen läßt. Dort heißt es (zitiert nach Einems Handschrift): „Die Gesellschaft mittels der Idee von der gebildeten Klasse aus reformieren? Unmöglich! Unsere Zeit ist rein materiell. (...) Ich habe mich überzeugt, die gebildete und wohlhabende Minorität, so viel Konzessionen sie auch von der Gewalt für sich begehrt, wird nie ihr spitzes Verhältnis zur großen Klasse aufgeben wollen. Und die große Klasse selbst? Für die gibt es nur zwei Hebel, materielles Elend und religiöser Fanatismus. Jede Partei, welche diese Hebel ansetzt, wird siegen. Unsere Zeit braucht Eisen und Brot – und dann ein Kreuz oder sonst so was. Ich glaube, man muß in sozialen Dingen von einem absoluten Rechtsgrundsatz ausgehen, die Bildung eines neuen geistigen Lebens im Volke suchen, und die abgelebte moderne Gesellschaft zum Teufel gehen lassen. (Zu was soll ein Ding wie diese zwischen Himmel und Erde herumlaufen?)" Vgl. hierzu auch den Originalwortlaut MA, S. 319f.

[94] Gutzkow spielte immerhin verdeckt auf die Zusammenhänge zwischen „Dantons Tod" und Büchners politischen Aktionen an. Als einer der ersten hat sich Georg Lukács gegen die

auf März 1834[95], was den Kontrast verschärft. Oder auch nicht, denn die subversive Energie der „Landboten"-Aktion und die reflexive Verzweiflungshaltung der Briefes lassen sich durchaus als heterogene Ergebnisse der selben Haltung verstehen. So gesehen, geht die Phase, in der sich Büchners revolutionäre Aktion von der Ebene verbaler Polemik auf eine konkret politische verlagert, einher mit moralischen Skrupeln und dem Zweifel an realen Veränderungsmöglichkeiten: „Büchners Krise ist die persönlich-intime Seite seines sozialrevolutionären Engagements."[96]

Natürlich stehen diesem Versuch, Büchners in der Praxis ausgelebtes politisches Bekenntnis und den in „Dantons Tod" dokumentierten Geschichtspessimismus auf einen Nenner zu bringen, viele Deutungen gegenüber, die den „Fatalismus"-Brief entweder als privaten Entwurf einer Weltanschauung oder – im Gegensatz dazu – als Zeugnis einer zeitlich begrenzten Resignationsphase verstehen. Volker Bohn macht auf die Widersprüche aufmerksam, die sich zwangsläufig einstellen, wenn das Drama „zugleich für Büchners Einschätzung des historischen Gegenstands *und* für die Verarbeitung seiner eigenen politischen Erfahrungen zeugen soll".[97] Einer dieser Widersprüche findet sich bereits in dem Briefausschnitt, der der Oper als Motto vorangestellt ist: Der Niedergeschlagenheit des ersten Teils, die sich in den Formulierungen vom „gräßlichen Fatalismus", von der „entsetzliche(n) Gleichheit" der „Menschennatur" ausdrückt und die in dem Satz kulminiert, der Einzelne sei „nur Schaum auf der Welle, die Größe ein bloßer Zufall, die Herrschaft des Genies ein Puppenspiel, ein lächerliches Ringen gegen ein ehernes Gesetz ...", dieser Niedergeschlagenheit folgt unvermittelt eine Geste selbstbewußten Aufbegehrens. Einem rechnet sie dem Motto zu: „Es fällt mir nicht mehr ein, vor den Paradegäulen und Eckstehern der Geschichte mich zu bücken."

Und klafft nicht auch ein Widerspruch zwischen Büchners politischen Aktionen und der Haltung seines Danton? Noch während er an dem Drama schrieb, einem Stück immerhin, in dem er seinem avisierten bürgerlichen Publikum die

---

Parallelisierung zwischen Dantons und Büchners Geschichtsauffassung gewandt und dagegen, daß man beiden gleichermaßen die politische Resignation als Folge persönlicher Enttäuschung unterstellte. Er betrachtete dies als eine Art, Büchner in faschistoide Gedankengebäude einzuordnen. Damit zielte er insbesondere auf Karl Viëtor.

[95] Vgl. Mayer: „Büchner-Chronik", in: *Georg Büchner I/II*, a.a.O., S. 374 und Becker: „Die Trauerarbeit im Schönen", a.a.O., S. 78.
[96] Karl Eibl: „Ergo totschlagen. Erkenntnisgrenzen und Gewalt in Büchners *Dantons Tod* und *Woyzeck*", in: *Euphorion*, 75. Band (1981), S. 412.
[97] Bohn: „Früh- und Spätrezeption", a.a.O., S. 115.

Revolution gewiß nicht als Animation zum Gesellschaftsumsturz präsentierte, trat Büchner in den nächtlichen Versammlungen der Darmstädter Geheimgesellschaft als Redner auf. Seine Vorträge über die Französische Revolution dürften „immerhin so angelegt gewesen sein (...), daß sie den Eifer der zwischendurch regelmäßig stattfindenden Waffenübungen nicht lähmten".[98]

Spielend und spielerisch ging Büchner mit der Revolutionsrhetorik um, so daß der Zitatcharakter nicht nur durch die Wiederverwendung der Briefpassagen im Drama entsteht, sondern diese Passagen schon per se etwas Zitathaftes haben. Bohn schlägt deshalb zur Betrachtung der Parallelen zwischen Büchners Briefen und den Passagen in „Dantons Tod" den „Gesichtspunkt des sprachlichen Zweifels" vor.[99] Demgegenüber entwirft Thomas Michael Mayer eine historisch ausgerichtete Deutung von Büchners Fatalismus-Begriff, die auf die französische Bedeutungstradition des Wortes rekurriert.[100] Auch für Ivan Nagel macht Büchners geschichtsphilosophische Position nur mit einer historisch genauen Fixierung Sinn. Er liest dabei, Karl Eibl in der Tendenz ähnlich, „Dantons Tod" als Möglichkeit der Selbstvergewisserung.[101]

Auch wenn der junge Einem von solchen Positionen nichts ahnen konnte: In unserem Zusammenhang sind sie als Kontrastfolie hilfreich, und deshalb mag die Rückprojektion von Forschungsergebnissen für einen Moment gestattet sein. So zeigt sich vor allem: Das komplexe Verhältnis zwischen Büchners „Fatalismus"-Brief und dem „Danton"-Drama läßt sich nicht als Parallele beschreiben. Erst der Blickwinkel neuerer Büchner-Untersuchungen verdeutlicht, wie prekär eine direkte Zuordnung ist, die das Motto der Oper vornimmt. Das, was als selbstverständliche Parallele präsentiert wird, als wechselseitige Bekräftigung und Aussagesteigerung, bedingt sich auf vielfältige und gerade nicht eindeutige Weise. In diesem Sinne bedeutet die Setzung des Mottos bereits eine Bearbeitung des Dramas: Dantons Schicksal wird als Ausdruck und Paradigma eines ahistorischen, pessimistischen Geschichtsverständnisses gedeutet, die verschwindende Bedeutung des Einzelnen akzentuiert, Größe im Scheitern gezeigt, jedes Aufbegehren als von vornherein erfolgloser Versuch gegen unabwendbare Lebensgesetze gewertet.

Wesentlich dabei, daß die Zuordnung in der Oper abstrakt und allgemein erfolgt. Die Textverknüpfung wird sogar eliminiert: Jene Szene, die Passagen des

---
[98] Ebd.
[99] Ebd., S. 117.
[100] Vgl. Mayer: „Büchner und Weidig – Frühkommunismus und revolutionäre Demokratie", in: *Georg Büchner I/II*, a.a.O., S. 86ff.
[101] Nagel: *Gedankengänge als Lebensläufe*, a.a.O., S. 107.

„Fatalismusbriefes" aufgreift (II,5), in der sich Danton an die Septembermorde erinnert und von Schuldgefühlen geplagt wird, fehlt im Libretto. Auch werden aus ihr keinerlei Textpartikel an anderer Stelle übernommen. Der geschichtspessimistische Ansatz soll nicht als Ausdruck einer zerrissenen Einzelfigur, nicht personalisiert und aus historisch konkreter Perspektive entstehen, sondern thesenhaft exponiert werden.

Aus der zeitgenössischen Perspektive freilich erscheint die diskutierte Zuordnung weniger prekär als folgerichtig: Sie steht im Kontext eines ahistorischen und apolitischen Büchner-Verständnisses, dessen wichtigster Fürsprecher Karl Viëtor war. Sein 1934 erschienener Beitrag „Die Tragödie des heldischen Pessimismus. Über Büchners Drama ‚Dantons Tod'", dessen Grundthesen 1949 in „Georg Büchner. Politik, Dichtung, Wissenschaft" erneut auftauchen, reklamiert die Titelfigur des Dramas als Sprachrohr des Dichters. Mehr: Er identifiziert Büchner mit Danton.[102] Konsequenz: Robespierre ergibt sich als Figur, die dem Dichter fremd sein muß und deren politisches Programm das Drama kritisiert. „Dantons Tod" ist für Viëtor eine Absage an die Revolution, mitunter ein abstraktes, untendenziöses, rein anthropologisch ausgerichtetes Kunstwerk. Von Viëtors Formel eines „heldischen Pessimismus", wie auch von seiner „Mystifikation von Dantons Tod zur autonomen, reinen, ewige religiöse Wahrheiten verkündenden Dichtung"[103], führen Spuren zur Oper. Ihnen gilt es im dramaturgischen Detail zu folgen.

3.5.2 Aufbau

Von Büchners Aufbau übernimmt der Operntext lediglich die grobe Sukzession. Sowohl in der Szenengliederung wie in der Binnenstruktur unterscheiden sich Drama und Libretto auf vielfältige Weise. Das Libretto verzichtet auf eine Einteilung in Akte und schafft eine neue Gliederung in sechs Bilder bzw. siebzehn Musiknummern. Die Musiknummern innerhalb eines Bildes sind jeweils eng verknüpft, schließen pausenlos, aber meist deutlich zäsuriert aneinander an. Je drei dieser Bilder verteilen sich auf die beiden Teile der Oper.

In der Abfolge dieser beiden Dreiergruppen kommt jeweils dem Mittelbild das größte inhaltliche Gewicht zu: Bild II verknüpft den Auftritt des betrunkenen Souffleurs Simon und das erste Erscheinen des Volkes mit dem Gespräch

---

[102] Viëtors Text ist am leichtesten zugänglich bei Wolfgang Martens (Hg.): *Georg Büchner*, Darmstadt 1965, S. 98-137 und Dietmar Goltschnigg (Hg.): *Büchner im „Dritten Reich". Mystifikation-Gleichschaltung-Exil*, Bielefeld 1990, S. 90-116.
[103] Goltschnigg (Hg.): *Büchner im „Dritten Reich"*, a.a.O., S. 18.

Dichterliebe, Dichterferne: Im Transformationsprozeß

Teil	Bild	Musiknummer	Textmaterial
1	I	1	I,1
		2	I,2
	II	3	I,2
		4	I,2
		5	I,6
		6	I,6
	III	7	II,3 + neue Texte
		8	II,3
		9	II,3
2	IV	10	III,10 + neue Texte
		11	III,1 + III,3 + III,7 + IV,3 + neue Texte
		12	III,1 + III,7 + IV,4 + IV,5 + Briefe + neue Texte
	V	13	III,4 + III,10 + neue Texte
		14	III,6 + III,7 + III,8 + neue Texte
		15	III,9 + III,10 + IV,2 + IV,7 + Briefe + neue Texte
	VI	16	III,10 + IV,7 + IV,8 + neue Texte
		17	IV,9

zwischen Danton und Robespierre, das die Positionen der beiden absteckt, und läßt schließlich den Dialog zwischen St. Just und Robespierre folgen, in dem der Tod der Dantonisten beschlossen wird. Bild V faßt verschiedene Stadien der Verhandlung vor dem Revolutionstribunal zusammen und schließt die Denunziation, die als Mittel der intriganten Rechtsbeugung fungiert, ein. Die Musiknummern 1 und 17 haben die Funktion von Exposition und Epilog. Betont wird die „doppelte Bogenform"[104] zusätzlich dadurch, daß die jeweiligen Schlußszenen des ersten und zweiten Teils derselben Figur gehören: Luciles Monologe basieren in beiden Fällen auf Liedern und zeigen die Frau von Desmoulins in sich steigerndem Zustand psychischer Verstörung.

---

[104] Kaatz: „Eine Hinrichtung Büchners ...", a.a.O., S. 136.

Hartmann sieht über die Bedeutung des jeweiligen Mittelbildes hinaus formale wie inhaltliche Korrespondenzen der Teile. Beide seien

> „so angelegt, daß jeweils eine dramatische Situation – im ersten Teil die Gegenüberstellung Robespierre-Danton, im zweiten Teil die Anklage und Verteidigung Dantons vor dem Revolutionstribunal – von zwei Bildern umrahmt wird, die der Charakterisierung und Milieuschilderung beziehungsweise der Schilderung des seelischen Zustands der Verhafteten und der Massenstimmung dienen. Die Verlegung des dramatischen Höhepunkts in die Mitte je einer Teileinheit ermöglicht also für jeden Teil den Aufbau in auf- und absteigender Linie, in Spannung und Entspannung."[105]

Diese Einschätzung scheint mir zumindest für den zweiten Teil der Oper fragwürdig. Mit Bild IV, das drei höchst kontrastreiche musikalische Nummern umfaßt, geht der Szene vor dem Revolutionstribunal ein wirkungssicherer Abschnitt mit dramaturgischem Eigengewicht voraus. Und so eindeutig die am Ende von Bild VI stehende shakespearenahe Rüpelszene der beiden Henker als Nachspiel zu verstehen ist, so wenig kann man die Hinrichtung wahrnehmungspsychologisch als Antiklimax einordnen. Zudem verstärkt Einem das Gewicht dieser Szene, indem er in einem Chorduell mit den Texten von Marseillaise und Carmagnole ideologische und soziale Kontraste aufeinanderprallen läßt.

Die symmetrische Anlage des Librettos distanziert sich vom Dramenaufbau. Büchners Gliederung verbindet das Prozeßhafte des Handlungsablaufs mit einer Selbständigkeit des dramatischen Augenblicks und bezieht daraus ein wesentliches Spannungsmoment. Akzentuiert die Akteinteilung den Aspekt einer Folgerichtigkeit, einer präexistenten Logik (im Sinne des geschlossenen Dramentyps), so tendiert Büchner gleichzeitig dazu, den dramatischen Augenblick in aller Impulsivität auszukosten und auszuformen. In ihrer Einrichtung des Librettos verstärken Blacher und Einem dagegen die Tendenz zur Autonomie einzelner Bilder. Sie folgen darin der operntypischen Dramaturgie des „Zeigens": Das Sichtbare dominiert gegenüber dem lediglich verbal Vermittelbaren. Die einzelnen Szenen wie die aus ihnen zusammengesetzten Bilder erhalten in der Librettofassung von „Dantons Tod" große Selbständigkeit: Sie sind sich selbst genug. Keine penibel austarierte Motivationskette bestimmt ihren Ablauf, keine logische Verkettung. Statt einer Verfugung der Szenen findet sich nun die Verdichtung zu großen Blöcken: „Nicht eine sorgsam abgesicherte dialogische Verknüpfung, sondern die Darstellung sich zuspitzender oder einander widerstreitender Emotionen begründet die Folge der sechs Opernbilder."[106]

---

[105] Hartmann: *Gottfried von Einem*, a.a.O., S. 46.
[106] Schläder: „Die wahren Bilder ...", a.a.O., S. 46.

Damit wandeln sich in der Oper Büchners Plätze zu Schau-Plätzen. Dem opulenten Hinrichtungsbild wohnt nicht mehr oder weniger Demonstrationscharakter inne als dem intimsten Selbstgespräch Luciles. Liebesemphase und Lebensverlust, Revolutionsaplomb und Revolutionsverzagtheit, gleißendes Verkünden und stilles Verzagen: Alles erreicht den Opernbesucher mit dem gleichen Gewicht des Demonstrativen. Wo Büchner Stoff und Szenenbedeutung aufteilt, wo er Inhaltsschwerpunkte verlagert, Luftiges und Lastendes trennt oder hart aneinandersetzt, wo er Form und Inhalt sich spielerisch ergänzen, finden und widersprechen läßt, da setzt die Oper auf das wohlüberlegte Gesetz ihres Aufbaus.

Mit der Verlagerung von Sukzession auf Demonstration greifen Blacher und Einem wesentlich in den Aufbau des Schauspiels ein. Sie negieren Büchners Balancegefüge zwischen Momentaufnahme und zielgesteuertem Zeitfluß und fundieren ihrerseits die separierten und monomanisch nebeneinanderstehenden Bilder in einer symmetrischen Anlage, die sich nicht aus dem Stoff legitimiert, sondern als äußeres Konstruktionsschema erscheint.

Die Aufteilung der Dramenhandlung in sechs Bilder wie die Untergliederung dieser Bilder ist Blachers Werk. Einem hat sich daran gehalten – so sehr er auch in Textdetails und Intention von Blachers Einrichtung abwich. Zwei Skizzen sind in diesem Zusammenhang von Interesse. Beide stammen von Blachers Hand. Über die erste hat Einem später geschrieben: „Blachers erster Dantontext-Entwurf 1943, Ramsau". Dieser Entwurf sieht bereits die Gliederung in zwei Teile sowie acht Szenen vor, von denen einzig die fünfte noch undefiniert bleibt. Während für den ersten Teil bereits Personenkonstellationen aufgeführt werden, stehen für die Szenen des zweiten Teils nur Ortsangaben[107]:

I. Teil
1. Karten
   Danton, Julie
   Hérault, Dame
   Camille
2. Laternenscene Chor
   Robespierre
3. Danton – Robespierre
   St. Just
4. Danton – Camille, Lucile

---

[107] *Einem Archiv*, Signatur Libretti op. 6, Nr. 1.

II. Teil
?
6. Die Conciergerie
7. Revolutions Tribunal
8. Revolutions Pl.

Präziser hat Blacher seine Vorstellung in einer weiteren Skizze festgehalten, die bereits Vorschläge für die musikalische Gliederung beinhaltet.[108] Sie enthält kein Datum, wird aber innerhalb des Einem-Nachlasses ebenfalls auf 1943 datiert. Unter der Überschrift „No. Verteilung" notiert Blacher:

1. Quartett. Danton, Julie, Hérault, Dame (Lucile)
2. Terzett. Camille, Danton, Hérault
2. Bild
   3. Chor, junger Mann
   4. Arie Robespierre
   5. Duett Danton Robespierre
   6. Duett St. Just Robespierre
3. Bild
   7. Danton
   8. Lucile Camille
   9. Lucile

4. Bild
   10. Chor (kleiner)
   11. Duett Danton Camille
   12. Scene mit Lucile
5. Bild
   13. Danton Chor
   14. Danton
   15. Anklage
   16. Danton + Chor
6. Bild
   17. Henker
   18. Lucile

Auch wenn Einem in seiner Vertonung das strenge Nummernschema abgelehnt hat, so liegt doch mit dieser Skizze bereits der vollständige Aufbau der Oper vor. Sie läßt offen, ob Blacher Lucile in der ersten Szene ursprünglich (entgegen Büchners Drama) auftreten lassen wollte, oder ob die Rolle der Dame von der

---

[108] *Einem Archiv*, Signatur Libretti op. 6, Nr. 2.

Sängerin der Lucile mit übernommen werden sollte. Von Simon, dem Souffleur, ist im zweiten Bild noch keine Rede. Die Figur hat für Blacher keine große Rolle gespielt. Die Idee einer Simultanszene scheint erst später gereift zu sein. Überraschend, daß Blacher die Szene vor dem Tribunal mit vier Musiknummern sehr kleinteilig anlegt. Ob mit Nummer 15 die Intrige St. Justs gemeint ist (die in der Oper später unter Nummer 14 firmiert) oder ob Blacher der Anklage innerhalb der Verhandlung eine eigene Nummer zuordnen wollte, ist aus der Skizze nicht ersichtlich.

Daß die Konfiguration von offenen und geschlossenen Dramenelementen ein wesentliches Kriterium bei der Umwandlung eines Dramentextes zum Opernlibretto darstellt, war einer der Ausgangspunkte unserer Überlegungen: Probleme wie Besonderheiten der Form gehen über die technisch-organisatorische Ebene hinaus und geben Aufschluß über den Inhalt. Im Fall von „Dantons Tod" macht schon der Aufbau den Dissenz an Formtypologie deutlich: Ausgerechnet beim einzigen Faktor, mit dem Büchner im Sinne einer geschlossenen Dramaturgie arbeitet, beim Faktor Zeit, schlägt das Libretto die entgegengesetzte Richtung ein. Es stoppt den Zeitfluß und zieht Stationendramaturgie einer im Drama angelegten Prozessualität vor. Umgekehrt relativiert das Libretto zahlreiche Aspekte von Büchners offener Form oder nimmt sie ganz zurück. Das beginnt bereits bei der Figurenliste. Statt Büchners 30 Figuren (und noch einmal eben so vielen kaum individualisierten Personen) fordert die Oper nur 14 Solisten. Inhaltlich läuft das darauf hinaus, daß die verschiedenen Justizvorgänge ins Libretto kaum eindringen. Das hebt Büchners minutiöse Realitätszeichnung weitgehend auf. Geistes- und sozialgeschichtliche Voraussetzungen, auf die sein Drama baut und die es partiell referiert, werden negiert. Die Oper zielt auf einen höheren Abstraktionsgrad. Büchners Perspektivenvielfalt wird ins Ausschnitthafte zurückgedrängt; Genreszenen entfallen. Die Librettofassung von „Dantons Tod" zeigt eine deutliche Tendenz zur „geschlossenen Perspektivenstruktur"[109]: einerseits durch gleichmäßige Proportionierung der ausgewählten Szenen innerhalb eines stark symmetrischen Aufbaus, andererseits durch die Verdrängung einer durch Personenvielfalt und historische Einordnung garantierten Fülle an Stofflichkeit. Die Richtung, in die das Motto weist, trügt nicht.

Wie verhalten sich die einzelnen musikalischen Nummern zu Büchners Szenen? Das Verhältnis unterscheidet sich in den zwei Teilen der Oper beträchtlich. Während im ersten Teil vier Szenen Büchners durch neun Musiknummern wiedergegeben werden, weisen die acht Nummern des zweiten Teils Textpas-

---

[109] M. Pfister: *Das Drama*, a.a.O., S. 102.

sagen aus fünfzehn Szenen des Schauspiels auf. Dazu kommen Briefzitate Büchners und Zusätze von Gottfried von Einem. Während der zweite Teil eher Collagecharakter hat, bestehen die Veränderungen im ersten Teil vor allem in Kürzungen, Szenen-Umstellungen und der Behandlung der Volksmasse.

Blacher und Einem verteilen einige Szenen Büchners auf mehrere Musiknummern. Diese folgen oft der inneren Gliederung der Dramenszenen, heben Abschnitte heraus und betonen deren Eigengewicht. Das gilt etwa für Büchners Eröffnungsszene: In ihr ergibt sich eine innere Zweiteilung durch den Auftritt von Desmoulins und Philippeau (letzterer fällt in der Oper weg). Die Oper unterstreicht das durch den Beginn von Nummer 2. Das nachfolgende Bild wird durch den Auftritt Robespierres zäsuriert. Auch hier setzten Blacher und Einem eine neue Musiknummer an. Dieses zweite Bild der Oper besteht aus vier Musiknummern und verschweißt zwei Szenen, die im Drama weit auseinanderstehen: I,2 und I,6. Das Zusammenziehen von Dramenszenen hat im Libretto verschiedene Grade an Intensität, die von der sukzessiven Verknüpfung bis zur Simultanszene reichen. Hierzu einige Beispiele.

Mit I,2 und I,6 verbinden Blacher und Einem Szenen, die aus dramaturgischen Gründen bei Büchner getrennt erscheinen: Daß die Aussprache zwischen Danton und Robespierre erst als sechste Szene des ersten Schauspielaktes erscheint, liegt an der Exposition des Stückes: Erst nachdem Robespierre im Jakobinerklub die Grundsätze seiner Politik und die Gefahren, die der Revolution aus seiner Sicht drohen, erläutert hat, erst nachdem er damit auch, ohne deren Namen zu nennen, Position gegen die Dantonisten bezogen hat, ist die Figur genügend umrissen, um im Dialog mit Danton Tiefenschärfe zu besitzen. Ähnliches gilt für die Titelfigur: Die Szene mit Grisette Marion (I,5) sowie das sich daran anschließende Gespräch mit Lacroix facettieren ihr Bild, das in I,1 exponiert worden war.

Sehr deutlich zeigt sich das Verfahren, Büchners Sukzession durch die Hervorhebung des dramatischen Augenblicks entgegenzuwirken, im dritten Bild der Oper, das sich ausschließlich Büchners Szene II,3 widmet und sie in drei musikalische Nummern aufteilt: Der Kunstdisput zwischen Desmoulins und Danton sowie das kurze Gespräch, nachdem Danton von seiner Verhaftung erfahren hat, werden in Nummer 7 zusammengefaßt. Ein Duett zwischen Desmoulins und seiner Frau Lucile schließt sich an. Der Monolog Luciles bildet einen wirkungsvollen Abschluß des ersten Opernteils.

Bild IV geht als Form einer Zusammenziehung von Szenen am weitesten. Es vereint drei Musiknummern zu einer Simultanszene. Die erste dieser Nummern zieht die Finalszene von Büchners drittem Akt weit im Dramenablauf nach

Dichterliebe, Dichterferne: Im Transformationsprozeß 111

vorne und überträgt die Aufwieglerrolle des zweiten Bürgers auf den Souffleur Simon. Um die Simultanszene zu ermöglichen, verlegt das Libretto die Szene vom Platz vor dem Justizpalast an die Conciergerie. Die Bühne zeigt sowohl den Innenraum der Conciergerie als auch den Platz davor. Einem hat zahlreiche Rufe des Chores neu eingefügt. So wird Danton (eine wirkungssichere Eröffnung nach der Pause) im Gefängnis vom Volk direkt angerufen.

Die Musik-Nummern 10, 11 und 12, die das Bild ausmachen, sind dramaturgisch als Kontrast, bühnenräumlich aber als Steigerung angelegt. Nummer 10 entspricht vom Textkorpus her weitgehend Büchners III,10 und spielt vor dem Gefängnis. Nummer 11 basiert vornehmlich auf dem Textmaterial von Büchners IV,3, bezieht aber auch Passagen der Gefängnisszenen III,3 und III,7 sowie Briefpassagen ein. Sie gilt den Gefangenen. Nr. 12 schließlich stellt mit dem Dialog zwischen Camille und Lucile die Beziehung zwischen Innen und Außen her, aber nur, um sogleich schmerzlich deutlich zu machen, daß diese Brücke lediglich von Sehnsucht getragen wird.

Bild IV zieht dabei keineswegs Szenen zusammen, die bei Büchner als quasi gleichzeitig gelesen werden können, sondern solche, die im Drama deutlich verschiedene Stadien markieren. Die Szenen hingegen, die das Schauspiel als „Parallelität mehrerer Handlungsstränge"[110] präsentiert, bleiben unberücksichtigt. (So ließen sich etwa die Szenen III,2 und III,3, III,5 und III,6 oder auch III,7 und III,8 problemlos als Simultanereignisse auf der Opernbühne darstellen.)

Die Entwicklung von simultanen Szenen befand sich zur Entstehungszeit von „Dantons Tod" noch in einem Frühstadium. Genaugenommen trifft der Begriff der Simultanszene auf Bild IV nur sehr eingeschränkt zu, obwohl er in der Literatur durchgängig dafür verwendet wird. Die Ereignisse des Bildes finden sukzessiv statt. Von einer Gleichzeitigkeit verschiedener Handlungen, etwa im Sinne der später von Bernd Alois Zimmermann in seinen „Soldaten" heftig genutzten Möglichkeit, kann keine Rede sein.[111] Die Musiknummern 11 und 12 sind nur als chronologischer Verlauf denkbar. Und gegen eine Gleichzeitigkeit von Nr.10 und Nr.11 spricht nicht nur, daß die Rufe des Chores den Anfang von Nr. 11 überlappen, sondern vor allem der Faktor Wahrnehmungspsychologie: Die Niedergeschlagenheit der gefangenen Dantonisten erscheint als Resultat der gewandelten Volksmeinung. Wenn also in diesem Bild etwas simultan zu

---

[110] Schläder: „Die wahren Bilder ...", a.a.O., S. 46.
[111] Rutz (*Neue Oper*, a.a.O., S. 39) weist darauf hin, daß schon Max Reinhardt im Arkadenhof des Wiener Rathauses versuchte, beim „Danton"-Schauspiel den Eindruck der Simultanität zu erreichen.

nennen wäre, dann weder Handlungsablauf noch musikalische Konstruktion. Einzig die gleichzeitige Präsenz verschiedener Orte auf der Bühne rechtfertigt – in sehr beschränktem Sinn – das Wort „simultan". Die Wirkung zielt nicht auf das Potential an Ensembles, sondern auf die Möglichkeit einer engen Szenen-Verfugung. In diesem Sinne erscheint Bild IV als nur eine von Blacher und Einem genutzte Möglichkeit, Büchners Drama zu raffen.

3.5.3 Bild I

Im Gegensatz zu allen anderen 31 Szenen seines Dramas hat Büchner der Eröffnungsszene keine Angabe über den Ort des Geschehens mitgegeben: ein Spielsalon, vielleicht „ein Etablissement im Palais-Royal"[112], ein Ort auf jeden Fall, der alle Vorwürfe gegen die aristokratische Lebensweise der einstigen Revolutionäre um Danton bestätigt. Die Regieanweisung des Librettos führt „Ein Zimmer" als Ortsangabe auf, ohne weiter zu präzisieren.[113] Sie übernimmt von Büchner die Aufstellung der Personen in zwei Gruppen: Hérault sitzt mit einigen Damen am Spieltisch; den Kontrast bietet ein Dialog zwischen Danton und seiner Frau Julie. Büchners doppelgleisige Dialogführung bietet sich selbstverständlich für ein Ensemble an. Was im Dramentext sukzessiv abläuft, kann in der Oper zusammengezogen werden, wobei Art und Auswahl der musikalisch kombinierten Textpassagen bereits eine Interpretation darstellen.

Büchner gibt der Wechselrede zwischen Danton und Julie Gewicht, bevor Hérault und seine Spielpartnerin überhaupt zu Wort kommen. Danton beginnt mit einer Beobachtung der Kartenspieler, denen seine Blickrichtung gilt, während seine Sprechrichtung auf Julie zielt. Seine Frau unterbricht die so gespaltene Rede und zieht auch die inhaltliche Dimension des Gespräches auf sich. Trotz ihrer nur kurzen Einwürfe bestimmt sie das Gespräch. Genauer: Sie initiiert überhaupt erst ein Gespräch, das vorher ins monologische Beobachten abzugleiten drohte. Danton findet sich von Anfang an in der Rolle des Reagierenden. Erst nachdem diese Spezifika des Dialoges klargestellt sind, schwenkt Büchner quasi die Kamera zum Spieltisch.

Die Oper führt die beiden Gleise sehr viel eher zusammen. Bereits in Dantons erste Passage wird nach 14 Takten das Gespräch zwischen Hérault und

---

[112] Behrmann/Wohlleben: *Dramenanalyse*, a.a.O., S. 82.
[113] Typoskript 1 gibt Aufschluß darüber, daß sie von Einem eingefügt wurde. Außerdem ergänzte er auf S. 1: „Nach einer Einleitung hebt sich der Vorhang". Diese Passage wurde in den Nachdrucken des Textbuches beibehalten, auch nachdem die Einleitung in der Fassung von 1954 wegfiel.

seiner Dame geblendet. Julies Frage „Glaubst du an mich?", anfangs nur von zwei gedämpften Hörnern begleitet und damit quasi in eine Generalpause hineingesungen[114], unterbricht folglich nicht nur die Gedanken Dantons, sondern ein beginnendes Terzett. In der musikalischen Synchronisation des Beobachters Danton mit dem von ihm Beobachteten zeigt sich eine Grundtendenz des musikalischen Theaters: das „Primat des Wahrnehmbaren".[115] Die Blickrichtung Dantons genügt der Opernbühne nicht, um die Doppelung der Situation sinnfällig zu machen. Erst durch die klangliche Zuordnung von Danton und den Spielenden einerseits und die räumliche Zuordnung zu seiner Frau andererseits wird die Eröffnungssituation auf der Opernbühne plausibel. Danach kann mit Julies Frage das Gespräch zwischen Danton und seiner Frau auch auf inhaltlicher Ebene beginnen.

Es ist bemerkenswert, daß die Oper ihre erste musikalische Nummer nie als Quartett im Sinne von vier übereinanderliegenden Stimmen präsentiert, ja eine solche Schichtung geradezu vermeidet. Statt dessen nutzt der Ensemblesatz die vier Gesangsstimmen zu wechselnden Kombinationen.[116] Im Zentrum steht dabei eine duettierend vertonte Gegenüberstellung[117]: Während Danton die Begründung dafür formuliert, warum er seine Frau „wie das Grab" liebt, erzählt Hérault von einer fiktiven Liebschaft mit einer Kartenkönigin. Die Deftigkeit der erotischen Anspielung ist bei Blacher und Einem im Gefolge der Erstausgabe gemildert. Durch diese Kontrastierung zweier höchst unterschiedlicher Liebesberichte wird die Dramenszene im Sinne einer Interpretation verdeutlicht.[118] Büchner läßt es nämlich offen, wie ernst Danton seine Worte meint. Ist nicht bereits die Unterscheidung zwischen Kennen, Wissen und Lieben im Kontext der Szene von Ironie unterfüttert?

Janis L. Solomon sieht in Dantons Worten ein „cynical, selfish an aestheticizing principle": „Dantons's relationship to Julie is basically determined by the

---

[114] Partitur, S. 5.
[115] Hierzu genauer Dahlhaus: „Zeitstrukturen in der Oper", in: *Vom Musikdrama zur Literaturoper*, a.a.O., S. 27ff., und Gier: *Das Libretto*, a.a.O., S. 12ff.
[116] Büchner hatte seinerseits versucht, durch eine Technik des Szenenschnitts Details in verschiedene Gewichtung zueinander zu setzen, herauszuheben oder im Tempo zu steigern. Krapp ist dem nachgegangen (*Der Dialog bei Georg Büchner*, a.a.O., S. 107ff.).
[117] Partitur S. 12ff.
[118] Beiden Gesprächssträngen sind eigene Motive zugeordnet, die sich vor allem metrisch unterscheiden. So ist der Dialog zwischen Danton und seiner Frau von permanenten Taktwechseln zwischen 2/4 und 3/4 geprägt. Sobald die Dame und Hérault dazukommen, dominiert der 3/4-Takt. Mit Desmoulins' Auftritt werden beide Motive zusammengeführt.

self-centered Epicurean principle he and his friends espouse elsewere in the drama."[119]

Nun wird die epikureische Haltung der Dantonisten zwar noch innerhalb von Bild I der Oper durch Desmoulins extemporiert, in bezug auf Danton spielt sie aber im gesamten Libretto keine Rolle mehr. Danton ist als liebende Figur schlicht gestrichen. Weder die Szene mit Grisette Marion (I,5) noch die erotisch aufgeladene Straßenszene (II,2), noch die zahlreichen anderen Passagen, die auf die sinnliche Seite in Dantons Wesen hinweisen, finden sich im Gesangstext. Dazu gehören auch Dantons Gedanken an Julie in der Conciergerie (III,7). Die Beziehung Dantons zu seiner Frau steht in der Oper nicht zur Diskussion. Julies Selbstmord fehlt ebenso wie ihre Nachricht über den Entschluß dazu, mit der sie einen Knaben ins Gefängnis schickt (IV,1). Mit dem ersten Bild ist die Opernrolle der Julie beendet; weder als leibhaftige Figur noch gedanklich taucht sie wieder auf. Wenn aber weder der Epikureer Danton noch der liebende Danton zum Figurenprofil in der Opernfassung gehören, warum dann diese Exposition durch eine Textpassage, die mit den Begriffen von „cœur" und „carreau" „die ganze Spannweite des Erotischen"[120] beschwört?

Die Textauswahl erscheint unter diesem Gesichtspunkt inkonsequent. Die spröde, rezitativische Passage, mit der Danton die Oper eröffnet, läßt alles andere vermuten als luzide Sinnlichkeit des Beobachteten und Beobachtenden. Aussage und komponierter Tonfall widersprechen sich. Dafür, daß Danton als liebende Figur ebensowenig im Libretto Platz findet wie seine Frau, lassen sich zwei Gründe verantwortlich machen, die freilich den Widerspruch der Eingangsszene nicht aufheben. Zum einen wird die Rolle des Camille Desmoulins in der Oper dem Stimmfach des schwärmerischen jugendlichen Liebhabers, des Tenors zugeordnet. Seine Beziehung zu Lucile erfährt eine Aufwertung gegenüber dem Drama. Damit wäre eine dramaturgische Verdoppelung programmiert. Zum anderen geht es Blacher und Einem, wie bereits die Analyse des Aufbaus gezeigt hat, um Funktionalisierung des Dramas im Sinne eines Paradigmas. Der dazu nötige Verzicht auf die stoffliche Fülle der Büchnerschen Vorlage wirkt sich auch bei der Figurenzeichnung aus. Die Eröffnungsszene stellt das beim Titelhelden klar. Seine Charakterzüge werden von Anfang an reduziert, extreme Pole seiner Person einander angenähert. Die Veränderungen gegenüber der Vorlage sind sowohl operndramaturgisch wie inhaltlich motiviert.

---

[119] Solomon: „Büchner's *Dantons Tod*: History as theatre", in: *The Germanic Review*, Volume LIV, Number 1, Winter 1979, S. 17.
[120] Grimm: „Cœur und Carreau. Über die Liebe bei Georg Büchner", in: *Büchner I/II*, a.a.O., S. 300.

Die zweite Musiknummer der Oper beginnt nicht mit dem Auftritt von Desmoulins. Vielmehr bleibt der Orchesterduktus, während Hérault seinen Freund begrüßt. Erst nachdem Celli und Kontrabässe diese Passage abgeschlossen haben, setzt Desmoulins ein: rezitativisch frei und nur von tiefen Streichern begleitet. Die musikalische Gliederung folgt hier dem Textinhalt und weniger dem Szenenverlauf. Sie sucht die Kontrastwirkung zwischen Scherzocharakter und der von Desmoulins überbrachten Todesmeldung.

Die Figur des Philippeau – im Drama tritt er mit Desmoulins auf – ist in Blachers Libretteinrichtung gestrichen. In Büchners Szene I,1 berichtet Philippeau von der Hinrichtung weiterer zwanzig Hébertisten und münzt das Entsetzen darüber in Veränderungselan um. Damit gibt er einen Impuls, auf den Hérault und Desmoulins mit der idealisierten Schilderung einer Dantonistenrepublik reagieren. In der Oper entfällt Desmoulins' rhetorisch brillanter Kommentar zum Revolutionsverlauf, der den ironischen Begrüßungston Héraults aufgreift und dann eine Parallele zwischen dem (von Idealisierung und moralischer Zweifelhaftigkeit gleichermaßen geprägten) athenischen Staat und der „Guillotinenromantik" der Gegenwart zieht. Dafür übernimmt Desmoulins die emotional grundierte Bestandsaufnahme Philippeaus, die dem Hinweis auf jüngste Hinrichtungen folgt:

„Heute sind wieder zwanzig Opfer gefallen. Wir waren im Irrtum, man hat die Hébertisten nur auf's Schafott geschickt, weil sie nicht systematisch genug verfuhren, vielleicht auch, weil die Decemvirn sich verloren glaubten, wenn es nur eine Woche Männer gegeben hätte, die man mehr fürchtete als sie."[121]

Die Figur des Desmoulins verändert sich so bereits mit ihrem Auftritt. Ihrem utopischen Entwurf einer Dantonistenrepublik[122] fehlt mit dem Verweis auf das Athen des Alkibiades sein vorangehendes, rhetorisches Gegenstück. Mit Blick auf die Figur des Philippeau heißt das: Ihr erster Impuls für die Szene, der des Faktenübermittlers und naiven Kommentators, wird auf Desmoulins übertragen und ersetzt dessen Antikenreplik. Ihr zweiter Impuls, der die Szene vorantreibt, fällt weg. Statt dessen knüpft Hérault unmittelbar an seine Rousseau-Anspielungen an.

Boris Blacher, dessen Einrichtung Einem hier unverändert übernimmt, reagiert dennoch präzise auf Büchners Dialogstruktur. Er behält trotz der vorgenommenen Kürzungen den Übergang von der sachlichen Erörterung zur thesenhaften Sprachverdichtung bei. So übernimmt er nach Philippeaus (bzw. Camilles) Pas-

---
[121] Partitur, S. 19ff. Einem hat in Typoskript 1 noch das Wort „selber" angefügt.
[122] „Die Staatsform muß ein durchsichtiges Gewand sein ...", MA, S. 71 bzw. Partitur, S. 26ff.

sage „Heute sind wieder zwanzig Opfer gefallen ...", die Bericht und Nachdenken trocken verbindet, die komplette Replik des Hérault. Sie wendet den Sachverhalt bereits vorsichtig ins Rhetorische, indem sie die Beziehung zwischen den Dantonisten und St. Just zum drastischen Bild rafft. Héraults rhetorisch geladene Aufzählung am Ende der Passage verleiht der Rede nicht nur Nachdruck, sondern sie „verschließt sie auch mit einer Bündigkeit in sich, welche den Sprechpartner, dem sie gilt, jeder Möglichkeit der Anknüpfung geradezu beraubt".[123] Daß Blacher diese Anknüpfung ganz ausblendet, läßt sich folglich aus der Binnenstruktur des Dialoges begründen, nicht nur mit der inhaltlichen Abfolge: Genau eine kontrastive Weiterdrehung wird aus dem Dialog herausgeschnitten.

Die Sprachverdichtung steigt damit schneller. Héraults Replik „Die Revolution ist in das Stadium der Reorganisation gelangt. / Die Revolution muß aufhören ..."[124] stellt bereits jene Postulate aus, deren Sprache den Sprecher kaum noch durchschimmern läßt, weil sie sich auf das Gleis abstrakter Theorie begeben und weniger subjektive Reflexion als These sind. Die Replik steht damit in starkem Gegensatz zu Philippeaus bzw. Camilles „Heute sind wieder zwanzig Opfer gefallen ...". Diese „Sprache ist kein Ausdruck mehr; sie nennt".[125] Gerade weil ihre Thesenhaftigkeit aus dem bisherigen, auf Kontrasten aufgebauten Dialog der Szene herausfällt, „verschleift" sie „den Rollenabsatz": Die Gesinnungseinheit der Dantonisten wird „unweigerlich zum Monolog, der fugal sich an verschiedene Sprecher verteilt wie im pathetischen Part".[126] Insofern bildet Blachers großer Strich in Héraults Replik zwar wiederum eine Verkürzung des Inhalts, hält sich aber an die Dialogstruktur. Der Rollenwechsel von Hérault zu Desmoulins erscheint vom Libretto aus betrachtet wie in der Vorlage: beliebig.

Dieser Parallelität zwischen Drama und Libretto stellt sich Einems Lesart entgegen – und zwar offensichtlich von der ersten musikalischen Idee an. In Typoskript 1 bezeichnet Einem die drei zur Diskussion stehenden Passagen (Desmoulins: „Heute sind wieder..", Hérault: „Sie möchten uns zu Antediluvianern machen ..." und Desmoulins: „Die Staatsform muß ein durchsichtiges Gewand sein ...") mit den Großbuchstaben ABA. Mit Bleistift, wie man hinzufügen muß: im Stadium allererster Notate. Am Ende von Desmoulins' Appell („Danton du wirst den Angriff im Konvent machen.") schreibt er an den Rand: „I. Höhepunkt". Die spätere Vertonung behält dieses Schema der Bogenform

---

[123] Krapp: *Der Dialog bei Georg Büchner*, a.a.O., S. 34.
[124] MA, S. 71.
[125] Krapp: *Der Dialog bei Georg Büchner*, a.a.O., S. 35.
[126] Ebd.

Dichterliebe, Dichterferne: Im Transformationsprozeß

bei. Sie versteht Héraults Passage weniger als Fortführung von Camille Desmoulins, sondern setzt auf klare, kontrastierende Abschnittsbildung. Jeder Figur wird eigenes Tempo und eigenes Sprachidiom zugeordnet. Die beiden Reden erscheinen so weniger als Zusammenhang, als Bausteine einer Steigerung oder als sich erweiternde Fortspinnung des Gedankens von einer Republik der Zukunft, sondern als typologischer Figurenkontrast: Bei Hérault, dem buffonesken Tenor, dominiert ein Scherzocharakter, der die kurzphrasig-burleske Motivik der vorangegangenen Musiknummer paraphrasiert. Desmoulins' Passagen rahmen ihn ein. Dabei reduziert Einem die Analogie dieser beiden Rahmenteile auf das Prinzip der Steigerung. Der erste hat eher den Charakter eines Rezitatives, das quasi vom „Secco" zum „Accompagnato" wächst. Desmoulins' Entwurf einer Dantonistenrepublik dagegen faßt Einem in ein weitgespanntes, arioses Andante, dessen lyrische Emphase sich aus dem melodischen Dialog zwischen Gesangsstimme und ersten Violinen entwickelt.[127] Beide Passagen sind jedoch als Steigerung der Parameter Dynamik, Orchestersatz sowie des sängerischen Ausdrucks angelegt. Beide brechen abrupt ab. Der Sachverhalt wird hier deswegen ausführlich beschrieben, weil er symptomatisch ist: In der Oper finden sich zahlreiche weitere Passagen, in denen sich Blachers Kürzungen genau an Büchners Dialogstruktur orientieren und in denen die Komposition gegensteuert.

Das erste Bild der Oper endet mit Dantons Warnung „Zwischen Tür und Angel will ich euch prophezeien: die Statue der Freiheit ist noch nicht gegossen, der Ofen glüht, wir Alle können uns noch die Finger dabei verbrennen."[128] Der skeptische Nachsatz von Desmoulins und Hérault, der diese Aussage relativiert, wird der Schlußwirkung ihrer Vorhersage geopfert. Dabei steigert Einem diese Idee Blachers ins Heroische. Der ins Überdimensionale gewendete musikalische Duktus der Phrase[129] deutet Büchners Intention um. Im Drama ist die Stelle von Ironie und Skepsis gleichermaßen unterfüttert. Ironie, weil die „Prophezeiung" en passant gesprochen wird und weil sie zudem ein Revolutionspathos zitiert, über das Danton längst hinaus ist (wie seine vorangehenden Äußerungen belegen). Skepsis, weil er eben deutlich gemacht hat, daß er die hedonistische Tugendrepublik, von der seine Freunde schwärmen, nur als Wunschphantasie begreifen kann: Er ist sich seiner wachsenden Entfremdung vom Volk wie auch der Vorläufigkeit bisheriger Revolutionsergebnisse bewußt. Von der heldischen Emphase des Aufbegehrens, die die Vertonung einfängt[130], kann im

---

127 Partitur, S. 26f.
128 MA, S. 72.
129 Partitur, S. 51ff.
130 In Typoskript 1 bemerkt Einem dazu mit Bleistift: „II. Höhepunkt".

Drama keine Rede sein. Deutet Blachers Verkürzung des Dramentextes eine Umformung der Titelfigur ins Aktive lediglich an, so wird Danton durch die Vertonung massiv ins Heroisch-Überpersönliche gerückt.

3.5.4 Bild II

Das zweite Bild, das als einziges der Oper vier Musiknummern umfaßt, kombiniert Büchners Szenen I,2 und I,6. Die doppelte architektonische Verankerung, die die erste dieser beiden Szenen im Drama erfährt, ist damit aufgegeben: Weder bleibt der Rahmen innerhalb der Szene erhalten, den Büchner mit der Figur des Simon und seinem Weib um den Auftritt Robespierres baut, noch findet sich im Libretto die nachfolgende Szene im Jakobinerklub, in der Robespierre seine Einschätzung des Revolutionsverlaufes erläutert und den Schrecken als „Waffe der Republik" rechtfertigt. Damit findet der bewegte Volksauflauf nicht mehr zwischen Szenen statt, in denen jeweils Dantonisten (I,1) und Jakobiner (I,3) ihr politisches Programm vorstellen. Losgelöst von formalen Ingredienzien und verknüpft mit I,6, erhält die bereits im Drama komplexe Szene in der Oper eine zusätzliche Komplizierung. Janis L. Solomon beschreibt den Kern von Büchners Vorhaben so:

> „The first street scene offers an astounding montage of linguistic structures, ranging from Simon's pathos to demagogic rhetoric in the speeches of the first and second citizens and to the Messianic pathos of Robespierre. Each linguistic model indicates a different way of viewing the same reality."[131]

Als linguistisches Modell in diesem Sinne sind vor allem Sprache und Sprachhaltung Simons von Interesse: Ohne Frage kommt dieser Figur im Vergleich zwischen Schauspieltext und Libretto zentrale Bedeutung zu. In der Sekundärliteratur wird meist auf Widersprüche hingewiesen, die die Figur in der Oper kennzeichnen, vor allem der Unterschied, der den Simon in Bild II (wo er dieselbe Rolle spielt wie im Drama) vom Simon in Bild IV trennt (wo er die Rolle des Agitators übernimmt, die das Drama nicht für ihn vorsieht). Der Text, den Blacher und Einem für diesen Auftritt verwenden, findet sich bei Büchner in III,10: auf den ersten Blick in der Tat zwei extrem verschiedene Profile derselben Figur. Die Weichen für eine solche Deutung wurden, wie oft im Zusammenhang mit der Oper „Dantons Tod", bereits in dem von Rutz 1947 herausgegebenen Einführungsbuch gestellt: „Der bei Büchner nur den Typ des komischen

---

[131] Solomon: „Büchner's *Dantons Tod*: History as theatre", a.a.O., S. 10.

Dichterliebe, Dichterferne: Im Transformationsprozeß 119

Alten repräsentierende Simon wurde durch Einem im Opernbuch zum Demagogen gestempelt."[132] Das wird mit Blick auf Musiknummer 10 erläutert:

„Er läßt Simon das Volk aufwiegeln. Dies erhellt, daß der noch anfangs glühend verehrte Danton auf einmal vom Großteil des Masse verdammt wird. Hier tritt Simon (...) in Aktion. Er peitscht die Masseninstinkte auf, der Neid triumphiert blindlings."[133]

So fraglos diese Erläuterung das Wesen der entscheidenden Szene benennt, so fragwürdig ist die Ausgangsthese. Läßt sich Simon bei Büchner mit dem Begriff des „komischen Alten" fassen? Tritt er in der Oper grundsätzlich als Demagoge auf, wie es das Verb „gestempelt" nahelegt? Inwieweit wird Simon auf dem Weg zur Opernfigur wirklich umgedeutet? Und warum gerade er? Solche Fragen weisen ins Zentrum der Oper. Klären lassen sie sich erst mit einer Untersuchung von Bild IV. Bild II liefert jedoch die Voraussetzungen für eine Antwort.

Das Rollenverzeichnis verweist mit Simon, dem Souffleur, nicht nur auf einen bürgerlichen Beruf, sondern auch auf die Welt des Theaters und damit auf ein zentrales Element der Stückstruktur. Wenn Robespierre Gründe für die Ausschaltung der Hébertisten aufzählt, nennt er als Kontext nicht zufällig „das erhabne Drama der Revolution"[134]: Die Revolution erscheint als Ganzes wie eine Inszenierung. Büchner benutzt die Theatermetaphorik vor allem „als motivische Integrationsfigur unter vielfacher Brechung zur atmosphärischen Verklammerung des Geschehens. Die einheitstiftende Mitbedeutung der wiederkehrenden Vergleichswelt ist klar: die Welt der Revolution gewinnt den Anblick einer Scheinwirklichkeit."[135] Alle Figuren der Handlung, egal welcher gesellschaftlichen Ebene sie angehören, agieren nach einer Art Rollenspiel. Ein Spiel, das sich als vorausweisender Selbstreflex des Theaters ebenso deuten läßt wie als Versuch, „eine Phänomenologie der Repräsentanten des neuen bürgerlichen Zeitalters zu entwerfen"[136]. Mit dem Spektakelcharakter der Revolution, der sich dabei auftut, nutzt Büchner die Chance von Anspielungen: Neben der hohen Tragödie gehören dazu Marionettenspiel, Marktschreierszenen, Maskenwesen, Draperie, Rollenspiel, Grimassen, Schaustellung und Applaus.[137]

---

132 Rutz: *Neue Oper*, a.a.O., S. 13. Spätere Interpretationen greifen diese Ansicht auf. Vgl. fast gleichlautend Lezak: *Das Opernschaffen Gottfried von Einems*, a.a.O., S. 13.
133 Ebd., S. 14.
134 MA, S. 77.
135 Behrmann/Wohlleben: *Dramenanalyse*, a.a.O., S. 191.
136 Becker: „Die Trauerarbeit im Schönen", a.a.O., S. 81.
137 Vgl. Behrmann/Wohlleben: *Dramenanalyse*, a.a.O., S. 191.

Wichtigstes dieser Elemente bleibt ohne Frage die hohe Tragödie des Ancien régime, an die sich in „Dantons Tod" die Vorstellung des klassischen Theaters bindet. Bezeichnend dafür die Diskurs-Szene II,3: Camille Desmoulins kritisiert alle Sparten einer Kunst (Theater, Konzert, bildende Kunst), die in ihrer rhetorischen Leere, idealisierten Wirklichkeitswahrnehmung und schablonenhaften Heroik am Leben vorbeigeht, ja zur Realitätsentfremdung der Rezipienten führt. Simon als Souffleur partizipiert nicht weniger als die Zuschauer an den Charakteristika der hohen, hohlen Tragödie, gegen die sich Desmoulins wendet. Bereits sein erster Auftritt macht das deutlich: Der betrunkene Souffleur prügelt seine Frau, weil sie beider Tochter als Hure verkuppelt. Dabei führt Simon Bildungsbrocken im Mund, echte und fingierte Zitate. Sein Redeschwall wird nicht nur vom Alkohol inspiriert, sondern auch von seiner Theatererfahrung: „Die Identifikation mit den tragischen Heldenrollen in Literatur und Geschichte, die der Souffleur auf die aktuelle Folie des robespierristischen Tugendkultes bezieht, führt zu einer Verdrängung der sozialen Realität bzw. zu deren Neuinterpretation im Kontext eines moralischen Heroismus."[138]

Dabei ironisiert Büchner den Pathos-Transport: Er stellt die Übersteigerung als solche aus. Gleichzeitig bereitet Simons Auftritt jene anarchische Bürgerszene vor, in der ein junger Aristokrat aufgehängt werden soll. Mit ihr startet ein szenisches Crescendo, dessen Verlauf wesentlich Aufschluß über die Figur des Simon gibt. Die Abfolge entspricht sich in Drama und Libretto. Verfolgen wir sie zunächst im Drama. Auf die ausführliche Rechtfertigung seines Weibes gibt Simon das entscheidende Stichwort.

> Weib. Du Judas, hättest du nur ein Paar Hosen hinaufzuziehen, wenn die jungen Herren die Hosen nicht bei ihr hinunterließen? (...)
> Simon. Ha, Lukretia! ein Messer, gebt mir ein Messer, Römer! Ha Appius Claudius.
> 1. Bürger. Ja, ein Messer, aber nicht für die arme Hure, was tat sie? Nichts! Ihr Hunger hurt und bettelt. Ein Messer für die Leute, die das Fleisch unserer Weiber und Töchter kaufen! Weh über die, so mit den Töchtern des Volkes huren! Ihr habt Kollern im Leib, und sie haben Magendrücken; ihr habt Löcher in den Jacken, und sie haben warme Röcke; ihr habt Schwielen an den Fäusten, und sie haben Samthände. Ergo ihr arbeitet und sie tun nichts; ergo ihr habt's erworben und sie haben's gestohlen; ergo, wenn ihr von eurem gestohlnen Eigentum ein paar Heller wiederhaben wollt, müßt ihr huren und betteln; ergo, sie sind Spitzbuben und man muß sie totschlagen!"[139]

---

[138] Voges: „Dantons Tod", a.a.O., S. 27.
[139] MA, S. 73f. Selbstverständlich verzichtet das Libretto auch hier im Gefolge der Erstausgabe auf Büchners Drastik. Statt „... wenn die jungen Herren die Hosen nicht bei ihr herunterließen?" heißt es lediglich: „... wenn die jungen Herrn nicht gegen sie artig wären?"

Die Rede des ersten Bürgers ist auf inhaltlicher Ebene genauso relevant wie als Stimmungsbarometer. Sie formuliert – erstmals im Stück und in der Diktion an den „Hessischen Landboten" erinnernd – mit einem „primitiven dichotomischen Modell"[140] den Klassenwiderspruch, den Kontrast von Arbeit und Genuß. Die Verzahnung der Passagen von Simon und dem ersten Bürger läßt jedoch psychologische Rückschlüsse auf die Figurencharakteristik zu, die an späteren Szenen zu überprüfen sind. Der erste Bürger greift Simons Stichwort vom Messer auf: Er wendet die private Angelegenheit ins Öffentliche. Dabei kehrt er Simons moralische Argumentation um. Doch das Stichwort bleibt als Basis der Eskalation präsent. Die Rede des ersten Bürgers wird vom dritten Bürger aufgegriffen und weiter gesteigert. Es folgen zwei thesenhafte Forderungen, bevor alle in das Geschrei von „Totschlagen! Totschlagen!" einstimmen. Krapp spricht von „fugale(m) Dialog".[141]

Diese Struktur des Dramentextes läßt sich auch an Büchners Umgang mit dem Begriff „Messer" ablesen. „Messer" bezeichnet, als Denkkategorie, einen bestimmten Stärkegrad von Aggression. Simon benennt diese Kategorie als erster. Er kehrt, der Zitatcharakter seiner Äußerung ändert daran nichts, einen psychologischen Subtext nach außen, der sofort auch außerhalb seiner Familie verstanden, aufgegriffen und weitergeführt wird. Der Souffleur fungiert als Stichwortgeber im mehrfachen, über seinen Beruf hinauswachsenden Sinn. Wenn Simon als Integrationsfigur gemeint ist, dann hat sie bereits mit ihrem ersten Auftritt alles Spielerische verloren.

Blacher hat den Aufbau dieser Eskalation verkürzt, ihre Stationen jedoch übernommen: Auch in der Oper geht die Steigerung von Simons Stichwort aus. Entscheidend für die Abfolge in der Oper ist allerdings, daß die von Büchner individualisierten Bürger nicht als Einzelpersonen auftreten, sondern im Kollektiv des Chores.[142] Beim Agressionsgrad wird dabei zwischen Männer- und Frauenchor unterschieden. Tenöre und Bässe greifen das Stichwort vom „Messer" auf, während Soprane und Alti sofort Einspruch erheben.[143] Daraufhin setzen die Männer in rhythmischem Unisono nach: „Ein Messer für die Leute ...".

---

140 Behrmann/Wohlleben: *Dramenanalyse*, S. 191.
141 Krapp: *Der Dialog bei Georg Büchner*, a.a.O., S. 111.
142 Mayer („Büchner und Weidig – Frühkommunismus und revolutionäre Demokratie", a.a.O., S. 116) erinnert daran, daß „in der Aufführungsgeschichte von Büchners Stück auf dem bürgerlichen Theater" eine solche Praxis auch im Schauspiel gepflegt wurde, und verurteilt sie als „Manipulation an den differenzierten Sprecherbeziehungen des Textes".
143 Partitur, S. 85ff.

Auch die Forderung „Totschlagen" wird erstmals von den Männern vorgebracht.[144]

Die Argumentationsketten des ersten und zweiten Bürgers, die im Drama jeweils zur Forderung nach einer Lynchjustiz führen, werden vom Libretto zusammengefaßt. Die Raffung orientiert sich dabei am Wortfeld Körper. Der Wegfall der Argumente, mögen sie in ihrer Logik auch noch so verwirrt sein, verändert die Szene: Wenn der Ruf nach Mord nicht mehr als Ergebnis eines Gedankens vorgetragen wird, sondern als Ausbruch spontanen Gewaltpotentials, ist damit der Grundpegel der Aggression gestiegen.

Die Kürzungen in Bild II zielen somit primär auf eine Entstofflichung der Vorlage. Dafür spricht, neben der Entindividualisierung einzelner Figuren, der Verzicht auf zahlreiche Zoten, die im Dialog zwischen Simons Weib und dem zweiten Bürger gerissen werden. Außerdem fallen Argumentationsketten und Erklärungen weg, die die sozialen Umstände charakterisieren. Dazu gehören neben Bürgerreden auch Passagen von Simons Weib („Arbeit mit allen Gliedern"). Und noch etwas verstärkt diese Tendenz: Das Lied, das einige Männer anstimmen, als ein junger Mensch aufgehängt werden soll, weil er über ein Schnupftuch verfügt, wird in der Oper nicht im hessischen Dialekt gesungen. Die Erstausgabe von 1835 hatte die Dialektversion sehr wohl berücksichtigt.[145] Weiteres Ziel der Kürzungen: die Aggressivität des Volkes zu steigern, dessen Aktionen nun irrealer und unberechenbarer erscheinen.

In besonderem Maße gilt das Vorhaben der Entstofflichung für Robespierre.[146] Er wird nicht als Figur vorgeführt, die sich aus individuellen Charaktereigen-

---

[144] Zur Behandlung der Chorpartien vgl. Blachers Brief vom 4. Oktober 1947: „No 3 *gut*, wäre noch besser wenn der Chorsatz *einfacher* wäre. In der Oper ist unisono Chor am besten. Polyphonie in dramatischen Partien wenig am Platz." (*Einem Archiv*, Korrespondenz Blacher, Signatur 1947 10 04, Hervorhebungen im Original). Später, vor allem mit seiner „Yvonne"-Oper, hat Blacher diese Ansicht revidiert.

[145] Vgl. Georg Büchner: *Gesammelte Werke*, Erstdrucke und Faksimiles, Band 4, a.a.O., S. 18.

[146] Einem begann die Komposition mit dem Auftritt Robespierres: „Ich war von seiner Figur fasziniert und verband mit ihr sofort eine ganz bestimmte Klangvorstellung" (*Ich hab' unendlich viel erlebt*, a.a.O., S. 125). Gemeint ist damit offenbar die Kombination von psalmodierender Deklamatorik, die lange auf einem Ton verharrt, mit drei gestopften Trompeten und sordinierten Streichern (Partitur, S. 113). Robespierres Volksansprache, ein Arioso-ähnliches Larghetto, setzt mit ihr ein. Später verdeutlicht Einem die Heuchelei, die in den Worten des Demagogen steckt, durch große Intervallsprünge. Robespierre ist eine antinaturalistische Gesangslinie zugeordnet, die mit derjenigen der anderen Figuren kontrastiert. Der Jakobinerführer singt quasi entgegen dem natürlichen Sprachfluß, bedient sich – auch musikalisch – eines unpersönlichen Formelkanons, der nur im Rhythmischen der Sprache folgt. Schläder („Die wahren Bilder ...", a.a.O., S. 42) begründet das psalmo-

Dichterliebe, Dichterferne: Im Transformationsprozeß

schaften formt, sondern als Prinzip. Das deutet sich bereits bei seiner Rede vor dem Volk an. Im Drama steht sie exemplarisch für die Taktik der Volksverführung: Der Jakobinerführer greift Bilder aus der Menge auf (dazu gehört das religiöse Pathos wie die Sprachspiele mit den Begriffen von Augen, Händen, Gericht), „verarbeitet sie schrittweise zu einer Allegorie"[147] und tilgt mit diesem Akt der Anverwandlung die Kluft zwischen ihm und dem Volk. Deshalb folgen ihm am Ende alle zum „Blutgericht" nach.

Es bestätigt unsere bisherigen Beobachtungen, daß dieser Prozeß, der wiederum vitales Detail bedeutet, vom Libretto nicht aufgegriffen wird. Die Passage des Weibes, die Robespierres Rede vorangeht und auf die er sich explizit bezieht, bleibt auf die Ankündigungsfunktion verkürzt; der Damenchor trägt sie vor. Damit reduziert sich Robespierres individuelle rhetorische Geschicklichkeit auf eine allgemein demagogische Dimension. Zudem erscheint die Forderung nach einem „Blutgericht" völlig übersteigert, da Büchners Szene I,3 wegfällt, in der Robespierre sein Revolutionsbild erläutert.

Freilich hat seine Rede vor dem Volk noch eine weitere Funktion und dürfte wohl auch deswegen in fast vollständiger Länge in die Oper übernommen worden sein. Diese Funktion hat mit der Binnenlogik des Librettos zu tun, genauer: mit der Figur des Simon. Das zu klären, hilft eine Beobachtung von Volker Klotz:

> „Revolution, so besagt der szenische Ereignistext, ist kollektives Handeln, bei dem der öffentlichen Rede eine Hauptaufgabe zukommt. Solche Rede bedeutet, in emphatischem Sinn, Handeln. Denn sie erst weist den Massen die Wege und setzt sie auf bestimmte Ziele hin in Bewegung. Sie blickt vorwärts, rückwärts, und sie blickt augenblicklich beim Redeakt in

---

dierende Singen mit dem messianischen Sendungsbewußtsein der Figur. Da die Weiber der Volks-Szene unmittelbar auf Robespierre als „Messias" hinweisen, liegt dieser Gedanke nahe. Das irreale Klangbild, das den Jakobinerführer umgibt, weist freilich auch auf das Rollenspiel hin, das hier betrieben wird: Robespierre erfüllt die Erwartungshaltung, um das Volk für seine Zwecke instrumentalisieren zu können. Die Oper geht allerdings nicht so weit wie Mayer („Büchner und Weidig – Frühkommunismus und revolutionäre Demokratie", a.a.O., S. 114), der Robespierres Auftritt als „höchst satirisch konstruierten Anachronismus" betrachtet: Der historische Zeitpunkt, an dem Robespierre als „Messias" gefeiert wurde (das Fest des ‚Höchsten Wesens'), fand erst drei Monate später statt. Zudem brachte die Sekte von Catherine Théot, die den Jakobinerführer als Retter der Welt apostrophierte, das Objekt ihrer Schwärmerei in politische Bedrängnis. Die Aktionen der Sekte wurden in den Regierungsausschüssen gegen Robespierre verwendet. Deshalb mußte dessen Auftritt „für jeden Leser, der aus der Revolutionsgeschichte etwas mehr als den 14. Juli und den 10. August kannte, als ein spektakulär übertriebenes Zerrbild erscheinen".

147 Klotz: *Dramaturgie des Publikums*, a.a.O., S. 128.

die Runde. Konkret: sie muß Zukunft entwerfen; sie muß aus der Vergangenheit folgern, und sie muß, in besonderem Maß, die gegenwärtige rhetorische Situation richtig einschätzen, um sie aktivierend nutzen zu können."[148]

Dieser Befund läßt sich auf Simon übertragen: Der Souffleur, dessen öffentliche Rede, wie wir gesehen haben, Handeln auslösen kann, ohne daß er dies dezidiert beabsichtigt, hört Robespierres Worte nicht ohne Folgen an. Wenn er in Bild IV den Willen der wilden Volksmasse mobilisiert und kanalisiert, geschieht das mit den rhetorischen Mitteln des Jakobinerführers. Simon erweist sich als gelehriger Schüler.[149] Sein Weg vom Mitläufer zum Aktivisten, vom Zuhörer zum Einpeitscher ist freilich damit noch nicht erklärt.

Hier ist eine Rückvergewisserung bei jenen beiden Szenen wichtig, die Büchner Simon im weiteren Dramenverlauf zugedacht hat und die in der Oper entfallen. Die erste davon (II,2) setzt sich aus einer Reihe von Miniaturen zusammen. Sie beginnt mit einem Dialog zwischen Simon und einem Bürger und hat den Charakter einer Farce: „ein ausgesponnener Witz über die Möglichkeiten und Mühen der politischen Sprachregelung, die an der Tagesordnung ist."[150] Simon, der Souffleur, agiert hier, ganz wie in seinem ersten Auftritt, als Stichwortlieferant. Nur eben nicht im alkoholisierten Zustand. Er legt eine erstaunliche Geistesgegenwart, eine hintergründige Schlagwortprägnanz, an den Tag, die zeigt, wie bewußt er sich der politischen Situation ist.

Deshalb wird er von den Mitgliedern des Wohlfahrtsausschusses bestimmt, Danton zu verhaften. Szene II,6, in der er sich mit einigen Bürgersoldaten anschickt, diesen Auftrag auszuführen, kann als Kommentar Büchners zur Vorgehensweise der Robespierristen, ja sogar der Revolution in toto gelesen werden. Simon, eine windige Existenz aus der Welt der Schmierenkomödie als „Agenten der revolutionären Ordnung"[151] einzuspannen, entspricht politischem Kalkül: Er erscheint in seiner Labilität und Rezeptionsfreudigkeit leicht instrumentalisierbar. Gerade weil er keinen eigenen Text hat, läßt er sich buchstäblich bevormunden. Aufgewertet durch die Verpflichtung „von oben", weist er bereits Züge „des wildgewordenen Kleinbürgers" auf: ein „Biedermann und Brandstifter" ohne Frage, ein früher Bruder des Herrn Karl oder – will man extrem

---

[148] Ebd., S. 126. In ganz ähnlichem Sinn äußert sich Solomon: „Büchner's *Dantons Tod*: History as Theatre", a.a.O., S. 18.

[149] Dies deutet sich bereits am Ende von I,2 an, wenn Simon seine Frau in einer Replik auf Robespierres soeben extemporierten Kult ironisch als „tugendreich Gemahl" bezeichnet (MA, S. 76).

[150] Behrmann/Wohlleben: *Dramenanalyse*, a.a.O., S. 99.

[151] Ebd., S. 105.

assoziieren – ein Vorläufer des „in die Politik geratenen österreichischen Kunstmaler(s)".[152]

Die Parallelen zu Simons erstem Auftritt fallen ins Auge. Zum einen bestätigt die Szene eine Nähe der hohlen, unzeitgemäßen, quasi geborgten Rhetorik Simons und Robespierres. Was in I,2 noch sukzessiv folgte, ist jetzt quasi ineinander geblendet: Simon agiert als Instrument Robespierres. Auch diesem Auftritt des Souffleurs folgt eine rhetorisch aufgeladene Szene Robespierres (diesmal vor dem Nationalkonvent). Außerdem erneuert sich hier die Ambivalenz der Simon-Figur: Wieder wird er von den Bürgern verspottet und von Büchner ironisiert („Der Freiheit eine Gasse"). Wieder hebt sich sein zitatgesättigter Rededuktus von der plastischen, zotigen Rede der Bürger ab. Wieder gibt er dem Gespräch die entscheidende Wendung, indem er ein Stichwort nennt, das von den Bürgern verstanden, aufgegriffen und weitergeführt wird, weil es aus einem permanent präsenten Subtext gegriffen ist. Bild IV wird solche Beobachtungen brennpunktartig zusammenfassen.

Das Gespräch zwischen Danton und Robespierre ist in der Oper unmittelbar mit Robespierres Rede vor dem Volk verknüpft. Diese Rede löst Dantons Protest aus („Robespierre, du bist empörend rechtschaffen"[153]). Der Anschluß leuchtet im Sinne eines Szenenkonnexes ein. Schließlich wirkt auch Büchners Einstieg in das Gespräch der Protagonisten so, als sei ein Disput bereits vorausgegangen.[154] Da mit der Konfrontation der „feindliche(n) Brüder aus einem Stamm"[155], Büchner hat sie gegenüber der Historie stark umgeformt, die gesamte sozialrevolutionäre Problematik zur Diskussion steht, eingeschlossen das von Büchner intendierte Menschen- und Geschichtsbild, versteht es sich von selbst, daß sie höchst konträre Deutungen erfahren hat. Die Positionen müssen im einzelnen hier nicht referiert werden. Wichtig für die Untersuchung des Librettos erscheint allerdings die werkimmanente Perspektive. Dazu gehört, daß Büchner mit diesem Dialog keineswegs die große Redeschlacht zweier Protagonisten liefert, die sich im Sinne einer tradierten Dramaturgie anbieten würde. Die beiden Gesprächspartner argumentieren „weder auf gleicher Plattform noch in gleicher

---

[152] Becker: „Die Trauerarbeit im Schönen", a.a.O., S. 82.
[153] Partitur, S. 127.
[154] Einem hat die Szenen noch enger verfugt, als Blacher es ursprünglich vorsah. Blachers Regieanweisung am Beginn von Nummer 5 lautet: „Alles ab bis auf Robespierre, Danton tritt auf". Einem streicht das in Typoskript 1 und schreibt darüber: „Danton tritt auf Robespierre zu." Bereits während Robespierres Rede hatte Einem die Anweisung eingefügt: „Danton ist unbemerkt aufgetreten und schaut allem zu."
[155] Becker: „Die Trauerarbeit im Schönen", a.a.O., S.83

Sache"[156]. Es geht Büchner nicht um den Austausch von Argumenten, womit die Ausarbeitung eines ideellen Leitfadens durch das Gespräch von vornherein ausgeschlossen wird. Deshalb, und nicht zuletzt weil es noch im ersten Akt stattfindet, gehört das Gespräch weniger zur Substanz des Konfliktes als vielmehr zur Exposition.

Blacher hat sich auch hier eng an die Dramenstruktur gehalten. Er verstärkt den Expositionscharakter, indem er die Szene weiter vorzieht. Offenbar schwebte ihm ein Duett zwischen Danton und Robespierre vor. Die oben aufgeführte Skizze deutet das zumindest an. Einem versucht statt dessen, „die Kälte der Situation und die Vergeblichkeit der sprachlichen Bemühungen zum Ausdruck zu bringen".[157] Es kommt ihm nicht auf die Konfrontation musikalisch ausgeformter Charaktere an. Dadurch, daß sich Robespierres Part nun auf zwei Einwürfe verkürzt, wird der Jakobinerführer als Diskussionspartner regelrecht ausgeblendet. Danton kreist ihn mit rhetorischen Fragen ein, bestimmt aktiv die Szene und wird zur antagonistischen Leitfigur aufgewertet. Damit sind die Äußerungen Dantons in ihrem drameninternen Wahrheitsgehalt gestärkt: Sie wirken wie eine auktorial intendierte Charakterisierung Robespierres. Die Überlegenheit Dantons, die sich im Drama lediglich taktisch konstatieren läßt, weitet sich in der Oper ins Inhaltliche.

Weil Robespierres Rede im Jakobinerclub entfällt, bleibt dem Zuschauer das gedankliche Unterfutter der jakobinischen Haltung unbekannt und damit die logische Motivation von Robespierres Verhalten.[158] So erscheint nicht nur die Einladung des Volkes zum „Blutgericht" als faschistoider Willkürakt, sondern seine Bemerkung, Danton wolle „die Rosse der Revolution am Zügel halten" unverständlich. Robespierres an das Gespräch anschließender Monolog reflektiert nicht mehr das Koordinatensystem der Revolution, aus dem Danton ausbrechen will, sondern scheint mit „Er muß weg!" primär auf eine persönliche Beleidigung zu reagieren.

Dantons Äußerungen wirken in diesem veränderten Kontext nicht mehr wie Diskussionsbeiträge zur Revolutionsethik, sondern als Widerstand gegen eine durch Robespierre personalisierte Staatsgewalt. Im Drama kann der Dialog die Unausweichlichkeit von Dantons Tod weder aufheben noch beschließen.[159] In

---

[156] Klotz: *Dramaturgie des Publikums*, S. 122.
[157] Schläder: „Die wahren Bilder ...", a.a.O., S. 40.
[158] Es ist kein Zufall, daß auch die entsprechende Schlüsselpassage in Robespierres nachfolgenden Monolog entfällt: „Wer in einer Masse, die vorwärts drängt, stehen bleibt, leistet so gut Widerstand als trät' er ihr entgegen; er wird zertreten" (MA, S. 87).
[159] Vgl. Krapp: *Der Dialog bei Georg Büchner*, a.a.O., S. 122.

Dichterliebe, Dichterferne: Im Transformationsprozeß 127

der Oper führt dieser Dialog den Entschluß zur Hinrichtung herbei. Er wird hier geradezu motiviert. Danton rückt damit in die Nähe eines mutig und selbstvergessen sich artikulierenden Widerstandskämpfers – eine Rolle, deren politische Dimension sich von der resignativen Haltung der Schauspielfigur diametral unterscheidet. Die Dialektik von Wort und Tat, Entscheidung und Vollzug, die Büchner dem klassischen Dramentypus entgegensetzt, ist in der Oper rückgängig gemacht. Das Konfrontationsmuster erscheint in verändertem Licht: Daß Danton dem von Robespierre vorgeführten Revolutionsmodell nichts entgegenzustellen hat, sondern eine Sachdiskussion geradezu verweigert, dürfte dem Opernbesucher kaum ins Bewußtsein dringen. Und die Beobachtung von Volker Klotz, nach der Danton sich damit nicht nur aus dem politischen Verkehr zieht, sondern „auch aus dem dramatischen Verkehr"[160] gerät, wendet sich in der Oper ins Gegenteil.

Es ist nur folgerichtig, wenn Robespierres Selbstzweifel, sein zwischen Prinzipiendenken und persönlicher Betroffenheit changierendes Gedankengewirr nicht als Material einer eigenständigen, gewichtigen Musiknummer aufgegriffen werden. Seine Selbstbesinnung beschränkt sich auf einen kurzen Gesprächsreflex. Ähnliches gilt für Robespierres Monolog am Ende von Büchners erstem Akt, von dem nur die melancholische Schlußsequenz im Libretto auftaucht.[161] Jürgen Schläder beschreibt die Wirkung so:

> „Von Robespierres messerscharfer Argumentationskunst und seiner radikalen Gesinnung ist in Einems Oper nichts geblieben, und die Auslassung der von Büchner sprachlich brillant hervorgekehrten Imitatio Christi, mit der er den 1. Akt seines Schauspiels beschließt, rückt Robespierres Klage über die Verlassenheit des großen Volksverführers (Ende des 2. Bildes) in ein schiefes Licht. Der Demagoge wirkt in Einems sprachlich-musikalischer Deutung wie ein manipulierter Diktator, der zum Spielball seiner Vertrauten wird."[162]

Beim vorangehenden Gespräch Robespierres blendet das Libretto St. Justs politisches Kalkül aus: In der Opernfassung ist St. Just weder Vordenker der jakobinischen Revolutionsauffassung noch deren organisatorischer Motor. Er verwandelt sich in einen Intriganten, dessen Motivationshintergrund nur in Rudimenten erkennbar bleibt.[163] Der juristische Aspekt seiner Planung und die mit ihm verbundene historische Konnotation spielen keine Rolle. Damit deuten

---

[160] Klotz: *Dramaturgie des Publikums*, a.a.O., S. 124.
[161] Partitur, S. 162ff.
[162] Schläder: „Die wahren Bilder ...", a.a.O., S. 42.
[163] Erstaunlicherweise ordnet Meier (*Georg Büchners Ästhetik*, a.a.O., S. 37) St. Just auch im Drama die konventionelle Rolle des Intriganten zu.

Blacher und Einem auch Büchners Intention um, „das Widerspiel von objektiven Verhältnissen und subjektiver Reaktion und Einflußnahme darauf als zwei Seiten des einen geschichtlichen Ablaufs"[164] zu verdeutlichen. Wenn es zu Büchners Kaleidoskop gehört, daß die Akteure „weder erhabene Ideenträger noch fuchtelnde Monumente"[165] sind, dann hält sich die Oper nicht daran. Durch die Lösung aus ihrem geschichtlichen Konnex und die Einschränkung subjektiver Reaktionen erscheinen die Figuren wie Repräsentanten einer ideell ausgerichteten Dramenstruktur, die auf die tradierten Kontrastpaare von Antagonist und Protagonist, Regierenden und Oppositionellen, Intrigant und Opfer zurückgreift.

Aus dramentypologischer Perspektive bedeuten die Veränderungen, die Bild II gegenüber Büchner aufweist: Sinnliche Gegenwart, soziale und historische Plastizität, Alogik, Ambivalenz, Perspektivenvielfalt – allesamt Faktoren, die das Drama im Sinne einer offenen Perspektivstruktur einsetzt – werden zugunsten einer klaren Richtungsweisung für den Zuschauer zurückgedrängt.

3.5.5 Bild III

Ein Kunstdiskurs auf offener Bühne lädt immer zu Rückschlüssen auf das ästhetische Ganze ein – und führt damit gern in die Irre. Wieviel von dem, was Desmoulins und Danton in Szene II,3 vollmundig verkünden, entspricht Büchners eigenem Denken? Wie verbindlich ist das Thesenhafte gemeint? Lange bestand darüber kaum Zweifel. Behrmann/Wohlleben glauben noch 1980 daran, daß im Dramentext „die Auffassung Büchners"[166] steht. Für Albert Meier – begnügen wir uns mit einem Repräsentanten der Gegenmeinung – bleibt die Szene dagegen inhaltlich und strukturell in die „Textlogik" eingebettet. Es gebe philologisch „keine zuverlässige Handhabe (...), die Thesen des Kunstgesprächs aus ihrem Zusammenhang herauszulösen und hier ein persönliches Bekenntnis des Autors, eine bewußt und planvoll eingefügte Mitteilung von Büchners privaten Gedanken zur Kunst zu sehen".[167]

Wie steht es im „Danton"-Libretto um die auktoriale Intention des Kunstdiskurses? Blacher und Einem übernehmen die Kernthesen, schränken allerdings die diskutierten Gattungen aufs Musiktheater ein. Anmerkungen zum Kunstkommentar haben beide nicht hinterlassen, es sei denn, man wertet die emphatische

---

[164] Klotz: *Dramaturgie des Publikums*, a.a.O., S. 119.
[165] Ebd.
[166] Behrmann/ Wohlleben: *Dramenanalyse*, a.a.O., S. 101.
[167] Meier: *Georg Büchners Ästhetik*, a.a.O., S. 89.

Vertonung als Zustimmung. Immerhin: Das Libretto übernimmt Dantons zentrale These nicht nur in voller Länge, es lädt sie durch eine Verdoppelung am Textanfang mit rhetorischem Nachdruck auf:

> „Und die Künstler! Die Künstler gehen mit der Natur um wie David, der im September die Gemordeten, wie sie aus der Force auf die Gasse geworfen wurden, kaltblütig zeichnete und sagte: ich erhasche die letzten Zuckungen des Lebens in diesen Bösewichtern."[168]

Blacher übernahm Büchners Wortlaut. Einem fügte mit dem Eröffnungsausruf den pathetischen Gestus hinzu.[169] Hatte Desmoulins vor allem gegen die Distanz zwischen Kunst und Wirklichkeit polemisiert, so wendet sich Danton gegen die unmittelbare Abbildung der Realität durch Kunst: Er ergänzt den Vorwurf der Verfälschung durch den der Kopie – zwei Statements gegen eine im klassizistischen Sinne abstrakte Kunstauffassung, die eine emotionale Beziehung zwischen dem Künstler und seinem Objekt zumindest relativiert, wenn nicht ausschließt. Man kann, mit Albert Meier, daraus eine positive Gegenthese folgern. Wenn Kaltblütigkeit eine „falsche subjektive Disposition des Künstlers" sei, dann verbinde sich damit die Forderung nach „emotionale(m) Bezug zwischen Künstler und Gegenstand", mithin sogar die nach einer „ethische(n) Komponente".[170]

Nimmt man das als Büchnerschen Subtext, dann unterstreicht ihn die Opernfassung unter beiden Aspekten. Welchen Grad an Identifikation mit seinem Gegenstand Einem für richtig und notwendig hielt, belegen alle Berichte, die wir von ihm über die Entstehung von „Dantons Tod" besitzen (mehr darüber in Kapitel 3.1). Der Bekenntnischarakter seiner Oper, wie auch immer in der Aussage modifiziert, steht außer Zweifel. Andererseits soll die geschichtliche Wirklichkeit des Dritten Reiches, auf die das Sujet gemünzt wird, nicht als solche kopiert oder dargestellt werden: Einem hat zwar betont, die Oper sei für ihn dasjenige Instrument, „mit dem sich die geistigen, politischen und religiösen Spannungen unserer Zeit für einen Musikdramatiker am besten ausdrücken lassen".[171] Man könne aber Zeitstücke im Zeitgewand kaum schreiben, „weil die Ereignisse uns zu dicht im Nacken sitzen und daher zu viel Persönliches mitfließen würde, das den Sinn entstellen müßte".[172] Ein Zuspruch also, cum grano salis, zu dem von Büchner postulierten Kunstprogramm.

---

[168] Partitur, S. 197ff.
[169] Vgl. Typoskript 1.
[170] Meier: *Georg Büchners Ästhetik*, a.a.O., S. 88.
[171] Zit. nach Lezak: *Das Opernschaffen Gottfried von Einems*, a.a.O., S. 83f.
[172] Ebd., S. 84.

Auch einer von Blacher? Schon in den 20er Jahren hatte sich Blacher für Zeitstücke im Zeitgewand begeistert. Lebenslang versuchte er sich an der „Zeitoper", trug sie weit über ihre musikgeschichtliche Blütezeit hinaus. Von „Habemeajaja" bis zu den „Zwischenfällen bei einer Notlandung" ziehen sich seine zeitkritischen Erkundungen durch fünf Jahrzehnte. Im Nationalsozialismus wurde dergleichen diffamiert. Die Beschäftigung mit Büchners Drama mag deshalb, Belege darüber gibt es nicht, auch für Blacher ein Weg gewesen sein, aktuelle Bedrängnis zu verarbeiten. „Dantons Tod" als Oper von seiner Hand kann man sich trotzdem nur schwer vorstellen: Zu intensiv hat er sich mit den Techniken des epischen Theaters beschäftigt – Techniken der Distanz gegenüber theatralischen Erzählstrukturen. Simple Emotionskommunikation paßt kaum zu ihm. Und seine Art, mit der Kriegszeit musikalisch umzugehen, war das hochgepeitschte Tableau gewiß am wenigsten. Die Stücke, die Blacher während des Zweiten Weltkriegs schrieb, sprechen eine grundsätzlich andere Sprache als Einems letztlich spätromantisch geprägter Botschaftskult: Sie protokollieren den Schrecken, aber sie kehren ihn nicht nach Außen. Das macht sie heute glaubwürdiger.

Der Text zu Musiknummer 7 fällt in Blachers Einrichtung wesentlich knapper aus als in der späteren Opernfassung.[173] Einem hat in dieses Gerüst mehrere Passagen des Dramentextes wieder eingefügt, durch eigene Passagen ergänzt und mit dem Datum 26. Oktober 1945 versehen. Alles dient einer Verstärkung des dramatischen Effektes. Danton wird hinausgerufen, erfährt, daß der Wohlfahrtsausschuß seine Verhaftung beschlossen hat, wird gewarnt und zur Flucht aufgefordert. Auf die Bühne zurückgekommen, trägt er das Camille und Lucile im Zusammenhang vor und fügt unmittelbar eine persönliche Einschätzung hinzu, die – im Drama – als Teil der Figurenexposition gelesen werden kann:

> „Sie wollen meinen Kopf, meinetwegen. Ich bin der Hudeleien überdrüssig. Mögen sie ihn nehmen. Was liegt daran? Ich werde mit Mut zu sterben wissen, das ist leichter, als zu leben."[174]

Diese Gliederung in Bericht und Stellungnahme wird im Libretto durch eingefügte Zwischenrufe von Lucile und Desmoulins ergänzt. Die Meldung „Der Wohlfahrtsausschuß hat meine Verhaftung beschlossen" steht jetzt separiert, in ihrer theatralischen Wirksamkeit herausgehoben. Grund für diese Akzentuierung dürfte vor allem die Tatsache sein, daß das Libretto auf Büchners Szenen II,4

---

[173] Vgl. Typoskript 1.
[174] MA, S. 96.

Dichterliebe, Dichterferne: Im Transformationsprozeß

und II,6 verzichtet: Sie führen einerseits Dantons Selbstreflexion im Wissen um die Verhaftung und seine Verkennung der Situation vor Augen; andererseits kommt die Verhaftung durch Simon als eigene Szene zu ihrem Recht. Die Information vom Beschluß der Verhaftung erhält in der Oper einen Signalcharakter, den sie im Schauspiel nicht braucht. Die Passage zeigt deutlich, wie das Libretto bestrebt ist, eine Mitteilung des Dramas als Situation zu präsentieren. Es geht, gerade bei kleinen, scheinbar beiläufigen Wortwechseln wie diesem, um Kategorien musiktheatralischer Verständlichkeit.

Außerdem spielt die musikalische Proportion als Grund für Einems Einfügungen herein: Der Abschnitt von Dantons Rückkehr bis zum Ende der Nummer ist als zweiteilige Steigerung angelegt. Ihr Anfang wird von Sechzehntelfigurationen der Streicher zusammengehalten.[175] Markante Bläsereinwürfe zäsurieren Dantons Bericht. Mit seiner persönlichen Conclusio „Ich werde mit Mut zu sterben wissen, das ist leichter als zu leben" setzt ein auskomponiertes Diminuendo ein, das in den letzten drei Takten des Abschnittes von einem Poco rallentando ergänzt wird: Die Erregung flaut ab, um sofort in einem völlig anders instrumentierten und am Ostinato-Modell ausgerichteten A-tempo-Abschnitt erneut vorwärtszudrängen. Desmoulins' irriger Hinweis „Danton, noch ist es Zeit!" verbindet die beiden Blöcke. Wem gehört die Musik dieser Steigerungswelle?

Helmut Krapp hat gezeigt, mit welchen sprachtechnischen Mitteln Büchner in den Sätzen Dantons den Eindruck erweckt, hier rede jemand, der das, was er sagt, eigentlich mit einer Handbewegung abtut.[176] Es ist eine Sprache der unterdrückten Erregung. Ihr monologischer Charakter wird dadurch unterstrichen, daß sie das Zwiegespräch zwischen Desmoulins und seiner Frau unterbricht. Einem löst hier in doppelter Hinsicht Büchners monologisch-reflektierende Anlage auf: Zum einen, indem er Danton eine Musik von heroischem Nachdruck unterlegt; die Untertreibung mutiert zur Übertreibung. Zum anderen, indem er eine Terzett-Situation schafft, ohne sie freilich auszukomponieren. Dantons Erregung wird in der Oper auch von ihm selbst kaum kaschiert. Die Vertonung kehrt weniger eine Innenperspektive nach außen, sondern fängt eine Geste des Aufbegehrens ein. Danton, der bereits in Bild II exponierte Widerstandskämpfer, meldet sich hier zu Wort, und seine resignativen Sätze stehen im Widerspruch zu dem Aplomb, mit dem er sie vorträgt. Das bricht Büchners

---

[175] Partitur, S. 205ff. Wie Kaatz („Eine Hinrichtung ...", a.a.O., S. 147) beobachtet hat, werden „bloße Begleitformeln zum wichtigsten thematischen Material" mehrerer Nummern der Partitur.

[176] Vgl. Krapp: *Der Dialog bei Georg Büchner*, a.a.O., S. 74.

Intimität auf. Nur: Die Worte tragen den neuen Gestus nicht. Kein Zufall, daß Blacher hier Einspruch erhob. In einem Brief vom 4. Oktober 1947 gilt seine Kritik unter anderem dieser Passage: „Der Wohlfahrtsausschuß hat meine Verhaftung! Ist zu pathetisch, so spricht Danton nicht."[177]

3.5.6 Bild IV

Ein Bild als extreme Zusammenziehung von Dramenszenen. Die drei Musiknummern, die es ausmachen, kontrastieren und steigern sich zugleich. Erstmals arbeitet das Libretto jetzt mit Elementen der Textcollage. Einem hat Blachers Einrichtung hier radikaler verändert als je zuvor in der Oper.

Nach unserem Vorfühlen bei Bild II sind nun besonders zwei Fragen wichtig für die weitere Erschließung: Wie verändert sich die Charakterisierung der Volksmasse bei der Metamorphose vom Drama zum Libretto? Und wodurch ist die neue Rolle Simons motiviert, wie legitimiert? Büchner breitet die Stadien von Dantons Verurteilung mit großer Sorgfalt aus. Die präzise eingefädelte Rechtsbeugung wird in der Oper durch einen völlig anders gearteten Mechanismus ersetzt: den Volksentscheid. Die Aktivitäten St. Justs reduzieren sich auf eine in Bild V kurz angedeutete Intrige, spielen aber im Prozeßverlauf nur eine untergeordnete Rolle. Um das Bild vor dem Revolutionstribunal als Volksentscheid glaubwürdig darstellen zu können, muß das Libretto Position, Meinung und Meinungsbildung des Volkes genauer darstellen, als das bisher geschehen konnte. Dazu dient die frühe Positionierung von Büchners Szene III,10 am Anfang von Bild IV.

Mit dem Chor vor der Conciergerie setzt es ein. An Stelle von Büchners „Es lebe Danton!", was Blacher übernimmt, schreibt Einem „Heil"-Rufe. Auch die direkte Anrufung Dantons hat Einem eingefügt.[178] Bis zum Ende der Nummer mit „Hoch Robespierre!" soll die Wankelmütigkeit der Masse explizit vorgeführt, das Volk als wesentlicher Entscheidungsträger etabliert werden.

---

177 *Einem Archiv*, Korrespondenz Blacher, Signatur 1947 10 04. Die in II,3 angeschlagene Haltung Dantons erscheint in der Oper unwiderrufen, weil die Szenen II,4 wie II,5 entfallen. Damit intensivieren sich die Verschiebungen in der Charakterisierung der Titelfigur. Dantons Haltung zwischen Heroismus und Resignation verstärkt sich von selbst, wenn die Reflexion auf dem freien Feld wegfällt. Entsubjektivierung auch hier: Keine Selbstzweifel, keine Schuldgefühle angesichts der quälenden Erinnerung an die Septembermorde und auch keine Fehleinschätzung begleiten Danton als Opernfigur. Auf sein im Drama mehrfach vorgetragenes „Sie werden es nicht wagen!" verzichtet das Libretto ganz.

178 Vgl. Typoskript 1.

Da Büchner III,10 *nach* der Verhandlung des Revolutionstribunals positioniert, hat die Szene keineswegs die Funktion, einen Entscheid über Dantons Schicksal zu präfigurieren. Sie erscheint vielmehr als „letztes Auflodern"[179] der vor dem Tribunal widerstreitenden Kräfte. Gerade weil Büchner die juristische Manipulation so detailliert vorführt, hat das Votum des Volkes „nur noch marginale Bedeutung"; das Volk soll „hinters Licht geführt werden".[180] Die Entscheidungssituation: eine Farce. Genau darin liegt Büchners Ansatzpunkt einer Kritik. Er zeichnet die Volksmasse keineswegs pejorativ. Von Wankelmütigkeit in dem Sinne, wie sie das Libretto apostrophiert, kann im Drama keine Rede sein. Büchner legt den Finger allenfalls auf die „mangelnde Fähigkeit des Volkes zu einer wirksamen politischen Wahrnehmung seiner Interessen", auf dessen „Unfähigkeit, sich der ideologischen Transformierung vorhandener sozialer Widersprüche zu erwehren".[181]

Daß sich das Interesse des Volkes primär auf die Befriedigung materieller Bedürfnisse richtet, daß es in Ermangelung tragfähiger, weil nachvollziehbar wirksamer politischer Programme auf moralische Kategorien setzt, bedeutet folglich im Drama keineswegs eine Abwertung. Nicht zuletzt läßt sich eine Deutung, die das Volk als Opfer eines politischen Schaukampfes versteht, mit dem Verweis auf Büchners Brief an August Stoeber vom 9. Dezember 1833 rechtfertigen: „Die politischen Verhältnisse könnten mich rasend machen. Das arme Volk schleppt geduldig den Karren, worauf die Fürsten und Liberalen ihre Affenkomödie spielen."[182]

Nach heutiger Büchner-Kenntnis erscheint die Position, die der Masse im „Danton"-Libretto zugeordnet wird, somit als dramenfremd. Die von Einem formulierte Intention, Massenbewegungen und -manipulation, wie er sie im „Dritten Reich" erlebt hatte, darzustellen, trifft sich nicht mit Büchners Text. Freilich: ältere Deutungen des Dramas weisen in eine andere Richtung. Die Tendenz, Szene III,10 als Beispiel für die Manipulierbarkeit der Masse zu deuten, hat in Interpretations- wie Aufführungsgeschichte Tradition. Als krasses Beispiel kann uns hier Werner R. Lehmanns Darmstädter Vortrag genügen, in

---

[179] Behrmann/Wohlleben: *Dramenanalyse*, a.a.O., S. 124.
[180] Mayer: „Büchner und Weidig", a.a.O., S. 117. Zu den Deutungen, die versuchen, „das Volk als des Dramas wahren Helden" darzustellen, vgl. Bohn: „Zur Früh- und Spätrezeption", a.a.O., S. 111ff.
[181] Voges: „Dantons Tod", a.a.O., S. 29 und 28. Vgl. hierzu auch Lukács: „Der faschistisch verfälschte und der wirkliche Georg Büchner", a.a.O.
[182] MA, S. 285.

dem es noch 1969 hieß: „Das sind die Urteilssprüche des giftig jökelnden Mobs in den Gassen von Paris."[183]

Hier kommt wieder Simon ins Spiel, zweifellos eine Schlüsselfigur im Transformationsprozeß. Läßt er sich, wenn er nun die Rolle eines rhetorisch geschickten Sansculotten übernimmt, aus dem Drama heraus verstehen? Oder klaffen auch hier die Intentionen von Büchner und seinen Bearbeitern auseinander? Zunächst ein Quellen-Befund: Die Szene hat sich in den Entstehungsphasen der Oper mehrfach verändert. Blachers Einrichtung sah hier den Dialog zweier Chöre vor. Simon taucht in seiner Fassung nicht auf. Büchners Bürger werden nicht als Individuen vorgeführt. Ihr Text ist verschiedenen Volksgruppen zugeteilt. Die entscheidende Passage des zweten Bürgers, die den Stimmungswechsel besiegelt, wird als kompletter Block vom zweiten Chor gesungen.[184] In einem ersten Arbeitsvorgang hat Einem mit Bleistift darüber „Chorist solo" geschrieben und am Rand vermerkt: „Stimmungsumschlag. Allmählich werden die Choreinsätze häufiger bis (...)." Dann weist ein Pfeil auf Blachers Schluß der Nummer („Es lebe Robespierre! Nieder mit Danton! Nieder mit den Verrätern!"). In dieser Passage ersetzt Einem „Es lebe" mit Bleistift durch „Hoch", fügt eine Wiederholung von „Es lebe Robespierre" ein und schreibt darunter „ff".[185] In einem zweiten Arbeitsvorgang hat er die gesamte Passage des zweiten Chores bzw. des Chorsolisten mit Tinte durchgestrichen und auf der linken Seite von Typoskript 1 neu geschrieben. Nun erscheint die Szene als Dialog zwischen einem einzelnen „Bürger" und einem einzigen, großen Chor. Parallel dazu wurde auf der Figurenliste „EIN BÜRGER" eingefügt. Einen dritten Arbeitsvorgang dokumentiert Typoskript 2. Dort differenziert Einem den Chor nach Stimmgruppen aus, streicht alle Rollenbezeichnungen von „EIN BÜRGER" (auch im Rollenverzeichnis) und ersetzt sie durch „Simon".

Dessen Redehaltung und Redefunktion kann in der letztlich vertonten Librettofassung keineswegs mit der des zweiten Bürgers gleichgesetzt werden. Sie ist vielmehr durch zahlreiche Choreinwürfe unterschiedlichen Charakters unterbrochen. Die fügen einerseits neues Textmaterial ein, das die Rede kommentiert, und wiederholen Aussagen Simons. Andererseits führt der Chor aber

---

[183] Lehmann: ‚Geht einmal euren Phrasen nach ...' Revolutionsideologie und Ideologiekritik bei Georg Büchner, Darmstadt 1969, S. 6. Gerhard Jancke (Georg Büchner, a.a.O., insbesondere S. 155f. und 217ff.) hat solche Deutungen, die Büchners genau austarierte Beziehungen der Sprecher wie den sozialpolitischen Konnex außer acht lassen, zurückgewiesen.

[184] „Danton hat schöne Kleider, Danton hat ein schönes Haus. Danton hat eine schöne Frau, er badet in Burgunder ..." (MA, S. 121, bzw. Typoskript 1).

[185] Vgl. Typoskript 1.

auch die von Simon vorgegebenen Gedanken eigenständig weiter. So kommt der Vorwurf „Er badet sich in Burgunder!" vom Chor-Alt. Rhetorische Fragen des zweiten Bürgers („Woher hat er das alles?") erscheinen in der Oper nicht als Teil einer Argumentationsstrategie, sondern mit deutlich agitatorischem Einschlag: als Suggestivfragen. So entspinnt sich ein Dialog zwischen Simon und dem Chor, der über die argumentative Redehaltung des zweiten Bürgers hinausgeht. Er zielt auf die entscheidende rhetorische Frage: „Was, was hat Robespierre?" Damit ist der Umschwung besiegelt.

Es geht also nicht nur darum, daß Simon in eine neue Szene interpoliert wird und Textpassagen anderer Figuren erhält: Diese Passagen erfahren im Libretto zusätzlich eine rhetorische Umgewichtung. Solche doppelte Brechung führt jedoch paradoxerweise wieder zum Schauspiel zurück. Simons Agitationshaltung läßt sich nämlich auf Bild II beziehen, in dem der Widerspruch zwischen bürgerlicher und sozialer Revolution und damit ihr „parasitäre(r) Charakter"[186] erstmals artikuliert wurde. Simon greift diese Argumentation nun auf und nutzt sie für agitatorische Zwecke. Er agiert damit in jener Doppelrolle als Handlanger Robespierres und Repräsentant des Volkes, die sich nach I,2 in Büchners Szenen II,2 und II,6 konsequent fortsetzt. Zudem fungiert Simon in allen Auftritten, auch in dem neu hinzugekommenen, als Vorsager. Er artikuliert stets Subtext, der vom Volk übernommen und weitergeführt wird. Auch das spricht für eine Konstanz der Figurenzeichnung. Wenn man außerdem Simons Zitatwut (und den Alkohol) als Flucht versteht (und nicht nur als „verhinderte Einsicht"[187]), läßt sich der Weg vom passiv Meuternden zum politisch Aktiven durchaus nachvollziehen. Der Agitator ist nichts als ein ins Überdimensionale gesteigerter Einflüsterer: Der Souffleur bleibt letztlich bei seiner Berufsvorgabe.

Wenn die Zeichnung von Simon in Bild IV trotzdem als Überraschung erscheint, dann vor allem deshalb, weil der Opernbesucher Büchners Szenen II,2 und II,6 nicht erlebt und die Figurenentwicklung Simons nur stationsweise nachvollziehen kann: Der Wechsel vom unbewußt zum zielgerichtet agierenden Stichwortgeber erfolgt unvermittelt. (Schon Blachers Einrichtung hatte sich Büchners Stationendramaturgie generell für die Opernstruktur zunutze gemacht, sie aber nur auszugsweise dokumentiert.) Dazu kommt, daß Einem seiner eigenen Librettointention entgegenwirkt, indem er Simon als Baß-Buffo ausgibt. Die inhaltliche Aufgabe, die Simon in Bild IV zu erfüllen hat, paßt

---

[186] Voges: „Dantons Tod", a.a.O., S. 26.
[187] Ebd., S. 28.

schwerlich zur Buffo-Rolle, womit weniger die Frage des stimmlichen Anspruchs als des Stimmcharakters gemeint ist.

Trotzdem läßt sich aus den bisherigen Beobachtungen nicht folgern, Einem hätte die Figur Simons grundsätzlich umgeformt, indem er sie in Bild IV einsetzt.[188] Vielmehr führt er die in den Simon-Szenen des Dramas angelegten Charakterzüge fort und steigert sie in einer dort nicht vorkommenden Form. Dabei deckt sich sein Deutungsansatz mit Einsichten, die von der Büchner-Forschung erst Jahrzehnte später formuliert wurden.[189] Die Szene ist nicht zuletzt ein triftiges Beispiel dafür, daß der Verzicht auf Schauspielszenen im Falle des „Danton"-Librettos keineswegs auch den Wegfall von deren inhaltlicher Komponente impliziert.

Ein weiterer Aspekt verdeutlicht, wie genau Einem das Drama in bezug auf Simon gelesen hat. In der Rede des zweiten Bürgers erscheint die Favorisierung Robespierres keineswegs logisch aus der Verurteilung Dantons abgeleitet, sondern als argumentativer Bruch. Büchner knüpft damit an bereits in I,2 aufgezeigte semantische Bizarrerien und Erkenntnisgrenzen des Volkes an. Indem das Libretto den Text Simon überträgt, motiviert es diesen Bruch neu: Erst durch den von den Jakobinern instrumentalisierten Souffleur wird die Rede als Argumentationskette plausibel. Schließlich war Simon bereits in Bild II als bürgerliche Karrikatur von Robespierres Tugendkult aufgetreten.[190] Gerade da also, wo sich bei Büchner zumindest Ansätze von Wankelmütigkeit des Volkes dingfest machen lassen, zeigt die Oper dessen Verführbarkeit und gerade nicht die Irrationalität des Umschwungs.

Musiknummer 11 und 12 präsentieren sich als komplexe Textmontagen. Nummer 11 basiert primär auf Büchners Szene IV,3. Allerdings fügte Einem Chorpassagen ein, um den Anschluß an die vorangegangene Szene zu unterstreichen. Zudem stellte er Passagen um und interpolierte Sätze der Szenen III,1, III,3, III,7 und IV,5.[191] Diese Textzusammenstellung zeigt, daß Einem – weit mehr als Blacher – die Gefängnisszenen des Dramas als Einheit begreift.

---

[188] Schläder („Die wahren Bilder ...", a.a.O., S. 45) spricht von einer „rigoros umgedeuteten Figur".

[189] Vgl. Abschnitt 3.5.4. Ähnlich vorausschauende Rezeptionsprozesse sind in der Musikgeschichte keine Seltenheit. Erinnert sei hier nur an Robert Schumanns Eichendorff-Vertonungen, deren hellsichtige, durch Musik formulierte Einsichten in der Literaturwissenschaft erst im 20. Jahrhundert zum Tragen kommen.

[190] Von „comic mirror" spricht Solomon („Büchner's *Dantons Tod*: History as Theatre", a.a.O., S. 17).

[191] So ist der Ausbruch „Ich kann nicht sterben, nein, ich kann nicht sterben. Wir müssen schreien; sie müssen mir jeden Lebenstropfen aus den Gliedern reißen" im Schauspiel

Dichterliebe, Dichterferne: Im Transformationsprozeß

So plausibel deren Zusammenziehung im Opernlibretto zunächst scheint, so problematisch erweist sie sich im Detail. Büchners Szene IV,3, aus der der größte Teil des Textmaterials stammt, spielt erst, nachdem der Prozeß vor dem Revolutionstribunal gewaltsam beendet wurde: Die Intrige, die zum Ausschluß Dantons führt, und sein Versuch, das Volk mittels rhetorischer Kraft auf seine Seite zu ziehen, das alles ist bereits geschehen. Die Fragwürdigkeit der manipulierbaren Rechtsmechanismen ist hinreichend deutlich geworden, die Peripetie des Dramas überschritten[192], der Weg in den Tod unumkehrbar. Büchners Szene zeigt die Inhaftierten im fortgeschrittenen Stadium von Gefangenschaft und psychischer Erschöpfung. Auch der Auftritt der wahnsinnsnahen Lucile, den Büchner erst in IV,4 ansetzt, spiegelt die Unausweichlichkeit der Entwicklung. Im Opernlibretto spielt diese Szene vor der Verhandlung des Revolutionstribunals: Der Zustand der Gefangenen entbehrt damit einer schlüssigen Motivation. Zudem montiert das Libretto kurze Passagen von Gefängnisszenen ein, die bei Büchner vor und nach der ersten Szene des Tribunals stattfinden (III,3 und III,7). Offensichtlich kommt es Blacher und Einem nicht darauf an, den psychischen Verlauf herauszuarbeiten, der sich in den Gefangenen parallel zum Fortgang des Justizprozesses abspielt.

Daß das Libretto die Conciergerie-Szenen losgelöst von Erwartung und Ergebnis des Revolutionstribunals vorführt und die gewichtigste unter ihnen vorzieht, belegt erneut: Es geht in der Oper weder um das historisch fixierte Schicksal Dantons noch um die damit verknüpften sozialen oder psychischen Konflikte, sondern um die Statuierung eines Exempels.

Für Musiknummer 12 hatte Blacher eine Solo-Szene Luciles vorgesehen, an deren Ende Desmoulins zweimal den Namen seiner Frau ausruft. Einem schrieb diese Szene in Typoskript 1 völlig um. Der Monolog Luciles (IV,4) dient in seiner Textcollage nur noch als Rückgrat. Allerdings wird der semantische wie syntaktische Ablauf dieses Monologs beibehalten. Dazwischen montierte Einem Texte verschiedener Herkunft:

Danton zugeordnet. Im Libretto gehört er Desmoulins, der sich mit ihm gegen Dantons Beruhigungsversuche wehrt. Dantons Passage „Man arbeitet heutzutage alles in Menschenfleisch, das ist der Fluch unserer Zeit. Wir sind alle lebendig begraben" führt Sätze der Szenen III,3 und III,7 zusammen. Desmoulins Ausruf „Oh Lucile! das ist ein großer Jammer!" stammt aus III,1. Einem hat außerdem Dantons kompletten Monolog („Ich hätte anders sterben mögen ...") eingefügt. Alle diese Veränderungen, einschließlich der ergänzten Regieanweisungen, finden sich in Typoskript 1.

[192] Zur Diskussion des Peripetie-Begriffs in „Dantons Tod" vgl. vor allem Meier: *Georg Büchners Ästhetik*, a.a.O., S. 40.

a) *Passagen von Desmoulins*. Sie weiten Luciles Monolog zum Dialog. Der Text dazu stammt aus drei Quellen: Die Rufe „Lucile, Lucile" wurden neu eingefügt; andere Passagen sind aus der im Drama nachfolgenden Szene übernommen und angepaßt. Zusätzlich interpoliert Einem Textpassagen aus Büchners Briefen an seine Braut.[193] Damit zielt er auf eine Identifikation des Dichters mit Desmoulins und wertet die Figur auf: Das Stimmfach des lyrischen Tenors verstärkt die schwärmerischen Züge der Figur. Weil Dantons Selbstzweifel und Innenschau im Libretto fehlen, erscheint Desmoulins als sensibler Widerpart, in gewisser Weise sogar als emotionaler Spiegel der Titelfigur, deren heroischpessimistischen Gestus er in privater gefaßte Trauer übersetzt. So bietet die Oper Desmoulins weit mehr als Identifikationsfigur an.

b) Ein *Gefangenenchor*, der als Topos neu eingeführt wird. Der ihm zugeordnete Text ist wiederum collagiert. Teile davon spricht im Drama Mercier. Dieser Girondist gehört bereits zu den Gefangenen des Luxembourg, als Danton, Lacroix, Desmoulins und Philippeau eingeliefert werden (III,1). Er war infolge des Sansculottenaufstands am 31. Mai 1793 zusammen mit weiteren Girondisten auf Betreiben Dantons vom Konvent ausgeschlossen worden und kommentiert dessen Inhaftierung nun mit dem bissigen Bonmot von der „Dogge mit den Taubenflügeln".[194] Im späteren Verlauf der Szene nimmt Mercier noch einmal Bezug auf das Datum des 31. Mai: Er erinnert Danton daran, daß führende Girondisten infolge der Aktion als Verschwörer von einem Revolutionstribunal zum Tode verurteilt wurden: „Das Blut der zwei und zwanzig ersäuft dich."[195] Mercier, der in Büchners Drama keine große Rolle spielt, entfällt als Figur im Libretto. Dennoch wollte Einem nicht auf die Verhöhnung des neuen Häftlings Danton durch seine einstigen Gegner und jetzigen Leidensgenossen verzichten. Und natürlich nicht auf den darin enthaltenen Hinweis: Das Tempo der politischen Ereignisse überstürzt sich.

Als weiteres Textfragment entnimmt Einem für diesen Chor die Provokation Desmoulins durch einen Gefangenen.[196] In der Oper tragen sie die Tenöre des Chores vor. Der Ausbruch „Wir müssen schreien" ist aus III,7 gegriffen und wird statt Danton dem Chor in den Mund gelegt. Die anderen Textpassagen des Gefangenenchores sind frei ergänzt.

---

[193] „Ich bin allein, wie im Grabe" (Februar 1834, MA, S. 286) und „Ich sehe dich in jedem Traum. Dein Schatten schwebt immer vor mir, wie das Lichtzittern, wenn man in die Sonne gesehen" (7. März 1834, MA, S. 288).
[194] MA, S. 108.
[195] Ebd.
[196] Bei Büchner: III,1, MA S. 108.

c) *Sätze Dantons.* Diese sind zum Teil frei erfunden und fallen deutlich aus Büchners Sprachbild. Zum Teil stammen sie aus Büchners letzter Conciergerie-Szene. Darunter eine Passage, die bei Büchner Hérault gehört: eine von drei Repliken, die Einem aus IV,5 übernimmt und die sein Verständnis des Dramas belegen[197]:

> Danton (Hérault): Sind wir die Ferkel, die man für fürstliche Tafeln mit Ruten totpeitscht, damit ihr Fleisch schmackhafter werde?
> Danton: Sind wir Kinder, die in den glühenden Molochsarmen dieser Welt gebraten und mit Lichtstrahlen gekitzelt werden, damit die Götter sich über ihr Lachen freuen?
> Camille: Ist denn der Äther mit seinen Goldaugen eine Schüssel mit Goldkarpfen, die am Tische der seligen Götter steht, und die seligen Götter lachen ewig, und die Fische sterben ewig, und die Götter erfreuen sich ewig am Farbenspiel des Todeskampfes?

Elemente des hohen Sprachstils sind hier aufgegriffen und verfremdet – weit weg vom Sprachrealismus, den Büchner sonst in „Dantons Tod" praktiziert. So widerspricht etwa der heroische Tonfall von Héraults bzw. Dantons Replik der drastischen Realistik ihres Inhalts. In der Form der rhetorischen Frage und durch die ins anthropologisch Allgemeine weisende Rede vom „wir" glitzert ein Hang zur Pathetik. Er läßt die Figuren quasi von Podesten sprechen. Krapp deutet diese Stilspaltung als Chance, eine Grundidee des Dramas sprachlich umzusetzen: die Idee, daß „der Mensch (...) nicht zwangsweise unfrei und verfallen"[198] sei. Der rhetorische Charakter der Fragen relativiert somit ihren Inhalt. Er zeigt eine auktoriale Perspektive und legt mit der Negation einen Hoffnungsschimmer nahe. Er steht – Residuum Schillerschen Heldenpathos' – „für Protest".[199]

Was könnte Einem gelegener kommen? Die Dantonisten als heldische Widerstandskämpfer, als hohe, entpersonalisierte Figuren hatte er auch schon vorher avisiert. Bezeichnenderweise ist Büchners Abschluß dieser Passage, die die rhetorischen Fragen in ein neues Licht rückt, nicht ins Libretto aufgenommen. Dantons „Die Welt ist das Chaos. Das Nichts ist der gebärende Weltgott" antwortet den – auch von ihm selbst vorgetragenen – Relikten des Protestes. Dieses Wechselspiel zwischen „Protest aus der Idee" und „Erkenntnis des Nihilismus"[200] zu

---

[197] Vgl. Partitur, S. 315ff.
[198] Krapp: *Der Dialog bei Georg Büchner*, S. 23.
[199] Ebd. Klotz (*Dramaturgie des Publikums*, a.a.O., S. 131) deutet den „pathetischen Verkehrston" der Dantonisten als Überbleibsel der ersten Revolutionsphase, das längst zum Anachronismus verkommen ist. In IV,5 breche Büchner die Heroenpose mehrfach, indem sich die Dantonisten untereinander parodieren.
[200] Krapp: *Der Dialog bei Georg Büchner*, a.a.O., S. 23.

thematisieren, geht über die Absicht der Oper hinaus. Dabei hätte sich die Stelle angeboten, Korrespondenzen zum Motto herzustellen und Facetten eines unabwendbaren Geschichtsverlaufs zu diskutieren. Einems Collageprinzip entfernt sich damit erneut von Blachers Technik des Zusammenraffens: Wo Blacher auch bei Kürzungen Büchners Dialogstruktur mitreflektierte, nutzt sein Schüler das Drama als Sprachmaterial und behandelt dessen Partikel losgelöst vom inneren Zusammenhang.

3.5.7 Bild V

Bild V der Oper folgt in der Verhandlung vor dem Revolutionstribunal weitgehend Büchners analogen Szenen III,4 und III,9. Blacher dachte auch hier an zwei Chöre. Einem hat diese Idee nicht aufgegriffen, sondern die widerstreitenden Parteien nach Stimmgruppen differenziert und eine Vielzahl von Choreinwürfen hinzugefügt, die den Verlauf der Szenen kommentieren. Damit wandelt sich die Verhandlung zum Volksentscheid. Um das zu verstärken, interpoliert das Libretto bereits in Nummer 13 eine Textpassage aus III,10, in der ebenfalls beide Parteien zu Wort kommen.[201]

Die Fortsetzung des Tribunals in Nummer 15 ist stärker collagiert. Um den Kontrast der widerstreitenden Parteien zu intensivieren, nutzt das Libretto neben freien Einfügungen auch Passagen aus IV,2 und IV,7. Außerdem taucht ein Schlüsselsatz wieder auf, der bereits in Nummer 10 (bzw. III,10) als Hetze gegen Danton gellte: „Sein Kopf wird euch allen Brot geben." Das wird auch in der folgenden Szene der Hinrichtung im Libretto laut: Leitmotiv der Anti-Dantonisten-Partei.

Darüber hinaus bestimmen drei wesentliche Textveränderungen Musiknummer 15. Einem hat hier eine zentrale Passage wieder eingefügt, die bei Blacher fehlt, und ihren Wortlaut verändert: Dantons Prophezeiung („Ich sehe großes Unheil über Frankreich hereinbrechen. Das ist die Diktatur, sie hat ihren Schleier zerrissen, (...) sie schreitet über unsere Leichen"[202]) wird ins Allgemeine geweitet. Statt an „Frankreich" richtet sich das Orakel jetzt an „die Menschen".[203] Im Sinn solcher Verallgemeinerung ist auch eine Textpassage zu verstehen, die Einem aus Büchners Brief an seine Familie vom April 1833 übernimmt:

---

[201] „Danton war unter uns am 10. August. Danton war unter uns im September. Wo waren die Leute, die ihn angeklagt haben?" „Und Lafayette war mit euch in Versailles und war doch ein Verräter!" (Partitur, S. 356f.).
[202] MA, S. 120.
[203] Vgl. Typoskript 1.

Dichterliebe, Dichterferne: Im Transformationsprozeß

"Weil wir im Kerker geboren und großgezogen sind, merken wir nicht mehr, daß wir im Loch stecken mit angeschmiedeten Händen und Füßen und einem Knebel im Munde. Was nennt Ihr denn *gesetzlichen Zustand*? Ein *Gesetz*, das die große Masse der Staatsbürger zu fronendem Vieh macht, um die unnatürlichen Bedürfnisse einer unbedeutenden und verdorbenen Minderzahl zu befriedigen? Und dies Gesetz, unterstützt durch eine rohe Militärgewalt und durch dumme Pfiffigkeit seiner Agenten, dies Gesetz ist eine *ewige, rohe Gewalt*, angetan dem Recht und der gesunden Vernunft, und ich werde mit *Mund* und *Hand* dagegen kämpfen, wo ich kann."[204]

Die Paraphrase im Libretto gehört dem Chor und erscheint in folgender Form:

"Wir sind im Kerker geboren, wir sind im Kerker aufgewachsen. Wir merken nicht mehr, daß wir im Loch stecken mit angeschmiedeten Händen und Füßen und mit einem Knebel im Munde. Ja, das ist euer Gesetz, das die große Masse der Menschen zu fronendem Vieh macht! Und dies Gesetz, unterstützt durch eine rohe Militärgewalt, ist euer Recht!"[205]

Wieder, wie beim Motto der Oper, parallelisiert Einem Drama und Leben bei Büchner. Und wieder folgen ihm seine Apologeten. Saathen notiert: „Das reimt sich, in der Oper nicht anders als im Schauspiel, auf das Revolutionsjahr 1794 so gut wie auf 1834 und 1943 und 1984."[206] Ganz abgesehen davon, daß Saathen offenbar annimmt, die Passage stehe im Drama, hat sie mit Büchners Anlage der Tribunalszene nichts zu tun. Sie zeigt aber, daß Einem bestrebt war, dem Volk eine Doppelrolle zuzuordnen, die es weder bei Büchner noch bei Blacher hat: Es soll nicht nur die gefährliche und gefährlich manipulierbare Masse verkörpern, sondern auch die unter einem diktatorischen System leidende, geknechtete. Auf eine Parallele zwischen Dantonisten und Volk läuft das Vorhaben hinaus. Weder diese Parallele noch die Doppelrolle kann Einem allerdings plausibel machen: Einerseits gibt bereits die erste Szene des Dramas deutlich darüber Auskunft, daß Danton den Kontakt zum Volk verloren hat.[207] Andererseits führt die individuelle Leidensgeste, die auch eine Art Bestandsaufnahme ist, von Büchners Brief keineswegs ins Drama. Dort nämlich zeigt Büchner zwar die Folgen politischer Bevormundung, aber gerade keine distanzierte Reflexion: Wenn einzelne Bürger argumentieren, geschieht das mit abstruser Gedankenverkreuzung. Warum sollte die Masse es gerade in der emotional aufgeheizten Situation vor dem Tribunal tun?

---

[204] MA, S. 278 (Hervorhebungen im Original).
[205] Partitur, S. 412ff.
[206] Saathen: *Einem Chronik*, a.a.O., S. 126.
[207] Die Passage „Das ‚Und' dazwischen ist ein langes Wort" findet sich in allen Fassungen der Vertonung (vgl. Partitur, S. 39f.).

Einems Tendenz, Texte nur vom Aussagecharakter her zu bestimmen und aus ihrem Kontext zu lösen, prägt noch eine weitere Passage von Nummer 15. Sie soll mit der eben diskutierten korrespondieren. Wie diese ist sie zwischen Herrmanns monoton deklamierende Anklage montiert: „Wie kann man nach einem solchen Verhör so viel Unschuldige zum Tode verurteilen?" Das wird unisono von Sopranen, Alti und Bässen des Chores in der Art eines Chorrezitativs vorgetragen, nur von Flöten und Klarinetten begleitet und durch den Effekt des „pp sotto voce" aus dem Szenenverlauf herausgehoben.[208] Auch diese Chorstelle hat einen reflexiven, fast oratorischen Charakter, der die Situation sprengt. In Büchners Drama fehlt der Frage jeder allgemeine, rhetorisch-larmoyante Unterton: Sie eröffnet einen zynischen Dialog (IV,2), in dem Dumas einem Bürger berichtet, er werde seine eigene Frau dem Revolutionstribunal überantworten (dessen Präsident er ist) – ein Schlaglicht auf die Nähe von Rechtsbeugung und Justizmord. Die Szene erinnert vor allem an die Verschränkung von politischer und privater Sphäre, zu der die Revolution drängt. Einem akzentuiert, entgegen dem Drama, mit der rhetorischen Form auch den appellativen Charakter, die latente Protesthaltung der Frage.

Schließlich fügt er einen Ruf Simons ein, der mehrere Deutungsmöglichkeiten offenläßt. Auf dem Höhepunkt der Tribunalsitzung, als die Verhandlung längst außer Kontrolle geraten ist und Danton Teile des Auditoriums auf seine Seite gezogen hat, schreit der Souffleur (der Tonfall ist in der Partitur ausdrücklich notiert und vom „fast gesprochen(en)" Dantons abgesetzt): „Es lebe die Freiheit!"[209] Danach fallen die Parteien übereinander her; die Gefangenen „werden mit Gewalt abgeführt", wie die Regieanweisung bereits bei Büchner festhält. Sollte Simon plötzlich die Seiten gewechselt und sich zu Danton bekehrt haben? Da sich in den Takten zuvor eine Zustimmung zu Danton artikuliert (der in seiner Abschlußbemerkung die Sinnlosigkeit des Tötens und den Leerlauf der Revolution angeprangert hatte), könnte man Simons Ausruf aber genauso als Versuch werten, der sich abzeichnenden antijakobinischen Stimmung entgegenzuarbeiten: Freiheit im Sinne der Gegenseite. Nach der Art, in der Einem die Simon-Figur behandelt, wäre das folgerichtig und würde den robespierretreuen

---

[208] Partitur, S. 410. Büchner hat bereits im Manuskript das Wort „Unschuldige" durch „Unglückliche" ersetzt. Vgl. das Nachwort zu Büchner: *Gesammelte Werke. Erstdrucke und Erstausgaben in Faksimiles*, hg. Thomas Michael Mayer, a.a.O.

[209] Partitur, S. 437. Die Einfügung entstand offenbar erst in einem späten Arbeitsstadium. Sie fehlt in Typoskript 1 und ist erst in Typoskript 2 von Einems Hand eingetragen. Daher läßt sich vermuten, daß sie zu dem Zeitpunkt entstand, als Einem die Figur des Bürgers in Bild IV durch Simon ersetzte.

Agitator erneut in dem Moment zeigen, in dem er in eine Auseinandersetzung des Volkes eingreift.

Freilich kann der Satz, und das scheint mir schlüssiger, auch als Sentenz gedeutet werden, die über die unmittelbare Bühnensituation hinausweist. Dann würde Simon hier, und auch das ließe sich aus dem Librettokontext begründen, als Anwalt des entmündigten Volkes auftreten, das im Widerstreit der politischen Parteien an die Grenzen seiner Klarsicht stößt: unfähig, seine Forderungen mit einer dieser Parteien in Kongruenz zu bringen. Simon, der Vorsager, der Anwalt des Subtextes, bleibt auch bei seinem letzten Auftritt in der Oper eine ambivalente Figur, deren Anlage Brüche aufweist.

Hermann, der Dantons erste Verhandlung vor dem Revolutionstribunal leitet (III,4), wird in der Oper mit der Figur des öffentlichen Anklägers Fouquier-Tinville verschmolzen[210]: ein Sprachführer des Gerichtshofes, der die Rollen und damit die Textpassagen von Ankläger und Präsident in sich vereint. Der Text von Nummer 14 (geschaltet zwischen die Verhandlungen vor dem Tribunal) enthielt bei Blacher keine Äußerungen der Gefangenen, sondern nur einen Kurzdialog zwischen St. Just und Hermann: Passagen aus der Diskussion im Wohlfahrtsausschuß (III,6) und der Szene, in der dem Chefankläger die Anzeige St. Justs überreicht wird (III,8), raffen die Intrige zusammen. St. Just tritt dabei persönlich auf und übernimmt eine Passage des Amar. Einem weitet auch das zu einer Collage. Die Angeklagten nutzen gleichzeitig die Prozeßpause zu einem Dialog, der sich aus Passagen von Büchners Gefängnisszene III,7 zusammensetzt.

Das Tribunal, keineswegs Zentralszene des Dramas, wächst in der Oper zum Höhepunkt. Daß Danton vor dem Tribunal keine politischen Argumente vorträgt, daß er nicht argumentiert, sondern lediglich Erinnerungen an seine längst abgelegte Existenz als aktiver Revolutionär wachrütteln kann, spielt dabei keine Rolle: Noch einmal bäumt sich der Volkstribun auf. Das Volk selbst, gespalten in Befürworter und Feinde, begreift – so suggeriert Einem – die Größe Dantons nur zum Teil. Dem Zuschauer allerdings wird gerade dadurch auch in dieser Szene eine auktoriale Perspektive aufgedrängt.

---

[210] Zu Hermanns erstem Auftritt notiert Einem in Typoskript 1: „Typus Robespierre, trockener Beamter".

3.5.8 Bild VI

Blacher paraphrasiert Büchners Regieanweisung: „Wagen kommen gefahren, halten vor der Guillotine, das Volk singt und tanzt die Carmagnole, die Gefangenen stimmen die Marseillaise an." Danach setzt die Szene in seiner Einrichtung analog zum Schauspiel ein, wobei der Anfang dem Damenchor gehört: „Platz! Platz! Die Kinder schreien, sie haben Hunger, wir müssen sie zusehen machen, dass sie still sind." Sämtliche Textpassagen vorher hat Einem eingeschoben. Auch die Idee, die Replik „Sein Kopf wird uns allen Brot geben" hier zum drittenmal in der Oper auftauchen zu lassen[211], stammt von ihm. Ebenso der Plan, das Gegeneinander von Carmagnole und Marseillaise nicht nur als Einstiegsmoment zu nutzen, sondern zum Chorduell auszubauen: eine Konfrontation von Melodien wie Positionen. Als Konsequenz hat Einem beide Lieder neu getextet. Der Text zur Carmagnole hat mit Büchner nichts zu tun. Einem erhielt ihn von dem Leipziger Musikwissenschaftler Eugen Schmitz.[212] Klemens Kaatz geht so weit, Assoziationen an das Horst-Wessel-Lied zu unterstellen.[213] In jedem Fall übernimmt Einem den Duktus von Marschliedern der Nazi-Zeit: „Zerrissen ist der dunkle Wahn, / Die Jugend hat nun freie Bahn. / Die rote Fahn' in fester Hand, / Marschieren wir. / Voran mit starkem Schritt, / Wer Freiheit liebt, kommt mit. / Zum Tanz der Freiheit tretet an, / Der unsre Reihen eint!"[214]

Ohne Frage klafft ein Widerspruch zwischen dem optimistischen Tonfall dieser Verse und Büchners Szene. Für Stefan Bodo Würffel rekurriert der Text auf „die politischen Lieder der zwanziger Jahre, auf die Klassenkampfparolen von einst".[215] Es geht dabei, folgt man Würffel, weniger um eine grundsätzliche Denunzierung der Masse als um deren Verblendung, die wiederum die Brücke vom späten 18. Jahrhundert zum Nationalsozialismus herstellt. Auf das Chorgeschrei, dessen Hysterie sich in unisono notierten Triolen entlädt, reagieren die Dantonisten, indem sie – ebenfalls unisono – ihre Volksverachtung proklamieren: „Der Feind, den wir am tiefsten hassen, / Der uns umlagert schwarz

---

[211] Im Drama wird die Formulierung von Danton erstmals vor dem Tribunal (III,9) aufgebracht: „Ihr wolltet Brot, und sie werfen euch Köpfe hin." Später wendet sie der zweite Bürger agitatorisch gegen Danton. In der Oper kommt sie als Überlegung aus dem Chor (Nummer 10).
[212] Vgl. hierzu Eickhoff: *Politische Dimensionen*, a.a.O., S. 203f.
[213] Kaatz: „Eine Hinrichtung ...", a.a.O., S.160.
[214] Textbuch, S. 33 bzw. Partitur, S. 455ff.
[215] Würffel: „Französische Revolution im Spiegel der Oper", a.a.O., S. 107.

Dichterliebe, Dichterferne: Im Transformationsprozeß 145

und dicht, / Ist der Unverstand der Massen, / Den nur des Geistes Schwert durchbricht."²¹⁶ Dieser Text wird von der Melodie der Carmagnole kontrapunktiert, die sämtliche Herren des Chores vortragen. Einem bemüht sich hier, das Gegeneinander so naturalistisch wie möglich in Klang zu fassen, und setzt dazu Polyrhythmik ein.²¹⁷ So rückt die auktoriale Perspektive unzweideutig in den Vordergrund: Einem nutzt das Bekenntnishafte, das dem Singen der Marseillaise anhaftet, um seine eigene Position zu verdeutlichen, eine Position, die die Revolution „als schwarze(n) Spiegel" begreift, „in dem das Licht, das ihr vorausging, längst erloschen war".²¹⁸

Das wirkt um so stärker, als die erste Szene, in der die Marseillaise bei Büchner angestimmt wird, in der Oper entfällt: Am Ende der Szene vor dem Nationalkonvent (II,7) singen enthusiasmierte Deputierte und Zuhörer das Lied als Zustimmung und Besinnungsmoment, nachdem St. Just sein Gedankengerüst der Revolution in aller Radikalität aufgestellt hat. Die Marseillaise schlägt im Drama den Bogen zwischen zwei höchst konträren Szenen: Sie verbindet durch den gemeinsamen Rekurs auf Anfangsideale und -enthusiasmus der Revolution die Gruppen von Opfern und Tätern, die ein Geschehen, das sich längst verselbständigt hat, mehr und mehr auseinandertreibt. In der Oper behält sie lediglich ihren Demonstrationscharakter bei und startet mit neuer Botschaft: Ihr selbstbewußt-oppositioneller Gestus ist nun mit einer Anti-Volks-Haltung verknüpft, die ihre Berechtigung aus den vorangegangenen Chorszenen der Oper bezieht. Erst danach orientiert sich die Komposition wieder an Blachers Vorlage.

Dantons historisch verbürgte Sentenz gegenüber dem Henker wird in der Oper von sich steigerndem, weil vom Sopran aus auf alle Chorstimmen übergreifenden „Nieder"-Geschrei überlagert. Einem verstärkt die Wirkung des erneuten Volksentscheids durch eine Regiebemerkung, was um so mehr ins Gewicht fällt, als er sich sonst weitgehend an die von Blacher notierten Regieanweisungen hält, die wiederum Büchner kaum verändern. In Typskript 1 ist sie auf zwei Abschnitte verteilt, mit Bleistift eingetragen, später mit Tinte nachgezogen: „Das Volk klatscht Beifall", „Das Volk steht versteinert nach der

---

216 Partitur, S. 468ff. Diese Anti-Volks-Haltung stellt den denkbar größten Kontrast zur idealen Dantonistenrepublik dar, die Desmoulins in Bild 1 formuliert hatte. Erstaunlicherweise meint Gerhard P. Knapp („Some remarks ...", a.a.O., S. 258), Einem komme gerade mit dieser Textwahl „close to Büchner's own quintessence".
217 Blachers Forderung nach einer Unisono-Führung des Chores in der Oper (s.o.) wird von Einem hier befolgt, jedoch durch rhythmische Muster gebrochen.
218 Würffel: „Französische Revolution im Spiegel der Oper", a.a.O., S. 108.

Vollstreckung des Urteils, bricht dann aber plötzlich in wildes Beifallsgeschrei aus".[219]

Die letzte Musiknummer der Oper gehört Lucile. Blacher verzichtet komplett auf ihren Monolog in Szene IV,8. Einem hat sich zunächst daran gehalten, und so setzt der Text von Nummer 17 in allen gedruckten Fassungen der Oper mit dem – vom Hessischen gereinigten – Lied der Henker nach getaner Arbeit ein.[220] Im Juli 1992 wandte sich Einem jedoch an die Universal Edition mit der Bitte, die in seinem persönlichen Partitur-Exemplar eingezeichneten Fehler im Aufführungsmaterial zu korrigieren. Dabei wünschte er eine Änderung am Beginn von Nummer 17[221], die weit über den Rahmen der sonstigen Korrekturen hinausgeht: Er schrieb eine neue Kontrabaßstimme, die nach dem Doppelstrich einsetzt. Die Bässe halten auf h eine pp-Fermate („lunga"). Dazu notiert Einem: „Kurz nach der 1 der Fermate beginnt Lucile zu sprechen (...) No 17 beginnt nach Luciles letztem Wort ohne Pause! Mit dem Schrei!"[222] Außerdem schrieb er den Monolog Luciles, in dem sie versucht, die Unfaßbarkeit des Sterbens in Worte zu fassen, oben in die Partiturseiten (Abbildung 1).

Die Bedeutung Luciles, damit erheblich aufgewertet, variiert in den verschiedenen Fassungen. Interessanterweise hat die Oper in der Erstfassung von 1947 nicht nur musikalisch, sondern auch dramaturgisch einen völlig anderen Schluß. Blachers Libretto, an das sich Einem hier gehalten hat, endet mit den Schlußzeilen von Luciles Lied: „Viel Hunderttausend ungezählt, / Was nur unter der Sichel fällt."[223] Danach bleibt Lucile weinend vor der Guillotine sitzen, während eines Adagio-Nachspieles „fällt langsam der Vorhang". In einem Korrekturexemplar des Klavierauszuges der Erstfassung hat Einem unter dem Datum 15. IX. 1953 das Ende Büchners übernommen und Luciles Schlußsatz „Es lebe der König!" – der ihre Hinrichtung provoziert – eingefügt.[224] Zuerst

---

[219] Die Regieanweisung wurde in allen gedruckten Fassungen des Textheftes übernommen. In der Partitur hingegen fehlt sie.
[220] Die Verwandlung ins Hochdeutsche ist Teil des Transformationsprozesses: Die Erstausgabe von 1835 behielt die Dialektfassung bei.
[221] Partitur, S. 500.
[222] *Einem Korrespondenz*, Universal Edition, Wien.
[223] Wie in den vorangehenden Szenen Luciles setzt Büchner auch hier auf den Widerspruch zwischen Pariser Ambiente und deutschem Volksliedton. Der Text des Liedes „Es ist ein Schnitter, der heißt Tod" geht auf einen alten katholischen Kirchengesang zurück. Er findet sich auch in der von Achim von Arnim und Clemens Brentano herausgegebenen Sammlung „Des Knaben Wunderhorn", durch die Büchner ihn wahrscheinlich kennengelernt hat.
[224] Dieser Klavierauszug befindet sich in der Wiener Stadt- und Landesbibliothek: Signatur 01/02/2 – 1327. Büchners Schlußszene entfernt sich von historischen Vorlagen. Lucile

Dichterliebe, Dichterferne: Im Transformationsprozeß

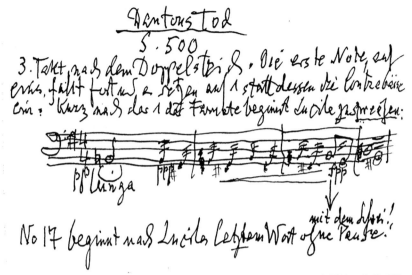

Abbildung 1: Gottfried von Einem: „Dantons Tod"; © 1961 by Universal Edition A.G., Wien/ UE 13197

notierte er ihn auf Tonhöhe, strich diese Version jedoch später und ließ ihn Lucile sprechen.

Es kam offenbar sowohl Blacher als auch Einem zunächst auf eine retardierende Schlußwirkung an, die den Theaterbesucher mit Luciles Hoffnungslosigkeit, aber keineswegs mit ihrem Protestakt entläßt. Da Lucile in der Oper als wichtige, zur Identifikation einladende Opferrolle vorgeführt wird, läßt sich ein Schluß, bei dem Lucile am Leben bleibt, als auktoriale Rezeptionssteuerung verstehen: Lucile ist in dieser Fassung des Finales eine parabolische Figur. Auf sie wird das Leid der Welt projiziert, ihre Trauer und Perspektivlosigkeit an den Zuschauer weitergegeben. Der musikalische Duktus des langsamen Nachspiels verstärkt diese Wirkung: das Finale als Trauerarbeit.

Mit Büchners Intention hat diese Fassung nichts zu tun. Bei ihm handelt es sich um einen Schluß, aber kein Ende; in der Oper um ein Ende, auf dessen

---

Laridon-Duplessis, die 1771 geboren wurde und Camille Desmoulins im Alter von 19 Jahren heiratete, lieferte sich keineswegs selbst der Justiz aus. Vielmehr wurde sie am 13. April 1794, also nur eine Woche nach ihrem Mann, auf Geheiß Robespierres – und keineswegs dem Wahnsinn verfallen – enthauptet. Als Grund wurde eine fingierte Gefängnisrevolte angegeben.

Schlußwirkung es ankommt.[225] Freilich ist Büchners Absicht höchst verschieden gedeutet worden. Man kann Luciles „Es lebe der König!" als Symptom eines offenen Schlusses verstehen, der den Verzicht auf Katharsis dazu nutzt, einen Impuls des Widerstandes an den Zuschauer weiterzugeben und persönlich auszuwerten.[226] Oder, umgekehrt, in Luciles Aufbegehren eine Reminiszenz an das klassische, geschlossene Drama sehen.[227] Beide Interpretationsrichtungen lassen keinen Zweifel daran, daß Luciles Replik mehr ist als eine Flucht in den Tod, daß sie sich gegen eine irrgelaufene Wirklichkeit richtet und einen Protest gegen die Willkür des Tötens wie des Todes darstellt. Da die Erstfassung der Oper darauf verzichtet, bleibt das Raum-Zeit-Gefüge konstant, die Schlußwirkung verharrt im Tradierten, der Publikumsimpuls geht in die andere Richtung. Blacher hat das später klar erkannt und Einem in einem Brief vom 8. September 1949 zur Änderung des Schlusses geraten. Nach einem Lob der Szenen von Conciergerie und Tribunal schreibt er: „Dagegen finde ich die Einleitung ganz überflüssig und würde vorschlagen, die Oper mit den Henkern zu enden. Was meinst Du dazu? Dann kommt die ursprüngliche Idee noch deutlicher heraus."[228]

Einem ist diesem Vorschlag nicht gefolgt, sondern hat Luciles Replik samt ihrer Verhaftung eingefügt, das Nachspiel gestrichen und statt dessen die fanfarenartige Blechbläser-Kadenz, mit der die Oper in der zweiten Fassung einsetzt, als Coda angefügt. Dem Drama nähert er sich damit kaum. Er behält nämlich aus der Erstfassung einen Bocca-chiusa-Chor von Sopranen und Tenören hinter der Bühne bei, der dort Luciles Lied unterlegt ist. Erst nach dessen Ende spricht Lucile in der neugedruckten Fassung[229] ihre anklagend-selbstmörderische Replik. Damit entsteht ein verändertes Bild. Die Beschreibung von Klemens Kaatz geht auch hier ins Extrem:

---

[225] Das Problem, den offenen Schluß einer literarischen Vorlage musikalisch umzusetzen, zieht sich durch die gesamte Geschichte musikalischer Textrezeption und wäre eine eigene Studie wert. Vom Abbruch bis zum Abschluß als Abrundung reichen die Lösungsvorschläge der Komponisten. Schumanns und Wolfs Lyrik-Vertonungen (Eichendorff, Mörike) sind unter diesem Aspekt ebenso spannend wie Facetten der Literaturoper (Strindberg, Artaud, Heiner Müller etc.).

[226] So Henry J. Schmidt: „Frauen, Tod und Revolution in den Schlußszenen von Büchners *Dantons Tod*", in: Dedner/Oesterle: *Zweites internationales Georg Büchner Symposion*, a.a.O.

[227] Vgl. Krapp: *Der Dialog bei Georg Büchner*, a.a.O., S. 120f.

[228] *Einem Archiv*, Korrespondenz Blacher, Signatur 1949 09 08.

[229] Vgl. Partitur, S. 507 und den neuen, aber unter gleicher Nummer bei der Universal Edition firmierenden Klavierauszug.

Dichterliebe, Dichterferne: Im Transformationsprozeß 149

> „Durch die nostalgische Illustration der Figur in der Oper erhält dieser Satz einen Kontext, der ihn als glaubhaften Wunsch Luciles erscheinen läßt: Die Sehnsucht nach einer Rückkehr zur feudalen Ordnung. Hierzu passend ist die Reduzierung der Verhaftungssequenz auf die Regieanweisung ‚Sie wird arretiert'. Die szenische Darstellung dürfte in der verbleibenden Zeit von nur sechs Takten Bläserkadenz auf aufführungstechnische Schwierigkeiten stoßen. Bei Einem erhält allein der Inhalt von Luciles letztem Satz, nicht aber dessen Folgen Bedeutung."[230]

Weniger radikal, aber in der Richtung ähnlich argumentiert Jürgen Schläder. Er verweist neben dem Summchor auch auf die weiche Instrumentierung (Streicher, Holzbläser) und den harmonischen Schwebezustand zwischen Dur und Moll und beschreibt dies als „romantischen Duktus von hoher emotionaler Intensität"[231]. Luciles Schlußwort vermittle deshalb neben der Anklage „den süßen Trost christlicher Glaubenslehre und einen Schimmer von Hoffnung".[232] Vermutlich hat Einem das Klangkolorit von Luciles Lied beibehalten, um den Kontrast zur vorangehenden Henkerszene nicht zu gefährden, deren teils arioser, teils rezitativischer Vokalpart bewußt mehrschichtig angelegt ist. In seiner Autobiographie hält er dazu fest:

> „Eine wichtige Stelle im ‚Danton' ist der Auftritt der Henker ‚nach getaner Arbeit', wenn sie auf dem Nachhauseweg ‚gefühlvoll' singen: ‚Wenn ich nach Hause geh', dann scheint der Mond so schön.' Der Text ist Original-Büchner. Die Melodie aber, fast ein Wienerlied, ist von einiger Hintergründigkeit. Ich habe sie nicht ohne Perfidie geschrieben. (...) Ich wollte damit beweisen, daß die größten KZ-Henker und Bürokraten des Todes durchaus zu menschlichen Rührungen fähig waren, wie es ja auch Beispiele gibt, daß ein KZ-Aufseher am Abend seiner Violine wunderbare Melodien entlockte, und ein anderer zu Tränen gerührt war, wenn er eine Tierquälerei miterleben mußte. Das ändert aber nichts daran, daß sie Handlanger des Todes waren. Und diese Abgründigkeit ihres Charakters, dieser schreckliche Trapezakt zwischen Verbrechen und angeblicher Menschlichkeit, der drückt sich in der Musik, in dieser Passage aus."[233]

Im Vergleich erscheint Einem diese Henkerszene ungleich besser gelungen als Luciles Schluß. Dies wird nicht nur durch Blachers Rat bestätigt, sondern auch durch Einems späte Einfügung des Lucile-Monologes aus Büchners Szene IV,8. Die Interpolation einer derart wichtigen Passage als Sprechpart in einer Oper, deren Vokalbehandlung ohnehin stark vom Rezitativcharakter geprägt

---
230 Kaatz: „Eine Hinrichtung ...", a. a.O., S. 151.
231 Schläder: „Die wahren Bilder ...", a.a.O., S. 44.
232 Ebd. Eine solche Deutung schärft somit erneut den Kontrast zur Vorlage: Ein Poeta religiosus ist Büchner am allerwenigsten gewesen, was Robespierres Imitatio Christi, auf die Schläder hinweist, nachdrücklich belegt.
233 Einem: *Ich hab' unendlich viel erlebt*, a.a.O., S. 125f.

ist, kann nur eine Notlösung darstellen. Einem dürfte die ungelöste Problematik seiner Lucile-Figur sehr wohl gespürt haben. So weit, die letzte Nummer der Oper grundlegend neu zu gestalten, wollte er jedoch nicht gehen. Folglich bleibt der Widerspruch aus Trauerbotschaft und Mitleidsappell, christlichem Hoffnungssignal und bühnendrastischer Schlußwirkung, zwischen einer zwar verkürzt entwickelten, aber vehement reagierenden Figur für jede Aufführung neu zu lösen.

3.6 Zusammenfassung

Rekapituliert man die wichtigsten technisch-strukturellen und inhaltlichen Aspekte des Transformationsprozesses, so zeichnet sich ab, daß Blacher und Einem „Dantons Tod" im Sinne eines *Melodramma* umformen: Nicht auf Synthetisierung von Schauspieltext und Libretto läuft das Verfahren hinaus, sondern auf Anpassung an ein Modell des 19. Jahrhunderts. Deshalb lassen sich Einrichtungsaspekte, wie sie Carl Dahlhaus – von diesem ausgehend – aufgespürt hat[234], hier wiederfinden: Blacher und Einem verknappen das vorgegebene Textmaterial, straffen, kürzen und reduzieren das Personal. Sie stellen *situazione sceniche* her, orientieren sich an pantomimischer Verständlichkeit und verändern damit die Sprachstruktur. Sie nutzen die Möglichkeiten des Ensembles. Sie schaffen durch den Librettoaufbau Raum für Musik, Möglichkeiten einer akustischen Verdichtung, die den Text zäsuriert, weiterträgt, verbindet, mitunter auch deutet.

Damit sind jedoch nur Grundeinstellungen des Veränderungsprozesses bezeichnet. Akzente verschieben sich vor allem in der tektonischen Tiefenstruktur. Im Gegensatz zu Büchner, der die auktoriale Haltung einer an Shakespeare orientierten, „umfassenden Relativierung"[235] opfert und damit die Rezeptionsperspektive ambivalent hält, vermittelt das „Danton"-Libretto durch klare Steuerungssignale ein System von Wertnormen, unzweideutigen Einschätzungen und Orientierungsmustern. Es fungiert als Ordnungsinstrument, das antagonistische Kräfte der Handlung klar positioniert und moralisch-ethische Zuordnungen schafft. Damit verschiebt sich das Verhältnis von textinternem und textexternem Publikum. Läßt Büchner „Positionsentscheidungen" (Klotz) unterschiedlicher Attraktivität und Zielsetzung für das Publikum offen, so sind dem Opernbesucher auch dort Wahlmöglichkeit genommen, wo sie zur Substanz des Dramas gehören.

Durch Entstofflichung der Vorlage – sie betrifft sowohl die Charakterisierung einzelner Figuren wie die Zeichnung historisch fixierter Wirklichkeit – wird das Geschehen ins Parabolische gehoben. Um dessen ideelle Zweckbestimmung zu verstärken, enttäuschen Blacher und Einem die Erwartungshaltung des Publikums weit weniger als Büchner: Normen des *Melodramma* wie die inhaltliche Gewichtung der handlungsbestimmenden Positionen (etwa die Täter-Opfer-Konstellation) bleiben konstant erhalten. Daher bezieht die Oper einen stärkeren Grad an Faßlichkeit. Folgerichtig entfällt auch das Moment der Theatralisierung,

---

[234] Dahlhaus: „Zur Dramaturgie der Literaturoper", a.a.O.
[235] Meier: *Georg Büchners Ästhetik*, a.a.O., S. 50.

mit dem Büchner Facetten einer widerständigen Wirklichkeit umreißt: Die Oper braucht es nicht. Denn, als Formel gesprochen: Büchner zeigt die Welt als Theater, Blacher und Einem zeigen das Theater als Welt.

Widerpart der mit dem Libretto angesteuerten Reduzierung an Stofflichkeit ist Einems Vertonung, die mit peniblem Realismus die Sprache nachzeichnet, Stimmungsmomente einblendet und sich auch in den Massenszenen um eine möglichst detailgenaue Realistik bemüht. Das führt zu einer Spaltung zwischen deklamatorischem Vokalidiom und orchestraler Motivik, die freilich keineswegs der „Eigengesetzlichkeit des Librettos" dient.[236] Um die Wirkung des Parabolischen zu intensivieren, verzichten Blacher und Einem auf eine Reihe von Textangeboten, die Büchners Drama im Sinne des *Melodramma* offeriert. Dazu gehören die großen Monologe, und, weiter gefaßt, die Ebene des Privaten bei Danton, durch die Büchner wichtige Charakterzüge seiner Titelfigur offenlegt.

Hinzu kommt der Aspekt einer teleologischen Konzeption: Im Drama bleibt das Ende von Anfang an absehbar; der Charakter einer Versuchsanordnung stellt Stationen zu diesem Ende hin aus. Das Libretto läßt den Ausgang zunächst offen. Entscheidungsfindung, Dantons Widerstand und die Dimension des Volksentscheids evozieren eine neue Binnendramatik. Mit der Übernahme der Worte verbindet sich keineswegs die Übernahme einer Intention.

Paradoxerweise bedient sich das Libretto auf dem Weg zur Vereindeutigung der Perspektive derselben Arbeitstechnik, die Büchner als Mittel einer offenen Dramenstruktur nutzt: der Textmontage. Schon Büchner strebte keine strenge historische Authentizität an. Zwar sichert er Personen, Reden und Ereignisse dokumentarisch ab. Gleichzeitig weisen aber „die Dominanz der Individuen, die Konzentration auf spezifisch charakteristische Einzelpersonen und ihr Verhalten über den historischen Rahmen hinaus".[237] Insofern läßt sich das Drama bereits als „historisches Paradigma"[238] verstehen. Das intertextuelle Verhältnis zwischen Drama und Libretto setzt hier an. Doch die Gewichte verschieben sich: Das Libretto strukturiert den Aufbau linear, montiert den Dramentext im Sinne einer auktorialen Intention und verstärkt diese durch Hinzufügung neuen, büchnerfremden Textmaterials. Wo Büchner mit dem historischen Stoff lediglich Assoziationen zur Gegenwart weckt, konstruiert Einem, weit über Blachers Einrichtung hinaus, eine direkte Parallele zwischen dem Revolutionsgeschehen und seiner persönlichen Erfahrung des „Dritten Reiches".

---

[236] So die These von Dworak: *Das deutschsprachige Opernlibretto*, a.a.O., S. 251.
[237] Meier: *Georg Büchners Ästhetik*, a.a.O., S. 47.
[238] Ebd.

Zusammenfassung

Dabei entfernt sich Einems Behandlung der Volksmasse nicht nur von Dramenvorlage und historischen Vorgängen. Sie verliert mit der Vielzahl ihrer Intentionen auch an dramaturgischer Stringenz: Einerseits sollen Wankelmütigkeit wie Beeinflußbarkeit der Massen und ein daran heroisch scheiternder Märtyrer im Mittelpunkt der Oper stehen. Gleichzeitig geriert sich das Kollektiv als duldende Menge, erhält Zusatztexte für eine Reflexion der erlittenen Unterdrückung. Außerdem zielt Einem auf das Phänomen des Massenfanatismus. „Gleichgestimmtheit der Epoche", wie sie Stefan Bodo Würffel als „notwendige Voraussetzung für den Rückgriff auf das Revolutionsthema" ausmacht[239] und wie sie von Einem betont wurde, markiert somit kaum mehr als einen emotionalen Ausgangspunkt. Einem interessierte sich weniger für Büchners Schauspiel als für dessen Sujet. Im dramaturgischen Detail erweist sich dieser Dissens immer wieder als folgenschwer. Weil die innere Bilderwelt von Büchner und Einem mehr trennt als eine nicht einmal halbwegs vergleichbare, historische Signatur, kann sich kein aktiver Wirkungszusammenhang zwischen dem Diktat der Revolution und der Diktatur des Nationalsozialismus ergeben.

Boris Blachers Einrichtung stellt bei alledem lediglich Material bereit. Sie hält sich an Büchners Dialogstruktur und verzichtet auf eine Deutung. Strukturveränderungen, die sie vor allem durch Kürzungen vornimmt, dienen primär der Gattungstransformation. Ihr wohnt freilich bereits die Tendenz zur Abstraktion, zu Entstofflichung, Enthistorisierung und Entpolitisierung inne. Diese Tendenz hat Einem in seiner Überarbeitung, die weit über die von Blacher angesprochenen „musikalischen Gesichtspunkte" hinausgeht, verstärkt. Einems Textveränderungen gehen interpretierend vor, wobei Aussagen, die das Libretto anstrebt, durch das Drama nicht gedeckt sind. Hatte Blacher lediglich eine formale Neustrukturierung angepeilt, nimmt Einem diese auch unter inhaltlichen und ästhetischen Gesichtspunkten vor. Dabei wirken verschiedene Rezeptionsmuster tief in die Oper hinein. Literaturoper erweist sich auch im Falle von „Dantons Tod" als „Aktivierung eines kunstgeschichtlichen Wertesystems"[240]. Schon ein flüchtiger Blick auf die Rezeptionsgeschichte kann das deutlich machen. Bis in die 20er Jahre spalteten sich die Büchner-Lesarten zwischen „radikaler Politisierung und ästhetischer Betrachtung".[241] Einer Posi-

---

[239] Würffel: „Französische Revolution im Spiegel der Oper", a.a.O., S. 108.
[240] Sigrid Neef: „Vom Verjüngen alter Stoffe. Durchblicke zu Realität und Herausforderung zur Produktivität in Goldmanns Opernphantasie ‚Hot' und Dessaus Lustspieloper ‚Leonce und Lena'", in: S. Wiesmann (Hg.): *Für und Wider die Literaturoper*, a.a.O., S. 105.
[241] Andreas Meier: „Büchner-Lektüren", in: P. Csobádi u.a. (Hg.): *Alban Bergs Wozzeck und die Zwanziger Jahre*, a.a.O., S. 191.

tion, die sich mit den Namen Brecht und Lukàcs verbindet, stehen formalästhetische, auf Überzeitlichkeit zielende Deutungen gegenüber. Auf der Sprechbühne etablierten sie sich ab 1916 mit der Aufführung des „Danton" durch Max Reinhardt am Deutschen Theater in Berlin. Diese Produktion bestimmte die Interpretationsrichtung der folgenden Jahre. Reinhardt verschob „mit optischer, akustischer und statisch-dynamischer Kontrasttechnik den Schwerpunkt vom Hauptdarsteller Danton auf das Volk", er porträtierte die „Revolution als Massenbewegung" und hob „das Revolutionsgeschehen in eine irreale, allegorische Atmosphäre".[242] Zudem raffte er mehrfach Büchner-Szenen zu einem Bild zusammen, strich viele philosophische wie politische Redepassagen und die meisten der erotischen Anspielungen. „Von den Stellen, die an die Bildung und das Wissen der Zuschauer zu hohe Anforderungen stellen, hat Reinhardt ebenfalls einige geopfert."[243] Sind damit nicht auch Kernpunkte des Librettos beschrieben?

Am 1. September 1929 kam an der Berliner Volksbühne eine für damalige Verhältnisse technisch hochavancierte Neuinszenierung des Dramas durch Karlheinz Martin heraus. Sie montierte „umfangreiche Textpassagen, die nicht von Büchner stammen, sondern völlig frei erfunden sind" in das Drama und deutete es im Sinne einer „extrem aktualisierende(n) sozialrevolutionäre(n) Tendenz".[244] Auch wenn Gustav Gründgens seine Inszenierung am Staatlichen Schauspielhaus Berlin 1939 (die Einem gesehen hat) von „jeder ideologischen Tendenz" freihielt und „nach historischer Objektivität"[245] strebte: Im Film von 1931 ging er großzügiger mit der Vorlage um und sprach als Robespierre auch Passagen Dantons (Regie: Hans Behrendt). Auch Gründgens strich Büchners drastische Redewendungen.

Die ersten wichtigen „Danton"-Aufführungen nach Kriegsende behandelten den Text kaum anders. Willi Rohde (Darmstadt, 1947) oder Adolf Rott (Wiener Burgtheater, 1947) reduzierten Büchners Szenen, zogen mehrere (insbesondere die der Conciergerie) zu einheitlichen Bildern zusammen, strichen die erotischen Anspielungen, ergänzten büchnerfremde Texte. Rohde wollte „die für alle Zeiten gültigen Erkenntnisse", die er aus Büchners Drama herauslas, „in den

---

[242] Dietmar Goltschnigg: *Rezeptions- und Wirkungsgeschichte Georg Büchners*, Kronberg/Ts. 1975, S. 56.
[243] Wolfram Viehweg: *Georg Büchners „Dantons Tod" auf dem deutschen Theater*, München 1964, S. 60.
[244] Ebd., S. 62.
[245] Ebd.

Zusammenfassung

Mittelpunkt seiner Inszenierung stellen: Der gewaltsame Umsturz einer bestehenden Ordnung, eine Revolution, muß ihre eigenen Träger vernichten (...). Das Leben und der Untergang Dantons sind nur ein Beispiel für derartige Ereignisse, die sich zu allen Zeiten und in allen Ländern vollziehen, und die nach Rohdes Überzeugung auch in der Gegenwart ihre Parallelen haben."[246] Weil sich die Interpretationsmodelle (auch von seiten namhafter Wissenschaftler wie Karl Viëtor) mit Ende des Zweiten Weltkrieges nicht wesentlich änderten, kann sich auch die „Danton"-Oper behaupten. Das Drama dient in der unmittelbaren Nachkriegszeit als Orientierungshilfe in der Phase von Zusammenbruch und dem Schock der Leere. Die Identifikation Büchners mit Danton, der Glaube an die abstrakten Wahrheiten des Stückes und die ahistorische, ins Heldische abstrahierte Titelfigur wirken zweifellos auch im Libretto. Daß dies keineswegs primär eine Sache der verwendeten Büchner-Ausgabe ist, sondern eine der Interpretation, bleibt dabei evident: Trotz aller Veränderungen, die Gutzkow und spätere Redakteure vornahmen, wurde die „politische und sozialrevolutionäre Dimension des Dramas (...) weder in der Buchausgabe von 1835 noch in den späteren Editionen beschnitten".[247] Ein Opfer der Büchnerschen Editionsgeschichte ist die Oper nicht.[248]

Der Gleichklang mit zeitgenössischen, wie auch immer tradierten Lesmustern paßt jedoch kaum zur Geste des Widerstands, die Einem mit seiner Oper nach Kriegsende gerne in Verbindung brachte (und die er mit dem Datum vom Juli 1944 als Kompositionsbeginn chiffrierte). Dennoch wurde diese Geste, zunächst

---

246 Ebd., S. 230.
247 Büchner: *Gesammelte Werke*, Erstdrucke und Erstausgaben in Faksimiles, Band 4, a.a.O., Nachwort (o.S.).
248 Interessant, daß der Rezeptionsweg im Falle von Büchners „Woyzeck" nicht unähnlich verlief. Das „Woyzeck"-Fragment, in der Offenheit der Dramaturgie noch radikaler als „Dantons Tod", wurde bereits durch die Ausgaben von Karl Emil Franzos und Paul Landau in Richtung einer geschlossenen Dramenform interpretiert; gleichzeitig verdankt es diesen Ausgaben Verbreitung und Akzeptanz. Berg verstärkte diese Tendenz zunächst, arbeitete aber durch die Vertonung wieder dem Original zu, das er erst in einem späten Arbeitsstadium kennenlernte. Vgl. zu diesem Themenkomplex Peter Petersen: *Alban Berg. Wozzeck. Eine semantische Analyse unter Einbeziehung der Skizzen und Dokumente aus dem Nachlaß Bergs*, München 1985, sowie ders.: „Berg und Büchner – *Wozzeck* und *Woyzeck*. Von der ‚offenen Form' des Dramas zur ‚geschlossenen Form' der Oper", in: P. Petersen/H.-G. Winter (Hg.): *Büchner-Opern*, a.a.O., S. 169ff., und Jürgen Kühnel: „Georg Büchners *Woyzeck*-Fragmente, ihre frühen Editionen und das Libretto zu Alban Bergs Oper *Georg Büchners Wozzeck*", in: P. Csobadi u.a. (Hg.): *Alban Bergs Wozzeck und die Zwanziger Jahre*, a.a.O., S. 51ff.

an die Figur Dantons geknüpft, schnell dem ganzen Werk zugeschrieben.[249] Wer wollte heute noch daran glauben? Klemens Kaatz hat gezeigt, daß „Dantons Tod" in musikalischer Hinsicht den Kriterien der NS-Kulturpolitik entsprach.[250] Als Volksoper, mit der Masse im Zentrum, einer historischen Persönlichkeit als Ideenträger und dem Schwerpunkt auf Typisierung und Allgemeingültigkeit, selbstverständlich auch mit dem Kontrast zwischen Heroismus und Volkslied (als Signal einer den „normalen" Menschen verbundenen Kunst), läßt sich die Oper kaum als Dokument des Protestes verstehen. Auch für Eickhoff bleibt es ein „zweifelhaftes Unterfangen", die Oper „ausschließlich als künstlerisches Dokument des Widerstandes zu akklamieren". Er rechnet Einem „zu jener Gruppe von Komponisten (...), die sich zwischen Anpassung und Widerstand durch die NS-Diktatur lavierte".[251]

Boris Blacher dagegen hat in der Entstehungszeit der „Danton"-Oper die Dialektik von Freiheit sehr wohl künstlerisch gestaltet: In Ramsau stellte er sein Oratorium „Der Großinquisitor" nach Dostoevskijs Roman „Die Brüder Karamasow" fertig.[252] Daß sich die „Ablehnung repressiver Systeme"[253], als deren Ausdruck das Oratorium verstanden werden kann, durch die „Danton"-Oper bestenfalls widersprüchlich vermittelt, hat mit Faktoren zu tun, die in unserer Analyse deutlich geworden sind. Weitere Aspekte der Wirkungs- und Themengeschichte führen über Blachers Büchner-Rezeption und deren Folgen

---

[249] Vgl. etwa Hartmann: *Gottfried von Einem*, a.a.O., S. 45; Oehlmann: „Revolution als Schaustück. ‚Dantons Tod' – Gottfried von Einems Büchner-Vertonung in der Deutschen Oper, in: *NZfM* 4/1963, S. 146; Hajas: „‚Dantons Tod' nach 16 Jahren", in: *ÖMZ* 5/1963, S. 204.

[250] Vgl. Kaatz: „Eine Hinrichtung ...", a.a.O., S. 160f.

[251] Eickhoff: *Politische Dimensionen*, a.a.O., S. 206. Sabine Pätzolds Studie, in der noch 1991 wiederholt wird, daß Einems Oper „in jedem Fall als ein Beitrag zum Widerstand bezeichnet werden kann, auch wenn das Werk erst 1947 zur Uraufführung kam", kann inzwischen als überholt bezeichnet werden (a.a.O., S. 40).

[252] Vgl. hierzu Siegfried Kross: „Zu Boris Blachers Oratorium *Der Großinquisitor*", in: R. Cadenbach/H. Loos (Hg.): *Beiträge zur Geschichte des Oratoriums seit Händel*, Bonn 1986, S. 493-512.

[253] Eickhoff: *Politische Dimensionen*, a.a.O., S. 72. Zu Blachers Situation in den letzten Kriegsjahren vgl. dort auch S. 73-86 sowie, zum „Großinquisitor", Matthias Sträßner: *Der Dirigent Leo Borchard. Eine unvollendete Karriere*, Berlin 1999, S. 177ff. Henrich (*Boris Blacher. Dokumente zu Leben und Werk*, a.a.O., S. 79) spricht mit Blick auf Blachers Textwahl von „Psalmen" und „Großinquisitor" von einer „Position der inneren Emigration". Dafür kann auch der Umstand geltend gemacht werden, daß Blacher in Ramsau – ohne die geringste Chance einer Aufführung – „Trois Pièces pour Piano" schrieb, die sich am Jazz orientieren (vgl. Hunkemöller: *Boris Blacher, der Jazz-Komponist*, a.a.O., S. 37 und 44ff.).

Zusammenfassung

für das Libretto von „Dantons Tod" hinaus. Sie müssen im Rahmen dieser Studie unerörtert bleiben.

Als Nachtrag jedoch ein Gedankenspiel. Die auf Einems Oper bezogenen jüngsten Diagnosen lassen sich aus Sicht des Transformationsprozesses ergänzen. Einem hätte seine Absicht in der Werkstruktur verankern können. Er ignoriert eine Fülle von Aspekten, die sich dafür anbieten, ohne daß dabei eine vordergründige Aktualisierung herauskäme und ohne daß dazu spätere germanistische Standpunkte bemüht werden müßten. Hierzu abschließend drei Beispiele.

– Die Oper führt zwar Danton als Widerstandshelden ein, Ambivalenzen des Widerstands werden jedoch nicht thematisiert. So entfallen im Libretto seine quälenden Selbstvorwürfe wegen der Septembermorde (die Büchner ihm, im Gegensatz zur Geschichte, direkt zuordnet). Der Danton der Oper bleibt schuldlos und unbelastet. Damit aber läßt sich die Oper auch eine wirkliche Auseinandersetzung mit ihrem Motto entgehen: Büchner, dem vor der Gewalt graut und der sich dennoch um sozialpolitischer Ziele willen zu ihr durchringt („Ich gewöhne mein Auge ans Blut. Aber ich bin kein Guillotinenmesser"), trägt seinen Konflikt in das Drama hinein. Die Oper schlägt daraus kein Kapital. Sie relativiert mit dem Identifikationsangebot jede Kritik an der Danton-Figur. So ersetzt sie auch Dantons Rückzug ins Private, den man als resignative Flucht oder als politischen Akt verstehen kann, durch die unzweideutige Geste der Aufbegehrens.

– Mit der Haltung von Barrère, Billaud und Collot deutet Büchner in Szene III,6 an, daß der Thermidor bereits seine Schatten vorauswirft. Robespierre wird sich nicht mehr lange an der Macht halten können. Die Jakobinerherrschaft ist innenpolitisch durch die Wirtschaftskrise, außenpolitisch durch Europas Monarchien unter Druck. Das Drama weist damit auf die Vorläufigkeit aller Geschichte, auf die Relativität politischer Entscheidungen. Danton verstärkt dies durch eine Bemerkung in der letzten Conciergerie-Szene: „... ich lasse ihm keine 6 Monate Frist, ich ziehe ihn mit mir."[254] In dieselbe Richtung weist Lacroix' direkte Ansprache des Volkes von der Guillotine aus, in der er auf die Vorläufigkeit der Hinrichtungsentscheidungen, auf deren Bedingtheit im historischen Prozeß aufmerksam macht. Gerade in der Entstehungszeit der Oper, die von Zusammenbruch, Orientierungslosigkeit und der Frage eines Neuanfangs geprägt war, hätte dieser Aspekt für spannende reflexive Momente sorgen können, die über die von der Oper angestrebte parabolische Wirkung hinausgehen.

---

[254] MA, S. 127.

- St. Justs fanatischer Aktivismus, der Massentötungen als legitimes Mittel betrachtet, wird in der Oper zur opernhaften Intrige verkleinert, das geistige Potential der demagogischen Volksverführung nicht zur Diskussion gestellt. Das gilt auch für die Mechanismen skrupelloser, genau ausgearbeiteter Rechtsbeugung, die in der Oper ebenfalls nur als Intrige auftaucht.

Denkspiele, gewiß. Es mag eine Fülle an inneren und äußeren Gründen geben, warum der junge Einem solche Konsequenzen nicht gezogen hat, nicht ziehen konnte. Daß der Entstehungsprozeß bis Kriegsende weit fortgeschritten war, dürfte auch hier ausschlaggebend sein. Ebenso die frühe Chance der Salzburger Uraufführung. Immerhin hätte die Umarbeitung 1954 eine Möglichkeit geboten, zeitgenössische wie eigene Rezeptionsmuster des Dramas zumindest zu überprüfen. Der Blick auf die Opern der späten 40er und 50er Jahre zeigt jedoch, wie schwierig die Sache mit der Vergangenheitsbewältigung war.[255] Das Hier und Jetzt bleibt meist ausgeblendet. Und Stücke mit einer „negativen Wirkungsdramaturgie", die „ein kollektives Gefühl historischer Mitverantwortung evozieren"[256] (wie Paul Hindemiths „Mathis des Maler" oder Franz Schrekers „Schmied von Gent"), bleiben noch lange von den Spielplänen verschwunden. Boris Blacher gehört mit „Die Flut", „Abstrakte Oper Nr. 1" oder „Preußisches Märchen" zu den wenigen, die immerhin zeitkritische Akzente setzen. Rolf Liebermann und Ernst Krenek versuchen Ähnliches. Wenn Gottfried von Einem seine Opern als „Notate der Zeit" bezeichnet, versteht er das im Sinne eines Protokolls, einer Bestandsaufnahme: „Ich hielt es immer für wichtig, daß das, was man in der Zeit, in der man lebt, mit- und durchgemacht hat, in der schöpferischen Arbeit notiert wird."[257] Aus heutiger Sicht erscheint die Oper „Dantons Tod" weniger als Notat in diesem Sinne, sondern in gegenläufigem Sinn aus der Zeit heraus geformt: Sie ist Ausdruck einer Übergangsphase, deren Orientierungslosigkeit zwischen Gestern und Morgen sie dokumentiert.

---

[255] In meinem Beitrag „Per aspera ad futura?" in: Udo Bermbach (Hg.): *Oper im 20. Jahrhundert*, Stuttgart und Weimar 2000, hier: S. 187ff.) finden sich dazu einige Anmerkungen, ebenso in Jürgen Schläders Beitrag „Die gemäßigte Moderne der 50er Jahre", in: ders. und Hans-Michael Körner (Hg.): *Werner Egk. Eine Debatte zwischen Ästhetik und Politik*, München 2002 (im Druck). Das Thema Vergangenheitsbewältigung in der Oper nach 1945 bleibt nach wie vor ein Desiderat der Forschung.
[256] Ulrich Schreiber: *Opernführer für Fortgeschrittene. Die Geschichte des Musiktheaters. Das 20. Jahrhundert. Von Verdi und Wagner bis zum Faschismus*, Kassel 2000, S. 462.
[257] Einem: *Ich hab' unendlich viel erlebt*, a.a.O., S. 125.

4. Jenseits der Worte: „Abstrakte Oper Nr. 1"

4.1 Entstehung

Fünfzig Jahre nach der Uraufführung der „Danton"-Oper fand in Berlin eine Büchner-Erkundung völlig anderer Art statt. So anders, daß man sich scheut, den Begriff des Kontrastes anzuwenden (der doch Vergleichbares voraussetzt, auch wenn es noch so rudimentär geworden ist). In „Stimme allein" von Beat Furrer hat sich der kompositorische Umgang mit Georg Büchner vollkommen gewandelt. Sprache erscheint hier nicht nur fragmentiert, sondern seziert, in der Intimität ihres phonetisch-semantischen Sensoriums befragt. Was könnte von der überrumpelnden Wirkung des Salzburger Nachkriegstriumphs weiter entfernt sein? Furrer packt die Sprache bei ihrer Mitte: beim Laut, beim Übergang von Klingen und Nicht-Klingen, von Hauch und Ton, Vokalise und Text. Er reduziert sie auf sich selbst. Damit befreit er sie von approbierten Lösungen einer „Vertonung" – und gewinnt sie neu: als Klangfigur.

Der Weg zu einer solchen, neu erfahrbaren Osmose der Künste führt durch die Atomisierung ihrer Bestandteile. Er umkreist die Pole von Abstraktion und Konstruktion immer aufs Neue. So wenig das mit der Oper „Dantons Tod" zu tun hat, an der Blacher nur als Librettist oder besser: als Textdramaturg mitwirkte, so wenig läßt sich übersehen: Blacher hat als Komponist zu dieser Entwicklung, die dann zu einer neuen Art von Sprachrezeption führt, einen wichtigen Beitrag geleistet. Seine „Abstrakte Oper Nr. 1" tastet sich in diesem Sinn zwischen Konstruktion und Abstraktion entlang. Sie bringt, ganz Experimentierprojekt, neue Beweglichkeit in die Text-Erfahrung des Musiktheaters. Sie nimmt das Problem von Sprache (auch im Sinne von Kunstsprachlichkeit) und deren Deformation schon in den 50er Jahren als Herausforderung an.

Damit provozierte sie den größten Opernskandal der Dekade. Denn die Sache des Abstrakten gehörte – in allen Kunstsparten – damals zu den heftig umkämpften Vorstößen, wobei der Begriff „abstrakt" in der häufig polemisch geführten Diskussion meist verschwommen blieb. Stildebatte und Problembewußtsein koinzidierten kaum.[1] Häufig orientierte sich der Streit am Wort vom „Verlust

---

[1] Statt dessen machten unterschiedliche Argumentationsebenen eine Verständigung häufig schwer und außer dem „Fehlen jeglicher Form der Vergangenheitsbewältigung" gab es wenig Gemeinsamkeiten: „Eine Auseinandersetzung mit und um einzelne Kunstwerke findet (...) überhaupt nicht statt. Der Streit um die moderne Kunst in den 50er Jahren dreht sich (...) immer wieder um unbeweisbare Theorien und nicht beweisbare Axiome" (Falko Herlemann: *Zwischen unbedingter Tradition und bedingungslosem Fortschritt. Zur Auseinandersetzung um die moderne Kunst in der Bundesrepublik Deutschland der 50er Jahre*, Frankfurt am Main, Bern u.a. 1989, S. 217 und 218).

der Mitte", das der Münchner Kunsthistoriker Hans Sedlmayr geprägt hatte. Wie hoch die Wellen schlugen, veranschaulicht Alois Melichars „Überwindung des Modernismus" besonders deutlich: ein Pamphlet in Buchform, das dem Großteil der abstrakten Maler „Mangel an Talent" unterstellt: „Sie würden liebend gerne gegenständlich malen, aber sie wissen: bei der ersten Nase des ersten versuchten Porträts würde ihr Nichtskönnen oder ihr Akademikertum offenkundig sein."[2] Melichar spricht von „Kunst-Terroristen" und meint, neben der „*unmalerischen* Grundeinstellung der Abstrakten zur Bildkunst", auch gleich die „*unmusikalische* Grundauffassung der Atonalen von der Musik" beweisen zu können.[3] Dergleichen wirkte schon damals für Kenner suspekt (von „des deutschen Spießers Wunderhorn" sprach etwa Will Grohmann[4]), und es wäre in unserem Zusammenhang kaum erwähnenswert, hätte es nicht – gerade im Stil-Anklang an den Nationalsozialismus – in den 50er Jahren weite Verbreitung gefunden. Abstrakte Kunst erschien damals den einen als „kleine Anekdote in der Geschichte der Menschheit", den anderen als „Symbol für Freiheit und Demokratie".[5] Immerhin bezeichnete noch Ernst Krause in seiner Egk-Monographie die „Abstrakte Oper Nr. 1" als „ästhetischen Purzelbaum" und „merkwürdigen Seitensprung".[6]

Was die Auseinandersetzung mit dem Stück bis heute so kompliziert macht, ist die Vielfältigkeit seiner Anbindung, die sowohl Facetten der Kunst- und Literatur- wie der Musikgeschichte einschließt: Wer dem Sprachproblem, das die „Abstrakte Oper Nr. 1" reflektiert, nachgehen will, wird kaum ohne einen

---

[2] Melichar: *Überwindung des Modernismus. Konkrete Antwort an einen abstrakten Kritiker*, Wien, London u.a. ³1955, S. 88.
[3] Ebd., S. 80 (Hervorhebungen im Original).
[4] Vgl. hierzu Herlemann: *Zwischen unbedingter Tradition und bedingungslosem Fortschritt*, a.a.O., Zitat S. 126.
[5] Ebd., S. 121 und 219. Beim breiten Publikum stieß die Richtung, so dominierend sie in der Nachkriegskunst war, auf Ablehnung. Es spricht für sich, daß bei einer Meinungsumfrage des Demoskopischen Instituts (Allensbach) Mitte der 50er Jahre nur drei Prozent der Befragten sich abstrakte oder surrealistische Kunst in ihrer Wohnung vorstellen konnten, während zwei Drittel ein Ölgemälde samt Landschaft zum Lieblingsmotiv erklärten. Vgl. Hans Körner (Hg.): „*Flächenland". Die abstrakte Malerei im frühen Nachkriegsdeutschland und in der jungen Bundesrepublik*, Tübingen und Basel 1996, S. 73f. Wilhelm Worringer differenzierte in diesem Zusammenhang nach dem Verhältnis zu den Sprachmitteln und akzentuierte in seiner Schrift „Problematik der Gegenwartskunst" die Spaltung zwischen „Publikumskunst und Künstlerkunst". Vgl. hierzu auch Herlemann: *Zwischen unbedingter Tradition und bedingungslosem Fortschritt*, a.a.O., S. 25ff.
[6] Krause: *Werner Egk. Oper und Ballett*, Wilhelmshaven 1971, S. 61 und 41.

Entstehung

Blick auskommen, der zwischen den Disziplinen wandert. Bevor wir uns das anhand einiger Details bewußt machen, soll – wie in den anderen beiden analytischen Kapiteln meiner Studie – die Entstehung kurz beschrieben werden. In diesem Fall klärt sie weniger über Werkschichten als über biographische Details auf. Denn Werner Egk, der stets Wert darauf legte, daß „Idee und Libretto" der „Abstrakten Oper Nr. 1" von ihm stammten, war Blachers Vorgänger als Direktor der Berliner Hochschule für Musik. Und die „Abstrakte Oper Nr. 1" entstand genau im Jahr dieses Amtswechsels: 1953.

Zur Zeit des „Dritten Reiches" gehörte Egk (1901–1983) zu jenen Komponisten, die mit einer Synthese von ernster und populärer Musik der NS-Kulturpolitik zuarbeiteten. Seine Oper „Die Zaubergeige" (komponiert 1934/35) stand unter den meistgespielten neuen Opern zwischen 1933 und 1941/42 an fünfter Stelle nach „Arabella" (Strauss), „Schwarzer Peter" (Gerster), „Enoch Arden" (Gerster) und „Schneider Wibbel" (Lothar). Sie erlebte in sieben Spielzeiten nicht weniger als 198 Aufführungen.[7] Die von Hans-Günter Klein erarbeitete Aufstellung macht deutlich, daß sich neben bereits arrivierten Komponisten, die sich unter den veränderten politischen Verhältnissen behaupten wollten und konnten, eine Reihe junger, um 1900 geborener Komponisten durchzusetzen begann. Zu ihr gehörten, neben Egk, vor allem Ottmar Gerster, Hermann Reutter und Rudolf Wagner-Régeny: „Der Erfolg ihrer neuen Werke läßt sich daran erkennen, daß in der Uraufführung folgenden Spielzeit die Anzahl der nachspielenden Bühnen beträchtlich steigt. Diese vier Komponisten werden fürs erste – Reutter allerdings mit Einschränkungen – in der Diskussion um die ‚neue' Volksoper als ‚führend' angesehen."[8] Ab 1936 war Egk als 1. Kapellmeister an der Berliner Staatsoper engagiert, 1941 wurde er Leiter der Fachschaft der Komponisten in der Reichskulturkammer. 1936 erhielt er für seine „Olympische Festmusik" eine Goldmedaille: Damit gehörte er „zu den musikalischen Aushängeschildern des Regimes" und hatte auch später keine Skrupel, die Musik zu „Jungens" zu schreiben, „einem Propagandafilm zur Mobilisierung

---

7 Vgl. Hans-Günter Klein: „Viel Konformität und wenig Anpassung. Zur Komposition neuer Opern 1933-1944", in: H.-W. Heister/H.-G. Klein (Hg.): *Musik und Musikpolitik im faschistischen Deutschland*, Frankfurt am Main 1984, S. 149.
8 Ebd. M. H. Kater *(The twisted Muse*, a.a.O., S. 185) verweist zur Begründung des Erfolges der „Zaubergeige" auf den musikalischen Duktus, der neben allen Einflüssen von Mozart, Strauss und Stravinskij eine große Unmittelbarkeit für das Publikum suggeriert. Vgl. als Kontrast auch die unreflektierte Charakterisierung der „Zaubergeige" noch im Jahr 1959 durch Winfried Zillig *(Die Neue Musik,* München 1959, S. 218f).

der Jugend für Volk und Vaterland".[9] Obwohl Egk auf der „Gottbegnadetenliste" der Nazis geführt wurde, versuchte er sich später als „aktiven Antifaschisten" darzustellen und wurde – mangels Beweisen – im Entnazifizierungsprozeß freigesprochen.[10] Nach dem Krieg nutzte er die „Zwangspause"[11], um neue Kontakte zu knüpfen bzw. alte aufzuwärmen. So kontaktierte er in Berlin Heinz Tietjen, Hans Heinz Stuckenschmidt und Boris Blacher und schrieb eine Klaviersonate für dessen Frau Gerty Herzog.

Die Musikausbildung in Berlin war in diesen ersten Nachkriegsjahren inhaltlich wie institutionell gespalten. An der Hochschule für Musik wurde der Gesangspädagoge (und ausgebildete Textilkaufmann) Bernhard Bennedik zum Leiter ernannt. Aus Differenzen mit ihm heraus entstand 1945 auf Betreiben von Josef Rufer, Paul Höffer, Blacher und Stuckenschmidt das „Internationale Musikinstitut" in Zehlendorf, das später „Opfer der Währungsreform"[12] wurde: „Es verstand sich als Alternative zur neugegründeten HfM, deren Leitung von Rufer und Höffer als inkompetent betrachtet wurde. Hinzu kam, daß Rufer und Höffer musikpolitisch in der neugegründeten HfM eine eher ‚konservative' Institution sahen, während sie sich der ‚modernen' von Arnold Schönberg geprägten Musikrichtung verschrieben hatten."[13]

Paul Höffer (1895–1949) hatte bereits ab 1923 an der Hochschule für Musik unterrichtet, war wie Egk von den Nationalsozialisten mit einer Goldmedaille geehrt worden, hatte sich aber später von seinen Ämtern zurückgezogen. 1948

---

[9] Christine Fischer-Defoy: *Kunst, Macht, Politik. Die Nazifizierung der Kunst- und Musikhochschulen in Berlin*, Berlin 1988, S. 239. Im Gegensatz zur „Zaubergeige" führte Egks Oper „Peer Gynt" zu heftigen Meinungsverschiedenheiten auch innerhalb der nationalsozialistischen Führungsriege. Vgl. hierzu das Kapitel „Hitler in der Oper. Der ‚Führer' und Werner Egks *Peer Gynt*" bei Michael Walter: *Hitler in der Oper. Deutsches Musikleben 1919-1945*, Stuttgart und Weimar 1995, S. 175-212, sowie Frank Schneider: „‚... nach langer Irrfahrt kehrst du dennoch heim...' Werner Egks ‚Peer Gynt'. Ein musikalischer Fall zur Dialektik der Anpassung", in: *Beiträge zur Musikwissenschaft*, 28. Jg., 1986, S. 10-17, und F. K. Prieberg: *Musik im NS-Staat*, a.a.O., S. 318-324. M. H. Kater (*The twisted Muse*, a.a.O.) behandelt den Fall „Peer Gynt" kurz auf S. 186.

[10] Vgl. hierzu ausführlich Jan Thomas Schleusener: „Entnazifizierung und Rehabilitierung. Vergangenheitsaufarbeitung im Fall Egk", in: H.-M. Körner/J. Schläder (Hg.): *Werner Egk. Eine Debatte zwischen Ästhetik und Anpassung*, a.a.O. Zu Egks Selbstkommentaren betreffend seine NS-Vergangenheit vgl. auch: *Musik und Musikpolitik im faschistischen Deutschland*, a.a.O., S. 313.

[11] Egk: *Die Zeit wartet nicht*, München 1981, S. 373.

[12] Wolfgang Schimmag: *Einhundert Jahre Musikhochschule*, Berlin 1969, S. 47.

[13] Fischer-Defoy: *Kunst, Macht, Politik*, a.a.O., S. 237f.

Entstehung

wurde er Nachfolger von Bennedik und leitete die Hochschule bis zu seinem frühen Tod. Diese Berufung beendete nicht nur den „Dualismus der Ausbildungsstätten für Musik in Berlin"[14], sondern sie machte auch für eine Reihe von Dozenten den Weg vom Zehlendorfer Institut in die Fasanenstraße frei. Boris Blacher war einer von ihnen.

Nach Höffers Tod übernahm Heinz Tiessen kommissarisch die Leitung der Hochschule, bis Egk 1950 sein Amt antrat. Obwohl Egk sein Wirken in dieser Position in seinen Memoiren detailreich schildert, dürfte sie wenig mehr als ein kulturpolitischer Schachzug für ihn gewesen sein. Vor allem nutzte er sie, um seine Stellung gegenüber dem bayerischen Kultusminister Hundhammer zu stärken, der für das Verbot des „Abraxas"-Balletts verantwortlich war:

> „Der Senat der HfM schloß sich am 15.6.50 einstimmig einer Resolution an, in der die ‚*kulturfeindliche Haltung*' Hundhammers und seine ‚*grobe Geschmacklosigkeit*' angeprangert wurde. Solchermaßen ebenso rehabilitiert wie durch die erfolgreichen Aufführungen des Balletts an der Städtischen Oper in Berlin sowie im Rahmen der Internationalen Opernfestspiele in Wiesbaden, verließ Egk 1953 die Berliner Hochschule wieder."[15]

---

14 Ebd., S. 239. Zur Person Höffers vgl. auch Kater: *The twisted Muse*, a.a.O., S. 187. Zu Höffer als Komponist vgl. Nils Grosch: *Die Musik der Neuen Sachlichkeit*, Stuttgart 1999, S. 249ff.

15 Fischer-Defoy: *Kunst, Macht, Politik*, a.a.O., S. 240f. Die „Abraxas"-Affäre brachte Egk auch später vielfachen Nutzen, etwa durch einen günstigen Vertrag mit der Bayerischen Staatsoper. Vgl. hierzu Schleusener: „Entnazifizierung und Rehabilitierung", a.a.O. Im Zusammenhang mit Egks Karrierebewußtsein ist auch folgende Affäre um ein Interview in der BZ aus dem Jahr 1963 interessant. Egk studierte damals in Berlin mit der Westberliner „Gastspieloper" seinen „Revisor" ein und wird von der Zeitung mit folgenden Worten zitiert: „Als Künstler muß man sehen, wo man bleibt. Wenn ich ein Werk geschrieben habe, will ich es auch auf der Bühne sehen. Da ist es egal, wo und wann, ob Ost, ob West – wenn es nur gut gemacht wird." Noch prekärer – zwei Jahre nach dem Mauerbau – folgende Passage, die der Journalist Dietz-Rüdiger Moser festhält: „‚Wie gut ist denn die Staatskapelle heute eigentlich?' fragte er mich. Auf meine Entgegnung, daß Berliner seit dem 13. August 1961 nicht mehr in der Lage seien, Ost-Berlin zu besuchen, antwortete der ehemalige Direktor der Berliner Musikhochschule: ‚Ach, das ist ja ein drolliger Zustand!'" Egk, auch hier ganz Stratege, entschuldigte sich schriftlich bei der „Gastspieloper" und wandte sich darüber hinaus am 20. September 1963 an Blacher mit der Bitte, die „Atmosphäre zu entgiften. In erster Linie wohl über die Akademie auch bei Herrn Sellner und vielleicht auch beim Senat." Blacher kam der Bitte unverzüglich nach und kontaktierte die Deutsche Oper, deren Intendant Sellner war. Interessant ist, daß Egk in seinem Entschuldigungsbrief die zitierten Äußerungen weder dementiert noch zurücknimmt. Statt dessen positioniert er sich in der Rolle des Opfers und unterstellt dem Reporter, mit „der hinterhältigen Technik eines Agenten oder Provokateurs (...) aus dem Zusammenhang gerissene Einzelheiten eines sachlichen Gespräches, das sich in keinem Punkt gegen Westberliner Interessen, Institutionen oder Persönlichkeiten richtete, unter der politisch gefärbten Schlagzeile: ‚Egal – ob Ost, ob West' zu einer persön-

Als seinen Nachfolger empfahl er Boris Blacher. In seinen Memoiren, die später im Wissen um Blachers außerordentliche Erfolge als Hochschullehrer geschrieben sind, hebt Egk seinen Anteil an dieser Berufung hervor.[16] Keineswegs erwähnt er allerdings, daß diesem Schritt *für* Blacher elf Jahre zuvor einer *gegen* Blacher vorausgegangen war. Im Mai 1942 hatte ein „vorbereitender Fachausschuss für die Verwendung des Staatszuschusses zur Verteilung an Komponisten ernster Musik" getagt. Blacher gehörte zu acht Komponisten, denen ein Betrag von 2.000 Mark zugestanden werden sollte, wurde jedoch mit dem handschriftlichen Zusatz „da Vierteljude" wieder gestrichen. Das Dokument ist von Egk unterzeichnet. Christine Fischer-Defoy wertet deshalb Egks Einsatz für Blacher als Hochschuldirektor als Akt der „Wiedergutmachung"[17]. Blacher scheint über diesen Vorgang nicht informiert gewesen zu sein. In einem 1963 veröffentlichten Gespräch nahm er Egk sogar ausdrücklich in Schutz:

> „Wir hatten das ‚Dritte Reich', und die Situation für Komponisten war sehr merkwürdig. Immerhin kann man sagen: Wer moderne Musik schrieb, der schrieb sie tatsächlich, weil er das Bedürfnis hatte, so und nicht anders zu komponieren. Diese Art von Musik war ja nicht gefragt. Im Gegenteil. Es gab Schwierigkeiten von allen Seiten. Und ob ich an meinen Kollegen Egk denke oder an Orff oder an Fortner – niemand von ihnen wurde protegiert, von keiner Seite aus; sie wurden höchstens geduldet."[18]

Ob Blacher sich hier irrt oder im Nachhinein die Situation vereinfacht, läßt sich nicht mehr eruieren. Fest steht längst, daß gerade die drei genannten Komponisten keineswegs nur geduldet wurden. Thomas Eickhoff geht in seiner Darstellung des Falles davon aus, daß „offenbar (...) auch im Nationalsozialismus die von behördlichen Regelungen betroffenen Komponisten (wie Blacher) nicht unbedingt über Hintergründe von Verfahren informiert" waren und so „auch nicht die Urheber der gegen sie ergriffenen Maßnahmen in Erfahrung bringen" konnten.[19]

Kurz bevor Blacher als Nachfolger von Egk berufen wurde, entstand der Plan zur „Abstrakten Oper Nr. 1". Daß der stets auf Volkstümlichkeit bedachte,

---

lichen Verunglimpfung in Form einer Denunziation an die Adresse der Westberliner Öffentlichkeit zusammengebacken" zu haben. Vgl. BBA/GH, Signatur 1.69.393.

[16] „Als ich mich von Berlin löste, dachte ich an Boris Blacher als meinen Nachfolger. Die Schwierigkeit, ihn zu plazieren, bestand darin, daß er nicht wollte. Nach einem Essen im Hotel am Steinplatz wollte er" (Egk: *Die Zeit wartet nicht*, a.a.O., S. 448).

[17] Fischer-Defoy: *Kunst, Macht, Politik*, a.a.O., S. 242 bzw. 241 (Dokument).

[18] Müller-Marein/Reinhardt: *Das musikalische Selbstportrait*, a.a.O., S. 412.

[19] Eickhoff: *Politische Dimensionen*, a.a.O., S. 69. Ergänzend zitiert Eickhoff eine Aussage aus den Memoiren von Oscar Fritz Schuh, nach der Egk von seinen Freunden in das Amt als Leiter der Reichsmusikkammer gedrängt wurde: „Egk in diesem Amt, das schien uns eine Chance. Er hat uns nicht enttäuscht. Als Chef der Musikkammer konnte er viel Gutes

Entstehung

bodenständig-rustikale und nicht selten musikantisch derb zupackende Süddeutsche Egk und sein fragiler, nervöser, polyglotter Kollege aus Berlin überhaupt zu einer künstlerischen Zusammenarbeit kamen, ist durchaus überraschend – auch wenn sich in ihren Opern „Preußisches Märchen" und „Der Revisor" gewisse Ähnlichkeiten in der Verfremdung des Komödienstoffes abzeichnen. Egk beschreibt die Entstehung aus der Rückschau:

„Nach dem Essen sprachen wir von einem superklugen Aufsatz der Frankfurter Allgemeinen. Darin wurde behauptet, eine Oper sei dann modern, wenn die Musiksprache, ihre Ausdrucksweise, ihre Grammatik modern wären. Nach dieser Theorie konnten selbst die kühnsten Neutöner die Libretti ihrer Großväter vertonen, ohne daß daran etwas auszusetzen war. Besonders dann, wenn die Dekoration und der Inszenierungsstil der herrschenden Mode genauso entsprach wie die Diktion der Musik. ‚Das', sagte Blacher, ‚gefällt mir nicht.' ‚Was', sagte er verblüfft, ‚könnte an Stelle der üblichen Opernhandlung treten?' ‚Chiffrierte Handlungsrudimente, Lautfetzen, abstrakte Wortbildungen, ein formelhafter Dialog, dessen Bedeutung in seiner Formelhaftigkeit liegt, nicht in seinem Inhalt.' Blacher war begeistert und sagte, das wäre etwas für ihn."[20]

Daß Egk einen solchen Vorschlag unterbreitete, ist alles andere als selbstverständlich. Seine eigenen Opern halten sich vor und nach 1953 durchaus an narrativen Faden und Illusionstheater. In Egks Schaffen hat die „Abstrakte Oper Nr. 1" denn auch kaum Folgen hinterlassen, während sie bei Blacher als „Studie für alle weiteren vokalen und dramatischen Arbeiten"[21] gelten kann. Das Werk entstand schließlich im Auftrag des Hessischen Rundfunks. Die konzertante Uraufführung im Rahmen der „Woche zeitgenössischer Musik" dirigierte Egk selbst (Erstsendung 28. Juni 1953). Sie ging ohne Proteste zu Ende und wurde von so prominenten Gesangssolisten getragen wie Clara Ebers, Ernst Haefliger und Kurt Böhme.[22]

---

tun, auch vieles verhindern" (vgl. ebd.). Kater *(The twisted Muse,* a.a.O., S. 188*)* hält sich mit einer Wertung zurück: „Whether Egk was turning into a genuine Nazi, opportunistically attempting to advance his own career, or merely doing the Nazi's bidding in order to shield his avant-garde friends (Orff, von Einem, Blacher and Wagner-Régeny) remains to be determined." Walter *(Hitler in der Oper,* a.a.O., S. 181) kommt im Zusammenhang mit dem Streit um „Peer Gynt" zu dem Ergebnis, „aus den skizzierten Vorgängen" lasse sich „weder eine nationalsozialistische Be- noch Entlastung Egks konstruieren".

[20] Egk: *Die Zeit wartet nicht,* a.a.O., S. 448.
[21] Stuckenschmidt: *Boris Blacher,* a.a.O., S. 38.
[22] Die Abschnitte „Schmerz" und „Verhandlung" aus dieser Erstproduktion der „Abstrakten Oper Nr. 1" wurden im Rahmen der Reihe „Musik in Deutschland 1950-2000" auf CD veröffentlicht (RCA/BMG 74321 73504).

4.2 Idee

Werner Egk hat dem Stück eine Einführung vorangestellt, die seine Grundgedanken zusammenfaßt:

> „Dem Werk liegt die Idee zugrunde, eine Reihe von für unsere Zeit und unser Erleben typischen Grundsituationen einzufangen und in einer abstrakten Form, d.h. ohne zusammenhängende Handlung und mit Hilfe eines abstrakten Textes zu gestalten. Die komponierten Worte sind musikalisch-phonetisch erfunden und richten sich an das automatische Assoziationsvermögen des Zuhörers."[23]

Damit ist vieles und Heterogenes angesprochen, dem ich in den folgenden Abschnitten nachgehen will. Auffällig zunächst, wie Egk sich mit dem Dualismus von „Grundsituationen" und „abstrakter Form" an Prozessen orientiert, die gleichzeitig in der Bildenden Kunst ablaufen. Denn mit der abstrakten Malerei „waren die Sprachmöglichkeiten gegeben, um die spontanen Vorgänge innerhalb der existentiellen Schichten unmittelbar bildnerisch auszudrücken".[24] Abstraktion hieß die Voraussetzung, mit der sowohl die künstlerischen Mittel als auch die Form nach 1945 neu überprüft werden konnten. Dabei sind die abstrakten Bilder in ihrer Aussage durchaus konkret: Ausdruck eines präzise gefaßten Erlebens, das den Natur-Begriff im Sinn einer Introspektive erweitert. Oder, mit den Worten des Malers Roberto Matta: „inscapes" statt „landscapes".

So gesehen erscheint es keineswegs als Widerspruch, wenn die „Abstrakte Oper Nr. 1" bei ihrem neuen Ansatz an „Grundsituationen" festhält. Dennoch kann von einer Analogie zur Bildenden Kunst keineswegs so einspruchsfrei die Rede sein, wie dies etwa der Musikologe Hellmuth Christian Wolff suggeriert, indem er behauptet, das Stück stelle „den Versuch dar, ein musikalisches Gegenstück zu der Richtung der abstrakten, oder besser ‚gegenstandslosen' Malerei zu schaffen".[25] In einem Gespräch zwischen Karl Ludwig Skutsch und Josef Rufer, das Blachers Verlag Bote & Bock 1957 in seinem Mitteilungsblatt veröffentlichte, wird der Begriff des Abstrakten zunächst mit dem Verzicht auf Handlung und Text begründet.[26] In seinem Schlußwort faßt Rufer dann zusammen: Man solle die „Abstrakte Oper Nr. 1" „als ein abstraktes Spiel

---

[23] Partitur, S. 2 bzw. KA, S. 2.
[24] Werner Haftmann: *Malerei im 20. Jahrhundert. Eine Bildenzyklopädie*, München [6]1996, S. 325.
[25] Wolff: *Ordnung und Gestalt. Die Musik von 1900-1950*, Bonn-Bad Godesberg 1978, S. 234f.
[26] „Was ist ‚Abstrakte Oper?'", in: Bote & Bock (Hg.): *Aus unserem Tagebuch*, Berlin 1957, S. 9.

Idee

von Tönen, Farben, Formen und Bewegungsfolgen ansehen und wirken lassen (...), dem keinerlei begriffliche Sinngebung zukommt".[27] Damit ist die Sache jedoch ebenfalls nur unzureichend benannt, denn das Prinzip der Entgegenständlichung kommt, gerade in der Oper, ohne konkreten Mitteilungscharakter nicht aus. „Konkrete Kunst" war nicht zufällig ein Begriff, der in den Diskussionen um das Abstrakte immer wieder auftauchte[28], und zwar im Sinne einer programmatischen Rechtfertigung: Die Form, durch die der Inhalt anschaulich gemacht werden sollte, wurde durchaus als konkrete Realität begriffen. Und die intensive Materialbefragung, die sich mit den Abstraktionsverfahren verband, holte das Moment der Stofflichkeit auf einer anderen Ebene wieder ins Kunstwerk zurück.

Man könnte allerdings behaupten, daß die „Abstrakte Oper Nr. 1" ihrem Namen – über die von Rufer und Wolff angedeutete Analogie hinaus – auf ganz andere Weise gerecht wird. Besonders deutlich wird das, wenn man sich die literarischen Initiativen vergegenwärtigt, die sich gleichzeitig ausprägten. Eugen Gomringer hat in seiner Grundsatzerklärung zur „Konkreten Poesie" drei Hauptziele genannt: Zweck einer „neuen dichtung" sei es, „der dichtung wieder eine organische funktion in der gesellschaft zu geben", womit ein Gedicht zum „seh- und gebrauchsgegenstand" werde: „denkgegenstand – denkspiel". Damit aber entfalle auch die Unterscheidung zwischen „der sogenannten gebrauchsliteratur und der designierten dichtung".[29] Legitimitätsproblem, ein neu gefaßter Modernitätsbegriff und besonders ein gesellschaftskritisches Moment sind damit gleichzeitig angesprochen. Die „Abstrakte Oper Nr. 1" überträgt alle drei von Gomringer genannten Charakteristika auf die Musikbühne, wofür Blachers Selbstverständnis als Komponist (mit erklärter Abneigung gegen den „ernsten Musiker" und ausgeprägtem sozialpsychologischem Bewußtsein) ebenso verantwortlich ist wie die Relikte der Zeitoper.

Um das zu präzisieren, scheint mir eine kurze Bestandsaufnahme hilfreich: Das Werk besteht aus sieben voneinander unabhängigen Abschnitten, die sich zentralsymmetrisch gliedern: „Angst", „Liebe 1", „Schmerz", „Verhandlung", „Panik", „Liebe 2", „Angst". Ausgangs- und Endpunkt fallen zusammen: „Angst als Grundzug menschlichen Daseins" notiert Werner Bodendorff in sei-

---

[27] Ebd., S. 11.
[28] Diese Diskussion, auf die wir hier nicht eingehen können, erläutert Hans Frei am Beispiel von Blachers Freund und Mitarbeiter Max Bill: *Konkrete Architektur? Über Max Bill als Architekt*, Baden 1991, S. 142ff.
[29] Gomringer: *theorie der konkreten poesie. texte und manifeste 1954-1997*, Wien 1997, S. 15.

ner Untersuchung semantischer Aspekte in der „Abstrakten Oper Nr.1".[30] Die formale Klammer ist evident, wobei sich die Stücke nach der Zentralachse von „Verhandlung" keineswegs spiegelbildlich einreihen, sondern Ausdruck, Besetzung und Inhalt variierend fortführen. Egk schreibt keinen Ort vor und, statt Dialogen, frei kombinierte Silben, über die Blacher seinerseits frei disponieren konnte.

Das Sprachmaterial differiert: „Liebe 1" und „Liebe 2" stellen freie Silbenverbindungen dar, die sich oft reimen und im ersten Stück häufig auf die Infantilsprache verweisen. Nasale und Explosive sind dabei besonders mit dem Vokal „a" kombiniert. Das zweite Stück davon, eine Tenor-Schnulze samt aus der U-Musik entlehntem Background-Chor[31] (bei der Blacher freilich, wie schon in einer analogen Nummer von „Habemeajaja", unter Kitsch und Sentimentalität auch echtes Gefühl ahnen läßt), kombiniert Frauennamen (Lola, Lulu, Lili, Nana, Zaza), die Assoziationen an historische Figuren wecken können.[32] H. H. Stuckenschmidt spricht von „kabarettistischer Erotik"[33]. Der Abschnitt „Schmerz" ist als Vokalise des Solo-Soprans konzipiert und nutzt nur die Vokale „a" und „i". Für „Panik" suchte Egk nach eigener Aussage „Wortneubildungen im Sinne von Alarmworten (...), die physikalisch-technische Assoziationen hervorrufen".[34] Dabei werden durch harte, kurze Konsonanten und Zischlaute Kriegs-Assoziationen evoziert, sofern man sich nicht sogar bei Worten wie „Azit" oder „Alip" an die Reden von Goebbels oder Hitler erinnert fühlt[35], genauer: an die Art, wie in der Nazi-Zeit Propaganda artikuliert wurde.

So komplex die vielfache Anbindung der „Abstrakten Oper Nr. 1", so klar zeichnen sich die Voraussetzungen in Blachers Schaffen ab.[36] In seinem 1949 entstandenen „Hamlet"-Ballett verwendete er einen Chor, der Silben und ein-

---

[30] Bodendorff: *Aspekte zur semantischen Bedeutung von Werner Egks „Abstrakter Oper Nr. 1"*, Vortrag, gehalten beim 1. Werner-Egk-Symposion in Donauwörth 1999, Manuskript, zugänglich über www.werner-egk.de, S. 2.

[31] Zum Idiom der Nummer vgl. ausführlich J. Hunkemöller: *Boris Blacher, der Jazz-Komponist*, a.a.O., S. 64ff.

[32] Bodendorff (*Aspekte zur semantischen Bedeutung von Werner Egks „Abstrakter Oper Nr. 1"*, a.a.O., S. 3) nennt: Záza Gabor, die Gogo-Girls, Lola/Marlene Dietrich, den Soldatenschlager von Lilli Marleen sowie die Nana aus Emile Zolás Roman: „weibliche Gestalten, die für die käufliche oder unnahbare Liebe stehen".

[33] Stuckenschmidt: *Boris Blacher*, a.a.O., S. 37.

[34] Partitur, S. 2 bzw. KA, S. 2.

[35] So Bodendorff: *Aspekte zur semantischen Bedeutung von Werner Egks „Abstrakter Oper Nr. 1"*, a.a.O., S. 4.

[36] Josef Häusler (*Musik im 20. Jahrhundert. Von Schönberg zu Penderecki*, Bremen 1969, S. 121) spricht von einem „Sonderfall modernen deutschen Musiktheaters". Virgil Thomson

zelne Worte wiederholt. Der Wurzelstrang führt jedoch weiter zurück: in die 20er Jahre. Damals setzte sich Blacher erstmals mit dem Phänomen der Zeitoper auseinander, das in der „Abstrakten Oper Nr. 1" durchscheint und auf das Egk mit der Formulierung von einer „Reihe von für unsere Zeit und unser Erleben typischen Grundsituationen" *auch* anspielt.[37] Kein Zufall, daß der Text von Blachers lange für verschollen gehaltener, früher Kammeroper „Habemeajaja", die erst im Nachlaß entdeckt, dann 1987 in der Akademie der Künste Berlin uraufgeführt wurde, bereits dadaistische Züge aufweist. Wolfgang Burde bemerkt in seiner Premierenkritik, das halbstündige Werk gehöre „in den Zusammenhang der Brecht/Weillschen für den Rundfunk geschriebenen Werke ‚Lindberghflug' und ‚Berliner Requiem'", es „reflektiert musiksprachlich aber das neusachliche und sozialkritische Musiktheater Weills, wie es sich in ‚Mahagonny' und der ‚Dreigroschenoper' exemplarisch zeigt". Im selben Text zieht Burde die Parallele zur „Abstrakten Oper Nr. 1" und urteilt, „Habemeajaja" werde „weder Weills Vorbild noch den Maßstäben an Prägnanz und Originalität gerecht (...), die Blacher später, etwa in seiner ‚Abstrakten Oper Nr. 1' (...), setzte".[38] Hanns-Werner Heister bezeichnet „Habemeajaja" dagegen in seiner Kritik als „Zivilisationssatire" und meint, sie gehe „über die Neue Sachlichkeit, von der sie stofflich und stilistisch herkommt, mit ihrer recht drastischen Kritik schon hinaus".[39] Die Idee der Zeitoper schneidet auch Albert von Haller, der

---

hat sich bereits in den späten 40er Jahren mit Libretti der Dadaistin Gertrude Stein beschäftigt. Zur Tradition vom Gesang auf sinnlosen Silben und deren Verwendung im Jazz vgl. Mathias Bielitz: „Zur Verwendung von Sprache in der Neuen Musik", in: Vogt (Hg.): *Neue Musik seit 1945*, a.a.O., S. 83f. Ravel läßt in „L'Enfant et les Sortilèges" das Teeservice Phantasiebrocken des Chinesischen singen.

[37] Wie weit die Idee auch auf Blacher zurückgeht, läßt sich nicht mehr eruieren. Bemerkenswert ist allerdings, daß Egk sich, im Gegensatz zu Blacher, nie wirklich mit der Zeitoper auseinandergesetzt hat und politischen Deutungen seiner Opern skeptisch gegenüber stand. Er setzte eher auf den Begriff der „Zeitnähe" (vgl. hierzu ausführlicher meinen Beitrag „Per aspera ad futura? Zwischen Neuanfang und Tradition: die Oper nach dem Zweiten Weltkrieg", a.a.O., hier insbesondere S. 210ff.). Gattungen wie das Mysterienspiel und das Lehrstückhafte, das damit avisiert ist, wirken deshalb bei Egk nicht selten holzschnittartig. Zur „Irischen Legende" und zu Egks Position in der Nachkriegsmusik zwischen gemäßigter und radikaler Moderne bzw. der Avantgarde vgl. in diesem Sinn Jürgen Schläders Beitrag „Die gemäßigte Moderne der 50er Jahre" in dem von ihm und H.-M. Körner herausgegebenen Band *Werner Egk. Eine Debatte zwischen Ästhetik und Anpassung*, a.a.O.

[38] Burde: „Kohle und Kultur. Uraufführung in Berlin: Boris Blachers Kammeroper ‚Habemeajaja' in der Akademie der Künste", in: *Die Zeit* vom 6. Februar 1987.

[39] Heister: „Hommage an Boris Blacher. Die wiederentdeckte Kammeroper ‚Habemeajaja': Zivilisationssatire mit Jazz", in: *Frankfurter Rundschau* vom 11. Februar 1987.

Librettist von „Habemeajaja" an, dessen Pseudonym „Haggers" noch bei der Uraufführung nicht identifiziert werden konnte. Mit einem Schreiben vom 6. Februar 1987 an die „Stuttgarter Zeitung" gab er sich zu erkennen. Darin heißt es:

> „Boris Blacher spielte mir einmal neue Kompositionen vor, Bestandteile einer geplanten Oper. Aber er hatte keinen Text und auch keine Vorstellung eines Themas und einer Handlung. Die Musik des Freundes faszinierte mich, und bei stundenlangem Zuhören kam mir die Idee vom ‚Habemeajaja'. (...) Für uns beide, sehr junge Leute, war es ein Spaß ohne viel weitere Überlegungen: Absurdes auf eine amüsante Weise bloßzustellen und lächerlich zu machen."[40]

„Verhandlung", der Mittelteil der „Abstrakten Oper Nr. 1", operiert slapstickhaft mit Rudimenten eines englisch-russischen Dialoges: die Satzbrocken sind fehlerhaft und aus dem Zusammenhang gerissen. (Berlin als in Sektoren geteilte Stadt oder auch die Nürnberger Prozesse wären hierzu mögliche Assoziationsfelder.) Das Gespräch läuft ins Leere. Diese Nummer signalisiert damit am deutlichsten kabarettistischen Geist wie auch die Entstehungszeit während des Kalten Krieges. Aber auch sonst läßt sich das Werk trotz seines Textes, der „ungeordnetes Wort- bzw. Silbenrepertoire"[41] darstellt bzw. aus „Sprachmolekülen"[42] besteht, als Zeitoper verstehen. Wolfgang Burde hat das mit der Formulierung von „Stenogramme(n) einer Bewußtseinslage" umschrieben:

> „Damals war die Angst, den täglichen Lebensanforderungen nicht gewachsen zu sein, überlagert von dem traumatisch bis zur Sprachlosigkeit sich verdichtenden Gefühl, einem schuldbeladenen Volk ohne Zukunft anzugehören. Musik aber war ein Medium, das solche Betroffenheit im Subjekt am ehesten zu lösen und ohne Pathos zu gestalten vermochte. Blacher und Egk setzten ihre musikalisch-szenischen Abbreviaturen also, um das damals Nicht-Formulierbare und Verdrängte wenigstens im Stenogramm zu berühren."[43]

---

[40] VA/BB.
[41] Henrich (Hg.): *Boris Blacher. Dokumente zu Leben und Werk*, a.a.O., S. 109.
[42] Dworak: *Das deutschsprachige Opernlibretto in der ersten Hälfte des zwanzigsten Jahrhunderts*, a.a.O., S. 306.
[43] Burde: „Kohle und Kultur", a.a.O. In gleichem Sinn formulierte Heister in seiner Rezension („Hommage an Boris Blacher", a.a.O.), mit dem Text der „Abstrakten Oper Nr. 1" sei „Abbildung und zugleich Kritik an Kommunikationsverlust, ‚Sprachlosigkeit' und ähnlichem" gemeint: „Vorsichtshalber wird dabei von historischer Konkretion, von sozialen Verhältnissen abstrahiert." Vgl. hierzu auch Siegfried Borris („Boris Blacher – 70", in: *HFM informiert Nr. 1/1973* =*Veröffentlichungen der Staatlichen Hochschule für Musik und darstellende Kunst Berlin*, o. S.): „In seiner ‚Abstrakten Oper Nr. 1' wurde es besonders deutlich, daß es sich bei Blacher nie um billigen Ulk handelt, sondern um ein Gleichnis des Absurden, einen Spiegel des verstellten Sinnes unserer Zeit." Den von Haller und Borris angesprochenen Faktor des Absurden wird Abschnitt 4.6 gesondert herausgreifen.

Neben dem Aspekt der Zeitoper gehören – und das allein schon zeigt, wie divergierend die Einflüsse sind, die sich in ihr spiegeln – vor allem zwei Perspektiven zur „Abstrakten Oper Nr. 1". Einerseits Versuche mit abstraktem Theater bzw. gegenstandsloser Handlung und einer damit verbundenen neuen Raumvorstellung, wie sie Wassily Kandinsky („Der gelbe Klang") oder Arnold Schönberg („Die glückliche Hand") entwarfen. Bekanntlich verstand Kandinsky die abstrakte Form des Theaters als Summe abstrakter Klänge. Mit der Idee der abstrakten Handlung verbindet sich dabei die vom un- bzw. überpersönlichen Darsteller. Oskar Schlemmer stellte – ebenfalls in diesem Sinne – Marionettenfiguren in ein geometrisch ausgerichtetes Bühnenbild, und bereits E.T.A. Hoffmann und Kleist wollten aus dem Schauspieler eine Übermarionette machen, seine Individualität ausschalten zugunsten einer vollkommeneren Darstellung des Sinngehaltes.[44]

Andererseits wurde Sprache seit der Romantik immer wieder als asemantisches Lautmaterial in textloser Vokalmusik eingesetzt: Hector Berlioz nutzte Chöre im Sinne eines Vokalorchesters und nahm dazu in seiner Instrumentationslehre Stellung. Debussy, Mahler und Boulez, um nur die wichtigsten Komponisten zu nennen, haben die Idee später variiert. Der Gedanke, dem Sprachlaut besondere Bedeutung beizumessen, läßt sich sowohl in der Musik- wie in der Literaturgeschichte unschwer zurückverfolgen. Im Zusammenhang der letzteren wären – einige wenige Beispiele mögen genügen – René Ghil (mit seiner Laut- und Rhythmustheorie), Arthur Rimbaud (mit seinem Sonett „Vokale"), Stéphane Mallarmé und die französischen Symbolisten („musique suggérée") oder auch Kandinskys frühe Gedichte zu nennen, die mehr phonetischen als semantischen Gesetzen folgen. Das Lautgedicht insbesondere findet sich vorgeprägt bei August Stramm, im literarischen Kabarett bei Karl Valentin sowie bei den russischen und italienischen Futuristen.[45] Die Entwicklung, zu der einschlägige

---

[44] Zu den Konsequenzen, die sich daraus für das moderne Theater ziehen lassen, vgl. den Grundsatzartikel „Plädoyer für ein abstraktes Theater" von Konrad Wünsche in: *Theater heute* 1/1986, S. 1-4.
[45] Zur Definition des Lautgedichts vgl. Erkki Salmenhaara (*Das musikalische Material und seine Behandlung in den Werken Apparitions, Atmosphères, Aventures und Requiem von György Ligeti*, Helsinki 1969, S. 109): „Faktisch handelt es sich bei diesen Gedichten (...) um Sprachkonstruktionen, die auf musikalischen Prinzipien basieren: das Material der Sprache, die Worte, Silbenlaute werden nach rhythmischen und visuellen Kompositionen zusammengefügt. Ihre Konstruktionsweise entspricht weitergehend der Behandlung des akustischen Materials in der Musik." In einem Vortrag von 1959 im Literarischen Cabaret Wien kreiste Gerhard Rühm den Begriff des Lautgedichts so ein:

Sekundärliteratur vorliegt, muß hier nicht referiert werden. Nachzugehen ist allerdings ihren Wirkungsformen in den 50er Jahren. Mit Blick auf die „Abstrakte Oper Nr. 1" steht dabei die Frage im Vordergrund, was Text und Musik des Werkes mit Dada bzw. Lautgedicht zu tun haben.

Dabei erscheint es mir sinnvoll, die Schwerpunkte bei Musik- und Textebene getrennt zu setzen. Während nämlich literaturgeschichtlich die Besonderheiten der „Abstrakten Oper Nr. 1" am besten von ihrer Vorgeschichte her darstellbar sind, ist ihre musikgeschichtliche Bedeutung nur von ihren Folgen her zu erfassen: Stichwort „Sprachkomposition".[46] Namen wie Ligeti, Kagel und Schnebel stehen dafür. Die „Abstrakte Oper Nr. 1" war für viele Komponisten Modell und Ausgangspunkt, die auf experimentellen Wegen nach einer Neukombination von Gesang, Sprache, Text, Musik und Bewegung suchten. Die folgenden Untersuchungen werden daher Blachers Stück vom Blickwinkel der nachfolgenden Vokalmusik aus ansteuern. Insbesondere vor dem Hintergrund einer ins Extrem geführten Fortsetzung, wie sie Ligetis „Aventures" darstellen, zeichnen sich Besonderheiten und Stellung der „Abstrakten Oper Nr. 1" ab.[47]

„der sprachlaut ist eine menschliche wirklichkeit. (...)
die sprachlaute bestehen aus vokalen und konsonanten, das heißt
aus klängen und geräuschen.
sie enthalten alles was der mensch auszudrücken vermag.
jeder vokal und jeder konsonant hat seinen besonderen ausdruckswert. das bedeutet
diese ausdruckswerte können als autonome gestaltungsmittel uneingeschränkt zueinander in beziehung gesetzt werden."
(Zit. nach Riha: *Da Dada da war ist Dada da*, München und Wien 1980, S. 232)

[46] Georg Heike (*Musiksprache und Sprachmusik. Texte zur Musik 1956-1998*, Saarbrücken 1999, S. 111) definiert den Begriff als „Sachverhalt der Musikalisierung phonetischer und linguistischer Parameter und des Komponierens mit phonetischem Material".

[47] Der Vergleich mit Ligeti bietet sich auch aus biographischen Gründen an: Blacher schätzte Ligeti und griff ihn im Gespräch mit Burde („Interview mit Boris Blacher", a.a.O., S. 20) auf die Frage nach dem Einfluß von zeitgenössischen Komponisten explizit heraus: „Ja, mich hat also Ligeti (...) als Person sehr interessiert, und ich glaube, es besteht eine gegenseitige Sympathie; also zum Beispiel ein Stück wie das ‚Cello-Konzert' von Ligeti, das ist ein Stück, das mir ausgezeichnet gefallen hat."

4.3 Struktur

Zweifellos handelt es sich bei der „Abstrakten Oper Nr.1" um keine Textkomposition in dem Sinne, daß ein Textinhalt nach Art einer Vertonung interpretiert wird. Wenn sich aber traditionelle Textbehandlung charakterisieren läßt als „Interpretation der semantischen und emotionalen Information eines Textes durch Parallelisierung in der Vertonung"[48], geschieht dann in der „Abstrakten Oper Nr. 1" wirklich etwas anderes? Wie verhalten sich semantische und emotionale Information zueinander? Wie weit geht das Stück in Richtung einer Sprachkomposition, die immer auch „Dekomposition vorhandener Sprache"[49] bedeutet?

Zunächst: Werner Egks Libretto evoziert insofern eine spezifische Art des Wort-Ton-Verhältnisses, als es „keinerlei formale Prädeterminierungen einschloß".[50] Das bot Blacher erstmals die Möglichkeit, das Prinzip variabler Metren, das er vorher anhand mehrerer Instrumentalstücke ausprobiert hatte, im Bereich der Vokalmusik anzuwenden: Sprache wird aus syntaktischen und semantischen Zwängen gelöst und damit frei für die Verwirklichung musikalischer Prinzipien. Die variable Metrenbehandlung hat Blacher in der „Abstrakten Oper Nr. 1" konsequenter ausgeführt als in allen späteren Vokalwerken. Peter Scherf diagnostiziert deshalb zu Recht, daß „der kabarettistisch-verspielte Charakter mancher Szenen sehr leicht über die Strenge ihrer Konstruktion hinwegtäuschen kann"[51]: „Die ‚abstrakten' Texte erlaubten (...), Silbenanzahl und Pointen jeweils den formalen Bedingungen und Verlaufsgesetzen der ‚variablen Metren' anzupassen und damit sowohl die Asymmetrien der variablen Prozesse wie auch deren adäquate Symmetrien durchzuhalten und durchzugestalten."[52]

---

48 Heike: *Musiksprache und Sprachmusik*, a.a.O., S. 90. Wie problematisch der Begriff „Parallelisierung" in diesem Zusammenhang ist, muß hier nicht erneut diskutiert werden. Vgl. dazu Kapitel 2.
49 Werner Klüppelholz: *Sprache als Musik*, Saarbrücken ²1995, S. 140.
50 Henrich (Hg.): *Boris Blacher. Dokumente zu Leben und Werk*, a.a.O., S. 109.
51 Scherf: „Die ‚variablen' Prozesse in der Abstrakten Oper Nr. 1 von Boris Blacher", in: O. Kolleritsch (Hg.): *Zum Verhältnis von zeitgenössischer Musik und zeitgenössischer Dichtung*, Graz und Wien 1988, S. 136.
52 Ebd., S. 138. In seinem Aufsatz „Über variable Metrik" (*ÖMZ* 8-9/1951, S. 219) bezeichnete Blacher das Metrum als „Herzschlag der Musik". Die Relation zwischen einer schematischen Vorgabe, wie sie durch eine Reihe oder variable Metren gegeben ist, und der Entwicklung des Kunstwerkes hat er so beschrieben: „Dem Verhältnis der Reihe zu der daraus hergeleiteten Musik entspricht in der Technik etwa das Verhältnis des Materials zum Bauwerk selbst. Denn aus Beton und Stahl beispielsweise lassen sich die verschiedenartigsten Bauten

Die Prozesse, die er hier anspricht, hat Scherf, ebenso wie Christopher Grafschmidt[53], detailliert herausgearbeitet. Es genügt für unseren Zusammenhang, an einige Passagen zu erinnern, in denen Blacher die strenge metrische Konstruktion mit anderen Verläufen kombiniert. Eine einfache Möglichkeit stellt Nummer 4 („Verhandlung") dar. Dort geht der Taktwechsel einher mit dem Wortwechsel, „die binäre Opposition der Metren (3/4-Takt – 6/8-Takt) bestimmt auch die Opposition der beiden verhandelnden Parteien".[54] Die Verlaufsform des Dialoges entspricht dem metrischen „Bildungsprinzip ‚zwei vor, eins zurück'".[55] In Nummer 1 („Angst") sind die metrischen Kontraste auf andere Art „dialogisierend auskomponiert"[56], nämlich durch die Gegeneinanderstellung von Chor und Soli. Auch in Nummer 3 („Schmerz") sorgt der Taktwechsel (in Kombination mit Posaunenglissandi) für dramaturgische Kontraste. Dieser Abschnitt ist allerdings ebenso ein Beispiel dafür, daß Blacher keine generelle Kongruenz zwischen metrischem und emotionalem Verlauf anstrebt: Der Wendepunkt des großangelegten metrischen Zyklus fällt nicht mit dem emotionalen Höhepunkt der Schmerzversion zusammen, sondern geradezu in ein „Ausdruckstief"[57]. Um das Abklingen des Schmerzes gegen Ende der Nummer sinnfällig zu machen, modifiziert Blacher dagegen das metrische Schema sehr wohl. Ebenso dürfte die Verkürzung des metrischen Schemas am Ende von Nummer 2 („Liebe 1") dramaturgisch motiviert sein: Egk hat einzig für diese Nummer eine szenische Vorgabe gemacht, nach der der Tenor eine Schneiderpuppe auf die Bühne bringt und schmückt. „Der Sopran liebt den Tenor und wird von ihm zurückgewiesen. Zum Schluß der Szene erschießt der Sopran die Schneiderpuppe."[58]

Solche Beobachtungen deuten die Ambivalenzbreite von Blachers Textbehandlung an. Von genereller Anti-Sprachlichkeit, wie sie der Librettoverzicht auf Semantik nahelegt, kann keine Rede sein. Vielmehr dient das metrische Gerüst häufig dazu, die durch Asemantik verwischten dramaturgischen Verläufe mit musikalischen Mitteln zu restituieren. Die variablen Metren lassen sich ge-

---

errichten; allen gemeinsam aber ist die von Statikern berechnete Materialbeanspruchung der Konstruktion und damit die charakteristische äußere Form des Gebäudes" (Rufer: *Bekenntnisse und Erkenntnisse*, a.a.O., S. 263).
[53] Grafschmidt: *Boris Blachers Variable Metrik und ihre Ableitungen*, a.a.O., S. 154ff.
[54] Scherf: „Die ‚variablen' Prozesse in der Abstrakten Oper Nr. 1 von Boris Blacher", a.a.O., S. 141.
[55] Grafschmidt, a.a.O., S. 158.
[56] Scherf, a.a.O., S. 146.
[57] Ebd., S. 142.
[58] Partitur wie KA, S. 2.

rade bei der „Abstrakten Oper Nr. 1" aber noch in einem anderen Zusammenhang verstehen, für den wir uns erneut einen kurzen Exkurs in die Kunstgeschichte erlauben. Bereits in seiner epochalen, 1908 erstmals veröffentlichten Kunsttheorie beschreibt Wilhelm Worringer das „Bedürfnis, die Wiedergabe des Naturvorbildes mit den Elementen jener reinsten Abstraktion, nämlich der geometrisch-kristallinischen Gesetzmäßigkeit, in Beziehung zu bringen, um ihr auf diese Weise den Verewigungsstempel aufzudrücken und sie der Zeitlichkeit und Willkür zu entreißen".[59] Diese Denkrichtung, die bereits der frühen gegenstandslosen Malerei als Rückrad diente, fand nach dem Zweiten Weltkrieg Bestätigung durch eine wachsende Nähe von Wissenschaft und Kunst, ohne die auch Blachers musikalischer Vorstoß nicht zu denken ist. Nur durch Abstraktion konnten jene Erkenntnisse reflektiert werden, die aus der Wissenschaft ins Bewußtsein drangen. Der Kunsthistoriker Werner Haftmann spricht in diesem Zusammenhang von „parallele(n) Erkenntnisweisen einer abstrakter gewordenen Wirklichkeitserfahrung".[60] Das beflügelte und drängte die Gegenständlichkeit buchstäblich aus dem Blickfeld. Insbesondere durch die Erkenntnisse der Physik wurden Zweifel genährt: Der Souveränitätsanspruch der dinglichen Welt, lange als selbstverständlich angesehen, war plötzlich erschüttert. Realität als Greifbares entzog sich. Wirklichkeit wurde nicht mehr als solche erfahren, sondern als erkenntnistheoretisches Problem. Woraus, mit den Worten von Klaus-Peter Schuster, folgt: „Angesichts eines solchen nicht mehr rückgängig zu machenden Welt-, Wirklichkeits- und Raumverlustes bleibt der Malerei kein Gegenstand mehr, nur noch Fläche und Farbe!"[61]

Es ging dabei keineswegs darum, wissenschaftliche Erkenntnisse zu illustrieren. Alexander Camaro, der an der Berliner Hochschule für Bildende Kunst unterrichtete, gegenüber von und gleichzeitig mit Blacher, hat das so formuliert:

„Die Moderne' ist ein ehrlicher und notwendiger Ausdruck unserer Zeit, sonst gäbe es sie nicht. Es ist kein Mißklang, wenn sie versucht, in Gebiete vorzustoßen, oder sie zu erfassen sucht, die durch die Erkenntnisse der technischen und wirtschaftlichen Entwicklung erschlossen sind. Denn es ist nicht zu leugnen, daß dadurch unser Weltbild ein zusätzlich neues Gesicht erhalten hat. (...) Können wir uns heute nicht von Wissenschaft und Technik, oder besser den erforschten Welten, inspirieren lassen?"[62]

---

[59] Worringer: *Abstraktion und Einfühlung*, Amsterdam 1996, S. 79.
[60] Haftmann: *Malerei im 20. Jahrhundert. Eine Bildenzyklopädie*, a.a.O., S. 325.
[61] Zit. nach Körner (Hg.): *„Flächenland"*, a.a.O., S. 166.
[62] Akademie der Künste (Hg.): *Camaro. Bilder, Aquarelle, Graphik*, Berlin 1969, S. 102.

Neben der Physik gewann dabei besonders Mathematik für die Künstler an Bedeutung. Von Zahlen und geometrischen Formeln ging eine neue Faszination aus, weil „in deren unkörperliches Filigran der moderne Geist sein ganzes Weltbild hat eindenken können".[63] Und es war wiederum Worringer, der schon früh darauf hinwies, daß gerade in der damit verbundenen Selbstobjektivierung eine Selbstentäußerung liegt.[64]

Diese Entwicklung, die wir hier nicht weiter vertiefen können[65], findet sich mit etwas veränderten Vorzeichen auch in der Dichtung. Nicht zufällig trägt Eugen Gomringers Basis-Aufsatz den Titel „vom vers zur konstellation" und definiert den poetischen Begriff der Konstellation als „eine ordnung und zugleich ein(en) spielraum mit festen größen".[66] Mit Gomringer setzen auch andere Vertreter der sogenannten „Konkreten Poesie" auf sinnliche, oft halluzinatorische Wort- und Sprachreize und beziehen diese aus der Sprache selbst. Darin lag nicht nur die Befreiung von der Metapher, sondern auch von Syntax und tradierter Semantik, womit wir wieder bei der „Abstrakten Oper Nr. 1" sind, die auf das skizzierte Sprachproblem mit den Mitteln ihres Laut-Librettos und variabler Metrik reagiert.

Max Bill, der den abstrakt-konstruktivistischen Ansatz in Bildender Kunst und Architektur vorantrieb und der mit Blacher später bei „Zwischenfälle bei einer Notlandung" als Bühnenbildner zusammenarbeitete, forderte 1949 eine mathematisch determinierte Kunst: „je exakter der gedankengang sich fügt, je einheitlicher die grundidee ist, desto näher findet sich der gedanke im einklang mit der methode des mathematischen denkens; desto näher kommen wir einer gültigen struktur und desto universeller wird die kunst sein."[67] Wie sich dieses Denken, dem Blacher mit seinen variablen Metren in den 50er Jahren konsequenter folgt als später, aus der Position des analytischen Gegenübers darstellt,

---

63 Haftmann: *Malerei im 20. Jahrhundert. Eine Entwicklungsgeschichte*, München, London u.a. [9]2000, S. 465.
64 Worringer: *Abstraktion und Einfühlung*, a.a.O., S. 60.
65 Verwiesen sei insbesondere auf Martin Horaceks ausführlichen Beitrag „Naturwissenschaftliches Weltbild und abstrakte Malerei", in: Körner (Hg.): „*Flächenland*", a.a.O., S. 149ff.
66 Gomringer: *therorie der konkreten poesie, texte und manifeste 1954-1997*, a.a.O., S. 16.
67 Zit. nach Willenbrink: *Der Zeitopernkomponist Boris Blacher*, a.a.O., S. 218. In dem von Gomringer herausgegebenen Band *Max Bill* (Teufen 1958, S. 15) vertieft Max Bense diesen Aspekt: „seine ästhetische information verschmäht es, information einer information zu sein, wodurch der klassische fall gekennzeichnet ist. bills ästhetische information ist auch keine selbstinformation; bill will nicht sich ausdrücken, sondern bestehende ästhetische sachverhalte; er denkt, wenn er malt, nicht abstrakt wie hegel (in wesenheiten), er denkt, wenn er malt, abstrakt wie wittgenstein (in relationen)."

hat Max Bense beschrieben. Er treibt es mit seiner Informationsästhetik ins Extrem:

> „Wir spiegeln nicht nur die Welt der physikalischen Zustände und Gegebenheiten in mathematisch erreichbaren Zahlenwerten; die Technik der statistischen, numerischen Ästhetik von heute ist auch in der Lage, die Kunstwelt, (...) die Welt der ästhetischen Zustände in einem solchen Netz von Zahlen wiederzugeben. (...) Das sind wir unserer Zivilisation schuldig, weil in dieser Zivilisation die Verdichtung der auftretenden Produktion, der Dinge und der Menschen, die sich mit den Dingen auseinandersetzen, immer stärker wird. Wenn aber diese Dichte einen bestimmten Grad erreicht hat, dann darf man diese Dinge nicht mehr der Beliebigkeit der Auffassung, der Beliebigkeit der Perzeption und Deutung überlassen, dann muß man sie sozusagen in die eigentliche Natur unseres Geistes, in die kartesianische, methodische, wiederholbare Natur unseres Geistes hineinbekommen; und das ist der Grund, warum numerische Ästhetik angestrebt wird."[68]

Blacher hat sich einer numerischen Ästhetik dieser Art nie unterworfen und nie im integralen Sinn seriell komponiert. Daran hinderte ihn schon sein ausgeprägter Personalstil, der sich bereits in den 20er Jahren geformt hatte. (Gerade weil er über diesen Personalstil verfügte, dürfte ihn das Problem des Sprachzerfalls, auf das Benses Theorie reagierte, weniger musikimmanent beschäftigt haben, sondern als Ausdruck der Zeit.) Dennoch nimmt er die Akzentverlagerung von der tradierten Interpretationsästhetik zur Feststellungsästhetik bewußt war. Nichts zeigt das deutlicher als ein Vortrag, den er Anfang 1954, wenige Monate nach der Uraufführung der „Abstrakten Oper Nr. 1" hielt:

> „Vielleicht läßt sich ein musikalischer Kalkül entwickeln, wenn wir folgende Sätze eines Mathematikers grundsätzlich akzeptieren: ‚Ähnlich, wie es für die algebraische Gleichung einer Metaphysik die Gruppe gibt, deren Kenntnis das Innerste einer Gleichung enthüllt, gibt es auch für das Kunstwerk eine Metaphysik, nämlich einen Symmetriegehalt, dessen Kenntnis gestattet, beliebig viele schöne Stücke zu komponieren, und die Auffindung solcher Konfigurationen ist die wahre künstlerische Leistung. Vielleicht ist das gute Kunstwerk durch eine Minimaleigenschaft ausgezeichnet: es ist das einfachste Stück, das bei dem in ihm enthaltenen Symmetriekomplex möglich ist.'"[69]

Doch der Blick auf das metrische Gerüst der „Abstrakten Oper Nr. 1" reicht noch nicht aus, um die spezifische Art von Sprachlichkeit zu erfassen, auf die es Blacher und Egk anlegen. Welche Assoziationsprozesse laufen dabei ab? Egk

---

[68] Bense: „Einführung in die Informationsästhetik", in: H. Ronge (Hg.): *Kunst und Kybernetik*, Köln 1968, S. 41.
[69] Blacher: „Die musikalische Komposition unter dem Einfluß der technischen Entwicklung der Musik", in: F. Winckel (Hg.): *Klangstruktur der Musik*, Berlin 1955, S. 208.

richtet seinen Text „an das automatische Assoziationsvermögen des Zuhörers" und lenkt dieses durch die Überschriften der Abschnitte. Was heißt in diesem Zusammenhang „automatisch"? Wann und wodurch stellt sich überhaupt über das onomatopoetische Raster eine „psychische Korrelation von Laut- und Bedeutungsebene"[70] her?

Solchen Fragen zielen auf psychophonetische Aspekte. Dieser Spur folgend, möchte ich die Untersuchungen Suitbert Ertels heranziehen und sie, sofern sie sich auf das Libretto der „Abstrakten Oper Nr. 1" beziehen lassen, zunächst verkürzt wiedergeben. Grundlage sind drei psychische „allgemeinqualitative Dimensionen"[71] („Valenz", „Potenz", „Erregung"), die auf sämtliche phänomenale Gegenstandsbereiche anwendbar sind, die also zum Beispiel „bei der Wahrnehmung von Farben ebenso skalierbar sind wie bei der Wahrnehmung von Klängen, bei der Vorstellung von Dingen ebenso wie bei der Vorstellung von Personen, bei der Vergegenwärtigung konkreter Begriffe ebenso wie bei der Vergegenwärtigung abstrakter Begriffe".[72] Die Versuche zu diesen „Allgemeinqualitäten" im asemantischen phonetischen Bereich ergaben, daß eine „allgemeinqualitative Beurteilung" auch bei „sinnfreie(n) Lautgebilde(n)" möglich ist: „Die qualitative Dimensionalität der so verwendeten Kunstwörter erwies sich als die gleiche wie die der sinnvollen Attribute (Erregung, Valenz, Potenz)."[73] Die sich daraus ergebende Schlußfolgerung liefert die psychophonetische Basis für das, was Egk mit dem „automatischen Assoziationsvermögen des Zuhörers" meint: „Kunstwörter können demnach unabhängig von sprachlich-semantischer Konvention als Symbole für Bedeutungen gebraucht und verstanden werden, d.h. für Bedeutungen auf dem Niveau der allgemeinen Qualitäten."[74] Länge oder Komplexität der Kunstworte spielen dabei keine Rolle. Vielmehr kann bereits „der Lautcharakter der kleinsten phonetischen Einheiten zum Gesamtcharakter des Lautgebildes, in dem diese Einheiten als Segmente unterscheidbar sind, wesentlich beitragen."[75]

Im nächsten Schritt widmet sich Ertel frei erfundenen Lautgebilden unter dem Aspekt semantisch-phonetischer Korrespondenzen. Sein Ergebnis: Lautgebilde lassen sich vom Hörer als symbolisch begreifen, „wenn sie als Zeichen

---

[70] Klüppelholz: *Sprache als Musik*, a.a.O., S. 128.
[71] Ertel: *Psychophonetik. Untersuchungen über Lautsymbolik und Motivation*, Göttingen 1969, S. 26.
[72] Ebd., S. 27.
[73] Ebd., S. 110.
[74] Ebd.
[75] Ebd., S. 112.

für Bedeutungen verwendet werden, deren Allgemeinqualitäten (Bedeutungscharakter) zur Allgemeinqualität des lautlichen Zeichens (Lautcharakter) in einem Stimmigkeitsverhältnis steht".[76] Selbstverständlich ist dieses Stimmigkeitsverhältnis wesentlich davon abhängig, ob dem Hörer die Wort- bzw. Lautgebilde „als Bedeutungsträger vertraut sind", worüber wiederum eine „ausgiebige Sprachverwendung"[77] entscheidet. Werner Egk nutzt auch diesen Aspekt: Seine Lautkombinationen setzen bei der Umgangssprache oder bei emotionalen Ursprungslauten an. Das dürfte er mit seiner Formulierung von einem Dialog gemeint haben, „dessen Bedeutung in seiner Formelhaftigkeit liegt". Die fremdsprachigen Passagen bleiben auf allgemein gängige Floskeln beschränkt. Die Trivialisierung der Bedeutungsebene ist also keineswegs das Ergebnis von Egks Reduktionsprinzip auf den Sprachlaut, sondern dessen Voraussetzung, sofern eine semantisch-phonetische Korrespondenz als intendiert angesehen werden kann.

Dafür, daß dies der Fall ist, spricht nicht zuletzt Boris Blachers Umsetzung. Sie setzt selbst dort, wo Laut- und Bedeutungscharakter nicht mehr zugeordnet werden können, auf quasi semantische Verständlichkeit, indem sie an solchen Stellen dezidiert prosodische Allgemeinqualitäten auskomponiert: Wo der Sprachlaut als Information nicht hinreicht, widmet sie sich der Sprachgeste. Auch dies führt zur Vereindeutigung. Ertels phonetischer Befund, nach dem die Dynamik (im phonetischen Sinn) unter allen Merkmalen der Artikulation „im psychischen Zusammenhang eine Vorrangstellung einnimmt"[78], klingt wie eine Bestätigung dieses Vorgehens. In ähnlichem Sinn diagnostiziert Erik Fischer, daß in der „Abstrakten Oper Nr.1" „kohärente Handlungskontexte und eindeutige musikalische Stil-Allusionen (...) gänzlich die ausgesparte sprachliche Denotation" kompensieren.[79]

Der Widerspruch zwischen Abstraktion im Sinne von Asemantik einerseits und der Konzeption des Stückes als Zeitoper mit Anleihen beim Kabarett andererseits erweist sich somit als durch die Binnenstruktur relativiert. Lautmaterial

---

[76] Ebd., S. 156f.
[77] Ebd., S. 157.
[78] Ebd., S. 191.
[79] Fischer: *Zur Problematik der Opernstruktur*, a.a.O., S. 175. Noch einen Schritt weiter geht Martin Willenbrink (*Der Zeitopernkomponist Boris Blacher*, a.a.O., S. 198), indem er die „Abstrakte Oper Nr. 1" als „radikalisierte Form einer Opera-Seria-Dramaturgie des 19. Jahrhunderts" interpretiert, „in der es nicht auf Logik der Handlung oder das in Dialogen und Monologen ausgesprochene Denken ankam, sondern auf die sichtbare szenische Situation und deren musikalisch ausgedrückten Gesamtaffekt".

und Stimmproduktion sind als solche nicht Gegenstand des kompositorischen Prozesses. Der Entgegenständlichung, die das Libretto suggeriert, wird durch den phonologisch-semantischen „Appell" an das Assoziationsvermögen des Zuhörers ebenso entgegengearbeitet wie durch die musikalische Umsetzung.

Besonders deutlich wird dies, wenn man Ligetis 1962 entstandene „Aventures" bzw. „Nouvelles Aventures" (1962/1965) dagegenhält, die die in der „Abstrakten Oper Nr. 1" angelegten Tendenzen ins Extrem treiben.[80] Blachers und Egks Stück ist nicht zuletzt „eine Studie über das Medium Oper"[81]; Ligeti baut in „Aventures" immer wieder „die Opernkonvention parodierende Spektakel"[82] ein. Beide Stücke leben aus der Spannung zwischen strukturell elaborierter Klangebene und einer von Dada inspirierten Textvorstellung. Die gemeinsame Basis reicht ins Detail: Auch Ligeti läßt Phoneme statt Worte artikulieren, auch ihm geht es nicht um Dialog, sondern um Sprachklischees, die desavouiert werden sollen. Bei Blacher wie bei Ligeti beinhaltet das eine humoristische Schicht, ein Moment von Drastik und (Über)Deutlichkeit, das als Kontrast zur konsequenten Strukturierung fungiert. Wie die „Abstrakte Oper Nr. 1" bewegen sich die „Aventures" an der „Grenze von Naturalismus und Stilisierung"[83], von „Sprache und phonetischen Komplexen".[84] Beide Stücke folgen darin einer Traumlogik. Für beide gilt die Technik harter Schnitte, durch die „an den Nahtstellen der Aufprall solch widersprüchlicher Affektebenen derart zugespitzt" wird, „daß der Kontrast bald ironische, bald surreale Färbung annimmt".[85] In diesem Sinne hat Egk bei der „Abstrakten Oper Nr. 1" die diagnostische Sprachsphäre relativiert: Zuordnungen von Text und Person sind in einigen Nummern austauschbar. Beide Stücke entziehen ihrem Text den Boden fixierter Begrifflichkeit, tragen aber auch das „Röntgenbild an Tradition in sich"[86]: Die Bekämpfung der Klischees gelingt nicht, ohne daß diese bemüht werden. Während aber Blacher und Egk dieses „Röntgenbild" fröhlich und persiflierend übermalen, legt Ligeti es unters Mikroskop.

---

80 „Aventures" gelangten am 4. April 1963 unter der Leitung von Friedrich Cerha beim NDR in Hamburg zur Uraufführung. Dort kamen am 26. Mai 1966 auch „Nouvelles Aventures" erstmals heraus (Leitung: Andrzej Markowski).
81 Willenbrink: *Der Zeitopernkomponist Boris Blacher*, a.a.O., S. 9.
82 Peter von Seherr-Thoss: *György Ligetis Oper „Le Grand Macabre"*, Weimar 1998, S. 179.
83 Monika Lichtenfeld: „György Ligeti oder Das Ende der seriellen Musik", in: *Melos* 2/1972, S. 76.
84 Harald Kaufmann: „Ein Fall absurder Musik", in: ders: *Spurlinien*, Wien 1969, S. 130.
85 Lichtenfeld: „György Ligeti oder Das Ende der seriellen Musik", a.a.O., S. 76.
86 Kaufmann: „Ein Fall absurder Musik", a.a.O., S. 151.

Struktur

Ligeti beschäftigte sich zur selben Zeit, als die „Abstrakte Oper Nr. 1" entstand, mit Lautgedichten. Er beruft sich auf Einflüsse von James Joyce, Hugo Ball, Hans G. Helms und der Lettristen, kannte aber offenbar das Stück von Blacher und Egk nicht. Trotzdem führte er die Idee, die ihm zugrundeliegt, weiter. Es geht Ligeti um die „Entsemantisierung der begrifflichen Sprache zugunsten der Komposition ihrer Klangqualitäten", die wiederum „ihre Entsprechung in der Semantisierung (Versprachlichung) der begriffslosen Musik durch die musikalische Komposition der sprachlichen Lautpantomime" erfährt.[87] So schafft er sich in „Aventures" eine neue, künstliche Sprache, die sich zwischen Sprache und Klang bewegt. Er

> „dachte dabei nicht an eine Umfunktionierung semantischer Sprachelemente zu musikalischen, an eine Auflösung von Sprachbedeutung in kompositorischem Sinn (...). Ihm schwebte vielmehr die Ablösung der immanent musikalischen Schicht von der Sprache und die Übertragung ihrer Artikulationsformen aufs musikalische Material vor, derart, daß sich Sprache – losgelöst von jeder Wortbedeutung – schon im Ansatz mit Musik identifiziert."[88]

Mit diesem Verfahren geht Ligeti über Stockhausens Versuche, die Sprache als Klangerzeuger zu nutzen, hinaus und gebraucht einen erweiterten Materialbegriff. Er

> „operiert (...) im Grunde genommen nicht mehr mit Tönen, sondern mit ‚aussermusikalischen' Affektobjekten, aus denen das Kompositionsmaterial gewonnen wird. Der Begriff Musik ist damit erweitert worden: nun komponiert der Komponist bewusst auch das, was sich früher unterschwellig und selbstverständlich mit der Komposition verband."[89]

---

[87] Wilfried Gruhn: *Musiksprache – Sprachmusik – Textvertonung*, Frankfurt am Main u.a. 1978, S. 98. Klüppelholz (*Sprache als Musik*, a.a.O., S. 132) unterscheidet zwischen „konventionalisierten Interjektionen, (...) Lautfolgen mit symbolischer Bedeutung und (...) sprachlich bedeutungslosen". Denkbar plastisch fällt hierzu die Beschreibung von Ulrich Dibelius aus (*Ligeti. Eine Monographie in Essays*, Mainz, London u.a. 1994, S. 79): „Und um die psychische Dimension bei den drei Vokalstimmen (...) unmißverständlich hervorzuheben, verzichtet Ligeti auf Sprache und Wortsinn, verwendet statt dessen allein die Phoneme einer vorsprachlichen Lautäußerung: Hecheln, Stammeln, Plappern, Bramarbasieren, Staunen, Zischeln, Flüstern, aufgeregtes Durcheinanderquasseln – ein ständiges Als-ob von Disputen, emotionalen Zuständen, Mini-Szenen und bizarren Abbreviatur-Dramoletten."

[88] Lichtenfeld: „György Ligeti oder Das Ende der seriellen Musik", a.a.O., S. 76. Dieter Schnebel (*Anschläge – Ausschläge*, München und Wien 1993, S. 229) hat diesen Gedanken variiert: „Indes läßt sich auch Sprache selbst in Richtung Musik führen, gerade wenn ihre auf phonetischen Elementen beruhende Semantik ausgeschaltet wird, erfordert doch die genaue Festlegung eines sprachlichen Verlaufs seine Definition mit Hilfe musikalischer Parameter."

[89] Salmenhaara: *Das musikalische Material und seine Behandlung in den Werken Apparitions, Atmosphères, Aventures und Requiem von György Ligeti*, a.a.O., S. 105. Heike (*Musiksprache*

Erkki Salmenhaara nennt dies ein „Netzwerk aus Gefühlszuständen und Affekten, das an Stelle von akustischen Koordinaten steht".[90] Die Grade der Verständlichkeit sind demzufolge in beiden Stücken unterschiedlich: Während „Aventures" „ein Mosaik von Gefühlspatterns" darstellt, „in dem Ähnlichkeiten und Ordnungen dem Hörer wohl ahnbar, aber nicht auffaßbar werden"[91], während Ligeti somit sogar in Richtung einer Musica negativa arbeitet, die es keineswegs auf klare Sinnstiftung anlegt, kann und will sich die „Abstrakte Oper Nr. 1" trotz ihres Titels weder von der Faßlichkeit noch von der tradierten Text-Musik-Relation verabschieden.

Dennoch läßt sich auch „Aventures" im weitesten Sinne als Zeitoper verstehen: Das Stück reflektiert und attackiert damals aktuelle Strömungen. Die Rezeptionsgeschichte, in der das Interesse daran seit den 70er Jahren stark abgenommen hat, zeigt das ebenso deutlich wie Hans G. Helms' aus der Emphase von 1968 heraus geschriebenes Statement:

> „Ligeti bringt den wirklichen Zustand der ahistorischen, inkommunikativen Gesellschaft ohne Beschönigung auf die Bühne und attackiert ihn zugleich mit historisch reflektierten kompositorischen Mitteln. Er nimmt den reproduktiven Zwang nicht hin, er denunziert vielmehr die Wirkung des Reproduktiven auf das Individuum."[92]

In welches Extrem Ligeti die Idee der „Abstrakten Oper Nr. 1" getrieben hat, zeigt sich insbesondere, wenn man Werner Klüppelholz' Beschreibung des Formgerüsts von „Aventures" als „Entwicklung von der Sprache zur Musik und von dort zurück zur Sprache"[93] und Clytus Gottwalds folgende Beschreibung von Sprachkomposition in Betracht zieht:

---

und Sprachmusik, a.a.O., S. 94) spricht in diesem Zusammenhang von einer „Expressemkomposition", die auch die Richtung der Expresseme und „Expressempolyphonie" (S. 97) in die Planung einschließt. Interessant hierbei auch die Beobachtung von Bielitz („Zur Verwendung von Sprache in der Neuen Musik", in: Vogt (Hg.): *Neue Musik seit 1945*, a.a.O., S. 85): „Es handelt sich bei den ‚Kunstwörtern' von Ligeti also nicht etwa um onomatopoetische Bildungen (...), sondern um eine von der realen Sprache in ihrer funktional determinierten Klanglichkeit nicht zu leistende Ausrichtung des artikulatorischen Materials an den Ausdrucksfaktoren."

90 Salmenhaara: *Das musikalische Material ...*, a.a.O., S. 105. Das phonetische Klangmaterial, das Ligeti zugrunde legt, unterscheidet 119 verschiedene Sprachlaute und entstammt verschiedenen europäischen Sprachen.
91 Kaufmann: „Ein Fall absurder Musik", a.a.O., S.140.
92 Helms: „Voraussetzungen eines neuen Musiktheaters", in: U. Dibelius (Hg.): *Musik auf der Flucht vor sich selbst*, München 1969, S. 113.
93 Klüppelholz: *Sprache als Musik*, a.a.O., S. 134.

„Sprachkomposition kann mit Sprache nicht umgehen wie der Bildhauer mit seinem Stein. Sprach-Komposition ist immer auch Sprach-Kritik, Impetus, der sich gegen die Sprache und gegen die Art richtet, wie sie gesprochen wird. Sprachkritik aber nährt sich aus Liebe zur Sprache, ist Versuch, die Geschwüre an ihrem Leib aufzudecken, den Betrug beim Namen zu nennen."[94]

Weder Werner Egk noch Boris Blacher brechen in ihrer „Abstrakten Oper Nr. 1" die Sprache in diesem Sinn auf. Vielmehr erscheint ihre Reduktion gemessen an Ligetis Vorgehen willkürlich. Der affirmative Charakter von Sprache, gegen den sich Ligeti wendet, wirkt bei ihnen durch die Rudimentierung eher gestärkt als geschwächt. Hier setzt das parodistische Element an, ohne daß dabei die phonetische Ebene musikalisch ausgewertet würde. Im Mittelpunkt der Kritik steht weniger die Sprache an sich als Sprachhaltung und Sprachgestus. Es ist daher nur folgerichtig, daß die Grenzen zwischen Vokal- und Instrumentalpart, die Ligeti in „Aventures" verwischt, in der „Abstrakten Oper Nr. 1" noch deutlich gezogen sind. Während Blacher und Egk Silben als Symbole tradierter Ausdruckscharaktere einsetzen, geht es Ligeti gerade darum, „daß die vordergründigen Ausdruckscharaktere durch den Kompositionsakt, durch Zurichtung und Verfremdung, in die Materialsphäre zurückgeholt werden".[95]

Solche Divergenzen ändern jedoch nichts daran, daß Blacher und Egk sich als „Ligetis Vorgänger"[96] verstehen lassen, und die Naivität, die die „Abstrakte Oper Nr. 1" heute für manchen Hörer ausstrahlt, sollte nicht über ihre damalige Progressivität hinwegtäuschen. Auch muß die Perspektive der „Aventures" den Innovationsschub, der von Blacher und Egk ausging, keineswegs nivellieren. Die Gegenüberstellung verdeutlicht vor allem, welchen Weg die Musikgeschichte in den zehn Jahren, die zwischen der Entstehung beider Werke liegen, zurückgelegt hat. Allerdings verbietet sich auch hier teleologisches Geschichtsdenken. Erik Fischer hat der vielbeschworenen Avanciertheit von „Aventures" die Vermutung entgegengesetzt, daß „die Auflösung des musikdramatischen Gattungstypus", die das Stück repräsentiert, „die ästhetischen Normen der verworfenen Vorbildstruktur indirekt zu bestätigen scheint"[97], und führt den entsprechenden Nachweis: Ligeti dissoziiere zwar bei seiner „Analyse des integrierenden Gesamtsystems ‚Oper' (...) die generische Fundamentalstruktur".[98] Diese werde „nicht nur verneinend transformiert, sondern auch dialektisch auf-

---
[94] Gottwald: „Bausteine zu einer Theorie der Neuen Vokalmusik", a.a.O., S. 261f.
[95] Kaufmann: „Ein Fall absurder Musik", a.a.O., S. 133.
[96] Fischer: *Zur Problematik der Opernstruktur*, a.a.O., S. 175.
[97] Ebd., S. 169.
[98] Ebd., S. 168.

gehoben".[99] Letztlich markiere dies jedoch keine über die Oper hinausweisende Innovation, sondern „nur die radikale Position einer spätzeitlichen ‚Gegen-Gattung', in der die Vorbildstruktur vollständig unterminiert und verzerrt wird".[100]

Es spricht für diese These, daß Ligeti in den 70er Jahren mit „Le Grand Macabre", der von ihm so genannten „Anti-Anti-Oper", einen Schritt nach vorne geht, der in der doppelten Negation zur Gattung zurückführt. Und es gehört zur Duplizität der Ereignisse, daß sich Blacher nur wenige Jahre vorher mit „Yvonne" ebenfalls auf die tradierte Opernform (und Literaturnähe) besinnt. Beide Komponisten schreiben nun in viel engerem Sinn Studien über die Oper in Opernform und greifen das Dissoziationsproblem gattungsimmanent auf.

Direkt mit dem Phänomen der Spachkomposition setzte sich Blacher zwischen der „Abstrakten Oper Nr. 1" und seiner „Yvonne" mehrfach auseinander. Zwischen 1962 und 1972 entstanden acht derartige Stücke im Arbeitskreis für elektronische Musik an der TU Berlin, dem Blacher ab 1961 als Spiritus rector vorstand. Ein besonders interessantes Beispiel ist „Der Astronaut" aus dem Jahr 1964 – ein Stück, das ausschließlich aus Sprachklängen besteht und mit ihnen den Raum erkundet. Blacher bezieht sich dabei auf die Weltraum-Mission von L.G. Cooper mit der Raumkapsel Mercury im Mai 1963. Permanente Wortverständlichkeit war nicht beabsichtigt: Die Tonbandgeschwindigkeit wurde im Laufe des Stückes erhöht; der Klang kreiste im Raum und versuchte so, dem Thema der Erdumkreisung gerecht zu werden.[101]

Es ist mit Blick auf die Kombination von Elektronik und Sprachkomposition bezeichnend, daß Blacher das Experiment der „Abstrakten Oper Nr. 1" nicht nach der Uraufführung als abgeschlossen ansah: Er erwog eine elektronische Fassung, wenn auch zunächst aus rein praktischen Gründen. Die Idee kam dadurch zustande, daß die Studenten aus den Orchesterklassen der HfM im Wintersemester 1969/70 mehrere Monate streiken, so daß eine vorgesehene Hoch-

---

[99] Ebd., S. 175.
[100] Ebd., S. 161.
[101] Interessant, daß Blacher auf die dreidimensionale Raumproblematik nicht durch die Musik, sondern durch die Bildende Kunst aufmerksam gemacht wurde. Bernhard Heiliger, dessen Blacher-Maske auf dem Titel des vorliegenden Buches abgebildet ist, war dafür verantwortlich. Bezeichnend, daß sich Heiligers Skulpturen „als Spannungen des Raumes und der Zeit mitteilen" (vgl. Kunst- und Ausstellungshalle der Bundesrepublik Deutschland (Hg.): *Bernhard Heiliger. Retrospektive 1945-1955*, Bonn 1995, S. 38). Auch unter den Aspekten Überwindung der Masse bzw. Abstraktion und Konstruktion ließen sich Parallelen zwischen Heiligers Objekten und Blachers Musik ziehen.

Struktur

schulaufführung der „Abstrakten Oper Nr. 1" gefährdet war. Blacher schlug daraufhin eine elektronische Begleitung vor. Im Gegensatz zu Kollegen und seinem Verlagsdirektor Dr. Kunz „begeisterte er sich an der Idee, eine elektronische Fassung der Orchesterbegleitung herzustellen. Die Bedenken, daß einerseits die Gefahr der Langeweile, andererseits die der Unmöglichkeit, Rubati und andere Temposchwankungen der Sänger zuzulassen oder auszugleichen besteht, teilt er nicht. (...) Er sieht die Sache als ein interessierendes Experiment an."[102]

---

[102] Aktennotiz Dr. Kunz vom 17.12 1970, VA/BB.

4.4 Wirkung

Als die szenische Uraufführung der „Abstrakten Oper Nr. 1" am 17. Oktober 1953 über die Bühne des Mannheimer Nationaltheaters ging, war keineswegs unmittelbar abzusehen, ob das Stück eine Sackgasse darstellte, ob es Tendenzen der Avantgarde ad absurdum führte, ins Lächerliche zog oder ob es das Tor zu Neuem aufstieß. Der Abend stellte es zwischen Egks Ballett „Die chinesische Nachtigall" und ein „Ballett der Farben", das ebenfalls auf Musik Egks basierte. Beide Komponisten saßen im Zuschauerraum. Die musikalische Leitung hatte Herbert Albert (ein Dirigent, der sich schon vorher für Blacher eingesetzt hatte, etwa mit der Uraufführung der „Paganini-Variationen" in Leipzig 1947). Die Bühnenbilder stammten von Paul Walter, die Kostüme von Gerda Schulte. Regie bei der „Abstrakten Oper Nr. 1" führte Hans Schüler, der im Programmheft eine Beziehung zwischen der Programmatik absoluter Musik und der Abstraktion von Egks Text knüpfte. Nicht zufällig, und sich des Risikos der Produktion bewußt, rückte er die „Abstrakte Oper Nr. 1" in die Nähe des tradierten Bildungskanons:

> „Man kann das Werk (...) wohl kaum gegenstandslos nennen, wie etwa eine Fuge von Bach oder ein Bild von Kandinsky. Schon die Überschriften einzelner Szenen wie ‚Verhandlung' oder ‚Panik' bedeuten ein ‚Programm', nicht viel anders als die Überschriften einzelner Sätze in Beethovens ‚Pastorale' oder die Titel mancher ‚abstrakter' Bilder."[103]

Auch bei der Begründung seines Regiekonzeptes knüpfte Schüler an tradierte Muster an und versucht dem Leser, durchaus berechtigt, zu suggerieren, bei der „Abstrakten Oper Nr. 1" handle es sich viel weniger um eine Absage an die traditionelle Opernform, als der Titel erwarten läßt. Bei aller Freiheit des Textes sei

> „das Material der theatralischen Kunst nicht formlos, wie Farbe oder Stein der Erweckung durch die Gestaltungskraft des bildenden Künstlers harrend, sondern es ist der lebendige Mensch, in der Oper der singende Darsteller mit eigener Seele und Gestaltungsvermögen, vor allem aber mit einer ihm von der Natur gegebenen Körperform. Dadurch sind der Freiheit der Formgebung bei der Verwirklichung der ‚Abstrakten Oper' auf der Bühne Grenzen gesetzt".[104]

Für den Darstellungsstil forderte er daher „keine absolute Gegenständlichkeit, sondern (...) Surrealismus". Aber alle Beschwörungen von etablierten Kunst-

---

[103] Nationaltheater Mannheim Spielzeit 1953/54, *Programmheft* zum Ballettabend „Die chinesische Nachtigall"/ „Abstrakte Oper Nr. 1"/ „Ballett der Farben" o. S. VA/BB.
[104] Ebd.

formen, alle Querverweise und Rückbezüge zum tradierten Operngenre nützten nichts. Die Aufführung wurde zum größten Theaterskandal im Deutschland der Nachkriegszeit. Wilhelm Herrmann beschrieb in der „Westdeutschen Neuen Presse" vom 19. Oktober 1953 den Eindruck „einer bajuwarischen Kirchweihkeilerei", als sich das Leitungsteam auf der Bühne zeigte.[105]

Dies verursachte wiederum eine Stellungnahme Schülers, die in den Bühnenblättern des Hauses gedruckt wurde und sich gegen Drohungen wie parteipolitische Kämpfe zu Wehr setzt. Der Text soll hier ausführlich zitiert werden – nicht nur, weil er schwer zugänglich ist, sondern auch weil er als Dokument gegen den Konservativismus des Opernpublikums über den Bereich lokaler Kultur hinausgeht. Bis heute hat dieses kulturpolitische Statement nichts an Aktualität eingebüßt:

> „Das Nationaltheater lehnt es ab, auf seiner Bühne Dinge vorzuführen, die religiöses Empfinden oder Anstand und gute Sitte verletzen. Es will sich aus der Parteipolitik heraushalten. Dagegen beansprucht es die Freiheit, die geistigen Fragen der Gegenwart zur Diskussion zu stellen und mit seinen Mitteln zur künstlerischen Gestaltung der Zeit beizutragen. Ein Theater, das nicht aus seiner Zeit stärkste Impulse empfängt, ist tot; desgleichen ein Publikum, das sich in Vorurteilen der zeitgenössischen Kunst verschließt, nicht zur Zukunft des Theaters beiträgt, sondern zu seiner Erstarrung im Herkömmlichen und damit zu seinem Ende. (...) Außerdem ist das Theater nicht nur zur ‚Erhebung' und ‚Unterhaltung' da. Es ist auch ein Spiegel seiner Zeit. Wenn dieser ihr Bild fratzenhaft erscheinen läßt, ist das nicht Schuld des Theaters. Ihr diesen Spiegel vorzuhalten, gehört auch zu den Aufgaben einer ‚moralischen Anstalt'. Der aktive Teil des Theaterpublikums hat gerade in Mannheim immer den Mut gehabt, in diesen Spiegel zu blicken. (...)
>
> Zu den Gebräuchen politischer Agitation zählt neben unsachlicher Verallgemeinerung auch die maßlose Übertreibung. So untergräbt das Theater mit der Aufführung moderner Opern angeblich seine eigene Existenz. Die Tatsachen beweisen das Gegenteil: Trotz (vielleicht sogar wegen?) der modernen Werke ist der Besuch des Nationaltheaters von Spielzeit

---

[105] Über die vierte Vorstellung berichtete Schüler am 28. November 1953 schriftlich an Blacher: „Die Gegner waren vollzählig versammelt, darunter die ganze Kulturgruppe des katholischen Männerwerks, aber die Freunde neuer Musik vom Oberbürgermeister angefangen auch. Unter den Zuschauern saßen viele Auswärtige, darunter Piscator. Die Polizei befand sich, natürlich unsichtbar, im Haus, weil ich fest entschlossen war, Störenfriede hinauszusetzen. Vor der „Abstrakten" trat ich vor den Vorhang, mit Klatschen und einigen Pfiffen empfangen, und gab eine kurze Begründung, warum wir Experimente machen, ersuchte die Opposition nicht während, sondern nach dem Stück zu pfeifen und erklärte dem Publikum das Stück, daraufhin blieb der Opposition ‚die Spucke weg'. Neben Beifall nach fast jedem Bild und am Schluss erfolgten noch einige Pfiffe – das war alles. (...) Ich habe daraus gelernt, dass man sich bei besonderen Dingen nicht scheuen sollte, dem Publikum vor der Vorstellung ein paar Anhaltspunkte zu geben" (UKA, Bestand 11, Nr. 10, S. 452).

zu Spielzeit gestiegen. Die Platzmiete hat den höchsten Stand in seiner Geschichte erreicht. Sollten die zirka dreißig vorgesehenen Aufführungen moderner Opern, die noch nicht 10 Prozent des gesamten musikalischen Spielplans ausmachen, die sprichwörtliche Theaterbegeisterung unserer Stadt lähmen? Die Geschichte des Nationaltheaters beweist das Gegenteil. Immer dann, wenn es sich auf seine Verpflichtung der zeitgenössischen Kunst gegenüber besonnen hat, erlebte es eine Glanzzeit trotz einer auch in früheren Zeiten sehr aktiven konservativen Opposition (...). Und was die ‚Verschwendung von Steuergeldern' für die ‚Abstrakte Oper' betrifft, so dürfte sich dieser Einwand von selbst widerlegen, wenn man bedenkt, daß die gesamten Aufführungskosten dieses 40 Minuten dauernden Werkes knapp 0,3 Prozent des jährlichen Ausgabeetats betragen. Außerdem war die ‚Abstrakte Oper' eingebettet zwischen zwei Ballette, die keinen Anstoß erregten und für sich allein schon einen Theaterabend gefüllt hätten, so daß auch die weniger experimentierfreudigen Besucher auf ihre Kosten kommen konnten. Schließlich braucht sich niemand Karten für eine Vorstellung zu kaufen, die er nicht zu sehen wünscht, und jedem Platzmieter steht es frei, seine Karten für Werke des landläufigen Spielplans, wie ‚Tosca' oder ‚Zarewitsch', umzutauschen, wenn er es ablehnt, auch nur eine halbe Stunde seines Theaterabends für ein Experiment zu riskieren. Wie von der Industrie und Wirtschaft sind auch vom Theater mißlungene Experimente in den Preis einzukalkulieren. Wenn sie trotz Ablehnung durch das Publikum der Gegenwart nicht gewagt werden, setzt das Theater seine Zukunft aufs Spiel. Auf weite Sicht rentieren sie sich. Soweit die nüchternen Tatsachen."[106]

Am 30. September und 1. Oktober 1957 liefen im Rahmen der „Berliner Festwochen" zwei Aufführungen der „Abstrakten Oper Nr. 1", die ein weit positiveres Echo bei Publikum und Presse fanden. Kombiniert war das Stück diesmal mit Stravinskijs „Mavra" und Hindemiths „Hin und Zurück": eine Produktion des Studios der Städtischen Oper Berlin (Dirigent: Hermann Scherchen, Inszenierung: Wolf Völker und Friedrich Petzold, Bühne: H. U. Thormann). In Blachers Stück sangen die später prominenten Tenöre Theo Altmeyer und Gerd Brenneis.

Dennoch wurde das Publikumsvotum aus Mannheim vielfach weitergetragen, sogar in wissenschaftlichen Arbeiten. So schreibt Erich A. Dworak noch 1966, daß die „Abstrakte Oper Nr. 1" in Egks Schaffen „weder vor noch nach dieser Abweichung irgendwelchen Einfluß" ausgeübt hätte[107], und setzt dabei das Wort „Abweichung" durchaus im pejorativen Sinn ein. Von der „Abstrakten Oper Nr. 1" als einem Mißgriff ist im Verlauf von Dworaks Dissertation die Rede, und die Publikumsreaktion der szenischen Uraufführung in Mannheim wird zum ausschlaggebenden Kriterium erhoben: „Die Reaktion des Publikums

---

[106] Nationaltheater Mannheim (Hg.): *Bühnenblätter* für die Spielzeit 1953/1954, Nummer 8, S. 1-4, Zitat S. 2ff. Eine komplette Version findet sich im VA/BB; ausschnittweise Zitate auch bei Henrich (Hg.): *Boris Blacher. Dokumente zu Leben und Werk,* a.a.O., S. 110f.

[107] Dworak: *Das deutschsprachige Opernlibretto,* a.a.O., S. 306.

auf diesen Versuch bewies (...), daß es nicht notwendig ist, derartigen Experimenten, vor allem auf der die Konvention nährenden Opernbühne, allzuviel Bedeutung zuzumessen."[108] Damit repetiert Dworak noch dreizehn Jahre nach der Uraufführung ein (Fehl)Urteil, das der „Abstrakten Oper Nr. 1" lange anhaftete.

Kontrovers wurde das Stück auch in den USA aufgenommen. Das läßt sich besonders deutlich an den Reaktionen ablesen, die eine Aufführung von drei Kammeropern Blachers („Die Flut", „Romeo und Julia" und „Abstrakte Oper Nr. 1") an der Boston University School of Fine and Applied Arts im Mai 1956 auslöste. (Blachers Stücke wurden im Rahmen einer Reihe mit modernen Opern gespielt, in die auch die amerikanische Erstaufführung von Hindemiths „Mathis der Maler" gehörte.) So lobte Warren S. Smith im „Sunday Herald" vom 6. Mai 1956 zwar „Die Flut" und „Romeo und Julia", war aber bei der „Abstrakten Oper Nr. 1" deutlich zurückhaltender. Kraß fiel das Urteil von Cyrus Durgin in „The Boston Evening Globe" vom 21. April 1956 aus: „Forever and ever will be dispute as to what is music. But I can tell you right away what isn't music, and that is the bill of three short operas by Boris Blacher (...)." Der Text geht allerdings nach dieser Fanfare nicht argumentativ vor, sondern liefert lediglich eine Beschreibung vom Ablauf der „Abstrakten Oper Nr. 1".

Weit positiver äußerte sich Klaus George Roy: „Must successful was the third work, ,Abstrakte Opera No. 1' (1953). To this reviewer it is a masterpiece of its kind. It may start a trend, point the way to a new medium. (...) The whole thing is enormously funny and affecting, wracky but brillant."[109] Neben der Rezension brachte Roy seine Meinung mit einem Statement zum Ausdruck, das er am 9. Mai bei einem offiziellen Abendessen vortrug. Darin ist auch die Rede von Publikumsreaktionen: „A notable member of the audience talked to this writer after the performance, remarking with some bitterness: ,but this is pure schizophrenia'!"[110] Seine Gegenposition beschreibt er so:

„It is a violent satire; it is a shocker; it is by no means ,pretty' or pleasing. But it is, almost certainly, an important work of art. (...)That is one of the things this piece is about – the terrible dislocation of modern life, brillantly exposed. (...) Another meaning of the piece is its exploration of the possibilities in communicating human emotions by associative symbols; does it mean more to us when an opera singer wails in Italian or German (...) than if she

---

[108] Ebd., S. 309.
[109] BBA/GH, Signatur 1.69.279. Das Dokument gibt keinen Aufschluß, in welcher Zeitung Roys Kritik veröffentlicht wurde.
[110] Roy: *Reflections on Boris Blacher's „Abstrakte Oper No. 1", performed at Celebrity Dinner*, zweiseitiges Typskript, BBA/GH, Signatur 1. 69. 288, Blatt 1.

grieves in a sort of primeval expression of sorrow --- applicable to all races and times and cultures? (...) What, indeed, is the *abstract* if not the essence of the *concrete*?"[111]

Und sein Resumee lautet:

„Study of the music reveals an unquestionable mastery of the material. It is an ingenious score, composed with greatest subtlety and technical imagination. Of course the texture is ‚dissonant', the tension-content high; the situations depicted could hardly be handled otherwise. Either one accepts the piece for what it seems to be – an experiment in a medium that is largely new, as yet unfinished, capable of further refinement, but eminently worth attempting and performing – or one will judge it by standards which are not relevant at all in this instance."[112]

Die Meinung, daß es die „Abstrakte Oper Nr. 1" wert ist, auf der Bühne überprüft zu werden, haben später in Deutschland Intendanten wenigstens in quasi regelmäßiger Unregelmäßigkeit vertreten. Eine in zweifacher Hinsicht wichtige Aufführung fand 1970 in Ulm statt. Die Idee dazu stammte von Robert Werner, der auch die musikalische Leitung hatte. Wichtig, weil das Stück mit Monteverdis „Il combattimento di Tancredi e Clorinda" und „Il Ballo delle Ingrate" kombiniert wurde: eine Zusammenstellung, die die Frage nach dem Text-Musik-Verhältnis epochenübergreifend stellt. Zum anderen, weil mit Film und Fotomitteln der Aspekt des Zeitgeschichtlichen herausgearbeitet wurde. Das Programmheft bemerkt dazu:

„Der Reiz der Abstraktion leitet sich her aus dem Gegensatz zur Realität, die die Folie abzugeben hat für jede Abstraktion. Daher versuchen wir, vor den jeweiligen Musikstücken, mit Hilfe filmischer und fotografischer Mittel Aspekte des gegebenen Themas aufzureißen, denen dann die künstlerische Reflexion mit den Mitteln der Musik und des kinetischen Ausdrucks gegenübergestellt wird. Wir haben keinen Film hergestellt zu diesem Zweck, sondern – gleichsam als Realitätsverschnitt – zufällig zur Verfügung stehendes Material wie Wochenschauen aus dem Entstehungsjahr 1953 oder Dokumentarberichte aus der Ulmer Umgebung ausgebeutet und aneinander gesetzt."[113]

---

[111] Ebd. (Hervorhebungen im Original.)
[112] Ebd., Blatt 2.
[113] Ulmer Theater (Hg.): *Programmheft* zum Studiokonzert „Oper im Experiment" am 7. November 1970, Redaktion: Klaus-Edgar Wichmann unter Mitarbeit von Robert Werner, o. S.

4.5 Zum Dada-Kontext

Seiner Untersuchung von Ligetis „Aventures" schickt Werner Klüppelholz eine drastisch abgrenzende Bemerkung über die „Abstrakte Oper Nr. 1" voraus. Zwar könnte das Stück von Blacher und Egk „die Priorität einer musikalischen Komposition von Sprachlauten beanspruchen. Diese ist allerdings schon deshalb unwesentlich, weil ein solcher Text über die Lautgedichte der Dadaisten offenbar nicht hinauskommt".[114] Auch andere Autoren konstatieren die Nähe zum Dadaismus, als sei sie eine Selbstverständlichkeit, und verwischen damit, daß diese Nähe, wenn sie überhaupt existiert, kaum im Detail begründet oder hinterfragt worden ist. Was also hat die „Abstrakte Oper Nr. 1" wirklich mit Dada zu tun? Was sucht, was soll, was will Dada Anfang der 50er Jahre auf der Musikbühne?

Die Fragen drängen sich auf. Denn so offenkundig Egks Text sich ans Lautgedicht klammert, so wenig hat die Dada-Bewegung originär mit Musik zu tun. Richard Huelsenbeck, einer ihrer Väter, betont sogar die grundsätzliche Differenz von Dada und Musik. In „En avant Dada" (1920) attestiert er der Musik lediglich in Form von Geräuschmusik bzw. Bruitismus künstlerischen Bestand, während Kunstmusik als solche für ihn in den Fallen von Abstraktion und Lebensferne steckt:

> „Le bruit', das Geräusch, das Marinetti in der imitatorischen Form in die Kunst (...) einführte, daß (sic!) er durch eine Sammlung von Schreibmaschinen, Kesselpauken, Kinderknarren und Topfdeckel ‚das Erwachen der Großstadt' markieren ließ, sollte im Anfang wohl nichts weiter als ein etwas gewaltsamer Hinweis auf die Buntheit des Lebens sein. (...) Die Bewegung bringt Erschütterung. Das Problem der Seele ist vulkanischer Natur. Jede Bewegung bringt natürlicherweise Geräusch. Während die Zahl und deshalb die Melodie Symbole sind, die eine Abstraktionsfähigkeit voraussetzen, ist das Geräusch der direkte Hinweis auf die Aktion. Musik ist so oder so eine harmonische Angelegenheit, eine Kunst, eine Tätigkeit der Vernunft – Bruitismus ist das Leben selbst, das man nicht beurteilen kann wie ein Buch, das vielmehr ein Teil unserer Persönlichkeit darstellt, uns angreift, verfolgt und zerfetzt. (...) Wagner hatte die ganze Verlogenheit einer pathetischen Abstraktionsfähigkeit gezeigt – das Geräusch einer Bremse konnte einem wenigstens Zahnschmerzen verursachen."[115]

Kurt Blaukopf und Rudolf Klein machen vor allem zwei Gründe dafür verantwortlich, daß Musik bei Dada primär als Geräusch eine Rolle spielt. Zum einen

---

[114] Klüppelholz: *Sprache als Musik*, a.a.O., S. 115.
[115] Huelsenbeck (Hg.): *Dada. Eine literarische Dokumentation*, Reinbek bei Hamburg 1984, S. 117f.

seien unter den Initiatoren der Bewegung keine bedeutenden Musiker gewesen; zum anderen „konnte den Dadaisten nicht verborgen bleiben, dass auf musikalischem Gebiet die Arbeit des Zerstörens, des Revoltierens gegen fossile Bestände kein Novum darstellte. Wo immer sie in musicis ansetzten, konnten sie nur fortführen, was bereits von anderer Seite angebahnt worden war".[116] Zumindest bei der zweiten Bemerkung sind Zweifel anzumelden, denn Destruktionsästhetik als Konzept tritt in der Musik erst viel später auf. Carl Dahlhaus hat deren Sinn und Sinnlosigkeit am Beispiel John Cage erläutert und dabei hervorgehoben, daß die „negative Ästhetik, der verspätete musikalische Dadaismus" bei Cage und seinen Adepten „am Ende in blinde Naturverehrung" mündet.[117] Was wiederum mit dem von Huelsenbeck formulierten Kunstverständnis korrespondieren würde.

So unleugbar wie schwer nachweisbar ist allerdings, daß Erik Satie in Wort und Musik Ideen des Dadaismus vorwegnahm. Blaukopf und Klein betonen zu Recht, daß die von Satie favorisierten Stilmerkmale – Durchsichtigkeit, harte Schnitte, lineare Faktur, Unmittelbarkeit der Wirkung – durchaus im Trend der Zeit lagen und keineswegs primär einer Individualästhetik zuzuschreiben sind. Daß Saties Rundumschlag gegen die Romantik mit Ironie und dadaistischen Freiheiten gewürzt war, spiegelte sich weniger direkt in der Musik, als vielmehr in deren verbalen Beigaben: an den Titeln und Anweisungen. Erst die später entstandenen Satie-Stücke „musique d'ameublement" (1920) und „Entre'acte" (1924) weisen dadaistischen Geist auch in der musikalischen Faktur auf.[118]

So wenig man Blacher mit Geräuschmusik und dem Dada-Rausch in Beziehung bringen kann: Zumindest zwei Parameter fallen auf, die seine Bühne wie die der Dadaisten prägen und die in der „Abstrakten Oper Nr. 1" eine zentrale Rolle spielen: der Rhythmus und – darauf aufbauend – das Moment des tänzerisch-gestischen Ausdrucks.[119] Daß das Moment der Improvisation, elementar

---

[116] Blaukopf/Klein: „Dada in der Musik", in: W. Verkauf: *Dada. Monographie einer Bewegung*, Teufen 1957, S. 89.
[117] Dahlhaus: „Über Sinn und Sinnlosigkeit in der Musik", in: *Die Musik der sechziger Jahre. Zwölf Versuche*, hg. von R. Stephan, Mainz 1972, S. 94.
[118] Mehr zum Verhältnis von Musik und Dadaismus bei Jürg Stenzl: „Tradition und Traditionsbruch", in: *Die Neue Musik und die Tradition. Sieben Kongreßberichte und eine analytische Studie*, hg. von R. Brinkmann, Mainz 1978, S. 90ff.
[119] Mary Wigman und Rudolf von Laban gehörten zu den Besuchern des „Cabaret voltaire". Interessant hierzu Huelsenbecks Einleitung zum „Dada-Almanach", die die geistig-sinnliche Beweglichkeit von Dada als philosophische Dimension deklariert (*Dada. Eine literarische Dokumentation*, a.a.O., S. 104f.).

für Dada, auch in der Wirkung von Blachers Partitur – und zwar ihrer peniblen Konstruktion zum Trotz – anklingen soll, bestärkt die Vermutung einer partiellen Nähe, über die die Unterschiede der Ästhetik zunächst hinwegtäuschen. Gleichzeitig enthielt Blachers Stil von Anfang an eine Affinität zu Saties „Stile depouillé", dessen Leidenschaft sich nicht leidenschaftlich gebärdet, sondern der Struktur gilt, und auf den dann später John Cage aufbauen konnte. Trotz solcher Nähe wäre die Behauptung übertrieben, die „Abstrakte Oper Nr. 1" löse den in früheren Dada-Phasen fehlenden Faktor der Musikalität ein. Der durchschimmernde Typus der botschaftsfreudigen Zeitoper weist in eine andere Richtung. Und natürlich auch Blachers Einsatz von variablen Metren. Ganz besonders die streng mathematische Determinierung, eine Antwort auf serielle Techniken, läßt sich kaum mit dem von Dada favorisierten Irrationalismus zusammendenken, den Karl Riha „als Rückbezug auf die innere Lebendigkeit des Künstlers, seine gottähnliche Erfinderkraft, als Rekurs aufs Unbewußte und Traumhafte"[120] beschrieben hat:

> „Psychologisch und geistesgeschichtlich handelte es sich um die Entdeckung beziehungsweise Wiederentdeckung des Irrationalen, Alogischen und Antilogischen, der Kräfte der Imagination, der tiefen Substanz des Traumes – und in ihrer Folge (...) um die Entdeckung der Naivität, der Kindlichkeit, des Dilettantismus oder des Irrsinns."[121]

Außerdem wird die „Abstrakte Oper Nr. 1" weniger von einer Destruktionshaltung getragen als von einem ironisch unterfütterten Standpunkt der Negation, nicht selten sogar der Parodie. In musikalischer Hinsicht erscheint die Haltung des Stückes zur Dada-Ideologie somit überaus janusköpfig.

Und mit Blick auf den literaturhistorischen Kontext? Bevor Hugo Ball im Juni 1916 in Zürich erstmals Lautgedichte der Öffentlichkeit vorstellte, verlas er einige „programmatische Worte". Darin erklärte er den Verzicht „auf die durch den Journalismus verdorbene und unmöglich gewordene Sprache" und den Rückzug „in die innerste Alchimie des Wortes": Man solle auch das Wort noch preisgeben und so der Dichtung „ihren letzten heiligsten Bezirk" bewahren. Es mache keinen Sinn, aus zweiter Hand zu dichten und Worte zu gebrauchen, die man „nicht funkelnagelneu für den eigenen Gebrauch erfunden" habe.[122] Den Ausgangspunkt hatte Ball schon in seiner vordadaistischen Phase formuliert: „Das Wort hat jede Würde verloren."[123] In Huelsenbecks Rückschau klingt das

---

120 Riha: *Da Dada da war ist Dada da*, a.a.O., S. 189.
121 Ebd., S. 196.
122 Huelsenbeck: *Dada. Eine literarische Dokumentation*, a.a.O., S. 163.
123 Zit. nach Riha: *Da Dada da war ist Dada da*, a.a.O., S. 188.

so: „Die Reduzierung der Sprache auf Laute (...) ist der Ausdruck eines moralischen Willens, die Menschen aus der Kompliziertheit ihrer Mißverständnisse auf einen sprachlichen Nenner zu bringen, auf dem sie wieder kommunizieren können."[124]

Solche Bemerkungen machen die Parallelen zwischen der Entstehungssituation von Dada und der Zeit nach 1945 unmittelbar sinnfällig. Die neue Dada-Welle kommt nicht überraschend. Die Erfahrung einer ver- und mißbrauchten Sprache gehört ebenso dazu wie das Bedürfnis nach Reduktion infolge einer Zeit aufgeplusterter (auch künstlerischer) Selbstdarstellung. Evident sind die Parallelen zwischen einer Phase, die sich von der grassierenden Spätromantik mit Gewalt abstieß, und einer, die sich mit Gewalt von der politischen Instrumentalisierung derselben Spätromantik abstoßen mußte. Kritische Spiegelung der Befindlichkeit und ein Rekurs auf das Unbewußte als Quelle neuer schöpferischer Kraft schließen sich dabei keineswegs aus. Ebensowenig die Neigung zum Abstrakten und zeitgeschichtliche Prägnanz. Für die Dada-Entstehung im Schatten des Ersten Weltkrieges wie für die Zeit wachsender Atombedrohung gilt W. H. Audens Formel vom „Age of Anxiety". Symptomatisch, daß Blachers Mitarbeiter Heinz von Cramer 1948 die Entfremdung des Menschen von seiner Umwelt konstatierte und sogar die These riskierte, „daß der Mensch unserer Tage keine Beziehung zu seiner Umwelt hat, ja, sie gar nicht haben kann, da es für ihn nach der Infragestellung des kopernikanischen Weltbildes, des Auseinanderfließens der Religionskomplexe und des Zurückziehens der technisch-physikalischen Anschauungen in die Weltfremdheit eines Geheimcodex überhaupt keine Umwelt mehr gibt".[125] Jürgen Hunkemöller charakterisiert vor diesem Hintergrund existentialistischer Thematik den Aufbau der „Abstrakten Oper Nr. 1":

„Angst als alles grundierende Befindlichkeit; Liebe als insulares, stets labiles Phänomen, das sich in Schmerz oder Angst auflöst; im Zentrum ein kafkaeskes Tribunal, das in Panik endet."[126]

Gleichzeitig läßt sich die Wiederbelebung von Dada in den 50er Jahren als Protest gegen die sich abzeichnende Restauration verstehen: insofern nämlich,

---

[124] Huelsenbeck: *Dada. Eine literarische Dokumentation,* a.a.O., S. 15. Zur Erfindung und Entwicklung des phonetischen Gedichts außerhalb des deutschen Sprachraums vgl. Helmut Heißenbüttel: *Versuch über die Lautsonate von Kurt Schwitters,* Wiesbaden 1983, S. 9f.
[125] Zit. nach H.-G. Klein: „Aktuelle Realität in Opern der 50er Jahre", a.a.O., S. 136. Vgl. hierzu auch die Abschnitte 4.2 und 4.3.
[126] Hunkemöller: *Boris Blacher, der Jazz-Komponist,* a.a.O., S. 63.

als Dada sich gegen alles wendet, „was ihm obsolet, mumienhaft, festsitzend erscheint", wie es der Almanach festschreibt.[127] Die Verständnislosigkeit, die der neuen Dada-Welle entgegenschlug (und die etwa Gottfried Benn in Worte faßte), macht das nur allzu deutlich. Interpretiert man die „Abstrakte Oper Nr. 1" aus diesem Blickwinkel, so fällt eine biographische Koinzidenz ins Auge: Blacher kam 1922 aus Ostasien erstmals nach Berlin. Daran, daß er die Ausläufer der Berliner Dada-Bewegung noch miterlebte, die im April 1918 einsetzte und sich bis in die frühen 20er Jahre zog, läßt schon „Habemeajaja" keinen Zweifel. Und ist es spekulativ gehört, wenn man den Nachhall von „Dada Berlin", dessen Impetus weit über „Dada Zürich" hinausging, in der „Abstrakten Oper Nr. 1" wahrnimmt? Gilt nicht auch für sie, was der Berliner Ober-Dada Johannes Baader als den Versuch bezeichnete „das ganze Register der menschlichen Lebensäußerungen"[128] auszukosten?

Neben dem Ineinander von existentialistischer Irritationserfahrung und vitalem Oppositionsgeist gehört freilich auch ein ganz pragmatischer Experimentiercharakter zu den Wurzeln des Stückes. Daß die 1932 erschienene „Ursonate" von Kurt Schwitters bei diesem Versuch, die Parameter des tradierten Operntopos ein Stück weit zu verschieben, Pate gestanden hat, dürfte außer Zweifel stehen. Denn die Grenzen, die die „Abstrakte Oper Nr. 1" zieht, fallen exakt mit denen bei Schwitters zusammen.[129] Sie sind mit einem Vorwurf umrissen, der Schwitters insbesondere nach dem Zweiten Weltkrieg gemacht wurde: er eliminiere zwar die Wortsemantik, würde damit aber den Klang noch keineswegs vom Traditions- und Begriffsballast der Sprache befreien. „Sprache minus Wortsemantik gleich autonome Laute war die viel zu simplistische Gleichung, auf die sich nach Schwitters noch viele verlassen haben."[130] Werner Egks Libretto geht in diesem Sinne vor, wählt asemantische Phoneme zumeist so, daß sich beim Hörer Bedeutungen einstellen: Geläufiges Sprachmaterial klingt auch im Ungeläufigen an. Expresseme werden im tradierten Kontext gebraucht. Der „Text" der „Abstrakten Oper Nr. 1" signalisiert weniger die Suche nach

---

127 Huelsenbeck: *Dada. Eine literarische Dokumentation*, a.a.O., S. 105.
128 Zit. nach Hans Richter: *DADA – Kunst und Antikunst*, Köln ⁴1978, S. 220.
129 Schwitters verstand seine Merzdichtung insofern als abstrakt, als sie vorbegriffliches Erleben ermöglicht und in der „Hinwendung zu Ding- und Sprachfragmenten (...)" zu begreifen ist „als ein Harmonisierungsversuch mit der nicht mehr als geordnet erfahrbaren Außenwelt". Vgl. zu dieser Problematik Helgard Bruhns: „Zur Funktion des Realitätsfragments in der Dichtung Kurt Schwitters'", in: H. L. Arnold (Hg.): *Kurt Schwitters* (= *Text und Kritik*, Band 35/36) München 1971, S. 33-39, Zitat S. 35f.
130 H.-L. Arnold (Hg.): *Kurt Schwitters*, a.a.O., S. 204.

der befreiten Vokabel, nach einer Neuordnung des Lautmaterials, sondern beschränkt sich auf die Rudimentierung des Vorhandenen. An den wenigen Stellen, in denen die Phoneme zunächst losgelöst von einem semantischen Bezugsfeld erscheinen, beginnt ein Prozeß, den Helmut Heißenbüttel bei der „Ursonate" beschrieben hat: „Die Quasimusikalisierung der freigesetzten Phoneme lenkt zurück in etwas, das wieder sprachähnliche Züge trägt."[131] Das läuft bei Blachers Vertonung nicht anders ab. Sie bildet ebenfalls eine Analogie zu Schwitters, insofern sie semantisch zwar ungebundene, aber keineswegs unbelastete Sprachsplitter in ein penibel ausgearbeitetes Ordnungsschema einpaßt – ein Schema, das sich in beiden Fällen nicht aus ihnen entwickelt, sondern als externes Gerüst fungiert (viersätzige Sonatenform bzw. variable Metrik). Außerdem bewegt sich Schwitters, wie nach und mit ihm Blacher und Egk, bewußt auf dem schmalen Grat zwischen werkimmanent postuliertem Kunstanspruch und Parodie.[132]

Daß das Bestreben, „abstrakt" im Sinne von asemantisch zu sein, in der „Abstrakten Oper Nr. 1" damit mehr Absichtserklärung als radikal durchgeführtes Experiment ist, wurde bereits mit ihrem Erscheinen konstatiert – allerdings in wechselnder Gewichtung. Während Klaus G. Roy den Innovationswert hervorhebt in „a medium that is largely new, as yet unfinished, capable of further refinement, but eminently worth attempting and performing" (s.o.), kritisiert Wilhelm Herrmann in seiner Premierenkritik denselben Sachverhalt als Diskrepanz und schreibt nach dem Mannheimer Theaterskandal: „Das Werk (...) ist keineswegs zu kühn. Im Gegenteil, es ist nicht kühn genug."[133]

---

[131] Heißenbüttel: *Versuch über die Lautsonate von Kurt Schwitters,* a.a.O., S. 13.
[132] Vgl. hierzu Heißenbüttel (ebd., S. 11): „Die Versöhnung von Sprache und Musik, von Semantik und Phonetik ist zugleich Parodie von beiden. Indem Schwitters die Sonate phonetisch auffüllt, macht er sich darüber lustig, ja, man versteht Details wie Fortgang nur dann, wenn man das Moment der Parodie mitliest."
[133] Herrmann: „Wer ist nun durchgefallen? Mannheimer Theaterskandal um ‚Abstrakte Oper Nr. 1'", in: *Westdeutsche Neue Presse* vom 19. Oktober 1953.

4.6 Abstraktes, Absurdes, Groteskes: Folgen für das Musiktheater

Erweist sich die „Abstrakte Oper Nr. 1" somit beim genaueren Hinsehen und Hinhören als weit weniger radikal, als es scheint (und als etwa Werner Egk in seinen Memoiren herausstreicht[134]), so steht sie doch – aus weiterer Perspektive betrachtet – inmitten einer progressiven Tendenz der 50er und 60er Jahre, durch Abstraktes, Absurdes und Groteskes neues Terrain für die Bühne zu erobern. Dabei arbeiteten Musik- und Sprechtheater aufeinander zu. Marianne Kesting hat das mit der Formel von einer „Musikalisierung des Theaters" bzw. „Theatralisierung der Musik" umschrieben.[135] Die Entwicklung ist bislang primär aus dem Blickwinkel des Sprechtheaters dargestellt worden. Wie sich die genannten Faktoren auf dem Musiktheater auswirken, stand dagegen weniger im Zentrum des Interesses. Im folgenden sollen dazu einige fragmentarische Überlegungen angestellt werden. Da die Entwicklung etwa in dem Zeitraum abläuft, den in Blachers Schaffen die Pole von „Abstrakter Oper Nr. 1" und „Yvonne" markieren, versteht sich der Abschnitt zugleich als Nach- wie als Vorspiel oder besser: als vermittelnde Überleitung.

Im Jahr 1957 begrüßte Heinz von Cramer, Blachers langjähriger Librettist und Mitarbeiter, Ionesco, Adamov und Beckett als Kontrast zum „ewigen Konversier- und Seelenergründungs-Theater".[136] Seine Erwartung gilt den Repräsentanten einer Bühne „der reinen Imagination (...), wo wieder einmal – endlich! – alles möglich wäre". Und er sieht in dem „Ausnahmezustand", der auf der Sprechtheaterbühne entstanden war, einen Kraftquell für die Oper, „von dem aus es vielleicht wieder leichter sein wird, Besonderheit und Stärke der Form ‚Oper' zu begreifen".[137] Das Denkmodell eines jungen, musikversessenen Literaten: Sprechtheater, von dem die Nachkriegszeit entscheidende Impulse erhält, kommt der stagnierenden Oper zur Hilfe, statt sie vollends ins Abseits zu drängen; die Oper besinnt sich auf Strindbergs Vorrede zum „Traumspiel": auf Traumlogik, den Verzicht auf einsträngige Narrativität, auf das Paradox einer quasi phantastischen Objektivität oder besser: einer Protokollierung des Unwahrscheinlichen, aber tief Stimmigen.

---

[134] Vgl. Egk: *Die Zeit wartet nicht*, a.a.O., S. 449.
[135] Der Essay unter diesem Titel erschien 1969 in *Melos* (Heft 3, S. 101-109) und in leicht überarbeiteter Form in M. Kestings Buch *Entdeckung und Dekonstruktion. Zur Strukturumwandlung der Künste*, München 1970, S. 277-302.
[136] Cramer: „Da wo die Oper sterblich ist: das Libretto", in: *Akzente*, 4. Jg., 1957, S. 138.
[137] Ebd.

Heinz von Cramer war mit seiner Erwartungshaltung nicht allein. Daß die „Wege des Opernlibrettos (...) früher oder später zu einem Kontakt mit der modernen Dramatik führen, insbesondere mit den Experimenten Ionescos oder Becketts", glaubte 1960 auch Karl Schumann, vor allem, weil sich im Absurden Theater eine „Einbruchstelle für die Musik" vorbereite.[138] Könnte also eine Art von Künstlichkeit, wie Strindberg sie propagiert, die Oper zur eigenen Künstlichkeit zurückführen und damit zu sich selbst? Sollte im Absurden Theater, das Strindbergs Ideen ins Extrem treibt, musikalisches wie musikdramaturgisches Potential stecken?

Bernd Alois Zimmermann beruft sich – man würde es bei ihm kaum erwarten – in seinem Grundsatz-Essay zu einem neuen Opernmodell auf Richard Strauss und Hugo von Hofmannsthal, deren „Ariadne auf Naxos" „in gewisser Weise für die Oper das vorweggenommen" hat,

> „was später in der Literatur als ‚absurdes Theater' bezeichnet werden sollte und durch Jarry's ‚Ubu Roi' eine so phänomenale Vorläuferschaft gefunden hatte. Die Robustheit, mit der jedoch Strauss alles zu eliminieren verstand, was aus dem für ihn typischen stilistischen Bereich herausdrängte, ließ den für die damalige Zeit gewiß kühnen Gedanken der gleichzeitigen Verwendung völlig verschiedener Gattungen der Oper nicht in der möglichen Konsequenz der absoluten gegenseitigen Durchdringung in der Gleichzeitigkeit zur Reife gelangen, wenn man von dem ‚Vorspiel' absieht."[139]

Zimmermann selbst knüpft denn auch mit seinen „Soldaten" bei Lenz an, ohne den wiederum Strindberg undenkbar wäre, und entwarf – wenig bekannt – eine „Musique pour les soupers du Roi Ubu". Trotzdem ist die Vorstellung einer absurden Musik alles andere als naheliegend oder selbstverständlich. Carl Dahlhaus problematisiert die Differenzen zum Absurden Theater, indem er den Vergleich mit John Cage zieht:

> „Musik kann zwar ihre eigene Überlieferung, die Form und Geschichtstraditionen, von denen sie zehrt, und die Regeln des kompositorischen Metiers verleugnen oder als ausgehöhlt und hinfällig zeigen. Aber sie kann, da sie Wirklichkeit weder abbildet noch auf sie verweist, sondern in sich selbst beruht und eingeschlossen ist, nicht ein Stück Realität als absurd kenntlich machen. Zielt absurde Literatur, sofern sie nicht zum bloßen Spaß absinkt, auf Kritik an der Wirklichkeit, die durch Verzerrung durchschaubar gemacht werden soll, so ist absurde Musik auf Kritik an sich selbst eingeschränkt. Und aus dem Mangel an Bezug

---

[138] Schumann: „Die Emanzipation des Librettos", a.a.O., S. 24. Auch der Komponist Luigi Dallapiccola dachte in diese Richtung und bezeichnete die Oper als „ein irrationales Schauspiel par excellence" bzw. als „das surrealistische Schau-Spiel" (vgl. Achberger: *Literatur als Libretto*, a.a.O., S. 16).

[139] Zimmermann: *Intervall und Zeit*, Mainz 1974, S. 39.

Abstraktes, Absurdes, Groteskes

zur Realität, einem Mangel, der die Polemik stumpf werden läßt, erwächst schließlich der Drang, sich in Naturmystik zu flüchten, damit die Destruktion der Musik, ihre Negation durch sich selbst, kein im Leeren kreisendes Spiel bleibt."[140]

Andererseits spricht Harald Kaufmann schon in der Überschrift seiner „Aventures"-Analyse von einem „Fall absurder Musik", und seine Begründung liest sich zunächst wie das kleinste gemeinsame Vielfache von Literatur und neuem Musiktheater. Ganz so, als wäre damit Heinz von Cramers Hoffnung realisiert:

„Absurd heißt nicht Abwesenheit von Sinn, was nur Neutralisiertes, künstlerisch Reizloses ergeben würde. In der kompositorischen Struktur unterscheidet sich das absurde Kunstwerk nicht vom logischen Kunstwerk. Beide haben sich mit Convenus auseinanderzusetzen. Nur sind bei der absurden Konstellation die Bedeutungen konsequent zum Nichtzusammenpassenden verschoben, was logische Kontrolle und logisches Erfassen des Widerlogischen voraussetzt."[141]

Dennoch stellt sich der Einsatz von absurden Elementen auch bei Ligeti zwangsläufig anders dar als in der Literatur:

„Die Existentialisten lehren die Absurdität, die Sinnlosigkeit, als Voraussetzung einer Wirklichkeit, die erst daraus ihren Sinn erhält, daß der Mensch ihn nachträglich stiftet, als einen Akt der existentiellen Freiheit. Der Komponist von ‚Aventures' hingegen geht von durchaus sinnvollen Grundgegebenheiten aus, von Gereimtheiten und Konventionen, die infolge Durcheinanderwürfelung zu Absurdem verschoben werden. (...) Absurdität wird nicht als Nivellierung, sondern als Steigerung und Differenzierung des Intellektuell-Sinnvollen angesehen. Das Absurde steht nicht als Formlosigkeit am Anfang des Denkens, sondern schlägt als Überform über dieses hinaus."[142]

Die „Abstrakte Oper Nr. 1" bleibt auch unter solchen Gesichtspunkten ein Zwitter. Wie Ligeti setzt sie Konvention voraus, doch in völlig anderem Sinn: Wo „Aventures" zum Ursprung der Sprache, zur archaischen Substanz des Lautes zurückkehren, um von dort aus eine neue Semantik zu entwerfen, versteht die „Abstrakte Oper Nr. 1" Konvention enger im gesellschaftspolitischen Sinn: Sprache als Abziehbild wird konterkariert und aus den logischen syntaktisch-semantischen Zusammenhängen geschoben. Das sich sinnvoll Gebärdende erscheint nivelliert und gerade nicht ausdifferenziert, sondern durch Rudimen-

---

[140] Dahlhaus: „Über Sinn und Sinnlosigkeit in der Musik", a.a.O., S. 94. Mit dem Faktor des Absurden bei John Cage hat sich ebenfalls Adorno in seiner „Ästhetischen Theorie" auseinandergesetzt. Vgl. hierzu auch die Ausführungen von R. Görner (*Die Kunst des Absurden: Über ein literarisches Phänomen*, a.a.O., S. 7f.). Zur Problematik der Vertonung absurder Dramatik vgl. auch G. Schmidgall: *Literature as Opera*, a.a.O., S. 359ff.
[141] Kaufmann: „Ein Fall absurder Musik", a.a.O., S. 142ff.
[142] Ebd., S. 137f.

tierung ins Lächerliche, ins Gerade-noch-Kenntliche verzerrt. Von Absurdität wird man deshalb noch nicht reden können. Insofern freilich eine „Überkompensation an Erleben (...) in der logischen Verknotung zum Absurden steckt"[143], greift das Stück eben doch Tendenzen der Nachkriegszeit auf, die sich im Schauspiel wie auch später bei Ligeti finden.

Diese Zwischenposition der „Abstrakten Oper Nr. 1" klärt sich weiter, wenn man die Termini abstrakt, absurd und grotesk heuristisch voneinander absetzt.[144] Daß es auf der Sprechbühne völlige Abstraktion geben kann, hat vor allem Jean Tardieu vorgeführt, darin allerdings kaum Nachfolger gefunden. Er setzte als einer der ersten die Sprache jenseits ihrer begrifflichen Einbindung auf der Bühne ein und leistete damit Pionierarbeit: Gerade durch die Zerstörung des tradierten dramatischen Vokabulars hat er ihm neue Perspektiven eröffnet. In „L'ABC de notre vie" zieht er, nach eigener Aussage, die Konsequenzen so weit, daß „die Worte mehr Musiknoten oder Farbflecke sind als Vokabeln".[145] „La Sonate et les trois messieurs ou Comment parler musique" stellt einen Extrempunkt in dieser Richtung dar: der musikalische Verlauf eines Sonatenhauptsatzes wird durch Sprechen nachgezeichnet, der Inhalt des Gesprochenen damit als poetische Metapher ungegenständlich gemacht.[146] Jaques Audiberti sammelte dagegen im Sinne der Lettristen aus Lautmaterial, Gesten und Schreien eine neue Sprache ohne Begriffsbezug, aber von massiv bildhafter Wirkung. Die Nähe zur „Abstrakten Oper Nr. 1" ist ideengeschichtlich kein Zufall: Das grell Parodistische hat bei Audiberti seinen Platz wie die Traumlogik. Die Sprache fungiert als Zirkus eigener Art: ein Aspekt, der ihn auch in die Nähe von Gombrowicz rückt.

Wichtig für Blachers Weg von der „Abstrakten Oper Nr. 1" zur „Yvonne" ist weniger die Fortsetzung eines rein abstrakten Musiktheaters als vielmehr die Differenzierung zwischen absurden und grotesken Elementen. Denn eine solche Begriffsdivergenz verweist nicht nur auf Fragen nach der Art einer Vertonung, sondern nach der Vertonbarkeit generell. Arnold Heidsieck hat die Begriffs-

---

[143] Ebd., S. 158.
[144] Rüdiger Görner (*Die Kunst des Absurden: über ein literarisches Phänomen*, Darmstadt 1996, S. 11) beschreibt in Anlehnung an Baudelaire das „Wagnis der Moderne" unter Anwendung dieser Kategorien: „Sich dem Grotesken zu stellen, in der Logik des Absurden zu denken, die Wirklichkeit zu phantasieren und den Traum in die Lebenswirklichkeit zu integrieren – oder sie, um des Traumes willen, aufzulösen."
[145] Zit. nach M. Esslin: *Das Theater des Absurden*, Reinbek bei Hamburg, [17]1996, S. 194.
[146] Vgl. hierzu die im Detail divergierenden Analysen von H. Petri und W. Gruhn sowie die Darstellungen von M. Esslin, M. Kesting, M. Schwarz und K. Wünsche.

Abstraktes, Absurdes, Groteskes 203

divergenz exemplarisch herausgearbeitet. Es genügt, wenn wir – als Kontrast zu den bereits genannten Ansätzen des Absurden – seine Differenzierung des Grotesken aufgreifen: „Das Groteske, als Darstellung der äußersten Möglichkeit eines Realen, eines gerade noch Faßbaren, verfolgt eine realistische Stilintention."[147] Und an anderer Stelle:

> Das Groteske „bietet sich (...) heute nicht mehr dar als ein partieller Stilaspekt noch auch als Zeugnis eines mythischen Weltverständnisses, des Absurden (...), sondern eher als eine Form, die einem Avantgardismus der Zeit selber folgt. Es will zeitgemäße Darstellung dessen sein was ist. Das groteske Bild der Welt, wie es vor allem in der zeitgenössischen Dramatik heraustritt, stellt sich als Bild einer grotesken Welt dar."[148]

Das Wort „grotesk", vom italienischen „grotta" abgeleitet, stammt aus der Bildenden Kunst. Stark verkürzt läßt sich sagen: Das Groteske setzt eine „Übereinkunft" von Autor und Publikum über Norm, Normalität, Gewohnheit und Tradiertes voraus. Erst von dieser Basis aus können „Deformation, Dekonstruktion und Dekomposition" als „Arbeitstechniken des Grotesken"[149] greifen. In diesem Sinne schreibt Jarry, als Urvater der Entwicklung, seinen „Ubu Roi".

Wendet man solche Voraussetzungen auf die Musikbühne an, so zeigt sich, daß Komponisten, die beim Absurden ansetzen, zu ganz anderen Ergebnissen (im Extremfall zu ganz neuen Musiktheaterformen) kommen als solche, die sich auf das Groteske konzentrieren. Die Grunddisposition ändert sich, ohne daß man übertrieben disjunktiv vorgehen müßte: Zur ersten Gruppe gehören Ligeti, Cage und Kagel. Sie tendieren zur ästhetischen Grenzüberschreitung, favorisieren absurde Elemente: die Betonung der Geste gegenüber dem Wort, der Verzicht auf Narratives, die bewußte Nutzung des Raumes, die Selbstthematisierung, die Schaffensreflexion als Prozeß noch im Schaffensergebnis. Es geht um offene, im emphatischen Sinn neue Formen, um die Autonomie des Experiments. Die Konzentration auf das Groteske führt demgegenüber zur erzählten Handlung, zur Literaturoper im tradierten Sinn. Zwei Beispiele dafür, wie auch in der Oper das Groteske nicht ohne Konkretes auskommt. Verzerrungsmechanismus und Verzerrungsmedium sind dialektisch aufeinander bezogen, wo die Verzerrung als Normales, das Normale als Verzerrung ausgeben werden soll. Beide Beispiele gehören zum Umkreis von Blachers „Yvonne":

---

[147] Heidsieck: *Das Groteske und das Absurde im modernen Drama*, Stuttgart, Berlin u.a. ²1971, S. 114.
[148] Ebd., S. 15.
[149] Zu Begriffsbestimmung und -geschichte vgl. Jens Malte Fischer: „Groteske", in: D. Borchmeyer (Hg.): *Moderne Literatur in Grundbegriffen*, a.a.O., S. 169ff., Zitat S. 170.

Zu Gottfried von Einems Oper „Der Besuch der alten Dame" hat Blacher 1967 einen Librettoentwurf gefertigt. Dann schrieb jedoch Friedrich Dürrenmatt selbst sein Schauspiel zum Libretto um. Überlagert wird das groteske Geschehen des Stückes von einem Tragikkonzept. Wie Heidsieck präzise diagnostiziert, reicht das Gefälle bei Dürrenmatt „von dem Grotesken wahrhaft produzierter Entstellung zu bloßer Lächerlichkeit und Karikatur".[150] Die Käuflichkeit der Moral in einer ganzen Stadt trägt deutlich groteske Züge, wobei Dürrenmatt diesen Prozeß mit einem anderen – gegenläufigen – kontrastiert, bei dem sich in Einzelpersonen des Kollektivs die Einsicht in sittliche Verantwortung durchsetzt. Gerade die grotesken Züge ermöglichen Einem nicht nur die Möglichkeiten eines Ensemblestückes, sondern auch eine Sprachbehandlung, die sich von tradierten Modellen kaum unterscheidet.

Pendereckis „Ubu Rex", der schon 1963 durch Michael Meschke, den Direktor des Stockholmer Puppentheaters angeregt wurde, aber erst 1991 in München herauskam (Libretto: Jerzy Jarocki und Penderecki), bezieht die groteske Verzerrung nicht nur auf Reales, sondern auch auf den Kunstzusammenhang: Shakespeare wird darin – ganz im Sinne Jarrys – parodiert: Mère Ubu ist eine Lady Macbeth, die ihren Gatten zum Mord treibt; mit der Verschwörung wird „Julius Cäsar" persifliert; Ubu hat Züge von Lear, Macbeth und Falstaff.

Legt man solcherart präzisierte Begriffskriterien zugrunde, so arbeitet die „Abstrakte Oper Nr. 1" ihrem Titel zum Trotz stark mit grotesken Elementen. Sie klebt an realen Situationen, die weit über eine „mimetische ‚Handlung'", wie sie Harald Kaufmann für „Aventures" beschrieben hat, hinausgehen: eine Puppe wird erschossen, Paare streiten, Amerikaner und Russen diskutieren, Schlageridiome werden parodiert. Sie mag mit ihrem Willen, „abstrakt" zu sein, noch so sehr die Kommunikations-, Sinn- und Orientierungslosigkeit als Lebensgefühl der Nachkriegszeit anpeilen und damit auf ein Charakteristikum des Absurden Theaters lossteuern: ihre Mittel finden Rückhalt an der Groteske, was wiederum in der tief im Stück sitzenden Idee der Zeitoper begründet liegt. Ein Zwitterwerk, wie herum man es auch wendet. „Le Grand Macabre" laboriert an demselben Problem: In dem Moment, wo sich Ligeti nach der Abstraktion von „Aventures" der Opernbühne und der Literaturoper zuwendet, ist er auf Groteskes angewiesen, was den ästhetischen Entwurf seiner „Aventures" zwangsläufig zurücknimmt. Carl Dahlhaus hat die Divergenz zwischen avancierter Musik und Theater am Beispiel Ligeti so beschrieben:

---

[150] Heidsieck: *Das Groteske und das Absurde im modernen Drama*, a.a.O., S. 89.

„Daß man in der Oper zum Teil für die ‚Latenz' komponiert, aber notwendig für sie komponieren muß, weil sonst die Oberflächenwirkung leiden würde, daß also ein direktes Ausspielen des Strukturellen von Übel, ein indirektes aber nützlich ist, gehört zu den ästhetischen Einsichten, die Ligeti, als er Opernkomponist wurde, auf Grund seiner kompositorischen Vergangenheit bereits nahelagen."[151]

Es ist daher kein Zufall, wenn die Vertreter des „Instrumentalen Theaters"[152] sich von jeder Textvorlage lösen und Szenarien entwerfen, die keinen Text mehr transportieren, sondern statt dessen auf Bewegung von Körper wie Dekoration setzen und die Stimme radikal als wortloses Instrument verstehen. Ihr Ansatz deckt sich mit einer musikalischen Dimension des Absurden, die etymologische Wurzeln hat und die in Becketts „Worte und Musik" exemplarisch zum Tragen kommt.[153] Beispiel eines „Instrumentalen Theaters", das den Werkbegriff kritisiert, ihn lediglich als Bezugsgröße stehen läßt und gleichzeitig von der postseriellen Idee geprägt ist, nach der musikfremde Klangmaterialien einfließen, wäre Kagels „Sur scène": ein Stück „absurde Situation".[154] Es verzichtet zwar nicht auf Semantik, verschiebt Text und Musik aber im Sinne der von Harald Kaufmann herausgehobenen „absurden Konstellation" zum „Nichtzusammenpassenden":

> „In Kagels Werk wird die Situation der traditionellen Musik auf den Kopf gestellt: Text und Musik sind zwei sich störende, gegensätzliche Elemente. Es ist, als versähe man eine Schubertsche Lied-Melodie mit einem aus dem Telefonbuch genommenen Text. Trotzdem hat aber der Text eine zentrale Aufgabe in der Struktur des Werkes: er ist – obwohl wirklich

---

[151] Dahlhaus: „Avantgarde und Oper", in: *Melos* 2/1978, S. 90.
[152] Zur Begriffsbestimmung vgl. Kesting: „Musikalisierung des Theaters. Theatralisierung der Musik", a.a.O., S. 107: „Im gleichen Augenblick, da (...) das Erlöschen der Handlung auf dem modernen literarischen Theater (...) die Figuren auf der Stelle fixiert und ihr Sprechen sich strukturell der Musik annähert, setzen sich die sonst auf ihrem Platz fixierten Musiker in Bewegung, um auch die Klangquellen, nämlich ihre Instrumente, wandern zu lassen, und machen so Theater."
[153] Der Begriff leitet sich von „absurdus" im Sinne von „Widersinniges" ab und schließt neben dieser Schicht des Mißtönens auch Lautmalerisches ein: „Susurrus" heißt „Zischen" (vgl. Kluge: *Etymologisches Wörterbuch der deutschen Sprache*, bearbeitet von E. Seebold, Berlin und New York ^{23}1995, S. 10). Kluge geht so weit, eine Beziehung zwischen dem Tritonus als „diabolus in musica" und der Störfunktion des Absurden herzustellen. Zum philologischen Befund vgl. auch Görner: *Die Kunst des Absurden: über ein literarisches Phänomen*, a.a.O., S. 1.
[154] Eckhard Roelcke: „Instrumentales Theater. Anmerkungen zu Mauricio Kagels *Match* und *Sur scène*", in: C. Floros u.a. (Hg.): *Musiktheater im 20. Jahrhundert*, Laaber 1988, S. 231.

absurd – der rote Faden, der letzten Endes die formale Konstruktion des Werkes, also seinen Bedeutungsinhalt, gestaltet."[155]

Interessanterweise decken sich die Kriterien des Absurden, die Kagel in seiner Musik anwendet, häufig mit denen, die Peter Köhler für die Kategorie des Nonsens in der Literatur verantwortlich macht. In beiden Fällen dient das Komische dazu, Sachverhalte ins Bewußtsein zu heben. Auch das Instrumentale Theater intendiert nicht nur eine Veränderung in der Beziehung der Gegenstände zueinander, sondern eine der Gedanken: „Das Denken als ein Vermögen, Begriffe zu bilden, Urteile zu fällen und logische Schlüsse zu ziehen", wird lächerlich gemacht.[156] Dadurch aber kann Nonsens, wie ihn Kagel oder Cage in der Musik praktizieren, eine eigene Wirklichkeit formen, die den Maßstab realer Wahrscheinlichkeit hinter sich läßt.

Dergleichen hat mit der „Abstrakten Oper Nr. 1" nichts mehr zu tun. Das Moment des Subjektivismus wie das der Willkür, die beide zu den Grundvoraussetzungen von Nonsens wie Absurdem gehören, widersprechen ihrer musikalischen Anlage. Es markiert allerdings eine musiktheatralische Position, die sich in den Jahren zwischen der „Abstrakten Oper Nr. 1" und Blachers „Yvonne" etablierte und auf die zu reagieren Gombrowicz' Stück Anlaß gibt. Insofern nämlich Ausdruck nur noch als das „Un-eigene, Un-Eigentliche" erscheint und ein „Wort aussprechen heißt, uns von uns selber entfernen"[157], wie es Ionesco für das Absurde Theater reklamiert hat, ist Gombrowicz als Pionier anzusehen: einer der ersten, die daraus literarisch Kapital schlagen. Es wird folglich im nächsten Kapitel zu untersuchen sein, wo das „Yvonne"-Schauspiel in dem skizzierten Umfeld von Abstraktem, Absurdem und Groteskem anzusiedeln ist und vor allem, mit welchen Mitteln Blacher als sein eigener Textdramaturg und als Komponist darauf reagiert.

---

[155] Salmenhaara: *Das musikalische Material und seine Behandlung in den Werken Apparitions, Atmosphères, Aventures und Requiem von György Ligeti*, a.a.O., S. 113. Vgl. ergänzend neben Roelcke, a.a.O., auch Vogt: *Neue Musik seit 1945*, a.a.O., S. 40f. und Sacher: *Musik als Theater*, Regensburg 1985, S. 167ff.
[156] Köhler: *Nonsens. Theorie und Geschichte der literarischen Gattung*, Heidelberg 1989, S. 15.
[157] Bondy: *Gespräche*, a.a.O., S. 43.

5. Unter den Worten:
„Yvonne, Prinzessin von Burgund"

5.1 Entstehung und Wertung

„Yvonne" ist als Schauspiel ein Frühwerk, als Oper hingegen ein Spätwerk. Gombrowicz schrieb sein Stück 1934/35, also als gerade Dreißigjähriger. In der Monatszeitschrift „Skamander" wurde es bereits 1935 veröffentlicht – allerdings ohne Folgen. Die Uraufführung konnte erst 1957 in Krakau stattfinden. 1964 richtete Dortmund die deutsche Erstaufführung aus (Regie: Walter Czaschke). Die Aufführung erzielte jedoch keine große Resonanz.[1] Internationales Aufsehen erregte dagegen im darauffolgenden Jahr die Erstaufführung in französischer Sprache, gespielt von der Truppe „Théâtre de Bourgogne" unter der Regie von Jorge Lavelli.[2] Seitdem taucht „Yvonne" immer wieder auf den Spielplänen der Schauspielhäuser auf, wobei insbesondere nach Gombrowicz' Tod (1969) und der Uraufführung seines letzten Stückes „Operette" (1970) eine intensive Rezeptionsphase einsetzte. Anfang der 70er Jahre entstehen außerdem Bühnenbearbeitungen von Gombrowicz' Romanen. (Die bekannteste darunter stammt von Tadeusz Kantor und bezieht sich auf „Ferdydurke".)

Im Gegensatz zum Schauspiel hat sich die „Yvonne"-Oper von Boris Blacher nicht durchsetzen können. Blacher, der während der Arbeit an „Yvonne" seinen 70. Geburtstag feierte, schrieb das Stück im Auftrag des Opernhauses Wuppertal, das die Uraufführung am 15. September 1973 ausrichtete.[3] Regie führte Kurt Horres, die musikalische Leitung hatte János Kulka, die Rolle der Yvonne spielte Pina Bausch.[4] Das Theater Wuppertal stellte die Produktion

---

[1] Das Publikum reagierte, wie Hans Schwab-Felisch in der *Süddeutschen Zeitung* vom 28. Dezember 1964 berichtete, „überwiegend ratlos", und „am Ende blieb der Beifall matt, fast frostig". Schwab-Felisch erkannte das Format des Stückes, bezeichnete es als „ebenso amüsant wie bösartig, von hohem dichterischem Rang" und machte vor allem die Regie und Längen für die Publikumsreaktion verantwortlich: „(...) man hätte streichen sollen (und können), besonders im vierten Akt."

[2] Die Premiere fand am 17. August 1965 statt. Sie wird in der Sekundärliteratur bisweilen fälschlich als erste nach der polnischen Uraufführung angegeben. Gombrowicz selbst zeigte sich überrascht und bemerkte in den *Gespräche(n)* mit Dominique de Roux (Pfullingen 1969, S. 26), er habe „Yvonne" in seinen Argentinien-Jahren fast vergessen: „An die zehn Jahre später fielen auf mich, wie eine reife Frucht vom Baume, ihre Erfolge in Paris, in Stockholm und woanders, es war eine unerwartete Hilfe in der schweren Schlacht, die meine Romane schlugen."

[3] Blachers Vertonung ist die erste des Schauspiels. Eine zweite kam erst 1994 in Hamburg heraus. Sie stammt von Ulrich Wagner, interessanterweise ein Schüler von Kagel, und wurde verschiedentlich nachgespielt, so 1998 in Mönchengladbach (vgl. *Opernwelt* 4/1998, S. 50f.).

[4] In weiteren wichtigen Rollen: Willi Nett (König Ignaz), Shari Boruvka (Königin Margarethe), Siegfried Schmidt (Prinz Philipp), Herbert Grabe (Kammerherr) und Ingeborg Krüger (Isa).

außerdem bei Gastspielen in Recklinghausen (25. März 1974) und Wiesbaden (14. Mai 1974) vor. Sie blieb in Wuppertal während der gesamten Saison 1973/74 auf dem Spielplan. Die letzte Vorstellung fand am 30. Juni 1974 statt. Seitdem ist die Oper nicht mehr gespielt worden.[5]

Im Programmheft zur Uraufführung[6] beschrieb Blacher unter dem Titel „Eine neue Oper – wozu?" mit der Entstehungsgeschichte auch die lange Inkubationszeit seiner „Yvonne"-Version. „Hamlet" spielt dabei eine entscheidende Rolle. Hier ist Blachers Bericht in geraffter Form und angereichert durch ergänzende Fakten: Intensiv mit dem Shakespeare-Stoff beschäftigte sich Blacher schon im Sommer 1939, als er von Diaghilevs Nachfolger bei den „Ballets russes" nach London eingeladen und mit einer Ballettmusik beauftragt wurde. Der Kriegsausbruch machte jedoch weitere Kontakte unmöglich. Auf der Basis des Skizzenmaterials schrieb Blacher eine symphonische Dichtung mit dem Titel „Hamlet". Die Uraufführung fand am 28. Oktober 1940 in Berlin statt; Carl Schuricht dirigierte das Berliner Philharmonische Orchester. An den Erfolg der „Concertanten Musik" von 1937 konnte er aber nicht anknüpfen. 1945 komponierte Blacher eine „Hamlet"-Bühnenmusik für die erste Nachkriegspremiere des Deutschen Theaters. In der Regie von Gustav von Wangenheim spielte Horst Caspar die Titelpartie. Kurz darauf entstand auf Anregung von Tatjana Gsovsky ein „Hamlet"-Ballett. Die Premiere sollte ursprünglich an der Berliner Staatsoper stattfinden. Das Stück war 1948 fertig, aber in der Zeit der Berlin-Blockade wollte Gsovksy nicht im Ost-Teil der Stadt bleiben, zumal sich die Arbeitsbedingungen für moderne Kunst dort mehr und mehr verschlechterten. Erst Jahre später kam das „Hamlet"-Ballett, nach Aufführungen in München und anderen Städten, in West-Berlin heraus.[7]

---

5   Aufführungen in Rumänien, die J. A. Kuharski (*The theatre of Witold Gombrowicz*, Berkley 1991, S. 338) anführt, sind im Verlag Boosey & Hawkes/Bote & Bock nicht dokumentiert. Ins Auge gefaßt wurde dagegen eine Aufführung an der Bayerischen Staatsoper. Dies geht aus einem Brief von Dr. Harald Kunz an Blacher (im Hotel Ambassador, Los Angeles) hervor, der vom 20. März 1973 stammt und somit eine Planung noch vor der Uraufführung darstellt: „Ihr Skeptizismus wegen der Chancen der ‚YVONNE' in München war unbegründet. Für das große Haus steht der moderne Spielplan bis zum Ende der ‚Ära Rennert' (1976) fest, aber Rennert selbst und auch Goerges haben (...) positiv auf meinen Vorschlag, einer Aufführung im Cuvilliés-Theater, reagiert. Rennert würde evtl. sogar den Plan einer Aufführung der ‚Beggar's Opera' in der Fassung Britten, unter der Leitung von Herlischka umstoßen, zu Gunsten der ‚YVONNE'. Ich könnte mir vorstellen, daß Herlischka Spaß an dem Stück hätte. Ansichtsmaterial wird heute nach München abgesandt" (VA/BB).
6   BBA/GH, Signatur 1.69.247.
7   Vgl. hierzu auch Blachers Äußerungen in der Abschrift der NDR-Sendung „Das musikalische Selbstporträt", S. 30 (VA/BB), bzw. die daraus hervorgegangene Druckversion unter

Im Gespräch mit Wolfgang Burde griff Blacher später den Shakespeare-Aspekt auf: Er selbst bezeichnete sich, nicht ohne Ironie, als „ein Hamlet-Verfolgter" und „Yvonne" mehrfach als „ein umgedrehter ‚Hamlet'". Auf Nachfrage findet Blacher allerdings zu keiner klaren Aussage, was sich damit – über die Parallelität des Personals hinaus – für ihn verbindet:

> „Sie haben einen König, die Königin, den Prinzen, das ist Hamlet, und die Yvonne, das ist Ophelia. Die spricht überhaupt nicht. Bei mir in der Oper singt sie auch nicht einen Ton, ‚Stumme von Portici' wenn Sie so wollen. Da ist auch der Freund, da ist auch der Hof. Getötet wird sie durch eine Fischgräte, sie geht nicht in den Fluß. Verstehen Sie, dieser merkwürdige ‚Hamlet', ich weiß nicht, warum eigentlich."[8]

Mit dem Schauspieler und Regisseur Ernst Schröder (1915–1994) war Blacher seit der Zusammenarbeit anläßlich der Molière-Produktion „Georges Dandin" bekannt, die 1955 in der Freien Volksbühne Berlin herauskam und zu der Blacher eine Bühnenmusik schrieb.[9] 1968 verfaßte Blacher im Auftrag von Schröder auch die Bühnenmusik zu Gombrowicz' „Die Trauung". Seine Rückschau:

> „Ich muß gestehen, daß ich von diesem Werk Gombrowicz's außerordentlich beeindruckt war. Ein Jahr später sah ich dann – auch unter der Regie von E. Schröder – eine Aufführung der ‚Yvonne'. An jenem Abend wurde mir klar, daß es sich bei dem Stück um einen verkappten, jedoch großartig individuell angelegten ‚Hamlet' handelte. Es reizte mich sehr, ein Opernlibretto daraus zu gestalten, später auch die Musik dazu zu schreiben, ohne erst einmal an eine bestimmte Bühne zu denken."[10]

Schröder berichtet von der jahrelangen Zusammenarbeit:

> „Er schrieb die Musik für einige Hörspiele, die ich mit Ludwig Berger machte, auch eines über Stresemann, das zum Ausgangspunkt für den späteren Film wurde, zu dem dann auch Blacher die Musik schrieb. Er machte die Bühnenmusik für mehrere meiner Inszenierungen am Schillertheater, vor allem zu ‚Yvonne' von Witold Gombrowicz. Eine Arbeit, die Blacher

---

dem Titel „Neuland Rhythmus", in: Müller-Marein/Reinhardt: *Das musikalische Selbstportrait*, a.a.O., S. 414f., sowie Burde: „Interview mit Boris Blacher", a.a.O., S. 22. „Stärkster Eindruck von den vielen Erfahrungen mit Blachers Musik" blieb für Dietrich Fischer-Dieskau (*Nachklang*, a.a.O., S. 240) das „Hamlet"-Ballett: „Eine Stunde der Strawinsky-Nachfolge, aber ohne jeden Rausch."

[8] Burde: „Interview mit Boris Blacher", a.a.O., S. 22. Mehr zur Shakespeare-Rezeption in Blachers Vertonung in Abschnitt 5.3.6.
[9] Vgl. Schröder: *Das Leben – verspielt*, Frankfurt am Main ²1978, S. 134f., sowie Kunz: Blacher-Werkverzeichnis, a.a.O., S. 76.
[10] Programmheft der Uraufführung (= BBA/GH, Signatur 1.69.247), S. 9. Auch zu seiner vorangehenden Oper „Zweihunderttausend Taler" ließ sich Blacher von einer Berliner Schauspielaufführung anregen. Sie fand an der Freien Volksbühne statt. Vgl. Burde: „Interview mit Boris Blacher", a.a.O., S. 22.

so inspirierte, daß er eine Oper gleichen Namens komponierte, der meine Einrichtung des Textes diente."[11]

Die Passage enthält zwei Bemerkungen, denen mit Blick auf Blachers „Yvonne" nachzugehen ist. Zum einen: Blacher nutzte die Textfassung des Schiller-Theaters[12] und nicht, oder nicht ausschließlich, die damals einzige gedruckte deutsche Fassung von Heinrich Kunstmann, obwohl das Programmheft angibt „Deutsch von Heinrich Kunstmann". Hierzu mehr im Abschnitt 5.3.1, der die Koordinaten zum Textkorpus zusammenstellt. Die zweite Bemerkung, nach der Blacher eine Bühnenmusik zu Schröders Aufführung der „Yvonne" am Schiller-Theater schrieb, steht nicht nur im Widerspruch zur oben zitierten Eigenaussage Blachers, sondern auch zu zahlreichen anderen Quellen:

- Im Blacher-Werkverzeichnis von Harald Kunz taucht eine Bühnenmusik zu „Yvonne" nicht auf.
- Im Programmzettel des Schiller-Theaters kommt Blachers Name nicht vor. Dies wäre im Fall einer von ihm verfaßten Bühnenmusik sicher der Fall gewesen – nicht nur, weil er damals Berlins renommiertester Komponist war, sondern weil das Schiller-Theater im vergleichbaren Fall der „Trauung" Blachers Namen sehr wohl auf dem Programmzettel vermerkte. Das „Yvonne"-Programmheft nennt lediglich Herbert Baumann als Verantwortlichen für die „Musikalische Einrichtung". Baumann, der viele Jahre im Schiller-Theater für die Realisierung der Bühnenmusik zuständig war, wurde im Falle der „Trauung" neben Blacher genannt und hat dessen Bühnenmusik umgesetzt.
- Die Quellenfunde der Bühnenmusik zu „Yvonne" im Landesarchiv Berlin[13] zeigen simpel diatonisches, auf Dreiklängen aufgebautes Fanfarenmaterial, das sich schwer mit Blacher in Verbindung bringen läßt. Die Bühnenmusik wurde im ersten, dritten und vierten Akt eingesetzt. Es existieren handgeschriebene Stimmen für zwei Trompeten. Aus den Stimmen geht hervor, daß die Trompeter zumindest teilweise auf der Bühne positioniert waren.

---

[11] Schröder: *Das Leben – verspielt*, a.a.O., S. 135.
[12] Die Premiere fand am 26. Februar 1970 statt. Regie führte Ernst Schröder, das Bühnenbild entwarf Josef Svoboda, die Kostüme Werner Juhrke. In den Hauptrollen: Christa Witsch (Yvonne), Martin Held (König Ignaz), Lu Säuberlich (Margarethe), Gerd Böckmann (Philipp), Siegmar Schneider (Kammerherr), Reinhild Solf (Isa) und Hans Schwarz (Valentin). „Yvonne" wurde in Berlin bereits 1966 gespielt: im Forum-Theater, Regie: Jan Biczycki. Die untersuchten Quellen geben keinen Hinweis darauf, daß Blacher diese Aufführung gesehen hat.
[13] LA, Signatur B Rep. 127, Nr. N 243.

– Der Quellenbefund von Blachers Bühnenmusik zur „Trauung", der in Kapitel 5.2.2.2 detailliert behandelt wird, zeigt eine enge Beziehung zur Partitur der „Yvonne".

Es liegt deshalb die Vermutung nahe, daß Schröder in seinen Memoiren Selbststilisierung betreibt. Der Sachverhalt stellt sich so dar: Durch Schröders Auftrag, eine Bühnenmusik zur „Trauung" zu schreiben, hat sich Blacher intensiv mit Gombrowicz auseinandergesetzt, ein Prozeß, der letztlich zur Vertonung der „Yvonne" führte. Schröders Aufführung hat Blacher zu einer Vertonung des Stückes animiert, nicht aber eine Mitarbeit bei dieser Produktion. Musikalische Bezüge existieren zwischen Blachers Bühnenmusik zur „Trauung" und seiner „Yvonne"-Vertonung, nicht aber zwischen der Bühnenmusik zu „Yvonne" und Blachers Oper. Hierzu steht nicht im Widerspruch, daß Blacher Monate nach der Uraufführung seiner Oper Schröder ein Widmungsexemplar des Klavierauszuges zukommen ließ, auf dessen erster Seite er vermerkt: „Dem Insperator (sic!) Schröder vom Autor. Ihr Blacher 25.II.74".[14]

Blachers Programmheftbeitrag zur „Yvonne"-Uraufführung enthält den einzigen Hinweis auf eine persönliche Begegnung zwischen ihm und Gombrowicz während dessen Berlin-Aufenthalt als Stipendiat der Ford-Stiftung 1963: „In Berlin haben wir uns seinerzeit flüchtig kennengelernt."[15] Gombrowicz erwähnt das Zusammentreffen mit Blacher in seinen „Berliner Notizen" nicht. Schröder dagegen beschreibt in seinen Memoiren einen Tiergarten-Spaziergang während Gombrowicz' Berlin-Aufenthalt, an dem außer ihm und Blacher auch der polnische Autor teilnahm:

> „Zwischen uns war ein traurig wirkender Herr gegangen, mit schmerzlich verzogenem Mund und mit erstaunlich großen Ohrmuscheln. Sie schienen so weit geöffnet, als wären sie beunruhigt, weil sie ununterbrochen den erschreckenden Wortkaskaden eines jungen Menschen zuhören mußten, seines Hendriks, der dem sehr ähnlich gewesen sein mag, wie ihn fünf Jahre später Helmut Griem spielte."[16]

Daß Gombrowicz, der Mann mit den „großen Ohrmuscheln", eine besondere Affinität zur Musik gehabt hätte, ist nicht dokumentiert. In den raren Äußerungen über Musikerlebnisse, die sich in seinen Werken finden, wird der Status des Laienhörers immer wieder artikuliert, ja sogar favorisiert. Bezeichnend eine Passage aus den „Berliner Notizen", in der Gombrowicz seinen Blickwinkel

---

[14] Nachlaßbibliothek Schröder, Signatur NB es 41.
[15] BBA/GH, Signatur 1.69.247, S. 9.
[16] Schröder: *Das Leben – verspielt*, a.a.O., S. 241.

auf die Hochkultur beschreibt: „Die Zahl der Berliner, die sich ‚auf Kunst verstehen', muß (...) in einem nicht geringeren Tempo wachsen als die Zahl der Autos. Doch ich habe meine veraltete Unlust für Spektakel bewahrt, ich glaube nicht, daß Schlangen vor den Kassen, die Eintrittskarten verkaufen, irgend jemanden zur Kunst hinzuführen vermögen, man muß sie selber machen, ich will sie nicht auf dem Podium sehen, sondern in den Augen, im Lächeln, auf den Lippen und in der Sprache ..."[17] In gleichem Sinn formuliert Gombrowicz im ersten Band seiner „Tagebücher". Anlaß ist ein „Konzert im Colon": „Ich mag lieber einen Chopin, der zu einem Fenster hinaus auf die Straße klingt, als einen Chopin mit allen Schikanen auf einer Konzertestrade."[18]

Die Geburtsdaten von Blacher und Gombrowicz, 1903 bzw. 1904, legen die Frage nach biographischen Parallelen nahe. Beide Künstler haben große Teile ihres Lebens außerhalb ihres Geburtslandes verbracht: Gombrowicz blieb, vom Krieg überrascht, ab 1939 in Argentinien; Blacher kam erst 1922 nach Europa. Beide haben eine Jugend unter zum Teil feudalen Umständen erlebt: Blacher im China nach dem Boxeraufstand[19], Gombrowicz auf dem Gutshof Maloszyce seines Vaters.[20] Beide erlebten die Folgen der russischen Revolution wie den Prozeß der Entwurzelung: Gombrowicz in Südamerika, Blacher insbesondere in den letzten Jahren des „Dritten Reiches".[21] Beide waren gezwungen und bereit, immer wieder radikal neu anzufangen. Wolfgang Burde hält in bezug auf Blacher fest: „Das seinen Charakter und seine Lebenseinstellung wirklich prägende Kindheits- und Jugenderlebnis war offenbar die allmähliche Einsicht in die Brüchigkeit, Hinfälligkeit und seltsame Beliebigkeit menschlicher Verhältnisse", und attestiert Blacher eine „skeptische Grundhaltung dem Leben gegenüber: (...) er vermochte es nicht eigentlich ernst zu nehmen".[22] Ähnliche Erfahrungen spiegeln sich im Werk von Gombrowicz. Und neben einer bei beiden Künstlern früh auftretenden Lungenkrankheit existiert noch eine weitere biographische

---

17 Gombrowicz: *Berliner Notizen*, Pfullingen 1965, S. 122f.
18 Gombrowicz: *Die Tagebücher, Erster Band*, Pfullingen 1970, S. 57.
19 Vgl. Typoskript „Das musikalische Selbstportrait", a.a.O., S. 2: „Da gab es sogenannte Konzessionen, in denen man (...) sehr vornehm lebte, mit mindestens 5-6 Dienern und Dienerinnen, sogenannten Amahs, die also die Kinder betreuten, alles servierten. Der Status bei den Dienern war auch sehr streng geregelt (...). Das war (...) in dem China des Kaiserreiches."
20 Mehr zur Bedeutung von Gombrowicz' Jugendeindrücken für das „Yvonne"-Schauspiel in Abschnitt 5.2.1.
21 Vgl. hierzu Eickhoff: „Kalter Intellekt in der Nachfolge Strawinskys? Zu Boris Blacher und der Rezeption seiner Werke im Nationalsozialismus", a.a.O., hier insbesondere 170ff.
22 Burde: „Notizen zu Boris Blacher – Leben und Werk", a.a.O., S. 1.

Parallele: Beide kamen von ganz anderen Studienfächern zur Kunst. Blacher schrieb sich auf Wunsch seines Vater zunächst in Architektur ein, Gombrowicz hatte in Warschau Jura, dann in Paris Philosophie und Nationalökonomie studiert. Später gingen allerdings beider Meinungen über die Einschätzung des Hochschulwesens weit auseinander: Während Gombrowicz insbesondere in der Hochschulphilosophie ein snobistisches Ritual sah, „an dem er sich unter Mißachtung aller Regeln beteiligen konnte"[23], versuchte Blacher ab 1948 Kunstausbildung im akademischen Rahmen und eigenes Schaffen zu verbinden. Die Motive, warum sich beide der Jugend zuwenden, haben dann gar nichts mehr miteinander zu tun: Blacher unterrichtete, wie er pragmatisch formulierte, „weil man dabei ja am meisten selber lernt".[24] Gombrowicz wandte sich der Jugend eher aus anthropologischen und aus homoerotischen Gründen zu: In ihr fand er seine Sehnsucht nach Echtheit verwirklicht. (Seine Apologie der Unreife wird uns, sofern sie für die Stilistik von Bedeutung ist, in Kapitel 5.2.1.2 beschäftigen.)

Blachers oben zitierter Programmheftbeitrag nennt die Parallele zwischen „Hamlet" und „Yvonne" als entscheidendes Initiationserlebnis bei der Aufführung des Schiller-Theaters. Diese Parallele wurde, neben anderen Shakespeare-Bezügen, auch von der Presse mehrfach hervorgehoben. Etwa von Hans Ulrich Kersten in der „Braunschweiger Zeitung" vom 18. März 1970:

> „Das, was diesen Abend zum ‚großen Theater' machte, war die Inszenierung Schröders. In den Details ganz realistisch, insgesamt dann wieder so grotesk-phantastisch wie eben der Autor, mit einer Fülle von Regieeinfällen bis an die Grenze absurder Komik. Das allerdings war auch nur möglich, weil mit Martin Held und Lu Säuberlich als Königspaar Schauspieler von höchstem Rang zur Verfügung standen. Held war manchmal ein shakespearescher König, Frau Säuberlich hatte etwas von der Lady Macbeth, ja es gab als dritten im Bunde sogar noch einen Höfling vom Typ Polonius, dem Siegmar Schneider scharf umrissenes Profil gab. Wenn man in die von Christa Witsch mit leidender Ausdauer gespielte Yvonne noch etwas Ophelia hineininterpretiert, so ließ ein burlesker Shakespeare grüßen."

In „Theater heute" bezeichnete Rolf Michaelis „Yvonne" als „bestürzend aktuelle Hamlet-Variation im ‚Leonce-und-Lena'-Stil".[25] Gabriele Hoffmann hielt in der „Schwäbischen Zeitung" vom 25. März 1970 fest: „Beim Prinzen Philipp

---

[23] Czeslaw Milosz: *Geschichte der polnischen Literatur*, Köln 1981, S. 345. Zur Abneigung von Gombrowicz gegen „wissenschaftliche Wahrheit" vgl. auch die Zitatsammlung von Malgorzata Skrzypczak (*Das Problem der Selbsterfahrung und Selbstverwirklichung des Individuums in den Werken von Carl Sternheim und Witold Gombrowicz*, Mag.-Arbeit, Hamburg 1977, S. 77).
[24] Typoskript „Das musikalische Selbstportrait", a.a.O., S. 36.
[25] *Theater heute* 4/1970, S. 24.

von Gerd Böckmann hat Hamlet Pate gestanden", und verglich Lu Säuberlichs Königin mit der „Irren von Chaillot". Und Walther Karsch im „Tagesspiegel" vom 28. Februar 1970 über den Prinzen: „Doch wie bei Hamlet, mit dem er einige Züge gemeinsam hat, reift der Entschluß nicht zur Tat." Mehrfach wurde natürlich auch der Bezug zu Büchners „Leonce und Lena" konstatiert.[26]

Die erste Wertung von Blachers „Yvonne"-Oper stammt nicht aus der Presse, sondern vom Produktionsteam der Uraufführung. Sie ist durch eine Aktennotiz von Dr. Harald Kunz am 15. Juni 1973 dokumentiert. Zwei Wochen vorher hatten sich Regisseur Kurt Horres und Ausstatterin Hanna Jordan aus Wuppertal, wo bereits die Proben zu „Yvonne" liefen, telefonisch bei Kunz in Berlin gemeldet und ihre „Ratlosigkeit" angesichts der Vertonung ausgedrückt. Am 13. Juni reiste Kunz daraufhin nach Wuppertal und protokollierte das dortige Gespräch zwei Tage später:

> „Nach Ansicht von Horres/Jordan ist das Werk von Gombrowicz höchst reizvoll. Als Wuppertal den Kompositionsauftrag erteilte, glaubte man, die Musik der Opernfassung werde die Pointen des Textes unterstützen und musikalisch auswerten.
>
> Während der Arbeit mit den Solisten hat sich leider – immer nach Meinung von Horres/Jordan – das Gegenteil erwiesen: Durch die Musik werden die Pointen zugedeckt, die Musik geht über jeden Wortsinn hinweg und strömt unaufhaltsam weiter, so daß das Publikum gar keine Chance hat, die intellektuellen Reize des Textes zu verstehen oder sich über gespielte Theatereffekte zu freuen. Die Musik, deren Allegrocharakter durch ein unentwegtes Abspielen kleiner Notenwerte in meist chromatischen Abläufen oder Tonrepetitionen ausgedrückt wird, wirke geradezu geschwätzig und maschinell.
>
> Ich versuchte, diesen Behauptungen dadurch entgegen zu treten, daß die Farbe erst durch die Instrumentation zu erreichen sei. Nicht zu leugnen aber ist der ununterbrochene musikalische Ablauf und das Fehlen von spürbaren Einschnitten zum Atemholen (im übertragenen Sinn) und zum Ansetzen einer szenischen Aktion. Es kommt hinzu, daß Blacher im Tempo relativ gleichförmig ist, daß Beschleunigungen und Verzögerungen ebenso selten sind wie etwa dynamische Differenzierungen."[27]

Kunz verwies darauf, daß Blacher „derlei lebendige Gestaltung"[28] meist den Interpreten überließ. Weil Horres den Wunsch äußerte, Schnitte, Umstellungen

---

[26] Welche Bedeutung der Produktion in der Theaterlandschaft zugemessen wurde, zeigt sich nicht zuletzt in den Einladungen nach London (dort wurde sie im April 1971 im Aldwych-Theatre gespielt) und zu den Ruhrfestspielen nach Recklinghausen im Juni 1970. Es sei hier der Vollständigkeit halber darauf hingewiesen, daß Ernst Schröder seinen Gombrowicz-Zyklus im Schiller-Theater im Januar 1972 mit „Operette" komplettierte. Auch bei dieser Produktion führte er Regie, und auch zu ihr ließ er eine Bühnenmusik schreiben: von Hans-Martin Majewski.
[27] VA/BB.
[28] Ebd.

und andere Veränderungen vorzunehmen, regte Kunz ein Gespräch zwischen Regisseur und Komponist in Berlin an. Horres' Rückversicherung beim Verlag hatte offenbar mit Erfahrungen bei vorangegangenen Produktionen zu tun. So notiert Kunz:

> „Herr Horres hatte bei seiner ‚Puntila'-Inszenierung in Wuppertal einen großen Krach mit Paul Dessau, und auch in Hamburg hat er bekanntlich beim ‚Milchwald' sehr große Eingriffe in Herrn Steffens Komposition vorgenommen."[29]

Die Einschätzung von Horres und Jordan steht in krassem Widerspruch zum Tenor der Presserezensionen: kaum eine Kritik, die nicht Blachers Devotion gegenüber der Textvorlage hervorheben würde. Im Gegenteil: Blachers Nähe zum Schauspiel wurde ihm wiederholt zum Vorwurf gemacht. Von einem „zu gewählten, zu blassen Kontrapunkt" spricht Heinz-Albert Heindrichs in „Melos".[30] Als „wortbezogen und wortverständlich" bezeichnet Wolf-Eberhard von Lewinski die „Komposition der Gesangslinien" in der „Neuen Zürcher Zeitung" vom 20. September 1973. Die „Süddeutsche Zeitung" übertitelte den Beitrag von Jens Wendland am 17. September 1973 mit „Verbeugung vor Gombrowicz". Peter Dannenberg hielt in der „Welt" vom 18. September 1973 fest: „Blacher hat eine Musik geschrieben, die sich nie vor die textliche Vorlage drängt, sie nicht stört und nicht zerstört, die Dialoge nicht in Klängen ertränkt, sondern deren deutliche Verständlichkeit erstrebt und erreicht."

Auch wenn das Presse-Echo *en gros* Blacher eine zwar gekonnte, aber letztlich überflüssige Vertonung attestierte, so prallten doch in den überregionalen Blättern zwei kontrastierende Meinungen aufeinander. Aus ihrer Gegenüberstellung lassen sich die entscheidenden Fragestellungen an das Stück ableiten. H. H. Stuckenschmidt sah in der „Yvonne" eine Zusammenfassung von Blachers Können, ein resümierendes Spätwerk. Er sprach in der „Frankfurter Allgemeinen Zeitung" davon, daß Blacher „abermals seinen untrüglichen Theatersinn und seine unverwechselbare musikalische Phantasie bewiesen" habe, und faßte zusammen: „Blachers unverkennbarer Personalstil, im 20. Jahrhundert ohne

---

[29] Ebd. Es handelt sich um die Oper „Unter dem Milchwald" nach Dylan Thomas (deutsch von Erich Fried) von Walter Steffens (geb. 1934). Horres inszenierte die Uraufführung an der Hamburgischen Staatsoper am 10. Mai 1973. Die musikalische Leitung hatte Marek Janowski, die Ausstattung besorgte Hanna Jordan. Eine von mir gestellte, schriftliche Anfrage bei Kurt Horres zum Entstehungsprozeß der Uraufführungsproduktion von „Yvonne" blieb unbeantwortet. Änderungsdetails, die für diese Aufführung vorgenommen wurden, sind Bestandteil von Abschnitt 5.3.5.

[30] *Melos* 1/1974, S. 32.

Vorbild und Vergleich, war nie stärker und dramaturgisch wirksamer als in der gnadenlos ausgesparten Partitur dieser Oper."[31]

Ulrich Schreiber dagegen – sein Artikel erschien in der „Frankfurter Rundschau" vom 20. September 1973 – konnte in der „Yvonne" nur Epigonales entdecken. Er wertete die Entwicklung der Literaturoper allgemein als „Wege zurück zur Opulenz der guten, alten Oper" und fand auch in „Yvonne" wenig innovatives Potential. So warf er Blacher vor, „sich jener Gunst anzuklammern (...), der sich der 1969 gestorbene Witold Gombrowicz posthum erfreut". Die Partitur hat für ihn lediglich „mitläuferische Qualitäten". Er beschreibt sie als „teils in anonymer ‚Modernität' bleibend, teils verschlissene Wohlklänge aus der Spezies Unterhaltungsmusik entlehnend". Sinn macht das Unterfangen für Schreiber nur insofern, als die „dekouvrierende Funktion" von Gombrowicz' Sprache „auf die Jarniere des Systems Oper" übertragen wird: „Yvonne" als „Negation des Gesangsstücks" oder, wie bereits die Überschrift der Kritik festhält: „Das Prinzip Oper als Schmiere".

Ein Stück, das derart polarisiert, wirft Fragen auf, die über die Hintergründe der genannten Kritiken (etwa Stuckenschmidts jahrelange Freundschaft mit Blacher oder Schreibers grundsätzliche Skepsis gegenüber dem Genre Literaturoper[32]) und auch über Partitur und Operntext hinausweisen. Es ist kein Zufall, daß in beiden Kritiken grundsätzliche Aspekte (Spätwerkbegriff, Literaturvertonung, Anti-Oper etc.) hereinspielen. „Yvonne" steht an einem heiklen Punkt der Opernentwicklung im 20. Jahrhundert, und das Stück läßt sich von heute aus nicht einschätzen, ohne daß man versucht, diesen möglichst genau zu orten. Es handelt sich um den Schnittpunkt von Entwicklungslinien, die die Bedeutung des Dramas wie die des Musiktheaters betreffen – wobei beim Blick auf letzteres besonders nach Gattungsgeschichte und individueller Kompositionsgeschichte Blachers zu unterscheiden ist. Erst wenn die Merkmalskonfiguration der

---

[31] *Frankfurter Allgemeine Zeitung* vom 17. September 1973. Stuckenschmidt hat den Text mit geringfügigen Änderungen in sein Buch *Boris Blacher* (a.a.O.) übernommen. Vgl. dort S. 49ff.

[32] Schreiber, der zum Programmheft der Uraufführung einen ausführlichen Essay beisteuerte, spricht darin der Literaturoper den „Standort von Spätzeitlichkeit" zu: „Es ließe sich in einem operngeschichtlichen Exkurs leicht nachweisen, daß die strukturelle Verwobenheit von einem literarischen Text hoher Qualität mit einer auf ihn geschriebenen Musik seit Bergs ‚Wozzeck' sich als ein Symptom dafür erwiesen hat, daß es mit der guten alten Oper zu Ende geht. (...) Das würde heißen, wenn man als Zeitgenosse versucht, den Historiker unserer Zeit zu spielen, daß Blacher mit seiner ‚Yvonne' einen Schritt zurückgegangen ist" (BBA/ GH 1.69.247, S. 2f.). Zur ästhetischen Einschätzung des Phänomens Literaturoper vgl. Abschnitt 2.2 der vorliegenden Studie.

"Yvonne"-Oper vor diesem Hintergrund beleuchtet wird, läßt sich absehen, warum es zur Polarisierung kam und worin die Gründe dafür liegen, daß das Stück heute von den Spielplänen verschwunden ist.

Inwiefern also läßt sich Blachers Vertonung als Rezeptionsphänomen verstehen? Bezieht Blacher die Entwicklung des Absurden bzw. Grotesken Theaters, zu deren Anfang das Stück von Gombrowicz einen wesentlichen Beitrag leistet, auf die aktuelle Opernentwicklung in den späten 60er und beginnenden 70er Jahren? Wenn ja: Welche Folgen wachsen daraus für Sprache und Semantik? Wie verhalten sich überhaupt Rezeption, Innovation und Restauration bei der "Yvonne"-Oper zueinander?

Es erscheint mir angesichts dieser Bestandsaufnahme sinnvoll, den Versuch einer Annäherung an Blachers "Yvonne"-Vertonung mit einer Beschreibung ihrer Voraussetzungen zu starten. Dies ist um so wichtiger, als Blacher den Schauspieltext zwar gerafft und in zahlreichen Details verändert hat, diese Veränderungen aber nicht das Ausmaß erreichen, das die "Danton"-Oper von Blacher und Einem kennzeichnet. Inhaltliche Substanz und strukturelle Besonderheiten der Schauspielvorlage gehen im Falle von "Yvonne" sehr viel unmittelbarer in die Oper ein. Ein genaues Abstecken der Schauspielposition ist auch aus diesem Grund unerläßlich. Es erscheint umso wichtiger, als der Umgang mit Gombrowicz in der aktuellen Theater- und Literaturszene des deutschsprachigen Raumes nichts weniger als selbstverständlich ist.

5.2 Voraussetzungen von Blachers Gombrowicz-Rezeption

5.2.1 Zur Position des Schauspiels

5.2.1.1 Faszination der Unbestimmtheit

Ist das Werk von Gombrowicz jemals konziser beschrieben worden als mit einer Formel von Botho Strauß? Wenn Strauß „existenzialisierte Pubertät" und „andauernde(n) Anfang" benennt[33], dann fängt er damit ein, was Gombrowicz antreibt, umtreibt und natürlich auch zerreibt. Eine andere, kaum weniger bezeichnende Formel stammt von François Bondy, der Gombrowicz' Werk nicht nur – wie Strauß – essayistisch kommentiert, sondern mit einer Vielzahl publizistischer Aktivitäten durchzusetzen geholfen hat. Bondy, mit Gombrowicz befreundet und doch aus der analytischen Distanz heraus argumentierend, bezeichnet mit seiner Formel weniger das philosophische Leitmotiv als dessen dramaturgische Folgen. Er spricht vom „Theater der Peinlichkeit".[34] Beide Schlagworte bedürfen wenigstens einer skizzenhaften Erläuterung, meinen sie doch Charakteristika, auf die Blacher mit und durch seine „Yvonne"-Oper reagiert.

Das Wort von der Pubertät weist auf ein Kreativitätskriterium hin, das Gombrowicz stets hochgehalten und zum Mittelpunkt seiner Lebensauffassung gemacht hat: Das Phänomen der Unreife, der gezielten Unbestimmtheit. Dahinter verbergen sich ein inhaltlicher und ein sprachlicher Aspekt. Unreife bezeichnet bei Gombrowicz den Gegenpol zu allem Gemachten, Geformten und damit auch Genormten. Favorisierung der Unreife bedeutet ihm Protest gegen das, was er als Reife, Verkrustung, Verfestigung erfährt. Es ist eine Form von Relativitätsbewußtsein, die er damit betont:

> „Und es ist mir wohl gelungen, an meinem eigenen Beispiel zu zeigen, daß das sich Bewußtmachen jenes ‚Nichtfertig' – der Nichtfertig-Gestaltung, Nichtfertig-Entwicklung, des Nichtfertig-Gereiftseins – nicht nur schwächt, sondern stärkt. Daß es zum Keim neuer Lebenskraft und Entfaltung werden kann."[35]

---

[33] Strauß: „Für Gombrowicz", in: *Theater heute* 9/1969, S. 5.
[34] Bondy: *Der Rest ist Schreiben. Schriftsteller als Aktivisten, Aufklärer und Rebellen*, Wien 1972, S. 153. Vgl. auch die identische Textfassung des Gombrowicz-Abschnitts in: *Theater heute* 4/1971, S. 1f. unter dem Titel „Das Anstößige stößt alle Entwicklung an". Der Text wird im folgenden nach der Buchausgabe zitiert.
[35] Gombrowicz: *Die Tagebücher, Erster Band*, a.a.O., S. 160.

In den Gesprächen mit Dominique de Roux, die keineswegs bloßen Interviewcharakter haben, sondern in ihrer dialogischen Selbstreflexion den „Tagebüchern" nicht nachstehen, ergänzt er:

> „Unser Lebenselement ist die ewige Unreife. Was wir heute denken und fühlen, wird für unsere Urenkel Unsinn sein. Daher wäre es besser, wenn wir schon heute die Position Unsinn darin erkennen würden, welche die Zeit daraus machen wird (...). Bald werden wir uns darüber klarwerden, daß schon nicht mehr dies das Wichtigste ist: für eine Idee zu sterben, für Stile, Thesen, Losungen, Glauben; und auch nicht dies: sich in ihnen zu verschließen; hingegen etwas anderes, nämlich dies: einen Schritt zurückzutreten und Distanz zu allem zu gewinnen, was unaufhörlich mit uns geschieht."[36]

Daß Gombrowicz in seinem Konzept die Unreife zum existentialistischen Moment aufwertet[37], daß er sie – wie Botho Strauß sagt – „existenzialisiert", signalisiert freilich noch keine grundsätzliche Parallelität zur Philosophie gleichen Namens. Es geht Gombrowicz nicht nur darum, daß „der Mensch außer der Leidenschaft für die Form, für das Bewußtsein, für die Authentizität, das Chaos begehrt, die Unterentwicklung und Nichtvollendung liebt"[38]. Vielmehr betont er, daß das Verhältnis des Menschen zu der Welt, in der er lebt, gar nicht anders als widersprüchlich sein kann: Man kann sich vielen Imperativen nicht entziehen, ist gezwungen, der Realität selektiv zu begegnen und das auszuwählen, was als wesentlich erscheint. Bereits in diesem Prozeß von Aneignung und Verwerfung schafft jeder Mensch eine Hierarchie der Wertigkeiten, eine Spaltung in Offizielles und dessen Subebenen.

Das betrifft natürlich auch die alltägliche Arbeit des Schriftstellers. Abhängig von literarischen Normen – und sei es durch deren Negation – muß er der diachronischen Struktur der Lebensereignisse eine Synchronie des Werk-Surrogats entgegenstellen. Dieser Prozeß lenkt die Aufmerksamkeit zwangsläufig auf das Ich, das ihn bewerkstelligt – ein Ich, das seinerseits Fluktuationen unterworfen ist, sich normativen Konkretisierungen entzieht. Im Tagebuch bezieht Gombrowicz mit diesem Ich eine polemische Position:

> „Montag – Ich.
> Dienstag – Ich.

---

[36] Gombrowicz und De Roux: *Gespräche,* a.a.O., S. 150.
[37] Auf die Bedeutung, die „geheime Unreife als Bodensatz unserer Existenz" in Gombrowicz' Schaffen hat, wies bereits Bruno Schulz, einer der ersten und hellsichtigsten Gombrowicz-Deuter hin. Vgl. hierzu W. Hädecke: „Rebellion gegen die Form. Versuch über Witold Gombrowicz", in: *Neue Rundschau* 83. Jg., 1972, S. 252.
[38] Jerzy Jarzebski: „Zwischen Kreation und Interpretation", in: W. Gombrowicz: *Führung durch die Philosophie in sechs Stunden und fünfzehn Minuten,* Bonn 1994, S. 44.

Mittwoch – Ich.
Donnerstag – Ich."³⁹

Als Gegenposition verständlich wird dieser Egozentrismus, wenn man sich die zahlreichen Tendenzen der Nachkriegszeit vergegenwärtigt, die dem Rekurs aufs Ich aus verschiedenen Gründen skeptisch gegenüberstanden: Von der Kirche wurde er als unmoralisch betrachtet, von der Wissenschaft als unobjektiv, vom Marxismus als unsozial. Gombrowicz' Kommentar: „Als ich mein ‚Ich' zum viertenmal schrieb, fühlte ich mich wie Antäus, die Erde berührend! Ich fand den Grund unter den Füßen wieder!"⁴⁰

Die letzte Formulierung kann freilich in die Irre führen. Das Ich ist für Gombrowicz keineswegs an sich schon ein fester Grund. Vielmehr erscheint es bei ihm in der Doppelfunktion von Subjekt und Objekt, ist Wahrnehmungsmittel und Wahrnehmungsgegenstand, wird nicht nur emphatisch behauptet, sondern ebenso in Frage gestellt. Es entzückt und entzieht sich. Der Willensakt, der sich in den thesenhaften Ich-Formulierungen des Tagebuchs manifestiert, ist somit nicht nur eine Gegenposition zu zeitgenössischen Tendenzen, sondern auch zur persönlichen Erfahrung, daß es ein Ich im definierbaren Sinn überhaupt nicht gibt: Identität mit sich selbst bleibt unerreichtes Ziel. Trotzdem ist die Behauptung eines wie auch immer verfälschten, künstlichen Ichs eine Überlebensfrage. Letztlich ist es eine Rolle: eine von vielen, wie das Tagebuch belegt, oder, mit den Worten von Fritz J. Raddatz, „etwas Unerkennbares, Verstelltes, von Masken und Rollen Verdecktes (...), ein Chamäleon, der Intensität seiner jeweiligen Pathologie folgend, sich ändernd".⁴¹ Erkenntnisangst, „Kommunikation als Kon-

---

³⁹ Gombrowicz: *Die Tagebücher. Erster Band,* a.a.O., S. 9. Der Verwandtschaft dieser Perspektive mit der von Montaigne ist Alex Kurczaba nachgegangen: *Gombrowicz and Frisch. Aspekts of the Literary Diary,* Bonn 1980, S. 29.

⁴⁰ *Gespräche,* a.a.O., S. 93.

⁴¹ Fritz J. Raddatz: *Verwerfungen,* Frankfurt am Main 1972, S. 132. In gleichem Sinn versteht Bronislawa I. Karst (*The problem of the other and of intersubjectivity in the works of Jean-Paul Sartre and Witold Gombrowicz,* New York 1984, S. 180) das Maskenspiel als Ausdruck der Ich-Krise bei Gombrowicz: „Unable to accept and tolerate his lack of identity and completeness, man creates for himself various styles and masks through the intermediary of which he communicates with himself and with the surrounding world. This self-image is inauthentic: man only plays himself as a role, acts according to the image he creates, and thus acts (...) in bad faith." Wolfgang Hädecke („Rebellion gegen die Form", a.a.O., S. 247) meint, daß „im Untergrund der radikalen Ich-Verteidigung durch Gombrowicz seine Zweifel an der wirklichen Existenz und Realisierbarkeit dieses Ichs rumoren". Zum nationalliterarischen Aspekt der Ich-Behauptung bei Gombrowicz vgl. Olaf Kühl: *Stilistik einer Verdrängung. Zur Prosa von Witold Gombrowicz,* Diss., Berlin 1994, S. 8f.

junktiv, Berührungsangst als Angst vor der Wahrheit, vor dem Definitivum"[42] prägen dieses Ich. Gombrowicz selbst formuliert dieses Lebensgefühl sehr klar in einem frühen Brief, der noch aus seiner polnischen Zeit stammt und somit zu den Sujets von „Yvonne" und „Ferdydurke" in direkter Verbindung steht:

> „Zwischen unserem eigentlichen Sein und unserer äußeren Erscheinungsform klafft ein Abgrund, und alle Realität, die auf diesen Manifestationen des Äußeren eines Individuums basiert, ist – von eben diesem Individuum aus gesehen – falsch, künstlich und gefährlich. Diese artifizielle Realität wurde bisher als zwischenmenschliche Beziehung bis heute generell akzeptiert. Ich habe eben versucht, ihre Falschheit und Gefährlichkeit für das Individuum zu demonstrieren."[43]

Der Stachel von Gombrowicz' Kunst besteht darin, daß diese Demonstration anhand einer Umwertung funktioniert, die vor allem eine Aufwertung meint: Charakteristika wie Unreife, rudimentäre Gestaltung, immanente Widersprüchlichkeit sind nicht länger negativ konnotiert, sondern werden als Innovationspotential ausgestellt: Mitte der 30er Jahre eine Position, die Arthur Rimbauds „je est un autre" ins Extrem weiterdenkt und die erst Jahrzehnte später von der Literaturgeschichte eingeholt werden sollte. Damit schneidet Gombrowicz endgültig den Bezug zu jener aristotelischen Moralformel durch, nach der Ordnung schafft und Ordnung ist, was dem sinnlos übereinanderstürzenden Chaos entrissen wird. Sein Ansatz funktioniert genau andersherum: Die bestehende Ordnung wird permanent ins Chaos gestürzt, zurückverwandelt, zersetzt – auf daß ihre Restbestände an Originalität hervortreten.

Dieses Relativitätsmoment betrifft Inhalt wie Stil gleichermaßen. Gombrowicz' Stücke wie seine Prosa stehen quasi von vorne bis hinten in Anführungszeichen, sie akzentuieren das Relative vor dem Absoluten. „Ferdydurke" ist ein Romantitel als Leerstelle, ein Wort ohne Aussage, ein „Name für nichts"[44]. Auch hier sollte man sich freilich nicht täuschen lassen: Gombrowicz' Thema ist nicht die Leere an sich, nicht ein entpersonalisierter Charakter, sondern die Veränderung:

---

[42] Raddatz: *Verwerfungen*, a.a.O., S. 133. Gombrowicz' problematisches Verhältnis zum Ich läßt sich auch aus der Exilsituation verstehen: Seine Individualität kann sich nicht mehr mit der Umwelt identifizieren, und die „immerwährende künstlerische Selbstschaffung von Individualität" wird von der Umwelt jahrzehntelang weder rezipiert noch angenommen. Darauf weist Ulrich Schreiber im Programm der Uraufführung der „Yvonne"-Oper hin (a.a.O., S. 12).
[43] Zit. nach Raddatz: *Verwerfungen*, a.a.O., S. 133.
[44] Ebd., S. 130.

"Gombrowicz is interested in how, when and why relationships change. What particularly fascinates him are the oscillations in social status and the insidious ways in which men acquire power over one another. His characters are social animals. In spite of their neuroses and introspective habits, they live in a world populated by real human beings."[45]

Die von Ewa Thompson angesprochene Introspektive von Gombrowicz' Figurenzeichnung steht wiederum in enger Relation zum Autor selbst. Die Ich-Suche der Figuren ist immer auch eine des Autors und umgekehrt. Inhalte der eigenen Psyche werden in den Texten „sinnlich perzipiert", spiegeln sich im Figurendisput, und zwar „gleichberechtigt mit dessen grundsätzlichem Thema".[46] Darüber hinaus unterliegt der Autor „als Subjekt ständigen dynamischen Veränderungen, distanziert sich von Sätzen, die er soeben verkündet hat, und betont schließlich stark die autoteleologische Funktion des eigenen Monologs, der sich, anstatt demütig der Analyse der ausgesuchten Frage zu dienen, oftmals als Sprachakt verselbständigt und beginnt, sich nach eigenen Gesetzen zu richten."[47]

Damit ist die zweite, die sprachliche Ebene der Polysemie angesprochen. Unbestimmtheit dringt in die semantische Substanz. Dominique de Roux hat diesen Ansatz nicht unpathetisch und mit Blick auf „Ferdydurke" beschrieben. Er gilt genauso für „Yvonne":

„Niemals hat es einen derart offen engagierten Versuch gegeben, die Literatur mit Spannungen aufzuladen, damit sie von selbst explodiere. Niemals wurde das unergründliche Elend des ‚Zustands der Unfähigkeit', in dem sich die Literatur befindet, mit einer solchen Verbissenheit und einer solch scharfen, schneidenden Eleganz bloßgestellt. Alles ist hier mit Tür-Attrappen versehen und dadurch mit tödlichen Fallen versorgt."[48]

Das Maß an Sprachreflexion findet sich freilich nicht in allen Dramen Gombrowicz' gleichermaßen. In „Yvonne" gehört die Sprache noch nicht durchweg „zur Inhaltsebene des Textes"[49]. In der „Trauung" ist dieser Prozeß – nach den Erfahrungen mit „Ferdydurke" – bereits deutlicher zu spüren. In „Operette" ge-

---

[45] Thompson: *Witold Gombrowicz*, Boston 1979, S. 43.
[46] Jarzebski: „Zwischen Kreation und Interpretation", a.a.O., S. 21.
[47] Ebd.
[48] De Roux: „Gombrowicz. Seine Entspannungen und seine Spannungen", in: *Gespräche*, a.a.O., S. 142.
[49] Michael Fleischer („Die Sprachmetapher im polnischen absurden Theater und ihre Funktion", in: *Die Welt der Slaven*, Jahrgang XXX, Heft 1, München 1985, S. 31) führt den Nachweis, daß Sprachkritik und Sprachreflexion keineswegs erst Mitte der 50er Jahre unter dem Einfluß der Linguistik in der polnischen Literatur dominant werden, sondern bereits vorher im Drama (eben Gombrowicz') und im literarischen Kabarett.

hören Operationen an und mit der Sprache zur Substanz des Geschehens. Es läßt sich jedoch bereits bei „Yvonne" beobachten, daß die semiotischen Strukturen direkt auf den Inhalt verweisen. Sie gehören zum Bedeutungsumfeld des Gesagten und verweisen oft ins Psychologische. Mit der Ambivalenz zwischen Sprechen und Gesprochenwerden bzw. zwischen Sprechen und sprechendem Subjekt tendieren die Dramen von Gombrowicz freilich auch zu einer Distanz, die vom Subjekt wegführt: Der Sprechakt erhält eine Autonomie, die über das Figurennetz hinausgeht; die Sprache selbst strukturiert das Denken. In der „Trauung" hat Gombrowicz das so formuliert: „Und nicht wir sagen die Worte, sondern die Worte sagen uns / Und verraten unsern Gedanken."[50]

Das heißt: Die permanente Veränderung des Verhältnisses von Signifikat und Signifikant gehört zur Substanz der Gombrowiczschen Texte. Die „wechselnden Identitäten von Sprechern und Adressaten" sprengen auch im semantischen System jede Normierung. Die „Wertung, und damit auch erst die Bedeutung im vollen Sinne, von Begriffen ist bei G. von der Sprecherperspektive abhängig".[51]

---

[50] Gombrowicz: *Die Trauung*, Frankfurt am Main 1964, S. 138. (Sowohl „Die Trauung" wie „Yvonne" werden im folgenden nach der Frankfurter Ausgabe von 1964 zitiert, weil sich die Aufführungen des Schiller-Theaters und mit ihnen auch Blacher auf diese Textfassungen stützten.) Kühl (*Stilistik einer Verdrängung*, a.a.O., S. 127) weist in diesem Zusammenhang auf die Nähe zum Existentialismus wie zum französischen Strukturalismus und (ohne präzise Quellenangabe) auf Beckett hin. „(...) ich bin in Worten, ich bin aus Worten gemacht, aus Worten der anderen, (...) auch der Ort, auch die Luft, die Mauern, der Boden, die Decke, lauter Worte, das ganze Universum ist hier, bei mir, ich bin die Luft, die Mauern, der Eingemauerte, alles gibt nach, öffnet sich, treibt ab, fließt zurück, wie Flocken, ich bin all diese sich begegnenden, sich vereinigenden, auseinanderfallenden Flocken, (...) ich bin all diese Worte, all diese Fremden, dieser Wortstaub", heißt es in Becketts Roman „Der Namenlose" (in: *Werke, Band III*, Frankfurt am Main 1976, S. 527). Der damit angesprochenen Relation von Sprache und Sprachlosigkeit und der Suche nach einer Artikulation des Schweigens wird unten in Hinblick auf die Yvonne-Figur nachzugehen sein. Becketts Gedankengang klingt bei Gombrowicz im ersten Band seiner *Tagebücher* (a.a.O., S. 39) an: „Wenn dieses unser Empfinden noch nicht mit seiner ganzen Stärke aus uns hervorgetreten ist, dann darum, weil wir Sklaven der ererbten Sprache sind; doch immer stärker dringt es durch die Spalten der Form an die Oberfläche." Ernst Schröder (*Das Leben – verspielt*, a.a.O., S. 241) bringt den Konflikt auf folgende Formel: „Wer in den Tagebüchern des Gombrowicz die Qualen unserer Zeitgenossenschaft verfolgt, wird zum Zeugen einer Terrorisierung durch Wörter, die der Autor mit seinem Traum von Kunst zu steuern versucht: Alchimie unserer Tage."

[51] Kühl: *Stilistik einer Verdrängung*, a.a.O., S. 111. Kühl bezieht sich mit dieser Formulierung auf die Prosa von Gombrowicz, die er als „Partitur dieser Vielstimmigkeit" versteht. Sie läßt sich auch auf die Dramen übertragen.

Dazu kommt ein weiterer Aspekt: Linguistische wie auch paralinguistische Zeichen verlieren in Gombrowicz' Theater an Gewicht. Mimik und Gestik, jede Form von kinetischen Zeichen kontrapunktiert das Gesprochene. Mit der psychologischen Motivation und Ausformung der Figuren fehlt auch ihre Einheitlichkeit bzw. die ihrer Aussagen. Realistische oder ganzheitliche Figurenzeichnung wird durch eine artifizielle Haltung ersetzt, die die Spaltung der Personen thematisiert und dadurch zu einer neuen Art ihrer Durchdringung kommen will. Emanzipation der visuellen Zeichen wie die Relativierung der sprachlichen Aussage rücken Gombrowicz' Theater zudem in die Nähe von Artaud und Craig.

Damit kehren wir zur zweiten Formel zurück, von der unsere Überlegungen zu Gombrowicz' inhaltlicher wie sprachlicher Polysemie ausgegangen waren: François Bondys Formulierung vom „Theater der Peinlichkeit" bezieht sich auf Artauds „Theater der Grausamkeit". Beide lassen sich als Protest verstehen, als Protest von unten. Bondy beschreibt, wie Gombrowicz in seinen Schauspielen das an Shakespeare orientierte Sujet der Königsdramen quasi übermalt. Es geht dabei nicht nur um die „Dialektik zwischen dem Majestätischen und der sie negierenden und dann doch wieder herstellenden Usurpation"[52]. Shakespeares Königsdramen bilden die Grundfolie, werden beim Zuschauer als Assoziationsfeld vorausgesetzt. Aber gerade im Kontext dieses Topos kann Gombrowicz von Drama zu Drama variierend vorführen, wie Königtum zunehmend Kulisse wird, wie es absinkt zur Operettenhaftigkeit, die – mehr noch als das gedämpfte Lamento der „Trauung" – zugleich eine zynische Abrechnung mit den fatalsten Folgen des Gottesgnadentums ist: mit Faschismus und – auf ganz andere Art – auch mit dem Bolschewismus. Gombrowicz' „revolutionäres Motiv", notiert Bondy,

> „ist die ständige Kampfsituation zwischen den Werten von *oben*, die sich auf Tradition, Glanz, Prestige, fraglose Autorität stützen, und den Werten oder den Unwerten von *unten*, die, solange sie selber nicht ein neues Oben bilden, in ihrem Protest, ihren Revolten neue Möglichkeiten, neue Gedanken freilegen und die vielleicht auch dann noch positiv sind, wenn sie einem erstarrten Gedanken eine frische Dummheit entgegenstellen".[53]

Die Protesthaltung also: wie bei Artaud umgesetzt mit einer Skepsis am Korsett des Begrifflichen, aber doch ohne dessen Vertrauen auf das magische Ritual, auf metaphysische Konnotation und anarchisches Potential. Allerdings ist Gombrowicz, über den Klaus Völker bemerkt, für ihn habe Literatur „immer

---

[52] Bondy: *Der Rest ist Schreiben*, a.a.O., S. 151f.
[53] Ebd., S. 151.

unter dem Zeichen von Aufstand und Provokation zu stehen"[54], kein Mann der Kraftakte. Artauds Wut reduziert er zum süffisanten Stich, die surrealistische Vision zum grotesken Tableaux. Darauf zielt die Formel vom „Theater der Peinlichkeit". Sie bezeichnet ein Theater, das „grausamer sein kann, als alle eruptive Grausamkeit (...). Wenn das Majestätische bei ihm (Gombrowicz, S. M.) solche Zusammenhänge herstellt, daß es jeweils als tragische Farce erscheint, so hat das mit eben diesem Einbruch des Peinlichen zu tun."[55] Das wird in bezug auf Blachers „Yvonne"-Oper auszuwerten sein. Vorher aber gilt es, weitere Voraussetzungen dieser Veroperung abzustecken, sofern sie sich an Gombrowicz' Stil festmachen lassen. Eine davon wurde mit dem Rekurs auf Shakespeare bereits angedeutet.

5.2.1.2 Künstliche Kunst

Schon der Anfang von „Yvonne" läßt keinen Zweifel daran, was mit Gombrowicz' spezifischer Art der Shakespeare-Adaption gemeint ist: Der Prinz will sich mit der häßlichen, anämischen, unappetitlichen Yvonne verloben. So absurd diese Entscheidung erscheint, so vielfältig sind die Gründe dafür. Zum einen lehnt sich der Prinz gegen die von seinem Vater proklamierten Naturgesetze auf. Gleichzeitig treibt er einen Scherz auf die Spitze, den seine Freunde Cyryll und Zyprian angefangen haben. Außerdem folgt er der Vorhersage seines Horoskops. Damit aber steuert Gombrowicz bereits zu Beginn seines Stückes auf eine „Macbeth"-Parodie zu, die später in der Solo-Szene einer Königin (die sich mit Tintenflecken beschmiert) noch drastischer ausgeführt wird. Der intertextuelle Konnex zwischen Königsdrama und Farce ist von Anfang an hergestellt. Literarische Tradition läuft als Subtext mit.[56] Aber nicht nur Shakespeare wird

---

[54] „Ein Spielverderber aus Überzeugung. Klaus Völker über Witold Gombrowicz und dessen Tagebuch 1953-1969", in: *Der Spiegel* vom 21. November 1988, S. 244.
[55] Bondy: *Der Rest ist Schreiben*, a.a.O., S. 153.
[56] Wie sich das im Detail darstellt, hat Marianne Kesting („Die Tragödie der Fiktion", in: *Frankfurter Allgemeine Zeitung* vom 15.1.1969) beschrieben: „War bei Shakespeare das Theater eine Spiegelform der Realität, ja sogar, wie im ‚Hamlet' das ‚Theater auf dem Theater' demonstriert, ihr diagnostisches Instrument – diente noch Hamlets methodischer Wahnsinn der Enthüllung von realen Verbrechen –, so gibt es bei Gombrowicz keine Verbindung mehr zwischen Theater und Umwelt. Das reziproke Verhältnis, mit dessen Hilfe das eine das andere interpretierte, ist abgebrochen. Das Umwelttheater und die ‚bewußte Fiktion' des Einzelnen starren einander feindselig an, und beiden gegenüber etabliert sich eine dritte Realitätsebene, die sich ihnen dumpf widersetzt. An ihr scheitern beide. Diese dritte Realitätsebene bleibt bei Gombrowicz undefiniert. Auch sie ist theatralisch insofern, als sie sich in verschiedenen Figuren verkörpern kann. In ‚Yvonne' ist sie die häßliche,

mit dem „Yvonne"-Drama übermalt. Man kann es auch als Parodie von Werken sentimental-romantischer Provenienz verstehen.[57] Das Prinzip der Bezugnahme auf Vorhandenes, des „sekundär überformten Materials"[58] gehört zum Wesen der Texte von Gombrowicz:

> „Gombrowicz' literarische Formen und ebenso sein Stil basieren immer und bewußt auf der Vergangenheit. Sie sind in ihrem Ursprung niemals originell. Das Individuelle zeigt sich erst in dem Verhältnis zum Bekannten und in dessen Auflösung bzw. Umdeutung."[59]

Daraus folgt auch: Das Synkretistische, Synthetische von Gombrowicz' Konzeption widersetzt sich hartnäckig einer Zuordnung, sei es zum surrealistischen oder zum existentialistischen Theater – mögen einzelne Intentionen und Techniken auch eng verwandt sein. Gombrowicz produziert Kunst, die Wert darauf legt, aus zweiter Hand zu stammen: eine Kunst der Künstlichkeit. Raddatz spricht mit Blick auf „Ferdydurke" von einer „mit der Sicherheit eines Ballettchoreographen inszenierten Etüde".[60] Das gilt auch für die kurz vorher entstandene „Yvonne".[61] Gombrowicz selbst hat seine Haltung so umschrieben:

---

immerzu schweigende Yvonne selbst." Die „Hamlet"-Nähe, die Blacher im Programmheft andeutet (s.o.), findet sich weit deutlicher in der „Trauung". Botho Strauß („Für Gombrowicz", a.a.O., S. 5) spricht in diesem Zusammenhang von einer „Wahlverwandtschaft" und von „einer umfassenden Syntax der Anspielungen".

57 Zu den Gründen für und gegen eine solche Lesart vgl. J. van der Meer: *Form vs. Anti-Form*, Amsterdam u.a. 1992, S. 164ff. Strauß („Für Gombrowicz", a.a.O., S. 5) beschreibt das Gombrowiczsche Parodieprinzip als „eine moderne Synthesenform der alten analytischen Ironie der Romantiker".

58 Kühl: *Stilistik einer Verdrängung*, a.a.O., S. 26.

59 Krystyna Schmidt: *Der Stil von W. Gombrowicz' ‚Trans-Atlantyk' und sein Verhältnis zur polnischen Tradition*, Meisenheim am Glan 1974, S. XV.

60 Raddatz: *Verwerfungen*, a.a.O., S. 137.

61 Die Trennlinien zwischen Prosa und Drama sind bei Gombrowicz nicht eng gezogen. Er ist auch in seinen Romanen „ein sehr bewußter, manchmal angestrengter Inszenator" (Wolfgang Hädecke: „Seltsame Dreieinigkeit: Witkiewicz, Schulz, Gombrowicz", in: *Literatur und Kritik*, Heft 76/77 = Juli/August 1973, S. 405). An anderer Stelle („Rebellion gegen die Form", a.a.O., S. 253) ergänzt Hädecke, daß Gombrowicz auch in seiner erzählenden Prosa „die hoch stilisierte Inszenierung, das rigorose Arrangement der Realität" bevorzugt. Das bewußte Arrangieren, das Figuren-Experiment gehört auch zum Handlungsmoment von Gombrowicz' Romanen: am deutlichsten zu beobachten an der Spielleiterfunktion des Friedrich in „Pornografia". Gattungsunterschiede spiegeln sich bei Gombrowicz eher in den Orten: Die Romane spielen in einer alltäglichen Welt, die Dramen in einer aber immer verfremdeten Aristokratie. Bondy/Jelenski (*Witold Gombrowicz*, München 1978, S. 14f.) weisen darauf hin, daß Theatralität und die damit verbundenen „Konflikte und Ambiguitäten zwischen Gesicht und Maske, Person und Marionette, Handlungsträgern und Handlungs-

"Naive, geradlinige Aufrichtigkeit in der Literatur taugt zu nichts. Und da ist nun wieder eine dieser dynamischen Antinomien der Kunst: Je künstlicher man ist, desto mehr kann man aufrichtig sein, die Künstlichkeit gestattet dem Künstler, sich den schamhaften Wahrheiten zu nähern."[62]

Das hat nicht nur für den Autor Konsequenzen, sondern auch für die Schauspieler. Ausdruck und Inhalt erscheinen in ihrer Darbietung separiert. In den „Hinweise(n) für Schauspieler und Regisseur" zur „Trauung" heißt es: „Alle diese Menschen sprechen sich nicht unmittelbar aus; sie sind immer künstlich; sie spielen immer. Darum ist das Stück ein Reigen von Masken, Gesten, Schreien und Mienen (...). Es muß ‚künstlich' gespielt werden, doch darf diese Künstlichkeit niemals die Verbindung zu dem normalen menschlichen Ton verlieren, den man aus dem Text spürt."[63] Es ist daher kein Zufall, daß Regisseure aus der Stanislavskij-Schule mit Gombrowicz wenig anfangen konnten. Um so mehr aber solche, die – im Gefolge Meierholds – Künstlichkeit als Form der Wahrheitssuche verstanden. In seinen Anmerkungen zur Uraufführung des „Yvonne"-Schauspiels formuliert Konstatin Puzyna das so:

> „Für den Schauspieler heißt das: es gibt keinen Charakter – es gibt nur die Situation (...). Es hat keinen Sinn, Stanislavskij zu fragen, was der Held vor seinem Auftritt gemacht hat. Wenn ich die Bühne betrete, bin ich nichts, niemand, es gibt mich noch nicht; erst wenn der Partner erscheint, bewirkt sein Blick, daß ich eine Geste ausführe, irgendeine Pose einnehme, und diese ruft dann die Geste des Kontrahenten hervor – und schon sind wir verbunden, wir beginnen von uns aus zu spielen, unseretwegen, gegen uns: wir beginnen zu sein."[64]

---

getragenen" alle Texte von Gombrowicz durchdringt, „bis in seine Konversation". In den zwei Jahrzehnten nach Beginn der 70er Jahre wurden über zwanzig Bühnenadaptionen von Prosawerken Gombrowicz' geschrieben (vgl. Kuharski: *The theatre of Witold Gombrowicz*, a.a.O., S. 5). Dem bekanntesten und meistgespielten dieser Stücke, Tadeusz Kantor's „Die tote Klasse" („The dead class"), geht Kuharski in Kapitel 2 seiner Arbeit nach (vgl. dort insbesondere S. 55ff.).

62 *Gespräche*, a.a.O., S. 95.
63 Gombrowicz: *Gesammelte Werke, Band 5, Theaterstücke*, München 1997, S. 342.
64 Puzyna: „Zur Uraufführung der Yvonne 1957 in Warschau", in: *Polityka*, Warschau, vom 30. August 1969, zitiert in der Übersetzung von *Veröffentlichungen des Schiller-Theaters* Heft 210, Februar/März 1970, o.S. Ernst Schröder als Regisseur der Berliner Aufführung hat diese Passage fast wörtlich in seine Memoiren übernommen und als Regiekonzept beschrieben, ohne allerdings die Quelle zu nennen. Bei Schröder (*Das Leben – verspielt*, a.a.O., S. 243f.) heißt es: „Das Stück war bisher als expressionistische Groteske gespielt worden zwischen deformierten Gestalten mit ausgestopften Kostümen. Der dramaturgische Witz der Sache aber besteht darin, daß es keine fertigen Charaktere in dem Stück gibt, nur Situationen. Der Schauspieler, wenn er die Bühne betritt, ist nichts, niemand, es gibt ihn noch nicht, erst wenn ein Partner auftritt, bewirkt dessen Blick, daß er eine Geste ausführt,

Die Einsicht, daß Einfachheit, Ehrlichkeit und Direktheit nicht zu haben sind, außer durch den Umweg über Künstlichkeit, führt zwangsläufig auch für den Autor selbst zur Lebensrolle als Schauspieler. Gombrowicz kostet sie in aller Varianzbreite aus:

> „Ich bin Humorist, Hampelmann, Seiltänzer, Provokateur, meine Werke stehen Kopf um zu gefallen, ich bin Zirkus, Lyrik, Poesie, Grausen, Kampf, Vergnügen. Was wollen sie mehr? Ich bin schwierig, das ist wahr, dort, wo man nicht andres kann, doch wenn einer in tödlicher Angst zu langweilen, schreibt, so bin ich es."[65]

Der Spötter Gombrowicz freilich, er mokiert sich mit einem „Grimm, der im Gelächter die Menschen beklagt"[66]. Insofern ist es kein Widerspruch, das Œuvre von Gombrowicz, der permanent die Rollen tauscht, als „einzige(n) Ruf nach Echtheit" zu bezeichnen.[67] Nicht einmal Künstlichkeit und Realismus schließen sich in diesem Œuvre aus. Gombrowicz sah sich als „extremen Realisten": „Eine der Hauptaufgaben meines Schreibens ist, durch die Unwirklichkeit hindurch zur Wirklichkeit zu dringen."[68] Manchmal, so scheint es, bedrängen und bedrücken seine Wahrnehmungen in der Realität Gombrowicz derart, daß er sie sofort als Maskenspiel umdenkt, um sich zu schützen, und sich ihnen dann aus der Distanz heraus erneut zuwendet. Das Sein, so könnte man formulieren, wird sofort zum Schein verfremdet; durch den Schein aber führt der Weg wieder zurück zum Sein.[69]

Wirklichkeit erscheint somit selbst unwirklich: als „freies Material der De-

---

eine Pose einnimmt, und diese wieder ruft eine Antwort hervor. Jetzt beginnen sie zu spielen, sind durch das Spiel gebunden: sie beginnen zu sein. Man kann also nicht genug Sorgfalt auf den einzelnen, auf seine genaue Figuration legen. Alles, was ihn zudeckt an kostümlichem Übermaß, Wattierung usw., steht dem Schauspieler entgegen. Wann hat er schon Gelegenheit, aus dem Stand heraus sich selbst zu profilieren, sozusagen auf der Bühne bei Null anzufangen?"

65 *Gespräche*, a.a.O., S. 122. Raddatz (*Verwerfungen*, a.a.O., S.152) nennt Gombrowicz daher „Clown und Hypochonder".
66 Raddatz: *Verwerfungen*, a.a.O., S. 156.
67 So Milosz: *Geschichte der polnischen Literatur*, a.a.O., S. 345. Noch aus seinem Brechtnahen Appell an die Künstler klingt, über alle Theaterpraxis hinaus, die Sorge um die Substanz künstlerischer Aussage: vgl. *Gespräche*, a.a.O., S. 149.
68 *Gespräche*, a.a.O., S. 11.
69 In diesem Sinne ist es zu verstehen, daß Gombrowicz in der Rezeption einerseits als „Maskenabreißer" gedeutet wird und gleichzeitig als „Meister des mehrdeutigen, verkleideten Stils" (Kühl: *Stilistik einer Verdrängung*, a.a.O., S. 206). Im ersten Band seiner *Tagebücher* (a.a.O., S. 65) notiert Gombrowicz dazu: „Angenommen, daß ich geboren bin (was nicht sicher ist), so bin ich geboren, um euer Spiel zu demaskieren. Meine Bücher sollen euch nicht sagen: sei, wer du bist, sondern – du täuschst vor, der zu sein, der du bist."

formation, der Maskerade, der Vision und der Mythologisierung"[70], das auf dem Weg zur Wahrheitsfindung überwunden werden muß. Die Mittel, die Gombrowicz dazu einsetzt, reichen von Phantastik bis zu greller Überpointierung: Mittel „der Ballung und Übertreibung, der Verzerrung und Exzentrität, womöglich des Brutalen, Unerhörten, Skandalösen: der Künstler diffamiert die Wirklichkeit und schafft sie dadurch neu".[71] Erst die Künstlichkeit von Gombrowicz' Kunst ermöglicht den Einsatz solcher Drastik. Erst der spielerische Umgang macht sie für den Leser bzw. Theatergänger erträglich.

Die Grade dieser Drastik sind freilich im Dramen-Schaffen von Gombrowicz unterschiedlich. Bei „Yvonne" schimmert noch ein psychologisch motiviertes Handlungsdrama durch. Aber bereits in diesem ersten Bühnenstück stehen keine glaubwürdigen Charaktere im Mittelpunkt. Muster von Aktion und Reaktion, logische Verkettung, „lineare Finalität"[72] – das alles wird bereits in Frage gestellt, ins Rudimentäre gedrängt. Bis zur späten „Operette" schrumpfen diese Elemente kontinuierlich: Fragen „der kausal-linearen Progressivität bei den aufeinanderfolgenden Situationen"[73] spielen dann keine Rolle mehr. Der Mensch erscheint nur noch „als Kleid, Sprache als Gedudel, Aktion als Pose".[74]

Was statt dessen das Geschehen bestimmt, deutet sich in „Yvonne" bereits an, gehört dort aber noch nicht zu den konstituierenden Merkmalen. Es muß uns hier insofern interessieren, als Blacher um die Entwicklung wußte, hatte er doch vor „Yvonne" eine Bühnenmusik zur „Trauung" komponiert und sich quasi von der Mitte nach vorne in Gombrowicz' Schaffen gearbeitet. Die Entwicklung läuft auf abstrakte semantische Kontraststrukturen zu: Strukturen, die, losgelöst von dezidierter Figurenrede, oft mit syntaktischen Momenten der Sätze in direkter Verbindung stehen. Jan van der Meer bezeichnet sie (in Anlehnung an Greimas' *Strukturale Semantik*) als „Aktantenmodelle". Gemeint sind etwa die Kontraste von Subjekt und Objekt, Adressant und Adressat, Adjuvant und Opponent. Solche Kontraste gewinnen um so mehr an Bedeutung, als psychologisch motiviertes Handeln (und damit auch Sprechen) der Figuren fehlt. Sie bilden eine eigene Aussageebene jenseits des Personennetzes.[75] Zur Über-

---

[70] Hädecke: „Seltsame Dreieinigkeit", a.a.O., S. 391. Wahrheit erscheint in diesem Sinne als Kategorie jenseits von Wirklichkeit und Logik.
[71] Ebd.
[72] Meer: *Form vs. Anti-Form*, S. 159.
[73] Ebd., S. 149.
[74] Raddatz: *Verwerfungen*, a.a.O., S. 133.
[75] Zu den Mitteln, mit denen sich der Wegfall von vollständig ausgearbeiteten Charakteren bzw. linearer Handlungsfolge oder Polymythie kompensieren läßt, vgl. Meer: *Form vs. Anti-*

tragung solcher Aktantenmodelle auf Gombrowicz' Dramen teilt Meer die Funktionen von Adressant und Opponent dem Kontrastpaar von Form und Anti-Form zu.[76]

Damit ist ein Begriff angesprochen, der bisher ausgeklammert wurde und auf den unsere Überlegungen zur Position von Gombrowicz' Schauspiel zulaufen. Er gehört zu den komplexesten Begriffen im Schaffen des Polen und rafft wie in einem Brennspiegel Aspekte des bisher Zusammengetragenen. Daß er in seiner Bedeutungs- und Deutungsvarianz hier nicht annähernd ausgeschöpft werden kann, versteht sich von selbst. Von Interesse muß er aber schon deshalb sein, weil jede Vertonung zwangsläufig auf ihn reagiert. Was „Form" im Schaffen von Gombrowicz meint, welche Inhalte der Begriff bezeichnet, das variiert sowohl in Gombrowicz' Selbstkommentaren als auch in den Werken. Kühl spricht deshalb mit Blick auf wechselnde Bedeutungsschattierungen von „kontextuelle(r) Polysemie"[77]. Die zentrale, häufig zitierte Passage findet sich im ersten Band der „Tagebücher" und zeigt, wie bei und für Gombrowicz Leben und Kunst mit dem Formbegriff ineinanderfließen:

> „In meinen Werken habe ich den auf dem Prokrustesbett der Form ausgespannten Menschen gezeigt, habe ich meine eigene Sprache gefunden, um seinen Hunger nach Form und seinen Unwillen gegen die Form klarzumachen, mit einer spezifischen Perspektive habe ich versucht, die Distanz an den Tag zu legen, die zwischen ihm und seiner Gestalt besteht."[78]

Wolfgang Hädecke greift diesen breiten Formbegriff auf und definiert so allgemein wie möglich:

> „Form heißt bei Gombrowicz (...) weder primär noch ausschließlich Kunst-Form; Form ist ein Universalbegriff, er schließt Lebens-Form, Gesellschafts-Form, auch National-Form ein; gegenüber jenen, die den Formbegriff auf das Schaffen von Kunstwerken beschränken wollen, betont Gombrowicz die ungeheure Rolle der Form in unserem gesamten Leben."[79]

Soziologische, anthropologische und stilistische Aspekte des Formbegriffs durchdringen sich. Jerzy Jarzebski gibt dazu folgenden Überblick:

Form, a.a.O., S. 157ff. Wichtig erscheint besonders die Zunahme einer metaphorischen Verklammerung, deren Wesen Klotz (*Geschlossene und offene Form im Drama*, a.a.O., S. 106ff.) anhand von Büchner und Wedekind herausarbeitet. Das derart beschriebene „engverschlungene Bezugssystem" (S. 107) konkretisiert Meer mit Blick auf Gombrowicz als „Ähnlichkeits- und Kontrastrelationen der Thematik", die „mit Hilfe von wiederholten und variierten Wortmotiven und Bildketten gezeigt werden" (S. 160).

[76] Meer: *Form vs. Anti-Form*, a.a.O., S. 156.
[77] Kühl: *Stilistik einer Verdrängung*, a.a.O., S. 25.
[78] Gombrowicz: *Die Tagebücher, Erster Band*, a.a.O., S. 159.
[79] Hädecke: „Rebellion gegen die Form", a.a.O., S. 243.

„Anfänglich verhältnismäßig eng und spezifisch definiert, gewinnt er allmählich einen immer universelleren Sinn. Wenn der Autor in den Anfängen seines Schaffens von einer den Menschen einschränkenden gesellschaftlichen Form spricht, sind wir bereit, diese als ein Synonym für Konvention zu akzeptieren. In anderen Anwendungen wiederum scheint sie einer gesellschaftlichen oder psychologischen Rolle zu entsprechen, in die ein in seinem individuellen Stil gefangener Künstler schlüpft. Im letzten Fall findet sie als Rolle des Schöpfers ihre direkte Widerspiegelung in der Form des Werkes. Dieser Begriff scheint immer eine tiefere Bedeutung zu erhalten, um schließlich einen rein philosophischen Sinn anzunehmen."[80]

In „Yvonne" ist Gombrowicz' Formbegriff somit noch relativ klar überschaubar und kann primär als „historisch-gesellschaftliches Phänomen" begriffen werden: „Die Form (...) ist das gesellschaftlich Überholte, Tote, den bloßen Schein Wahrende."[81] Dieses Überholte läßt sich überwinden, indem man es ins Bewußtsein ruft. Für François Bondy ist „Yvonne" „das Ancien régime des Vorkriegspolens, es ist die Macht als Zeremonie, die noch einmal die Kräfte von unten wegschafft, noch einmal Herrschaft spielt".[82] Insofern die Decouvrierung von Formkonventionen das Zentrum von Gombrowicz' Werk bildet, steht in „Yvonne" nicht das Schicksal der Titelfigur im Mittelpunkt, sondern der Vorgang, daß ein Außenseiter wie der Prinz, aus einer Augenblickslaune heraus, quasi als Experiment, Erwartungsnormen konterkariert und damit die Übereinkünfte einer bestimmten Sozietät in Frage stellt. Die Aktion des Prinzen gefährdet gesellschaftliche Normen; sie bringt Unberechenbares ins Spiel, unterbricht eingespielte Reaktionsverläufe, die erst mit dem kollektiven Mord am Ende restituiert werden.

Darüber hinaus deuten sich jedoch in „Yvonne" stilistische Aspekte des Formbegriffs an: Es ist „die Form als Müll, als das Verbrauchte, und nicht die begeisternde neue Form, die ihn interessiert".[83] Dabei besteht Gombrowicz auf der Formsprengung durch Inkongruenz: Die Form solle keineswegs „dem Inhalt (...) adäquat, sondern im Gegenteil ungemäß sein, weil sich eben darin alle andere Inkongruenz zeigt und jene Distanz zur Form gewonnen wird, auf

---

[80] Jarzebski: „Zwischen Kreation und Interpretation", a.a.O., S. 13.
[81] Kühl: *Stilistik einer Verdrängung*, a.a.O., S. 156. In ähnlichem Sinn Hädecke: „Rebellion gegen die Form", a.a.O., S. 251.
[82] Bondy: *Der Rest ist Schreiben,* a.a.O., S. 154. Bondy geht so weit, jedes der drei Schauspiele als „Summe einer ganz bestimmten, sogar geographisch umreißbaren Phase des Lebens und Schaffens dieses Autors" zu verstehen (ebd., S. 151).
[83] Ebd., S. 155. Vgl. in diesem Sinne Gombrowicz im ersten Band seiner *Tagebücher*, a.a.O., S. 64.

die es ankommt (...). Denn der Mensch soll zu seinen überkommenen Formen das Verhältnis des Herren haben und nicht des Knechts."[84]

Die strukturelle Antinomie von Kontrastpaaren, die das Formproblem stilistisch spiegeln – wie Unreife/Reife, Jugend/Alter, Chaos/Form, Niedriges/Höheres –, gehört bereits in „Yvonne" zu den konstituierenden Merkmalen. Die Kontrastpaare sind hier insbesondere mit der soziologischen Dimension des Formbegriffs verknüpft, auf die Gombrowicz selbst aufmerksam gemacht hat. Der Affront gegen die Form und ihre Anziehungskraft sind zwei Seiten derselben Sache und lassen sich auf die skizzierte Dialektik von Reife und Unreife beziehen. Constantin Jelenski beschreibt diese Polarität als

„Widerstreit (...) zwischen dem, was im Menschen einer definitiven Form zustrebt und was sich dieser Form widersetzt. Gombrowicz will sich selber ausdrücken, auf eine hinreichend mutige und kraftvolle Weise, um auch dem andern die ‚Form' aufzuzwingen, die er – mittels seines Werkes – seiner besonderen menschlichen Situation gegeben hat, ohne seine ‚Unreife' dabei zu opfern."[85]

Form und Deformierung haben in diesem Sinne bei Gombrowicz direkt mit der Ich-Suche zu tun: Jeder einzelne deformiert seine Mitmenschen und wird von ihnen deformiert.[86] Niemand kann ohne Form existieren, jede Selbstdefinition stellt bereits einen Formversuch dar. Darin liegt das Paradox, das Gombrowicz permanent umkreist, ohne es lösen zu können. Form „is inevitable and undesirable. It deforms and also completes man"[87]: eine Mischung aus Selbstverwirklichung und Entfremdung. Identität läßt sich folglich bei Gombrowicz nicht ohne das Wechselverhältnis der sozialen Interaktion verstehen. Nicht einmal der Wirklichkeitsbegriff resultiert aus einer reinen Bewußtseinsbewegung. Es gibt für den Menschen bei Gombrowicz „keine Introspektion, die den reinen

---

[84] Bondy: *Gespräche*, a.a.O., S. 74.
[85] Jelenski: „Witold Gombrowicz. Drama und Antidrama", a.a.O., S. 72f.
[86] Bronislawa Irene Karst (*The Problem of the other and of intersubjectivity in the works of Jean-Paul Sartre and Witold Gombrowicz*, a.a.O., S. 12f.) fächert die verschiedenen Perspektiven innerhalb des sozio-kulturellen Netzes auf. Das dahinterstehende Kommunikationsproblem faßt Beckett in seinem Roman „Der Namenlose" noch weiter. Dort geht die Identitätskrise vom einzelnen aus und wird nicht erst durch Interaktion hervorgerufen: „ich weiß nicht, was ich fühle, mir bitte sagen, was ich fühle, ich werde sagen, wer ich bin, sie werden mir sagen, wer ich bin, ich werde es nicht begreifen, aber es wird gesagt sein, sie werden gesagt haben, wer ich bin" (Beckett: *Werke, Band III*, a.a.O., S. 522).
[87] Karst: *The Problem of the other and of intersubjectivity in the works of Jean-Paul Sartre and Witold Gombrowicz*, a.a.O., S. 14.

Intellekt, das reine Bewußtsein untersuchen würde, sein ‚Ich' existiert nur im Dialog mit den Objekten, mit anderen ‚Ichs'".[88]

Gombrowicz war sich völlig im klaren darüber, daß das, was er schrieb, wiederum Formen absteckte, daß er als Autor mit zunehmendem Schaffen und Erfolg, mit zunehmender Wirksamkeit, ein von sich selbst Geschaffener war. In einem seiner letzten Interviews spricht er dieses Dilemma an:

> „Und ich selber bin nun ein vom eigenen Werk geformter und definierter Gombrowicz geworden, in jeder Hinsicht, sogar in meiner sozialen Lage. Ich fühle mich im Grunde als ein Sklave dieses Gombrowicz, eine völlig abgeschlossene Sache. Eine fatale Situation! Auch denke ich an neue Arten von Bankrott und Niederlagen, um zu zerstören, was ich getan habe. Aber werde ich die Kraft und die notwendige Ausdauer finden? Ich bin teils Fertigfabrikat, teils eine noch tickende Bombe."[89]

Ein solch resigniertes wie trotziges Altersstatement läßt sich auch als Kehrseite von Gombrowicz' Jugendbegeisterung verstehen: Der Mensch, der im Laufe eines Lebens mehr und mehr Bestimmungen erfährt, sich mehr und mehr definiert, gerät auch zunehmend in die Fallen einer sozio-kulturellen Ordnung. Die Chance der Jugend besteht darin, von diesem Prozeß weniger absorbiert und damit dem Formprozeß weniger ausgeliefert zu sein: ein Aspekt, der sich in „Yvonne" mit der Protesthaltung des Prinzen verbindet.

Um die Varianzbreite des Formbegriffs bei Gombrowicz in den Griff zu bekommen, schlägt Jerzy Jarzebski eine alternative Betrachtungsachse vor: „die Kategorie des Spiels".[90] Er nutzt dabei die doppelte Bedeutung, die der Begriff im Englischen hat: *play* als freie, spontane Tätigkeit, *game* als Spiel auf der Basis von Regeln. Mit diesem konzentrisch ausgerichteten Begriffspaar ist die Problematik der Form bei Gombrowicz einzukreisen: die Form als kodifiziertes, sinnvoll und intersubjektiv kommunizierbares Phänomen und gleichzeitig die „Bewegung und Veränderbarkeit, die Ablehnung von Regeln, Schemata und Masken, die Dramatik der unmittelbaren Entscheidungen und Taten".[91] Beide Aspekte sind gleichberechtigt. Der Leser aber wird durch diese Mittel zur aktiven Mitarbeit aufgerufen: Das Spielerische schweißt Autor und Rezipient zusammen.[92]

---

[88] Vgl. Jarzebski: „Zwischen Kreation und Interpretation", a.a.O., S. 30. In diesem Sinne auch Puzyna: „Zur Uraufführung der Yvonne 1957 in Warschau", a.a.O., S. 9.
[89] Bondy: *Gespräche*, a.a.O., S. 76.
[90] Jarzebski: „Zwischen Kreation und Interpretation", a.a.O., S. 15.
[91] Ebd.
[92] Wie Jarzebski mißtraut auch Kühl allzu starren Oppositionspaaren und strukturalistischer Analyse, die die Lebendigkeit des Werkes nicht einfängt. Er interpretiert die Semantik des

5.2.1.3 Vorläufer und Nachzügler: Gombrowicz im Traditionszusammenhang

Wo kommt „Yvonne" her? In welchem Traditionszusammenhang steht Gombrowicz' Stück? Die Frage erscheint nach unseren Überlegungen zur „Abstrakten Oper Nr. 1" nicht unwesentlich für die Vertonung und gehört zu deren Voraussetzungen. Typologische Besonderheiten von Schauspielen offerieren Vertonungsmöglichkeiten, die, selbst wenn der Komponist ihnen nicht folgt, ein Teil des Transformationsprozesses sind: Auch in der Negation liegt ein Teil der Auseinandersetzung. Im Falle von „Yvonne" führt die Frage nach dem Traditionszusammenhang in zwei Richtungen. Zum einen tangiert sie autobiographische Aspekte, die im folgenden nur kurz gestreift werden sollen, weil ihr Einfluß auf das Libretto indirekter Natur ist. Zum anderen betrifft sie, über stilistische und inhaltliche Besonderheiten hinaus, den theatergeschichtlichen Kontext: Blacher reagierte auch hier weder auf ein isoliertes Stück noch auf ein bloßes Sujet. Er reagierte seismographisch auf literarische Entwicklungen. Wo steht das „Yvonne"-Schauspiel zwischen Elementen des Absurden und des Grotesken?

Zunächst einige kurze Bemerkungen zum biographischen Konnex. Zur Apparatur des „Yvonne"-Experiments gehört der Raum. Es ist ein Raum, wie er sich auch in späteren Werken von Gombrowicz findet: ein Königshof samt Ambiente, ein Schloß – abgelegen, ortlos und aus aller Zeit. Hermetik und Reichtum gehören gleichermaßen zu seinen Charakteristika wie zu den Voraussetzungen der Handlungsführung. Yvonne repräsentiert den Einbruch in eine geschlossene Gesellschaft. Diese allerdings hat, allem Experimentiercharakter zum Trotz und mehr als in späteren Werken von Gombrowicz, stark autobiographische Züge:

Formbegriffs neu, löst sich von Gombrowicz' Eigendeutungen, sieht in der Form „eine Metapher für den eigenen Körper" (*Stilistik einer Verdrängung*, a.a.O., S. 24). Die damit verbundene „narzißtische Identifizierung" schafft eine Möglichkeit, „die inhärente Ambivalenz des Formbegriffs bei G. zu klären" (S. 38). Die literarische Problematik überschneidet sich hier eng mit biographischen Aspekten. Zum Thema von Gombrowicz' Homosexualität vgl. *Akzente* 2/1996 und insbesondere den überblickshaften Artikel von Andreas Breitenstein: „Der heilige Ruf des Leibes. Das offene Geheimnis des Witold Gombrowicz", in: *Neue Zürcher Zeitung* vom 20./21. Juli 1996, S. 45. Die zentrale Passage darin lautet: „Das ‚offene Geheimnis' der Homosexualität (...) bildet das Zentrum von Gombrowicz' Produktivität. In seiner Philosophie und Poetik lässt sich die Strategie literarischer Camouflage bei homosexuellen Autoren geradezu exemplarisch herausarbeiten. Unter den Bedingungen des gesellschaftlichen Tabus münden Schweigegebot und Geständniswunsch in ein doppelsinniges Spiel von Enthüllung und Verbergung. Dabei ist die erotische Codierung von Bildern, Symbolen und Begriffen Teil eines poetischen Mehrwerts, der Eingeweihte ebenso anspricht wie Nichtsahnende. Die Wahrheit wird zur Kippfigur, sie entsteht im Auge des Betrachters."

Stil und Inhalt der „Yvonne" sind ohne die persönliche Geschichte ihres Autors undenkbar. Zwar hat Gombrowicz seine Beziehung zu Polen oft relativiert und betont, es sei ihm beim Schreiben immer egal gewesen sein, ob er Pole oder Chinese sei. Andererseits hat er die ontologische Wechselbeziehung zwischen Autor und Werk in seinen Selbstkommentaren thematisiert (nicht zuletzt schien ihm dieser Rekurs aufs Ich eine Möglichkeit, Beliebigkeit auszuschalten) und seine biographischen Wurzeln als Quelle von Stil und Inhalt beschrieben. Da es hier nicht darum gehen kann, die Widersprüche von Gombrowicz' Polentum auszuführen, die sich nicht zuletzt in der polnischen Rezeption seines Werkes spiegeln[93], genügt es, den direkten Bezug zu „Yvonne" herzustellen.

Das Polen, in dem Gombrowicz aufwuchs, war ein besonderer Spiegel der politischen und wirtschaftlichen Entwicklungen der ersten Jahrhunderthälfte. Ab 1923 zeichnete sich ab, daß die parlamentarische Demokratie weder die sozialen Probleme noch die Widersprüche der Verfassung in den Griff bekam. Die innere Aushöhlung des bürgerlich-feudalen Systems gehört zu den Grunderfahrungen des jungen Gombrowicz. „Sein" Polen war ein militärisch wie ökonomisch schwacher Staat unter dem Druck westlicher wie östlicher Mächte. Gombrowicz war sich dessen bewußt. Er sah sich als Ergebnis einer Übergangszeit:

> „So also waren wir in jener proustschen Epoche, am Beginn des Jahrhunderts, eine entwurzelte Familie in einer nicht sehr klaren gesellschaftlichen Situation zwischen Litauen und Kongreßpolen, zwischen Dorf und Industrie, zwischen der sogenannten besseren und der mittleren Schicht. Dies ist nur das erste von diesen ‚Zwischen', die sich im weiteren Verlauf rings um mich vermehren werden bis zu dem Grade, daß sie beinah zu meinem Wohnort werden, zu meiner eigentlichen Heimat."[94]

Gombrowicz hat dieses „zwischen" noch präzisiert: ein Landedelmann sei er, aber eben doch nicht zur Aristokratie gehörend; kein Graf, aber doch mit gräflichen Tanten aufgewachsen. Sein Vater „war nicht nur Gutsbesitzer, er arbeitete auch in der Industrie".[95] Schon früh setzte sich Gombrowicz innerlich von diesem Umfeld ab: „Die Verweichlichung der ‚höheren Schicht', ihre Feinschmeckerei, Bequemlichkeitssucht (...), ihre Faulheit sprangen mir in die Augen wohl schon

---

[93] Vgl. hierzu u.a. Kühl: *Stilistik einer Verdrängung*, a.a.O., S. 207. Zu den Folgen von Gombrowicz für die polnische Literatur vgl. auch Fleischer: „Die Sprachmetapher im polnischen Absurden Theater und ihre Funktion", a.a.O.
[94] *Gespräche*, a.a.O., S. 8.
[95] Ebd.

um mein zehntes Lebensjahr."[96] Mit dieser Ablösung nimmt er Partei für die niederen Schichten: „Das Niedere wurde für immer zu meinem Ideal. Wenn ich jemand verehrte, so war es der Geknechtete. Doch wußte ich nicht, daß ich, einen Geknechteten verehrend, zu einem Aristokraten wurde."[97]

Entscheidend ist jedoch, daß diese Sympathie bei Gombrowicz nicht zu einer Mitleidsgeste in den Werken führte. Statt dessen ergab sich aus den sozialen Schichtungen und Spannungen ein Gefühl für Unwirklichkeit und Absurdität, das primär auf Kontrastpaaren beruht und das mehr Distanz als einschichtige Anteilnahme beinhaltet: „Der Kult des Absurden: Wirklichkeit-Unwirklichkeit, Niederes-Höheres, Herrschaft-Gesinde, hat sich schon damals meiner bemächtigt."[98]

Treibender Faktor zu diesem „Kult des Absurden" war seine Mutter, deren Wirkung bis in stilistische Besonderheiten Gombrowicz so beschreibt: „Sie war es, die mich ins Absurdum stieß, das später zu einem der wichtigsten Elemente meiner Kunst wurde."[99] Daß der Angstfaktor wie das Gefühl männlicher Unterlegenheit gegenüber der Frau in Gombrowicz' Paarverständnis eine große Rolle spielen, versteht sich von selbst. Er hat dies auch in seinen Tagebüchern wiederholt thematisiert und befindet sich darin im Einklang mit seinen Kollegen Witkiewitz und Schulz, von denen ebenfalls „die unauflösliche Verbindung von Ekel, Schönheit und Scheußlichkeit, mit klarem Übergewicht des Höllischen, Viehischen", die „jeder Begegnung zwischen Mann und Frau anhaftet"[100], akzentuiert wird. Man kann das „Yvonne"-Schauspiel, dessen Titelfigur mehr

---

[96] Ebd., S. 12.
[97] Ebd., S. 13.
[98] Ebd.
[99] Ebd., S. 10. Seine Mutter, erinnert sich Gombrowicz, hätte sich selbst völlig falsch eingeschätzt, „und dies hatte schon Anzeichen von Provokation" (*Gespräche*, a.a.O., S. 9). Dieses widersprüchliche Selbstverständnis, das er täglich studieren konnte, gab Gombrowicz die Basis für ein jahrelanges, mitleidloses Spiel von „kalter Ironie", das sein Kunst- und Lebensverständnis entscheidend formte. Die Mutter hat aber auch sein Verständnis der Geschlechterverhältnisse geprägt, insbesondere den Schönheitsbegriff. In einer in der Pariser und Krakauer Ausgabe des Tagebuchs nicht veröffentlichten Passage heißt es: „Ach, diese Liebe zur Mutter! Diese Liebe zur Mutter! Dabei ging es mir nicht um die erwähnte kasuistische Moral. Es war eher ein ästhetischer Imperativ, die Forderung nach einer neuen Schönheit, einer gewissen, sagen wir, ‚jungen' Schönheit, die mir ins Ohr raunte: Wenn du sie liebst, bist du häßlich; schön und frisch, frei und vital, modern und poetisch bist du, wenn du sie nicht liebst (...), als Waise bist du schöner denn als Sohn deiner Mutter" (zit. nach Kühl: *Stilistik einer Verdrängung*, a.a.O., S. 195).
[100] Ebd., S. 397.

als Ding denn als Mensch vorgeführt wird, als frühe und logische Umsetzung solcher Eindrücke lesen. Yvonne und der „Häßlichkeitsreiz", der von ihr ausgeht, stellen eine „besonders delikate Variante weiblicher Machtausübung"[101] dar. Während allerdings Gombrowicz seine Angst vor der Frau nie offen zugab, hat er sich zu seiner Liebesunfähigkeit bekannt:

> „Liebe war mir für immer genommen worden, schon in aller Frühe, doch weiß ich nicht, ob deswegen, weil ich keine Form für sie zu finden vermochte, keinen eigentlichen Ausdruck, oder auch, weil ich sie nicht in mir hatte. Gab es sie nicht, oder hatte ich sie in mir erstickt? Oder vielleicht hatte die Mutter sie mir getötet?"[102]

Mit dem Thema der Liebestötung ist das der Vergewaltigung verknüpft, das sich als roter Faden durch seine Werke zieht. Auch hier läßt sich der Konnex zu den Eltern herstellen. So weist Hädecke darauf hin, daß „Elternfiguren" bei Gombrowicz wie bei Schulz und Witkiewicz „als Teilhaber, ja Initiatoren zwischenmenschlicher Vergewaltigungen und Deformationen im Werk (...) Unterdrückerrollen spielen".[103]

Die Spuren der skizzierten biographischen Früherfahrung im Werk von Gombrowicz sind unmittelbar einsichtig und müssen hier nicht erläutert werden. Außer Frage steht, daß die drei männlichen Protagonisten in „Yvonne", „Die Trauung" und „Historia" autobiographische Züge tragen. König Ignaz mit seiner stupiden Herzlichkeit, seiner erdverbundenen Banalität, seinem Gefühl der Erhabenheit, dazu Margarete als leicht verrückte, sentimental-grausame Mutterfigur: beide lassen sich unschwer als Karikaturen von Gombrowicz' Eltern verstehen.

Kehren wir noch einmal zu unserer Ausgangsfrage zurück und beziehen sie nun auf den literarischen Traditionszusammenhang. Wo kommt „Yvonne" her? Das heißt auch: Warum konnte sie über dreißig Jahre nach ihrer Entstehung auf deutschen Bühnen so neu, so unverbraucht wirken – nicht nur modisch, sondern auch modern? Nach Beckett, Ionesco und Sartre, denen sie doch vorausgegangen war? Gombrowicz war stolz und eitel genug, auf die Entstehungszeit seiner Dramen immer wieder hinzuweisen: „Yvonne" war längst geschrieben, als das sogenannte Absurde Theater die Spielpläne dominierte; „Die Trauung" entstand, kurz bevor Ionesco und Beckett berühmt wurden. Und als „Operette"

---

[101] Ebd., S. 399.
[102] *Gespräche*, a.a.O., S. 13.
[103] Hädecke: „Seltsame Dreieinigkeit", a.a.O., S. 396. Im Fall von Gombrowicz läßt sich dies unter anderem auf eine von den Eltern avisierte Heirat mit einer jungen Gräfin beziehen.

erschien, gehörte das Absurde Theater schon zur Theatergeschichte.[104] Ernst Schröder übertreibt also keineswegs, wenn er 1978 notiert: „Viele Schriftsteller haben von Gombrowicz genommen, und, was das heutige Theater betrifft, so sind dessen Mittel noch immer nicht auf der Höhe seiner Forderung."[105] In seinem letzten Interview, bei dem er schriftlich auf Fragen eines amerikanischen Literaturprofessors antwortete, fällt deshalb Gombrowicz' Antwort auf die Frage nach Evolution und Ziel seines Werkes harsch aus:

> „Mein Theater wählt ebenso seine eigenen Wege wie auch meine anderen Werke. Wenn ich ein Stück beginne, habe ich keine Ahnung, wohin es mich führen wird. Ebenso ist es, wenn es um das Ganze meines Theaters geht. Ich bin zynisch, rechne auf den Effekt, auf die Poesie und besonders auf den szenischen Wert. Drei Stücke, die ich geschrieben habe, wurden erdacht und beendet weit weg von irgendwelchem Einfluß, denn ich gehe und ging niemals in ein Theater, besonders, als ich in Argentinien fern von literarischen und Theater-Milieus lebte. Unter solchen Umständen mußte ich ausschließlich auf mich selber zählen. (...) Übrigens ist mein Theater kein Theater des Absurden, und ich bin grundsätzlich gegen die Manie des Absurden und überhaupt gegen den Ton der zeitgenössischen Literatur. Das wird langweilig."[106]

Vor allem in den 60er und 70er Jahren wurde Gombrowicz in der Weise eingeordnet, gegen die er sich hier wehrt. Martin Esslin etikettiert ihn als „Vorläufer des Theaters des Absurden" und beschreibt seine Dramen als „groteske Traumspiele in einem dem Theater des Absurden durchaus analogen Stil".[107] Sogar Czeslaw Milosz, der es eigentlich besser wissen müßte, rechnet Gombrowicz „neben Beckett und Ionesco – zum Vertreter des ‚absurden Theaters'", hält allerdings fest, daß er sich von „Becketts Verzweiflung und Ionescos Pessimismus" durch seine „Lebensbejahung" unterscheidet, „die das Leben als Widerspruch – als Gegensatz von Form und Antiform – akzeptiert".[108]

---

104 Auch wenn Gombrowicz wiederholt mit der Literatur seines Heimatlandes abrechnete, steht er selbstverständlich innerhalb der polnischen Literatur nicht voraussetzungslos da. So weist Raddatz (*Verwerfungen*, a.a.O., S. 145) auf eine Fülle von Charakteristika in Gombrowicz' Dramen hin, die sich bereits in Witkiewicz' Stück „Das Wasserhuhn" finden. Auch Hädecke („Seltsame Dreieinigkeit", a.a.O, S. 394) akzentuiert diese Nähe und macht sie an dem fest, was er „Ich-Auslöschung" nennt: Eine Marionette wird benutzt, um „Ohnmacht und Nichtigkeit menschlicher Individualität auszudrücken".
105 Schröder: *Das Leben – verspielt*, a.a.O., S. 239.
106 Zit. nach BBA/GH, Signatur 1.69.247, S. 10f.
107 Esslin: *Das Theater des Absurden*, Reinbek 1987, S. 341.
108 Milosz: *Geschichte der polnischen Literatur*, a.a.O., S. 349. Zur Abgrenzung Gombrowicz' von Ionesco vgl. Bondy: *Gespräche*, a.a.O., S. 49. Karst (*The problem of the other ...*, a.a.O., S. 6) hält beim Problemfeld des Ich und seinem Gegenüber Gemeinsamkeiten zwi-

Solche Formulierungen zeigen in ihrer Unklarheit zumindest eines sehr klar: Von Kongruenz zwischen Gombrowicz und dem Absurden Theater kann kaum die Rede sein. Andere Autoren haben denn auch die Autonomie seiner Dramen hervorgehoben. So notiert François Bondy, Gombrowicz' Denken sei, wie sein Ich, weder in dramaturgischer noch in philosophischer Hinsicht „in kollektive Strömungen auflösbar".[109] Constantin Jelenski präzisiert diesen Gedanken. Er sieht Gombrowicz als „genialische(n) Monsieur Jourdain des zeitgenössischen Denkens (...), der Marxist, Existentialist, Antihumanist und Strukturalist ist, ohne es zu wissen. Es wäre jedoch irrig, auf diese geheimnisvolle Art von Osmose zu bauen, die zwischen dem Denken von Gombrowicz und gewissen zeitgenössischen Denkformen vorhanden ist, und ihn auf diese Weise in eine Art kollektiver Avantgarde einzureihen."[110]

Nun gehört es zu den Gemeinplätzen der Literaturbeobachtung, daß im Falle des Absurden Theaters mehrere Autoren ähnliche Wege gegangen sind, ohne voneinander zu wissen. Andererseits führt die Etikettierung von Gombrowicz als Einzelgänger wenig weiter, wenn es darum geht, „Yvonne" aus ihrem Traditionszusammenhang heraus zu begreifen. Die Frage, was Gombrowicz mit dem Absurden Theater verbindet, erscheint keineswegs überflüssig, insbesondere nach den oben angestellten Überlegungen zur „Abstrakten Oper Nr. 1". Sie zielt auf die Angebote des Stückes für eine Vertonung – und sie wurde auch im Zusammenhang mit der Berliner „Yvonne"-Aufführung 1970 aufgeworfen. Die Gegenposition zu Autoren wie Andrzej Wirth oder Marianne Kesting, die Gombrowicz' Nähe zum Absurden Theater der Existentialisten und seinen surrealen Elementen akzentuieren, bezieht dabei der damals 82jährige Kritiker Herbert Ihering. Seine Deutung versteht „Yvonne" nicht als Parallelprodukt von Sartre oder Ionesco, sondern als Kontrastprogramm, das sich derselben Mittel bedient. Ihering war als Gast in die 178. Folge der SFB-Sendung „Galerie des Theaters" eingeladen, die am 1. März 1970 ausgestrahlt wurde und an Schröders „Yvonne"-Aufführung im Schiller-Theater anknüpft. In seinem Beitrag betonte er, daß es notwendig sei,

„im Theater des Absurden eine Gegnerschaft gegen die ursprüngliche Bedeutung der Sprache zu erkennen. Man hat sie, die täglich von jedem Menschen gebraucht wird, als abgenutzt

---

    schen Sartre und Gombrowicz fest und faßt die Unterschiede mit dem Begriff des „Absolute Other" zusammen.
[109] Bondy: *Gespräche*, a.a.O., S. 71.
[110] Jelenski: „Witold Gombrowicz. Drama und Antidrama", a.a.O., S. 72. Zur inhaltlichen gehörte für Gombrowicz auch die biographische Abgrenzung vom aktuellen Literaturbetrieb. Vgl. hierzu Klaus Völker: „Ein Spielverderber aus Überzeugung", a.a.O., S. 244.

und banal empfunden. Man glaubte, sie röntgen, durchbohren und durchsichtig machen zu müssen, aber nicht im Sinn einer klaren, phantasiegesteigerten oder humoristisch saftigen Einfachheit oder Vielseitigkeit, oder Stille, Ruhe oder Bewegung, sondern einer zersetzenden, nicht kritischen, sondern zerstörenden Manier. Ich sehe in Witold Gombrowicz einen Dramatiker, der diese Manier erkannt hat und gerade mit diesen Mitteln glaubte, sie entlarven und vernichten zu können. (...) Keine Fabel, kein übersichtlicher Inhalt, aber Blitzlichter, die jede Situation, jede Figur, ja sogar jede Selbstverständlichkeit entlarven. (...) Absurd? Ja, aber zugleich die schärfste Kritik an den Absurditäten modern experimentierender Dramatik. Absurdität, die sich selbst überschlägt."[111]

Zu den dramentheoretischen Merkmalen, die „Yvonne" wie das Absurde Theater prägen, gehört eine Sprachbehandlung, die sich zwischen Expansion (Nonsens, Spielerisches) und Kontraktion (Klischee, Zerstörung, Zersplitterung) spannt. Das beinhaltet, daß Visuelles emanzipiert wird und gleichberechtigt neben der Sprache existiert.[112] Es ist im Zusammenhang mit solchen Stilspezifika interessant zu verfolgen, daß sich mit Gombrowicz' Konzept Probleme in der Dramatik des 20. Jahrhunderts lösen lassen: Probleme, die auch in den Dramen der Existentialisten virulent sind, etwa jenes der „Spaltung zwischen der dynamischen Existenz des Schriftstellers (Philosophen) und dem endgültigen Charakter seines Werkes, das entweder diskursiv irgendeine Ansammlung von Ansichten ausdrückt oder eine bestimmte individuelle Geschichte demonstriert und objektiviert, indem es ihr die Rolle einer Metapher der menschlichen Situation zu übernehmen befiehlt".[113]

Gombrowicz setzt weniger auf den künstlerisch gestalteten Diskurs, sondern versucht, von konkretem Erleben und plastisch greifbarer Realität aus zu seinen Ergebnissen zu kommen. Seine Stücke haben dadurch etwas Evolutionäres, das den Texten von Sartre oder Camus abgeht. Das Spielerische trägt in diesem Sinne nicht nur als formale oder ästhetische, sondern auch als inhaltliche Kategorie. Gombrowicz nutzt das Aufeinanderprallen von Leben und künstlerischer Verarbeitung als Ausgangspunkt einer Abrechnung mit dem Existentialismus: das gedanklich durchstrukturierte, logisch determinierte Leben sei nichts als ein Hirngespinst, Seriosität in diesem Sinne unrealistisch.[114] Es ist das Kon-

---

[111] Typoskript der kompletten Sendung: ESA 357, Zitat S. 4 und 5.
[112] Ähnliches gilt für den Roman: Immerhin wurde „Der Ekel" von Sartre fast gleichzeitig wie „Ferdydurke" geschrieben, und Sartres 1938 erschienenes Buch weist inhaltliche Parallelen zu Gombrowicz auf: etwa die Akzentuierung von Körperlichkeit, Distanz, ja Verachtung von humanistischem Impetus, Ekel und Überdruß als grundlegende Lebenserfahrung.
[113] Jarzębski: „Zwischen Kreation und Interpretation", a.a.O., S. 35.
[114] Im ersten Band seiner *Tagebücher* (a.a.O., S. 328ff.) setzt sich Gombrowicz' ausführlich mit dem Existentialismus auseinander.

krete und in den Stücken konkretisierte, das Gombrowicz nicht nur vom Existentialismus, sondern auch vom Absurden Theater unterscheidet. Mit Blick auf „Yvonne" beschreibt Ewa Thompson das so:

> „While the theatre of the Absurd dwells on the emptiness of modern life and the incomprehensibility of the universe, *Ivona* has no metaphysical concerns. It deals instead with practical living, the here and now of daily human activities. It flaunts its indifference to philosophical concerns of a Beckett or an Ionesco."[115]

In der Formulierung, „Yvonne" habe mit „practical living", mit dem „here and now of daily human activities" zu tun, steckt freilich auch der Aspekt einer Unterscheidung zwischen absurd und grotesk. Läßt man gelten, daß es zum Wesen des Grotesken gehört, „das Künstliche, nicht Zweckmäßige" als normal herauszustellen, „als die neue Zweckmäßigkeit einer produzierten zweiten ‚Natur', die die reale, verborgene Ursache der einzelnen grotesken Verunstaltung ist"[116], dann ist „Yvonne" unschwer als ein stark mit grotesken Elementen arbeitendes Stück zu erkennen: Die Perversion der höfischen Rituale („Funktionieren wir als junge Männer"), Formetikette, gedrechselte Konversation, der Druck der Erwartungshaltung, das alles wird als zweite Natur, als Normalität vorausgesetzt. Die Verunstaltung fungiert als Regel, aber sie bezieht sich immer auf die Realität: Ihre konkreten Vorlagen liegen – wie gezeigt – im Autobiographischen. Insofern das Groteske eine realistische Stilintention verfolgt, läßt sich auch die folgende Bemerkung direkt auf „Yvonne" beziehen:

> „Nicht eine Laune der Natur gilt uns grotesk, sondern solche Entstellung, die das Schreckliche und Lächerliche auf die Spitze, zum unerträglichen Widerspruch treibt: die produzierte Entstellung des Menschen, die von Menschen verübte Unmenschlichkeit."[117]

Nicht Yvonnes So-Sein, ihre Anämie, ihre Physiognomie der Anti-Erotik wäre demnach schon grotesk. Grotesk zu nennen wäre vielmehr ihre Installation zur Prinzessin, ihre Integration in ein Hofgefüge, zu dem sie in krassem Widerspruch steht, sowie die darin und damit verübte Unmenschlichkeit. Gleichzeitig entstellt aber die zur Prinzessin deklarierte Yvonne ihrerseits den Hofstaat, entlarvt ihn zur Kenntlichkeit: Die Bewegung ist gegenläufig. Wenn es zum Wesen der grotesken Form gehört, daß sie die Faktoren Logik und Folgerichtig-

---

[115] Thompson: *Witold Gombrowicz*, a.a.O., S. 46.
[116] Heidsieck: *Das Groteske und das Absurde im modernen Drama*, a.a.O., S. 21.
[117] Ebd., S. 17. Damit ist auch der Unterschied im Einsatz des literarischen Motives genannt: Dem Fin de Siècle diente Häßlichkeit als Signal für Außenseitertum, als Metapher psychischer Isolation und – damit verbunden – irrationaler Hoffnung. Im Musiktheater verbinden sich damit besonders die Namen von Alexander Zemlinsky und Franz Schreker.

keit besonders akzentuiert, um den Widerspruch zu verdeutlichen, daß gerade ein entstellter und verzerrter Mensch als normal und selbstverständlich erscheint, dann findet dieses Prinzip auch in „Yvonne" Anwendung. Auch dort evoziert die groteske Form eine Art von Selbstverständlichkeit, die nichts ist als Synchronie zum Inhalt: Die Eltern des Prinzen lieben die abscheuliche Titelfigur demonstrativ, Yvonne wird ebenso demonstrativ als normal betrachtet und in die Formelhaftigkeit höfischen Gebarens integriert, das Groteske dieser Handlungen als selbstverständlich dargestellt. Daß das funktioniert, hat wiederum mit der Grundvoraussetzung des Grotesken zu tun, nach der „die grotesken Inhalte an sich selber den Charakter des Außergewöhnlichen und Abnormen tragen und ihr lächerliches Entstelltsein offen zeigen".[118]

Die Beobachtung, daß „Yvonne" sich viel mehr an die Groteske klammert als ans Absurde Theater (das gleichwohl selten ohne diese auskommt), läßt sich nicht zuletzt durch die Nähe zu Alfred Jarry stützen. Sie ist wiederholt herausgearbeitet worden[119], hat stets mit dem Grotesken zu tun und braucht hier nur mit einigen Schlagworten angedeutet werden: Kritik an der Erwachsenenwelt, an der Spießbürgerlichkeit, an der Form, die Lust an der Brüskierung, satirische Brechung des Bürgerlichen, Lust an der Deformation eines überkommenen Sozialgefüges; nicht zuletzt: der Schauplatz Polen. Die Verbindung von Puppentheater und dem Bezug auf reale Vorbilder schafft eine neuartige Verknüpfung von Kunst und Leben, von der sich auch Gombrowicz inspirieren läßt. Es ist kein Zufall, daß eine der ersten von ihm publizierten Arbeiten eine Kritik von Jarrys Schauspiel ist, nachdem es erstmals ins Polnische übersetzt worden war.[120] Noch in seinem „letzten Interview" bekannte sich Gombrowicz zum Einfluß von Jarry. Auf einen weiteren, rezeptionsgeschichtlichen Aspekt macht Kuharski aufmerksam: Der Erfolg von „Die Trauung" in Paris 1964 hatte damit zu tun, daß die Kostümbildnerin Krystyna Zachwatowicz den Vater/König Ignaz in bewußter Nähe zu den bekannten Kostümen von Ubu Roi einkleidete.

Mit der Nähe zu Jarry ergibt sich zwangsläufig auch die zu Shakespeare, der die Hintergrundfolie des „Ubu Roi" darstellt. Kuharski bringt diese Nähe auf folgende, einprägsame Formel und bezieht sie auf „Die Trauung":

---

[118] Ebd., S. 23.
[119] Vgl. hierzu vor allem Kunstmann: „Über Witold Gombrowicz's Iwona, księżniczka Burgunda", a.a.O., S. 245, sowie Pohl: „Anmerkungen zu den literarischen und geistigen Hintergründen des Dramas Iwona, księżniczka Burgunda von Witold Gombrowicz", a.a.O., S. 86.
[120] Erst 1956 konnte „Ubu Roi" in Polen gespielt werden.

„In Jarry, he recognized the rebellious student within himself; in Shakespeare, he found the teacher he grudgingly sought to emulate. In Jarry he found youth; in Shakespeare, maturity. In *The Marriage*, he made them dance together on the stage."[121]

Unsere Ausgangsfrage, warum „Yvonne" auch nach dem Höhepunkt des Absurden Theaters noch so neu, so unverbraucht wirken konnte, ist mit diesen Beobachtungen beantwortet. In „Yvonne" überlagern sich groteske und absurde Elemente, wobei den ersteren das Übergewicht gehört. Gombrowicz' hochpersönliche Stilmischung, der Realismusbezug seiner Groteske sowie die Absenz philosophischer Dogmen sorgen für eine deutliche Distanz zum Absurden Theater. Damit ist eine größere theatralische Wirksamkeit gewährleistet, die zudem von einer Dominanz des Spielerischen auf den Ebenen von Semantik wie Semiotik unterstützt wird.

5.2.2 Bühnenmusik zu „Die Trauung"

5.2.2.1 Rezeption

Die Premiere von „Die Trauung", die – mehr noch als die persönliche Begegnung zwischen Blacher und Gombrowicz – den Anfang des Inkubationsprozesses markiert, der schließlich zur „Yvonne"-Oper geführt hat, fand am 8. Januar 1968 im Berliner Schiller-Theater statt. Die Kostüme zur Inszenierung von Ernst Schröder entwarf Jindra Hirschova; die Bühne baute, wie 1970 bei „Yvonne", Josef Svoboda. In den Hauptrollen: Ernst Schröder (Ignaz), Gudrun Genest (Katharina), Helmut Griem (Henrik), Hans-Dieter Zeidler (Säufer), Herbert Grünbaum (Kanzler). Das Programmheft führt neben dem Namen Blachers für die Bühnenmusik auch den von Tatjana Gsovsky für „Choreographische Beratung" an.[122]

---

[121] A.a.O., S. 49. Wie wichtig es ist, Jarrys niederen und Shakespeares hohen Ton als zwei Seiten desselben Rezeptionsphänomens zu verstehen, zeigt sich schlagartig beim Verzicht auf einen der beiden Einflüsse. So warnt Thompson (*Witold Gombrowicz*, a.a.O., S. 42), ohne Shakespeare zu nennen, die Nähe zu Jarry sei „only partial. While Jarry is all farce, there are sections on Gombrowicz's plays where the customary relationship between setting and dialogue is resumed, and the tone of the play becomes tragic instead of grotesque."

[122] Schröder (*Das Leben – verspielt*, a.a.O., S. 241) beschreibt die Schwierigkeiten, die sich bei der Vorbereitung mit der berühmten Choreographin ergaben, denn „es zeigte sich bald, daß die Künstlichkeit, die bewußte Künstlichkeit der Worte von Gombrowicz sich jede stumme Zutat verbietet. Wohl nirgendwo ist das Verhältnis von Geste und Wort so untrennbar dicht wie bei ihm; in diesem allerengsten Zwischenraum erschaffen sich seine Figuren. Die eigenschöpferische Tatjana sah keine Möglichkeit, ihre Phantasie einzubringen, sie war von den Proben weggeblieben und kam zum Schluß, als alles fertig war, um

Gombrowicz wußte selbst sehr gut, daß „Die Trauung" sein wichtigstes Bühnenwerk war, und umschrieb es nach Art seiner metaphernreichen Apologetik: Auf der Szene solle es

> „zu einem Berge Sinai werden, voller mystischer Offenbarungen, zu einer von tausend Bedeutungen schwangeren Wolke, die von der Arbeit der Vorstellungskraft und der Intuition auseinandergetrieben wird, zu einem Grand Guignol voller Spielereien, zu einer *missa solemnis* auf dem Umbruch der Zeiten vor den Stufen eines unbekannten Altars", schließlich zu einem „Gottesdienst der Zukunft".[123]

Wie wenig auch immer solche Selbststilisierungen die dramaturgischen Neuerungen des Stückes einfangen oder den Ausführenden weiterhelfen: Das Team des Schiller-Theaters war sich des innovatorischen Potentials der „Trauung" bewußt.[124] Bereits die Besetzungsliste läßt keinen Zweifel daran: Diese Produktion war ein West-Berliner Kraftakt, ein Höhepunkt in der Geschichte des Schiller-Theaters, zu dem Spitzenkräfte aller Sparten ihren Teil beitrugen. Entsprechend groß – und fast uneingeschränkt positiv – war die Presse-Resonanz.[125] Die wichtigsten Urteile sollen im folgenden zusammengestellt werden, zeigen sie doch, in welchem Umfeld Blachers erste Auseinandersetzung mit Gombrowicz stattfand und wie seine Bühnenmusik rezipiert wurde.

„Die Trauung" im Jahr 1968: das bedeutete zunächst – und den meisten Kritiken zum Trotz – ein Mißverständnis. Rezipiert wurde das Stück nämlich aus dem Blickwinkel einer Vergangenheitsbewältigung deutscher Provenienz. Ein großer Teil des Erfolges dürfte damit zu tun haben. Immerhin waren die Jahre der bedrückenden Orientierungslosigkeit 1968 schon ferne Geschichte – aber eben noch nicht fern genug, als daß sich mit ihnen nicht starke Geschichten erzählen ließen. Friedrich Luft sprach von einer „Phantasmagorie der aktuellen Angst im letzten Kriegsjahr".[126] Karena Niehoff stellte in der „Süddeutschen

---

uns mit ein paar entscheidenden Eingriffen zu helfen, wie das kurz vor der Premiere nur großen Szenikern gelingt."
123 Gombrowicz: *Die Tagebücher, Erster Band*, a.a.O., S. 110.
124 Gombrowicz, der grundsätzlich nicht ins Theater ging, hat die Berliner Aufführung nicht gesehen, sich aber anhand des Pressematerials darüber informiert und einen Dankesbrief an Schröder geschrieben, der auf den 19. Januar 1968 datiert ist und in dem Gombrowicz auch eine Realisierung von „Operette" im Schiller-Theater anspricht (ESA 65). Zur Umsetzung der „Trauung" vgl. auch Lavelli: „Un univers shakespearien", in: Jelenski/De Roux: *Gombrowicz*, Paris 1971, S. 160.
125 Die einzigen Negativstimmen in überregionalen Blättern münzten ihre Kritik auf die Regie Schröders. Sie stammen von Volker Klotz (*Frankfurter Rundschau* vom 18. Januar 1968) und Botho Strauß (*Theater heute* 2/1968, S. 24ff.).
126 *Die Welt* vom 11. Januar 1968.

Zeitung" vom 11. Januar 1968 die Wolfgang-Borchert-Assoziation gleich an den Anfang ihrer Kritik: „Draußen vor der Tür – da steht einer, in abgerissener Uniform, einen Stahlhelm auf dem Kopf und steht in verwüsteter Landschaft oder eigentlich in einer Landschaft, die sogar dazu zu kraftlos ist, sich ein ‚Nein' zuzurufen, sich zum Nichtsein zu entschließen."[127] Auch Horst Windelbroth beschreibt diese Situation: „Die Welt ist zerfallen: Im Ritual, im So-tun-als-ob soll sie neu aufgebaut, geordnet werden."[128] Und Günther Grack resümiert im „Tagesspiegel": „Ein Traumspiel von den Verwüstungen, die eine Epoche der Kriege in der Welt und in den Hirnen und Herzen den Menschen angerichtet hat, ein Alptraum von allgemeiner, nicht wiedergutzumachender Korruption."[129] Dieter E. Zimmer stellt den Charakter des Heimkehrerstücks zumindest in einen größeren gedanklichen Zusammenhang und verweist – davon abstrahierend – auf die antinomischen Spannungen, die für Gombrowicz wichtiger waren als Zeit und Zeitgeschichte:

> „Damit aber ist erst das äußere Thema bezeichnet, und es ist von einer weitläufigen Ausdeutbarkeit: als Mysterienspiel, als König-Ubu-Groteske, als Heimkehrerstück, als satirisch-politische Parabel, als Königsdrama. Das innere Thema jedoch ist ein anderes und heikleres (und daß beide sich nicht mit völliger Notwendigkeit bedingen, erschiene mir als einer der möglichen Einwände gegen das Stück). Es ist die ständige Überführung des Möglichen ins Wirkliche, die Verwandlung des Ungeformten in Form, die Beziehung zwischen Verhalten und den Verhältnissen – und somit die Frage der Verantwortlichkeit."[130]

Zimmer unterschied auch – im Gegensatz zu vielen seiner Kollegen – zwischen der Brisanz von Stoff bzw. Sujet und der dramatischen Behandlung. Sein Ergebnis: das Stück sei „in dem Vierteljahrhundert seiner Existenz nicht gealtert; im Gegenteil, es ist uns und unserer Art des Theaters noch immer voraus". Auf den Überlagerungseffekt verschiedener Literaturschichten wiesen vor allem Botho Strauß und Günther Rühle hin. Strauß diagnostizierte in „Theater heute":

> „In der ‚Trauung' bereichert sich die Parodie, der dialektische Spleen, um die literaturkundliche Anspielung aufs ‚Hamlet'-Stück. Gombrowicz legt aber doch keine ‚Hamlet'-Paraphrase

---

[127] Auch Raddatz (*Verwerfungen*, a.a.O., S. 153) nutzt, unabhängig von der Berliner Aufführung, „Draußen vor der Tür" als Vergleichsstück: „Es ist dies eine (...) späte Version von Tollers *Hinkemann* oder Borcherts *Draußen vor der Tür*, eine der konkretesten, nur scheinbar verqueren Parabeln Gombrowicz'. Die Trümmerwelt hat Trümmermenschen geschaffen (oder umgekehrt) – Gefühle, Beziehungen, Möglichkeiten der Menschen untereinander sind zerborsten."
[128] *Berliner Morgenpost* vom 11. Januar 1968.
[129] *Der Tagesspiegel* vom 11. Januar 1968.
[130] *Die Zeit* vom 19. Januar 1968.

an, er bereitet lediglich eine operationale Basis vor, von der aus einer wie Hamlet werden kann (...). Henrik ist Hamlet dermaßen, daß er, sich dem Spiel ganz eingebend, darüber die Kontrolle verliert, ihm anheim-, aber doch immer wieder verzweifelt aus der Rolle fällt."[131]

Auch François Bondy geht auf die „Hamlet"-Nähe ein (sein Beitrag ist keine Rezension), weist allerdings über Gombrowicz hinaus und hält fest, man könnte eine Geschichte des neuen Theaters

> „allein mit den Abwandlungen des *Hamlet*-Themas schreiben. Ich denke hier an *Die Trauung* von Witold Gombrowicz, die ein Hamlet-Stück ist: in der Ruinenlandschaft eines verdorbenen Staates, der nicht Dänemark ist, eine Familie, die sich zu König, Königin und Prinz konstituiert, mit der Inthronisation des Sohnes und seinem Sturz; dann dazu der Säufer mit seinem entlarvenden Finger, der als eine Art Fortinbras übrigbleibt."[132]

Blachers Bühnenmusik spielt in den Rezensionen keine zentrale Rolle. Wenn sie überhaupt erwähnt wird, dann allerdings positiv. Bei Dieter E. Zimmer liest sich das so: „Auch das Arrangement des Zeremoniells (mit Hilfe einer makabren Musikcollage von Boris Blacher und Tatjana Gsovskys Choreographie) dürfte besser kaum zu machen sein." Genauer beschreibt Günther Grack die Wirkung der Musik und macht deutlich, daß auch Blachers Bühnenmusik an die Deutung als deutsches Kriegs- bzw. Nachkriegsstück anknüpft:

> „Beinahe möchte man es ein Gesamtkunstwerk nennen, was hier zustande gekommen ist: Tatjana Gsovsky, die choreographische Beraterin, und Boris Blacher, der klassische Musik, einen Evergreen aus den Kriegsjahren und einen eigenen unheimlich-monotonen Trauermarsch zu einer effektvollen Bühnenmusik montiert hat, haben das Ihre dazu beigetragen, daß die Poesie von Gombrowiczs Stück in der Fülle ihrer vielfältig abgestuften dunklen Farben und Töne zur Geltung kommen kann."

Horst Eifler zog im Rias eine Parallele zwischen der Janusköpfigkeit von Sprache und Musik:

> „Auch die Sprache läßt Gombrowicz immer wieder vom hohen Stil edler Rhetorik in unflätige Banalität abstürzen – eine hinterhältige Doppelwelt weht dadurch über die Rampe, daß es einen schaudert, während man lacht. Das Bühnenbild von Josef Svoboda macht dasselbe auf seine Weise anschaulich: Eine Glaswand teilt die Bühne diagonal; vor ihr spielt scheinbar Reales, hinter ihr realistische Scheinwelt, beides, Schein und Sein werden identisch (...). Auch Boris Blachers Musik trägt solch ein Doppelgesicht: in weihevolle Klänge pfeift es nach Gassenjungen-Art hinein – wirklich wie in einem Angsttraum."[133]

---

[131] Strauß: „Den Traum alleine tragen", in: *Theater heute* 2 /1968, S. 24.
[132] Bondy: *Der Rest ist Schreiben*, a.a.O, S. 142.
[133] Rias-Kurzkritik vom 10. Januar 1968. Manuskript: ESA 340.

Hellmut Kotschenreuther bezeichnet im „Mannheimer Morgen" „Boris Blachers höhnisch verfratzte Musik-Montage" als „dem Stück kongenial". Karena Niehoff skizziert, in welches klangliche Umfeld Blachers Neukompositionen eingebettet waren:

> „Scharf gegliedert in all dem Sturm, das Zeremonielle als Rolle, die jeder spielt, distanziert und zugleich als Oper gesteigert. Mit Chopins As-Dur Polonaise, Tschaikowskys Mazurka, einigen Takten von Lohengrins Hochzeitsmarsch. Und Boris Blachers musikalische Schreie quälend dazwischengestreut."

Die genannten Stücke einer Musik-Collage finden sich auch in Ernst Schröders Erinnerungen. Der Regisseur behauptet dort, er habe Blacher „von Anfang an" konkrete Vorgaben gemacht:

> „Chopins As-Dur-Polonaise, Tschaikowskys Mazurka und einige Takte des Hochzeitsmarsches aus ‚Lohengrin' sollten dem Kontrastkitsch der ‚Rosamunde' ausgesetzt werden, dem europäischen Soldatenschlager aus der Entstehungszeit des Stückes, der wie gemacht schien für die Auftritte des schweinischen Säufer-Quintetts. Blacher zuckte nicht mit der Wimper; mit Lässigkeit brachte er alles unter einen Hut."[134]

Wie aber hörten sich seine „musikalische(n) Schreie" an? Welche Funktion hatten sie für den dramaturgischen Ablauf des Abends? Welches musikalische Vokabular verwenden sie?

5.2.2.2 Musikalischer Befund

Blachers Bühnenmusik zur „Trauung" ist nicht gedruckt worden.[135] Das Autograph von Blachers Hand sowie die ausgeschriebenen Stimmen dazu befinden sich im Landesarchiv Berlin.[136] Im einzelnen handelt es sich dabei um fünf Musikstücke:

a) Gesang Henriks

Diese Musiknummer gehört zum ersten Akt des Schauspiels. Henrik kämpft im Zweiten Weltkrieg als polnischer Soldat in Nordfrankreich und träumt sich in seine Heimat in der Nähe von Krakau zurück. Er kommt, wie Botho Strauß interpretierend beschreibt,

> „mit hochgestochenen Erwartungen, er sucht, was mal so war und wie es sich ihm in der Erinnerung vergoldet hat. Aber der ersten Wiederbegegnung mit dem Zuhause kommt nur eine unscharfe Qualität von Wirklichkeit zu, als blinke das nur im flüchtigen, zweifelhaften déjà

---

[134] Schröder: Das Leben – verspielt, a.a. O., S. 240f.
[135] Auskunft von Dr. Kunz gegenüber dem Autor am 14. Dezember 1999.
[136] Signatur B Rep. 127, Nr. N 57.

vu auf, worin alles sich so ähnlich wie unähnlich zugleich sieht. Seiner überdeutlichen Sehnsucht gemäß zeigt sich ihm, was er vorfindet, als äußerst verlumpt und travestiert."[137]

Nach und nach erfährt Henrik von den Veränderungen, die in dem, was er in der Phantasie als Heimat erfährt, vor sich gegangen sind. Seine Welt ist nicht mehr seine Welt, sondern ins Unwirkliche verzerrt. Sein Geburtshaus hält jetzt als Kneipe her, seine Eltern sind zu Wirtsleuten heruntergekommen. Zuletzt erfährt er, daß seine Braut zur Prostituierten gesunken ist. Alle verkehren im Kreis von Säufern.

Es gehört zum Wesen der Szene wie des Stückes insgesamt, „daß der Zuschauer nie unverbrüchlich erfährt, ob außer der solipsistischen Henriks noch eine andere Wirklichkeit (...) vor sich geht".[138] Diese Traumwirklichkeit, die reale Abläufe nur wie durch einen Schleier präsentiert, wird in der Dialogsequenz, die auf Blachers Musik zuführt, besonders herausgestellt:

„O, das ist eine Schweinerei!
Eine Lumperei! Eine Niedertracht! Gemein ist das!
Doch das Beste ist:
Mir ist das einerlei ... Höre doch nur,
Wie leichthin ich das sage: mir ist das alles gleich."[139]

Daraufhin redet er sich mit seinem Freund Wlaszio Mut zu. „Keine Einzelheit" sei die zur Hure entstellte Freundin: „Millionen Mädchen hat das gleiche Schicksal betroffen."[140] Die paarweise geordnete Aufzählung von Städten, die das bestätigen soll und die sich anschließt, macht sich selbständig. Sie gewinnt in der Zusammenstellung der Städtenamen eigene Dynamik und Komik, bis sie schließlich nach rein klanglichen Gesichtspunkten erfolgt: eine ausgeschriebene Metamorphose vom Sinn zum Unsinn, vom Gedanken zum bloßen Lautspiel. Daß das Ganze operettenhafte Züge hat, versteht sich von selbst. Und daß es in Hendriks „Nun, so laßt uns tanzen!" mündet, überrascht nicht. Der Text, den Henrik dann anstimmt, hat freilich nichts liedhaftes, er läßt sich als dramaturgischer Schnitt verstehen. Der Tanz ist zerstört, bevor er beginnt:

„Der Sohn ist ins Elternhaus zurückgekehrt, doch das Haus
Ist kein Haus mehr,
Noch ist der Sohn ein Sohn. Wer also
Ist zu was zurückgekehrt?

---

[137] Strauß: „Den Traum alleine tragen", a.a.O., S. 24.
[138] Ebd.
[139] „Die Trauung", FA, S. 92.
[140] Ebd.

Laßt alle Erinnerungen fahren! Vorwärts
Daß niemand darauf zurückkomme!"

Blacher vertont diese Worte denn auch nicht als Tanz, sondern als Marsch in a-moll. Es herrscht, im 4/4-Takt, mehr gesprochener als gesungener, ganz syllabischer Duktus vor. Die Stimme bewegt sich in Sprechlage. Statt instrumentaler Begleitung grundieren Alti in zweistimmigen Akkorden und zweitaktigen, von simplen Sekundfortschreitungen bestimmten Stützmelodien auf dem Vokal „A". Offensichtlich wurde die Passage von mehreren Figuren (gleichzeitig oder in Folge) angestimmt, denn Blacher vermerkt, daß der Vater auch eine Oktave tiefer singen kann.

b) Tango

Wichtigster und für seine „Yvonne"-Vertonung folgenreichster Teil von Blachers Bühnenmusik zur „Trauung" ist ein zweiteiliger, an den „Rosamunde"-Schlager erinnernder Tango, dessen erster Abschnitt wiederholt wird. Er ist für Solo-Violine und Trompete in C (ad libitum) gesetzt. Für die Wiederholung notiert Blacher: „2. mal nur weich, Dämpfer" für die Trompete.

Die Interpolation von Trivial- bzw. Unterhaltungsmusik ist nichts Ungewöhnliches in seinem Schaffen, nimmt aber in seiner Auseinandersetzung mit Gombrowicz eine besondere Stellung ein. Offenbar sollte der Tango in „Die Trauung" zunächst viermal in wechselnder Besetzung gespielt werden. Blacher notiert die Besetzungen auf Seite 1 des Autographs: a) Solo Vl.; b) und c) + 1 Trp. d) + 3 Trp. Auf Seite 4 des Autographs geben handschriftliche Bemerkungen, die nicht von Blacher stammen, Informationen über die Verwendung des Tangos innerhalb der Aufführung. Er wurde an insgesamt sieben Stellen der „Five o'clock"-Szene des zweiten Aktes eingesetzt[141], wobei die letzten drei offenbar später dazukamen. Eintragungen im Autograph und im Textheft, das sich der Darsteller des Säufers, Hans-Dieter Zeidler, eingerichtet hat[142], weisen darauf hin, daß der Tango mit Tonbandeinspielungen kombiniert wurde. Die Länge dieser Tango-Einsprengsel war unterschiedlich. Sie reichte von „etwa 3 Takte" bis zu 25 Takten. Wahrscheinlich wurde er auch in verschiedenen Tempi gespielt.[143] Er war zum Teil dem Text der Schauspieler unterlegt, wurde zum Teil aber auch „ohne Text"[144] serviert.

---

[141] „Die Trauung", FA, S. 127ff.
[142] LA, B Rep. 127, Acc. 4607, Karton 101.
[143] So heißt es auf S. 4 des Autographs: „als 4 sehr schnell".
[144] Ebd.

Was hatte dieser Tango für eine dramaturgische Funktion? In der „Five o'clock"-Szene des zweiten Aktes wird Henrik dazu angestiftet, seinen Vater zu verraten. Das passiert vor der Folie eines höfischen Rituals: der Kaffee-Zeremonie. Die Konversation, teils leer, teils um die Vorbereitungen zur Trauung kreisend, wird mehr und mehr von den Gedanken an Verrat unterlaufen. Der entscheidende Wortwechsel zwischen Henrik und dem Säufer, der das weitere Geschehen bestimmt:

> HENRIK: Jeder sagt / nicht, was er sagen will, nur was sich schickt. Die Worte / vereinigen sich verräterisch hinter dem Rücken. / Und nicht wir sagen die Worte, sondern die Worte sagen uns / und verraten unsern Gedanken, / der auch unsere / verräterischen Gefühle verrät, ach, ach, Verrat!
> *Betrunken*
> Unaufhörlicher Verrat!
> DER SÄUFER *den Faden aufnehmend*:
> Ja, Verrat!
> DER VERRÄTER: Verrat! Fort mit dem König! / Fort mit dem König!
> DIE VERRÄTER *umgeben sie, mit halblauter Stimme*: Fort mit dem König!
> HENRIK: Verräter! Nicht das wollt' ich sagen![145]

Die Kommentare des Hofes kontrastieren dazu mit parodistischem Effekt:

> „Wie ist es angenehm, in so diskreten Formen/ Beim Könige bei einem Five o'clock / In Gesellschaft einen leichten Flirt zu führen, / Ach, der Männer Rumpf und der Damen Strumpf ist berauschend und betäubend / Und Seine Majestät in höchsteigener Person macht die Honneurs des Hauses!"[146]

Wenig später zeigt die Anstiftung zum Mord durch den Säufer bei Henrik jedoch Wirkung: „Gott! Wenn ich herrschen könnte!"

Interessanterweise findet sich diese Tangomelodie in Blachers „Yvonne"-Vertonung wieder. Eingeführt wird sie dort zu Beginn des Zwischenspieles vom dritten zum vierten Akt. Eine Gegenüberstellung belegt die Nähe ganz unmittelbar (Abbildung 2 a und b).

In beiden Fällen geht es Blacher mehr um die Signalwirkung als um einen musikalisch ausformulierten Tanz. In beiden Fällen hält er auch an der Klangkombination von Solo-Violine und Blechbläsern fest. Einmal im 2/4-, einmal im 2/2-Takt notiert, dominiert in beiden Tango-Versionen derselbe Grundduktus. Die Melodie ist zudem in der Oper einen Ton höher, in D-Dur gesetzt. Das dreitönige Auftaktmotiv mit der charakteristischen Quarte am Anfang zielt auf

---

[145] „Die Trauung", FA, S. 137f.
[146] Ebd., S. 138.

Voraussetzungen von Blachers Gombrowicz-Rezeption

Abbildung 2a, © Landesarchiv Berlin

Abbildung 2b, © Boosey & Hawkes/Bote & Bock

die Sext der Grundtonart. Nach zwei Takten setzt eine Wiederholung ein, die zur Sept als Vorhaltfunktion führt und ihre Steigerung in synkopierten Tonrepetitionen im Halbtonabstand findet, bevor das Ganze zur Quinte absinkt. In „Die Trauung" wird dieser Ablauf wiederholt und mit der Wiederholung in eine Fortspinnung überführt, die in der Oper als dritter bzw. vierter Ansatz ausgeschrieben ist.[147] Vom melodischen Verlauf her ergibt sich die Gliederung a/a'/a/a''. Die Symmetrie wird jedoch durch die Entwicklung des klanglichen Konterparts unterlaufen, so daß der Höreindruck eines Steigerungskontinuums entsteht: Die Takte 3-16 stellen in den Stimmen der drei Posaunen und Baßklarinette „einen hinsichtlich Umfang, Beteiligung und innerem Tempo wachsenden Linienkanon"[148] dar. Er zielt mehrfach auf Verfremdung: Die Posaunen spielen mit Dämpfer, die Halbtonschritte sind durch Glissandi verbunden. So wird die triviale Tango-Diatonik von einem zum Geräuschhaften tendierenden Irritationsmoment konterkariert (Abbildung 3). Wie die Passage in „Yvonne" inhaltlich konnotiert ist, wird im Zusammenhang des Transformationsprozesses zu untersuchen sein.

c) *Ein fanfarenartiges eintaktiges Motiv*
samt Alternativvorschlag, gesetzt für 3 Trompeten mit der Überschrift „zu D" inkl. ausgeschriebener Stimmen, über dessen Einsatz im Stück die untersuchten Quellen keine Auskunft geben.

d) *„Trauermarsch II und Schluß",*
gesetzt für 3 Trompeten in C (wovon zweite und dritte mit Dämpfer spielen), 2 Posaunen, Tuba und kleine Trommel. Ausgeschriebene Stimmen existieren für Trompeten und Posaunen. Der musikalische Ablauf gliedert sich wie folgt: Einem 17taktigen Abschnitt, an dessen Ende Wiederholungszeichen stehen, schließt sich ein dreitaktiger mit „Schluß" überschriebener Teil an. Beides dürfte aufgrund der durchgehenden Taktzählung als Einheit gedacht sein. Das Ende markiert ein Trommelwirbel. Diese Musik wurde offensichtlich zum Abschluß der Aufführung nach Henriks Aufforderung „Trauermarsch!" gespielt, also um den in der Regieanweisung vorgesehenen „Trauerzug" zu untermalen. Im Souffl ierbuch findet sich die Regieanweisung in diesem Sinne von Hand ergänzt. Es heißt dort: „Langer Trauerzug".[149]

---

[147] Das Ende erfolgt im KA (S. 156) auf dem Grundton „d" in der Solo-Violine; in der Partitur (S. 206) steht „h". Die Parallelstelle (Partitur S. 275) vermerkt „d". Trotzdem erscheint „h" an der ersten Stelle logischer: Der Ton wird vom Glissando der Posaunen quasi aufgesogen.
[148] Grafschmidt: *Boris Blachers Variable Metrik und ihre Ableitungen*, a.a.O., S. 440f.
[149] LA, Signatur B Rep. 127, Acc. 4607, Karton 101 bzw. „Die Trauung", FA, S. 193. Vgl. hierzu auch Dieter E. Zimmers Bemerkung aus *Die Zeit* in Hinblick auf Henrik: „(...) doch

Abbildung 3, © Boosey & Hawkes/Bote & Bock

e) *Eine zweitaktige „Fanfare"*,
gesetzt für 3 Trompeten in C mit zwei Alternativvorschlägen. Auch hier geben die untersuchten Quellen keinen Aufschluß über den Einsatz während der Schauspielaufführung.

---

am Ende hat er nur einen Mord eingefädelt, die Unschuld nicht allgemein etabliert. Die Häscher legen nun Hand an ihn, statt eines Hochzeitsmarsches erklingt eine *marche funèbre*."

5.3 Zum Transformationsprozeß

5.3.1 „Nach Gombrowicz": Der Textkorpus

Weder in der (ungedruckten) Partitur noch im (gedruckten) Klavierauszug finden sich klare Angaben zum Text der „Yvonne"-Oper. Im Untertitel der Partitur heißt es „Oper in zwei Teilen nach Witold Gombrowicz", im Klavierauszug „Oper in 4 Akten nach Witold Gombrowicz". H. H. Stuckenschmidt notiert, Blacher habe den Schauspieltext „durch Kürzung und Zusammendrängung"[150] verändert, und weist – wie alle Kritiker – darauf hin, daß in der Oper auch noch die wenigen Worte fehlen, die Yvonne im Schauspiel spricht. Die Situation zwingt uns, zunächst einen sauberen Befund herzustellen.

Gombrowicz' Schauspiel, das – wie erwähnt – seine deutsche Erstaufführung 1964 in Dortmund erlebte, erschien im selben Jahr in der Übersetzung von Heinrich Kunstmann im S. Fischer Verlag als achter Band der von Klaus Wagenbach herausgegebenen Reihe „Doppelpunkt". Es war in diesem Band kombiniert mit der von Walter Thiel ins Deutsche übertragenen „Trauung" und dieser vorangestellt. Blacher gab seinem Verlag Bote & Bock zunächst an, diese Übersetzung als Basis seiner Librettoeinrichtung benutzen zu wollen. Bote & Bock wandte sich deshalb im Herbst 1971 an den S. Fischer Verlag, um die Frage der Rechte zu klären. Am 11. Februar 1972 ging erneut ein Schreiben von Bote & Bock an S. Fischer (genauer: Frau Stefanie Hunzinger), das mit den Kürzeln von Harald Kunz und Hans-Jürgen Radecke unterzeichnet ist und das über eine veränderte Situation Auskunft gibt:

> „In unserer ersten Anfrage vom 7. Oktober vorigen Jahres hatten wir davon gesprochen, daß Blacher das Stück ‚in der deutschen Übersetzung von Heinrich Kunstmann' vertonen und ‚in dem Text der deutschen Übersetzung lediglich Kürzungen vornehmen' wollte. Diese Information ist inzwischen überholt. Vielmehr soll sich Blachers Libretto auf die Bearbeitung der deutschen Übersetzung stützen, die für das Schiller-Theater Berlin vorgenommen wurde."[151]

Die von Kunz und Radecke gewählte Formulierung „Bearbeitung der deutschen Übersetzung" wirft Fragen auf. In welcher Form ist diese Fassung dokumentiert? Von wem und nach welchen Kriterien wurde sie erstellt? Die Quellenstudien ergeben folgende Resultate: Ein Exemplar des S.-Fischer-Bandes mit Kunstmanns Übersetzung und den handschriftlich eingetragenen Veränderungen des

---

[150] Stuckenschmidt: *Boris Blacher*, a.a.O., S. 50.
[151] VA/BB.

Schiller-Theaters findet sich im Landesarchiv Berlin.[152] Die dort dokumentierte Textfassung entspricht in wesentlichen Teilen Blachers Libretto. Deshalb dient dieses Exemplar als Grundlage meiner Untersuchungen. Bemerkenswert ist, daß das Programmheft des Schiller-Theaters trotz dieses Tatbestandes angibt: „Deutsch von Heinrich Kunstmann", und zudem wie folgt auf die Rechte verweist: „Bühnenvertrieb S. Fischer Verlag, Frankfurt am Main".

Der zitierte Brief vom 11. Februar 1972 gibt allerdings noch nicht den letzten Stand der Dinge wieder. In der Textfassung, die Klavierauszug und Partitur zeigen, orientiert sich Blacher zwar sehr oft an der Fassung des Schiller-Theaters, greift aber ebenso auf Kunstmanns Übersetzung zurück und nimmt außerdem eigene Veränderungen vor. Sein Libretto: eine Mischfassung. Hier liegt der Grund, warum der Verlag Bote & Bock, entgegen seiner Gewohnheit, das „Yvonne"-Libretto nicht druckte: S. Fischer hatte die Rechte für eine solche Veröffentlichung nicht freigegeben.[153] Aus dieser Entstehungsgeschichte erklärt sich auch, daß in Partitur und Klavierauszug der Übersetzername Heinrich Kunstmann nicht erwähnt, sondern die allgemeine Formulierung „nach Witold Gombrowicz" gewählt wurde.

Die Recherchen ergeben zudem, daß sich die von Ernst Schröder erstellte Version eng an die französische Übersetzung von „Yvonne" anlehnt, die von C. A. Jelenski und Geneviève Serreau erstellt und 1965 bei René Julliard in Paris verlegt wurde. Ein Exemplar dieser Ausgabe, die mit einer Übersetzung von „Le Mariage" gekoppelt war, befindet sich im Schröder-Nachlaß.[154] Es enthält mit Tinte vorgenommene Einzeichnungen, die zum Teil von Schröder, zum Teil von Gombrowicz selbst stammen dürften. Im einzelnen handelt es sich dabei um Striche und Einfügungen von Textpassagen wie auch von Regieanweisungen. Schröders deutsche Textfassung berücksichtigt diese Änderungen fast ausnahmslos.[155] Sie gehen somit auch in Blachers Libretto ein. Die Praxis, Passagen einer französischen Gombrowicz-Übersetzung für den Bühnengebrauch ins Deutsche zu übertragen, hat Schröder auch später bei seiner Inszenierung von „Operette" gepflegt.[156] Eine vergleichende Untersuchung der französischen

---

[152] Signatur F Rep. 127, Acc. 4607, Karton 102.
[153] Auskunft von Dr. Kunz gegenüber dem Autor am 14. Dezember 1999.
[154] ESA 355.
[155] Auch ein vom Schiller-Theater eingerichtetes Textbuch zu „Die Trauung" (LA, Signatur B Rep. 127, Acc. 4607, Karton 101) trägt auf der Titelseite den Vermerk: „Das Textbuch enthält die vom Autor im Aug. 65 gewünschten Striche."
[156] Vgl. hierzu den handschriftlichen Typoskript-Vermerk zu einem Teil des Finales von „Operette": „Neuübersetzung aus dem Französischen" (ESA 333).

„Yvonne"-Fassung mit dem polnischen Original und Kunstmanns Übersetzung ergibt, daß sich Jelenski und Serreau sehr viel genauer an den Sprachduktus von Gombrowicz gehalten haben als Kunstmann. Dies ist angesichts der in „Yvonne" kultivierten Polysemie von großer Bedeutung und betrifft alle Sprachebenen. Es erscheint daher folgerichtig, daß die deutsche Gombrowicz-Ausgabe des Hanser-Verlages, in der „Yvonne" 1997 herauskam, Kunstmanns Übersetzung zwar als Basis nutzte, jedoch dem Original anpaßte. Wie die editorische Notiz anmerkt, wurde die „textliche und ästhetische Nähe zum Gombrowiczschen polnischen Originaltext" gesucht, eine Nähe, die der „hindernisreiche(n) Wortkunst" Gombrowicz' angemessen ist.[157]

Aus dieser Quellenlage folgt, daß wir es bis zur Uraufführung der „Yvonne"-Oper mit sechs verschiedenen Textfassungen zu tun haben, die partiell aufeinander bauen und in der Schwerpunktsetzung teilweise differieren: den drei deutschen Textfassungen von Kunstmann, Schiller-Theater und Blachers Libretto; dann dem polnischen Original und dessen französischer Übertragung durch Jelenski/Serreau; dazu kommt jene Fassung, die das Team der Uraufführungsproduktion um Kurt Horres erstellt hat und die wiederum Änderungen gegenüber der verlegten Partitur aufweist.

Eine Betrachtung des „Yvonne"-Librettos kann folglich, selbst wenn sie sich primär auf binnenstrukturelle Fragen konzentriert, nur von einem Vergleich ausgehen. Dabei kann es uns nicht darum gehen, die Genese der verschiedenen Schauspielfassungen und damit verbundene Veränderungen im einzelnen zu dokumentieren. Vielmehr werden Einzelaspekte des Vergleiches in Kapitel 5.3 nach librettorelevanten Gesichtspunkten aufgegriffen. Eine tabellarische Gegenüberstellung der Fassungen von 1964, 1970 und 1972 findet sich im Anhang dieser Studie; von den wichtigsten Uraufführungs-Veränderungen berichtet Abschnitt 5.3.5.

Hingewiesen werden muß auch auf den Umstand, daß zwischen Partitur und Klavierauszug keine Textgleichheit besteht. Die Unterschiede sind allerdings eher marginal. Sie betreffen vor allem Regieanweisungen, die teilweise im Klavierauszug fehlen. Da Blacher den Klavierauszug selbst erstellt hat, dürfte es sich um Flüchtigkeitsfehler handeln, die vom Lektorat des Verlages nicht behoben wurden und denen hier nicht systematisch nachgegangen werden soll.

---

[157] Vgl. Witold Gombrowicz: *Theaterstücke* (= *Gesammelte Werke*, Band 5), München 1997, S. 328.

5.3.2 Lob der Symmetrie: Der Aufbau

Die deutschsprachige Neuausgabe von Gombrowicz' Theaterstücken (1997) nutzt zwar Heinrich Kunstmanns Übersetzung von „Iwona, księżniczka Burgunda", ersetzt aber den Titel „Yvonne, Prinzessin von Burgund" durch „Yvonne, die Burgunderprinzessin", was eine andere Nuance des Originals einfängt. Die Irreführung des Lesers durch den Titel gehört zu Gombrowiczs festen Stilmitteln.[158] Daß Yvonne ein häßliches, anämisches Geschöpf ist, läßt sich trotz des mehrdeutigen Titels gewiß nicht erwarten, und wer mit dem Wort „Prinzessin" eine Märchengestalt erwartet, sieht sich doppelt getäuscht. Immerhin wollte Kunstmann noch 1973 das Stück keineswegs jenseits jeder historischen Konnotation verstehen.[159] Gombrowicz' Stück enthält keine historischen Anspielungen oder Verweise über den aufgezeigten autobiographischen Rahmen hinaus. Mit der Titelformulierung der „Burgunderprinzessin" kommt allerdings neben der Märchenassoziation eine andere ins Spiel: die der Operette. Der angeschlagene Grundton verändert sich. Statt auf ein historisches Königreich wird mit dem Wein auf vornehme, konsumorientierte Lebensart angespielt.[160] Der operettenhafte Grundton macht insbesondere aus der Rückschau Sinn: Der Grundton, den „Operette" anschlägt, ist im Prinzip nicht viel anders, im Detail freilich zynischer, in den historischen Koordinaten genauer. Da das Schiller-Theater „Yvonne, Prinzessin von Burgund" spielte, könnte man vermuten, daß Blacher davon nichts wußte. (Er sprach kein Polnisch, könnte sich aber einiges über die russische Sprache, die er fließend beherrschte, erschlossen haben.) Für den Kontext seiner Vertonung insbesondere der Schlußszene sind solche Aspekte dennoch aufschlußreich.

Der Eindruck, den die Tagespresse nach der Uraufführung von Blachers „Yvonne"-Oper spiegelt, der Eindruck, Blacher habe quasi am Stück entlang komponiert, trügt bereits in Hinsicht auf den Aufbau. Wenn sich seine Oper der narrativen Fortspinnung anschließt, so bedeutet das noch nicht, daß Rahmen und Binnenstruktur von Oper und Schauspiel deckungsgleich sind. Im Gegen-

---

[158] Ferdydurke ist – wie erwähnt – ein Wort, das nichts besagt. In „Pornografia" geht es um Verführung und sogar um eine Kriminalgeschichte, aber nicht um Sex und dessen Abbildung. „Trans-Atlantik" ist in seiner Übermalung des polnischen Barockstils durchaus diesseits des Atlantiks zu verstehen. „Operette" meint eine Schärfe und politische Implikation des Genres in der Nähe Chaplins oder Offenbachs, die ihm zu Gombrowicz' Lebzeiten am allerwenigsten verbunden wurde, sondern ihm erst heute allmählich wieder zugebilligt wird.
[159] Kunstmann: „Über Witold Gombrowicz's Iwona...", a.a.O., S. 242.
[160] Vgl. Bondy/Jelenski: *Witold Gombrowicz*, a.a.O., S. 44.

teil: Der Aufbau der Oper setzt stark auf Symmetrie, auf Geschlossenheit, auf Konstruktion – allesamt Charakteristika, die dem Schauspiel fremd sind. Allein die Aufteilung in Nummern stellt einen großen Kontrast zu Gombrowicz' Intention dar. Gombrowicz nutzt die Form, um sie zu destruieren. Der Formbegriff ist für ihn, wie oben gezeigt wurde, durchweg negativ konnotiert, er steht für ein Regulativ, das individuelle Kreativität verhindert. Dabei fließen ästhetische und anthropologische Aspekte stets ineinander. Es ist somit kein Zufall, daß Gombrowicz auf jede Szeneneinteilung verzichtet. Logik oder inneres Fortschreiten der Handlungsführung werden durch den experimentellen Charakter des Stückes unterlaufen. Dem widerspricht eine Nummernaufteilung schon vom Wesen her. Was bringt sie statt dessen? Hierzu zunächst Blachers formaler Aufriß im tabellarischen Überblick (siehe S. 263). Diese Aufteilung verblüfft vor allem in einer Hinsicht: Blacher hat sich bei seiner letzten Oper exakt an dieselben Spielregeln gehalten, die er bei seiner ersten Oper aufgestellt hatte. Wieder setzt er auf eine Verschmelzung von Nummernschema und dem, was er ein musikalisch bestimmtes Drama nannte. Wieder geht er davon aus, daß der „textliche Aufbau von vornherein auf eine möglichst variable musikalische Formung der Szenen zugeschnitten" sein sollte, daß die dramaturgische Logik der einzelnen Szenen eines für die Komposition bestimmten Textes durchaus musikalisch-formaler Natur sein muß.[161] Der Unterschied besteht lediglich darin, daß „Fürstin Tarakanowa" auf einem neuen Libretto (nach einer Romanvorlage) basiert, während das „Yvonne"-Schauspiel im nachhinein durch eine solche Zäsurierung quasi auf mögliche musikalische Kontraste hin abgeklopft wurde. In Blachers Art der Musikalisierung bedeutet dies den ersten Schritt.

Seine Nummernaufteilung folgt auch in „Yvonne" primär den Kriterien musikalischen Kontrastes. Das heißt oft, aber nicht immer: Sie verbindet sich – im Sinne der tradierten Nummernoper – mit Auf- und Abtritten von Figuren oder Figurengruppen. Nimmt man als Beispiel die Akte I und II, so wird diese Traditionskorrespondenz unmittelbar sinnfällig: Jede neue Nummer ist durch eine Veränderung des Figurenarsenals angeregt. Eine Ausnahme bildet lediglich das Finale (Nummer 7). Dessen Anfang bedeutet zwar auch einen musikalischen Kontrast, doch ist er diesmal durch einen inneren Affekt bestimmt: Nachdem Innozenz gegenüber Prinz und Kammerherr seine Liebe zu Yvonne gestanden hat, wirft sie ihn im Schauspiel schreiend hinaus. Es ist bei Gombrowicz der stärkste Ausbruch der Titelfigur. Auch wenn Blacher ihn nicht in seine Text-

---

[161] Vgl. Kapitel 1.

	Akt I		
Teil 1			
		Nummer 1	König, Königin, Prinz, Kammerherr, Zyprian, Isa, Chor
		Nummer 2	Prinz, Zyprian, Yvonne, Tanten, Isa
		Nummer 3	Prinz, Yvonne, König, Königin, Kammerherr, Zyprian, Chor
	Zwischenspiel		
	Akt II		
		Nummer 4	Prinz, Zyprian, Yvonne, Valentin
		Nummer 5	Chor, Damen, Kammerherr, die Vorigen
		Nummer 6	Innozenz, Prinz, Kammerherr, Zyprian
		Nummer 7	die Vorigen, Valentin, König und Königin
Teil 2			
	Akt III		
		Nummer 8	Zyprian, Prinz, Damen, später König, Königin, Valentin, Kammerherr, Yvonne, Isa
		Nummer 9	die Vorigen, ohne Damenchor
		Nummer 10	die Vorigen, Isa
		Nummer 11	die Vorigen, Prinz
	Zwischenspiel		
	Akt IV		
		Nummer 12	König, Großrichter, Kammerherr, Würdenträger
		Nummer 13	Königin, Kammerherr, König
		Nummer 14	die Vorigen
		Nummer 15	die Vorigen, Prinz, Zyprian, Isa, Damenchor
		Nummer 16	Tutti ohne Valentin und Innozenz

fassung übernimmt, vertont er doch den Affekt, der dahintersteckt: Yvonnes Sympathie für den Prinzen. „Sie ist verliebt!", stellt dieser fest, und die Musik faßt das in einer neuen Nummer in Klang. Selbstverständlich fallen innere und äußere Bewegung auch zusammen: Innozenz' Auftritt (Nummer 6) bedeutet äußere Intervention und eine neue innere Perspektive auf die Titelfigur in einem.

In einer undatierten Skizze gliedert Blacher den Dramenverlauf der ersten beiden Akte so:[162]

I. Akt
No 1 Königin Kammerherr König 3
Damen und Herren?
Prinz + C + Z 3
No 2 Isa, 2 Tanten, Yvonne, Prinz 5
No 3 Königin, König, Isa, Yvonne, Tanten (= durchgestrichen, S.M.) Prinz, Höfling

II. Akt
No 4 Prinz + C + Z 1.2
No 5 Prinz, Yvonne 1.2
No 6 Damen, Kammerherr, Gäste
No 7 Innozenz, Prinz, Kammerherr 3
No 8 Prinz, Yvonne, Königin, König 4

Pause

Die Skizze zeigt insbesondere durch die Zahlen am Rand, wie Blacher seinen Opernaufbau von der wechselnden Ensemblestruktur her gestaltet. Sie zeigt außerdem, daß er Cyryll und Zyprian anfangs noch als getrennte Figuren übernehmen wollte.[163] Während der erste Akt in der Skizze bereits den späteren Aufbau in drei Nummern aufweist, ist Blacher im zweiten Akt von diesem Entwurf abgewichen: Die hier als Nummer 4 und 5 bezeichneten Abschnitte wurden zusammengelegt, was sich durchaus mit den Kriterien des musikalischen Kontrastes erklären läßt: Da ein Duett zwischen Prinz und Yvonne nicht möglich ist, das Gespräch zwischen Prinz, Cyryll und Zyprian auf der Stelle tritt und Yvonne von Anfang der Szenen an präsent bleibt, wäre eine klingende Antinomie schwer zu motivieren. Sie bietet sich erst mit dem Auftritt des kichernden Damenchores an.

Die Gliederung im Großen findet ihre Parallele in der Binnenstruktur der Nummern. So wäre es durchaus denkbar, dem folgenreichen Zusammentreffen von König und Yvonne (KA, 116ff.; Partitur, S. 144ff.) eine eigene Nummer zu widmen. Neues Tempo und ein veränderter musikalischer Duktus dienen Blacher aber in diesem Fall lediglich zum kontrastiven Aufbau von Nummer 9. Der allerdings gehorcht wieder denselben Gesetzen wie die Großgliederung:

---

[162] BBA/GH, Signatur 1.69.173.
[163] Auch die Typoskriptfassung (BBA/BB, Signatur 1.75.110) weist noch zwei Figuren aus, die Veränderung wurde dort nachträglich und nicht von Blachers Hand eingefügt.

Klare musikalische Abschnittsbildung korrespondiert mit den Stadien des inhaltlichen Ablaufs. Auf einen Dialog von König, Königin und Kammerherr, in dem Strategien verhandelt werden, mit denen Yvonne zu begegnen sei (Allegretto), folgt das Experiment: Der König begegnet Yvonne dezidiert anders als bisher (Allegretto, Allegro). Das daran anschließende Andante (Takt 288ff.) bildet wiederum einen scharfen Klang- wie Inhaltskontrast: König und Kammerherr erinnern sich an den Selbstmord einer jungen Näherin und ihre Schuld daran. Die Takte 288-326, eine zentrale Stelle der Partitur, die noch genauer zu untersuchen ist, bilden einen in sich geschlossenen Komplex, bleiben aber integraler Bestandteil von Nummer 9. Blacher verbindet somit in dieser Nummer inhaltliche Verlaufsform und musikdramaturgische Zäsurierung. Und zwar so, daß es kaum übertrieben erscheint, die Art und Weise im Zusammenhang seines Opernmodells exemplarisch zu nennen.

Neben dem beschriebenen Einsatz von Musiknummern bildet eine starke Tendenz zur Symmetriebildung das wesentlichste Charakteristikum im Aufbau der „Yvonne"-Oper. Das betrifft vor allem die Bogenform im Großen wie im Kleinen. Hierzu einige Beispiele.

Der Blechbläserklang, der die Oper eröffnet, wird im Verlauf von drei Takten abgebaut. Damit korrespondiert der schrittweise Aufbau des Schlußklanges, der auf vier Takte gedehnt ist und in ein Tutti mündet, von dem die Oper ausging.[164] Bestätigt wird diese Bogenbildung durch die Wiederaufnahme der Bühnenmusik: Ab Takt 22 von Nummer 16 (des, wenn auch nicht so genannten, Finale II) erklingt „in Orchester und uminstrumentierter Bühnenmusik eine leicht veränderte Wiederholung der Takte 1-53 aus No. 1".[165] Durch veränderte, weichere Instrumentation entsteht bei der Wiederholung der Eindruck einer Erinnerung (statt Blechbläsern spielen nun Oboe und Viola). „Zeremonielle Glätte und stotternde Auftaktigkeit", die Ulrich Schreiber dem Thema attestiert hat[166], bleiben dennoch als Hörmerkmal bestimmend. Ein formaler Bogen von Anfang und Ende der Oper scheint mehrfach angesteuert. Daß er durch den Rekurs auf das Zwischenspiel der Akte III und IV „ein wenig verwischt" erscheint, wie Grafschmidt lapidar anmerkt[167], hat außermusikalische Gründe, denen wir nachgehen müssen.

Dieses Eingangsthema dient jedoch nicht nur der Bogenform, die sich über vier Akte spannt, sondern auch einem Bogen innerhalb des ersten Aktes: Es wird

---

[164] Partitur, S. 3 bzw. 285.
[165] Grafschmidt: *Boris Blachers Variable Metrik*, a.a.O., S. 444, Partitur S. 259f.
[166] Vgl. Programmheft der Uraufführung, BBA/GH, Signatur 1.69.247, S. 12.
[167] Grafschmidt: *Boris Blachers Variable Metrik*, a.a.O., S. 445.

ab Takt 262 (Nummer 3, KA, S. 45; Partitur, S. 46) mit kleinen Veränderungen wieder aufgenommen, so daß auch der Akt in sich eine klangliche Abrundung erfährt. Grafschmidt macht darauf aufmerksam, daß die Takte 1-22 von Nummer 3 „in der Bühnenmusik den verkürzten Krebs der Takte 80-103 aus No. 1" bieten.[168] Eine Spiegelform also, die diesmal nicht mit der Nummerngliederung, sondern mit einem inhaltlichen Moment zu tun hat: Auf der Spiegelachse liegt die erste Begegnung mit Yvonne. Der Bühnenmusik kommt somit eine stark formbildende Funktion zu.

Nummer 2 ist ihrerseits als Spiegelform angelegt: Die Takte 128-183 bilden den nur wenig veränderten Krebs des Anfangs. Motivische Korrespondenzen, Spiegel- und Bogenformen, symmetrische Auf- und Abbauten von Klangschichten durchziehen die gesamte Partitur und führen unsere Überlegungen automatisch zum Klangbild. Festzuhalten bleibt, daß sich die von Blacher favorisierte Geometrie des Aufbaus sowohl in der Klein- wie in der Großform deutlich von Gombrowicz' dezidiert antistrukturellem Ansatz unterscheidet.

5.3.3 Lob der Askese: Zum Klangbild

Mit welchem Klangbild, welcher Klangwelt versucht Blacher, sich dem Stück zu nähern? Es soll uns um einen Ergänzungsbefund gehen, der sich auf die Einsichten zum Schauspiel beziehen läßt und von dem aus zentrale Passagen von situativer Text-Musik-Kombination präziser einkreisbar sind. Blacher benutzt in „Yvonne" eine „normale" Orchesterbesetzung, bei der die Holzbläser sowie Trompeten und Posaunen dreifach, Hörner vierfach besetzt sind. Hinzu kommen vielfältiges Schlagwerk, Celesta und Harfe. Der umfangreiche Apparat wird allerdings kammermusikalisch eingesetzt. Klangballungen sind meist schichtweise eingeführt und vom Ohr somit jederzeit in ihre Bestandteile zerlegbar. Es dominiert jenes von einer „pointillistischen Aussparungstechnik" geprägte „asketische Klangbild", das Jürgen Hunkemöller bereits an der dreizehn Jahre zuvor uraufgeführten „Rosamunde Floris" beobachtet.[169] Doch auch dort taucht es keineswegs zum erstenmal in Blachers Schaffen auf. Die prägnanten Worte, mit denen H. H. Stuckenschmidt Blachers „Paganini-Variationen" von 1947 charakterisiert, gelten ebenso für die „Yvonne"-Partitur – auch wenn bei ihr das rein virtuose Element stark zurückgedrängt erscheint und das Hinzutreten des Gesangs als reales, stoffliches Element schierer Klangtransparenz entgegenwirkt:

---

[168] Ebd., S. 426.
[169] Hunkemöller: *Boris Blacher, der Jazz-Komponist*, a.a.O., S. 58.

"Jede Instrumentengruppe des Orchesters, und innerhalb der Gruppen fast jeder Spieler, paradieren solistisch oder kammermusikalisch gruppiert; (...) Über jedem Takt der kunstvoll von allem Ballast befreiten Partitur ist ein irisierendes Licht, in ihren Gestalten eine zartfarbige Transparenz wie bei gewissen Fischen, denen man durch Haut und Fleisch bis auf die Wirbelsäule sehen kann."[170]

Blacher hat selbst versucht, den Stil seiner „Yvonne"-Oper im Programmheft der Uraufführung zu charakterisieren:

„Erlauben Sie mir noch, eine abschließende Bemerkung darüber zu machen, wie ich selbst den Stil dieser Oper sehe. Die Antwort fällt kurz aus; ich entnehme sie einer Biographie über Stendhal und sein Hauptwerk, den Roman ‚Rouge et Noire': ... Stendhal hat die Qualen der Leidenschaft in der Sprache Euklids ausgedrückt."[171]

Das überrascht insofern, als „Yvonne" in der Dramenvorlage alles andere als ein Stück ist, das sich mit „Qualen der Leidenschaft" in Verbindung bringen ließe, und diese Formulierung auch auf die Partitur, trotz gestiegener Emotionssättigung beim Transformationsprozeß, kaum zutrifft. Was Blacher meint, ist mit dem Hinweis auf Stendhal wie Euklid dennoch offenkundig: eine Form von Klangaskese als Klangkonzentration, die auch in Momenten tiefer innerer Erregung Distanz wahrt. Blacher verleugnet damit auch in der Spätphase seines Schaffens weder die Einflüsse einer Musik der Neuen Sachlichkeit noch die Parallele zu Stravinskij, den Jürgen Hunkemöller als eine der „assoziative(n) Bezugsgrößen"[172] von Blachers Werk bezeichnet und den Blacher selbst als Vorbild genannt hat (vgl. Kapitel 1.1). Was Blacher und Stravinskij verbindet, hat Wolfgang Burde anhand des musikalischen Zeitverständnisses verdeutlicht. Er stellt dazu eine kontrastierende Komponistentypologie auf, die nach dem Grad an Präzision und Transparenz in der musikalischen Artikulation von Erlebniszeit differenziert:

„Es ist also die musikalische Struktur selbst, die in uns Erlebnisse chronometrischer Deutlichkeit und Artikulation provoziert oder uns in Zustände ungenauen Zeiterlebens hineinführt, in die Versuchungen und Differenzierungen der ausgestalteten Erlebniszeit. Wird aus solcher Zeitperspektive nun aber eine Komponisten-Typologie entworfen, dann gehören Wagner oder Richard Strauss, oder in jüngster Zeit auch gewisse Werke Ligetis, zur Kategorie der Erlebniszeit, weil sie eine Klangwelt inszenieren, die den Hörer auffordert, sich der Musik und ihren vielfältigen psychologischen Nuancierungen zu überlassen oder gar sich mit ihr völlig zu identifizieren. Und es ist zweifellos Strawinskys Musik oder die Milhauds oder

---

[170] Stuckenschmidt: *Boris Blacher*, a.a.O., S. 32. Zillig (*Die Neue Musik*, a.a.O., S. 222) spricht 1959 von „Skelettierung".
[171] BBA/GH, Signatur 1.69.247, S. 9.
[172] Hunkemöller: *Boris Blacher, der Jazz-Komponist*, a.a.O., S. 17.

Ravels oder Blachers, deren Attitude dezidierter Zeitakzentuation uns in einen Klangraum präzis auffaßbarer Zeitartikulation führt."[173]

Wie andere Autoren[174], weist auch Burde in diesem Vortrag auf die Nähe Blachers zum „stile dépouillé" von Satie hin, dessen Leidenschaft sich eben nicht leidenschaftlich gebärdet, sondern der Struktur gilt, und den später Cage als selbstverständliche Voraussetzung nutzte. Der Blacher-Schüler Reimann hat über solche allgemeinen Charakteristika hinaus versucht, den Spätstil seines Lehrers zu beschreiben. Auch er nutzt die Metapher vom gläsernen Klang, weist aber zugleich auf die Distanzmomente zu Stravinskij:

„In den letzten Stücken von Boris Blacher tut sich eine verlorene, erfrorene Welt auf, fern vom Diesseits: Mit wenigen Takten, Linien, die sich verzweigen, abgerissenen Motivfloskeln wie Splitter, Stimmen, oft verfremdeten Klängen entsteht in endlosem Raum eine Musik der Einsamkeit, rein, glasklar, das Gefühl transzendierend; (...) Musik, absolut eigenständig in ihrer originalen Erfindung, ohne historisierende, neoklassizistische Anleihen. Eine Sprache, unverwechselbar in jedem Takt, in ihrer strengen Ordnung im wahrsten Sinn Musik klassizistischer Moderne, in ihrem Reichtum und Ausdruck aber noch viel weitergehende Räume umspannend: Kaum eine Musik sagt in ihrer Konsequenz so viel aus über den Geist des 20. Jahrhunderts und hat doch in ihrer Zeitlosigkeit etwas Unantastbares, Unanfechtbares."[175]

Das gilt selbstverständlich auch für „Yvonne". Es muß allerdings mit Blick auf die Oper ergänzt werden. Zwei Momente nämlich spielen in diese Partitur hinein, die zunächst zu kontrastieren scheinen und die Blacher doch in unmittelbare Nähe zueinander zwingt. Sie sind beide nicht neu in seinem Schaffen, werden aber auf neue Weise konstituierend eingesetzt: seine Erfahrung mit Elektronik und sein Umgang mit Trivialmusik.

Auf die Verwendung des Tango hat uns bereits der Zusammenhang mit der Bühnenmusik zur „Trauung" gestoßen. Von Blacher sind keine ästhetischen Verdikte gegen Unterhaltungsmusik überliefert. Er unterschied, im Gegensatz zur Avantgarde seiner Zeit, nicht zwischen U- und E-Musik. Im Gegenteil: „Ich hasse den ernsten Musiker. Hier in Deutschland hat jeder sein Spezialgebiet und arbeitet, als wäre nichts geschehen."[176] Nicht zufällig ist bereits eines seiner ersten erhaltenen Werke ein Tango für Gesang und Klavier.

---

173 Burde: „Notizen zu Boris Blacher – Leben und Werk", a.a.O, S. 5f.
174 Vgl. etwa Meyerowitz: „Blachers persönlicher Einfluß", a.a.O., S. 14, oder Stuckenschmidt: *Boris Blacher*, a.a.O., S. 39.
175 Reimann: „Mein Lehrer Boris Blacher", in: F. Meyer (Hg.): *Klassizistische Moderne. Eine Begleitpublikation zur Konzertreihe im Rahmen der Veranstaltungen ‚10 Jahre Paul-Sacher-Stiftung'. Werkeinführungen, Essays, Quellentexte*, Winterthur 1996, S. 473f.
176 „Musik heute", in: *Allgemeine Zeitung*, Mainz vom 8. Januar 1963.

Blachers Einstellung hat mit seinem Lebensweg zu tun. Zehn Jahre lang schlug er sich in den „Niederungen des Kleingeld-Verdienens" herum. Er spielte „Harmonium oder Klavier zu Stummfilmen und instrumentierte in schier unendlicher Folge Partituren, die andere geschrieben hatten".[177] Auch in späteren Lebensphasen distanzierte er sich nicht von solchen Erfahrungen, sondern erweiterte sie permanent:

> „Er informierte sich gründlich, denn seine Beschäftigung mit dem weiten Feld unterhaltender Musik als Pianist und Arrangeur, Notenkopist und Komponist sicherte ihm jahrelang den Lebensunterhalt. Das setzte einschlägige Erfahrungen voraus, in einer Art ‚learning by doing' förderte und intensivierte er diese Erfahrungen aber auch."[178]

Das Gebiet, mit dem er sich dabei am intensivsten beschäftigte, war der Jazz. Bereits in der „Concertanten Musik" finden sich Jazz-Elemente. In der Zeit der „Yvonne" hat sich Blacher ebenfalls damit auseinandergesetzt, etwa in „Stars and Strings" (1972) und „For Seven" (1973).

Der Hinweis auf Elektronik im Zusammenhang mit „Yvonne" mag zunächst überraschen, verwendet Blacher doch in dieser Partitur keinerlei derartige Apparatur, noch setzt er die tradierten Instrumente ungewöhnlich ein. Auch hat er sich mehrfach kritisch über elektronische Musik geäußert, so in einem 1964 publizierten Gespräch:

> „Das Verdächtige scheint mir zu sein, daß das Ganze oft stark in die Nähe des Kunstgewerblichen rutscht. Sobald die elektronische Musik sich auf Gebiete beschränkt, die ihrem Wirkungskreis entsprechen, also z.B. im Hörspiel, in der Bühnenmusik oder ähnlichen Formen angewandten Ausdrucks, ist sie durchaus am Platz und überrascht immer wieder durch neue Effekte und interessante, vorher noch nicht gehörte Klangkombinationen. Aber durch allzu viele Wiederholungen verliert sie ihren Reiz, und diese Art von Versuchen in Konzerten vorzuführen, scheint mir verfehlt; dort gehören sie gar nicht hin. Eine andere, viel interessantere Art ist die Kombination mit lebendigen Instrumenten, und diese Musik gewinnt noch, wenn man mehrkanalige Sendungen machen kann. Die Grundidee dazu ist bereits im Barock zu finden: Ich meine die Raummusik mit verteilten Orchestern."[179]

---

[177] Burde: „Notizen zu Boris Blacher – Leben und Werk", a.a.O., S. 2f. Zu weiteren biographischen Details vgl. die Zeittafel im Anhang. Siegfried Borris beschrieb in einem Artikel zu Blachers 70. Geburtstag dessen Beziehung zur Gebrauchsmusik so: „Diese Kenntnis von der Redlichkeit echter Gebrauchsmusik schärfte seinen Sinn für die Probleme der künstlerischen Aktualität. Seine oft zitierte ‚Nüchternheit' in stilistischen Fragen resultiert aus einer unbestechlichen Wirklichkeitskontrolle" (Borris: „Boris Blacher – 70", in: *HFM informiert* Nr.1/1973).

[178] Hunkemöller: *Boris Blacher, der Jazz-Komponist*, a.a.O., S. 33.

[179] Höcker: *Gespräche mit Berliner Künstlern*, a.a.O., S. 17.

Es würde den Rahmen dieser Studie sprengen und zudem von unserer Fragestellung wegführen, wollten wir jene Stücke zu Rate ziehen, in denen Blacher Live-Musik mit Elektronischem mischt. Wichtig für „Yvonne" ist aber, daß bei ihm beides in einem Wechselverhältnis steht. Diese Erkenntnis wurde 1998 erstmals ausführlich vorgestellt. Julia Gerlach notiert, daß der Umgang mit Elektronik, den Blacher erst als über 50jähriger begann, nichts weniger als selbstverständlich war:

> „Für einen Komponisten, der äußerliches Beiwerk und aufgesetzte Hüllen mißbilligte, der sich immer um Transparenz bemühte und seine formalen Verläufe nach strengen, selbstentwickelten Regeln konstruierte, bedeutete der freie Umgang mit elektronischen Klängen sicherlich eine Umstellung, zumal wenn ohne Partituren gearbeitet wurde."[180]

Mag der Umgang mit Elektronik im Schaffen Blachers auch nicht die Bedeutung haben, die er bei jüngeren Komponisten wie Stockhausen, Nono oder Boulez hatte (bzw. noch hat), sondern von spielerischer Experimentierlust getragen sein: An der Ernsthaftigkeit und Folgenschwere dieser fast zwei Jahrzehnte dauernden Auseinandersetzung ändert das nichts. Für Blacher bedeutet sie „eine Art musikalischer Grundlagenforschung. Denn hier sind Möglichkeiten gegeben, auf empirischem Wege die Eigenarten des musikalischen Materials zu konkretisieren."[181] Oft arbeitete Blacher deshalb zeitgleich an Parallelwerken für Elektronik bzw. Live-Musik: Die „Studie in Schwarz" von 1962 etwa und ein von ihm bearbeitetes Negro-Spiritual beziehen sich unmittelbar aufeinander.

Was hat das alles mit „Yvonne" zu tun, zu der es keine elektronische Parallelkomposition gibt? Als Antwort zunächst eine Musikbeschreibung. An zentraler Stelle seiner Partitur, es ist die Szene, in der sich König und Kammerherr an eine junge Näherin erinnern, die sie in den Selbstmord getrieben haben, splittet Blacher den Streicherklang in 23 Stimmen: zwölffach sind die Violinen geteilt, je vierfach Bratschen und Celli, dreifach die Bässe. Aufgebaut wird dieser Klang von seiner Mitte aus: Ausgehend vom größten und tiefsten Notenwert, einem im Pianissimo gehaltenen c von Violinen II,6[182], fächern sich die Violinstimmen nach oben zu immer kleineren und höheren Notenwerten auf. Quasi spiegelsymmetrisch dazu, wenn auch in der Einsatzfolge verschoben, erfolgt die Auffächerung nach unten in die Region von Bratschen, Celli und Bässen,

---

[180] „Boris Blacher, der Hauskomponist", in: Gertich u.a. (Hg.): *Musik ..., verwandelt*, a.a.O., S. 164.
[181] Langner: „Kunst kommt von Können. Marginalien zum musikpädagogischen Wirken Boris Blachers", a.a.O., S. 13.
[182] Partitur, S. 149, T. 288ff.

wobei die schnellsten Notenwerte den Bratschen gehören. Erscheinen die Neueinsätze der Violinen jeweils auf Zähleinheiten, so sind die Einsätze unterhalb der Mittelachse synkopisch gesetzt. Der ebenfalls stufenweise erfolgende Abbau beginnt von oben in der Stimme von Violinen I,1 (Takt 314). Der Akkord umfaßt alle zwölf Töne der chromatischen Skala. Als Rahmen der Randstimmen (Violinen I,1 und Kontrabässe 3) hat Blacher einen Tritonus gesetzt, der die Wirkung wesenhaft bestimmt. Zur weiteren Verschärfung des Klangeindrucks trägt bei, daß – von den Füllstimmen abgesehen – die rhythmisch parallel laufenden Stimmen stets im Verhältnis dissonanter Intervalle zueinanderstehen (Abbildung 4, S. 273-275).

Der Reiz dieser Klangschichtung besteht im Ineinander von Blockhaftigkeit und struktureller Binnengliederung. Die gegeneinandergesetzten, mannigfaltigen rhythmischen Impulse und Sekundrauhheiten sorgen für einen im Doppelsinne reibungssatten Klang, der der Wirkung von Statik bzw. Klangfläche entgegenwirkt, aber nicht widerspricht. Die Gesamtwirkung tendiert zum Cluster, unterscheidet sich jedoch von diesem insofern, als der geräuschhafte Klanganteil durch die fächerartige Präsentation der Klangfarben beim Auf- und Abbau keine Dominanz gewinnt. Außerdem wirkt die rhythmische Differenzierung dem Klangeindruck einer Tontraube entgegen.

Betrachtet man die Passage losgelöst von ihrem semantischen Kontext als rein musikalisches Phänomen, so läßt sich festhalten: Es handelt sich bei ihr um ein kompositorisches Prinzip, das ab Mitte der 50er Jahre verstärkt in Blachers Schaffen auftritt und das Julia Gerlach allgemein als eine Art von „festen Takt- oder Sekundeinheiten" beschreibt, „die rhythmisch unterschiedlich gefüllt werden":

> „Die Reihung von Takten gleicher Länge, die von verschiedenen Einheiten ausgefüllt und sogar überlagert werden, ist ein prinzipiell anderer Vorgang als die additive Aufblähung bei gleicher Grundeinheit, den variablen Metren, obwohl als Gemeinsamkeit bleibt, daß die rhythmische Gestaltung vorrangig ist. Aber es handelt sich bei dem jüngeren Konzept um eine statische Zeitauffassung und innere Strukturierung eines Zeitblocks durch verschiedene Geschwindigkeiten. Währenddessen ist die Zeitvorstellung, die der älteren Technik zugrunde liegt, zielgerichtet. Die Verläufe sind bogenförmig und linear, womit eine hierarchische Zeitorganisation gegeben ist."[183]

Möglich, daß bei diesem Komponieren von Klangflächen die Auseinandersetzung mit der Elektronik auf die Instrumentalstücke zurückwirkt. Nachweisen kann dies jedoch auch Gerlach nicht. Gegen diese These eines primär elektronischen

---

[183] „Boris Blacher, der Hauskomponist", a.a.O., S. 156.

Einflusses sprechen frühere Stücke Blachers, die seine Vorstellung eines binnenstrukturell bewegten Klanges wiedergeben. Das Prinzip der Klangschichtung wie die rhythmische Auflockerung eines stehenden Klanges gehörte zu seinem akkordischen Denken, auch dort, wo er nicht für Orchester schrieb. (Erst später dazu kam dann die separate Rhythmisierung der Schichtung in sich.) Die „Drei Psalmen" (1943) können das verdeutlichen. Oder eine Passage aus dem Liederzyklus „Aprèslude" aus dem Jahr 1958 (Abbildung 5, S. 276).

Dennoch: Seit den „Multiplen Perspektiven" von 1962, in denen sieben Grundeinheiten übereinandergeschichtet sind, tauchen Strukturierungen von Klangflächen sowohl in Blachers Instrumentalstücken wie auch in seinen elektronischen Werken verstärkt auf: eine „Fortentwicklung der Zeitebenen-Schichtung im Sinne einer Steigerung der Anzahl der überlagerten Stimmen"[184] insbesondere bei den Instrumentalwerken. Beispiele hierfür: die „Collage für Orchester", das „5. Streichquartett"; im elektronischen Bereich: „Ariadne" und die „Große Kugelkomposition". Wie sich das Klangphänomen in Blachers Gesamtschaffen ausnimmt, beschreibt Gerlach so:

> „Seine variablen Metren sind als methodische Antwort auf die Zwölftonmusik zu verstehen, als rhythmische Replik auf eine rein von der Tonhöhenstruktur ausgehende Methode. Mit der komplexen Überlagerung rhythmisch strukturierter Stimmen hatte er dann das ‚Regulativ in der Klangfarbenerzeugung' gefunden, dessen Fehlen er noch (...) 1954 beklagt hatte. Blachers Auseinandersetzung mit Klang und die Konstruktion von Klangflächen lassen sich (...) als kompositorische Antwort auf die musikalische Entwicklung seiner Zeit (Ligeti, Penderecki, Stockhausen etc.) deuten: Blacher versuchte, Probleme musikhistorischer Stationen – das Ende der Tonalität und die Geburt der Klangfarbe – auf seine Art zu lösen: durch rhythmisch-metrische Gestaltung."[185]

Umgekehrt hat Blacher versucht, die „innere Strukturierung eines homophonen akkordartigen Klanges", den „Eindruck einer in sich bewegten Fläche"[186] auch mit elektronischen Mitteln zu erzielen: durch Pausen zwischen den elektronischen Tönen bzw. Frequenzen. Blachers Rhythmus-Schichtungen in den Orchesterpartituren könnten mit den Erfahrungen im Studio insofern zusammenhängen, als er dort mit der Möglichkeit variabler Abspielgeschwindigkeit bei Schallaufnahmen experimentierte. Während allerdings die Schichtungselemente in den Instrumentalwerken nur vereinzelt auftreten, haben sie in den elektronischen Stücken konstituierende Funktion.

---

[184] Gertich u.a. (Hg.): *Musik ..., verwandelt*, a.a.O., S. 157.
[185] Ebd., S. 164.
[186] Ebd., S. 159.

Zum Transformationsprozeß

Abbildung 4, © Boosey & Hawkes/Bote & Bock

Abbildung 4, © Boosey & Hawkes/Bote & Bock

Zum Transformationsprozeß

Abbildung 4, © Boosey & Hawkes/Bote & Bock

Abbildung 5, © Boosey & Hawkes/Bote & Bock

In der „Yvonne"-Partitur tritt das beschriebene Phänomen in veränderter Form auch in den Lachensembles des Damenchores auf. Wie wichtig dieses auskomponierte Gekicher Blacher war, zeigt die Tatsache, daß er es auch dort konsequent einsetzt, wo es Gombrowicz nicht vorschreibt oder wo es nur in der Regieanweisung steht. Entscheidend dabei für die Librettobehandlung: Weil Blacher diese musikalische Chiffre für das Lachen findet, kann er auf Gombrowicz' Theatralisierung des Lachens verzichten und die entsprechenden Textpassagen streichen.[187]

Die „Yvonne"-Partitur ist somit ein wichtiger Versuch, das Schichtungsprinzip konstitutiv außerhalb elektronischer Versuche anzuwenden, und zwar in bezug auf außermusikalische Zusammenhänge, also textdramaturgisch. Darin stellt sie ein Novum in Blachers Schaffen dar.

5.3.4 Die sechsfache „Yvonne": Ein Fassungsvergleich

Aus der oben beschriebenen Quellenlage ergeben sich sechs verschiedene (davon vier deutschsprachige) „Yvonne"-Textfassungen. Es erscheint sinnvoll, zunächst drei dieser Fassungen (Kunstmann 1964, Schiller-Theater 1970, Blacher 1972) zu vergleichen, jeweils unter Rückbezug auf das polnische Original wie auf die vom Schiller-Theater benutzte französische Fassung von Constantin Jelenski und Geneviève Serreau. Danach werden die Veränderungen besprochen, die Kurt Horres und sein Team bei der Uraufführung vornahmen. Eine Tabelle im Anhang erleichtert den Vergleich. Es genügt, wenn wir zunächst die ersten beiden Musiknummern der Oper betrachten. An ihnen lassen sich Charakteristika der Textbearbeitung aufzeigen, die für das ganze Libretto gelten.

Die Tabelle zeigt, daß die Fassung des Schiller-Theaters gegenüber der Kunstmann-Übersetzung auf grammatikalische Entzerrungen, Einfügungen und Umstellungen setzt. Diese Veränderungen korrespondieren oft, aber nicht immer mit dem Original von Gombrowicz; in jedem Fall lehnen sie sich eng an die von Jelenski/Serreau erstellte französische Fassung an. Im folgenden sollen die wichtigsten Tendenzen der Schiller-Theater-Fassung zusammengefaßt, typisiert und anhand einiger Beispiele aufgezeigt werden (K=Kunstmann; J/S=Jelenski/Serreau; ST=Schiller-Theater).

---

[187] Hierzu gehört: „Man kann nicht gehen, sonst lacht man hinter unserem Rücken" (FA, S. 13); „Man könnte sich wälzen vor lachen" (ebd., S. 12); sowie die Formulierung von der Lächerlichkeit als einer „Geißel Gottes" (ebd., S. 13).

Eliminierung von Künstlichkeit, Transformation von geschriebener in gesprochene Sprache:

K (S. 10): Einen kleinen Augenblick
J/S (S. 14): Un instant
ST (S. 10): Einen Augenblick bitte

K (S. 10): Liebesdinge
J/S (S. 14): intrigues amoureuses
ST (S. 10): Liebesaffairen

K (S. 10): Laßt uns also als junge Männer funktionieren
J/S (S. 15): fonctionnons en jeunes garçons
ST (S. 10): Funktionieren wir also als junge Männer

K (S. 12): Ich wünschte, es geschähe etwas
J/S (S. 16): Si seulement il arrivait quelque chose
ST (S. 12): Ich möchte, daß etwas geschieht

Auch dort, wo Kunstmann sich eng an das Original hält, entschied sich das Schiller-Theater für eine leichter sprechbare Version:

K (S. 13): zu ihren Teegesellschaften
J/S (S. 18): à tès sauteries
ST (S. 13): zu ihr zum Tee

K (S. 14): gerät sie in bessere Stimmung
J/S (S. 19): qu'est-ce qui l'empêche de devenir un peu plus vivante
ST (S. 14): wird sie ... fröhlicher

Als extremes Mittel in dieser Richtung wirkt der verstärkte Einsatz von Umgangssprache:

Kunstmann	Schiller-Theater
Geschwätz	*Quatsch*
Weiter! Vorwärts	*Dalli, Dalli!*
Übel gelaunt	*Sauertöpfisch*
Schon räume ich das Feld	*Bitte nach ihm*
Arzneien	*Mittel*

Besonderen Einsatz findet die Umgangssprache im Sprachduktus von König Ignaz. Gombrowicz hat die Ausdrucksweise dieser Figur weit gefächert: Der König gibt neben drastischen polnischen Ausdrücken auch englische und russische Brocken von sich. Beispiele für das Englische finden sich im Originaltext[188] auf den Seiten 91 („Garden party") und 20 („Sex appealu", wobei Gombrowicz hier, um die Groteske zu steigern, eine polnische Endung anfügt); Beispiele für das Russische auf den Seiten 59 und 71. Dieser Wechsel der Sprachebenen kann in den Übersetzungen naturgemäß schwer wiedergegeben werden. Das Schiller-Theater setzte bei König Ignaz auch da auf Sprachdrastik, wo Kunstmann sich an die Vorlage hält. Eine entscheidende Verschärfung erfährt die Figur des Königs durch die handschriftlichen Zusätze in der französischen Fassung des letzten Aktes: Nachdem die Reihe der potentiellen Mörder Yvonnes vor ihrer Zimmertüre versammelt ist und auch der Prinz sich so entschlossen wie unfähig zeigt, sie aus dem Weg zu räumen, ist es König Ignaz, der nun seinen Sohn zweimal direkt zum Töten auffordert:

> Prinz: Sie schnarcht.
> Isa: Nein, das überschreitet denn doch alle Grenzen.
> König *zur Seite*: Überschreitet! Vorwärts! Soll es überschreiten. Uch, uch! Überschreite!
> Prinz *antwortet ihm unbewußt*: Ich kann nicht überschreiten![189]

Solche Sprachspiele schienen Gombrowicz offenbar später zu schwach. Er verstärkte daher das „Überschreite!" durch „Töte!". Eine Parallelstelle findet sich in unmittelbarer Nähe. Nach der französischen Fassung (die handschriftlichen Einfügungen sind unterstrichen):

> Le Roi, *à part*. – Vas-y donc, idiot! Tue-la! (S. 75)
> Le Roi, *à part*. – Dépasse! Vas-y! Qu'il dépasse les bornes! Tue! (S. 76)

Das Schiller-Theater übernahm beide Änderungen, Blacher eine davon in sein Libretto.

Die Sprache: verlebendigt und enttheatralisiert. Das ist die eine Seite der Schiller-Theater-Fassung. Die andere, gegenläufig avisierte heißt: Verkünstlichung, Theatralisierung. Auch hierin folgt sie meist dem Original bzw. der französischen Fassung. Dies betrifft insbesondere die ritualisierte Wortwahl der Hofgesellschaft, die mehrfach Anreden in die dritte Person verlegt.

> K (S. 9):   gönnen wir uns eine Partie Bridge.
> J/S (S. 13): on se tape un bridge
> ST (S. 9):   ergötzen wir uns mit einer Partie Bridge

---

[188] Gombrowicz: *Iwona, Księżniczka Burgunda, Ślub, Operetka, Historia*, Krakau 1988.
[189] FA, S. 69.

K (S. 11): Willkommen!
J/S (S. 15): Bonsoir!
ST (S. 11): Wir grüßen die Dame!

K (S. 11): Prinz, was treiben Sie in dieser Einsamkeit?
J/S (S. 15): A quoi rêve Son Altesse dans ce coin perdu?
ST (S. 11): Was treibt der Prinz in dieser Einsamkeit?

Auch in bezug auf die Hofgesellschaft schafft die Fassung des Schiller-Theaters intensivere Kontraste. Im folgenden Beispiel hält sie sich im Gegensatz zu Jelenski/Serreau an das polnische Original. Wenn der Prinz sich direkt an Yvonne wendet, um ihr seinen Antrag zu machen, verfällt er dort plötzlich ins „Du", was angesichts der hochgeschraubten Etikette, die mit der Anrede „Meine Dame" noch einmal aufgegriffen wird, um so herablassender wirkt. Dieser Gestus bleibt nicht mehr dem Sprechtonfall überlassen, sondern ist in die Wortwahl einbezogen.

K (S. 16): Meine Dame, darf ich um Ihre Hand bitten?
J/S (S. 21): Mademoiselle, puis-je demander votre main?
ST (S. 16): Meine Dame, darf ich um Deine Hand bitten?

Die Fassung des Schiller-Theaters schärft die Sprachextreme somit in beiden Richtungen, aber stets im Sinne von Gombrowicz: Künstliches wird noch künstlicher; dort, wo sich Umgangssprache andeutet, wird diese radikalisiert. Zwei weitere Beispiele dafür, wie sich mit der genaueren Übersetzung eine Präzisierung der Aussage ergibt:

K (S. 16): Man könnte dich beim Wort nehmen.
J/S (S. 21): Elles vont te faire chanter.
ST (S. 16): Man könnte dich erpressen.

K (S. 12): Dieser aufgeblasenen Trauersuse müssen wir auf die Füße treten.
J/S (S. 17): Écrasons ce funèbre crapaud!
ST (S. 12): ... müssen wir unter die Füße bekommen.

Im folgenden Fall, in dem Isa den Prinzen anspricht, eliminiert das Schiller-Theater die bei Kunstmann implizierte Anzüglichkeit:

K (S. 11): Erfreuen Sie sich nicht Ihres Lebens, Prinz? Ich tue nichts als das.
J/S (S. 16): Ne sentez-vous pas le bonheur de vivre? Moi, je le sens, je le sens si vivement.
ST (S. 11): Erfreuen Sie sich nicht des Lebens, Prinz? Ich tue nichts als das.

Das Adjektiv „hübsch" in bezug auf Yvonne sollte in Schröders Aufführung offenbar vermieden werden; Blacher hat die letztere Fassung in sein Libretto übernommen:

K (S. 11): Oh, eine ziemlich hübsche Blondine.
J/S (S. 16): Voilà une blonde.
ST (S. 11): Oh, eine ziemlich hohe Blondine.

Solche Bearbeitungscharakteristika, die hier mit Beispielen der ersten beiden Szenen belegt wurden, lassen sich im gesamten Drama finden. Blacher übernimmt sie fast ausnahmslos in seine Librettofassung. Von großer Bedeutung dabei: Die handschriftlichen Änderungen in der französischen Fassung beinhalten zwei Striche von Yvonnes wenigen Äußerungen, von denen das Schiller-Theater aber nur den zweiten übernahm. Er bezieht sich auf Yvonnes Frage nach Wolle gegenüber dem König (K: S. 41, J/S: S. 47). Entscheidender ist der erste Strich, der Yvonnes einzigen Ausbruch im Stück ihrem Schweigen opfert. Im folgenden sind die gestrichenen Passagen mit Klammern versehen und unterstrichen, die Ergänzungen kursiv und fett gesetzt:

Yvonne (<u>crie. – Fous le camp! Mais fous-moi le camp!</u>) *se tait*
Innocent. – Amoureuse!
Yvonne (<u>s'éteignant.</u> – Fous le ...) *se tait*
Le Prince. – (<u>Elle a parlé!... Mais alors, si elle a parlé c'est que ... Elle a ouvert la bouche, émis des sons, vous avez entendu?</u>) Mais alors ...[190]

Entgegen Gombrowicz' Änderung ist die Passage in der Fassung des Schiller-Theaters *nicht* gestrichen. Allerdings findet sich am Rand des untersuchten Text-Exemplars ein mit Bleistift eingetragenes Fragezeichen, das durchgestrichen ist. Man darf vermuten: Ein Strich der Passage wurde zumindest diskutiert. Es liegt nahe, daß Blacher durch diese Relativierung, die sich bereits aus Gombrowicz' Umgang mit den Äußerungen Yvonnes ergibt, angeregt wurde, das Schweigen der Titelfigur auszuweiten.

Die Bearbeitungstechniken, die Blacher im Falle der „Yvonne"-Oper anwendet, ähneln denen in „Dantons Tod", sind allerdings weniger umfangreich: Verteilung einer Figurenrede auf mehrere Personen; Kürzung, Zusammenlegung und Streichung von Figuren; Streichung von Regieanweisungen; Textumstellungen; Übertragung von Textpassagen auf andere Figuren; Einfügungen. Die Striche, die Blacher in der Fassung des Schiller-Theaters vornimmt, differieren in Umfang und Gewicht. Bei kleineren Straffungen des Dialogs schließt sich das Libretto an die Fassung des Schiller-Theaters an. Andererseits vertont Blacher auch Passagen, die in Berlin entfielen. Grundsätzlich kürzt er sehr konzise. Seine Striche betreffen vor allem sprachlichen Leerlauf und Verdopplungen.

---

[190] Vgl. J/S, S. 39.

Gedankengänge werden nicht partiell verkürzt, sondern fallen immer als Ganzes weg. Blacher reduziert den Text auf das, was er an narrativem Strang, an Informationswert enthält. Das heißt: er kürzt dort, wo die Sprache sich selbst reflektiert, wo sie als autonomes Gebilde ihren Platz im Drama erhält, wo Gombrowicz Automatismen und Reaktionen auskostet und ausbreitet, um sie zu kritisieren. Das führt zwangsläufig zum Verzicht auf die binnensprachliche Dynamik des Stückes. Dieser Wegfall wird zum Teil mit musikalischen Mitteln kompensiert. Zum Teil aber auch nicht. Einige Beispiele sollen das im Detail verdeutlichen.

Mit dem Dienerpaar Cyryll und Zyprian schafft Gombrowicz nicht nur eine Figuren-Analogie zu Shakespeare (etwa Rosenkranz und Güldenstern in „Hamlet"), sondern sich selbst auch die Möglichkeit verstärkter Sprachspielerei. Die Symmetrie des Vor- und Nachsprechens erzeugt eine Komik eigener Art, die wiederum der Künstlichkeit des Sujets zugute kommt. Durch die Verschmelzung zu einer Person verändert Blacher deshalb seine Vorlage in doppelter Hinsicht: Mit dem Durchbrechen des tradierten Figurentopos entsteht eine neue Figur, deren Artikulation sich aus der dezidierten Schablonenhaftigkeit löst und die schärferes Eigenprofil gewinnt. So wächst aus dem ironisch unterfütterten Commedia-dell'arte-Duktus, der die Brücke zwischen Ahnherren und Kindern schlägt, plötzlich eine Warnung, deren Ernsthaftigkeit musikalisch nicht in Frage gestellt wird, wenn der Prinz von einer Verbindung mit Yvonne abgehalten werden soll:

Gombrowicz/Kunstmann:
ZYPRIAN: Unerhört!
CYRYLL: Verrückt! Ich beschwöre dich, beim Gedenken an deine Vorfahren!
ZYPRIAN: Und ich beschwöre dich beim Gedenken an deine Nachfahren!

Blacher:
ZYPRIAN: Ich beschwöre dich, beim Gedenken deiner Vorfahren und Nachfahren![191]

Wenn die Zweite Tante Yvonne vorwirft, sie habe gestern, heute und morgen kein Glück, dann parallelisiert Gombrowicz mit der dreimaligen Repetition nicht nur die aufeinander bezogenen Rituale von Glücklosigkeit und Beschwerde. Er parallelisiert auch sprachlichen und außersprachlichen Verlauf. Er nutzt die Sprache nicht lediglich als Informationstransport, sondern übersetzt ihren Inhalt in verbale Geste. Blacher beläßt es bei der einfachen Repetition: beim Gestern und Heute. Damit hält er sich präzise an den narrativen Faden: Die Erfahrung

---

[191] FA, S. 16 bzw. KA., S. 26f.

des Gestern wird aufs Heute projiziert; das Morgen ist im logischen Sinn überflüssig. Aber es macht im Schauspiel erst den ritualisierten Charakter des Wortwechsels deutlich. Ihn erreicht Blacher mit musikalischen Mitteln: Er verteilt die Rede auf beide Tanten als quasi duettierende Rede. Die Konversation erschöpft sich allerdings in monotoner Wiederholung eines Tones. Im Sekundabstand leiern beide ihre Beschwerden herunter. Kein Gesang ist das, sondern – durchaus im Sinne von Gombrowicz – ein Ritual sprechender Ausdruckslosigkeit.

Zu Beginn des dritten Aktes zeigt Gombrowicz die von Yvonne ausgelöste Verwirrung des Prinzen wie seine Stupidität besonders deutlich. Beides wird durch eine redundante Sprache signalisiert, die den Gedanken sukzessive folgt. Blachers Libretto streicht die Rückversicherung, die in den Wiederholungen steckt, und damit auch die Suche, die Irritation, die von Gombrowicz in Sprache gefaßt, nicht aber als verbale Hörerinformation mitgeteilt wird. Blacher beschränkt sich auch hier auf die Passagen von narrativem Informationswert (die vertonten Sätze sind unterstrichen):

CYRYLL: <u>Frauen lachen immer. Kichern ist der natürliche Zustand jeder Frau, weil dieser Zustand am besten zu Gesicht steht.</u>
PRINZ: <u>Über mich?</u>
CYRYLL: Warum sollten sie ausgerechnet über dich lachen? Bislang lachten sie sich untereinander aus.
PRINZ: <u>Wenn nicht über mich, dann über sie ... über meine Verlobte.</u> Aber ich beobachte, daß sich die Art des Lachens geändert hat. <u>Vielleicht täusche ich mich, aber mir scheint, ihr Gelächter ist umgesprungen ... von ihr auf mich. Jeder flüstert jedem und jede flüstert jeder ins Ohr und kichert.</u> Kann es eine Täuschung sein? Ich vermute ... ich bitte dich ... ich bitte dich, bemüh' dich festzustellen, was man über uns spricht und welcher Art dieser Spott ist. Ich möchte wissen, welche Art von Spott es ist. Natürlich interessiert es mich nicht, aber ich möchte es wissen. Und sage ihnen bei Gelegenheit, wenn sie sich weiter hinter meinem Rücken erlauben sollten ...
CYRYLL: Philipp, was ist mit dir los? <u>Du bist gereizt und empfindlich geworden, als wärst du deine Verlobte.</u>[192]

Blacher fängt jedoch auch hier den Verlust an sprachlicher Substanz durch die Vertonung auf: Die Irritation des Prinzen spiegelt sich in polyrhythmisch geschichteten Tonrepetitionen. Einer Sechzehntelkette, die im Wechsel von erster und zweiter Flöte vorgetragen wird, stellen sich eine Quarte tiefer Quintolen der gestopften Solo-Trompete entgegen. In den Violinen addiert Blacher später Quartolen und Triolen dazu. Celli und Kontrabässe ergänzen Duolen bzw.

---

[192] KA, S. 96f. und Partitur, S. 121ff.

Viertelnoten. Blacher setzt so das Gelächter der Hofdamen, das er im zweiten Akt erstmals vertonte und das die Veränderungen am Hof sinnfällig signalisiert, mit instrumentalen Mitteln fort: Er steigert es in seiner Insistenz, komponiert es nicht mehr als direkte Artikulation (der Part der Chordamen ist auf wenige Takte zusammengedrängt), sondern dessen Wirkung im Inneren des Prinzen. Zyprian gibt dazu das Stichwort: „Du bist gereizt und empfindlich geworden." Damit freilich geht Blacher mit musikalischen Mitteln über die Möglichkeiten der Vorlage hinaus: Während Gombrowicz die Wirkung von des Prinzen Irritation in Sprache faßt, komponiert Blacher die Ursache, nicht ohne gleichzeitig deren Wirkung auf das Innenleben des Prinzen sinnfällig zu machen.

Eine der Kürzungen, die auf den ersten Blick unverständlich erscheinen, gehört zum Auftritt des Höflings Innozenz im zweiten Akt. Nachdem die Hofdamen mit wüsten, gegenseitigen Beschimpfungen bereits demonstriert haben, wie sehr Yvonnes bloße Anwesenheit das Personalgefüge am Hof verändert, bricht Innozenz herein, um zu „bemerken, daß es gemein ist", was mit Yvonne für ein Spiel getrieben wird.[193] Es stellt sich heraus: Er liebt Yvonne. Und es stellt sich weiter heraus: Weil er dies artikuliert, erfolgt Yvonnes heftigste Reaktion im ganzen Schauspiel – sie wirft ihn hinaus, demonstriert damit ihre Zuneigung zum Prinzen. Blacher streicht Innozenz' zweimal an die Adresse des Prinzen gerichteten Vorwurf der Gemeinheit. Wenn aber dieser Vorwurf nicht erfolgt, macht auch die Entschuldigung, mit der die Musiknummer 6 einsetzt[194], keinen Sinn. Blacher nimmt Innozenz' mehrfach vorgebrachten Ruf nach „Verzeihung!" als Motivation einer Nachfrage durch den Prinzen. Diese aber bezieht sich bei Gombrowicz auf eine ganz andere Passage, die das Maß der von Yvonne ausgelösten Verwirrung anzeigt:

> INNOZENZ *äußert sich entweder mit tödlicher Ruhe oder unerhörter Gereiztheit*: Ich sehe bereits, daß ich nicht mehr dagegen aufkommen kann.
> KAMMERHERR: Aufkommen? Aufkommen? Was ist das für ein dummer Ausdruck – aufkommen?
> INNOZENZ: Gegen das aufkommen, was ich angefangen habe. *will gehen* Verzeihung.
> PRINZ: Sofort. Seien Sie doch nicht so geheimnisvoll, mein Herr ...
> INNOZENZ: Die Sache ist die, daß ich sie liebe ...[195]

Blacher schraubt die Dramenvorlage hier um eine Drehung zurück. Die Kombination aus Vorwurf und Liebesgeständnis, die bei Gombrowicz die Stärke

---

[193] FA, S. 31.
[194] KA, S. 78.
[195] FA, S. 32.

der Szene ausmacht, reduziert er auf das letztere. Wieder hilft die Musik, das Gestrichene als inhaltliche Komponente zu erhalten, die Gesamtwirkung mit anderen Mitteln zu restituieren: Die pizzicato und leggero von Bratschen und Celli vorgetragenen, von Schlagzeug und Horntupfern unterstützten Achtelketten, mit denen Nummer 6 einsetzt, schaffen in Motorik und Klangfarbenwechsel einen schroffen Kontrast zur vorangehenden Nummer und deren reflexiv-statischem Ausklingen.[196] Sie suggerieren mit dem musikdramaturgischen Schnitt im Sinne des zweiten „Figaro"-Finales durchaus auch eine Protesthaltung der neu hinzukommenden Figur. Daß sie aus nichts als versatzstückhaft aneinandergereihten, auf- und absteigenden Tonleiterfragmenten bestehen, die um sich selbst kreisen, verweist auf ein Phänomen, das Blacher in seiner „Yvonne"-Partitur systematisch einsetzt: Es ist die Musik einer Bewegung, die nicht vorwärtskommt, die Klangidee eines wenn schon nicht immer rasenden, so doch vorwärtsdrängenden Stillstands, eines Kreislaufs. Einige Beispiele zu den verschiedenen Ausprägungen dieser Klangidee samt möglicher semantischer Implikation:

a) Als sukzessive verlängerte Bogenlinie: KA, S. 61 bzw. Partitur, S. 71f. Dasselbe Bratschenmotiv wird in steter Erweiterung wiederholt. Inhaltlich läßt sich dies als Korrespondenz mit der zunehmenden Verwirrung des Prinzen verstehen: Eben hat ihn Zyprian darauf aufmerksam gemacht, daß Yvonne ihn mit Blicken verschlingt.

b) Als einfaches Wiederholungsprinzip: KA, S. 56 bzw. Partitur, S. 67. Eine Klarinetten-Triole wird sechsfach wiederholt, bezeichnenderweise im Kontext der Prinzen-Aussage: „Es gibt da eine Art von Kreis."

c) Als Linienkanon in Flöte und Fagott bzw. Violinen und Bratschen: KA, S. 20f., Partitur S. 17f.

d) Als „polyrhythmische Schichtung chromatischer Bogenlinien"[197]: KA, S. 92f. bzw. Partitur, S. 114f. Flöten und dann jede der drei Klarinetten spielen ein Motiv in ständiger Wiederholung. Ab Takt 131 folgt die Parallele in den Streichern ohne Kontrabässe. Es ist jene Passage, in der König und Königin ihrer Verwirrung über die Weise und Schnelligkeit, mit der Yvonne dem Prinzen den Kopf verdreht hat, Ausdruck geben.

e) Als „vierstimmiger Bogenlinienkanon"[198] (sofern man eine Instrumentengruppe als Stimme rechnet): KA, S. 160, Partitur, S. 211f. Es ist eine Passage,

---

[196] Partitur, S. 92.
[197] Grafschmidt: *Boris Blachers Variable Metrik*, a.a.O., S. 432f.
[198] Ebd., S. 441.

die die zunehmende Verwirrung des Königs vor seinem Stab zeigt: Eine Verbeugung der Bediensteten genügt, um ihn aus der Fassung zu bringen und seine hohle Kraftgeste zusammenbrechen zu lassen: „Von heute ab aber werde ich euch zeigen, was ich kann, ich werde euch an die Fresse packen. Na, na, nur keine Verbeugung."

So sehr diese Beispiele in ihrer rhythmischen und diastematischen Struktur differieren, so sehr sind sie doch derselben Klangidee verpflichtet. Rhythmisch-formale Gestalt gewinnt Blacher aus den zahlreichen genannten Sechzehntelbewegungen in Nummer 6 seiner „Yvonne"-Partitur (KA, S. 78 bzw. Partitur, S. 92): Mit Innozenz' Auftritt beginnt in Bratschen und Celli der kreisende Stillstand als Pizzicato-Bewegung. Und auch hier beschränkt Blacher den Ambitus der Wiederholungsmotive auf einen Tritonus.

Nicht bei allen Strichen des Librettos greift die Musik so nahtlos ein, um Wegfallendes zu kompensieren. Viele Tautologien streicht Blacher und mit ihnen Gombrowicz' Lust an der Entlarvung von Klischees.[199] In diesen Zusammenhang gehört auch der Strich der einzigen Dramenpassage, in der der Prinz durch seine Mutter näher charakterisiert wird.[200] Selbstverständlich entfallen auch viele Szenen, in denen Gombrowicz die Gedankengrundlagen seines Stückes exponiert. Etwa die bereits erwähnte Passage Zyprians im ersten Akt, die für das Verständnis des Stückes als oppositionelles Experiment grundlegend ist:

„Funktionieren! Funktionieren! Nichts als im seligen Freudentaumel funktionieren! Wir sind jung! Wir sind Männer! Laßt uns also als junge Männer funktionieren. Verschaffen wir den Pfaffen Arbeit, damit auch sie funktionieren können! Es ist eine Frage der Arbeitsteilung!"[201]

Die Religionskritik, die Gombrowicz hier besonders drastisch artikuliert, hat Blacher wenig interessiert. Sehr oft, aber nicht generell, streicht oder entschärft er solche Passagen. So übernimmt er zwar den Stückanfang, der mit der Betrachtung des Sonnenuntergangs ethische und ästhetische Momente ironisch

---

[199] Als Beispiel wäre hier eine Äußerung des Königs zu nennen (KA, S. 39, FA, S. 19): „Aus gutem Herzen das Herz seines alten Vaters verwunden?" Blacher streicht hier entgegen dem Team des Schiller-Theaters das Wort „alten". Die französische Fassung hielt sich an das Original: „Blesser le cœur de son vieux père á coups de bon cœur!" (J/S: S. 24)

[200] Von „Fachstudien auf dem Gebiete des Kesselbaus" ist da die Rede, von „ideologische(r) Arbeit in der Gesellschafts- und Bürgerkunde", des weiteren von „Tennisspiel", „Bridge und Polo", „Fußball und Domino" (FA, S. 16).

[201] Ebd., S. 10.

zusammenführt[202], den sich anschließenden Bettler-Auftritt, der sich für Musik geradezu anbietet, läßt er aber weg. Daß Yvonne ihre Tanten der Lächerlichkeit aussetzt und daß diese Lächerlichkeit als „Geißel Gottes" beschrieben wird, gehört zu jenen persönlich gefärbten Äußerungen Gombrowicz', die Blacher ausblendet.[203] Es ist folgerichtig, daß die gesamte Verspottungsszene Yvonnes, die ihrerseits Züge einer Geißelung hat, nicht vertont wurde. Und wenn Blacher Zyprian auch den Zynismus von „Diesem aufgeblasenen Trauerkloß müssen wir auf die Zehen treten. Es ist unsere heilige Pflicht"[204] gönnt, so vermeidet er doch die blasphemische Sprachparodie, die sich unmittelbar anschließt: „Geh' du voran, ich folge dir!" Konsequenterweise fehlt auch der Hinweis auf den „evangelische(n) Geist" des Prinzen, den die Königin im Angesicht des Hofstaats hervorhebt.[205] Freilich folgt Blacher dieser Haltung nicht im ganzen

---

[202] „Ein solcher Anblick bessert den Menschen", ebd., S. 9.
[203] Gombrowicz' Verhältnis zur Religion war ambivalent. Er lehnte sie keineswegs so radikal ab wie die Existentialisten. Im Tagebuch heißt es dazu: „Es kann keine Rede sein vom Träumen von einem absoluten Gott in der Höhe, im alten Stil. Dieser Gott ist für mich wirklich gestorben, ich werde in mir keinen solchen Gott finden, was auch immer ich anstellen würde, es gibt in mir dieses Material nicht. Aber es gibt die Möglichkeit von Gott als einem Hilfsmittel, einer Weg-Brücke, die zum Menschen führt." Solche Ideen werden insbesondere in der „Trauung" umgesetzt. In diesem Stück ist das erste Bild eine zerbombte Kirche. Kuharski (*The theatre of Witold Gombrowicz*, a.a.O., S. 173) versteht sie „as a symbolic point of departure for all of playwright's theatrical work and philosophical thought". Weiterhin bezeichnet Kuharski Gombrowicz als „lapsed Catholic who delighted in casting himself as a Judas or Julian the Apostate" und resümiert: „For the playwright, the physical destruction of the church building is the symbolic culmination of a much earlier crisis of religious faith and values in both his own mind and European culture as a whole. The subsequent action of the play is Gombrowicz's vision of what must follow such a collapse of traditional institutions and belief" (ebd., S. 173f.).
Es paßt zu dieser Deutung, daß Gombrowicz 1962 in einem Interview auf die Frage nach seinem Glauben nicht nur ausweichend antwortete: „J'étais croyant jusqu'à l'âge de quatorze ans, et j'ai cessé de l'être sans le moindre bouleversement. Jamais de ma vie je n'ai ressenti le besoin d'une foi. Je ne suis pourtant pas athée, car pour un homme confronté avec le mystère de l'existence toute solution est possible" (Jelenski/de Roux: *Gombrowicz*, a.a.O., S. 56f.). Thompson (*Witold Gombrowicz*, a.a.O., S. 146) sieht sogar eine Erfahrungskongruenz: „He rejected whatever seemed unwarranted by his understanding of the matter, namely, structured worship of God; but he retained what he perceived as true to life: man's incompleteness masquerading as completeness which he gave a new label – immaturity pretending to be maturity." Thompson vermutet noch in der Ablehnung eine Beziehung zur katholischen Kirche, in deren Sinn Gombrowicz erzogen wurde.
[204] KA, S. 18f.
[205] FA, S. 20.

Libretto konsequent. Der Prinz darf auch bei ihm Yvonne die Ansicht unterstellen, „daß Gott nur ein Pflaster auf ihre körperlichen Defekte ist".[206] König Ignaz segnet seine „Kinder"[207] und spielt sich, nachdem er den Plan zum Mord an Yvonne gefaßt hat, vor seiner Gattin auf, als sei das geplante Vernichtungsmahl ein eschatologischer Gerichtstag.[208]

Sowohl bei König Ignaz wie bei den anderen Figuren vermeidet Blacher jene umgangssprachliche Drastik, um die sich das Schiller-Theater bemühte. Im Sinne einer Verständlichkeit des Gesangstextes komponiert er meist ganze Worte, wenn Gombrowicz sich auf Wortfetzen beschränkt. Im Zweifelsfall entscheidet er sich, wie im folgenden Beispiel einer Passage Isas, stets für die deutlichere Lösung, hier sogar in Abänderung der Vorlage:

> K (S. 11): Nichts. Prinz, sind sie krank?
> J/S (S. 16): Votre Altesse ne serait pas souffrante?
> Blacher (KA, S. 14): Nichts? Prinz, Sie sind krank!

Auffallend bei Blachers Kürzungen ist die Tendenz, Passagen wegzulassen, die Yvonne in ein pejoratives Licht rücken. Dies betrifft weniger Formulierungen, die die Titelfigur direkt charakterisieren, sondern solche, die ihre Position indirekt abstecken, etwa aus dem Munde des Prinzen: „Augenscheinlich muß man, um das Bessere in sich zu erkennen, jemanden viel Schlechteren ausfindig machen"[209], oder: „Du selber kannst dich nicht ausstehen, du bist dein eigener Feind, deshalb provozierst du alle unbewußt und hetzt sie gegeneinander auf, und jeder, der mit dir zusammen ist, fühlt sich wie ein Räuber und Schurke".[210]

Solche Striche, die Essentielles der Titelfigur betreffen, werfen neue Fragen auf. Übernimmt Blacher den Blickwinkel, den das Drama auf Yvonne eröffnet? Welche Attribute ordnet er ihr überhaupt in der Oper zu? Inwieweit entsprechen sich Schauspiel- und Opernfigur? Damit wird sich das folgende Kapitel beschäftigen. Vorher aber, um den Fassungsvergleich abzuschließen, noch einige Beobachtungen zur sechsten Textversion der „Yvonne"-Oper: derjenigen, die das Uraufführungsteam in Wuppertal realisiert hat. Sie unterscheidet sich in zahlreichen Punkten vom Material des Verlages Bote & Bock und ist in der Partitur des Leihmaterials durch Einzeichnungen dokumentiert, die zumeist auf den Dirigenten János Kulka zurückgehen dürften.

---

[206] KA, S. 59 bzw. FA, S. 26.
[207] KA, S. 80 bzw. FA, S. 33.
[208] KA, S. 185f.
[209] FA, S. 23.
[210] FA, S. 51.

Hier fallen zunächst zahlreiche Striche ins Auge. Sie dienten vor allem einer Raffung des bei der Uraufführung – entgegen Blachers Konzeption – pausenlos gespielten Stückes, betreffen in stärkerem Maße die letzten beiden Akte und konnten selbstverständlich nur im Rahmen musikalischer Praktikabilität durchgeführt werden. Viele von ihnen sind dramaturgisch schlüssig und greifen nicht in die Textsubstanz ein. Das gilt etwa für das Finale des zweiten Aktes (Nummer 7, Takte 115-139), das Gespräch des Prinzen mit seinen Eltern (Nummer 11, Takte 21-44) oder die Szene vor Yvonnes Zimmer (Nummer 15, Takte 58-68, 103-117, 125-136). Der Auftritt Valentins im Erinnerungsgespräch zwischen König und Kammerherr, in dem die charakteristische Rhythmus-Schichtung eingeführt wird, ist ohnehin funktionslos (Nummer 9, Takte 309 und 310). Ebenso überflüssig ist der Ruf des Kammerherrn nach einem Beerdigungsinstitut (Nummer 16, Takt 189ff.).

Die Kürzungen in Wuppertal verstärken die Grundtendenz von Blachers Librettoeinrichtung: Sie legen den narrativen Faden bloß, eliminieren Sprachstil und Sprachcharakteristik des Schauspiels. Bezeichnend hierfür ist ein Strich in der Schlußszene, kurz bevor sich Yvonne verschluckt (Nummer 15, Takt 112-122, Partitur, S. 268ff.): Zwar steuert das Geschehen jetzt noch zielstrebiger auf Yvonnes Tod zu, doch die wegfallenden Sätze von Königin, Kammerherr und König sind gerade in ihrer Redundanz alles andere als zufällig oder überflüssig: In ihnen spiegelt sich das Lauern des Hofes. Es ist die Spannung vor der Hinrichtung, eine Überbrückung der Leere vor der Katastrophe. Auch an anderen Stellen erweist sich die extreme Reduktion aufs Text-Gerippe als problematisch. Zum Beispiel fehlt in Nummer 11, Takt 223-246 (Partitur, S. 199ff.) mit dem Prozessualen auch die inhaltliche Vertiefung: Zwar bleibt als Zuschauer-Information die Mordabsicht erhalten und auch die Erkenntnis des Prinzen: „Wir sind in sie hineingeraten." Die zentrale Aussage aber fehlt: „Und wo sie auch sein wird, es wird sie ständig geben." Ebenso die semantisch bei Gombrowicz wichtigen Wortfelder von „Verbeugen" und „Antasten", die Blacher zwar nicht thematisiert, aber bewußt im Librettocorpus beläßt (Partitur, S. 181 bzw. 186).

Diesen Strichen stand bei der Uraufführung eine Reihe von Hinzufügungen gegenüber. Die auffälligste ist ein Zwischenspiel zwischen zweitem und drittem Akt, das nicht von Blacher, sondern von János Kulka stammt.[211] Während diese

---

[211] In einem Brief an den Autor vom 1. Mai 2000 bestätigte Kulka diese in einigen Uraufführungskritiken geäußerte Vermutung und bemerkt, er habe „selbstverständlich mit der Zubilligung von Herrn Prof. Blacher" die Musik „aus einer anderen Stelle des Stückes entnommen und arrangiert. (...) Der eigentliche Grund war ein kurzer szenischer Umbau,

Veränderung dazu diente, einen ununterbrochenen Abend zu gewährleisten, hatten die anderen Eingriffe nahezu durchweg den Zweck, Zäsuren zu schaffen, Abschnitte und Einschnitte zu signalisieren. Hierzu gehören vor allem Pausenfermaten, die – diese Vermutung legt die Partitur von Kulka nahe – primär szenisch motiviert waren. Mit diesem Vorgehen wird oft nicht nur der sprachliche Zusammenhang, sondern der Sinn der Komposition konterkariert. Dies gilt etwa für die von musikalischer Automatik bestimmte Speise-Szene (Partitur, S. 124). Kein Zweifel, daß Uraufführungsregisseur Horres diese Veränderungen aus seinem Partiturverständnis heraus vornahm, das in der oben zitierten Gesprächsnotiz dokumentiert ist und das Blachers Vertonung als „geradezu geschwätzig und maschinell" mißversteht.

Darüber hinaus wurde bei der Uraufführung die Emanzipation der Paukenstimme weiter vorangetrieben. Schon Blacher räumt der Pauke als einem bühnenmusikalisch suggestiven Mittel im letzten Akt besondere Bedeutung ein. Auch die letzten Takte des dritten Aktes gehören ihr. Im dritten Teil des sich unmittelbar anschließenden Zwischenspiels übernimmt die Pauke die Rolle, die die glissandierenden Posaunen (Partitur, S. 209) im ersten Teil gespielt haben: Der Tango ist jetzt aufgespannt zwischen Pauken und Kontrabässen und erscheint in Moll. Paukenglissandi bestimmen sodann die Szene, in der der König das Zimmer umbaut (Partitur, S. 213). Bei Yvonnes Tod kehren sie wieder. Die Uraufführung ging über solche charakteristische Klangfarben hinaus. Sie baute einen Paukenwirbel im Moment von Yvonnes Verschlucken ein: das Klangmittel wirkt an dieser Stelle platt und oberflächlich. Auch zur Regieanweisung „Gäste gehen hinaus und geben den Blick auf Yvonnes Körper frei" mußte in Wuppertal die mit einer Fermate versehene Paukenstimme (samt Kontrabässen und Gong) herhalten, um der Szene Freiraum, das heißt hier: Zeit zu schaffen.

Daß die Uraufführung mehrfach mit ursprünglich nicht vorgesehenen Tonbandeinsätzen arbeitete, verzerrte zusätzlich die Intention des Komponisten. So wurde das große Violinsolo des Tango während des Mordkomplotts von König und Kammerherr von Band zugespielt, und zwar aufgenommen von einer Streicher*gruppe*. So sehr sich damit die Interpolation von Trivialmusik im Sinne einer industrialisierten Musik vereindeutigt: Die Beziehung zum Zwischenspiel der Akte III und IV wird damit ebenso verwischt wie Blachers Rekurs auf kammermusikalische Askese und seine Beschränkung des Klangarsenals.

---

der diesen Schritt notwendig machte." Außerdem verweist Kulka darauf, daß die Idee, die Oper pausenlos zu spielen, von Regisseur Kurt Horres stammte.

5.3.5 Wie beredt ist das Schweigen? Yvonne als stumme Figur

Schon mit Yvonnes erstem Auftritt vertraut Gombrowicz darauf, daß seine Titelfigur nicht durch sich selbst, sondern durch die Äußerungen und Reaktionen anderer charakterisiert wird. Und was ihre beiden Tanten über Yvonne sagen, das ist von einer Lebensnähe und Drastik, die das Stück sonst meidet: von mangelndem „Sex-Appeal" ist da die Rede, von „Blumenkleid", „muffige(n) Gerüchen", „Schnupfen" und Kopfschmerzen. Dergleichen Details interessieren Gombrowicz bei keiner anderen Figur. Doch auch der Realismus ist – wie sollte es bei diesem Autor anders sein – ein Spiel mit dem lesenden oder zuschauenden Gegenüber. Denn gerade Yvonne, die so heftig pejorativ und plastisch Beschriebene[212], ist weniger als alle anderen Figuren als Charakter angelegt. „Faceless" sei diese Yvonne, sagt Ewa Thompson, „a device rather than a character".[213] Wobei das Wort „device" hier in seiner ganzen Bedeutungsbreite Sinn macht: Yvonne ist, mehr als der Hofstaat, dessen Rückbezüge zu feudalen Restbeständen oben beschrieben wurden, eine fiktive Gestalt. Gleichzeitig ist sie ein dramaturgischer Kunstgriff, ein Figur gewordenes Mittel zum Zweck, oder – noch einmal mit Thompson – „a catalyzer of the fear of scorn and ridicule".[214] Im Angesicht Yvonnes wird sich der Hofstaat seiner hohlen Rituale, seiner Leere und Lächerlichkeit bewußt. Rosine Georgin beschreibt das so:

„Face à elle, chacun s'aperçoit qu'il est le roi nu. Le laborieux édifice des conventions s'effrite. Chacun se sent démasqué et confronté brutalement à ce qu'il tente à tout prix d'oublier ou de dissimuler. (...) Tout geste, toute parole font désormais référance à cette absence de geste, à cette parole non dite, à cette béance que représente Yvonne. Le secret que tout le monde cache est percé à jour: derrière le masque, il n'y a rien. L'enveloppe est vide. Vide le vêtement. La cour royale est un cour fantôme."[215]

Yvonne bohrt sich sogar in die Vergangenheit, weckt bei König und Kammerherr (mit der Erinnerung an den Selbstmord einer jungen Näherin) Schuldgefühle, holt längst Vergessenes, Verdrängtes aus den Köpfen. Harmlose,

---

212 FA, S. 12ff., Gombrowicz lehnt sich dabei an Witkiewcz' Beschreibung des „Wasserhuhns" an.
213 Thompson: *Witold Gombrowicz*, a.a.O., S. 47.
214 Ebd., S. 48. In gleichem Sinn formuliert Kunstmann („Über Witold Gombrowicz's Iwona...", a.a.O., S. 236) unter Rückbezug auf frühere polnische Studien: Die „Tragödie dieser Komödie" liege „nicht bei Iwona, sondern in dem Verhalten der sie umgebenden Gesellschaft".
215 Georgin: *Gombrowicz*, a.a.O., S. 73f.

ritualisierte Worte wechseln in ihrer Gegenwart plötzlich die Bedeutung. Yvonne entzerrt durch ihre bloße Anwesenheit das Verzerrte. Mit einem Wort: Sie löst Angst aus, sie lädiert ein in sich geschlossenes System, vor ihr fühlen sich alle wie nackt. Oder, mit der Formulierung von Gombrowicz: Sie „wird zu einem zersetzenden Faktor".[216] Erst durch den Mord am Ende läßt sich Stabilität (zumindest scheinbar) wiederherstellen. Der Prinz bezeichnet den Mord an Yvonne als „rationellen Eingriff"[217], spricht sich dabei selbst Mut zu. Dennoch bringt er den Mord alleine genauso wenig fertig wie Königin oder König. Der Mord gelingt nur als quasi öffentliche Hinrichtung, als so kollektiver wie unpersönlicher Akt. Gerade in dieser Form kann er als rationeller Eingriff funktionieren: genau vorgeplant und – wie der Kammerherr als erster betont – „von oben". Trotz solcher Planung haftet dem Mord permanent etwas Irrationales an. Er ist Ausdruck höfischer Ohnmacht: Yvonne hat niemandem etwas getan, und die Veränderung, die Bedrohung, die die anderen angesichts ihrer Existenz empfinden, ist mit rationalen Argumenten schwer greifbar. Wäre nicht bereits die Behauptung übertrieben, Yvonne würde die Verdrängungsmechanismen der Hofgesellschaft ins Faktische überführen?

Was sie verursacht, sind Bewußtseinsverschiebungen. Sie verkörpert die Blamage der anderen, aber sie kompromittiert weder bewußt noch aktiv. Sie provoziert durch ihre Passivität. In Yvonnes Passivität liegt die Herausforderung, in ihrer Gelassenheit die Provokation. Gerade die Unbestimmtheit, die Unberechenbarkeit von Yvonnes Verhalten macht dessen Wirkung aus – wie auch die Offenheit für verschiedene szenische Deutungen. Die Titelfigur: eine Leerstelle, die in jeder Produktion des Stückes neu bestimmt werden muß. Dies nutzend hat etwa Wilfried Minks die Rolle bei seiner Bremer Aufführung vom Februar 1971 mit einer Zwergin besetzt und damit eine Gegenposition zu vorhergehenden Inszenierungen bezogen, die Yvonne gerne als verhuschtes Neutrum oder als personifizierte Anklage auf die Bühne brachten.

Minks reagierte damit auf Yvonnes „biologische Dekomposition"[218], zeigte drastisch, was Kunstmann als Beziehung von Gombrowicz zum Turpismus-

---

[216] *Gespräche*, a.a.O., S. 27.
[217] FA, S. 68 bzw. Partitur, S. 245.
[218] Vgl. Kühl: *Stilistik einer Verdrängung*, a.a.O., S. 98. Peter Iden machte in seiner Premierenkritik (*Frankfurter Rundschau* vom 10. Februar 1971) auch Einwände gegen diese Maßnahme geltend: „Die Besetzung der Rolle der Yvonne mit einer Liliputanerin (Galli) versteht sich aus dem Versuch, einen möglichst ausdrucksstarken Realismus zu erreichen. Aber diese Besetzung hat auch eine Überdeutlichkeit, die verstellend wirkt." In ähnlichem Sinne erntete Ingmar Bergmans „Yvonne"-Inszenierung am Münchner Residenztheater die

Begriff beschreibt: einen „Kult des Häßlichen"[219], einen baudelairehaften Mut zur Entstellung und zum Entstellten, der mit einer „Krise des Schönen" einhergeht. Er findet sich bereits in der präexpressionistischen polnischen Literatur und gewinnt nach 1945 erneut an Gewicht (Gombrowicz ist auch hier Nachfolger und Vorläufer in einer Person). Die Umkehrung der ästhetischen Werte produziert eine binnendramatische Spannung, aus der das Stück lebt. Kunstmann spricht in diesem Zusammenhang von „einer turpistischen Kraft".[220]

Hierin liegt der Grund, warum Gombrowicz Yvonne weder durch ihre Sprache noch durch ihre Aussagen charakterisieren muß. Ihr Schweigen genügt. Es ist – in einem Stück, das die Phrasenhaftigkeit thematisiert, schon der erste Satz „Ein wundervoller Sonnenuntergang" meint nichts anderes – das „Schweigen gegenüber der Phrase".[221] Gombrowicz hat dieses Schweigen als bewußt gesetzte Gesprächszäsur, als Interpunktion des Dialoges, als akustische Leerstelle oder zumindest: Schnittstelle notiert. Nicht zufällig schreibt er konstant: „Yvonne: schweigt." Schweigen erscheint so als aktiver Vorgang. Und es erscheint, auf den Hofstaat angewendet, als die Unmöglichkeit von Nichtkommunikation. Es ist ein Schweigen, an dem die anderen Figuren noch weniger vorbeikommen als an Yvonnes Äußerungen. „Wie sehen wir aus, vis-à-vis diesem Schweigen?", rätselt die Königin, und diese Frage gehört zu den zentralen Sätzen des Stückes.[222]

Kritik von Ingrid Seidenfaden. Yvonne sei bei Bergman „so etwas wie die Enkelin des Glöckners von Nôtre Dame. Ein deformiertes Geschöpf also, das nicht erst der Hof zur Fratze macht. Es fällt in Bergmans Inszenierung schwer, in dieser Yvonne Chaos *und* Menschlichkeit, Kraft *und* Angst sichtbar zu machen" („Von oben ausrotten: Gombrowicz' ,Yvonne' in München", in: *Theater heute* 7/1980, S. 61). Glaubt man jedoch Gombrowicz' Äußerung (*Gespräche*, a.a.O., S. 27), nach der „*Iwona* mehr von der Biologie herstammt als aus der Soziologie", so scheinen Minks und Bergman wesentliche Aspekte des Stückes zumindest avisiert zu haben.

[219] Kunstmann: „Über Witold Gombrowicz's Iwona...", a.a.O., S. 239. Zur problematischen Bedeutung der Sexualität bei Gombrowicz vgl. Raddatz (*Verwerfungen*, a.a.O., S. 135): „Sexualität war für ihn immer nur Faszinosum des Niederen, Jüngeren, Härteren, war Erproben und Beweisen des selbstauferlegten Berührungsverbots." Zur Bedeutung der nackten Albertine als „the virginal symbol of the start of a new erotic age" vgl. Kuharski: *The theatre of Witold Gombrowicz*, a.a.O., S. 131.
[220] Kunstmann: „Über Witold Gombrowicz's Iwona...", a.a.O., S. 239.
[221] Ebd., S. 236.
[222] FA, S. 39, KA, S. 105f. In diesem Sinne bestätigt Gombrowicz' Stück die These von Christiaan L. Hart Nibbrig (*Rhetorik des Schweigens*, Frankfurt am Main 1981, S. 40), nach der Schweigen in jedem Fall und auch „in den verschiedensten Erscheinungsweisen, eine Mitteilungsform" darstellt.

So rückt Gombrowicz Yvonnes Schweigen in Zusammenhang mit moderner Kommunikationspsychologie. Um das Problemfeld zu skizzieren, das sich hier auftut und das die Hintergrundfolie einer Vertonung darstellt, scheint mir eine Rückbesinnung sinnvoll. Franz Kafka hat Ende 1917 einen kurzen Text verfaßt, den Max Brod später mit dem Titel „Das Schweigen der Sirenen" überschrieb. Dieser Text ist eine ins Absurde, damit auch ins Kryptische gewendete Variation des 12. Gesangs der „Odyssee", eine Umbiegung des Mythos zur Irrfahrt des modernen Bewußtseins.[223] Odysseus will dem so verführerischen wie vernichtenden Gesang der vampyrhaften Sirenen entgehen, steckt sich (bei Kafka reist er ohne seine Ruderer) deshalb Watte in die Ohren und läßt sich an den Schiffsmast binden. Doch die Sirenen haben bei Kafka für Odysseus eine noch viel schlimmere Waffe als ihr Singen parat: ihr Schweigen. Kafkas Finte, die dann von dezidiert widersprüchlichen Reflexionen ergänzt wird: „Es ist zwar nicht geschehen, aber vielleicht denkbar, daß sich jemand vor ihrem Gesang gerettet hätte, vor ihrem Schweigen gewiß nicht."[224]

Gesang meint hier nicht Kunstausübung, nicht die Mitteilung einer emotionalen Bedrängnis oder Reflexion von Schönheit, sondern eine Steigerung: Er fungiert als Waffe. Und dann wird auch diese Waffe in ihrer Gefährlichkeit noch intensiviert: Schweigen erscheint als Steigerung von Gesang. Formal bedeutet diese Einführung des Schweigens in den Mythos durch Kafka eine „Negation der Erwartung", ist darin auch typisch für Kafkas Bearbeitungen antiker Mythenvorlagen.[225] Kafkas Text hat unzählige Deutungen erfahren, denen wir hier im einzelnen nicht nachgehen können. Etwa der biographische Ansatz, nach dem sich der Text als „abschließender, verschlüsselter Brief" an Felice Bauer deuten läßt und in seiner erotischen Unterfütterung „eine Variation von Verführung und Entzug", eine „Summe und Verarbeitung einer gescheiterten, von Anfang an zum Scheitern verurteilten Liebesbeziehung" wäre.[226]

---

[223] Zur Beziehung zwischen Kafkas Text und seiner Vorlage vgl. Wolf Kittler: *Der Turmbau zu Babel und das Schweigen der Sirenen. Über das Reden, das Schweigen, die Stimme und die Schrift in vier Texten von Franz Kafka*, Erlangen 1985, S. 126. Nach Kittler „kehrt die antike Fassung des Mythos, wenn auch als verdrängte, an den Bruchstellen wieder, an denen Kafkas Text sich selber widerspricht. Indem die Geschichte ihren eigenen historischen und logischen Grund verleugnet, bewahrt sie ihn zugleich."
[224] Kafka: *Gesammelte Werke*, hg. von Max Brod. *Hochzeitsvorbereitungen auf dem Lande und andere Prosa aus dem Nachlaß,* New York und Frankfurt am Main 1952, S. 78.
[225] Detlef Kremer: *Kafka. Die Erotik des Schreibens. Schreiben als Lebensentzug*, Frankfurt am Main 1989, S. 10.
[226] Ebd., S. 8.

Auch Adornos und Horkheimers „Dialektik der Aufklärung", die sich in ihrer Deutung nicht auf Kafka, sondern auf Homer bezieht, spielt hier herein: Sie arbeitet den Widerspruch aus, der in der List des Odysseus liegt. Naturbeherrschung bedeutet, so gesehen, Angleichung:

> „Der Listige überlebt nur um den Preis seines eigenen Traums, den er abdingt, indem er wie die Gewalten draußen sich selbst entzaubert. (...) Es ist die Formel für die List des Odysseus, daß der abgelöste, instrumentierte Geist, indem er der Natur resigniert sich einschmiegt, dieser das ihre gibt und sie eben dadurch betrügt."[227]

Weil in dieser „mythisch vergegenständlichten Übertragung (...) das Naturverhältnis von Stärke und Ohnmacht bereits den Charakter eines Rechtsverhältnisses angenommen"[228] hat, kann Odysseus diesem Verhältnis nur entsprechen, indem er ihm Macht über sich einräumt und es damit relativiert. Odysseus „hat eine Lücke im Vertrag aufgespürt, durch die er bei der Erfüllung der Satzung dieser entschlüpft".[229] Diese Lücke heißt Fesselung. „Der gefesselte Hörende will zu den Sirenen wie irgend ein anderer. Nur eben hat er die Veranstaltung getroffen, daß er als Verfallener ihnen nicht verfällt."[230] Insofern dieser Aspekt die Befindlichkeit bürgerlicher Kunstrezeption spiegelt, werden wir ihn mit dem Angebot des „Yvonne"-Schauspiels und Blachers Verarbeitung desselben zu konfrontieren haben.

Beschränken wir uns aber zunächst auf den Teilaspekt der Dialektik von Erwartung und Destruktion, Unmöglichkeit und Unverständlichkeit von Kommunikation. Für Kafka bedeutet Stille in diesem Kontext eine weit größere Bedrohung als der verführende Klang: Ihn kann man destruieren, ihm kann man sich verweigern, der Stille nicht.[231] Es gehört zum Wesen des Schweigens, daß es „die sinnliche Präsenz des Gegners diffus"[232] läßt. Damit verlagern sich Schauplatz und Gegner automatisch ins Innenleben.

---

[227] M. Horkheimer/Th. W. Adorno: *Dialektik der Aufklärung. Philosophische Fragmente*, Frankfurt am Main 1969, S. 65.
[228] Ebd.
[229] Ebd., S. 66.
[230] Ebd.
[231] Vgl. hierzu Rüdiger Görner („Musik des Absurden", in: *Neue Deutsche Hefte* 4-1989/99, S. 609), der betont, „daß auch die Dekonstruktion der Musik, das Einreißen der Mauern aus Klang, um in Kafkas Tagebuchsprache zu bleiben, für ihn keine Erlösung bedeutete; denn vom Schweigen fühlte er sich ebenso bedroht. Die Stille jedoch läßt sich nicht ‚dekonstruieren'. Sie umfängt jeden mit ihren bleiernen Armen."
[232] Kremer: *Kafka. Die Erotik des Schreibens*, a.a.O., S. 10.

„Das Schweigen der Sirenen (...) bezeichnet den leeren Ort, in den sich die Projektion des Odysseus einschreiben kann, und sich selbst und seiner Selbstüberhebung ist man in der Tat hoffnungslos ausgeliefert, es sei denn, es gelingt, kaltblütig und entschlossen sich derart zu verstellen, daß sich unter der Hand die Struktur der Verführung umkehrt."[233]

Darin stecken zwei Aspekte. Zum einen: Odysseus begegnet der Verführung, „indem er sich selbst zum Gegenstand des Begehrens macht".[234] Seine Flucht gelingt als Umkehrung. Kafka faßt das in die Worte: Die Sirenen „wollen nicht mehr verführen, nur noch den Abglanz vom großen Augenpaar des Odysseus (...) solange als möglich erhaschen".[235] Zum anderen öffnet das Schweigen der Sirenen den Weg „für die Imagination des Odysseus, und die ist gefährlicher als die reale Präsenz des sirenischen Gesangs".[236]

Damit aber fügt sich Kafkas Text in eine lange Reihe, die sich bis zu E.T.A. Hoffmanns Olimpia in der Erzählung „Der Sandmann" aus dem ersten Teil der „Nachtstücke" von 1816 verfolgen läßt: Olimpia, die Puppe, der Automat wird vom begehrenden Männerblick erweckt: zum Leben in der Phantasie. Der stumme Gegenstand wird Projektionsfläche eines erotischen Wunschbildes, subjektive und objektive Wahrnehmung sind nicht nur durch polyperspektivische Erzählstränge herauspräpariert, sie prallen im Paradox, im Selbstverlust aufeinander. So liegt in dieser Projektionsfläche etwas Gefährliches, Todbringendes. Die Analogie zum Frauenbild der fatalen, männerfressenden Sirenen, Nixen, Medusen ist ebenso evident wie die Einsicht, daß diese Projektion mehr mit den Ängsten der Männer als mit der Realität der Frau zu tun hat.

Nun ist dieser Aspekt, der seit Freud Projektion heißt[237], in „Yvonne" nicht primär erotisch konnotiert. Aber – und deswegen schien mir dieser wie auch immer rudimentäre Exkurs reizvoll – die Mechanismen bleiben dieselben. Yvonnes Schweigen verursacht jene Projektion nach innen, die den Figuren des Hofstaates im Schauspiel von Gombrowicz gefährlich wird. Weil Yvonne ihre Haltung im Schweigen diffus verunklart, weil sie damit die Unbestimmtheit zum Charakteristikum erhebt, macht sie den Weg frei für die Imagination der ande-

---

[233] Ebd., vgl. in diesem Sinn Kittler (*Der Turmbau zu Babel und das Schweigen der Sirenen*, a.a.O., S. 132): Bei Kafka gehe es darum, „daß das Subjekt in der Leere, die sich im Schweigen der Sirenen auftut, nicht sich selbst verliert".
[234] Kremer: *Kafka. Die Erotik des Schreibens,* a.a.O., S. 10.
[235] Kafka: *Gesammelte Werke,* hg. von Max Brod. *Hochzeitsvorbereitungen auf dem Lande und andere Prosa aus dem Nachlaß,* a.a.O., S. 79.
[236] Kremer: *Kafka. Die Erotik des Schreibens,* a.a.O., S. 10.
[237] Vgl. in diesem Zusammenhang auch Freuds Kafka-Deutung in dem zwei Jahre später entstandenen Essay „Das Unheimliche".

ren. Es steckt eben auch ein Stück Femme fatale in ihr (nicht zuletzt ein Stück literarischer Tradition), das mit den Ängsten ihrer Umwelt korrespondiert, das diese Ängste und Verdrängungsmechanismen aus ihrer immanenten Logik entbindet und freisetzt. Das macht Yvonnes Schweigen gefährlich.

Man kann aber noch einen Schritt weiter gehen: Yvonne hat nicht nur mit einer Seite der kafkaschen Konfliktparteien zu tun, mit den Sirenen, sondern auch mit dem Handeln des Odysseus selbst. Dieser Odysseus macht sich zum Objekt der Begierde, indem er sich verstellt und kalt bleibt beim zu erwartenden Gesang der Sirenen. Er weicht den Sirenen gerade nicht aus, sondern gewinnt den Kampf gegen die Verlockung, indem er sich gleichzeitig annähert und entzieht. Die Analogie liegt auf der Hand: Auch Yvonne nähert sich dem Hof, sie kontrolliert sogar, sie evoziert neue Verhältnisse, indem sie die alten auf den Kopf stellt. Gleichzeitig entzieht sie sich durch ihr Schweigen, macht sich ungreifbar. Diese gegenläufige Struktur macht auch sie zwangsläufig zum Objekt der Begierde. Nicht der Begierde im Sinne der erotischen Verführung wie bei Kafka, sondern zum Objekt destruktiver Energie: Yvonne verführt dazu, sie auszulöschen. Unter anderen Vorzeichen bleiben die Entwicklungen doch kongruent.

Wendet man sich von Kafkas Bericht, der das Absurde in die nüchterne Form eines Protokolls packt, der Art zu, in der das Problem im Absurden Theater aufgegriffen wird, so finden sich auch da immer wieder Hinweise auf das Schweigen. Bei Beckett und Tardieu insbesondere nähert sich die auf der Stelle tretende Sprache dem Stillstand. Ihr begrifflicher Gehalt wird zunehmend negiert. Der Handlungsleere der Stücke entspricht eine Richtungslosigkeit der Sprache: Sie wird oft, fast musikalisch, als Pause konzipiert, als Sprachverweigerung. Ein dialektischer Gedankenaustausch fehlt. So heißt es in Becketts Roman „Der Namenlose": „die Worte, die fallen, man weiß nicht wohin, man weiß nicht woher, Tropfen des Schweigens, die durch das Schweigen fallen, ich fühle es nicht, ich fühle keinen Mund an mir, ich fühle keinen Kopf an mir".[238] Für Beckett ist die Figur des Namenlosen Anschauungsmodell einer Identitäts- und Produktionskrise. Weil sich das Subjekt durch das blanke Nichts absorbiert fühlt, sehnt es sich nach einer Faßbarkeit des Schweigens, die wiederum nur Verbalisierung heißen kann. In diesem Sinne wird Sprache an ihre Grenze getrieben: als Mittel einer neuen, künstlichen Identität – einer Identität, die sich ihrerseits nicht ohne den kommunikativen Subtext von Sprache

---

[238] Beckett: „Der Namenlose", a.a.O., S. 522. Bei Beckett sickere „die Rede durch Erinnerungslöcher in ein leeres Schweigen, in dem die Zeit still steht", kommentiert Hart Nibbrig (*Rhetorik des Schweigens*, a.a.O., S. 219), ohne sich direkt auf die Textpassage zu beziehen.

verwirklichen läßt. Der Sprachlose *wird* gesprochen von den Worten des Schweigens. Das gilt auch für Yvonne. Indem Gombrowicz sich mit seiner Titelfigur auf dem Grat zwischen ausgedünntem Sprechen und Schweigen entlangtastet und beides mit inhaltlicher Autonomie einsetzt, stellt sie das prominenteste absurde Element eines Stückes dar, das – wie oben gezeigt wurde – sonst eher mit der Groteske arbeitet.

Das Schauspiel bestätigt diese Intention von Yvonnes Schweigen durch die wenigen Worte, die Gombrowicz ihr in den Mund legt. Es sind neun winzige Äußerungen, Ausbrüche fast, deren Schattierung von „leise, gezwungen" über „verächtlich" bis zum unkontrollierten Schrei reicht.[239] Alle dokumentieren, wie wach Yvonne das Geschehen verfolgt. Keines dieser Partikel deutet auf dumpfe Apathie oder Stupidität hin, keines hat mit der Floskelhaftigkeit ihrer Umwelt zu tun. Es sind Partikel einer ins Rudimentäre geschrumpften Kommunikation: Ausdruck einer Introspektive, der daraus sein eigenes Gewicht bezieht. Wenn Yvonne zum Prinzen sagt, „Ich verbeuge mich nicht"[240], dann klingt darin die ganze Dialektik von Form und Antiform mit, die das Stück trägt. Wenn sie Innozenz aus dem Zimmer wirft[241], zeigt sie damit ihre Gefühle für den Prinzen und macht die Verwirrung komplett. Wenn sie auf des Prinzen Frage, ob sie an Gott glaube und daran, „daß Jesus Christus (...) am Kreuz gestorben ist"[242], mit einem verächtlichen „Gewiß" antwortet, dann entlarvt sie damit Standardisierung und Hilflosigkeit seiner Gesprächsführung gleichermaßen. Es ist nur folgerichtig, daß Gombrowicz (und mit ihm das Schiller-Theater) später die einzige Äußerung Yvonnes gestrichen hat, die etwas Ungewichtiges, aus dem großen Kontext Fallendes, quasi Banales besagt: jene Passage des dritten Aktes, in der die Königin – nach vorheriger Absprache – Yvonne zum König schickt, um Wolle zu holen. So soll eine zufällig scheinende Situation geschaffen werden, in der der König mit Yvonne alleine sprechen und ihr die Ängste nehmen kann. Geschlossenheit wie Entschiedenheit der Titelfigur werden durch die Kürzung intensiviert.

Gut möglich, daß Blachers Idee, alle Dialogpartikel Yvonnes zu streichen, hier ihren Anfang genommen hat. Welche Gründe, und vor allem: welche Folgen hat dieser Schritt für die Librettofassung? Die Rezensionen der Uraufführung beurteilen die Veränderung Yvonnes zur stummen Figur meist als Fortsetzung

---

[239] FA, S. 24, 26 und 34.
[240] Ebd., S. 52.
[241] Ebd., S. 34.
[242] Ebd., S. 26.

von Gombrowicz' Intention. Dagegen sprechen unsere bisherigen Beobachtungen: Das Schweigen in Permanenz stellt eine für die anderen Figuren wie für den Zuschauer sehr viel leichter zu rezipierende Sprachform dar. Die stumme Yvonne hat mit der Eindeutigkeit auch eine Einschichtigkeit, die der rudimentär sprechenden Titelfigur abgeht. Die Kraft des Widerständigen, Widerborstigen fehlt. Das Rätselhafte, inhaltlich wie ausdrucksmäßig Unerwartete, Unberechenbare ihrer Rede wird ins simplere Uneindeutige überführt. Gombrowicz hat eben nicht „Die Stumme von Burgund" geschrieben, um den naheliegenden Vergleich mit Aubers Oper wenigstens kurz anzutippen – obwohl Fenella und Yvonne beide aus niederen Gesellschaftsschichten kommen und feudales Gebaren nachhaltig entlarven. (Für „La Muette de Portici" als Stück gilt die Fähigkeit, Politsysteme ins Wanken zu bringen, sogar in historischer Dimension: Bekanntlich löste die Brüsseler Aufführung von 1830 eine Revolution aus, die zur Lösung des Landes von den Niederlanden führte.[243])

Doch mit den bisherigen Beobachtungen ist das Besondere von Blachers Veränderung noch nicht hinreichend erfaßt. Denn allein durch Yvonnes Wandlung zur Opernfigur erfährt ihr Schweigen eine Steigerung: Eine Schauspielfigur, die wenig spricht, kann stückintern als Katalysator wirken, ohne den Rahmen zu sprengen. Eine Opernfigur, die sich dem Gesang verweigert, wendet sich, so scheint es zumindest auf den ersten Blick, gegen das Genre. In jedem Fall negiert Yvonnes Schweigen bei Blacher Grundvoraussetzung und Grundverständnis der Oper: den singend sich entäußernden Menschen. Diese Verweigerungshaltung akzentuiert Ulrich Schreiber im Programmheft der Uraufführung so:

---

[243] Matthias Mayer („Künstlicher Naturzustand: Zur Literaturgeschichte der Oper", in: *Internationales Archiv für Sozialgeschichte der deutschen Literatur*, Band 20, 2. Heft, Tübingen 1995) wertet interessanterweise, und deshalb sei der kurze Seitenblick gestattet, auch Verdis „Don Carlos" als „hochdifferenzierte Partitur des Verstummens, der verbotenen, unterdrückten Stimme" (S. 165). Es sei dies ein Beispiel dafür, daß die „*metadramatische* Qualität der Oper für ihre literarische Rezeption entscheidend ist" (S. 164). Verdis Stück thematisiert demnach „die Voraussetzung der Oper durch die Defizienz der Stimme" (S. 165). Mayer nennt dafür als Belege: den Rückzug des Mönches alias Karl V. ins Kloster; Verdis Vertonung von Posas Ausspruch von der Ruhe eines Friedhofes; die stumme Rolle der Gräfin Aremberg, deren Part teilweise durch Elisabeths Gesang gespiegelt wird; den Ersatz einer Vertonung der Gefühle der zum Tode verurteilten, flandrischen Gesandten durch eine Stimme von oben; die Tragik Philipps als auskomponiertes, quasi stummes Selbstgespräch; die erzwungenen Akte des Verstummens: Posas Ermordung, Ebolis Verbannung ins Kloster (S. 165).

> „Gerade die erhöhte Komplikation der Verlagerung eines Sprechtextes auf die Bühne des Musiktheaters läßt ja dessen technischen Apparat mitsamt allem Zeremoniell und Ritual in besonderer Beleuchtung erscheinen, so daß derjenige, der – wie Yvonne – an dessen Funktionieren keinen Anteil hat, die eigene Fratzenhaftigkeit als ein Produkt der Nicht-Teilhabe an diesem Instrumentarium trägt."[244]

Schreiber schließt daraus, daß Yvonnes Verweigerung jedem opernhaften, „gattungsspezifischen Erwartungshorizont" gegenüber auch die Verweigerung einer Identifikationseinladung an das Publikum bedeutet: Weil die Stummheit Yvonnes „Fratzenhaftigkeit" als „decouvrierende(n) Bestandteil einer bestimmten Verhaltenspsychologie" wie auch als „Moment einer durch und durch fiktionalen Theaterwirklichkeit"[245] verstärkt, seien die Klischees der Opferrolle so weit als möglich vermieden.

Das Paradoxe der Situation besteht zunächst einmal einfach darin, daß sich Passivität und Singen nicht zusammenführen lassen. W. H. Auden hat dies in der Zeit, als er sich verstärkt mit dem Phänomen Oper beschäftigte, so formuliert:

> „In dem Augenblick, in dem ein Mensch zu singen anfängt, wird er Monomane. Die Oper kann daher nicht Charaktere in dem Sinne darstellen, wie ihn ein Romanschriftsteller versteht. (...) Musik ist unmittelbare Aktualität, und weder Anlage noch Passivität kann in ihrer Gegenwart bestehen."[246]

Oder, noch prägnanter: „Jedes hohe C zerstört entschieden die Theorie, daß wir unverantwortliche Puppen in der Hand des Schicksals oder des Zufalls sind."[247] Auden kritisiert im Sinne dieser Maxime etwa „La Bohème", weil dort „ein fataler Gegensatz" bestehe „zwischen der Entschlossenheit", mit der die Figuren „singen, und der Unentschlossenheit, mit der sie handeln".[248] Es ist folglich eher ein musiktheatralischer Befund, daß sich Yvonnes Passivität nicht in Gesang formen läßt, als eine kompositorische Maßnahme Blachers. Blacher zieht daraus lediglich die Konsequenz: Statt rudimentärer Artikulation verordnet er seiner Titelfigur komplettes Schweigen. Dieses bildet somit die radikale Folge von sujetimmanenter Logik – nicht aber, wie zu zeigen sein wird, zwangsläufig auch deren Negation.

Läßt sich „Yvonne" als Oper verstehen, die sich mit der Oper und durch die Oper gegen die Oper wendet? Überträgt Blacher wirklich „die künstliche

---

[244] BBA/GH, Signatur 1.69.247, S. 14.
[245] Ebd.
[246] Auden: „Einige Gedanken über die Oper als Kunstgattung", in: *Melos* 1/1952, S. 4.
[247] Ebd., S. 6.
[248] Ebd.

Kothurnsprache des Witold Gombrowicz mitsamt ihrer decouvrierenden Funktion auf die Scharniere des Systems Oper"? Und spielt somit weniger die Musik eine Vermittlerrolle als „das Prinzip Oper"[249]? „Yvonne", eine Anti-Oper ausgerechnet in Gestalt einer Literaturoper? Eine solche Deutung ließe sich mit dem ersten Exkurs in Adornos und Horkheimers „Dialektik der Aufklärung" stützen: Dort wird Odysseus (bei Homer) als Allegorie des modernen Konzertbesuchers verstanden, dessen Genuß „neutralisiert" ist „zur Sehnsucht dessen, der vorüberfährt": „Seit der glücklich-mißglückten Begegnung des Odysseus mit den Sirenen sind alle Lieder erkrankt, und die gesamte abendländische Musik laboriert an dem Widersinn von Gesang in der Zivilisation, der doch zugleich wieder die bewegende Kraft aller Kunstmusik abgibt."[250]

Mit anderen Worten: Der Kunstgenuß wird, in Fortschreibung der „bürgerlichen Urgeschichte"[251], um so größer, je weniger der Hörer unmittelbar mit dem zu tun hat, was auf dem Podium geschieht.[252] Er setzt da ein, wo die Interaktion von Produzent und Rezipient ihr Selbstverständliches verliert. Bezieht man dies auf die Rolle des Kunstgesanges, so wäre das Maß an Stimmfetischismus direkt proportional zur Lösung aus seiner gesellschaftlichen Konnotation. Soziologische Studien könnten das virulente Problem fanatisch-unreflektierter Opernadoration von hier aus in den Griff bekommen. Umgekehrt bedeutet das aber auch: Jeder Komponist, der sich Gesang im Sinne von tradierten Vokaltopoi verweigert, nimmt Bezug auf soziale Mechanismen, indem er Gesang als Sehnsuchtsprojektion ausschaltet. (Anton Webern ist so jemand, der – mehr als Alban Berg – das dodekaphone Idiom konsequent verfolgt und sich gleichzeitig damit und darin auch an eine neue Art des vokalen Selbstverständnisses herantastet.)

Hätte Blacher dergleichen interessiert, hätte er den Umgang mit der Gattungsgrenze thematisiert, dann wären ihm auch jenseits von Yvonnes Schweigen Möglichkeiten offengestanden, die die Vorlage nahelegt. Er hätte die Bruch-

---

[249] Schreiber: „Das Prinzip Oper als Schmiere", a.a.O.
[250] Horkheimer/Adorno: *Dialektik der Aufklärung*, a.a.O., S. 67.
[251] Ebd.
[252] Vgl. hierzu auch Kittler (*Der Turmbau zu Babel*..., a.a.O., S. 152): „So wird Odysseus (...) zu einem kleinbürgerlichen Kunstgenießer, dem dem Schönen nur gefesselt zu begegnen wagt und der anderen den Kunstgenuß mißgönnt." Interessant hierzu die kontrastierende Kafka-Interpretation von Hart Nibbrig (*Rhetorik des Schweigens*, a.a.O., S. 193), die Odysseus' List als Akt aufgeklärten Selbstbewußtseins versteht. Odysseus glaube „unerschütterlich an die Macht des Subjekts (...), das sich mit Hilfe seiner Vernunft davor bewahrt, als Objekt dem Sog mythenbildender Erwartungen zu verfallen. Kafkas Sirenen sind das Geschöpf der Angst vor ihnen." Damit setzt Hart Nibbrig den Odysseus in Kafkas Text von der Homer-Deutung der „Dialektik der Aufklärung" ab.

stückhaftigkeit, die Verfratzung von Yvonnes Äußerungen im Schauspiel mit den Mitteln aufgreifen können, die das Musiktheater der 60er Jahre bereitgestellt hatte. Sie bieten sich speziell für die Titelfigur an: Es geht bei Gombrowicz – wie in der Oper spätestens seit „Moses und Aron" und „Intolleranza" – um die Dialektik von Reden und Verstummen. Damit schafft sein Stück der Musikbühne die Möglichkeit, das tradierte Wort-Ton-Verhältnis zu hinterfragen. Die Fragmentierung, ja Atomisierung der Sprache, ihre Reduktion zum Sprachlaut, ihre Lösung vom Narrativen wie von der Logik eines Sinnzusammenhangs, kurz: ihre semantische Dechiffrierung, das alles offeriert die Vorlage allein durch die Titelfigur. Dazu kommt die Betonung des Mimisch-Gestischen, die Emanzipation auch des Geräuschhaften. Blacher hat seinerseits mit der „Abstrakten Oper Nr. 1" bereits früh in diese Richtung gearbeitet. Um so bemerkenswerter und als bewußte Entscheidung zu werten, daß er sie in „Yvonne" nicht fortsetzt. Yvonnes Schweigen ist somit auch ein Bekenntnis zum tradierten Operntypus, ein Bekenntnis, das die Negation einschließt, sie aber nicht als Destruktion ausformuliert.

Ein Blick in die Partitur kann das verdeutlichen. Es zeigt sich dabei schnell, daß es wenig Sinn macht, die Stellen der Oper, an denen Yvonnes Schweigen eine aus dem Schauspiel gestrichene Rede darstellt, von denen zu separieren, in denen sie bereits im Schauspiel stumm bleibt. Blacher behandelt beide nicht grundsätzlich anders. Sinnvoller erscheint es mir dagegen, aus dem Handlungsverlauf einige markante Passagen von Yvonnes Schweigen herauszugreifen. Denn Blacher unterzieht Yvonnes Schweigen einer subtilen Metamorphose.

Die vierte Musiknummer der Oper entspricht dem Anfang des zweiten Schauspielaktes. Es ist die Szene in einem Zimmer des Prinzen, in der dieser erstmals nach der Bekanntgabe seiner Braut im quasi privaten Rahmen mit ihr zusammen ist, obwohl Cyrill und Valentin zuhören. Es ist außerdem die Szene, in der Yvonnes Sprachlosigkeit zum erstenmal Thema des Dialoges wird. Dreimal in Folge wendet sich der Prinz deshalb mit steigendem Nachdruck an Yvonne: „Meine Dame, wären sie geneigt, ein Wort zu sprechen?"; „Meine Dame, warum sind Sie so?"; „Warum sind Sie so?"[253] Jedesmal schweigt Yvonne.

Blacher macht den Wechsel von Frage und ausfallender Antwort mit zwei Motiven deutlich, die er am Aktanfang umstandslos vorstellt: Zum einen eine zwei Takte aufsteigende, dann in drei Tönen chromatisch absteigende Unisono-Melodie von Oboe und Englischhorn, die sich dynamisch aus dem piano auf-

---

[253] FA, S. 23, Blacher übernimmt hier nicht die bewußt gekünstelte Version des Schiller-Theaters: „Meine Dame, wären Sie geneigt, einen Laut von sich zu geben."

baut und deren dritter Takt im Verlauf der Szene eigene motivische Bedeutung gewinnt. Zum anderen einen Akkord, der sich nicht nur durch wechselnde Instrumentation sukzessive steigert (Harfe, Xylophon, später Trompeten, Posaunen), sondern auch, indem sein Rahmen von unten her chromatisch immer enger zusammengezogen wird, bis er in Takt 32 als Cluster erscheint: Als Klammer fungiert dabei der Spitzenton C; er bleibt als Konstante erhalten. Blachers akkordisches Denken kehrt hier tradierte Vorstellungen um, baut nicht von unten, sondern von oben her auf. Die Basis liegt paradoxerweise in der Oberstimme (vgl. Abbildung 6, S. 304f.).

Mit diesen beiden Elementen komponiert Blacher auf knappstem Raum eine lineare Verdichtung aus. Akzeptiert man eine semantische Auslegung, eine im Sinne musikalisch-dramatischer Funktionalität, so ließe sich die Melodie dem Prinzen zuordnen, der Akkord hingegen Yvonne. Die ersten vier Takte des Aktes geben, so verstanden, bereits in komprimierter Form den nachfolgenden Dialog wieder. Er wird danach in drei Stadien intensiviert. Auf die erste Frage des Prinzen folgt deren musikalisches Äquivalent, die Holzbläsermelodie, reduziert auf ihren ersten Takt. Für die ausfallende Antwort steht der Harfenakkord, nun aber bereits im dritten Stadium seiner Kontraktion (Takt 14). Stadium zwei reduziert die Melodie auf eine aufsteigende kleine Sekund, der Akkord erscheint jetzt zweimal im Xylophon, beides wird durch eine Pause getrennt. Stadium drei bringt den erneuten Anlauf mit einer großen Sekund und markiert Yvonnes Redeausfall mit einer dreifachen Akkordwiederholung durch drei Trompeten und Posaune. Der Rahmen des Akkordes hat sich inzwischen von einer Sept zur Quint verengt. Yvonnes Schweigen setzt sich auch danach in der Dialogsequenz Prinz/Zyprian fort, indem der Akkord zum Cluster zusammengezogen wird. Man könnte sagen: Das Schweigen beginnt zu wirken. Blacher macht das mit einfachsten musikalischen Mitteln sinnfällig. Dazu gehört auch die metrische Struktur: 3/4-Takte (für die Melodie) und 1-3/8-Takte wechseln (im Sinne variabler Metrenreihung) unregelmäßig, aber in Feinabstimmung mit dem Text. Blacher ordnet hier mathematisch-serielles Denken dem dramaturgischen Verlauf vollkommen unter. Wie ökonomisch er mit seinen Steigerungsmitteln vorgeht, zeigt auch die chromatische Eintrübung der wiederholten Prinzenfrage „Warum sind sie so?" (Takt 17 bzw. 20), die bereits den dritten Takt der Eingangsmelodie aufgreift und im Umfang von der kleinen Terz zur Sekund verengt wird. Akkordisches und vokales Steigerungsmittel sind identisch.

Epigrammatischer läßt sich dergleichen kaum komponieren. In Töne gefaßt sind damit freilich weniger Richtung oder Inhalt von Yvonnes Schweigen als ein

Abbildung 6, © Boosey & Hawkes/Bote & Bock

Zum Transformationsprozeß

Abbildung 6, © Boosey & Hawkes/Bote & Bock

hinkender Dialog, den die Musik mit ihren Mitteln parallelisiert. Das gegebene Material genügt Blacher, auch den Verlauf der Szene zu gestalten. Bemerkenswerterweise entfallen im Libretto die ersten beiden Äußerungen Yvonnes, die zu ihren wichtigsten gehören, vor allem ihr Hinweis auf den Wirkungskreislauf, der ihre Existenz nach außen hin abgrenzt:

> „Es ist immer dasselbe. Immer im Kreis. (...)
> Jeder ist immer gleich, alles ist immer ... so ist es immer."[254]

Im gesteigerten Echo des Prinzen wird daraus eine „Hölle", „infernalische Kombination", „spezifische, infernalische Dialektik" und ein „perpetuum mobile":

> „Es ist, als bände man Hund und Katze zusammen an einen Pfahl: der Hund jagt und schreckt die Katze, und alles treibt und tobt ohne Ende im Kreis herum. Nach außen aber scheint alles wie tot."[255]

Diese Passage, die zu den wenigen des Stückes gehört, die Yvonnes Schweigen kommentieren, vertont Blacher nicht, wohl aber die erste Reflexion des Prinzen, die sie vorbereitet.[256] Es ist so bemerkenswert wie unverständlich, daß selbst diese extreme Verknappung in der Uraufführung noch einem Strich zum Opfer fiel.[257]

So folgte in Wuppertal unmittelbar jene Passage, in der der Prinz – in Ermangelung eines kommunikationsfördernden Anhaltspunktes – Yvonne nach ihrem Glauben fragt. Dort, wo sie im Schauspiel „verächtlich" zustimmt[258], schreibt Blacher eine zarte, im Pianissimo gehaltene, nur aus zwei Akkorden, die sich um eine liegende Terz gruppieren, bestehende Klanggeste. Drei Solo-Bratschen führen sie aus. Wohl kaum ein Äquivalent zur Schauspielvorlage: Statt eines abwertenden Statements entspricht es eher einem schüchternen Redeversuch. Die von Blacher eingefügte Regieanweisung „Yvonne bewegt die Lippen" bestätigt das.[259]

Yvonnes Schweigen also einmal als ins Leere laufender Dialog, einmal als Sprechversuch. Mit dem Beginn der siebten Musiknummer (= Finale des zweiten Aktes) kommt eine dritte Art der Vertonung hinzu. Nirgends sonst in der Oper wird Yvonnes Schweigen musikalisch so beredt, nirgends nutzt es Bla-

---

[254] FA, S. 24.
[255] FA, S. 24 und 25.
[256] „Ah, ich beginne zu verstehen ...", FA, S. 24.
[257] Takt 35-61, Partitur, S. 66ff.
[258] FA, S. 26.
[259] KA, S. 58. In der Partitur fehlt die Regieanweisung. Auch umgekehrte Fälle finden sich. Das Material ist ungenau erstellt.

Zum Transformationsprozeß

cher so deutlich zur Markierung einer dramaturgischen Schnittstelle. Es ist die Situation, in der Innozenz vor Prinz und Kammerherr sein Liebesgeständnis für Yvonne so erklärt:

> „Wenn ich sagte, daß ich sie liebe, dann meine ich – ja, in Ermangelung von etwas Besserem, aus Mangel, sagen wir, aus Mangel – (...)
> Ich bin für sie nicht schlimmer als sie für mich. (...)
> Wir lieben uns, weil sie mir ebensowenig gefällt wie ich ihr und es keinen Unterschied zwischen uns gibt."[260]

Innozenz gibt seine Eifersucht zu und fährt Yvonne „mit unerwarteter Leidenschaft" an. Blacher setzt das mit einer genau ausinstrumentierten Orchestersteigerung um. Daß Yvonne daraufhin zum ersten und einzigen Mal im Schauspiel „schreit" und Innozenz hinauswirft[261], interessiert ihn aber nicht. Statt dessen nutzt er den Beginn des Finales zu einem harten Schnitt: Im plötzlich zurückgenommenen Tempo spielt die Solo-Flöte sechs Achtelnoten: eine absteigende, kleine Sekund, aufgeladen durch Tonrepetitionen und die „espressivo"-Vorschrift. Dieses Motiv bestimmt, teilweise auf vier Achtel reduziert und durch Instrumental- wie Vokalstimmen wandernd, das gesamte Finale.[262] Man könnte auch sagen: Es ist eine Thematisierung des absteigenden Halbtonschritts in wechselndem Tempo. Christopher Grafschmidt beschreibt den Ablauf auf struktureller Ebene: „Bei den immer nur in manchen Stimmen notierten 2/4-Takten handelt es sich letztlich um eine andere Form der Notation duolischer Verhältnisse. Dadurch ergeben sich häufig Verlangsamungen oder Beschleunigungen einer Repetitions-Figur, die in einer anderen Stimme wiederholt wird."[263] Eindrucksvoll in der Ausarbeitung dieser Klangfigur erscheinen insbesondere die sich sorgfältig auf- und abbauenden Takte 140ff. (Partitur, S. 117), bei denen es sich wiederum um eine rhythmische Schichtung handelt und die Grafschmidt als „absteigenden Linienkanon" klassifiziert. Die Passage läßt sich rückbeziehen auf Nummer 4, wo sich die absteigende Halbtonbewegung als Motivsplitter der Eingangsmelodie selbständig macht. Zunächst wird sie (kaum zufällig) mit der Beschreibung Yvonnes als „beleidigt" und „verängstigt" in Zusammenhang gebracht (Takt 25 und 29, Partitur, S. 66, KA, S. 55f.). Wenig später erscheint sie bereits als Zitat: besonders eindringlich, wenn Zyprian

---

[260] FA, S. 33f.
[261] Rede kann hier mit einem Wort von Hart Nibbrig (*Rhetorik des Schweigens*, a.a.O., S. 225) als „Schrei des Verstummens" interpretiert werden.
[262] Partitur, S. 105ff.
[263] Grafschmidt: *Boris Blachers Variable Metrik*, a.a.O., S. 433.

Yvonnes intensive, weil verliebte Blicke zu dem Prinzen bemerkt, mit denen sie diesen „verschlingt". Auch hier steckt Blacher den Rahmen der Dreitonbewegung mit dem Tritonus ab (Takt 99 bzw. 114-117, Partitur, S. 70f. bzw. KA, S. 59ff.).

Statt Yvonnes Aversion, statt ihrer Entlarvung der Situation komponiert Blacher also zu Beginn vom Finale des zweiten Aktes eine zärtliche Klangrede im wörtlichen Sinn: eine Klangrede, die verbale Rede ersetzt. Die Musik, als semantisch aufgeladener Bezugspunkt schlagartig definiert, artikuliert Yvonnes Liebesgeständnis: mehr Implosion als Explosion, mehr Einschnitt als Fortführung, eine lyrische Insel, die zu der motorisch und neurotisch aufgedrehten höfischen Konversation einen scharfen Kontrast in Tempo, Ausdruck und Klangfarbe darstellt.[264] Sie scheint sich der Schauspielvorlage zu widersetzen.

Scheint? Ein Querverweis drängt sich auf. „Liebe ist Würde", heißt es in den „Berliner Notizen", und: „So war es mir in früheren Jahren erschienen, je größer die biologische Schlappe, desto notwendiger die Leidenschaft des verbrennenden Feuers, besser, du verbrennst, als daß du langsam, leichenhaft erkaltest."[265] Sollte dieses autobiographische und keineswegs werkspezifische Bekenntnis des alten Gombrowicz für „Yvonne" nicht gelten? Die „biologische Schlappe" als Prozeß von körperlicher Entstellung und Verfall ist bei Yvonne bereits in jungen Jahren wirksam. Wenn sie umgekehrt proportional zur Leidenschaft steht, wenn Leidenschaft ein Mittel ist, sie auszugleichen, dann wäre die Heftigkeit von Yvonnes Reaktion durchaus im Sinne einer Zuordnung zu verstehen: Die biologisch Geschlagene ist keine emotional Unzurechnungsfähige. Freilich erscheint ihre emotionale Reaktion im Zusammenhang mit ihrem abstoßenden Äußeren eher als eine Verstärkung der Groteske denn als Rehabilitierung der Titelfigur. Gombrowicz' Hinweis, „daß Iwona mehr von der Biologie herstammt als aus der Soziologie"[266], läßt sich auch in diesem Sinne verstehen.

Soviel steht fest: Die plötzlich auftretenden Gefühle, genauer: die emotionale Vereinnahmung gehört zu Yvonnes Unberechenbarkeit. Der Schock für den Hof besteht in der plötzlichen Vermenschlichung Yvonnes, und er wird vom Prinzen artikuliert: „Wir sind doch in ihr! Bei ihr. In ihrem Besitz."[267] In der Mischung aus Voraussehbarem und Irrealem liegt ein menschliches Moment

---

[264] Im Verlauf der Szene wird das Motiv auch losgelöst von Yvonne verwendet, etwa wenn der Kammerherr von der Liebe des Prinzen zu Yvonne spricht. Vgl. Partitur, S. 117.
[265] Gombrowicz: *Berliner Notizen*, a.a.O., S. 23.
[266] *Gespräche*, a.a.O., S. 27.
[267] FA, S. 52.

Yvonnes, das in der Sekundärliteratur wenig Beachtung findet, das aber von Blacher in besonderer Weise rezipiert wird. Im dritten und vierten Akt zieht Blacher aus den bisher exponierten Klangchiffren des Schweigens Konsequenzen: nicht indem er sie erweitert oder variiert, sondern, indem er sie negiert. Bezeichnend hierfür ist die Szene des dritten Aktes, in der König und Königin beim Mahl dezidiert höfische Konversation mit Yvonne treiben. Es ist, betrachtet man allein den Text, eine Szene von automatisiertem Sprachverlauf, fast im Sinne Mauricio Kagels. Blacher reduziert sie auf den narrativen Textkern:

Schweigen.
KÖNIGIN: Vielleicht ein wenig Schlagsahne? Schlagsahne gibt Kraft. Und ist gesund. Vielleicht Schlagsahne? Oder Milch? Milch mit Zucker?
Schweigen.
KÖNIGIN: Was ist? Wir haben keinen Appetit? Oh, das ist aber gar nicht schön. Was werden wir jetzt tun? Was? Was werden wir tun?
YVONNE schweigt.
KAMMERHERR: Nichts? *lacht philanthropisch* Nichts?
KÖNIGIN: Nichts? *lacht philantropisch, plötzlich nervös* Nichts? *zum Kammerherrn* Nichts?
KÖNIGIN: Nichts ...
KAMMERHERR: Absolut nichts, Majestät. Um mich so auszudrücken: wirklich nichts.
Schweigen.
KÖNIGIN: So schüchtern ... so lieb, so still.[268]

Es ist jene Szene, in der das Schauspiel Yvonnes Schweigen als Protest gegenüber der Phrase unmittelbar verdeutlicht: Es zieht generelle, betretene Stille nach sich, es verwirrt und treibt die Konversation ins Leere. Blacher verzichtet darauf, Yvonnes Stummheit zu musikalisieren. Statt dessen verzahnt er die höfische Konversation so eng wie möglich: Sie spult sich jetzt mit zäsurenloser Automatik ab, die Yvonnes Schweigen nicht zu Klang kommen läßt. Akkorde des Vibraphons verstärken den so unwirklichen wie trivialen Charakter dieser als Selbstläufer auftretenden Konversation.[269]

Nach schiefem Dialog, Sprechversuch und Klangrede stellt Blacher hier eine weitere Auffassungsvariante von Yvonnes Schweigen vor: das Schweigen als Nicht-zu-Wort-Kommen. Yvonnes Stummheit hat in seiner Version nicht die Kraft, Motorik und Selbstläufertum der höfischen Etikette zu interpunktieren,

---

[268] FA, S. 38, Partitur, S. 124ff., KA, S. 99f.
[269] In völligem Mißverstehen der Vertonung hat das Team der Uraufführung hier ebenfalls eine Zäsur eingebaut.

und sie hat jeden Konnex zu einer potentiellen Rede, zur Sprachmöglichkeit verloren. Das Schweigen gegenüber der Phrase stellt somit in der Vertonung nicht länger einen aktiven, sondern nur noch einen passiven Akt dar. Statt einer gestörten Kommunikation faßt Blacher eine Nichtkommunikation in Töne. Schweigen erscheint weder als Protest noch als durch Yvonne abgewürgter Dialog, sondern als Dialogverdrängung, die von Yvonnes Gegenseite ausgeht.

Das kehrt Gombrowicz' Intention keineswegs um, wie es auf den ersten Blick scheinen könnte, sondern wurzelt im Schauspiel. Der Prinz bemerkt:

> „Ich kenne sie jetzt, ich habe Erfahrungen. Vor allem muß überhaupt etwas gesprochen werden, solange sie hier wartet (...). Es geht geradezu darum, ihr die allerunangenehmsten und allerunanständigsten Dinge in unschuldigem und bagatellisierendem Ton zu sagen. Das gestattet ihr nicht, zum Vorschein zu kommen, das läßt ihr Schweigen nicht zu Wort kommen und macht ihr Stehen unverbindlich."[270]

Damit ist jene für Gombrowicz typische Berührungsangst (und sei die Berührung nur auf verbaler Ebene) als „Angst vor der Wahrheit, vor dem Definitiven" artikuliert, die „Kommunikation als Konjunktiv", auf die Raddatz aufmerksam macht.[271] Gleichzeitig artikuliert sich hier die oben angesprochene Formproblematik samt der sich darin spiegelnden Identitätskrise. Das Sprechen der anderen definiert Yvonne: Sie kommt nicht zu Wesen, weil sie nicht zu Wort kommt. Blacher hat diese Passage vom „nicht zu Wort kommen" des Schweigens nicht vertont, und er brauchte sie nicht zu vertonen: Er hatte ihren Inhalt, die Taktik des Mundtot-Machens, schon lange vorher kompositorisch umgesetzt.

Die bisherigen Beobachtungen zeigen einen weit differenzierteren Umgang Blachers mit dem Schauspiel, als die eingangs zitierten Kritiken und auch die Stellungnahme des Uraufführungs-Regieteams vermuten ließen. Blacher komponiert keineswegs am Text entlang, sondern schafft Querbezüge, die überraschen und die sich nicht primär aus der jeweiligen Szene, sondern nur durch Einbeziehung des ganzen Schauspieltextes verstehen lassen. Die Merkmalskonfiguration der Titelfigur ist dabei in der Oper anders akzentuiert. Yvonnes verhaltene Redeversuche, die Eindringlichkeit und Ruhe ihres „Liebesmotivs", die Art, wie sie mundtot gemacht wird, das alles ist mit einer positiven Sicht der Titelfigur verbunden, der Blacher musikalisch Gestalt verleiht. Das Grelle, Turpistische der Figur, ihre Unberechenbarkeit, ihre Widerstandskraft, kurz: alles das, was der Prinz mit den Attributen von aufreizend, irritierend, enervierend,

---

[270] FA, S. 51f.
[271] Raddatz: *Verwerfungen*, a.a.O., S. 133.

aufregend und provozierend beschreibt[272], tritt dagegen zurück. Statt dessen orientiert sich Blacher am menschlichen Zug Yvonnes. So rückt die Titelfigur verstärkt in die Rolle des Opfers.

Bestätigt wird das durch zwei weitere Befunde, einen dramaturgischen und einen musikalischen. Einen großen Teil des letzten Aktes macht die bizarre Szene aus, in der nacheinander König und Kammerherr, Königin und schließlich auch der Prinz (samt Cyryll) mit Mordabsichten vor Yvonnes Zimmer treten: die Mördergrube zwischen Kanapee und Pflaumenkernen. In dieses groteske, gegenseitige Sich-Verstecken und Sich-Belauern der Möchtegernmörder, in diese Versammlung der in mehrfachem Wortsinn deformierten Spitzen des Hofstaates platzt zweimal Yvonne. Sie ist Objekt der mörderischen Begierde, gleichzeitig natürlich Auslöserin des Chaos, Initiatorin der Entstellung. Ihre Anwesenheit erhöht den grotesken Charakter der Szene: Einmal sieht sie die Versammelten und geht in ihr Zimmer. „Von nun an wird nur noch halblaut gesprochen."[273] Das andere Mal kommt sie aus ihrem Zimmer und „reibt sich die Augen. Der König beugt sich sehr aufgeregt hinter dem Sofa hervor, der Kammerherr hält ihn zurück."[274] Gombrowicz bedient hier Klamotte und boulevardeskes Schmierentheater.

Blacher verzichtet auf beide Auftritte Yvonnes. Damit nimmt er der Situation ihre Abstrusität. Bei Gombrowicz fällt alles Ansinnen der Mörder in sich zusammen, wenn Yvonne aus dem Zimmer kommt: Ihr Erscheinen entwertet es schlagartig, entlarvt, macht lächerlich. Wenn sie nicht auftritt, wirken die Mordvorbereitungen weniger gebrochen. Man rüstet gegen ein Opfer, das gerade in seiner hoffnungslosen Lage zur Zuschauer-Identifikation einlädt.

Dazu kommt eine Kombination von drei unabhängig voneinander eingeführten, aber im musikalischen Verlauf mehr und mehr aufeinander bezogenen Klangphänomenen, die uns teilweise im Zusammenhang mit dem Klangbild der Partitur schon begegnet sind. Sie sollen nun nach ihrer dramaturgischen Vernetzung, nach einer Kongruenz musikalischer mit psychologisch-dramatischen Vorgängen befragt werden, denn, dies als These vorweg: Sie liefern den Schlüssel zu Blachers Verständnis der Yvonne-Figur. Das erste von ihnen wird von Grafschmidt knapp und ohne Rückbezug zur Textebene der Oper als „Schichtung unterschiedlich rhythmisierter, jeweils äquidistanter Tonrepetitionen"[275] be-

---

[272] Vgl. FA, S. 25.
[273] Ebd., S. 64.
[274] Ebd., S. 71.
[275] Grafschmidt, a.a.O., S. 436. Vgl. hierzu Grafschmidts Definition des Begriffs „äquidistant": wenn „eine Tonfolge auf der rhythmisch gleichmäßigen Repetition nur einer Dauer, d.h.

schrieben. Es taucht zum erstenmal in jener Szene auf, in der sich der König durch Yvonne an eine junge Näherin erinnert fühlt, die (offenbar nach einer Vergewaltigung durch ihn) Selbstmord begangen hatte.[276] In der Textversion des Librettos:

> König: Mir ist da etwas eingefallen.
> Kammerherr: Eingefallen?
> König: Sie fürchtet sich, du erinnerst dich an diese ... die da ... die wir ... Schon lange her. Wie man das vergißt.
> Kammerherr: Wer Majestät?
> König: Schon lange her. Hatte er selber vollkommen vergessen. Ich war damals noch Prinz, und du kaum mehr als das Projekt eines Kammerherrn. Diese Kleine, die da ... Die wir da ... Zum Kuckuck, gerade auf diesem Kanapee hier. War eine Näherin, glaub' ich.
> Kammerherr: Ach ja, Näherin, Kanapee ... Herrjeh, die Jugend, was waren das für wunderbare Zeiten.
> (...)
> König: Ist dann gestorben, wie? In's Wasser gegangen, glaube ich...
> Kammerherr: Sollten Majestät diese Erinnerung auch nur die geringsten Unannehmlichkeiten bereiten, ist es das Beste, nicht daran zu denken. Eine tote Frau ist keine Frau.
> König: Daß auch immer jemand, immer etwas von früher ... Bei allen Teufeln, Kammerherr, bei allen Teufeln, daß mir das einfallen mußte.

Librettofassung und Schauspieltext unterscheiden sich auch hier durch wesentliche Kürzungen: Gombrowicz treibt den Zynismus des Kammerherrn mit einer Kontrastierung auf die Spitze. Es ist bezeichnend, daß Blacher auf diesen ersten Teil des Satzes verzichtet:

> „Und wie! Erinnere mich daran wie heute. Sie ging auf eine Brücke und von der Brücke ins Wasser ... Herrjeh die Jugend, die Jugend, es gibt nichts Schöneres als die Jugend."

Die Vertonung setzt mit ihrer Klangschichtung alles andere als den hier anklingenden Zynismus um. Unzweifelhaft ist der synchrone Einsatz von Erinnerung des Königs und Klangschichtung („Mir ist da etwas eingefallen") und der analoge Abschluß. Die Musik wird der Mord-Episode zugeordnet, und es dürfte kaum überinterpretiert sein, wenn man sie bereits hier als Ausdruck von deren Schrecken versteht. Unklar bleibt allerdings die Perspektive: Ob der Schrecken der Erinnerung des Königs in Klang gefaßt wird oder der Schrecken der Näherin, also der des Opfers, läßt sich aufgrund des bisherigen Befundes nicht beantworten.

---

der zeitliche Abstand zwischen je zwei aufeinander folgenden Noten stets der gleiche" ist (S. 117).
[276] Partitur, S. 149ff.

Ein anderes Klangphänomen gehört dagegen unmittelbar zum Mord an Yvonne. Es handelt sich um eine Einsatzfolge der Glissando spielenden Posaunen. Sie erklingt zum erstenmal, wenn der Prinz davon spricht, Yvonne zu töten.[277] Grafschmidt beschreibt sie, wiederum ohne inhaltlichen Rückbezug, als „aufsteigender dreistimmiger Linienkanon".[278] Bestritten wird er, parallel zu den Posaunen, von den einfach geteilten Celli im Halbtonabstand.

Im Zwischenspiel der Akte III und IV, das sich attacca anschließt, taucht die Posaunen-Passage wieder auf. Nun aber nicht mehr verfremdet bzw. ergänzt durch Vibraphon, Harfe und Klangtupfer des Xylophons. Sie ist statt dessen kombiniert mit der in Abschnitt 5.2.2.2 beschriebenen, aus Blachers Bühnenmusik zu „Die Trauung" entlehnten Tango-Melodie der Solo-Violine. Die Kombination von Tango und Posaunen bestimmt die Eckteile des dreiteilig (a/b/a') aufgebauten Zwischenspiels, wobei der dritte Abschnitt den Tango ins Moll wendet. Den Mittelteil bildet der Abbau der oben beschriebenen, zwölftönigen Tonrepetitions-Schichtung, allerdings geschärft um Sekundballungen in Trompeten, später in Posaunen und Oboen sowie durch Flatterzungeneffekte von Flöten und Posaunen.

Die Bedeutung dieses Zwischenspieles erschließt sich aus der Verwendung der drei Klangmomente im vierten Akt: Mit Text ist die Tango-Melodie dort erstmals in jener Passage kombiniert, in der der Kammerherr König Ignaz den Vorschlag macht, Yvonne zu ermorden. Blacher setzt den Tango hier nur für Solo-Violine und läßt die Sänger sprechen[279]: ein Melodram, das unmittelbar auf das Finalwort „töten" zuläuft, eine intime Szene „lüstern-senil(en)" Charakters.[280] Die Libretto-Passage lautet:

Kammerherr: Mir ist etwas in den Kopf gekommen.
König: Warum lachst du so blöd?
Kammerherr: Über diese Idee ... Majestät geben heute ein feierliches Bankett, anläßlich dieser beweinenswerten Verlobung. Wenn man also irgendeinen Fisch servieren würde, einen Fisch, reich an Gräten, zum Beispiel Karauschen, gerade jetzt ist Karauschen-Saison ...
(...)

---

[277] KA, S. 153, Partitur, S. 199f.
[278] Grafschmidt, a.a.O., S. 440.
[279] KA, S. 168f.
[280] Vgl. Hanspeter Krellmann: „Schreckgespenst in einer verfratzten Welt", in: *Mannheimer Morgen* vom 17. September 1973. Der Charakter blieb in der Uraufführung dadurch verstellt, daß die Violinstimme als Band-Zuspielung erfolgte, so daß die Beziehung zum Zwischenspiel der Akte III und IV verwischt wurde.

Majestät, wenn man so Karauschen servieren würde, scharf, von oben herab. Es ist ein schwieriger Fisch ... grätenreich ... Man kann auf einem feierlichen Empfang vor vielen fremden Leuten daran ersticken.
(...)
König: Viele Lichter, viele Menschen und viel Aufwand müssen sein ... Glanz, Prunk ... Sie von oben herab anschreien, und sie wird sich verschlucken ... Gewiß, sie wird sich tödlich verschlucken. Und immer von oben, nicht von unten, sondern majestätisch, mit Glanz. Von oben herab werden wir sie töten."

Auf unterschiedliche Weise bestimmen die drei genannten Klangphänomene auch das Finale des vierten Aktes. Zunächst taucht das prägnante Auftakt-Quartintervall des Tango in dem Moment auf, wo Yvonne „allein zu essen" beginnt (Partitur, S. 271, T. 129), später auch die ganze Auftaktphrase in Moll. Daß es sich dabei durchaus um ein Intervall mit Signalwirkung handelt, das hier fast motivisch eingesetzt wird, belegt die Praxis der Uraufführung. Blacher hatte hier ursprünglich die Harfe im Mezzoforte vorgesehen. In Wuppertal wurde die Passage fortissimo von der Harfe gespielt und zusätzlich von den ersten und zweiten Violinen verstärkt.

Später treten die drei Klangphänomene in diachronischer Abfolge unmittelbar zu Yvonnes Tod auf: Einer Repetition des Glissandos folgt die Tango-Melodie (Nummer 14, Partitur, S. 274, T. 150ff.): Sie springt jetzt von Moll nach Dur und zurück, wird dadurch gesteigert. Es folgt die Tonrepetitions-Schichtung, wiederum verstärkt mit Bläserakzenten. Unmittelbar danach (T. 179) wird die Abfolge von Tango-Melodie (jetzt in umgekehrter Reihenfolge der Tongeschlechter) und Tonrepetitions-Schichtung wiederholt, wobei sich beim Tango an diesem Höhepunkt Dur und Moll überlagern, so daß sich der Tritonus als zentrales Intervall herausschält: Takt 191f. Die Klangschichtung wird nun komplett auf-, nicht aber abgebaut: Sie bleibt als Klangwand stehen. Darüber erscheinen Posaunen-Glissando und Tango (bei der Uraufführung von vier Violinen ausgeführt).

In der Übereinanderblendung erreichen die drei Klangphänomene ihre sinnfälligste Wirkung: Spätestens hier stellt sich die Sicherheit assoziativer Verknüpfung ein. Mit ihnen kreist Blacher die komplexen Vorgänge und Hintergründe von Yvonnes Tod ein. Tonrepetitions-Schichtung, Tango und Glissando sind so aufeinander bezogen wie Yvonne und die Näherin: Der Selbstmord findet im Mord an Yvonne seine Parallele. Beiden gehört dieselbe Musik, in beiden Fällen entspricht sich die Täter-Opfer-Konstellation. Blacher versteht „Yvonne" als Ritornell des Todes und wendet sich damit gegen alles Farcenhafte, Experimentelle der Vorlage. Das Ende der Oper, das den Streichercluster mit Sekundreibungen von Holz- und Blechbläsern verschärft, ins Fortissimo treibt und stehenläßt, faßt den Mord „von oben" nicht als Restitution höfischer Etikette in Klang, sondern als persönliche Tragödie Yvonnes. Daß diese Tragödie Teil eines Kreislaufs ist, eines Totentanzes, der bereits in Yvonnes zweiter Äußerung („Es ist immer dasselbe. Immer im Kreis") angesprochen wird, das hat der dramaturgische Einsatz des Clusters ebenso deutlich gemacht: Blacher konnte Yvonnes Hinweis auf den Kreislauf ohne Verluste streichen – er hat ihn zu einer zentralen Idee seiner Partitur gemacht.

Von dieser Erkenntnis aus erschließt sich das Zwischenspiel der Akte III und IV als Antizipation: Es nimmt die Tragödie Yvonnes *in a nutshell* vorweg, rafft sie mit rein klanglichen Mitten zusammen. Die Tango-Melodie erscheint in „Yvonne" ganz ähnlich konnotiert wie in „Die Trauung": Signum dramaturgischer Parallelsituationen.

Von dieser Interpretation des Schlusses her läßt sich nun auch die Musik zu Yvonnes erster Konfrontation mit dem Hofstaat verstehen.[281] Es handelt sich um einen „Rhythmuskanon auf der Grundlage unterschiedlicher Tonrepetitionen"[282], auf den ab Takt 231 eine „Schichtung unterschiedlich rhythmisierter Tonrepetitionen" folgt, die ab Takt 234 von oben und unten her abgebaut wird. Beide Klangphänomene fungieren an dieser Stelle eher als akustischer Untergrund denn als autonomes, semantisch befrachtetes Klangmoment und erfahren eine Ergänzung bzw. Verfremdung durch Vibraphon sowie Arabesken von Flöte und Klarinette und Harfen-Tupfer. Noch dringt nicht jene aggressive Schmerzlichkeit durch, die die Schichtung der Tonrepetitionen später in der Partitur hat. Trotzdem deutet Blacher bereits hier die Tragödie Yvonnes an. Die Musik übernimmt, erst aus der Rückschau wird das klar, eine kommentierende, stark dramaturgisch bezogene Funktion. Es läßt sich auch in diesem Zusammenhang von einer Bogenform sprechen.

Ulrich Schreibers Bemerkung, nach der die Stummheit Yvonne zunehmend entstellt und somit von einer Identifikation des Publikums wegrückt, mag als Gedanke plausibel sein, sie wird jedoch, wie gezeigt wurde, von der Musik auf vielfache Weise konterkariert. Insbesondere vom Ende der Oper her läßt sich Yvonnes Opferrolle nicht überhören. Fritz J. Raddatz' Satz, nach dem der „Sieger (...) bei Gombrowicz immer der Verlierer" ist[283], gilt bei Blacher nur

---

[281] Nummer 3, T. 231-254, KA, S. 43, Partitur, S. 43.
[282] Grafschmidt: *Boris Blachers Variable Metrik*, a.a.O., S. 427.
[283] Raddatz: *Verwerfungen*, a.a.O., S. 138. Zur Positionierung Yvonnes als Siegerin vgl. auch M. Kesting („Die Tragödie der Fiktion", in: *Frankfurter Allgemeine Zeitung* vom 15. Januar 1969): „Durch ihr Schweigen hat Yvonne die bewußte Fiktion aufgelöst, indem sie sie

eingeschränkt. Zwar bleibt auch in der Oper unbestritten, daß der Hofstaat den Sieg über Yvonne mit einer moralischen Niederlage bezahlt. Musikalisch thematisiert wird das aber nicht. Details, die in der oben skizzierten Titeldiskussion aufgeworfen wurden, schärfen hier den Blick: Durch Blachers Version des Schlusses wird die literaturhistorische Anspielung an den Topos der unglücklichen Prinzessin verstärkt und damit Gombrowicz' Destruktion desselben relativiert.[284] Das Operettenhafte, Spielerische, das im Originaltitel mit der Formulierung von der „Burgunderprinzessin" anklingt, findet in der Opernversion ebensowenig Platz wie der parodistische Bezug zu kultureller Verfeinerung.

Die Yvonne-Figur, die ich zu Beginn dieses Abschnitts aus der Perspektive des Schauspiels beschrieben habe, unterscheidet sich somit in vielen Zügen von der in der Oper. Davon, daß Blacher generell Gombrowicz' Intentionen gefolgt sei, sie sogar durch die Verwandlung Yvonnes in eine vollständig stumme Figur intensiviert habe, kann keine Rede sein. Blachers Yvonne ist alles andere als Leerstelle oder gesichtslos. Noch weniger ist sie ein quasi unpersönlicher Kunstgriff. Bei Gombrowicz hat Yvonne noch weniger als die anderen Figuren etwas Authentisches, Plastisches. Sie ist eingebunden zwischen „Spiel-

---

nicht als Realität anerkannte. Yvonne, die bezeichnenderweise die Titelfigur ist, siegt noch im Tode."

[284] Im Schauspiel, so meine ich entgegen der verbreiteten Ansicht, lassen sich implizite Zweifel am Schluß erkennen. Daß die alte Ordnung perfekt restituiert wird, dürfte nach dem Verlauf des Stückes (und gerade sein Experimentalcharakter spricht dafür) niemand mehr glauben. Ewa Thompson (*Witold Gombrowicz*, a.a.O., S. 49) wählt immerhin die vorsichtige Formulierung vom „temporary success" und fängt damit quasi die Perspektive von Gombrowicz' späterem Dramenschaffen ein. Man kann jedoch noch einen Schritt weiter gehen: Die Geste, daß sich der Hof vor der toten Yvonne verbeugt, stellt nicht nur eine Antwort auf Yvonnes Weigerung zur Verbeugung dar. Sie impliziert eine ironische Parallelisierung: der Hof verbeugt sich zweimal vor Yvonne, einmal vor der Lebenden und einmal vor der Toten. Die Reverenz, die man der Lebenden widerwillig, eher verblüfft zugestand, erweist man der Toten gerne. Mit Restitution ist das nicht zwangsläufig gleichzusetzen. Denn die Süffisanz, die der Hof mit dieser Geste demonstriert, überträgt sich bei Gombrowicz auf den Zuschauer. Ihm erscheint diese zweite Verbeugung wie eine neue Begrüßung. Yvonne erzwingt durch ihren Tod eine neue Verbeugung, ohne sich zu verbeugen, und stört dadurch erneut die Formsituation. Mit anderen Worten: Sie ist nicht auslöschbar, auch wenn sie physisch tot ist. Sie bleibt im Bewußtsein, genauso wie die Dienstmagd, die König und Kammerherr in den Selbstmord getrieben haben. So sehr in der Formulierung „Burgunderprinzessin" mit dem Wein die Sphäre des Verfeinert-Kulturellen und eine damit verbundene Zwanghaftigkeit zur Form evoziert werden soll, so sehr verrät dieser Titel auch, daß Yvonne letztlich darüber triumphiert. Er impliziert einen Kommentar, der erst aus der Rückschau, vom Ende des Stückes her verständlich wird.

figuren einer Theaterphilosophie" (Botho Strauß), und sie bleibt mehr als alle anderen Spielfigur: für den Autor wie für die Figuren des Stückes. Umgekehrt bei Blacher: Yvonne hat im Gegensatz zu den anderen wenigstens Reste von Authentizität, ist weniger Kunstfigur. Ihr Schweigen macht sie paradoxerweise nicht künstlicher, sondern menschlicher. Es ist eingebunden in den Sprachvorrat der Musik – einer Musik, der gar nichts übrig bleibt, als Yvonnes Schweigen zu klären und ihm somit den Stachel zu nehmen, der oben anhand von Kafkas Erzählung auf das Schauspiel projiziert wurde. Blachers Musik versprachlicht das Schweigen, sie tritt als vermittelnde Instanz zwischen Sujet und Hörer. Wo das Schauspiel kühlen Experimentcharakter sucht und wahrt, wo es Polarisierungen und Wertungen vermeidet, Distanz und Spott der Groteske über beides kippt und darin nicht zuletzt anarchisches Potential offenbart, zeigt die Musik Yvonne als Mitleidsobjekt, als soziales Opfer jenseits aller turpistischen Kraft.

Die Gombrowicz-Deutung der Oper erweist sich somit in zweifachem Sinne von anderen Rezeptionsphänomenen überlagert, die sich sowohl auf die Opern- wie auf die Literaturgeschichte beziehen. Zum einen zeigt sich das Stück stark beeinflußt von der modernen Tradition der Literaturoper und deren Leitbild „Wozzeck". Was Heinz von Cramer am Beispiel von Alban Bergs Büchner-Vertonung konstatierte, gilt durchaus auch für „Yvonne": „Läßt man die Schockwirkung der Musik beiseite und beschränkt sich auf die reine Theaterwirkung, wird man bemerken, wie aus einem harten, treibenden, bitteren Stück plötzlich ein stellenweise ziemlich gefühlvolles Melodram geworden ist."[285] Auch wenn Blacher dem Charakter eines emotional aufgeladenen Melodrams durch den epigrammatischen Charakter seiner Partitur gegensteuert, läßt sich die Parallelität von Akzentverschiebungen schwer übersehen.[286]

Zum anderen hat die Oper mit den von Blacher akzentuierten Hamlet-Bezügen des Schauspiels zu tun. Yvonne rückt als Figur in Ophelia-Nähe, die

---

[285] Cramer: „Da wo die Oper sterblich ist: das Libretto", a.a.O., S. 136. Insbesondere das Adagio des Orchesterepilogs hat im „Wozzeck" Appellfunktion, was Berg in seinem Vortrag zum Stück explizit betonte. Nicht zufällig bedient er sich dazu der Tonalität. Hierzu wie auch zum Kontrast von Büchners Drama und Bergs Vertonung: P. Petersen: *Alban Berg. Wozzeck. Eine semantische Analyse*, a.a.O.

[286] Sie ist, das wurde bisher kaum untersucht und wäre eine eigene Studie wert, bei der musikalischen Adaption – auch jenseits von Dramenvertonungen – keineswegs selten, sondern findet sich stil- und sujetübergreifend. Als Beispiel wäre hier neben Janáček und Britten ein Stück wie Turnages „The Silver Tassie" zu nennen. Und hat nicht schon Puškin die Tatjana des „Eugen Onegin" weit ironischer und kritischer gezeichnet als nach ihm Čaikovskij? Nachzugehen wäre in diesem Zusammenhang Koebners Bemerkung, nach der (auch bei Zimmermanns „Soldaten" und Henzes „Bassariden") mit der Adaptierung der

sich aber aus dem Schauspiel nicht erschließt. Während sich Gombrowicz' „Trauung" sehr wohl als „Hamlet"-Paraphrase verstehen läßt, fällt die Zuordnung bei „Yvonne" sehr viel diffuser aus. Blachers Rezeption der Yvonne-Figur erscheint somit wesentlich geprägt von der literarhistorisch problematischen Deutung des Schiller-Theaters, die Yvonne in die Nähe von Ophelia rückte. Es ist auch kein Zufall, daß in Blachers „Hamlet"-Ballett Ophelia stark aus der Opferperspektive gedeutet wird. Sehr deutlich hat das Patrice Montagnon in seiner Choreographie für die Deutsche Oper Berlin herausgearbeitet und einige Schlagworte dazu auch im Programmheft vermerkt: „Ophelia – das Opfer"; „Ophelia – die Geopferte"; „Ophelia, die Sympathie und Mitleid weckt".[287]

Vorlage eine „Verschiebung der Figuren, Situationen, Emotionen ins Arche- und Prototypische, Sinnbild- und Urbildhafte" erfolgt („Vom Arbeitsverhältnis zwischen Drama, Musik und Szene, a.a.O., S. 73). Adorno deutet in seiner *Ästhetischen Theorie* (Frankfurt am Main 1973, S. 91) Ähnliches an, wenn er vom „übergreifend Verbindlichen" spricht.

[287] Montagnon: „Hamlet als Ballett", in: Deutsche Oper Berlin (Hg.): Spielzeit 1986/87, *Programmheft* zum Ballettabend mit „Fandango" von Henze und „Hamlet" von Blacher, S. 3.

5.4 Zusammenfassung

Wenigstens dramaturgisch scheint alles zusammenzupassen: Einerseits, vergegenwärtigen wir uns noch einmal die Beobachtung von Carl Dahlhaus, enthielt die Oper, und zwar in ihren tradierten Ausprägungen, schon immer dramaturgische Charakteristika, auf die das Schauspiel erst in der Moderne zusteuerte. Andererseits klammerte sich Blacher im Falle der „Yvonne" an die Form der Nummernoper, begegnete also einem modernen Drama mit einer traditionellen Opernform. Ergo: Deckungsgleichheit? Dramaturgische Parallelverfahren? Wechselseitige Anpassung? In den Rezensionen der Uraufführung liest es sich so. Und es wird als Argument gegen die „Yvonne"-Oper ins Feld geführt: ein Stück, dem eben darum die ästhetische Sprengkraft, das innovative Potential fehlt, jenes Widerständige, das ihm als Oper Eigenleben und Fortleben sichern könnte. Dazu zwei Künstler, die Distanz und den choreographisch-experimentellen Zuschnitt ebenso favorisieren wie das Spiel mit verschiedenen Rollen, die in einer tiefsitzenden Aversion gegen Expressivität das Erbe des 19. Jahrhunderts abschütteln. „Yvonne" mithin als überflüssige Doublette?

Unsere Untersuchungen haben etwas anderes gezeigt. Zwar liefert das „Yvonne"-Schauspiel eine Reihe von Merkmalen, die Strukturveränderungen im Sinne eines traditionellen Opernlibrettos überflüssig machen: Es setzt auf pantomimische Verständlichkeit, drängt die Bedeutung der Sprache zurück, entkräftet den rationalen Dialogverlauf, offeriert Chancen für Ensembles, praktiziert ein „offenes" Theater, das sich erst im Kopf des Zuschauers letztlich zusammenfügt, hält den Autor als Instanz stets präsent. Doch so sehr das alles zutreffen mag – über eine Vertonbarkeit entscheidet es nicht. Das Gefüge dieser Literaturopernsymbiose ist heikler, als es zunächst scheint, und Gombrowicz, der kein Musikkenner war, hat mit „Yvonne" einen Text geschrieben, dessen Substruktur sich einer Musikalisierung widersetzt: Seine Unbestimmtheit, sein Relativitätsmoment in Stil und Inhalt, seine Permanenz des Anfangs, seine Kultivierung pubertierender Unreife, der heftig favorisierte Wechsel von Signifikat und Signifikant: alles das – es wurde oben beschrieben – macht es der Musik schwer.

Denn eine Textvertonung wird – sofern sie den Text als zusammenhängendes semantisches Gebilde versteht, kann sie gar nicht anders – semantische Anteile von Worten und Wortzusammenhängen aktualisieren. Damit verbindet sich eine Klärung und Vereindeutigung des sprachlichen Kontextes. Musik muß, wie Auden sagt, Position beziehen. Unter solchem Vorzeichen aber weist Gombrowicz Musik ab. Nicht zufällig bezeichnet Friedrich Luft „Operette" als

„große und faszinierende Partitur", die „die ganze Welt Operette sein" läßt: „Die Menschheit ludert im wurmstichigen Dreivierteltakt."[288] Eben daraus folgt aber auch: Gombrowicz macht seine Musik durch die Worte allein. Mit seinem Spätstil, wie er sich in „Operette" manifestiert, schiebt er jede Vertonung zwangsläufig auf das Abstellgleis der Tautologie. „Operette" wäre nicht vertonbar.

Auch wenn in der frühen „Yvonne" noch keine Worte ohne lexikalische Bedeutung vorkommen: Das Stück kultiviert bereits eine Art von Polysemie, die zwar – oberflächlich betrachtet – viel Raum für Musik läßt, die aber sofort ihr Eigentliches verliert, wenn sie in Deutungsrichtungen eingeschmolzen wird. Ganz abgesehen davon, daß sie mit Musik ihrer Entstehungszeit ohnehin nicht zu kombinieren gewesen wäre. (Weder Richard Strauss noch die Zeitoper der 20er Jahre haben ein musiksprachliches Repertoire bereitgestellt, das der Sprache Gombrowicz' hätte gerecht werden können. Und als Zwölftonkomödie nach Art von Arnold Schönbergs „Von Heute auf Morgen" ist „Yvonne" zumindest schwer vorstellbar.)

Blacher löst das Problem vor allem mit den oben beschriebenen Stilmitteln. Die Epigrammatik seiner Partitur meint nicht nur klangliche Zurückhaltung, sondern auch eine in bezug auf Deutung und Ausdeutung. Das heißt nicht, daß Blacher keine Position beziehen würde. Aber es beinhaltet, daß die Freiräume des Textes als solche weitestgehend autonom behandelt werden. Die Besonderheiten der „Yvonne"-Partitur erweisen sich somit – über alle Charakteristika eines reifen Personalstils hinaus – als Voraussetzung einer Vertonung dieses Stückes überhaupt. Wenn Blacher übermäßige Devotion gegenüber seiner Vorlage vorgeworfen wurde, dann trifft ihn dieser Vorwurf nur partiell: Eine Musik, die sich „Yvonne" nicht devot nähert und an der Sprache per se entlangtastet, hat überhaupt keine Chance, ins Innere des Stückes vorzudringen, selbst da, wo dieses sich als gezielte Leere entpuppt. Mit anderen Worten: Der Vorwurf an Blacher, einer Oberflächenstruktur zu folgen, läßt sich als Befund in sein Gegenteil verkehren. Daß Blacher dem Text oft ohne Deutungsansatz folgt, zeugt von seinem Verständnis von dessen Substanz. „Yvonne" ist somit ein schlagendes Beispiel für das, was Hans Vogt ganz allgemein in bezug auf Blacher formuliert hat: „Manchmal hat es den Anschein, als mangele seiner Musik das, was man hierzulande gern die ‚metaphysische Dimension' nennt. Aber für ihn, der ästhetisch klarsieht, liegt die Tiefe der Kunst an deren Oberfläche."[289]

---

[288] *Die Welt* vom 1. Februar 1972
[289] Vogt: *Neue Musik seit 1945*, a.a.O., S. 255.

Zusammenfassung

Also doch wieder Deckungsgleichheit? Eine, die aus subtilem Sprachverständnis erwächst? Die Sache bleibt auch unter diesem Blickwinkel mehrschichtig: Rezeption und Interpretation, Widersprüche und intentionelle Parallelen liegen oft nahe beieinander. Ein Beispiel: Sowohl Blacher als auch Gombrowicz favorisieren eine Kunst aus der Distanz, die nicht auf Identifikation zielt. Beide wenden sich gegen Modellhaftes wie Genormtes. Zum Programm von beiden gehört es, die Hermetik von Kunst aufzubrechen. Beide sind daher vom Kitsch fasziniert, betrachten ihn als potentielle Inspirationsquelle: Blacher führt Trivialmusik ein, lädt sie mit Luzidität auf. Gombrowicz gab zu, von zweitrangigen Autoren viel gelernt zu haben, und nutzte auch zweitrangige literarische Genres. Das trifft insbesondere für seine Prosa zu[290], hat aber grundsätzlich auch Bedeutung für „Yvonne": Auch dort findet das Spiel, Zweitrangiges nach oben zu zerren und umgekehrt die hohe Kunst vom Sockel zu stoßen, häufig und heftig Anwendung. Es würde allerdings zu kurz greifen, wollte man daraus bereits eine generelle Parallele folgern. Gombrowicz sieht im Inszenierten, im Künstlichen die einzig verbliebene Möglichkeit der Kunst und landet damit bei der Operette:

> „Die Operette mit ihrem göttlichen Blödsinn, ihrer himmlischen Sklerose, ihrem herrlich beschwingten Gesang und Tanz, ihren Gesten und Masken ist für mich das vollendete, vollkommen theatralische Theater."[291]

Blacher hingegen scheut sich zwar keineswegs vor einer Verzahnung der Sphären, nutzt aber das Triviale, um einen Kontrast zu essentiell Neuem und Ernstgemeintem zu schaffen. Sein Tango macht nicht als solcher Sinn, sondern in der Kombination mit anderen Klangphänomenen. Blacher greift zudem nicht prinzipiell auf sekundär überformtes Material zurück. Sein Originalitäts- und Neuigkeitsverständnis ist daher völlig anders ausgerichtet als das des Polen. Und gerade in seinem Spätstil reduziert Blacher den pluralistischen Ansatz, akzentuiert originale Erfindung gegenüber jeder Verfremdung. Diese Position steht jedoch im Widerspruch zu der Sprachhaltung von Gombrowicz.

Dazu kommt: Blacher steigert zwar die Künstlichkeit des Schauspiels schon allein dadurch, daß er es auf die Opernbühne bringt, weiterhin dadurch, daß er Yvonne zur stummen Figur macht, und drittens, indem er die Künstlichkeit der Sprache zumindest partiell in eine heterogene Schichtung der Musik überträgt. Andererseits dient ihm das aber nicht dazu, das Opern-Genre selbst ad absur-

---

[290] „Kosmos" ist ein Detektivroman, „Pornografia" ein Dorfroman, „Transatlantyk" eine Parodie auf die polnischen Memoirenschreiber des 17. Jahrhunderts.
[291] Zit. nach Milosz: *Geschichte der polnischen Literatur*, a.a.O., S. 349.

dum und eben in Richtung Operette zu führen. Parodiert, kritisiert werden Opernklischees, Verhärtungen in der Auffassung, unreflektierte Darstellungsmechanismen. Blacher hat dabei keineswegs Schwierigkeiten, eine quasi synthetische Musik zu produzieren, eine Musik in Anführungszeichen, eine Musik des „Als-ob". Das Ganze aber präsentiert sich als Glaube an die Möglichkeiten des Genres, an die Chance von kausal-linearer Fortschreitung, an das Prinzip des Narrativen. Wenn Blacher die Oper in dieser Oper thematisiert, dann insofern, als er das Ohrenmerk auf die Ich-Bezogenheit lenkt, die im tradierten Gesang steckt und auf die er mit seiner Titelfigur verzichtet. Gerade das steht freilich im Widerspruch zur Vorlage: Blachers Musik verzichtet generell auf eben jene subjektivistische Übersteigerung und Selbstbespiegelung, die bei Gombrowicz als Motor zur Sache selbst gehört. Auch hierin steht sie im Kontrast zur Sprachhaltung von Gombrowicz, der seinen Egozentrismus als Grundlage von Wirklichkeitserfahrung geradezu polemisch akzentuiert.

So plausibel der Gedanke zunächst scheint, daß die Künstlichkeit des „Yvonne"-Sujets erst in der Künstlichkeit der Oper zu sich selbst kommen kann, so wenig arbeitet Blachers Oper ihn aus. Während Gombrowicz ein Experiment startet, bei dem sich der Konflikt zwischen dem Menschen und seiner Form abspielt, so vertont Blacher einen Konflikt zwischen Menschen: die persönliche Tragödie Yvonnes – und zwar auf eine Weise, die Formalem im Sinne einer ordnungsbildenden Struktur keineswegs ausweicht, sondern es im Gegenteil zum Charakteristikum erhebt. Wo Gombrowicz ein Figurennetz als Rollenspiel auslegt und keine echte Annäherung der Figuren zuläßt, erfindet Blacher Musik eines bei aller Distinguiertheit emotionalen Zugriffs. Damit aber vermittelt sich die gesellschaftliche Herausforderung, das revolutionäre Motiv des Schauspiels, seine Protesthaltung, wie wir sie uns in Abschnitt 5.2.1 vergegenwärtigt haben, in der Oper sehr viel linearer. Die Aussage wird quasi fokussiert und damit auch eingegrenzt: nicht weil Blacher sie per se veränderte oder interpretierend verschieben wollte, sondern allein schon durch die Wahl seiner Mittel.

Wo hat die „Yvonne"-Oper zwischen Rezeption, Innovation und Restauration ihren Platz? Betrachtet man den Kontrast zwischen einzelnem Werk und historischem Verlauf oder – mit den Worten von Gombrowicz' Landsmann Sławiński – die Differenz „zwischen der festen Synchronie des Werkes und dem rein diachronischen Charakter des historischen Prozesses"[292], scheint gerade sie zum Zentrum des Stückes zu führen. Die „Yvonne"-Oper ist bereits

---

[292] Janusz Sławiński: *Literatur als System und Prozeß*, München 1975, S. 151.

zum Zeitpunkt ihres Erscheinens Anfang der 70er Jahre ein mehrfaches Paradox, in dem Sinne, daß sich in ihr widersprechende Aussagen und sich überlappende Tendenzen niederschlagen, die wiederum in Schauspiel und Oper zeitverzögert ablaufen: Gombrowicz' „Operette" ist schon geschrieben, der Weg stilistisch und inhaltlich innerhalb seines Schaffens weiterverfolgt, Kriegserfahrung und Tendenzen des Absurden Theaters eingesogen. Auch der Trend, das Theatralische zum Thema des Theaters zu machen, ist 1972 im Schauspiel längst abgeebbt. Es beginnt eine neue Beschäftigung mit den Klassikern bzw. deren Zertrümmerung. François Bondy beobachtet „das Experiment, die Klassiker umzugestalten", als internationale Tendenz.[293] Es gelingt Regisseuren, mit Klassikern persönlichere Aussagen zu machen als mit neuen Stücken. Das sogenannte Regietheater begreift Neu und Alt nicht mehr im Sinne einer kontinuierlichen Kulturtradition, sondern akzentuiert gerade die Zeitferne der alten Texte, verfremdet sie, um sie zu erneuern: in der Tat eine „besondere Art von Assimilation und zugleich Infragestellung der Tradition".[294] Eine Entwicklung, die sich durchaus im Licht der Postmoderne-Diskussion verstehen läßt.

Das Absurde Theater eines Ionesco hat ausgedient, und Bondy faßt das in eine rhetorische Frage: „Läßt sich im Grunde nicht überall beobachten, daß im modernen Theater der Ernst die einst stärkere Clownerie aus Ionescos Zeiten überwiegt?" Die neue Auseinandersetzung hat aber nicht nur mit Regisseuren zu tun: Sie „ist ein Teil des neu entstehenden Theaters selber".[295] Ähnliches läßt sich – nur leicht zeitverzögert – im Musiktheater beobachten: Impulse gehen etwa von Joachim Herz in Leipzig aus, von Patrice Chéreaus ersten Opern-Inszenierungen, von den Ideen Ulrich Melchingers als Oberspielleiter in Kassel. Gleichzeitig werden bis Mitte der 70er Jahre alternative Formen des Musiktheaters gesucht und gefunden, die die Gattungsnegation zur Inspiration aufwerten.

Entscheidend für „Yvonne": Blacher greift diese zum Teil gegenläufige Entwicklung zwar inhaltlich auf, nicht aber durch die Wahl bzw. Substanz seiner Mittel. Die Innenschicht seiner Oper (die die Gattungsbezeichnung nicht zufällig trägt) bleibt davon unberührt: Statt einer Umkehrung ästhetischer Werte praktiziert Blacher deren Zurechtrücken. Auch eine synkretistische Montage der Topoi findet nicht statt. Literaturoper, so praktiziert, restituiert das Genre, statt es zu zerlegen. Darin besteht das Paradox des Stückes. Man könnte auch sagen:

---
[293] Bondy: *Der Rest ist Schreiben*, a.a.O., S. 141.
[294] Ebd.
[295] Ebd., S. 142.

Die „Yvonne"-Oper negiert bewußt die Gleichzeitigkeit des Ungleichzeitigen. Dort, wo Blacher durch die Text- und Sujetwahl auf die Schwelle zwischen Innovation und Eklektizismus, zwischen musikalischer Moderne und Postmoderne treten könnte, wie nie zuvor in seinem Schaffen, blickt er zurück, resümiert, korrigiert, relativiert auch eigene frühere Positionen. Daß das Spätwerk folglich ein zu spätes Werk ist, wie oft unterstellt, ist damit nicht gesagt. Vielmehr fordert es zu praktischen Auseinandersetzungen heraus, die seine binnenstrukturellen Reibungen als Potential begreifen.

6. Statt eines Fazits: „Arbeit am Bewußtsein der Zeit"

Büchner, Dada-Ableger, Gombrowicz: Blachers Spannweite als Textlieferant, Textbe- und -verarbeiter könnte breiter kaum sein. Expressionistischer Aplomb, satirische und parodistische Schlaglichter, das moderne Drama – die Gegensätze scheinen freilich bei genauerem Eindringen in Blachers Umsetzung keineswegs so groß wie aus dem Blickwinkel der Literaturgeschichte. Es ist deutlich geworden, wie Blacher das „Yvonne"-Schauspiel aus einem expressionistischen Grundduktus interpretiert, der von Gombrowicz kaum intendiert ist. Und es zeigt sich gerade im Kompositorischen, daß die Varianzbreite von Blachers Textwahl ihren Rückhalt in der außerordentlichen Konstanz seines Opernverständnisses findet.

Das geht weit über die Ökonomie und Sparsamkeit der Mittel hinaus, die Blachers Stil immer kennzeichneten und ihm sogar als Voraussetzung einer kompositorischen Handschrift erschienen. Vergegenwärtigt man sich noch einmal den Text, den Blacher anläßlich seiner ersten Opern-Uraufführung verfaßte, so läßt er sich geradezu als Motto auffassen, unter dem alle folgenden Opern stehen, egal ob Blacher das Libretto oder auch die Musik lieferte. Das Bestreben nach einer Verschmelzung von Nummernoper und dem „musikalisch bestimmten Drama" bleibt durchweg konstant. Unabhängig von seinen literarischen Vorlagen arbeitet Blacher mit geschlossenen musikalischen Einheiten, unabhängig von ihnen gliedert er den Aufbau mit dem Ziel einer variablen musikalischen Formung. Sein Vorhaben, Musikalisches und Theatralisches so zu verbinden, „daß der Zuhörer und Zuschauer die dramatische Begebenheit auf musikalischem Wege vermittelt bekommt", greift dabei nicht unerheblich in die Struktur der Vorlagen ein. Die Bemerkung läßt sich – extrem verstanden – auch als Relativierung der Wort-Komponente lesen: Gerade die „Abstrakte Oper Nr. 1" zeigt, wie Theatralisches durch Musik und Szenisch-Situatives primär *ohne* Text vermittelt werden kann. Selbst seinem 1941 formulierten Grundsatz, die Zahl der Sänger wie den orchestralen und szenischen Apparat begrenzt zu halten, ist Blacher treu geblieben.

Wie sich diese eng umgrenzte Opernform konstituiert, läßt sich aus einem Artikel Heinz von Cramers ersehen. Cramer fungierte nicht nur als Blachers Librettist, sondern war auch zeitweise dessen Kompositionsstudent. Als er 1957 grundsätzlich über die Oper und ihren Text nachdachte, schrieb er Sätze, die – obwohl durchaus nicht in diesem Sinne formuliert – Blachers Opernästhetik umreißen. Oper, heißt es da, sei „dargestellte Musik". Ihre Dramatik entstehe „nicht aus dem Widerstreit von Menschen, aus Meinungen, die aufeinanderprallen, oder Taten, aus szenischen Vorgängen. Ihre Dramatik, wenn sie echt und stichhaltig sein soll, entsteht allein aus der Musik, aus musikalischen Kontrasten. Die Oper ist eine musikalische Form, der das Wort und die Aktion lediglich eine Art Architektonik liefern. Und dieses Gerüst soll man nicht überschätzen."[1] Das ist bei Cramer vom „Figaro" und vom „Rigoletto" abstrahiert und zeigt gerade darin, bei welchen historischen Opernmodellen Blacher ansetzte. Wie verhält sich ein solches Denken zum Phänomen der Literaturoper?

Musik, egal für welche Gattung und welches Sujet, war für Blacher ohne Form schlichtweg undenkbar, wobei er Form als musikalisch geschlossene verstand. Als Credo läßt sich hier sein Vortrag „Die musikalische Komposition unter dem Einfluß der technischen Entwicklung der Musik" lesen. Der Klang, heißt es da, sei „zwar ein wesentlicher Bestandteil, jedoch niemals der entscheidende Faktor in der Musik". Und: „Der musikalische Zeitablauf (...) muß, wenn das Ergebnis als Kunstaussage gewertet werden soll, eine Form als Resultat ergeben."[2]

„Form" im Sinne von „Architektonik" ist deshalb auch das von Cramer nicht zufällig benannte Schlüsselwort. Sie spielt bei Blacher nicht nur – wie aufgezeigt – in der dramaturgischen Überformung seiner Vorlagen eine zentrale Rolle, sondern auch in der musikalischen Binnenstruktur. Statt einer Quadratur der Tonsatzkonstruktion, als Korrelat zur Nummerngliederung, verwendet Blacher gerne einen metrisch präformierten Satz, der ebenfalls zur Abschnittsbildung tendiert und darin den Destruktions- und Auflösungstendenzen des modernen Dramas keineswegs a priori entspricht. Alban Bergs „Wozzeck", auf den Blacher 1941 bei seiner „Fürstin Tarakanowa" hinwies, erweist sich hier in der Tat als Vorbild, allerdings in kontrastiverem Sinn, als es zunächst scheint.

Denn Bergs Oper ist, wie Peter Petersen dargestellt hat, ein „hermetisch abgedichtete(s) Werk"[3], sie folgt „symmetrischen und zirkulären Strukturideen"[4] und basiert musikalisch auf einer „hermetisch geschlossenen Gesamtstruktur".[5] Damit nimmt sie Büchners avanciertes Formmodell zurück, ersetzt aber dessen Progressivität durch andere Mittel. So korrespondiert die strukturelle Offenheit des Schauspiels nun erstens mit einer „musikidiomatische(n) Vielfalt (...), die weder tonale Anklänge noch triviale Musikgenres ausschloß", zweitens mit einer

---

[1] Cramer: „Dort, wo die Oper sterblich ist: das Libretto", a.a.O., S. 135.
[2] Blacher: „Die musikalische Komposition unter dem Einfluß der technischen Entwicklung der Musik", in: F. Winckel (Hg.): *Klangstruktur in der Musik*, a.a.O., S. 206.
[3] Petersen: „Berg und Büchner – *Wozzeck* und *Woyzeck*. Von der ‚offenen Form' des Dramas zur ‚geschlossenen Form' der Oper", in: ders. und Winter (Hg.): *Büchner-Opern*, a.a.O., S. 172.
[4] Ebd., S. 184.
[5] Ebd., S. 188.

„neue(n) Durchdringung von Instrumentalmusik und Musiktheater, die die Oper plötzlich mit einem zusätzlichen Kunstanspruch versah", und drittens mit einer neuen Form von „semantische(r) Komplexität des musikalisch-dramatischen Textes".[6]

Der simple Tatbestand, auf den Almut Ullrich stößt, indem sie versucht, Kriterien des offenen Dramas wie Wiederholung und Variation auf die Musik zu übertragen, der Tatbestand, daß Merkmale der offenen literarischen Form in der Musik eher geschlossene Formen konstituieren[7], wird somit von Berg durch ein vielschichtiges Korrespondenzmodell aufgegriffen und kontrastiv erweitert. Nicht mit der Analogie von Formverläufen spiegelt er das innovative Potential Büchners, sondern indem er Opernstereotypen (zu denen auch die am Text entlangfließende Vertonung im Sinne der Wagner-Nachfolge gehört) mit einem vielfältig umgesetzten Begriff von musikalischer Offenheit unterläuft. Diese steht weder im Widerspruch zur Hermetik der Gesamtanlage noch zur formalen Geschlossenheit im Detail. Und auch das Wiederholungsverbot der Dodekaphonie erweist sich dabei eher als produktiver Widerstand denn als Widerspruch.

Dasselbe gilt für Blachers Einsatz von variablen Metren. Das Ziel, „Musikalisches und Theatralisches" sich so „durchdringen" zu lassen, daß die Musik das Drama vermittelt, ist bei beiden Komponisten identisch. Unterschiedlich bleiben jedoch die Mittel, die das musikalische Drama in diesem Sinn konstituieren: einmal vokale und einmal instrumentale Formstrukturen. Blachers Rekurs auf die Architektur des Nummernprinzips bedeutet eine grundsätzlich andere Gliederungsinstanz als Bergs Interpolation absolutmusikalischer Formen. Die letzteren werden auf den Verlauf des Dramas projiziert. Ihre Binnenlogik bestimmt den musikalischen Fortgang. Die Folge von Nummern dagegen kann sich nur intern durch den dramaturgischen Verlauf selbst bestimmen. Sie stellt, gerade weil sie nachträglich im Dramengefüge installiert wird, weniger Interpretation als Strukturierung dar, vertraut in diesem Sinn oft, aber keineswegs immer auf die Formkraft der Textvorlage.

Berg reflektiert einzelne Sprachmodelle durch Auswahl und Addition musikalischer Formen: Er nutzt „die historisch fest umrissenen Formcharaktere, um seine Opernfiguren Gestalt annehmen zu lassen".[8] Kompositionsgeschichtlich

---
[6] Ebd., S. 169.
[7] Ullrich: *Die „Literaturoper" von 1970-1990*, a.a.O., S. 47.
[8] Ulrich Krämer („Die Suite als Charakterstudie des Hauptmanns in Alban Bergs ‚Wozzeck'", in: C. Floros u.a. (Hg.): *Musiktheater im 20. Jahrhundert*, a.a.O.) führt das am Beispiel des Hauptmanns vor (Zitat S. 50).

löst er damit das Problem des Vakuums, das sich mit dem Zerfall von Tonalität und Funktionsharmonik auch für die interne Logik des musikalisierten Schauspiels ergab. Blacher, der dodekaphonen Vokalkompositionen grundsätzlich skeptisch gegenüberstand[9], zwingt dagegen, mit dem Begriff von Heinz von Cramer gesprochen, die Vorlage als Ganzes in „eine musikalische Form": Sein Denken zielt auf ein dramaturgisches Raster, das primär vom musikalischen Kontrast lebt – und zwar grundsätzlich und nur bedingt abhängig von Inhalt oder Sprachstruktur der Vorlage. Die Nummerneinteilung erweist sich dabei bisweilen sogar als Eingriff in die oder besser: als Interpretation der Szenenfolge. (Im Falle der „Yvonne"-Oper – und im Gegensatz zu „Dantons Tod" – ließe sich die Künstlichkeit der Nummerneinteilung freilich auch als Übertragung der Künstlichkeit des Sujets auf die Opernbühne verstehen: das Artefakt, übersetzt als Umgang mit der sedimentierten musikalischen Form. Das könnte als Signum von Interpretation gelten, hätte Blacher sie nicht auch bei gänzlich anderen Dramen angewandt.[10])

So schafft Blacher eine eigene Poetizität seiner Libretti, die sich von der seiner Dramenvorlagen wesenhaft unterscheidet und deren Verwendung für die Musikbühne erst rechtfertigt: Er evoziert eine ergänzbare literarische Form als Voraussetzung musikalischer Gestaltung.[11] Musikalische und textliche Form durchdringen und motivieren sich in diesem Sinn, was Divergenzen in der Aussage einschließt. Noch einmal mit seinen eigenen Worten: „Der textliche

---

[9] „Ich weiß nicht, ob Vokal und Zwölfton eine sehr glückliche Kombination ist. Das muß jeder selbst entscheiden", bemerkte er im Gespräch mit Wolfgang Burde („Interview mit Boris Blacher", a.a.O., S. 22). Blachers erste größere Zwölftonkomposition ist das Ballett „Lysistrata".

[10] Dominik Hartmann (*Gottfried von Einem*, a.a.O., S. 45) weist darauf hin, daß das formale Grundgerüst der Opernanlage, die Blachers „Danton"-Libretto ausprägt, sich auch bei den beiden anderen Opern („Der Prozeß" und „Der Zerrissene") findet, deren Textfassung Blacher und Einem zusammen erarbeitet haben: „Augenscheinlich sind sie demnach aus einer allgemeinen Opern-Dramaturgie Blachers und Einems abgeleitet, da sie bei drei sehr verschiedenen Stoffen angewandt wurden, bei denen eine unterschiedliche dramaturgische Gestaltung denkbar gewesen wäre. Zu den auffälligsten Kennzeichen der drei Libretti gehört die Gliederung in zwei Teile von ungefähr gleichem Umfang und die Unterteilung dieser beiden Komplexe in eine etwa gleich große Anzahl von Bildern und Nummern." Auch auf die Oper „Kabale und Liebe", die erst nach der Veröffentlichung von Hartmanns Buch komponiert wurde und deren dramaturgischen Aufriß Blacher Anfang der 70er Jahre entwarf (und der dann von Lotte Ingrisch ausgearbeitet wurde), trifft das zu: Sie hat zwei Teile, die vier bzw. fünf Bilder umfassen. Von den insgesamt sechzehn Musiknummern gehören neun zum ersten, sieben zum zweiten Teil.

[11] Vgl. Abschnitt 2.1.

Aufbau" ist „auf eine möglichst variable Formung der Szenen zugeschnitten, da der dramatische Impetus und die dramaturgische Logik der einzelnen Szenen eines für die Komposition bestimmten Textes durchaus musikalisch formaler Natur sein müssen."[12] Dort, läßt sich hinzufügen, wo das nicht a priori der Fall ist, müssen solche Voraussetzungen geschaffen werden, und in der Möglichkeit dazu liegt ein wichtiges Kriterium der Dramenauswahl.

„Yvonne", deshalb nimmt sie in meiner Untersuchung eine zentrale Position ein, zeigt das in nuce. Das Prinzip gilt jedoch keineswegs nur für Blachers Literaturadaptionen (einschließlich seiner Vorschläge für Gottfried von Einem), sondern auch für Stücke aus anderen Genres: Kapitel 4 über die „Abstrakte Oper Nr. 1" hat das verdeutlicht. Und Blachers Zusammenarbeit mit Heinz von Cramer bei „Die Flut" oder „Preußisches Märchen" oder die mit Gerhard von Westermann bei „Rosamunde Floris" unterscheidet sich aus diesem Blickwinkel wenig von seinen eigenen dramaturgischen Einrichtungen. Das Prinzip gehört gewissermaßen zu Blachers Personalstil. Das hat zweierlei Konsequenzen: Zum einen vermittelt dieser Zugang in der Divergenz des Kunstanspruchs, wie er zwischen einer Zeitoper und einer Literaturoper klafft. Zum anderen vermittelt er in der typologischen Divergenz: Die epische Aneinanderreihung von Einzelsituationen, wie sie Kurt Weill für die Zeitoper proklamierte (und wie sie in „Abstrakte Oper Nr. 1" und „Zwischenfälle bei einer Notlandung" exemplarisch umgesetzt ist), schimmert quasi auch bei Blachers Umgang mit dem Narrativen immer wieder durch. Und dort, wo der Text der Vorlage zum Referentiellen neigt, wie bei „Preußisches Märchen" oder „200 000 Taler", suchte er nach Mitteln für eine Dramaturgie der musikalisch kontrastiv erfaßten Stationen: Er nutzte den Tanz (zur Verdeutlichung innerer Bilder) bzw. das Ensemble.

Damit ist freilich auch gesagt: Blacher, der mit der Zeitoper anfing und sie weit in die Nachkriegszeit hineintrug, übernimmt von ihr Wesenhaftes in sein Verfahren der Dramenadaption. Das betrifft einige der zentralen musikalischen Momente, die Martin Willenbrink für die Zeitoper zusammengestellt hat: „Textverständlichkeit durch parlandohaftes, sprachmelodisches und sprachrhythmisches Komponieren (...); Transparenz durch Einzelklang (...); Verwendung musikalischer Alltagssprache durch Rückgriff auf Elemente der Unterhaltungsmusik (...); Vorliebe für (...) Nummerndramaturgie".[13] Das läßt sich unschwer konkretisieren, und „Yvonne" ist auch dafür ein ausgezeichnetes Beispiel: Spielt nicht ein Tango, und zwar als Fremdkörper wie als Signal

---

[12] Vgl. Abschnitt 1.1.
[13] Willenbrink: *Der Zeitopernkomponist Boris Blacher*, a.a.O., S. 270.

musikalischer Alltagskommunikation, in Kurt Weills Einakter „Der Zar läßt sich photographieren" eine zentrale Rolle?[14] Hatte nicht H. H. Stuckenschmidt das musikalische Material von „Preußisches Märchen" als einen „bunte(n) Strauß von Märschen, Polkas, Walzern, Galopps" beschrieben, einschließlich „Anklängen an Schlager von 1900"?[15]

Die Parallelen zwischen Zeitoper und Dramenadaption bei Blacher haben jedoch insbesondere zwei noch viel weitreichendere Folgen: Zum einen verhindert das Festhalten am deklamatorischen, sprachbetonten Vokalstil attraktive Angebote im Sinne avancierter Stimmidiomatik, wie sie die Oper vom Zeitstück normalerweise unterscheidet: Blacher gibt dem Gesang per se hier wie da wenig Raum; Möglichkeiten der menschlichen Stimme oder das Austesten neuer vokaler Topoi (auch im Sinne einer individuellen Charakterisierung der Figuren) hat ihn wenig gereizt. Das steht freilich häufig in Widerspruch zum Nummernprinzip, dessen Hauptfunktion in der Oper gerade darin liegt, solche Möglichkeiten dramaturgisch zu schaffen.[16] (Ein Grund, warum Blachers Opern kaum gespielt werden: Sie bieten zwar dankbare Rollen, aber wenig dankbare stimmliche Herausforderungen.)

Zum anderen behalten auch die von Blacher ausgewählten Literatursujets (und zwar unabhängig davon, ob sie neu gedichtet oder von ihm selbst eingerichtet wurden) fast stets den Charakter eines Experiments und eine (häufig ironisch unterfütterte) Distanz nach der Manier der Zeitoper. Weder in „Yvonne" noch in „Rosamunde Floris", „200 000 Taler" oder „Preußisches Märchen" legt es Blacher auf Psychologisierung, Identifikation oder einschichtige Narration an. Es geht um Kritik, um Denkspiele, um Ansprache an das Publikum – auch

---

[14] Nils Grosch ist dem nachgegangen: *Die Musik der Neuen Sachlichkeit*, a.a.O., S. 137ff.

[15] Stuckenschmidt: „Musikalische Köpenickiade uraufgeführt. Blacher-Cramers ‚Preußisches Märchen' in der Städtischen Oper", in: *Neue Zeitung* vom 25. September 1952.

[16] Daß das Nummernprinzip (als Beispiel einer textlichen und szenischen Orientierung an musikalischen Strukturen) bei der Gattungstransformation zur „Entindividualisierung psychologischer Prozesse" und damit zur „Abstraktion ins Idealtypische" führt, wie Beck (*Bedingungen librettistischen Schreibens*, a.a.O., S. 59f.) im Anschluß an Gerhartz' Analyse der ersten Lady-Macbeth-Szene in Verdis Oper behauptet, leuchtet mir kaum ein. Zwar werden Versachlichung und Typisierung durch die geschlossene musikalische Form evoziert. Dies bildet jedoch nur die Voraussetzung der avisierten, extrem persönlichen vokalen Gestaltung. Das Moment des Gesanges, das Verdi auf diese Weise auch über die Vokallinie und ihre Begleitung hinaus einkomponiert (im Sinne einer Erwartungshaltung), konterkariert gerade die Schematik der Form – und bestimmt damit die psychologische Dynamik der Szene. Umgekehrt zerfällt (schon beim mittleren Verdi) mit einem historisch umgrenzbaren Belcanto-Idiom auch die Typologie der musikalischen Gliederung.

dort, wo die Elemente des epischen Theaters zurücktreten. Das heißt nicht, daß sich Blacher um eine emotional fundierte Position drückt: Er kann sie, wie das Beispiel „Yvonne" gezeigt hat, mit großer, gleichwohl unaufdringlicher Intensität einnehmen, sich darin als komponierendes Subjekt einbringen. Freilich – und hier wird der Kontrast zum Vorbild Berg auf einer letzten Ebene deutlich – versagt er sich auch dabei (im Sinne der Zeitoper) jegliches Espressivo. Berg setzt auf Betroffenheit, Blacher auf Getroffenheit.

Was Blacher bereits 1941 als Stilkonglomerat beschrieb, erweist sich somit innerhalb seines Opernschaffens als in vielfacher Weise normativ. Nur weil Blacher Dramentexte nach genau vorgeprägten Librettokriterien einrichtete, konnte er sich einer derartigen Fülle an Sujets zuwenden, nur so seine Stilkonstanz innerhalb der verbalen Stilfülle pflegen. Als These formuliert: Die idealtypische dramaturgische Konvergenz von Blachers Schauspieladaptionen (für sich und für andere) bildet den Rückhalt einer breiten inhaltlichen Divergenz.

Was die Literaturadaptionen betrifft, so scheint es möglich, sogar wahrscheinlich, daß gerade die Spannung zwischen evolutionärer Dramenstruktur und inhärenter Klangsymmetrie ihn reizte und animierte. Um sie zuzuspitzen, braucht man sich nur noch einmal die zentrale Passage aus seinem Vortrag über „Die musikalische Komposition unter dem Einfluß der technischen Entwicklung der Musik" vergegenwärtigen, nun im Kontext der Binnengliederung des modernen Dramas. Als „Metaphysik" des Kunstwerkes wird dort ein Symmetriegehalt beschrieben, „dessen Kenntnis gestattet, beliebig viele schöne Stücke zu komponieren, und die Auffindung solcher Konfigurationen ist die wahre künstlerische Leistung". Vielleicht, so Blacher im Sinne von Max Bill weiter, sei „das gute Kunstwerk durch eine Minimaleigenschaft ausgezeichnet: es ist das einfachste Stück, das bei dem in ihm enthaltenen Symmetriekomplex möglich ist".[17] Beim Tanz, der musikalische Rhythmik und Abschnittsbildung im Großen wie im Kleinen unkompliziert auf die Bühne übertragen kann, hat es Blachers Ansatz unter solchen Voraussetzungen leichter. In jedem Fall zeigt sich, wie Blacher – ohne sich direkt auf die von Max Bense fundierte Informationsästhetik zu beziehen – das mathematisch gedachte „Maß von gewissen Ordnungsbeziehungen"[18] als Maß künstlerischen Gelingens verstand. Sklavisch hat er sich einer numerischen Ästhetik keineswegs unterworfen, doch das Integral der Form blieb Signum einer Vermittlung, wenn nicht der Einheit von Inspiration und Verarbeitung.

---

[17] Vgl. Kapitel 4.
[18] Vgl. ebd.

Wie ist es unter solchen Voraussetzungen wirkungsgeschichtlich um Blachers Musiktheater bestellt? Vergegenwärtigen wir uns hierzu die Position Blachers innerhalb der zeitgenössischen Musik der Nachkriegszeit. Gegenüber Schulen jeder Art war er allergisch. In der folgenden Bemerkung dürften die Erfahrungen mit Donaueschingen, aber auch mit Hindemiths Unterrichtsstil nicht wenig mitklingen:

„Man kann in der Kunst nicht zurückgehen, kann nicht künstlich irgendwo in der Vergangenheit anknüpfen. Das würde nur zu bloßen Hilfskonstruktionen führen. Jedes Werk von wirklicher Eigenart und Eigenwert schafft sich gleichzeitig eine ihm entsprechende neue Technik. Wäre es anders, so würde alles Komponieren sehr rasch in Form von Rezepten erstarren und entarten. Darum sehe ich auch die Bildung von ‚Schulen' nach irgend einem Komponisten als einen großen Nachteil für die Entwicklung der Musik an."[19]

Hält man Stockhausens 1953 formulierte Position dagegen, werden die Differenzen der Ästhetik schnell deutlich:

„Vergesse man (...) nicht, daß selten eine Komponistengeneration so viele Chancen hatte und zu solch glücklichem Augenblick geboren wurde wie die jetzige: Die ‚Städte sind radiert', und man kann nun von Grund auf neu anfangen ohne Rücksicht auf Ruinen und ‚geschmacklose' Überreste."[20]

Und an anderer Stelle im selben Essay:

„Es geht nicht darum, ob es unserer Generation vergönnt sein wird, die großen vollkommenen Werke zu schaffen, sondern darum, ob wir der eigenen historischen Aufgabe mit Verantwortung bewußt sind. Durch die augenblickliche Generation wird es entschieden werden, in welche Richtung sich der neu anzusetzende große Bogen spannt."[21]

Im selben Jahr, 1953, fand bei den Internationalen Ferienkursen auf Schloß Kranichstein ein Konzert zum 70. Geburtstag von Anton Webern statt. Voran ging ein Gespräch, an dem Pierre Boulez, Herbert Eimert, Luigi Nono, und Karlheinz Stockhausen teilnahmen. Stockhausen stellte dabei den ersten Satz von Weberns Konzert für neun Instrumente op. 24 vor. Aus der Rückschau formuliert Karl H. Wörner: „Damit war (...) der neue Standort, das Prinzip der seriellen Komposition bereits (...) eindeutig erreicht und (...) präzise formuliert."[22]

---

[19] Rufer: *Bekenntnisse und Erkenntnisse*, a.a.O., S. 260.
[20] Stockhausen: „Zur Situation des Metiers", in: ders.: *Texte zur elektronischen und instrumentalen Musik, Band I*, Köln 1963, S. 48.
[21] Ebd., S. 59.
[22] Wörner: „Neue Musik 1948-1958. Versuch eines historischen Überblicks", in: *Darmstädter Beiträge zur Neuen Musik*, Mainz 1959, S. 10.

Zu der Zeit also, als eine dogmatisch werdende Avantgarde auf radikalen Traditionsbruch setzte[23] und generelle Skepsis insbesondere gegenüber der Vokalmusik praktizierte[24], proklamierte Blacher den Glauben an Oper, an den tradierten Text und seine Semantik und gleichzeitig das Vertrauen in eine Werkästhetik, die auf schulenfreier, stilistischer Variabilität basiert. Überdies verstand er sich, auch das querständig zur Nachkriegsavantgarde, als Gebrauchsmusiker: als Komponist, der Funktionalität von Musik nicht als despektierliches ästhetisches Mißgeschick beargwöhnte, sondern als Inspirationsquelle suchte.

Nun hat Carl Dahlhaus einmal die Oper als „eine Art von funktionaler Musik" bezeichnet.[25] Der Nebensatz steht in einer Beschreibung der postseriellen bzw. postmodernen Situation des Komponierens, entworfen Anfang der 80er Jahre. Dahlhaus fragt nach den Ursachen für das gestiegene Interesse an der Oper und hält fest, daß gerade „in der Unentschiedenheit (...), die man entweder polemisch als Verworrenheit oder apologetisch als Vielfalt der Möglichkeiten charakterisieren kann, (...) eine Chance für die Opernkomposition liegt":

> „Ein ästhetisch-kompositionstechnischer Purismus, wie er im Zeichen der seriellen Musik herrschte, ist von Grund auf theaterfremd; und eine Differenzierung, die vor drastischen Wirkungen zurückscheut, schlägt bei szenischer Musik rasch in Monotonie um. Ein stilistisch zerklüfteter und orientierungsloser Zustand, in dem nahezu alles möglich ist (...), stellt also vom Standpunkt des Theaters eher einen Vorzug als einen Mangel dar, weil der Eklektizismus, den das Theater braucht, einen Komponisten nicht in Verruf bringt (...), sondern ästhetisch und kompositionsgeschichtlich legitim erscheint."[26]

Boris Blacher, der seine musikalische Herkunft aus den 20er Jahren nie verleugnete, hat sich stilistische Variabilität auch und gerade in der Zeit eines rigiden Serialismus bewahrt. Doch er hat das mathematisch determinierte Musikdenken nicht nur aus der Ferne beobachtet, sondern, durch die variablen Metren, auch im eigenen Schaffen aufgegriffen. Purist ist er, wie die „Abstrakte Oper Nr. 1"

---

[23] Zur Definition des Begriffs Traditionsbruch vgl. Jürg Stenzl: „Tradition und Traditionsbruch", a.a.O., S. 81.

[24] Elmar Budde („Zum Verhältnis von Sprache, Sprachlaut und Komposition in der neueren Musik", in: *Über Sprache und Musik, Sieben Versuche zur neueren Vokalmusik*, hg. von R. Stephan, Mainz 1974, S. 15) führt diese Skepsis darauf zurück, „daß die Idee des Seriellen, d.h. die widerspruchsfreie Komposition von Parametern unter einem einheitlichen Gesichtspunkt, sich im Bereich exakt definierter Instrumentaltöne verwirklichen ließ als im Bereich der nicht genau bestimmbaren Gesangstöne". Zum Traditionsbegriff der Neuen Musik vgl. auch H. Danuser: „Tradition und Avantgarde", in: R. Brinkmann (Hg.): *Die neue Musik und die Tradition nach 1950*, a.a.O., S. 22ff.

[25] Dahlhaus: „Traditionelle Dramaturgie in der modernen Oper", a.a.O., S. 22.

[26] Ebd., S. 21.

zeigt, dabei nie gewesen oder geworden. Im Gegenteil: Gerade dieses Stück lebt aus einer eklektizistischen Vielfalt: strukturelles Denken *und* Nummernprinzip, Zeitoper *und* Parabelhaftigkeit bzw. „eine, diesem Genre eigentlich widersprechende, überzeitliche Gültigkeit"[27], die Wiederbelebung spontanen Botschaftstheaters *und* avantgardistisches Experiment.

Drei einander bedingende Faktoren sind es folglich, die Blacher zu jener „Ästhetik des Unterwegs" führten, die Hans Zender später für die Postmoderne reklamierte: eine als Potential verstandene stilistische Vielfalt, die keineswegs im Widerspruch zur Konstanz einer persönlichen Handschrift steht; die Dominanz, mit der sich das Musiktheater durch sein Gesamtschaffen zieht; und das Pochen auf eine im weitesten Sinne funktionale Musik.

Unscharf ist dabei noch der von Dahlhaus geäußerte Funktionalitätsgedanke in der Oper geblieben. Er impliziert neben der innermusikalischen Ausrichtung, über die sich gesondert diskutieren ließe, im Falle Blachers vor allem eine externe Wirkungsdimension, die er sehr bewußt wahrnahm. Von „Habemeajaja" bis zur „Yvonne" ziehen sich sozialkritische Themen durch seine Opern. Sozialpsychologische Befindlichkeiten, die aus den ersten Berliner Jahren des staatenlosen Neuankömmlings resultieren, dürften seinen Blick dafür geschärft haben. Sie blieben, mit wechselnden Schwerpunkten, sein Thema – auch in Zeiten der arrivierten Existenz eines Hochschullehrers. Die Kurzoper „Die Flut" wendet sich schon 1946 gegen ein ausgreifendes Kapitalismusprinzip wie gegen die Unmenschlichkeit wiederentstehender Großstädte. Vergangenheitserfahrung und die Warnung vor einer sich abzeichnenden Zukunft mischen sich. Sozialkritik gilt nicht nur für seine Zeitopern, sondern auch dann, wenn Blacher den gesellschaftlichen Kommunikationskontext bei Literaturadaptionen mitbedenkt.

Nur ein Beispiel: Mit „Preußisches Märchen" knüpfen Blacher und Heinz von Cramer nicht nur bei Carl Zuckmayer an, sondern auch bei Heinrich Manns Kritik am Wilhelminismus. Die Uniform steigert Selbst- und Sendungsbewußtsein. Der Dienstgrad ersetzt den Menschen. Die Autoren rücken das Sujet aber auch vom Wilhelminischen Reich in der Geschichte ein Stück weiter: an das „Dritte Reich" heran. Statt auf sture und bis zur Lächerlichkeit vorangetriebene Autoritätsgläubigkeit richten sie den Fokus auf die Gefährlichkeit der aufgeputschten Masse. Die Kritik gilt auch Verdrängungsmechanismen der Nachkriegszeit. In der ersten Version zitiert Blacher das Deutschlandlied, dessen Text- und Melodiewahl kurz zuvor für heftige Diskussion gesorgt hatte. Aber das mußte schon vor der Premiere wieder gestrichen werden.

---

[27] Willenbrink: *Der Zeitopernkomponist Boris Blacher*, a.a.O., S. 187.

Ein Stück also nicht zuletzt gegen einbildungsbürgerliches Theater. Immerhin sorgte „Preußisches Märchen" 1953 sogar unter Politikern für Aufregung. Öffentlich wurde diskutiert, ob das Stück für ein Gastspiel der Deutschen Oper Berlin in Paris geeignet sei. Ein Berliner FDP-Abgeordneter wandte sich dagegen mit dem Argument, man müsse von den zuständigen Senatsdienststellen soviel Fingerspitzengefühl verlangen, daß sie nicht zu einem Zeitpunkt, an dem um die Verteidigung Europas gerungen werde, im Ausland „preußische Grenadiere als Hampelmänner" zeigten.[28] Niemand konnte es ignorieren: Blachers Statement gegen die Wiederbewaffnung – und die moralische Aufrüstung der Adenauer-Zeit – war mit „Preußisches Märchen" gerade geschrieben, als die öffentliche Diskussion über eine deutsche Bundeswehr in Gang kam. Blacher, ein Stachel im wohltemperierten Kunstklima.[29]

Solche Schlaglichter zeigen, mit welchen Mitteln Blacher Gegenposition bezog zu politischen wie künstlerischen Standpunkten seiner Zeit. Er war ein Korrektiv – nicht nur gegen die Spätfolgen der Naziästhetik, sondern auch gegen die musikalische Avantgarde. Als die Skepsis gegenüber allem Vokalen ihren Höhepunkt erreicht hatte, vermischte er dieses mit seriellen Ansätzen. Als die Skepsis gegenüber der Literaturoper ihren Höhepunkt erreicht hatte, revitalisierte er Georg Kaisers „Rosamunde Floris". Als das Instrumentale Theater um sich griff, schrieb er – mit „200 000 Taler" – eine Ensembleoper, bediente bewußt die Oper als Institution. „Yvonne" ist dann nicht nur ein kompositorisches Resümee, sondern ein neuer Versuch, wenn schon nicht zeitgenössische, so doch zeitgemäße Dramatik für die Oper zu reklamieren. Ein Versuch, der wiederum als Korrektiv oppositioneller Musiktheaterformen verstanden werden kann – und als weiteres Stück Sozialkritik.

Kurz: Blacher gewann aus der Funktion des Korrektivs Wert und Wirkung – ohne daß dabei Kontinuität oder Eigendynamik seines Schaffens zu leiden hatten. Und ohne schablonenhaften Nonkonformismus: Sein Werk verzichtet

---

[28] Zit. n. Henrich (Hg.): *Boris Blacher. Dokumente zu Leben und Werk*, a.a.O., S. 108.
[29] In diesem Sinn verblüfft eine Parallele zwischen Blacher und Kagel: 1979 schrieb Kagel „Märsche um den Sieg zu verfehlen"; sie gehören zu einem Hörspiel-Monolog, in dem ein politischer Redner seinen öffentlichen Auftritt trainiert. Dazu spielt er sich nicht nur Applaus vom Band zu, sondern auch Militärmusik. Hält man Blachers schon 1934 geschriebenes „Alla Marchia" dagegen, fällt auch hier der Verfremdungsansatz ins Ohr. Ende der 40er Jahre nutzte Blacher das Marsch-Idiom in einer Reihe von Stücken, die seine politische Überzeugung dokumentieren. Unter anderem: der „Linke Marsch" von 1948 und „Lieder der kämpfenden Demokratie". Auch die Vertonung von Brecht-Chansons gehört in diesen Zusammenhang.

auf dürren Aufzeigecharakter. Es profiliert sich als Echoraum für das jeweils andere. Blacher ist, wie kaum einer seiner Generation, ein Komponist der Re-Aktion. Was zu Beginn meiner Studie als Hypothese festgehalten wurde, erfuhr, mit und durch die Detailanalysen, seine argumentative Einbindung: Blachers Einfluß als Seismograph, als einer der aufspürt, dann mit kontrastiven Positionen das Aufgespürte umkreist und damit Perspektiven aufreißt, die zu ihm hin und – häufiger – von ihm weg führen. In diesem Sinne leistete Blacher geistige Hygiene.

Damit rückt eine letzte Perspektive ins Blickfeld, die sein Verhältnis zur Literatur bestimmt. Das Prädikat „seismographisch" wurde Ende der 40er Jahre von Alfred Andersch und Wolfgang Weyrauch für eine Literatur geprägt, die sich im oppositionellen Sinn als zeitgemäß verstand. Ihr ging es darum, restaurativen Tendenzen entgegenzuarbeiten, insbesondere sozialen Mißständen, die sich aus Kaltem Krieg und Wirtschaftswunder als den beiden Determinanten der bundesdeutschen Nachkriegsgesellschaft ergaben. Wo soziale wie sozialistische Ideen innerhalb des politischen Gefüges an Einfluß verloren (und vielfach aus dem Bewußtsein verschwanden), sah sich Kunst in einer Weise gefordert, die die Metapher vom „Seismographen" anzeigt.

Blickt man sich in der Publizistik dieser Jahre um, so bieten sich vor allem die „Frankfurter Hefte" immer wieder als Bezugsgrößen für Blachers Position an. Was deren Mitherausgeber Walter Dirks an Schlaglichtern wirft, liest sich aus der Rückschau häufig wie die argumentative Untermauerung von Ansichten, die Blacher mit seinen Mitteln formulierte. Um beim Beispiel „Preußisches Märchen" zu bleiben: In einem Straßburger Vortrag warnte Dirks 1950 vor einer Wiederbewaffnung. Wenn sich die Gleichberechtigung Deutschlands vor der Einheitsbildung Europas durchsetze, würde das zu einer starken Nationalarmee führen, und „eine gleichberechtigte, also souveräne deutsche Armee würde in jedem Falle ein neues Moment der Unsicherheit und mindestens der Ungewißheit bedeuten. Einmal Korea muß uns genügen."[30]

Ohne daß hier eine Parallele zwischen dem von Dirks propagierten „Freiheitlichen Sozialismus" und Blachers politischen Ansichten (die nicht als verbale Äußerungen überliefert sind) herbeikonstruiert werden soll: es fällt zumindest auf, daß solche Koinzidenzen keine Seltenheit sind. So beklagt Dirks im selben Jahrgang seiner „Frankfurter Hefte", daß Kultur mehr und mehr „die Verbindung mit dem gelebten Leben" verliere und in die Hände „der großen

---

[30] Dirks: „Christus, Europa und der Friede", in: *Frankfurter Hefte*, Jahrgang 1950, Heft 12, S. 1259.

und kleinen Spezialisten gefallen sei"[31], und fordert Intellektuelle als „Leute, welche die Wirklichkeit denken – als Irrtum, als Lüge oder als Wahrheit".[32] Blacher war vom Typus des katholischen Intellektuellen gewiß weit entfernt. Dennoch deckt sich auch die von Dirks formulierte, schroffe Kritik an aller „Abendländerei" mit seinen künstlerischen Aussagen. Vor allem fundiert Dirks das Postulat des Bewußtmachens, wobei seinem Aufsatz „Der restaurative Charakter der Epoche" zentrale Bedeutung zukommt. Dort wird nicht nur der Begriff der Restauration erstmals auf die Nachkriegszeit bezogen, sondern Dirks fordert die Gegenbewegung als „Arbeit am Bewußtsein der Zeit, Arbeit am öffentlichen Gewissen, an der öffentlichen Meinung".[33] Im Sinn seiner Devise von „Sagen, was ist"[34] läßt sich auch Blachers Musiktheater verstehen: nach 1945 vor allem als demokratisch-sozialistisch motivierte Kritik. So bleibt Blacher, auch wenn er sie nicht direkt auf die Opernbühne holt, mit den Texten seiner Zeit verbunden: durch die Nähe zur Poetologie eines linksbürgerlichen Kultur- und insbesondere Literaturkonzepts.

Querständigkeit und die Idee des Seismographischen stellen freilich auch wichtige Aspekte dar, unter denen Blachers Werk heute durch die musikalische Praxis neu zu befragen ist: Ein Klavierabend, der Blachers „Ornamente" in Zusammenhang mit den frühen Klavierstücken von Boulez bringt oder seine „24 Préludes" in den von Šostakovič' „24 Präludien und Fugen", könnte ebenso in diese Richtung arbeiten wie eine Konfrontation des Handlungsballetts mit moderner tänzerischer Grammatik. Oder Blachers „Psalmen" zwischen lyrischen Implosionen von Bartók und Britten. Und haben nicht die jüngsten Premieren von „Preußisches Märchen" gezeigt, daß die Portion einer ins Skurrile angeschrägten Unterhaltsamkeit, die das Stück *auch* repräsentiert, heute mehr Wirksamkeit findet als vor zehn, fünfzehn Jahren? Adriana Hölszkys „Bremer Freiheit" und Blachers „Rosamunde Floris" arbeiten nicht nur vom Sujet her in dieselbe Richtung. Diese Oper und ebenso „Yvonne" verdienen, gerade wegen ihrer konstruktiven Uneindeutigkeiten, eine erneute Überprüfung auf der Bühne. Überall, wo Blacher vom Komponisten der Fußnoten zum Komponisten der Noten zurückbefördert wird, können sich Überraschungen ergeben.

---

[31] Der Aufsatz unter dem Titel „Das Warenhaus der Bildungsgüter und die Arbeiter" erschien in Heft 8, Zitat S. 804.
[32] „Sind die Intellektuellen machtlos?", in: *Frankfurter Hefte*, Jahrgang 1950, Heft 7, S. 699.
[33] *Frankfurter Hefte*, Jahrgang 1950, Heft 9, S. 954.
[34] Ebd.

7. Anhang

Das Literaturverzeichnis weist ausschließlich Arbeitsmaterialien der vorliegenden Studie aus. Von den eingesehenen Primär- und Sekundärquellen werden nur diejenigen aufgeführt, die sich als relevant für das Thema erwiesen haben. Bibliographische Vollständigkeit war weder bei Blachers Selbstzeugnissen noch in Hinblick auf die behandelten Schriftsteller angestrebt. Es liegt in der Natur des Themas, daß eine große Anzahl von Texten aus Zeitungen und Zeitschriften zum Sichtungsmaterial gehörte: vor allem Opern-, Schauspiel- und Buchrezensionen, aber auch allgemeinere Beiträge. Im Anhang sind nur diejenigen davon aufgenommen, aus denen Gedanken oder Informationen in die Studie eingeflossen sind. Inhaltlich wurde die Auswahl der Blacher gewidmeten Ausschnitte begrenzt auf allgemeine Würdigungen von Leben und Werk (inkl. Nekrologe) sowie Beiträge zu den behandelten Stücken. Beiträge zu anderen Stücken erscheinen dann, wenn sie wichtige Informationen zum musiktheatralischen Kontext lieferten. Das gilt auch für die zahlreichen Texte, die H. H. Stuckenschmidt über Blacher veröffentlicht hat und aus denen eine repräsentative Auswahl getroffen wurde.

Rezensionen finden sich wie folgt: über von Blacher komponierte Stücke unter 7.6; über „Dantons Tod" von Blacher/Einem sowie sonstige Opern unter 7.7.1; Schauspielrezensionen sowie alle weiteren Texte aus Zeitungen und Zeitschriften, die Schriftsteller und ihre Werke betreffen, unter 7.7.2. Von Manuskripten und sonstigen Archivalien, die sich ausschließlich in den konsultierten Archiven einsehen lassen, sind hier nur die größeren Texte aufgeführt: Weitere Nachweise und Signaturangaben enthält der laufende Text. Da eine steigende Zahl von Monatszeitschriften ihre Hefte separat paginiert, werden, sofern nicht anders angegeben, Monat und Erscheinungsjahr ausgewiesen.

Die Zeittafel soll der biographischen Orientierung dienen. Sie erscheint besonders angesichts der schwindenden Präsenz Blachers in einschlägigen Publikationen keineswegs überflüssig. Im vorgegebenen Rahmen mußte sie sich auf einen Überblick der wesentlichsten Ereignispunkte in Blachers Leben beschränken. Die aufgeführten Werke sind mit Bezug zum Gegenstand dieser Studie ausgewählt. Die Daten werden durch autobiographische Äußerungen Blachers und wenige, zusammenfassende Passagen aus der Sekundärliteratur ergänzt. Besonders durch das „Wie" von Blachers Kommentaren entsteht so eine weitere Informationsebene.

7.1 Zeittafel

1903
Blacher wird in Niutschuang/Newchwang (China) geboren: am 6. bzw. 19. Januar (europäische Zeitrechnung). Er bleibt Einzelkind. Eduard Blacher, der Vater, stammt aus Reval und ist Bankdirektor; die Mutter, Helene Wulff, Tochter eines St. Petersburger Zahnarztes. „Die Blachers führten wie alle wohlhabenden Europäer in Ostasien ein großes Haus."[1]

1908–1911
Chefoo (Tschifu) am Gelben Meer, wo der Vater die Filiale einer russisch-deutschen Bank aufbaut. Blachers Jugend ist geprägt von zahlreichen Umzügen der Eltern, Orts-, Sprach- und Schulwechseln. „An Unklarheiten ist in meinem Leben kein Mangel."[2] Er lernt Englisch, Deutsch, Chinesisch, Italienisch, Russisch.

> „Erste musikalische Eindrücke empfing ich, wenn ich von den chinesischen Melodien fiedelnder Bettler absehe, von den Marinekapellen. Die Deutschen kamen mit zackiger Marschmusik, ‚Preußens Gloria', bliesen aber auch die frechen und witzigen Tänze von Paul Lincke und dem älteren Hollaender oder Stücke aus ‚Frau Luna' und ‚Berliner Luft', auch Schlager wie ‚Freu dich Fritzchen, morgen gibt's Selleriesalat'. Nicht minder beliebt waren aber auch die Amerikaner, zumal die hochmusikalischen Philippinen, die in ihren Orchestern mitspielten. Franzosen kamen selten. Mein Vater hörte in seinem Club zur Ballzeit Wiener Walzer. Strauß wurde für die Älteren gespielt, jüngere Leute bevorzugten Kálmán und Léhar. In den Tanzpausen wurde Opern- und Ballettmusik in beliebten Arrangements dargeboten."[3]

1913
Hankau (Zentralchina). Blacher besucht eine deutsche Schule. „Übrigens waren meine Erfahrungen an der deutschen Schule nicht so angenehm. Diese Strenge, diese Disziplin."[4] Aus politischen Gründen Einschulung in einen italienischen Konvent. Blacher lernt dort Klavierspielen.

---

[1] Stuckenschmidt: *Boris Blacher*, a.a.O., S. 19.
[2] Blacher: „Neuland Rhythmus", in: Müller-Marein/Reinhardt (Hg.). *Das musikalische Selbstportrait*, a.a.O., S. 406.
[3] Blacher: „Damals in Chefoo", in: Stuckenschmidt: *Boris Blacher*, a.a.O., S. 12.
[4] Blacher: „Neuland Rhythmus", a.a.O., S. 406.

Zeittafel

1914
Der Vater wird als russischer Reserveoffizier eingezogen. Blacher kommt auf eine russische Schule in Irkutsk (Sibirien). Er lernt bei einem polnischen Schüler von Henri Marteau Violine: *„Er machte mich mit der neuen Musik jener Zeit bekannt, mit Richard Strauss und Debussy, in Klavierfassungen der Orchesterwerke – oder nur in Erzählungen."*[5] Blacher studiert Rimskij-Korsakovs Harmonielehre.

1917
Russische Revolution. *„Einmal befreiten uns die ‚Roten' von den ‚Weißen', dann die ‚Weißen' von den ‚Roten'. Es gab bei alledem viele Reden, aber nichts zu essen."*[6]
Blacher spielt Hilfsbeleuchter in der Oper von Irkutsk. *„Daß ich die Scheinwerfer hin- und herschob, das war meine erste Berührung mit der Opernwelt."*[7]

1919
Charbin (Mandschurei), das damals zum Teil zu China, zum Teil zu Japan gehörte. Dort leben viele Emigranten aus Rußland. Sie gründen ein Symphonieorchester. Blacher instrumentiert dafür Klavierauszüge von Symphonien und Opern. Zum Beispiel „Tosca": *„Viel später erst habe ich die Originalfassung gehört. (...) Ich hatte meine Puccini-Fassung noch im Ohr. Ich war in Berlin sehr erstaunt über Puccini – meine Fassung klang eher nach Tschaikowsky."*[8]
Ergebnis der ersten Stadien musikalischer Ausbildung:
„Eine phänomenale musikalische Frühreife machte aus all dem ein einzigartiges, autodidaktisch zugeschnittenes Amalgam, das leicht querständig war zum europäischen Bildungskanon."[9]

Blachers Lungenleiden beginnt: *„Ich verliebte mich in eine russische Tänzerin und war zwei Jahre mit ihr liiert. Lang genug, um mich bei ihr mit der Tuberkulose anzustecken, an der sie wenig später elend einging. Seitdem habe ich diese schöne Krankheit und muß mit ihr leben."*[10]

---

[5] Lewinski: „Boris Blacher. Die Zeit – das unbarmherzig Maß", a.a.O., S. 216.
[6] „Neuland Rhythmus", a.a.O., S. 407.
[7] Ebd.
[8] Ebd., S. 408.
[9] Hunkemöller: *Boris Blacher, der Jazz-Komponist*, a.a.O., S. 15.
[10] „Ich begann als Hilfsbeleuchter an der Oper von Irkutsk. Mathematik und Musik: Gespräch mit Komponist Boris Blacher", in: *Kölner Stadt-Anzeiger* vom 22. September 1973.

1922

Differenzen mit dem Vater wegen der Berufswahl. Architektur als Kompromiß.

Erste Reise nach Europa über Shanghai, Suez und Marseille nach Paris. Die Mutter ist dabei. *„Von Paris war ich enttäuscht. Ich hatte mir gedacht, da gibt es lauter schöne Sünde in Weibsgestalt, und dann liefen da genau solche Tanten herum wie überall. Musikalisch war auch nicht allzuviel los."*[11] *„Nach drei Tagen packte ich meine Koffer und fuhr weiter nach Berlin."*[12]

Blacher schreibt sich als Student an der Technischen Hochschule Berlin (heute TU) ein und studiert dort zwei Jahre. Vor allem sammelt er Noten und Theatereindrücke. *„Mit dem Ingenieur wurde es nichts, einfach, weil ich zu wenig Deutsch verstand. Ich kapierte die Vorlesungen nicht."*[13]

Kompositionsstudium bei Friedrich E. Koch (1862–1927), der an der Hochschule für Musik 1917 die Nachfolge Engelbert Humperdincks angetreten hatte. *„Ich hätte mich wahrscheinlich nie aufgenommen als Schüler."*[14] „Blacher scheint – entgegen verbreiteter Ansicht – ausschließlich Privatschüler Kochs gewesen zu sein, denn er ist weder in den veröffentlichten Jahresberichten (...) noch in den handschriftlichen Schülerlisten der Hochschule aufgeführt."[15]

Inhalt des Studiums bei Koch: *„Harmonielehre nicht mehr, in der Hauptsache Kontrapunkt, nach Bellermann."*[16] Blacher darf seinen Lehrer vertreten. Er arbeitet an einem Dissertationsprojekt bei Arnold Schering (1877–1941) an der Friedrich-Wilhelms-Universität; Arbeitstitel: „Die Instrumentation von 1800–1850 aus theoretischer und ästhetischer Betrachtung der Zeit".[17] *„Schering war das alles viel zu trocken und er lehnte ab. So wurde ich eben nicht Doktor."*[18]

1924

Der Vater entzieht die finanzielle Unterstützung, nachdem Blacher das Architekturstudium abgebrochen hat. Blacher spielt in Kinos, liest bei Musikverlagen Korrektur und entwickelt eine rege Arrangiertätigkeit in der Unterhaltungsmusik.

---

[11] Ebd.
[12] „Neuland Rhythmus", a.a.O., S. 409.
[13] „Ich begann als Hilfsbeleuchter...", a.a.O.
[14] „Das musikalische Selbstportrait", Stenogramm der NDR-Sendung, VA/BB, S. 14.
[15] Henrich (Hg.): *Boris Blacher. Dokumente zu Leben und Werk*, a.a.O., S. 67.
[16] Burde: „Interview mit Boris Blacher", a.a.O., S. 20.
[17] Henrich (Hg.): *Boris Blacher. Dokumente zu Leben und Werk*, a.a.O., S. 71.
[18] „Ich begann als Hilfsbeleuchter...", a.a.O.

Zeittafel

1925/1926
Die Musik zu einem ehrgeizigen Bismarck-Stummfilm entsteht unter Mitwirkung Blachers.

1927/1928
In Berlin lernt Blacher über die Vermittlung von Rudolf Wagner-Régeny Rudolf von Laban kennen. Erste Ballett-Arbeiten entstehen.

1929
In der illustrierten Beilage des „Berliner Tageblatts" erscheint eine „Radio-Arie" aus Blachers Kammeroper „Habemeajaja".

1935
Die Uraufführung des „Orchester-Capriccio über ein Volkslied" im deutschen Kurzwellensender führt zu Angriffen durch die Presse.

1937
Über Agentenvermittlung wird Carl Schuricht (1880–1967) auf die „Concertante Musik" aufmerksam. Die Uraufführung mit dem Berliner Philharmonischen Orchester am 6. Dezember markiert Blachers Durchbruch. Bereits die Uraufführung des Balletts „Fest im Süden" am 4. Februar in Kassel war ein Erfolg gewesen.

Blachers private Lehrtätigkeit (begonnen aus der Unterhaltungsbranche heraus) wächst.

1938
Karl Böhm (1894–1981) holt Blacher nach dem Erfolg der „Concertanten Musik" an das Landeskonservatorium in Dresden. Zu seinen Schülern gehört dort u.a. der spätere Dirigent Herbert Kegel.

1939
Blacher muß den Lehrauftrag aufgeben, weil er mit seinen Schülern Werke durchnimmt, die als nicht konform gelten. Im Privatunterricht hält er jedoch an seiner Praxis fest. Zu den Komponisten, deren Stücke er vermittelt, gehören Schönberg, Stravinskij, Prokofjev, Hindemith, Bártok, Milhaud, Gershwin und Duke Ellington.[19]

---

[19] Eickhoff: *Politische Dimensionen einer Komponistenbiographie im 20. Jahrhundert – Gottfried von Einem*, a.a.O., S. 55.

Blachers Eltern sterben: der Vater in Charbin, die Mutter in Danzig.

Zweimonatiger London-Aufenthalt auf Einladung des Colonel de Basil, dem Organisator der „Balletts russes" und Nachfolger Diaghilevs.

Bekanntschaft mit Gerty Herzog, die 1939 nach Berlin gezogen war. *„Und seit dieser Zeit muss ich zwischendurch immer Klavierstücke schreiben – für meine Frau."*[20]

1941
„Fürstin Tarakanowa" wird in Wuppertal uraufgeführt.

1942
Als Staatenloser und „Vierteljude" wird Blacher von Staatszuschüssen ausgeschlossen. „The fact was that Blacher had not been born in Germany and at the time was living in Berlin on the strength of a Nansen passport customarily issued to stateless persons by the League of Nations. Baroness von Einem managed, as only she could do, to secure for Blacher German citizenship papers in the middle of World War II. The Passport story exemplifies how in the Third Reich Boris Blacher constantly led a borderline existence between acceptance and rejection!"[21]

1942/43
Mit Werken wie „Der Großinquisitor" und „Drei Psalmen" nimmt Blacher „eine Position der inneren Emigration"[22] ein.

1944
Blacher beschreibt seinen Zustand in einem Brief an Gerty Herzog:

„Und er ist im Leben wohl das Barmherzigste – der Tod. Es scheint wirklich, daß alle die uns so unverständlichen Dinge (...) nur dazu da sind, um uns daran zu erinnern, daß der eigentliche Zweck des Lebens der Tod ist, auf den wir uns ein Leben lang vorbereiten sollen. Dieses vergessen wir so oft mit unseren etwas unzuläng-

---

20 „Neuland Rhythmus", a.a.O., S. 413.
21 Kater: *The twisted muse,* a.a.O., S. 230. Anläßlich einer geplanten Rußland-Reise 1966 machte Blacher gegenüber dem Auswärtigen Amt folgende Angaben betreffend seine Staatsangehörigkeit: „bis 1918 russisch, 1919 – 1953 staatenlos, seit 1953 Bundesrepublik Deutschland", vgl. UKA, Bestand 11, Nr. 6, S. 1101.
22 Henrich (Hg.): *Boris Blacher. Dokumente zu Leben und Werk,* a.a.O., S. 79.

lichen Versuchen, ein bißchen Glück zu zimmern. Aber es wird doch wohl die Hauptsache sein. (...) Jungen Menschen scheint der Tod so in der Ferne zu liegen, daß sie ihn nicht ernst nehmen. Sehr alte sprechen von ihm nicht gerne. Nur das Mittelalter scheint sich manchmal darüber Gedanken zu machen. Ich weiß nicht, ich fange mich an mit ihm zu befreunden. Nicht mit den damit verbundenen Schmerzen und Qualen, diese gehören eigentlich dem Leben, aber vor ihm habe ich keine Angst und würde ihn gerne begrüßen."[23]

1945
Im April erhält Blacher einen Einberufungsbefehl des deutschen Wehrmachtsoberkommandos, den er vernichtet. Heirat mit Gerty Herzog.

1946
Verstärkte Arbeit für Film und Bühne. Filmmusik zu „Aus dem Todeslager Sachsenhausen"; Hörspielmusik zu „Die letzten Tage von Berlin" (Berliner Rundfunk).

Ursendung von „Die Flut" im Berliner Rundfunk (szenische Uraufführung 1947 in Dresden).

1946 – 1948
Blacher unterrichtet am „Internationalen Musikinstitut" in Berlin-Zehlendorf.

1947
Konzertante Uraufführung von „Romeo und Julia" in Berlin.

Uraufführung von Gottfried von Einems Oper „Dantons Tod" bei den Salzburger Festspielen.

Uraufführung der „Paganini-Variationen" in Leipzig.

1948
Mit Paul Höffer (1895–1949) wechselt Blacher nach Bennediks Rücktritt an die Berliner Hochschule für Musik (HfM), wo er eine Professorenstelle erhält.

Uraufführung von „Die Nachtschwalbe" in Leipzig.

---

[23] Stuckenschmidt: *Boris Blacher*, a.a.O., S. 28.

1950

„Ornamente" für Klavier. Blacher erprobt variable Metren.

An der Bayerischen Staatsoper wird das „Hamlet"-Ballett uraufgeführt; „Romeo und Julia" szenisch bei den Salzburger Festspielen.

Werner Egk (1901-1983) wird als Direktor der HfM berufen.

1952

„Preußisches Märchen" wird in Berlin uraufgeführt. Während der Saison 1952/53 ist Blacher mit knapp 100 Aufführungen einer der meistgespielten lebenden Komponisten der „Ernsten Musik".

1953

Blacher wird als Nachfolger Egks Direktor der HfM. „*Sobald ein Komponist seinen Weg gemacht hat, wird er durch einen offiziellen Posten paralysiert.*"[24]

„*Die grösste Enttäuschung war (...) für mich die Erkenntnis, daß unsere Kunsthochschulen (...) immer noch bei dem Status von 1900 sind, während die Musik sich gewaltig geändert hat und die Anforderungen völlig anders geworden sind. Da ist zum Beispiel die Situation in der Klavier-Klasse: Man konnte um 1900 eine Unmenge von Pianisten ausbilden. Die Leute wurden Privatmusiklehrer, sie spielten in Tausenden von Kinos, Cafés und sonstigen kulinarischen Betrieben; und von zehntausend Schülern machte einer wohl auch seinen Weg als Konzertpianist. Und wie liegen die Dinge heute? Die Cafés haben keine Musiker mehr, die Kinos haben den Tonfilm. Aber unsere großen Klavierklassen sind noch vorhanden, obwohl Europa, inklusive Nordamerika, vielleicht mit fünf berühmten Solisten glatt auskommt.*" [25]

In Blachers Zeit als Direktor der HfM fällt die Berufung von Lehrkräften wie Elisabeth Grümmer, Irma Beilke, Herbert Brauer (Gesang), Michel Schwalbé (Violine) und Walter Lutz (Cello).

In Mannheim sorgt die szenische Uraufführung der „Abstrakten Oper Nr. 1" für einen Skandal. „*Meine Musik hat sehr oft anfangs keinen Beifall gefunden. Aber ich glaube, daß weder ein Erfolg allzuviel bedeutet, noch ein Mißerfolg.*"[26]

Das Elektronische Studio der TU Berlin wird gegründet. Blacher hält von Anfang an Kontakt.

---

[24] „Neuland Rhythmus", a.a.O., S. 416.
[25] Ebd., S. 416f.
[26] Ebd., S. 413.

1954
Am 25., 26. und 27. April setzt Wilhelm Furtwängler die „Concertante Musik" aufs Programm des Berliner Philharmonischen Orchesters im Titania-Palast.

1955
An der Wiener Staatsoper wird, im Rahmen der Feiern zur Wiedereröffnung des Hauses, Blachers Ballett „Der Mohr von Venedig" uraufgeführt.

1956
Blacher wird Vizepräsident der West-Berliner Akademie der Künste, deren Gründungsmitglied er war.

1959
Michael Gielen (geb. 1927) und Helmut Krebs (geb. 1913) führen im Wiener Konzerthaus erstmals „Thirteen Ways of Looking at a Blackbird" auf.

Georg Solti (1912–1997) bringt, ebenfalls in Wien, Blachers „Requiem" zur Uraufführung. Der Dirigent hat sich auch in seiner Funktion als Operndirektor in Frankfurt für Blachers Werke eingesetzt und plante u.a. eine Aufführung von „Rosamunde Floris", die dann jedoch aus organisatorischen und praktischen Gründen (Solti wechselte nach Covent Garden) nicht zustande kam.[27]

Blacher erwägt nach sechseinhalb Jahren einen Rücktritt von der Spitze der Musikhochschule und gibt als Begründung die dreifache Belastung als Direktor, Lehrer und Komponist an. Bei dieser Gelegenheit setzt er sich für eine Zusammenlegung der Musikhochschule und der Hochschule für Bildende Künste, der Max-Reinhardt-Schule und des Instituts für Kirchenmusik zu einer Gesamthochschule nach Vorbild der Universitätsverfassung ein. Erst nach seinem Tod 1975 wird dieser Plan umgesetzt.

1960
„Rosamunde Floris" wird im Rahmen der Berliner Festwochen uraufgeführt.

1961
Blacher wird als erster repräsentativer deutscher Komponist nach Israel eingeladen. Er spricht in Jerusalem zu Lehrern und Schülern der Rubin-Musik-

---

[27] Vgl. hierzu die Korrespondenz UKA, Bestand 11, Nr. 11, S. 732ff.

akademie und ist Gast des Komponistenverbandes in Tel Aviv. Gerty Herzog nimmt beim staatlichen Rundfunk Blachers 1. Klavierkonzert auf.

Blacher erhält einen Lehrauftrag für „Elektronische Musik" an der TU Berlin. Im November tritt der „Arbeitskreis für elektronische Musik" erstmals an die Öffentlichkeit. Blacher stellt, im Team mit Manfred Krause und Tonmeister Rüdiger Rufer, neue Stücke vor. Er ist der „künstlerische Spiritus rector der Gruppe".[28]

„Die Initiative, sich noch als fast Sechzigjähriger, trotz labiler Physis, in einen so sehr von der Instrumentalmusik verschiedenen musikalischen Ausdrucksbereich einzuarbeiten, begründet sich in Blachers Grundeinstellung zum Komponieren, seiner generellen Offenheit gegenüber den verschiedensten Arten von Kompositionen, seiner Neugier und Energie."[29]

Blacher bekleidet neben seinen Positionen an zwei Hochschulen eine Fülle an offiziellen Ämtern und hat Verpflichtungen u.a. bei der GEMA, beim russischen Musikverlag Belajew und beim „Kongreß für die Freiheit der Kultur". Er gehört zu den Akademien in beiden Teilen Berlins. Nach dem Unterschied gefragt, antwortet er: *„Das Geld – im Osten beziehen die Mitglieder ein Gehalt."*[30] „Als Persönlichkeit des öffentlichen Lebens agierte Blacher in überaus unangepaßter Weise, Konflikte keineswegs scheuend. (...) Mehr als es zu seiner Zeit opportun war, setzte er sich dabei auch über Zonen- und Sektorengrenzen hinweg."[31]

1965
Uraufführung des Cellokonzertes durch Siegfried Palm und Christoph von Dohnányi beim WDR in Köln.

Das Ballett „Tristan", entstanden in Zusammenarbeit mit Tatjana Gsovsky, kommt an der Deutschen Oper Berlin heraus.

1966
Im Januar bringt Christoph von Dohnányi beim WDR das Gemeinschaftswerk „Jüdische Chronik" zur Uraufführung. Blacher schrieb den Prolog bereits 1961.

---

[28] Gertich u.a. (Hg.): *Musik..., verwandelt*, a.a.O., S. 49.
[29] Ebd., S. 146.
[30] Saathen: *Von Kündern, Käuzen und Ketzern*, a.a.O., S. 315.
[31] Henrich (Hg.): *Boris Blacher. Dokumente zu Leben und Werk*, a.a.O., S. 87.

Zeittafel

Im Februar wird „Zwischenfälle bei einer Notlandung" an der Hamburgischen Staatsoper uraufgeführt. Den Auftrag hat Rolf Liebermann (1910–1999) erteilt. Das Nachrichtenmagazin „Der Spiegel" überschreibt seinen Artikel: „Ein bißchen 007".

1968 – 1971
Blacher ist Präsident der Akademie der Künste.

1969
Bei den Berliner Festwochen kommt „Zweihunderttausend Taler" zur Uraufführung.

1970
Blacher wird in den Ruhestand versetzt. Sein Nachfolger als Direktor der HfM heißt Helmut Roloff. Erneute Intensivierung der Kompositionstätigkeit.

1973
„Yvonne, Prinzessin von Burgund" wird in Wuppertal uraufgeführt.

1975
Am 30. Januar stirbt Blacher in West-Berlin.

Posthume Uraufführungen, darunter die Kammeroper „Das Geheimnis des entwendeten Briefes", „24 Préludes für Klavier", „Poème für großes Orchester" und – erst 1987 – „Habemeajaja".

Zusammenschluß der Hochschule für Bildende Kunst und der Hochschule für Musik zur Hochschule der Künste, Berlin.

7.2 Abkürzungsverzeichnis

AfMw	Archiv für Musikwissenschaft
BBA/BB	Stiftung Archiv der Akademie der Künste, Berlin; Boris Blacher Archiv; Depositum Bote & Bock
BBA/GH	Stiftung Archiv der Akademie der Künste, Berlin; Boris Blacher Archiv; Depositum Gerty Blacher-Herzog
EN	Einem Nachlaß, Archiv der Gesellschaft der Musikfreunde Wien
ESA	Stiftung Archiv der Akademie der Künste, Berlin; Ernst Schröder Archiv
FA	Gombrowicz: *„Die Trauung"*, *„Yvonne"*. *Zwei Dramen*, Frankfurt am Main 1964 (Fischer Ausgabe)
HfM	Hochschule für Musik, Berlin
KA	Klavierauszug
LA	Landesarchiv, Berlin
MA	Büchner: *Werke und Briefe* hg. von Karl Pörnbacher, Gerhard Schaub, Hans-Joachim Simm und Edda Ziegler, München 1988 (Münchner Ausgabe)
NMZ	Neue Musikzeitung
NZfM	Neue Zeitschrift für Musik
ÖMZ	Österreichische Musikzeitschrift
SLB	Stadt- und Landesbibliothek, Wien
UKA	Universität der Künste Berlin, Abteilung Archiv
VA/BB	Verlagsarchiv Boosey & Hawkes/Bote & Bock, Berlin

7.3 „Yvonne"-Textfassungen

Textfassung Heinrich Kunstmann, 1964	Textfassung Schiller-Theater, 1970	Textfassung Boris Blacher, 1972
1. Akt	1. Akt	1. Akt, Nummer 1
Im Park. Bäume. Im Hintergrund Bänke, ein festliches Publikum. Trompetenklänge. Die Bühne betreten: König Ignaz, Königin Margarethe, Prinz Philipp, der Kammerherr, Cyryll, Zyprian, Damen und Herren.	*Im Park. Bäume. Im Hintergrund Bänke, ein festliches Publikum. Trompetenklänge. Die Bühne betreten: König Ignaz, Königin Margarethe, Prinz Philipp, der Kammerherr, Cyryll, Zyprian, Damen und Herren.*	*Im Park. Bäume. Im Hintergrund Bänke, ein festliches Publikum. Trompetenklänge. Die Bühne betreten: König Ignaz, Königin Margarethe, Prinz Philipp, der Kammerherr, Cyryll, Zyprian, Damen und Herren.*
KÖNIGIN: Ein wundervoller Sonnenuntergang.	KÖNIGIN: Ein zauberhafter Sonnenuntergang.	KÖNIGIN: Ein wundervoller Sonnenuntergang.
KAMMERHERR: Wundervoll, Majestät!	KAMMERHERR: Zauberhaft, Majestät!	KAMMERHERR: Wundervoll, Majestät!
KÖNIGIN: Ein solcher Anblick bessert den Menschen.	KÖNIGIN: Ein Anblick, der den Menschen bessert.	KÖNIGIN: Ein solcher Augenblick bessert den Menschen.
KAMMERHERR: Bessert ihn, ohne Zweifel.	KAMMERHERR: Bessert. Ohne Zweifel.	KAMMERHERR: Bessert ihn, ohne Zweifel.
KÖNIG: Aber abends gönnen wir uns eine Partie Bridge.	KÖNIG: Aber abends ergötzen wir uns mit einer Partie Bridge.	KÖNIG: Aber abends gönnen wir uns eine Partie Bridge.
Majestät vereinigen fürwahr ein Majestät eigenes Schönheitsgefühl mit einer Majestät angeborenen Neigung zum Bridge-Spiel.	Majestät vereinigen fürwahr ein Majestät eigenes Schönheitsgefühl mit einer Majestät angeborenen Neigung zum Bridge-Spiel.	
Ein Bettler nähert sich.	*Ein Bettler nähert sich.*	
Was willst du Mensch?	Was willst du Mensch?	
BETTLER: Eine milde Gabe.	BETTLER: Eine milde Gabe.	
KÖNIG: Gib ihm fünf Groschen, Kam-	KÖNIG: Gib ihm fünf Groschen, Kam-	

merherr. Möge das Volk wissen, daß wir seine Sorgen teilen.
KÖNIGIN: Gib ihm zehn *mit dem Gesicht zum Sonnenuntergang* – bei diesem Sonnenuntergang!
DAMEN: Aaaa!
KÖNIG: Ach was, gib ihm fünfzehn! Soll er seinen Herrn kennen!
HERREN: Aaaa!
BETTLER: Gott, der Allerhöchste, preise den Allergnädigsten König und der Allergnädigste König preise Gott, den Allerhöchsten.
Geht, ein Bettlerlied singend, ab.
KÖNIG: Gehen wir, daß wir zum Abendessen nicht zu spät kommen, denn wir müssen noch durch den ganzen Park spazieren, damit wir uns am Nationalfeiertag dem Volk brüderlich zeigen.
Alle außer dem Prinzen gehen weiter.
Was ist, Philipp, willst du hierbleiben?
PRINZ *hebt eine fortgeworfene Zeitung vom Boden auf:* Einen kleinen Augenblick.
KÖNIG: Ha, Ha, ha! Verstehe! Ha, ha, ha! Er hat ein Rendevous! Zu meinen Zeiten war ich genau der gleiche. Nun, gehen wir! Ha, ha, ha!
KÖNIGIN *vorwurfsvoll:* Ignaz!
Trompeten.

merherr. Möge das Volk wissen, daß wir seine Sorgen teilen.
KÖNIGIN: Gib ihm zehn *mit dem Gesicht zum Sonnenuntergang* – bei solch einem Sonnenuntergang!
DAMEN: Aaaa!
KÖNIG: Ach was, gib ihm fünfzehn! Soll er den Herrn kennenlernen.
HERREN: Aaaa!
BETTLER: Gott, der Allerhöchste, bringt Ruhm dem Allergnädigsten König und der Allergnädigste König bringt Ruhm Gott, dem Allerhöchsten.
Geht, ein Bettlerlied singend, ab.
KÖNIG: Los, gehen wir, es lohnt sich nicht, das Abendessen zu verpassen, wir haben noch durch den ganzen Park zu spazieren, am Nationalfeiertag sind wir brüderlich mit dem Volke vereint.
Alle außer dem Prinzen gehen weiter.
Was ist, Philipp, willst du hierbleiben?
PRINZ *hebt eine fortgeworfene Zeitung vom Boden auf:* Einen Augenblick bitte.
KÖNIG: Ha, ha, ha! Verstehe! Ha, ha, ha! Er hat ein Rendevous! Zu meinen Zeiten war ich genau so. Los, gehen wir! Ha, ha, ha!
KÖNIGIN *vorwurfsvoll:* Ignaz!
Trompeten.

KÖNIG: Gehen wir, daß wir zum Abendessen nicht zu spät kommen, wir haben noch durch den ganzen Park zu spazieren, am Nationalfeiertag sind wir brüderlich mit dem Volke vereint.
Was ist, Philipp, willst du hierbleiben?
PRINZ *hebt eine fortgeworfene Zeitung vom Boden auf:* Einen kleinen Augenblick bitte.
KÖNIG: Verstehe! Er hat ein Rendevous! Zu meinen Zeiten war ich genau der gleiche. Gehen wir!
KÖNIGIN *vorwurfsvoll:* Ignaz!

"Yvonne"-Textfassungen 357

Alle gehen außer dem Prinzen, Cyryll und Zyprian.
CYRYLL UND ZYPRIAN: Schluß mit dem langweiligen Geschwätz!
PRINZ: Wartet, laßt mich mein heutiges Horoskop lesen. *liest* – Aha! ‚Von 12 bis 2 Uhr ...' – ‚Die Stunden von 7 bis 9 Uhr abends bringen große Expansion der Lebenskräfte, Vermehrung der Persönlichkeit und vortreffliche, wenngleich riskante Gedanken. Es sind Stunden, günstig für kühne Pläne und große Unternehmungen ...'
ZYPRIAN: Und was sollen wir damit?
PRINZ: Stunden günstig in Liebesdingen.
CYRYLL: Das ist etwas anderes. Sieh die frivolen Luderchen dort!
ZYPRIAN: Weiter! Vorwärts! Laßt uns gehen und tun, was sich für uns gehört.
PRINZ: Was? Was gehört sich für uns? Woran denkst du?
ZYPRIAN: Funktionieren! Funktionieren! Nichts als im seligen Freudentaumel funktionieren! Wir sind jung! Wir sind Männer! Wir sind junge Männer! Laßt uns also als junge Männer funktionieren. Verschaffen wir den Pfaffen Arbeit, damit auch sie funktionieren können! Es ist eine Frage der Arbeitsteilung.
CYRYLL: Da kommt eine sehr elegante

Alle gehen außer dem Prinzen, Cyryll und Zyprian.
CYRYLL UND ZYPRIAN: Schluß mit dem Quatsch.
PRINZ: Wartet, ich muß erst mein Horoskop für heute lesen. *liest* ‚Von 12 bis 2 Uhr ...' – ‚Das ist es nicht – Aha! – ‚Die Stunden von 7 bis 9 Uhr abends bringen Expansion der Lebenskräfte, Vermehrung der Persönlichkeit und besondere, wenngleich riskante Gedanken. Stunden, günstig für kühne Pläne und große Unternehmungen ...'
ZYPRIAN: Und was sollen wir damit?
PRINZ: Stunden günstig für Liebesaffären.
CYRYLL: Das ist etwas anderes. Sieh die frivolen Luderchen dort!
ZYPRIAN: Dalli, Dalli, los! Gehen wir und vollbringen wir, was sich für uns gehört.
PRINZ: Was? Was gehört sich für uns? Woran denkst du?
ZYPRIAN: Funktionieren! Funktionieren! Nur im glückseligen Freudentaumel funktionieren! Wir sind jung! Wir sind Männer! Wir sind junge Männer! Funktionieren wir also als junge Männer. Verschaffen wir den Pfaffen Arbeit, damit auch sie funktionieren können! Das ist eine Frage der Arbeitsteilung.
CYRYLL: Was kommt denn da für eine

PRINZ: Wartet, laßt mich mein heutiges Horoskop lesen. *liest* ‚Von 12 bis 2 Uhr ...' Pläne und große Unternehmungen ...

ZYPRIAN: Und was sollen wir damit?
PRINZ: Stunden günstig für Liebesaffären.
ZYPRIAN: Das ist etwas anderes. Sieh die frivolen Luderchen dort!

Dame, und sehr verlockend. Keine üblen Beine.
PRINZ: Nein – wie denn? Immer dasselbe? Immer im Kreis herum? Und wieder von vorn?
ZYPRIAN: Nein?! Was sollte sie von uns denken? Immer! Immer!
PRINZ: Ich will nicht.
CYRYLL: Du willst nicht? Was? Was? Du schlägst es aus?
ZYPRIAN *verwundert:* Prinz, empfinden Sie keine glückselig sorglose Befriedigung, wenn ein süßes Mädchen ‚ja' flüstert, als bestätige es fortwährend im Kreis ein und dasselbe?
PRINZ: Doch, doch, natürlich ... *liest,* ‚beginnen große Unternehmungen, bringen eine Zunahme der Persönlichkeit und Verfeinerung des Empfindens. Gefährliche Stunden für Personen von üppigem Ehrgeiz und zu subtilem Gefühl für die eigene Würde. In diesen Stunden Begonnenes kann sich zum Guten oder Bösen wenden.' Nun, so ist es stets.
Isa tritt auf.
Willkommen!
ZYPRIAN: Mit größtem Vergnügen!
CYRYLL: Höchst entzückt!
ISA: Guten Tag! Prinz, was treiben Sie in dieser Einsamkeit?
PRINZ: Das, was ich muß. Mein Vater

elegante Dame, sehr verlockend. Keine üblen Beine.
PRINZ: Nein – wie denn? Immer dasselbe? Im Kreis herum? Und wieder?
ZYPRIAN: Nein?! Was soll sie von uns denken? Immer! Immer!
PRINZ: Ich will nicht.
CYRYLL: Du willst nicht? Was? Was? Du schlägst es aus?
ZYPRIAN *verwundert:* Prinz, empfinden Sie keine glückselig sorglose Befriedigung, wenn ein süßes Mädchen ‚ja' flüstert, als bestätigen sie fortwährend im Kreis ein und dasselbe?
PRINZ: Doch, doch, natürlich ...

Isa tritt auf.
Willkommen! Wir grüßen die Dame.
ZYPRIAN: Mit großer Begeisterung!
CYRYLL: Mit Entzückung!
ISA: Guten Tag! Prinz, was treibt der Prinz in dieser Einsamkeit?
PRINZ: Das, was ich muß. Der Anblick

PRINZ: Ich will nicht.

ZYPRIAN: Du willst nicht? Prinz, empfinden Sie keine glückselig sorglose Befriedigung, wenn süße Mündchen ‚Ja' flüstern?
PRINZ: Doch, doch, natürlich ...

Isa tritt auf.
Wir grüßen die Dame.
ZYPRIAN: Mit Begeisterung! Mit Entzückung!
ISA: Guten Tag! Was treibt der Prinz in dieser Einsamkeit?
PRINZ: Das, was ich muß. Der Anblick

„Yvonne"-Textfassungen 359

erquickt durch seinen Anblick die Untertanen, ich, durch den meinen mache die Untertaninnen träumen. Aber warum sind Sie nicht beim Gefolge der Königin?
ISA: Ich habe mich verspätet. Ich war spazieren. Doch ich eile schon.
PRINZ: Sie eilen schon. Wohin?
ISA: Sie sind zerstreut, Prinz? Warum diese Melancholie in Ihrer Stimme, Prinz? Erfreuen Sie sich nicht Ihres Lebens, Prinz? Ich tue nichts als das.
PRINZ: Auch ich nicht. Eben deshalb ...
ALLE: Was?
PRINZ: Hm ... *Sieht alle an.*
ALLE: Was ist?
PRINZ: Nichts.
ISA: Nichts. Prinz, sind sie krank?
CYRYLL: Erkältet?
ZYPRIAN: Migräne?
PRINZ: Nein, im Gegenteil. Etwas ergreift mich! Etwas reißt mich, daß es nur so gluckert in mir, sage ich euch!
ZYPRIAN *sieht sich um:* Oh, eine ziemlich hübsche Blondine. Nicht schlecht ... nicht schlecht ...
PRINZ: Eine Blondine? Wenn du sagtest, eine Brünette, es wäre genau dasselbe. *sieht sich um, bedrückt* Bäume über Bäume ... Ich wünschte, es geschähe etwas.
CYRYLL: Oho, da kommt wieder eine.

meines Vaters erquickt die Untertanen, aber der Anblick des Prinzen bezaubert die weiblichen Untertanen. Aber warum ist die Dame nicht beim Gefolge der Königin?
ISA: Ich habe mich verspätet. Ich fliege schon. Ich war auf einem Spaziergang.
PRINZ: Sie fliegen schon. Wohin?
ISA: Sie sind zerstreut, Prinz? Woher diese Melancholie in der Stimme des Prinzen? Erfreuen Sie sich nicht des Lebens, Prinz? Ich tue nichts als das.
PRINZ: Ich ebenfalls. Eben darum ...
ALLE: Was?
PRINZ: Hm ... *Sieht alle an.*
ALLE: Was ist?
PRINZ: Nichts.
ISA: Nichts. Prinz, sind Sie krank?
CYRYLL: Erkältet?
ZYPRIAN: Migräne?
PRINZ: Nein, im Gegenteil. Etwas ergreift mich. Es reißt mich, sage ich euch, es gluckert nur so in mir!
ZYPRIAN *sieht sich um:* Oh, eine ziemlich hohe Blondine. Ziemlich, ziemlich ...
PRINZ: Eine Blondine? Wenn du sagtest, eine Brünette, es wäre dasselbe. *sieht sich um, bedrückt* Bäume nichts als Bäume ... Ich möchte, daß etwas geschieht.
CYRYLL: Oho, da kommt wieder eine.

meines Vaters erquickt die Untertanen, der Anblick des Prinzen bezaubert die weiblichen Untertanen. Aber warum ist die Dame nicht beim Gefolge der Königin?
ISA: Ich habe mich verspätet. Ich fliege schon. Ich war auf einem Spaziergang.
PRINZ: Sie fliegen schon. Wohin?
ISA: Sie sind zerstreut, Prinz? Woher diese Melancholie in der Stimme des Lebens, Prinz? Ich tue nichts als das.
PRINZ: Ich ebenfalls ... eben darum.
ISA UND ZYPRIAN: Was? Was ist?
PRINZ: Nichts.
ISA: Nichts? Prinz, Sie sind krank!
ZYPRIAN: Erkältet? Migräne?
PRINZ: Nein, im Gegenteil. Etwas ergreift mich! Es reißt mich, sag' ich euch, daß es nur so gluckert in mir!
ZYPRIAN: Eine ziemlich hohe Blondine!
PRINZ: Blondine? Wenn du sagtest: eine Brünette, es wäre dasselbe. *sieht sich um, bedrückt* Bäume, Bäume ... Ich wünschte, es geschähe etwas. Da kommt wieder eine.

ZYPRIAN: Mit ihren Tanten.

Yvonne und ihre zwei Tanten kommen.
ISA: Was ist los?
ZYPRIAN: Sieh nur, Prinz, sieh, man könnte sich wälzen vor Lachen.

CYRYLL: Still, still, laßt uns horchen, was sie reden.
ERSTE TANTE: Setzen wir uns hier auf die Bank. Mein Kind, siehst du diese jungen Leute?
YVONNE *schweigt.*
ERSTE TANTE: So lächle doch, lächle, mein Kind.
YVONNE *schweigt.*
ZWEITE TANTE: Warum so unbeholfen? Warum lächelst du so ungeschickt, mein Kind?
YVONNE *schweigt.*
ZWEITE TANTE: Gestern hattest du wieder kein Glück. Heute hast du kein Glück, morgen wirst du auch wieder kein Glück haben. Warum bist du so wenig anziehend, meine Liebe? Warum hast du überhaupt keinen Sex-Appeal? Niemand will dich ansehen. Eine wahre Strafe Gottes!
ERSTE TANTE: Wir haben unsere gesamten Ersparnisse hingegeben, ließen dir

ZYPRIAN: Mit zwei Tanten.
CYRYLL: Mit Tanten.
Yvonne und ihre zwei Tanten kommen.
ISA: Was geht hier vor?
ZYPRIAN: Schau dir das an, Prinz, schau es dir an. Man könnte sich wälzen vor Lachen.
CYRYLL: Still, still, hören wir uns an, was sie reden.
ERSTE TANTE: Wir wollen uns hier auf die Bank setzen. Siehst du, mein Kind, diese Jünglinge dort?
YVONNE *schweigt.*
ERSTE TANTE: Aber so lächle doch, lächle, mein Kind.
YVONNE *schweigt.*
ZWEITE TANTE: Warum so unbeholfen? Warum, mein Kind, lächelst du so unbeholfen?
YVONNE *schweigt.*
ZWEITE TANTE: Gestern hattest du wieder keinen Erfolg. Heute hast du keinen Erfolg, morgen wirst du auch ebenfalls keinen Erfolg haben. Warum bist du so wenig anziehend, meine Liebe? Warum hast du überhaupt keinen Sex-Appeal? Niemand mag dich ansehen. Eine wahre Gottesstrafe!
ERSTE TANTE: Wir haben unsere gesamten Spargroschen geopfert, ließen dir

Nummer 2

Yvonne und ihre zwei Tanten kommen.
ZYPRIAN: Mit zwei Tanten. Setzen wir uns hin.
ISA: Was geht hier vor?
ZYPRIAN: Sieh dir das an; man könnte sich wälzen vor Lachen. Still, still, hören wir uns an, was sie reden.
ERSTE TANTE: Mein Kind, siehst du diese Jünglinge dort? Aber lächle doch, lächle, mein Kind!

ZWEITE TANTE: Warum so unbeholfen? Warum, mein Kind, lächelst du so unbeholfen?

ERSTE TANTE: Gestern hattest du wieder kein Glück.
ZWEITE TANTE: Heute hast du kein Glück.
ERSTE TANTE: Warum bist du so wenig anziehend, meine Liebe?
ZWEITE TANTE: Warum hast du überhaupt keinen Sex-Appeal?
ERSTE TANTE: Niemand will dich anseh'n.

dieses Blumenkleid anfertigen. Du kannst uns keine Vorwürfe machen.
ZYPRIAN: Oh, ist das ein Scheusal!
ISA *grollend*: Na, gleich ein Scheusal.
CYRYLL: Ein dummes Huhn! Sie ist – unzufrieden!

ZYPRIAN: Ein Klageweib! Ranzige Butter! Gehen wir und erweisen ihr unsere Verachtung! Geben wir ihr eins auf die Nase!
CYRYLL: Ja, ja! Dieser aufgeblasenen Trauersuse müssen wir auf die Füße treten. Es ist unsere heilige Pflicht. Geh' du voran, ich folge dir!
Treten mit sarkastischen Mienen Yvonne dicht vor die Nase und brechen dann in Gelächter aus.
ZYPRIAN: Ha, ha, ha! Genau vor der Nase! Genau vor der Nase!
ISA: Laßt sie – es hat keinen Sinn.

ERSTE TANTE *zu Yvonne*: Da siehst du, was du uns einbrockst.
ZWEITE TANTE: Der Lächerlichkeit setzt sie uns aus. Eine Geißel Gottes. Wenigstens in meinen alten Tagen, wenn meine Laufbahn als Frau beendet ist, hoffte ich, der Lächerlichkeit zu entrinnen. Nun bin ich alt geworden und muß deinetwegen ständig noch Spott und Hohn ertragen.

dieses geblümte Kleid anfertigen. Uns kannst du keine Vorwürfe machen.
ZYPRIAN: So ein Scheusal!
ISA *eingeschnappt*: Na, gleich Scheusal.
CYRYLL: Ein dummes Huhn! Sie ist – unzufrieden mit sich!

ZYPRIAN: Ein Klageweib! Ranzige Butter! Kommt, erweisen wir ihr unsere Verachtung! Geben wir ihr eins auf die Nase!
CYRYLL: Ja, ja! Diese aufgeblasene Leidensmiene müssen wir unter die Füße kriegen. Das ist unsere heilige Pflicht. Geh' du voran, ich folge dir!
Treten mit sarkastischen Mienen Yvonne dicht vor der Nase und brechen dann in Gelächter aus.
ZYPRIAN: Ha, ha, ha! Direkt vor der Nase! Direkt vor der Nase!
ISA: Laßt sie in Ruhe – das ist doch Unsinn.

ERSTE TANTE *zu Yvonne*: Da siehst du, welcher Unannehmlichkeit du uns aussetzt.
ZWEITE TANTE: Der Lächerlichkeit setzt sie uns aus. Eine Gottesstrafe. Ich hoffte, wenigstens in meinen alten Tagen, wenn meine Laufbahn als Frau beendet wäre, der Lächerlichkeit zu entgehen. Nun ist es soweit und immer wieder muß ich deinetwegen Spott und Hohn ertragen.

ZWEITE TANTE: Eine wahre Plage!
ERSTE TANTE: Wir haben unsere gesamten Ersparnisse hingegeben ...
ZWEITE TANTE: ... ließen dir dieses geblümte Kleid anfertigen. Du kannst uns keine Vorwürfe machen.
ZYPRIAN: So ein Scheusal!
ISA: Selber Scheusal!

ZYPRIAN: Diesem aufgeblasenen Trauerkloß müssen wir auf die Zehen treten. Es ist unsere heilige Pflicht.

ZYPRIAN: Hörst du? Sie machen ihr Vorwürfe. Ha, ha, ha, recht geschieht ihr! Gebt es ihr tüchtig!
ZWEITE TANTE: Wieder lacht man über uns. Man kann nicht gehen, sonst lacht man hinter unserem Rücken ... Bleibt man – lacht man uns ins Gesicht.
ERSTE TANTE *zu Yvonne:* Warum, teures Kind, hast du auf dem gestrigen Fest kein Bein gerührt?
ZWEITE TANTE *zu Yvonne:* Warum interessiert sich niemand für dich? Glaubst du, es sei angenehm für uns? Unseren gesamten Weiber-Ehrgeiz haben wir in dich investiert – und du rührst dich nicht ... Warum läufst du nicht Ski?
ERSTE TANTE: Warum springst du nicht Stabhoch? Andere Jungfrauen springen doch auch.
ZYPRIAN: Das ist mir ein mißlungenes Stück! Sie macht mich nervös. Rasend nervös macht sie mich! Diese Schlampe geht mir schrecklich auf die Nerven! Ich gehe hin und kippe die Bank um! Was haltet ihr davon?
CYRYLL: Nein, nein. Wozu sich so viele Mühe machen? Es genügt, einen Finger auszustrecken oder mit der Hand zu winken oder etwas anderes zu tun. Was immer man im Hinblick auf dieses Wesen tut, wird Spott sein. *Niest.*

ZYPRIAN: Hörst du? Sie machen ihr Vorwürfe. Ha, ha, ha, recht geschieht ihr! Gebt es ihr tüchtig!
ZWEITE TANTE: Wieder lachen sie uns aus. Wir können nicht weggehen, weil sie sonst hinter unserem Rücken lachen. Wenn wir bleiben, so lachen sie uns ins Gesicht.
ERSTE TANTE *zu Yvonne:* Warum hast du gestern auf dem Tanzvergnügen kein Bein gerührt, teures Kind?
ZWEITE TANTE *zu Yvonne:* Warum interessiert sich niemand für dich? Glaubst du, es sei angenehm für uns? Unseren gesamten weiblichen Ehrgeiz haben wir in dich investiert – und du rührst dich nicht ... Warum läufst du nicht Ski?
ERSTE TANTE: Warum springst du nicht „Stabhoch"? Andere Fräulein springen doch auch.
ZYPRIAN: Das ist mir ein mißlungenes Stück! Sie macht mich nervös. Sie macht mich wahnsinnig nervös! Diese Flunder geht mir schrecklich auf die Nerven! Ich gehe hin und kippe die Bank um! Was haltet ihr davon?
CYRYLL: Nein, nein. Wozu die Mühe? Es genügt, einen Finger auszustrecken oder mit der Hand zu winken oder irgend etwas anderes. Was immer man im Hinblick auf dieses Wesen tut, es wird Spott sein. *Niest.*

ZWEITE TANTE *zu Yvonne*: Siehst du? Nun niest man uns aus! ISA: Laßt sie. ZYPRIAN: Nein, nein, wir wollen irgendeinen rechten Streich spielen. Wißt ihr was, ich stelle mich lahm, und sie wird glauben, es bedeute, zu ihren Teegesellschaften käme nicht mal ein lahmer Hund. *Will zur Bank gehen.* PRINZ: Halt! Ich weiß etwas Besseres! ZYPRIAN: Oho! Schon räume ich das Feld! CYRYLL: Was willst du tun? Du siehst aus, als hättest du etwas Ungewöhnliches Streich vor. PRINZ *lacht ins Taschentuch:* Einen Streich – ha, ha, ha, einen Streich! *tritt auf die Tanten zu* Die Damen gestatten, daß ich mich vorstelle. Ich bin Seine Hoheit, Prinz Philipp, Sohn des Königs. TANTEN: Aaa! PRINZ: Meine Damen, wie ich sehe, haben Sie Sorgen mit dem jungen Fräulein. Was ist sie so apathisch? ERSTE TANTE: Es ist ein Unglück! In ihr steckt eine organische Schwäche. Ihr Blut ist zu träge. ZWEITE TANTE: Das verursacht Wassersucht im Winter und im Sommer muffige	ZWEITE TANTE *zu Yvonne*: Siehst du? Nun niest man uns aus! ISA: Laßt sie in Ruhe. ZYPRIAN: Nein, nein, wir wollen irgendeinen genau überlegten Streich spielen. Wißt ihr was, ich stelle mich lahm, bestimmt wird sie dann glauben, das solle heißen, nicht mal ein lahmer Hund käme zu ihr zum Tee. *Will zur Bank gehen.* PRINZ: Halt! Ich weiß einen besseren Streich. ZYPRIAN: Bitte nach Ihm! CYRYLL: Was willst du tun? Du siehst aus, als hättest du einen ungewöhnlichen Streich vor. PRINZ *lacht ins Taschentuch:* Einen Streich, ha, ha, ha, einen Streich! *tritt auf die Tanten zu* Die Damen gestatten, daß ich mich vorstelle. Ich bin Seine Hoheit, Prinz Philipp, Sohn des Königs. TANTEN: Aaa! PRINZ: Meine Damen, wie ich sehe, haben Sie Sorgen mit dem jungen Fräulein. Was ist sie so apathisch? ERSTE TANTE: Es ist ein Unglück! In ihr steckt irgendeine organische Schwäche. Das Blut ist zu träge in ihr. ZWEITE TANTE: Im Winter verursacht das Wassersucht und im Sommer muffigen	PRINZ: Halt, ich weiß etwas Besseres! ZYPRIAN: Was willst du tun? Du siehst aus, als hättest du etwas Ungewöhnliches vor. PRINZ: Einen Streich ... ha, ha, ha, einen Streich! *tritt auf die Tanten zu* Die Damen gestatten, daß ich mich vorstelle. Ich bin Seine Hoheit, Prinz Philipp, Sohn des Königs. TANTEN: Ach! PRINZ: Wie ich sehe, haben die Damen Sorgen mit dem jungen Fräulein. Was ist sie so apathisch? ERSTE TANTE: Es ist ein Unglück! In ihr steckt eine organische Schwäche. Ihr Blut ist zu träge. ZWEITE TANTE: Im Winter verursacht das Wasser und ...

ERSTE TANTE: ... im Sommer muffige Gerüche. ZWEITE TANTE: Im Herbst hat sie Schnupfen ... ERSTE TANTE: ... und im Frühling Kopfweh. ZWEITE TANTE: ... ihr Blut ist zu träge. PRINZ: Verzeihung, da wüßte ich wirklich selber nicht, welche Jahreszeit zu wählen wäre.	
Geruch. Im Herbst hat sie Schnupfen und im Frühling Kopfschmerzen. PRINZ: Verzeihung, da wüßte ich wirklich selber nicht, welche Jahreszeit zu wählen wäre. Und dagegen gibt es keine Mittel? ERSTE TANTE: Die Ärzte meinen, wenn sie etwas lebhafter würde, wenn sie fröhlicher wäre, begänne auch ihr Blut lebhafter zu fließen und diese Unpäßlichkeiten würden verschwinden. PRINZ: Und warum wird die nicht einfach fröhlicher? ERSTE TANTE: Weil ihr Blut zu träge ist. PRINZ: Wenn sie lebhafter wird, beginnt ihr Blut lebhafter zu fließen, und wenn ihr Blut lebhafter zu fließen beginnt, wird sie lebhafter. Sehr merkwürdig. Ein echter circulus vitiosus. Hm ... natürlich ... wissen Sie ...	Gerüche. Im Herbst ist sie verschnupft, und im Frühling schmerzt ihr dafür der Kopf. PRINZ: Verzeihung, ich wüßte wirklich selber nicht, welche Jahreszeit zu wählen wäre. Und es gibt keine Arzneien dagegen? ERSTE TANTE: Die Ärzte meinen, wenn sie etwas lebhafter würde, wenn sie fröhlicher wäre, begänne auch ihr Blut lebhafter zu fließen und diese Unpäßlichkeiten würden verschwinden. PRINZ: Und warum gerät sie nicht in bessere Stimmung? ERSTE TANTE: Weil ihr Blut zu träge ist. PRINZ: Wenn sie lebhafter würde, begänne ihr Blut lebhafter zu fließen, und wenn ihr Blut lebhafter zu fließen begänne, würde sie lebhafter werden. Sehr merkwürdig. Ein wirklicher circulus vitiosus. Hm ... natürlich ... wissen Sie ... ZWEITE TANTE: Sie machen sich natürlich lustig über uns, Prinz. Ein jeder darf sich das erlauben. PRINZ: Lustigmachen? Nein, ich mache mich durchaus nicht lustig. Die Stunde ist zu ernst dazu. Spüren Sie nicht eine gewisse Erweiterung der Persönlichkeit – eine gewisse Vervielfachung – einen gewissen Taumel? ERSTE TANTE: Wir spüren nichts, außer daß uns kühl ist.

„Yvonne"-Textfassungen 365

PRINZ: Seltsam! *zu Yvonne* Und Sie – spüren auch Sie nichts? YVONNE *schweigt.* ZWEITE TANTE: Ach, was sollte sie schon spüren? PRINZ *zu Yvonne:* Denn wissen Sie, wenn man Sie sieht, hat man nicht übel Lust, Sie zu etwas zu gebrauchen. Zum Beispiel, Sie an der Leine zu nehmen und zu treiben oder Sie zum Milchausfahren zu benützen oder Sie nachzuäffen. Sie verbreiten Nervosität, verstehen Sie, Sie sind wie ein rotes Tuch. Sie provozieren. Ha! Es gibt Personen, die wie geschaffen sind, alles aus dem Gleichgewicht zu bringen, zu reizen, zu erregen und einen verrückt zu machen. Es gibt solche Personen und jeder hat so seine. Ha! Wie Sie da sitzen, wie Sie mit diesen Fingern spielen, wie Sie mit diesen Beinchen baumeln! Das ist beispiellos! Das ist prächtig! Das ist verblüffend! Wie machen sie das nur? YVONNE *schweigt.* PRINZ: Ach, wie Sie schweigen! Wie Sie schweigen! Und dabei sehen Sie aus, als wären Sie beleidigt. Sie haben das vortreffliche Aussehen – einer stolzen Königin! Sie sind so mürrisch, so übelgelaunt – ach, dieser Stolz und diese Launen! Nein, ich werde verrückt! Für jeden gibt	Seltsam! *zu Yvonne* Und Sie – fühlen Sie nichts? YVONNE *schweigt.* ZWEITE TANTE: Ach, was sollte sie schon fühlen? PRINZ *zu Yvonne:* Denn wissen Sie, wenn man Sie sieht, hat man nicht übel Lust, Sie zu etwas zu gebrauchen. Zum Beispiel, Sie an der Leine zu nehmen und zu jagen oder Sie zum Milchausfahren zu benützen, sie mit einer Nadel zu stechen oder Sie nachzuäffen. Sie verbreiten Nervosität, verstehen Sie, Sie sind wie ein rotes Tuch, Sie provozieren. Ha! Es gibt Personen, die wie geschaffen sind, alles aus dem Gleichgewicht zu bringen, zu reizen, zu erregen und einen verrückt zu machen. Es gibt solche Personen und jeder hat so seine. Ha! Wie Sie da sitzen, wie Sie mit diesen Fingern spielen, wie Sie mit diesen Beinchen baumeln! Das ist beispiellos! Das ist phantastisch! Das ist verblüffend! Wie machen sie das nur? YVONNE *schweigt.* PRINZ: Ach, wie Sie schweigen! Wie Sie schweigen! Und dabei sehen Sie aus, als wären Sie beleidigt. Sie sind so sauertöpfisch – ach, dieser Stolz und diese üble Laune! Nein, es macht mich verrückt! Für jeden gibt es ein Wesen, das ihn zur Weißglut bringt. Und Sie sind das meine! *zu Yvonne* Wenn man Sie sieht, hat man nicht übel Lust, Sie zu etwas zu gebrauchen. Zum Beispiel, Sie an der Leine zu nehmen und Sie zu jagen, oder Sie zum Milchausfahren zu benützen, Sie mit einer Nadel zu stechen oder Sie nachzuäffen. Sie verbreiten Nervosität, verstehen Sie, Sie sind wie ein rotes Tuch, Sie provozieren. Für jeden gibt es ein Wesen, das ihn zur Weißglut bringt. Und Sie sind das meine. Sie werden das meine! Zyprian

es ein Wesen, das ihn zur Weißglut bringt. Und Sie sind das meine! Sie werden das meine! Cyryll-Zyprian! *Cyryll und Zyprian treten heran.* Erlaubt, daß ich euch dieser beleidigten Königin, dieser stolzen Anämie vorstelle! Seht, wie sie die Lippen bewegt. Sie würde gern etwas Boshaftes sagen, aber es fällt ihr gerade nichts ein. ISA *tritt heran*: Was für dummes Zeug! Laßt sie! Es beginnt, geschmacklos zu werden. PRINZ *scharf*: Denken Sie, es sei irgendwann geschmackvoll gewesen! ZYPRIAN: Gestatten, daß ich mich vorstelle – Graf Ungegorn. CYRYLL: Ha, ha, ha, Baron Blutleer. Der Witz ist zwar etwas ... aber am Platz. ISA: Genug, genug – laßt sie, die Arme. PRINZ: Arme? Na, na, nicht so scharf! Nicht so scharf! – Denn ich könnte sie vielleicht heiraten. CYRYLL UND ZYPRIAN: Ha, ha, ha! PRINZ: Ich sage euch, nicht so scharf – ich könnte sie heiraten! CYRYLL UND ZYPRIAN: Ha, ha, ha! PRINZ: Genug! Ich werde sie heiraten! Ha, sie macht mich so nervös, daß ich sie heiraten werde! *zu den Tanten* Die Damen gestatten doch, nicht wahr?	Sie werden das meine! Cyryll-Zyprian! *Cyryll und Zyprian treten heran.* Erlaubt, daß ich euch dieser beleidigten Königin, dieser stolzen Anämie vorstelle! Seht, wie sie die Lippen bewegt. Sie würde gern etwas Boshaftes sagen, aber es fällt ihr gerade nichts ein. ISA *tritt heran*: Was für dummes Zeug! Laßt sie! Es beginnt, geschmacklos zu werden. PRINZ *scharf*: Denken Sie, es sei irgendwann geschmackvoll gewesen! ZYPRIAN: Gestatten, daß ich mich vorstelle – Graf Ungegorn. CYRYLL: Ha, ha, ha, Baron Blutleer. Der Witz ist zwar etwas ... aber am Platz. ISA: Genug, genug – laßt das arme Ding in Ruhe. PRINZ: Armes Ding? Na, na, nicht so scharf! Nicht so scharf! – Denn ich könnte sie vielleicht heiraten. CYRYLL UND ZYPRIAN: Ha, ha, ha! PRINZ: Ich sage euch, nicht so scharf – ich könnte sie heiraten! CYRYLL UND ZYPRIAN: Ha, ha, ha! PRINZ: Genug! Ich werde sie heiraten! Ha, sie macht mich so nervös, daß ich sie heiraten werde! *zu den Tanten* Die Damen gestatten doch, nicht wahr?	*Zyprian tritt heran.* Erlaub', daß ich dich dieser beleidigten Königin, dieser stolzen Anämie vorstelle! Seht, wie sie die Lippen bewegt. Sie würde gern etwas Boshaftes sagen, aber es fällt ihr gerade nichts ein. ISA: Genug, genug, laßt das arme Ding in Ruhe! PRINZ: Na, na, nicht so scharf! Denn ich könnte sie vielleicht heiraten. ZYPRIAN: Ha, ha, ha! PRINZ: Ich werde sie heiraten! Sie macht mich nervös, daß ich sie heiraten werde! *zu den Tanten* Die Damen gestatten doch, nicht wahr?

"Yvonne"-Textfassungen

CYRYLL: Du treibst den Spaß zu weit. Man könnte dich beim Wort nehmen. PRINZ: Spaß? Ich bitte euch, ist sie denn kein kolossaler Spaß? Soll der Spaß denn nur der einen Seite gestattet sein? Wenn ich ein Prinz bin, ist sie dann etwa keine stolze, beleidigte Königin? Seht nur! Meine Dame, meine Dame! Meine Dame, darf ich um Ihre Hand bitten? ERSTE TANTE: Was? ZWEITE TANTE: Was? *orientiert sich* Prinz, Sie sind sehr edelmütig! ERSTE TANTE: Prinz, Sie sind ein echter Philanthrop! ZYPRIAN: Unerhört! CYRYLL: Verrückt! Ich beschwöre dich, beim Gedenken an deine Vorfahren! ZYPRIAN: Und ich beschwöre dich beim Gedenken an deine Nachfahren! PRINZ: Genug, meine Herren! *nimmt sie an der Hand.* ISA: Genug – der König kommt! ZYPRIAN: Der König! CYRYLL: Der König! *Trompetentöne, es treten auf: der König, die Königin, Kammerherr, Hof.* © *Carl Hanser Verlag München - Wien*	CYRYLL: Du treibst den Spaß zu weit. Man könnte dich damit erpressen. PRINZ: Spaß? Ich bitte euch, ist sie denn kein kolossaler Spaß? Soll der Spaß denn nur der einen Seite gestattet sein? Wenn ich ein Prinz bin, ist sie dann etwa keine hochmütige, beleidigte Königin? Schaut sie nur an! Meine Dame, meine Dame! Meine Dame, darf ich um Deine Hand bitten? ERSTE TANTE: Was? ZWEITE TANTE: Was? *orientiert sich* Der Prinz ist ein sehr edelmütiger Jüngling! ERSTE TANTE: Prinz, Sie sind ein echter Philanthrop. ZYPRIAN: Unglaublich! CYRYLL: Verrückt! Ich beschwöre dich, beim Gedenken an deine Vorfahren! ZYPRIAN: Und ich beschwöre dich beim Gedenken an deine Nachfahren! PRINZ: Genug, meine Herren! *nimmt sie an der Hand.* ISA: Genug – der König kommt! ZYPRIAN: Der König! CYRYLL: Der König! *Trompetentöne, es treten auf: der König, die Königin, Kammerherr, Hof.* © *Landesarchiv Berlin*	*zu Yvonne* Meine Dame! Meine Dame, darf ich um deine Hand bitten? ERSTE TANTE: Was? Prinz, Sie sind ein echter Philanthrop. ZWEITE TANTE: Was? Was? Was? Ach! Ach! ZYPRIAN: Ich beschwöre dich, beim Gedenken deiner Vorfahren und Nachfahren! PRINZ: Genug, meine Herren und Damen. ISA: Genug auf: der König kommt! ERSTE UND ZWEITE TANTE: Schon sind wir nicht mehr da, gleich beginnt hier ein Orkan zu blasen. *Es treten auf: der König, die Königin, Kammerherr, Hof.* © *Boosey & Hawkes, Bote & Bock*

7.4 Primärquellen

Beckett, Samuel. *Werke. Band III. Romane*, Frankfurt am Main 1976

Blacher, Boris. *Fürstin Tarakanova. Oper in drei Akten*, Klavierauszug, Berlin 1940

Blacher, Boris. *Die Flut. Kammeroper*, Partitur, Berlin und Wiesbaden 1947, nachgedruckt 1962

Blacher, Boris. *Hamlet. Ballett in einem Prolog und drei Bildern nach Shakespeare von Tatjana Gsovsky*, Klavierauszug, Berlin und Wiesbaden 1950

Blacher, Boris. *Abstrakte Oper Nr. 1*, Klavierauszug, Berlin und Wiesbaden 1953

Blacher, Boris. *Abstrakte Oper Nr. 1*, Partitur, Berlin und Wiesbaden 1973

Blacher, Boris. *Aprèslude. Vier Lieder nach Gedichten von Gottfried Benn für mittlere Stimme und Klavier*, Berlin 1958

Blacher, Boris. *Romeo und Julia. Kammeroper*, Partitur, Wien und London 1971

Blacher, Boris. *Yvonne, Prinzessin von Burgund. Oper in 4 Akten*, Klavierauszug, Berlin und Wiesbaden 1973

Blacher, Boris. *Yvonne, Prinzessin von Burgund. Oper in 4 Akten*, Partitur (ungedruckt), Berlin und Wiesbaden 1973

Büchner, Georg. *Dantons Tod*, Faksimile der Erstausgabe von 1835 mit Büchners Korrekturen (Darmstädter Exemplar). Mit einem Nachwort hg. von Erich Zimmermann, Darmstadt 1981

Büchner, Georg. *Gesammelte Werke*, Erstdrucke und Erstausgaben in Faksimiles. 10 Bändchen in Kassette, hg. von Thomas Michael Mayer. Band 3: *Danton's Tod* (Phönix-Vorabdruck März/April 1835), Frankfurt am Main 1987

Büchner, Georg. *Gesammelte Werke*, Erstdrucke und Erstausgaben in Faksimiles. 10 Bändchen in Kassette, hg. von Thomas Michael Mayer. Band 4: *Danton's Tod* (Widmungsexemplar für Johann Wilhelm Baum, 1835), Frankfurt am Main 1987

Büchner, Georg. *Werke und Briefe*, hg. von Karl Pörnbacher, Gerhard Schaub, Hans-Joachim Simm und Edda Ziegler, München 1988

Büchner, Georg. *Dantons Tod*, Marburger Ausgabe, Band 3.2, Text, Editionsbericht. Bearbeitet von Burghard Dedner und Thomas Michael Mayer, Darmstadt 2000

Dargomyžsky, Aleksandr. *Der steinerne Gast (Kamennyj gost')*, Klavierauszug, St. Petersburg 1906

Debussy, Claude. *Pelléas et Mélisande*, Partitur, Paris 1950

Einem, Gottfried von. *Dantons Tod*, Textbuch, Wien 1947

Einem, Gottfried von. *Dantons Tod. Eine Oper in zwei Teilen (sechs Bildern) frei nach Georg Büchner*, Partitur, Wien 1961

Einem, Gottfried von. *Kabale und Liebe*, Klavierauszug, London, Paris u.a. 1976

Gombrowicz, Witold. *"Yvonne", "Die Trauung". Zwei Dramen* (übersetzt von H. Kunstmann und W. Thiel), Frankfurt am Main 1964

Gombrowicz, Witold. *Théâtre. Yvonne, Princess de Bourgonge, Le Mariage* (übersetzt von Constantin A. Jelenski, Geneviève Serreau u.a.), Paris 1965

Gombrowicz, Witold. *Berliner Notizen* (= Opuscula aus Wissenschaft und Dichtung, Band 40), Pfullingen 1965

Gombrowicz, Witold und De Roux, Dominique. *Gespräche*, Pfullingen 1969

Gombrowicz, Witold. *Die Tagebücher. Band 1-3*, Pfullingen 1970

Gombrowicz, Witold. *Iwona, Księżniczka Burgunda; Slub; Operetka; Historia*, Krakau 1988

Gombrowicz, Witold. *Führung durch die Philosophie in sechs Stunden und fünfzehn Minuten*, Bonn 1994

Gombrowicz, Witold. *Eine Art Testament. Gespräche und Aufsätze*. Aus dem Polnischen und Französischen von Rolf Fieguth, Walter Thiel und Renate Schmidgall (= Gombrowicz. *Gesammelte Werke*, hg. von Rolf Fieguth und Fritz Arnold, Band 13), München und Wien 1996

Gombrowicz, Witold. *Theaterstücke*. Aus dem Polnischen von Heinrich Kunstmann, Rolf Fieguth, Christa Vogel und François Bondy/Constantin Jelenski (= Gombrowicz. *Gesammelte Werke*, hg. von Rolf Fieguth und Fritz Arnold, Band 5), München und Wien 1997

Kafka, Franz. *Gesammelte Werke*, hg. von Max Brod. *Hochzeitsvorbereitungen auf dem Lande und andere Prosa aus dem Nachlaß*, New York und Frankfurt am Main 1952

Kagel, Mauricio. *Sur scène. Chamber music theatre piece in one act für Sprecher, Mimen, Sänger und drei Instrumentalisten*, Frankfurt am Main u.a. 1965

Kagel, Mauricio. *Staatstheater. Szenische Komposition*, Reproduktion nach der Handschrift des Komponisten, London u.a. 1973

Ligeti, György. *Aventures für drei Sänger und sieben Instrumentalisten*, Studienpartitur, Frankfurt am Main u.a. 1964

Ligeti, György. *Nouvelles Aventures für drei Sänger und sieben Instrumentalisten*, Studienpartitur, Frankfurt am Main u.a. 1967

Strauss, Richard. *Salome*, Klavierauszug, Mainz 1905/1987

Tardieu, Jean. *Théâtre*, Paris 1969

Tardieu, Jean. *Théâtre de chambre*, Paris 1966

7.5 Selbstzeugnisse von Blacher

Blacher, Boris (mit Karl O. Koch). „Zur ‚Fürstin Tarakanowa'", in: *Blätter des Stadttheaters Wuppertal 1940/41*, Heft 8, S. 5 (nachgedruckt in: *Der Komponist Boris Blacher*, Broschüre der Edition Bote & Bock, Berlin, S. 20; zugänglich unter BBA/GH 1.69.283)

Blacher, Boris. „Leo Borchard dirigierte ...", in: *Sie*, 1. Jg., Heft 26 vom 2. Juni 1946 (handschr. Manuskript: BBA/GH 1.69.178)

Blacher, Boris. „Über variable Metrik", in: *ÖMZ*, 8-9/1951, S. 219-222

Blacher, Boris. „In eigener Sache", in: *Mykenae Theater-Korrespondenz*, 3. Jg., 1952, Nummer 10, S. 12

Blacher, Boris. *Einführung in den strengen Satz*, Berlin und Wiesbaden 1953

Blacher, Boris. „Die musikalische Komposition unter dem Einfluß der technischen Entwicklung der Musik", in: Fritz Winckel (Hg.). *Klangstruktur der Musik*, Berlin 1955, S. 203-208

Blacher, Boris. „Musik lehren und erlernen", in: *Ruhrfestspiele Recklinghausen 1960* (zugänglich unter BBA/GH 1.69.185)

Blacher, Boris. „Neuland Rhythmus", in: Josef Müller-Marein/Hannes Reinhardt. *Das musikalische Selbstportrait von Komponisten, Dirigenten, Instrumentalisten, Sängerinnen und Sängern unserer Zeit*, Hamburg 1963, S. 406-417

Blacher, Boris. „Das musikalische Selbstportrait", wörtliche Abschrift einer Sendung des NDR Hamburg, VA/BB

Blacher, Boris. „Musik – heute", in: *Allgemeine Zeitung*, Mainz vom 8. Januar 1963

Blacher, Boris. „Ansichten über Musik", in: *Mykenae Theater-Korrespondenz*, 10. Jg., 1959, Nummer 32, S. 11-12

Blacher Boris. Kommentar zu „Abstrakte Oper Nr. 1", in: Plattenbeilage Wergo 60017, 1966

Blacher, Boris. „Musik im technischen Zeitalter", in: Österreichische Gesellschaft für Musik (Hg.). *Beiträge* 1968/69, S. 67-71

Blacher, Boris. „Eine neue Oper – Wozu?", in: Opernhaus Wuppertal (Hg.). *Programmheft* zur Uraufführung von „Yvonne, Prinzessin von Burgund" am 15. September 1973, nachgedruckt in: Heribert Henrich (Hg.). *Boris Blacher. Dokumente zu Leben und Werk*, Berlin 1993, S. 118

Blacher, Boris. „Damals in Chefoo", in: H. H. Stuckenschmidt. *Boris Blacher*, Berlin und Wiesbaden 1985, S. 7-15

Burde, Wolfgang. „Interview mit Boris Blacher", in: *NZfM* 1/1973, S. 20-23

Greve, Dictolf. „‚Ich begann als Hilfsbeleuchter an der Oper von Irkutsk'. Mathematik und Musik: Gespräch mit Komponist Boris Blacher", in: *Kölner Stadt-Anzeiger* vom 22. September 1973

Höcker, Karla. *Gespräche mit Berliner Künstlern*, Berlin 1964, darin: „Boris Blacher" auf den S. 14-19

Lewinski, Wolf-Eberhard von. „Boris Blacher. Die Zeit – das unbarmherzig Maß, ein Gespräch", in: *Musica* 3/1975, S. 216-218

Nickolaus, Barbara. „‚Preußisches Märchen', Boris Blacher im Gespräch mit Barbara Nickolaus", in: Deutsche Oper Berlin (Hg.). *Programmheft* zu „Preußisches Märchen", Berlin 1981, S. 5-9

Rufer, Josef. *Bekenntnisse und Erkenntnisse. Komponisten über ihr Werk*, Frankfurt am Main, Berlin u.a. 1979, darin: „Neue Musik um die Jahrhundertmitte, Boris Blacher", S. 260-264

Stürzbecher, Ursula. *Werkstattgespräche mit Komponisten*, Köln 1971, darin: „Boris Blacher", S. 9-18

7.6 Schriften über Blacher

Anonym. „Oper. Blacher. Ein bißchen 007", in: *Der Spiegel* vom 7. Februar 1966, S. 116-118

Asche, Gerhart. „Verschreckter Wilhelm Zwo" (zur Aufführung von „Preußisches Märchen" in Bremerhaven), in: *Opernwelt* 2/1996, S. 47

Bodendorff, Werner. *Aspekte zur semantischen Bedeutung von Werner Egks „Abstrakter Oper Nr. 1"*, Vortrag, gehalten beim 1. Werner-Egk-Symposion in Donauwörth 1999, Manuskript, zugänglich über www.werner-egk.de

Schriften über Blacher

Bollert, Werner. „Boris Blacher. Dirigent und Komponist", in: *Musica* 5-6/1961, S. 334-335

Borris, Siegfried. „Boris Blacher – 70", in: HFM informiert Nr. 1/1973 (Veröffentlichung der Hochschule für Musik und darstellende Kunst Berlin), o.S.

Bote & Bock Musikverlag (Hg.). „Was ist ‚Abstrakte Oper'? Aus einem Zwiegespräch zwischen Karl Ludwig Skutsch und Josef Rufer", in: *Aus unserem Tagebuch. Aufsätze, Kritiken, Mitteilungen, Notizen,* Ausgabe September 1957, Berlin 1957, S. 9-11

Bumann, Ulrich. „Angst vor der Oper. Boris Blachers ‚Yvonne' in Wuppertal", in: *Rheinischer Merkur* vom 23. September 1973

Burde, Wolfgang. „Gesellschaftskritik flott vertändelt. Boris Blachers ‚Preußisches Märchen' in der Deutschen Oper unter Winfried Bauernfeinds Regie neuinszeniert", in: *Der Tagesspiegel* vom 19. Juni 1974

Burde, Wolfgang. *Notizen zu Boris Blacher – Leben und Werk,* Vortragstyposkript (zugänglich unter BBA/GH 1.69.290)

Burde, Wolfgang. „Kohle und Kultur. Uraufführung in Berlin: Boris Blachers ‚Habemeajaja' in der Akademie der Künste", in: *Die Zeit* vom 6. Februar 1987

Burde, Wolfgang. *Vortrag aus Anlaß des 90. Geburtstages von Boris Blacher,* gehalten im Clubraum der Akademie der Künste, Berlin am 23. April 1993, 6seitiges Typoskript, VA/BB

Cramer, Heinz von. „Der Komponist Boris Blacher. Moderne Oper bei den Salzburger Festspielen", in: Salzburger Festspiele (Hg.). *Berichte und Informationen* vom 28. Juli 1950

Cramer, Heinz von. „Über Boris Blacher", in: *Mykenae Theater-Korrespondenz,* 10. Jg., 1959, Nummer 32, S. 10-11

Dannenberg, Peter. „Maskenball der Marionetten. Boris Blachers Gombrowicz-Oper ‚Yvonne, Prinzessin von Burgund' in Wuppertal uraufgeführt", in: *Die Welt* vom 17. September 1973

Dümling, Albrecht. „Kein Verkauf des Nordpols. Blacher-Oper ‚Habemeajaja' in der Akademie uraufgeführt", in: *Der Tagesspiegel* vom 2. Februar 1987

Eickhoff, Thomas. „Kalter Intellekt in der Nachfolge Strawinskys? Zu Boris Blacher und der Rezeption seiner Werke im Nationalsozialismus", in: *Jahrbuch des Staatlichen Instituts für Musikforschung Preußischer Kulturbesitz 1999,* Stuttgart und Weimar 1999, S. 153-176

Einem, Gottfried von. „Mein Lehrer Boris Blacher", in: *ÖMZ,* 7-8/1950, S. 148-150

Einem, Gottfried von. „Das Geheimnis der beredten Pause", in: *Die Presse* vom 5. Januar 1973

Einem, Gottfried von. „Grabrede auf Boris Blacher, gehalten am 5. Februar 1975 im Krematorium Berlin", *Einem Archiv* der Gesellschaft der Musikfreunde Wien, veröffentlicht in: Thomas Eickhoff. *Politische Dimensionen einer Komponistenbiographie im 20. Jahrhundert – Gottfried von Einem,* Stuttgart 1998, S. 307

Fabian, Imre. „Die stumme Opernheldin. Boris Blachers ‚Yvonne, Prinzessin von Burgund' uraufgeführt", in: *Der Tagesspiegel* vom 22. September 1973. Derselbe Text erschien auch in *Opernwelt* 11/1973

Flamm, Käthe. „Yvonne. Schwache Musik zum starken Stück", in: *Oper und Konzert* 11/1973, S. 30

Friedrich, Götz. *Festrede anläßlich des 90. Geburtstages von Boris Blacher*, Vortragstyposkript, VA/BB

Gertich, Frank mit Gerlach, Julia und Föllmer, Golo. *Musik ..., verwandelt. Das Elektronische Studio der TU Berlin 1953-1995*, Berlin 1996, darin: „Boris Blacher: ‚Der Hauskomponist'" und „Zwischenfälle bei einer Notlandung", S. 141-193

Grafschmidt, Christopher. „Variable Metrik", in: Heribert Henrich (Hg.). *Boris Blacher. Dokumente zu Leben und Werk*, Berlin 1993, S. 42-50

Grafschmidt, Christopher. *Boris Blachers Variable Metrik und ihre Ableitungen. Voraussetzungen – Ausprägungen – Folgen* (= Quellen und Studien zur Musikgeschichte von der Antike bis in die Gegenwart, hg. von Michael von Albrecht, Band 33), Frankfurt am Main, Berlin u.a. 1996

Häusler, Josef. *Musik im 20. Jahrhundert. Von Schönberg zu Penderecki*, Bremen 1969, darin: „Boris Blacher", S. 119-122

Häusler, Josef. „Blacher, Boris", in: Stanley Sadie (Hg.). *The New Grove*, Second Edition, Volume 3, London 2001, S. 659-662

Heindrichs, Heinz-Albert. „In Wuppertal unterlag Blachers Musik dem Libretto", in: *Melos* 1/1974, S. 31f.

Heister, Hanns-Werner. „Hommage an Boris Blacher. Die wiederentdeckte Kammeroper ‚Habemeajaja': Zivilisationssatire mit Jazz", in: *Frankfurter Rundschau* vom 11. Februar 1987

Henrich, Heribert (Hg.). *Boris Blacher. Dokumente zu Leben und Werk*, Berlin 1993

Herbort, Heinz Josef. „200 000-Taler-Mißverständnis. Boris Blachers neue Oper uraufgeführt", in: *Die Zeit* vom 3. Oktober 1969

Herrmann, Wilhelm. „Wer ist nun durchgefallen? Mannheimer Theaterskandal um ‚Abstrakte Oper Nr. 1'", in: *Westdeutsche Neue Presse* vom 19. Oktober 1953

Herzfeld, Friedrich. „Ein moderner Magier der Simplizität. Berlin ehrt Boris Blacher zum 60. Geburtstag mit ‚Rosamunde Floris' in der Deutschen Oper", in: *Deutsche Zeitung* vom 9. Januar 1963

Hunkemöller, Jürgen. „Jazz in der Musik Boris Blachers", in: Heribert Henrich (Hg.). *Boris Blacher. Dokumente zu Leben und Werk*, Berlin 1993, S. 51-64

Hunkemöller, Jürgen. *Boris Blacher, der Jazz-Komponist* (= Quellen und Studien zur Musikgeschichte von der Antike bis in die Gegenwart, hg. von Michael von Albrecht, Band 37), Frankfurt am Main u.a. 1998

Hunkemöller, Jürgen (Hg.). „Boris Blacher – Eigenanalysen und Werkkommentare", in: *International Journal of Musicology* 8/1999

Hunkemöller, Jürgen. „Blacher, Boris", in: Ludwig Finscher (Hg.). *Die Musik in Geschichte und Gegenwart*, 2. neubearbeitete Ausgabe, 3. Band, Kassel und Stuttgart 2000, Sp. 8-16

Janke, Pia. „Scherz, Satire und Ironie. Blachers ‚Habemeajaja'", in: dies. *Dramaturgie der Leidenschaften. Libretti aus vier Jahrhunderten*, Wien 2000, S. 246-249

Joachim, Heinz. „Ein Meisterwerk – voller Schwierigkeiten. Boris Blachers ‚Rosamunde Floris' in der Deutschen Oper Berlin", in: *Die Welt* vom 12. Januar 1963

Kämpfer, Walter. „Notlandung in Hamburg. Boris Blachers neue Oper für Elektronik, Instrumente und Sänger", in: *Rheinischer Merkur* vom 11. Februar 1966

Koch, Gerhard R. „Makabres im frischen Wind. Blachers ‚Yvonne' in Wiesbaden", in: *Frankfurter Allgemeine Zeitung* vom 18. Mai 1974

Koegler, Horst. „Neue Methoden der musikalischen Rhythmik", in: *Melos* 11/1951, S. 314-315

Koegler, Horst. „Nach Börsenschluß: 200 000 Taler. Berliner Festwochen: Boris Blacher konkurriert mit ‚Anatevka'", in: *Rheinischer Merkur* vom 3. Oktober 1969

Koegler, Horst. „Die Stumme von Gerolstein. Blachers ‚Yvonne' in Wuppertal uraufgeführt", in: *Stuttgarter Zeitung* vom 18. November 1973. Eine leicht überarbeitete Version des Textes erschien in *Musica* 6/1973, S. 589f.

Konold, Wulf. „Boris Blacher: ‚Die Flut', ‚Preußisches Märchen', ‚Abstrakte Oper Nr. 1', ‚Zwischenfälle bei einer Notlandung'", in: *Pipers Enzyklopädie des Musiktheaters*, hg. von Carl Dahlhaus u.a., Band 1, München 1986, S. 361-366

Kotschenreuther, Helmut. „‚Die Mondsüchtige der Liebe'. Boris Blachers Oper ‚Rosamunde Floris' wurde in der Städtischen Oper Berlin uraufgeführt", in: *Mannheimer Morgen* vom 23. September 1960

Kotschenreuther, Helmut. „Das Geheimnis des entwendeten Briefes. Eine nachgelassene Oper von Boris Blacher in Berlin uraufgeführt", in: *Stuttgarter Zeitung* vom 5. März 1975

Krellmann, Hanspeter. „Schreckgespenst in einer verfratzten Welt. In Wuppertal wurde Boris Blachers Gombrowicz-Oper ‚Yvonne' uraufgeführt", in: *Mannheimer Morgen* vom 17. September 1973. Derselbe Text erschien auch in der *Rheinischen Post* vom 17. September 1973 und in den *Bremer Nachrichten* vom 19. September 1973

Kross, Siegfried. „Zu Boris Blachers Oratorium ‚Der Großinquisitor'", in: Rainer Cadenbach und Helmut Loos (Hg.). *Beiträge zur Geschichte des Oratoriums seit Händel. Festschrift Günther Massenkeil zum 60. Geburtstag*, Bonn 1986, S. 493-512

Kunz, Harald. „Boris Blacher", in: Wilfried Brennecke (Hg.). *Neue Musik in der Bundesrepublik Deutschland. Dokumentation 1973/74 – 1974/75. Aufführungen und Produktionen seit 1955 entstandener Werke*, Köln 1976, S. 15-16

Langner, Thomas-M. „Kunst kommt von Können. Marginalien zum musikpädagogischen Wirken Boris Blachers", in: Akademie der Künste Berlin (Hg.). *Ausstellungskatalog Boris Blacher*, 6. Januar – 18. Februar 1973, S. 10-13

Lewinski, Wolf-Eberhard von. „Die stumme Opernheldin. Uraufführung von Blachers ‚Yvonne, Prinzessin von Burgund' in Wuppertal'", in: *Neue Zürcher Zeitung* vom 20. September 1973

Lüttwitz, Heinrich von. „Folter-Apparätchen in Tönen. Wuppertaler Bühnen stellten Boris Blachers neue Oper ‚Yvonne' vor", in: *Weser-Kurier* vom 21. September 1973

Meyerowitz, Jan. „Blachers persönlicher Einfluß", in: Akademie der Künste Berlin (Hg.). *Ausstellungskatalog Boris Blacher*, 6. Januar – 18. Februar 1973, S. 14-16

Mösch, Stephan. „Der Mensch als Dienstgrad" (zur Aufführung von „Preußisches Märchen" am Staatstheater am Gärtnerplatz), in: *Opernwelt* 1/1996, S. 41

Montagnon, Patrice. „Hamlet als Ballett", in: Deutsche Oper Berlin (Hg.). *Programmheft* zum Ballettabend mit „Fandango" von Henze und „Hamlet" von Blacher (Spielzeit 1986/87), S. 2-5

Müller-Marein, Josef. „Elektronisches Bett für Musik. Blachers und Cramers Reportage ‚Zwischenfälle bei einer Notlandung'", in: *Die Zeit* vom 11. Februar 1966

Müller-Marein, Josef. „Ein Skeptiker als Bahnbrecher. Zum Tode von Boris Blacher", in: *Die Zeit* vom 7. Februar 1975

Reimann, Aribert. „Mein Lehrer Boris Blacher", in: Felix Meyer (Hg.). *Klassizistische Moderne. Eine Begleitpublikation zur Konzertreihe im Rahmen der Veranstaltungen, 10 Jahre Paul-Sacher-Stiftung'. Werkeinführungen, Essays, Quellentexte*, Winterthur 1996, S. 473-474

Riemer, Franz. „Boris Blacher", in: Hanns-Werner Heister und Walter-Wolfgang Sparrer (Hg.). *Komponisten der Gegenwart* (Edition Text und Kritik), München 1992ff.

Rufer, Josef. „Boris Blacher – der Komponist und sein Werk", in: *ÖMZ* 11/1955, S. 368-372

Ruppel, Karl Heinz. „Wird die Zikade sie retten? Boris Blachers ‚Zwischenfälle bei einer Notlandung' in Hamburg uraufgeführt", in: *Süddeutsche Zeitung* vom 7. Februar 1966

Rutz, Hans. „Liebesoper par distance. Blachers ‚Romeo und Julia' bei den Salzburger Festspielen", in: *Die Zeit* vom 17. August 1950

Saathen, Friedrich. „Antiromantiker aus Passion", in: ders. *Von Kündern, Käuzen und Ketzern. Biographische Studien zur Musik des 20. Jahrhunderts*, Wien, Köln u.a. 1986, S. 287-316

Scherf, Peter. „Die ‚variablen' Prozesse in der Abstrakten Oper Nr. 1 von Boris Blacher", in: Otto Kolleritsch (Hg.). *Zum Verhältnis von zeitgenössischer Musik und zeitgenössischer Dichtung* (= Studien zur Wertungsforschung, Band 20), Wien und Graz 1988, S. 136-153

Schimming, Wolfgang. „Die Ära Boris Blacher", in: ders. *Einhundert Jahre Musikhochschule. Von Joseph Joachim bis Boris Blacher*, Berlin 1969, S. 50-56

Schreiber, Ulrich. „Boris Blacher. Yvonne (Oper nach Gombrowicz)", in: Opernhaus Wuppertal (Hg.). *Programmheft* zu „Yvonne, Prinzessin von Burgund" (Spielzeit 1973/74), S. 2ff.

Schreiber, Ulrich. „Das Prinzip Oper als Schmiere. Boris Blachers ‚Yvonne' uraufgeführt", in: *Frankfurter Rundschau* vom 20. September 1973

Schüler, Hans. „Bemerkungen zur ‚Abstrakten Oper Nr. 1'", in: Nationaltheater Mannheim (Hg.): *Programmheft* zum Ballettabend mit „Die chinesische Nachtigall", „Abstrakte Oper Nr. 1" und „Ballett der Farben" (Spielzeit 1953/54), o.S.

Schüler, Hans. „Nach der Schlacht", in: Nationaltheater Mannheim (Hg.). *Bühnenblätter der 175. Spielzeit* (1953/54), Nr. 8, S. 1-4

Schumann, Karl. „Er suchte die Zukunft im Rhythmus. Zum Tode des Komponisten und Pädagogen Boris Blacher", in: *Süddeutsche Zeitung* vom 31. Januar 1975

Schwinger, Wolfram. „Musikalischer Architekt der Heiterkeit. Zum Tod des Komponisten Boris Blacher", in: *Stuttgarter Zeitung* vom 31. Januar 1975

Stuckenschmidt, Hans Heinz. „Musikalische Köpenickiade uraufgeführt. Blacher-Cramers ‚Preußisches Märchen' in der Städtischen Oper", in: *Neue Zeitung* vom 25. September 1952

Stuckenschmidt, Hans Heinz. „Boris Blacher sechzig", in: *Melos* 12/1962, S. 385-388

Stuckenschmidt, Hans Heinz. „Zwischenfälle bei einer Uraufführung. Blachers elektronische Oper in Hamburg", in: *Frankfurter Allgemeine Zeitung* vom 7. Februar 1966

Stuckenschmidt, Hans Heinz. „Blachers jüdische Komödie. ‚200 000 Taler' in der Deutschen Oper Berlin uraufgeführt", in: *Frankfurter Allgemeine Zeitung* vom 29. September 1969

Stuckenschmidt, Hans Heinz. „Wege zu Boris Blacher", in: Akademie der Künste Berlin (Hg.). *Ausstellungskatalog Boris Blacher*, 6. Januar – 18. Februar 1973, S. 4-9

Sekundärliteratur

Stuckenschmidt, Hans Heinz. „Mord mit Musik. Blachers Veroperung von ‚Yvonne'. Uraufführung in Wuppertal", in: *Frankfurter Allgemeine Zeitung* vom 17. September 1973

Stuckenschmidt, Hans Heinz. „Optimismus und Skepsis. Boris Blacher zum Gedenken", in: *Frankfurter Allgemeine Zeitung* vom 1. Februar 1975

Stuckenschmidt, Hans Heinz. „Eine Musiquette aus Meisterhand. Boris Blachers ‚Das Geheimnis des entwendeten Briefes' in Berlin uraufgeführt", in: *Frankfurter Allgemeine Zeitung* vom 17. Februar 1975

Stuckenschmidt, Hans Heinz. „Ein Architekt musikalischer Heiterkeit", in: *NMZ*, Februar/März 1984

Stuckenschmidt, Hans Heinz. *Boris Blacher*, Berlin 1985

Vogt, Hans. *Neue Musik seit 1945*, Stuttgart [3]1983, darin: Werkbesprechung „Abstrakte Oper Nr. 1" auf den S. 253-260

Wendland, Jens. „Verbeugung vor Gombrowicz. Boris Blachers Vertonung der ‚Yvonne' in Wuppertal uraufgeführt", in: *Süddeutsche Zeitung* vom 17. September 1973

Willenbrink, Martin. „Oper mit einkomponiertem Verfallsdatum. Der Zeitopernkomponist Boris Blacher", in: Heribert Henrich (Hg.). *Boris Blacher. Dokumente zu Leben und Werk*, Berlin 1993, S. 27-37

Willenbrink, Martin. *Der Zeitopernkomponist Boris Blacher. Zur Idee und Weiterentwicklung eines Operngenres der zwanziger Jahre*, Diss., Berlin 1994

Wörner, Karl. H. „Boris Blachers Bühnenwerke", in: *Schweizerische Musikzeitung*, 94. Jg. 1954, S. 449-451

7.7 Sekundärliteratur

7.7.1 Zur Musik- und Librettogeschichte

Abert, Anna Amalie. „Libretto", in: Friedrich Blume (Hg.). *Die Musik in Geschichte und Gegenwart*, Band 8, Kassel 1960, Sp. 708-727

Abert, Anna Amalie. „Opernkomponist und Textbuch", in: *Bericht über den Internationalen musikwissenschaftlichen Kongreß Bonn 1970*, Kassel 1973, S. 151-155

Abert, Anna Amalie. *Geschichte der Oper*, Kassel und Stuttgart 1994

Abert, Hermann. *Grundprobleme der Operngeschichte* (Sonderdruck), Leipzig 1926

Achberger, Karen. *Literatur als Libretto. Das deutsche Opernbuch seit 1945* (= Reihe Siegen, Band 21), Heidelberg 1980

Adorno, Theodor W. „Thesen über Tradition", in: ders. *Ohne Leitbild. Parva Aesthetica*, Frankfurt am Main 1967, S. 29-41

Adorno, Theodor W. *Berg. Der Meister des kleinsten Übergangs*, Wien 1968

Adorno, Theodor W. *Ästhetische Theorie*, Frankfurt am Main 1973

Adorno, Theodor W. *Philosophie der Neuen Musik*, Frankfurt am Main ⁵1978

Auden, W. H. „Einige Gedanken über die Oper als Kunstgattung", in: *Melos* 1/1952, S. 1-6

Bachmann, Claus-Henning. „Prima le parole – prima la musica?", in: *Opernwelt* 9/1968, S. 38-40

Bäumer, Angelica und Prossnitz, Gisela (Hg.). *Gottfried von Einem und die Salzburger Festspiele. Eine Publikation der Salzburger Festspiele*, Salzburg 1998

Bayerische Akademie der Schönen Künste (Hg.). *Jahrbuch 4*, Schaftlach 1990

Beck, Thomas. *Bedingungen librettistischen Schreibens. Die Libretti Ingeborg Bachmanns für Hans Werner Henze* (= Literatura. Wissenschaftliche Beiträge zur Moderne und ihrer Geschichte, Band 3), Würzburg 1997

Beiträge zur österreichischen Musik der Gegenwart. Dokumente zu Leben und Werk zeitgenössischer Komponisten (= Publikationen des Instituts für österreichische Musikdokumentation, hg. von Günter Brosche, Band 17), Tutzing 1992

Besseler, Heinrich. *Aufsätze zur Musikästhetik und Musikgeschichte*, Leipzig 1978

Blaukopf, Kurt und Klein, Rudolf. „Dada in der Musik", in: Willy Verkauf (Hg.). *Dada. Monographie einer Bewegung*, Teufen 1957, S. 88-97

Borchmeyer, Dieter. „Libretto, Textform", in: Ludwig Finscher (Hg.). *Die Musik in Geschichte und Gegenwart*, Sachteil, Band 5, Kassel, Weimar u.a. 1996, Sp. 1116-1123

Borchmeyer, Dieter. „'El maestro vol cussi, e basta!'. Verdi und die Struktur des Opernlibrettos", in: Udo Bermbach (Hg.). *Verdi-Theater*, Stuttgart und Weimar 1997, S. 117-140

Boulez, Pierre. „Sprengt die Opernhäuser in die Luft. Spiegel-Gespräch mit dem französischen Komponisten und Dirigenten Pierre Boulez", in: *Der Spiegel* 40/1967, S. 166ff.

Brennecke, Wilfried (Hg.). *Neue Musik in der Bundesrepublik Deutschland. Dokumentation 1973/74 – 1974/75. Aufführungen und Produktionen seit 1955 entstandener Werke*, Köln 1976

Budde, Elmar. „Zum Verhältnis von Sprache, Sprachlaut und Komposition in der neueren Musik", in: *Über Sprache und Musik, Sieben Versuche zur neueren Vokalmusik*, hg. von Rudolf Stephan (= Veröffentlichungen des Instituts für Neue Musik und Musikerziehung Darmstadt, Band 14), Mainz 1974, S. 9-19

Busoni, Ferruccio. *Über die Möglichkeiten der Oper und über die Partitur des 'Doktor Faust'*, Wiesbaden ²1967

Cramer, Heinz von. „Operntexte heute", in: *Mykenae Theater-Korrespondenz*, 3. Jg., 1952, Nummer 10, S. 12-13

Cramer, Heinz von. „Da wo die Oper sterblich ist: das Libretto", in: *Akzente*, 4. Jg., 1957, Heft 2, S. 132-138

Csobádi, Peter u.a. (Hg.). *Alban Bergs „Wozzeck" und die Zwanziger Jahre. Vorträge und Materialien des Salzburger Symposions 1997*, Anif/Salzburg 1999

Dahlhaus, Carl. „Richard Strauss und der Opernruhm", in: *Opernwelt* 6/1964, S. 10

Dahlhaus, Carl. *Analyse und Werturteil*, Mainz 1970

Dahlhaus, Carl. „Über Sinn und Sinnlosigkeit in der Musik", in: *Die Musik der sechziger Jahre. Zwölf Versuche*, hg. von Rudolf Stephan (= Veröffentlichungen des Instituts für Neue Musik und Musikerziehung Darmstadt, Band 12), Mainz 1972, S. 90-99

Dahlhaus, Carl. „Aktualität", in: *NZfM* 1/1973, S. 2

Dahlhaus, Carl. „Avantgarde und Oper", in: *Melos* 2/1978, S. 90

Dahlhaus, Carl. „Über offene und latente Traditionen in der neuesten Musik", in: *Die neue Musik und die Tradition. Sieben Kongreßberichte und eine analytische Studie*, hg. von Reinhold Brinkmann (= Veröffentlichungen des Instituts für Neue Musik und Musikerziehung Darmstadt, Band 19), Mainz 1978, S. 9-21

Dahlhaus, Carl. „Zur Methode der Opern-Analyse", in: *Musik und Bildung* 9/1980, S. 518-523

Dahlhaus, Carl. „Zeitstrukturen in der Oper", in: *Die Musikforschung* 1/1981, S. 2-11; nachgedruckt in: ders. *Vom Musikdrama zur Literaturoper*, München und Salzburg 1983, S. 25-32

Dahlhaus, Carl. „Zur Dramaturgie der Literaturoper", in: Sigrid Wiesmann (Hg.). *Für und Wider die Literaturoper. Zur Situation nach 1945*, Laaber 1982, S. 147-163; nachgedruckt in: ders. *Vom Musikdrama zur Literaturoper*, München und Salzburg 1983, S. 238-248

Dahlhaus, Carl. „,Am Text entlang komponiert'. Bemerkungen zu einem Schlagwort", in: Sigrid Wiesmann (Hg.). *Für und Wider die Literaturoper. Zur Situation nach 1945*, Laaber 1982, S. 185-195; nachgedruckt in: ders. *Vom Musikdrama zur Literaturoper*, München und Salzburg 1983, S. 249-255

Dahlhaus, Carl. „Traditionelle Dramaturgie in der modernen Oper", in: *Musiktheater heute. Sechs Kongreßbeiträge* hg. von Hellmut Kühn (= Veröffentlichungen des Instituts für Neue Musik und Musikerziehung Darmstadt, Band 22), Mainz 1982, S. 20-33; nachgedruckt in: ders. *Vom Musikdrama zur Literaturoper*, München und Salzburg 1983, S. 229-237

Dahlhaus, Carl und Zimmermann, Michael (Hg.). *Musik zur Sprache gebracht. Musikästhetische Texte aus drei Jahrhunderten*, München und Kassel 1984

Dahlhaus, Carl. „Postmoderne und U-Musik", in: *ÖMZ* 4/1985, S.154-159

Dahlhaus, Carl und Döhring, Sieghart (Hg.). *Pipers Enzyklopädie des Musiktheaters*, Band 1, München und Zürich 1986

Dahlhaus, Carl. *Die Musik des 19. Jahrhunderts* (Sonderausgabe), Laaber 1996

Danuser, Hermann. „Tradition und Avantgarde nach 1950", in: *Die neue Musik und die Tradition. Sieben Kongreßberichte und eine analytische Studie*, hg. von Reinhold Brinkmann (= Veröffentlichungen des Instituts für Neuen Musik und Musikerziehung Darmstadt, Band 19), Mainz 1978, S. 22-54

Danuser, Hermann (Hg.). *Neue Musik im politischen Wandel* (= Veröffentlichungen des Instituts für Neue Musik und Musikerziehung Darmstadt, Band 32), Mainz 1991

Danuser, Hermann. *Die Musik des 20. Jahrhunderts* (Sonderausgabe), Laaber 1996

Dent, Edward J. und Smith, Patrick J. „Opera. VII. Libretto", in: Stanley Sadie (Hg.). *The New Grove Dictionary of Music and Musicians*, Band 13, London 1980, S. 610-617

Dibelius, Ulrich (Hg.). *Musik auf der Flucht vor sich selbst. Acht Aufsätze*, München 1969

Dibelius, Ulrich. *Ligeti. Eine Monographie in Essays*, Mainz, London, Madrid u.a. 1994

Dibelius, Ulrich. *Moderne Musik nach 1945* (erweiterte Neuausgabe), München 1998

Dissinger, Bettina. *Die Opern von Aleksandr Dargomyžskij*, Frankfurt am Main, Berlin, Bern u.a. 2001

Döhring, Sieghart und Henze-Döhring, Sabine. *Oper und Musikdrama im 19. Jahrhundert* (= Handbuch der musikalischen Gattungen, hg. von Siegfried Mauser, Band 13), Laaber 1997

Donin-Janz, Beatrice. *Zwischen Tradition und Neuerung: Das italienische Opernlibretto der Nachkriegsjahre (1946-1960)*, Frankfurt am Main u.a. 1994

Dürr, Walther. *Musik und Sprache. Geschichte, Gattungen, Analysemodelle* (= Bärenreiter Studienbücher Musik, hg. von Silke Leopold und Jutta Schmoll-Barthel, Band 7), Kassel, Basel, London u.a. 1994

Dworak, Erich A. *Das deutschsprachige Opernlibretto in der ersten Hälfte des zwanzigsten Jahrhunderts,* Diss., Wien 1966 (2 Bände)

Edelmann, Bernd u.a. (Hg.). *Richard Strauss und die Moderne. Bericht über das Internationale Symposium München, 21. bis 23. Juli 1999*, Berlin 2001

Eggebrecht, Hans Heinrich (Hg.). „Libretto", in: *Riemann Musik-Lexikon*, Sachteil, Mainz 1967, S. 519-522

Eggebrecht, Hans Heinrich. „Neue Musik – Tradition – Fortschritt – Geschichtsbewußtsein: Bemerkungen zu diesen Begriffen", in: *Zwischen Tradition und Fortschritt. Über das musikalische Geschichtsbewußtsein. Neun Versuche,* hg. von Rudolf Stephan (= Veröffentlichungen des Instituts für Neue Musik und Musikerziehung Darmstadt, Band 13), Mainz 1973, S. 53-65

Egk, Werner. *Die Zeit wartet nicht. Künstlerisches, Zeitgeschichtliches, Privates aus meinem Leben,* München 1981

Eickhoff, Thomas. *Politische Dimensionen einer Komponistenbiographie im 20. Jahrhundert – Gottfried von Einem* (= Beihefte zum AfMw, Band XLIII), Stuttgart 1998

Einem, Gottfried von. „Ein Komponist im Turm", in: *Melos* 4/1964, S. 113-117

Einem, Gottfried von. *Komponist und Gesellschaft* (= Schriftenreihe „Musik und Gesellschaft", hg. von Kurt Blaukopf, Heft 1), Karlsruhe 1967

Einem, Gottfried von. „‚Das Publikum ist mein Partner', ein Gespräch mit Irene Suchy", in: Freunde der Wiener Staatsoper (Hg.). *Die Wiener Staatsoper. Jahrbuch 1993,* Wien 1993, S. 117-122

Einem, Gottfried von. *Ich hab' unendlich viel erlebt,* Wien 1995

Einem, Gottfried von. „Meine Oper ‚Dantons Tod'", Typoskript, *Einem Archiv* der Gesellschaft der Musikfreunde, Wien; veröffentlicht in: Thomas Eickhoff. *Politische Dimensionen einer Komponistenbiographie im 20. Jahrhundert – Gottfried von Einem,* Stuttgart 1998, S. 307-309

Feldhege, Claudia. *Ferruccio Busoni als Librettist* (= Wort und Musik, Salzburger Akademische Beiträge, hg. von Ulrich Müller, Franz Hundsnurscher und Oswald Panagl, Band 29), Anif/Salzburg 1996

Fischer, Erik. *Zur Problematik der Opernstruktur. Das künstlerische System und seine Krise im 20. Jahrhundert* (= Beiheft zum AfMw, Band XX), Wiesbaden 1982

Fischer, Jens Malte (Hg.). *Oper und Operntext* (= Reihe Siegen, Band 60), Heidelberg 1985

Fischer-Defoy, Christine. *Kunst, Macht, Politik. Die Nazifizierung der Kunst und Musikhochschulen in Berlin,* Berlin 1988

Fischer-Dieskau, Dietrich. *Nachklang. Ansichten und Erinnerungen,* Stuttgart 1987

Fischer-Dieskau, Dietrich. *Fern die Klage des Fauns. Claude Debussy und seine Welt,* Stuttgart 1993

Flammer, Ernst H. *Politisch engagierte Musik als kompositorisches Problem,* Baden-Baden 1981

Sekundärliteratur

Floros, Constantin u.a. (Hg.). *Musiktheater im 20. Jahrhundert* (= Hamburger Jahrbuch für Musikwissenschaft, Band 10), Laaber 1988

Floros, Constantin. *Musik als Botschaft*, Wiesbaden 1989

Foesel, Karl. „‚Dantons Tod' – auch in Nürnberg ein Erfolg", in: *Melos* 7-8/1957, S. 228f.

Fritz, Rebekka. *Text and Music in German Operas of the 1920s*, Frankfurt am Main, Berlin, Bern u.a. 1998

Gallup, Stephen. *Die Geschichte der Salzburger Festspiele*, Wien 1989

Gerhartz, Leo Karl. *Die Auseinandersetzungen des jungen Verdi mit dem literarischen Drama. Ein Beitrag zur Strukturbestimmung der Oper* (= Berliner Studien zur Musikwissenschaft, Band 15), Berlin 1968

Gerhartz, Leo Karl. „Warum und zu welchem Zweck komponiert man heute noch Opern? Einige provokante Thesen zum zeitgenössischen Musiktheater", in: Sigrid Wiesmann (Hg.). *Für und Wider die Literaturoper. Zur Situation nach 1945*, Laaber 1982, S. 45-57

Gertich, Frank mit Gerlach, Julia und Föllmer, Golo. *Musik ..., verwandelt. Das Elektronische Studio der TU Berlin 1953-1995*, Berlin 1996

Gier, Albert und Gruber, Gerold W. (Hg.). *Musik und Literatur. Komparatistische Studien zur Strukturverwandtschaft*, Frankfurt am Main, Berlin, Bern u.a. 1985

Gier, Albert (Hg.). *Oper als Text*, Heidelberg 1986

Gier, Albert. *Das Libretto. Theorie und Geschichte einer musikoliterarischen Gattung*, Darmstadt 1998

Gier, Albert. „A=B? Von der Kunst des Weglassens (und des Hinzufügens) im Opernlibretto", in: *Bericht vom Bruckner-Symposion. Fassungen – Bearbeitungen – Vollendungen, im Rahmen des Int. Brucknerfestes Linz 1996*, hg. von Uwe Harten, Elisabeth Maier u.a., Linz 1998, S. 9-16

Gier, Albert. „Schreibweise – Typus – Gattung. Zum gattungsgeschichtlichen Ort des Librettos (und der Oper)", in: Hans-Peter Bayerdörfer (Hg.). *Musiktheater als Herausforderung. Interdisziplinäre Facetten der Musikwissenschaft*, Tübingen 1999, S. 40-54

Gottwald, Clytus. „Bausteine zu einer Theorie der Neuen Vokalmusik", in: *Festschrift für einen Verleger. Ludwig Strecker zum 90. Geburtstag*, hg. von Carl Dahlhaus, Mainz 1973, S. 259-269

Gräwe, Karl Dietrich. „‚Halbgestaltete dichterische Materie'", in: Sigrid Wiesmann (Hg.). *Für und Wider die Literaturoper. Zur Situation nach 1945*, Laaber 1982, S. 233-243

Grayson, David. „Waiting for Golaud: the concept of time in *Pelléas*", in: *Debussy Studies*, edited by Richard Langham Smith, Cambridge 1997, S. 26-45

Grell, Petra. *Ingeborg Bachmanns Libretti*, Frankfurt am Main, Berlin, Bern u.a. 1995

Grosch, Nils. *Die Musik der Neuen Sachlichkeit*, Stuttgart und Weimar 1999

Gruhn, Wilfried. *Musiksprache – Sprachmusik – Textvertonung. Aspekte des Verhältnisses von Musik, Sprache und Text*, Frankfurt am Main, Berlin u.a. 1978

Gülke, Peter. „... *immer das Ganze vor Augen". Studien zu Beethoven*, Stuttgart 2000

Hacks, Peter. „Versuch über das Libretto", in: ders. *Oper*, München 1980, S. 199-306, ausschnittweise auch unter dem Titel „Das Libretto und die Musik", in: *Musikbühne 1974*, S. 19-44

Häusler, Josef. *Spiegel der Neuen Musik. Donaueschingen. Chronik, Tendenzen, Werkbesprechungen*, Kassel 1996

Hajas, Deszö. „‚Dantons Tod' nach 16 Jahren", in: *ÖMZ* 5/1963, S. 204-208

Hartmann, Dominik. *Gottfried von Einem*, Wien 1967

Heike, Georg. *Musiksprache und Sprachmusik. Texte zur Musik 1956-1998*, Saarbrücken 1999

Heister, Hanns-Werner und Stern, Dietrich (Hg.). *Musik 50er Jahre*, Berlin 1980

Heister, Hanns-Werner und Klein, Hans-Günter (Hg.). *Musik und Musikpolitik im faschistischen Deutschland*, Frankfurt am Main 1984

Henneberg, Claus H. „Gedanken zur Beziehung zwischen Literatur und Libretto am Beispiel von Aribert Reimanns ‚Lear'", in: Jens Malte Fischer (Hg.). *Oper und Operntext*, Heidelberg 1985, S. 261-269

Herrmann, Joachim. „Spielzeitausklang", in: *Musica* 9/1956, S. 640f.

Höcker, Karla. *Gespräche mit Berliner Künstlern*, Berlin 1964

Holland, Dietmar. „Musikalische Bedingungen des Opernlibrettos. Zu Heimo Erbses opera semiseria *Julietta* nach Kleists *Marquise von O...*", in: Klaus Kanzog und Hans-Joachim Kreutzer (Hg.). *Werke Kleists auf dem modernen Musiktheater*, Berlin 1977, S. 137ff.

Honig, Joel. „A Novel Idea", in: *Opera News*, August 2001, S. 20-23

Honolka, Kurt. „Die Poeten und die Musik. Große Dichter als Librettisten", in: *Opernwelt* 11/1966, S. 22-32

Honolka, Kurt. *Kulturgeschichte des Librettos. Opern. Dichter. Operndichter* (= Taschenbücher zur Musikwissenschaft, hg. von Richard Schaal, Band 28), Wilhelmshaven 1979

Hopf, Helmuth und Sonntag, Brunhilde (Hg.). *Gottfried von Einem. Ein Komponist unseres Jahrhunderts* (= Musik, Kunst & Konsum, Band 1), Münster 1989

Hoppe, Manfred. „Fromme Parodien. Hugo von Hofmannsthals Opernlibretti als Stilexperimente", in: Wolfram Mauser (Hg.). *Hofmannsthal-Forschungen*, Band 7, Freiburg 1983, S. 67-95

Hülle-Keeding, Maria. *Richard Strauss/Romain Rolland. Briefwechsel und Tagebuchnotizen* (= Veröffentlichungen der Richard-Strauss-Gesellschaft, hg. von Franz Trenner, Band 13), Berlin 1994

Istel, Edgar. *Das Libretto. Wesen, Aufbau und Wirkung des Opernbuches nebst einer dramaturgischen Analyse des Librettos von „Figaros Hochzeit"*, Berlin und Leipzig 1914

Jungheinrich, Hans-Klaus. „Politische und gesellschaftliche Aspekte der Oper seit 1945", in: Udo Bermbach und Wulf Konold (Hg.). *Der schöne Abglanz. Stationen der Operngeschichte. Oper als Spiegel gesellschaftlicher Veränderungen*, Berlin und Hamburg 1992, S. 243-262

Jungheinrich, Hans-Klaus. *Unser Musikjahrhundert*, Salzburg und Wien 1999

Just, Klaus Günther. „Das deutsche Opernlibretto", in: *Poetica VII*, 1975, S. 203-220; nachgedruckt in: Steven Paul Scher (Hg.). *Literatur und Musik. Ein Handbuch zur Theorie und Praxis eines komparatistischen Grenzgebietes*, Berlin 1984, S. 100-116

Kaatz, Klemens. „Eine Hinrichtung Büchners: ‚Dantons Tod' von Gottfried von Einem", in: Peter Petersen und Hans-Gerd Winter (Hg.). *Büchner-Opern. Georg Büchner in der Musik des 20. Jahrhunderts*, Frankfurt am Main, Berlin u.a. 1997, S. 131-167

Kagel, Mauricio. *Tamtam. Monologe und Dialoge zur Musik*, hg. von Felix Schmidt, München 1975

Kakavelakis, Konstantinos. *György Ligetis Aventures & Nouvelles Aventures. Studien zur Sprachkomposition und Ästhetik der Avantgarde*, Frankfurt am Main, Berlin, Bern u.a. 2001

Kanzog, Klaus und Kreutzer, Hans Joachim (Hg.). *Werke Kleists auf dem modernen Musiktheater*, Berlin 1977

Kaufmann, Harald. *Spurlinien. Analytische Aufsätze über Musik und Sprache*, Wien 1969

Kater, Michael H. *The twisted Muse. Musicians and their Music in the Third Reich*, New York und Oxford 1997

Klein, Hans-Günter. „Aktuelle Realität in Opern der 50er Jahre", in: Hanns-Werner Heister und Dietrich Stern (Hg.). *Musik 50er Jahre*, Berlin 1980, S. 123-149

Klüppelholz, Werner. „Jenseits von Literatur und Oper. Zur Sprachkomposition im neuen Musiktheater", in: Jens Malte Fischer (Hg.). *Oper und Operntext*, Heidelberg 1985, S. 271-282

Klüppelholz, Werner. *Sprache als Musik. Studien zur Vokalkomposition bei Karlheinz Stockhausen, Hans G. Helms, Mauricio Kagel, Dieter Schnebel und György Ligeti*, Saarbrücken [2]1995

Knapp, Gerhard P. „Some remarks about the inherent discrepancies between Georg Büchner's Drama and Gottfried von Einem's Opera Dantons Tod", in: Zoran Konstantinović (Hg.). *Literature and the other arts* (= Proceedings of the IXth congress of the international comparative literature association), Innsbruck 1979, S. 257-259

Knaus, Jakob (Hg.). *Sprache. Dichtung. Musik. Texte zu ihrem gegenseitigen Verständnis von Richard Wagner bis Theodor W. Adorno*, Tübingen 1973

Koebner, Thomas. „Vom Arbeitsverhältnis zwischen Drama, Musik und Szene und ein Plädoyer für eine ‚Opera impura'", in: Sigrid Wiesmann (Hg.). *Für und Wider die Literaturoper. Zur Situation nach 1945*, Laaber 1982, S. 65-81

Körner, Hans-Michael und Schläder, Jürgen (Hg.). *Werner Egk. Eine Debatte zwischen Ästhetik und Politik* (= Studien zur Münchner Theatergeschichte, Band 3), München 2002 (im Druck)

Kolleritsch, Otto (Hg.). *Zum Verhältnis von zeitgenössischer Musik und zeitgenössischer Dichtung* (= Studien zur Wertungsforschung, Band 20), Wien und Graz 1988

Kolleritsch, Otto (Hg.). *Wiederaneignung und Neubestimmung. Der Fall „Postmoderne" in der Musik* (= Studien zur Wertungsforschung, Band 26), Wien und Graz 1993

Kolleritsch, Otto (Hg.). *Klischee und Wirklichkeit in der musikalischen Moderne* (= Studien zur Wertungsforschung, Band 28), Graz 1994

Konold, Wulf. „Methoden der Opernforschung", in: Michael Arndt und Michael Walter (Hg.). *Jahrbuch für Opernforschung*, Frankfurt am Main 1986, S. 7-26

Krause, Ernst. *Werner Egk. Oper und Ballett*, Wilhelmshaven 1971

Krause, Ernst. *Richard Strauss. Gestalt und Werk* (Neuausgabe), München 1988

Kraussold, Max. *Geist und Stoff der Operndichtung*, Wien, Prag u.a. 1931

Krebs, Wolfgang. „Zur musikalischen Dramaturgie von Richard Strauss' ‚Salome'", in: *Geschichte und Dramaturgie des Operneinakters* hg. von Winfried Kirsch und Sieghart Döhring u.a. (= Thurnauer Schriften zum Musiktheater, Band 10), Laaber 1991, S. 251-271

Krenek, Ernst. *Zur Sprache gebracht. Essays über Musik*, München 1958

Krenek, Ernst. *Im Atem der Zeit. Erinnerungen an die Moderne*, Hamburg 1998

Kreutzer, Hans Joachim. „Vom Schauspiel zur Oper. Ingeborg Bachmanns Libretto für Hans Werner Henzes ‚Der Prinz von Homburg'", in: ders. und Klaus Kanzog. *Werke Kleists auf dem modernen Musiktheater*, Berlin 1977, S. 60-100; neubearbeitet und unter gleichem Titel gedruckt in: ders. *Obertöne. Literatur und Musik. Neun Abhandlungen über das Zusammenspiel der Künste*, Würzburg 1994, S. 217-261

Kunze, Stefan. „Der Sprechgesang und das Unsagbare. Bemerkungen zu ‚Pelléas et Mélisande' von Debussy", in: *Analysen. Beiträge zu einer Problemgeschichte des Komponierens* (= Festschrift Hans Heinrich Eggebrecht, hg. von Werner Breig, Reinhold Brinkmann und Elmar Budde), Wiesbaden 1984, S. 339-360

Lezak, Konrad. *Das Opernschaffen Gottfried von Einems,* Wien 1990

Lichtenfeld, Monika. „György Ligeti oder Das Ende der seriellen Musik", in: *Melos* 2/1972, S. 74-80

Lindlar, Heinrich und Schubert, Reinhold (Hg.). *Lebt die Oper?* (= *Musik der Zeit. Eine Schriftenreihe zu Musik und Gegenwart*, Neue Folge, Heft 3), Bonn und London 1960

Link, Klaus-Dieter. *Literarische Perspektiven des Opernlibrettos. Studien zur italienischen Oper von 1850 bis 1920* (= Abhandlungen zur Kunst-, Musik-, und Literaturwissenschaft, Band 173), Bonn 1975

Lockspeiser, Edward. *Debussy: His Life And Mind. Volume I. 1862-1902*, Cambridge 1978

Maehder, Jürgen. „Anmerkungen zu einigen Strukturproblemen der Literaturoper", in: Klaus Schulz (Hg.). *Aribert Reimanns „Lear". Weg einer neuen Oper*, München 1984, S. 79-89

Mayer, Matthias. „Künstlicher Naturzustand. Zur Literaturgeschichte der Oper", in: *Internationales Archiv für Sozialgeschichte der deutschen Literatur,* Band 20, 2. Heft, Tübingen 1995, S. 155-172

Metzger, Heinz-Klaus und Riehn, Rainer (Hg.). *Was heißt Fortschritt?* (= *Musik-Konzepte*, Band 100), München 1998

Miller, Norbert. „‚Geborgte Tonfälle aus der Zeit'. Ingeborg Bachmanns ‚Der junge Lord' oder Keine Schwierigkeiten mit der komischen Oper", in: Sigrid Wiesmann (Hg.). *Für und Wider die Literaturoper. Zur Situation nach 1945*, Laaber 1982, S. 87-100

Mösch, Stephan. „Per aspera ad futura? Zwischen Neuanfang und Tradition. Die Oper nach dem Zweiten Weltkrieg", in: Udo Bermbach (Hg.). *Oper im 20. Jahrhundert. Entwicklungstendenzen und Komponisten*, Stuttgart und Weimar 2000, S.183-220

Müller, Heiner. „Sechs Punkte zur Oper", in: ders. *Theater-Arbeit*, Berlin 1975, S. 117-118

Neef, Sigrid. *Handbuch der russischen und sowjetischen Oper*, Berlin 1988

Nieder, Christoph. *Von der ‚Zauberflöte' zum ‚Lohengrin'. Das deutsche Opernlibretto in der ersten Hälfte des 19. Jahrhunderts*, Stuttgart 1989

Oehlmann, Werner. „Revolution als Schaustück. ‚Dantons Tod' – Gottfried von Einems Büchner-Vertonung in der Deutschen Oper", in: *NZfM* 4/1963, S. 146f.

Orledge, Robert. *Debussy and the theatre*, Cambridge 1982

Petersen, Peter. *Alban Berg. Wozzeck. Eine semantische Analyse unter Einbeziehung der Skizzen und Dokumente aus dem Nachlaß* (= Musik-Konzepte, Sonderband), München 1985

Petersen, Peter. „Funktionen der Musik in der Oper", in: Udo Bermbach und Wulf Konold (Hg.). *Gesungene Welten. Aspekte der Oper. Oper als Spiegel gesellschaftlicher Veränderungen*, Berlin und Hamburg 1992, S. 31-52

Petersen, Peter und Winter, Hans-Gerd (Hg.). *Büchner-Opern. Georg Büchner in der Musik des 20. Jahrhunderts* (= Hamburger Jahrbuch für Musikwissenschaft, Band 14), Frankfurt am Main, Berlin u.a. 1997

Petersen, Peter. „Der Terminus ‚Literaturoper' – eine Begriffsbestimmung", in: *AfMw* 1/1999, S. 52-70

Petri, Horst. *Literatur und Musik. Form- und Strukturparallelen*, Göttingen 1964

Pfitzner, Hans. „Zur Grundfrage der Operndichtung", in: ders. *Gesammelte Schriften. Band II*, Augsburg 1926, S. 5-97

Prieberg, Fred. K. *Musik im NS-Staat*, Frankfurt am Main 1982

Reiber, Joachim. „Libretto. 19. und 20. Jahrhundert", in: Ludwig Finscher (Hg.). *Die Musik in Geschichte und Gegenwart*, Sachteil, Band 5, Kassel, Weimar u.a. 1996, Sp. 1179ff.

Riethmüller, Albrecht. „Die Dreißiger Jahre. Eine Dekade kompositorischer Ermüdung oder Konsolidierung?", in: Christoph H. Mahling und Sigrid Wiesmann (Hg.). *Bericht über den internationalen musikwissenschaftlichen Kongreß Bayreuth 1981*, Kassel 1984, S. 174-182

Ross, Peter. *Studien zum Verhältnis von Libretto und Komposition in den Opern Verdis*, Bern 1979

Rufer, Josef. *Bekenntnisse und Erkenntnisse. Komponisten über ihr Werk*, Frankfurt am Main, Berlin u.a. 1979

Ruppel, Karl Heinz. „Die literarische Wendung der Oper", in: ders. *Musik in unserer Zeit. Eine Bilanz von zehn Jahren*, München 1960, S. 147-152

Rutz, Hans. *Neue Oper. Gottfried Einem* (sic!) *und seine Oper „Dantons Tod"*, Wien 1947

Saathen, Friedrich. *Einem Chronik. Dokumentation und Deutung*, Wien, Köln, Graz 1982

Sacher, Reinhard Josef. *Musik als Theater. Tendenzen zur Grenzüberschreitung in der Musik von 1958 bis 1968* (= Kölner Beiträge zur Musikforschung, Band 139), Regensburg 1985

Salmenhaara, Erkki. *Das musikalische Material und seine Behandlung in den Werken Apparitions, Atmosphères, Aventures und Requiem von György Ligeti*, Helsinki 1969

Schab, Günter. „‚Dantons Tod' in Düsseldorf", in: *ÖMZ* 9/1960, S. 445

Schaberth, Irmgard. *Musiktheater mit Rolf Liebermann. Der Komponist als Intendant. 14 Jahre Hamburger Staatsoper*, Hamburg 1975

Scher, Steven Paul (Hg.). *Literatur und Musik. Ein Handbuch zur Theorie und Praxis eines komparatistischen Grenzgebietes*, Berlin 1984

Scherle, Arthur. *Das deutsche Opernlibretto von Opitz bis Hofmannsthal*, Diss., München 1954

Schläder, Jürgen. „Libretto", in: Marc Honegger und Günther Massenkeil (Hg.). *Das große Lexikon der Musik*, Band 5, Freiburg u.a. 1976/1981, S. 109-111

Schläder, Jürgen. „Die wahren Bilder aus Frankreichs Schreckensherrschaft. Über den Tod Georges Dantons bei Georg Büchner und Gottfried von Einem", in: Bayerische Staatsoper (Hg.). *Programmheft* zu Gottfried von Einem: „Dantons Tod", München 1990, S. 38-49

Schmidgall, Gary. *Literature as Opera*, New York 1977

Schmidt, Christian. „‚Warum Bastard?' Über die Unmöglichkeit der Oper nach 1945", in: Jürgen Schläder und Hans Zehetmair (Hg.). *Nationaltheater. Die Bayerische Staatsoper*, München 1992, S. 101-118

Schmidt, Dörte. *Lenz im zeitgenössischen Musiktheater. Literaturoper als kompositorisches Projekt bei Bernd Alois Zimmermann, Friedrich Goldmann, Wolfgang Rihm und Michèle Reverdy,* Stuttgart und Weimar 1993

Schmidt, Dörte. „Büchner, Georg", in: Ludwig Finscher (Hg.). *Die Musik in Geschichte und Gegenwart*, 2. neubearbeitete Ausgabe, Personenteil, 3. Band, Kassel, Basel u.a. 2000, Sp. 1185-1191

Schmidt-Garré, Helmut. „‚Dantons Tod' im Prinzregententheater", in: *Melos* 10/1956, S. 324

Schnebel, Dieter. *Denkbare Musik. Schriften 1952-1972*, Schauberg/Köln 1972

Schnebel, Dieter. *Anschläge – Ausschläge. Texte zur Neuen Musik*, München und Wien 1993

Schneider, Frank. „‚... nach langer Irrfahrt kehrst du dennoch heim ...' Werner Egks ‚Peer Gynt'. Ein musikalischer Fall zur Dialektik der Anpassung", in: *Beiträge zur Musikwissenschaft*, 29. Jg., 1986, S. 10-17

Schnitzler, Günter (Hg.). *Dichtung und Musik. Kaleidoskop ihrer Beziehungen,* Stuttgart 1979

Schreiber, Ulrich. *Opernführer für Fortgeschrittene. Die Geschichte des Musiktheaters. Das 20. Jahrhundert I. Von Verdi und Wagner bis zum Faschismus*, Kassel 2000

Schuh, Oscar Fritz. „Musikalische Bühne in der Zeit", in: *Melos* 1948, S. 134-135

Schumann, Karl. „Die Emanzipation des Librettos. Literarische Tendenzen in der modernen Oper", in: Heinrich Lindlar und Reinhold Schubert (Hg.). *Lebt die Oper?*, Bonn und London 1960, S. 17-24

Seherr-Thoss, Peter von. *György Ligetis Oper „Le Grand Macabre"* (= Hamburger Beiträge zur Musikwissenschaft, Band 47), Eisenach 1998

Siedhoff, Thomas. „Verzeichnis der Literaturopern mit ihren Vorlagen nach 1945", in: Sigrid Wiesmann (Hg.). *Für und Wider die Literaturoper. Zur Situation nach 1945*, Laaber 1982, S. 257-289

Smith, Patrick J. *The Tenth Muse. A Historical Study of the Opera Libretto*, London 1971

Sonntag, Brunhilde (Hg.). *„Nach Frankreich zogen zwei Grenadier". Zeitgeschehen im Spiegel von Musik* (= Musik, Kunst & Konsum, Band 2), Münster und Hamburg 1991

Stenzl, Jürg. „Tradition und Traditionsbruch", in: *Die neue Musik und die Tradition. Sieben Kongreßberichte und eine analytische Studie,* hg. von Reinhold Brinkmann (= Veröffentlichungen des Instituts für Neue Musik und Musikerziehung Darmstadt, Band 19), Mainz 1978, S. 80-101

Stenzl, Jürg. „Heinrich von Kleists *Penthesilea* in der Vertonung von Othmar Schoeck (1923/25)", in: Günter Schnitzler (Hg.). *Dichtung und Musik. Kaleidoskop ihrer Beziehungen*, Stuttgart 1979, S. 224-245

Stenzl, Jürg. „Azione scenica und Literaturoper", in: Heinz-Klaus Metzger und Rainer Riehn (Hg.). *Luigi Nono* (= Musik-Konzepte, Band 20), München 1981, S. 45-57

Stephan, Rudolf (Hg.). *Die Musik der sechziger Jahre. Zwölf Versuche* (= Veröffentlichungen des Instituts für Neue Musik und Musikerziehung Darmstadt, Band 12), Mainz 1972

Stephan, Rudolf (Hg.). *Zwischen Tradition und Fortschritt. Über das musikalische Geschichtsbewußtsein. Neun Versuche* (= Veröffentlichungen des Instituts für Neue Musik und Musikerziehung Darmstadt, Band 13), Mainz 1973

Stephan, Rudolf (Hg.). *Über Sprache und Musik. Sieben Versuche zur neueren Vokalmusik* (= Veröffentlichungen des Instituts für Neue Musik und Musikerziehung Darmstadt, Band 14), Mainz 1974

Stewart, John L. *Ernst Krenek. Eine kritische Biographie* (= Wiener Stadt- und Landesbibliothek, Schriftenreihe zur Musik hg. von Ernst Hilmar, Band 4), Tutzing 1990

Stockhausen, Karlheinz. „Zur Situation des Metiers", in: ders. *Texte zur elektronischen und instrumentalen Musik, Band I, Aufsätze 1952-1962 zur Theorie des Komponierens*, Köln 1963, S. 45-61

Sträßner, Matthias. *Der Dirigent Leo Borchard. Eine unvollendete Karriere*, Berlin 1999

Strasser-Vill, Susanne. „Literaturoper", in: Dieter Borchmeyer und Victor Žmegač (Hg.). *Moderne Literatur in Grundbegriffen*, Frankfurt am Main 1987, S. 223-226

Strobel, Heinrich. „Umwandlung oder Ende der Oper?", in: *Melos* 5/1948, S. 129-133

Strobel, Heinrich. „Deutschland seit 1945", in: *Melos* 12/1963, S. 404-412

Struck, Gustav. „'Dantons Tod' in neuer Fassung", in: *Musica* 2/1956, S. 141f.

Stuckenschmidt, Hans Heinz u.a. *Gerhart von Westermann. Eine kleine Monographie*, Berlin und Wiesbaden 1959

Stuckenschmidt, Hans Heinz. *Europäische Opernereignisse aus vier Jahrzehnten*, Velber 1964

Stürzbecher, Ursula. *Werkstattgespräche mit Komponisten*, Köln 1971

Szmolyan, Walter. „Staatspreisträger Gottfried von Einem", in: *ÖMZ* 12/1965, S. 650f.

Tenschert, Roland. „Richard Strauss' Opernfassung der deutschen Übersetzung von Oscar Wildes ,Salome'", in: *Richard Strauss Jahrbuch 1959/60*, hg. von Willi Schuh, Bonn 1960, S. 99-106

Ullrich, Almut. *Die ‚Literaturoper' von 1970-1990. Texte und Tendenzen*. Wilhelmshaven 1991

Ulm, Renate (Hg.). *„Eine Sprache der Gegenwart". musica viva 1945-1995*, Mainz 1995

Valentin, Erich. „Dichtung und Oper. Eine Untersuchung des Stilproblems der Oper", in: *Archiv für Musikforschung*, 3. Jg., 1938, S. 138-179

Vill, Susanne. „Das Opernlibretto zwischen Literatur und Musik – Literaturoper seit 1945. Bericht über die Tagung des Forschungsinstituts für Musiktheater der Universität Bayreuth vom 5. bis 7. August 1980", in: *Die Musikforschung* 4/1980, S. 493-494

Vogt, Hans. *Neue Musik seit 1945*, Stuttgart ³1983

Walter, Michael. *Hitler in der Oper. Deutsches Musikleben 1919-1945*, Stuttgart und Weimar 1995

Walton, Chris. *Othmar Schoeck. Eine Biographie*, Zürich und Mainz 1994

Wendland, Jens. „Abbilder einer verlorenen Geschichte. Kirchners ‚Die Trauung' nach Gombrowicz in Wiesbaden", in: *Die Zeit* vom 9. Mai 1975

Wiesmann, Sigrid (Hg.). *Für und Wider die Literaturoper. Zur Situation nach 1945* (= Thurnauer Schriften zum Musiktheater, Band 6), Laaber 1982

Winterhager, Wolfgang. *Zur Struktur des Operndialogs. Komparative Analysen des musikdramatischen Werks von Richard Strauss*, Frankfurt am Main, Bern, New York u.a. 1984

Wörner, Karl H. „Neue Musik 1948–1958. Versuch eines historischen Überblicks", in: *Darmstädter Beiträge zur Neuen Musik 1959*, hg. von Wolfgang Steinecke, Mainz 1959, S. 7-14

Wolff, Hellmuth Christian. *Ordnung und Gestalt. Die Musik von 1900 bis 1950*, Bonn-Bad Godesberg 1978

Würffel, Stefan Bodo. „Französische Revolution im Spiegel der Oper", in: Udo Bermbach und Wulf Konold (Hg.). *Der schöne Abglanz. Stationen der Operngeschichte. Oper als Spiegel gesellschaftlicher Veränderungen*, Berlin und Hamburg 1992, S. 83-110

Zeitzeugen. Wege zur Zweiten Republik, hg. von der Universität Salzburg und dem Landesstudio des ORF in Zusammenarbeit mit dem Historischen Archiv des ORF, Wien 1987 (darin: Biographische Skizze und Interview Gottfried von Einem, S. 67-80)

Zender, Hans. *Happy New Ears. Das Abenteuer Musik zu hören*, Freiburg, Basel und Wien 1991

Zerinschek, Klaus. *Jakob Michael Reinhold Lenz' Werke auf dem modernen Musiktheater. Ein Beitrag zur Strukturbestimmung des Opernlibrettos*, Diss., Innsbruck 1981

Zillig, Winfried. *Die Neue Musik. Linien und Porträts*, München ²1963

Zimmermann, Bernd Alois. *Intervall und Zeit. Aufsätze und Schriften zum Werk*, hg. von Christof Bitter, Mainz 1974

7.7.2 Zur Literatur-, Theater- und Kunstgeschichte

Akademie der Künste (Hg.). *Camaro. Bilder, Aquarelle, Graphik*. Katalog zur Ausstellung vom 25. Oktober bis 30. November 1969 (bearbeitet von Herta Elisabeth Killy), Berlin 1969

Arnold, Heinz Ludwig (Hg). *Kurt Schwitters* (= *Text und Kritik*, Band 35/36), München 1972

Arnold, Heinz Ludwig (Hg). *Georg Büchner I/II* (= *Text und Kritik*, Sonderband), München ²1982

Arnold, Heinz Ludwig (Hg.). *Georg Büchner III* (= *Text und Kritik*, Sonderband), München 1981

Balmes, Hans Jürgen. *Witold Gombrowicz. Der Apostel der Unreife oder Das Lachen der Philosophie*, München und Wien 1988

Becker, Peter von (Hg.). *Georg Büchner. Dantons Tod. Die Trauerarbeit im Schönen. Ein Theater-Lesebuch*, Frankfurt am Main 1980; zweite, veränderte Auflage als: Becker, Peter

Sekundärliteratur 387

von (Hg.). *Georg Büchner. Dantons Tod. Kritische Studienausgabe des Originals mit Quellen, Aufsätzen und Materialien,* Frankfurt am Main 1985

Behrmann, Alfred und Wohlleben, Joachim. *Büchner: Dantons Tod. Eine Dramenanalyse* (= Band 47 der Reihe: Literaturwissenschaft-Gesellschaftswissenschaft. Materialien und Untersuchungen), Stuttgart 1980

Bohn, Volker. „‚Bei diesem genialen Cynismus wird dem Leser zuletzt ganz krankhaft pestartig zu Muthe'. Überlegungen zur Früh- und Spätrezeption von ‚Dantons Tod'", in: *Georg Büchner III,* hg. von Heinz Ludwig Arnold, München 1981, S. 104-139

Bondy, François. „Das Anstößige stößt alle Entwicklung an", in: *Theater heute* 4/1971, S. 1-2

Bondy, François. *Der Rest ist Schreiben. Schriftsteller als Aktivisten, Aufklärer und Rebellen,* Wien 1972

Bondy, François. *Gespräche* (mit James Baldwin, Carl J. Burckhardt, Witold Gombrowicz u.a.), Wien 1972

Bondy, François und Jelenski, Constantin. *Witold Gombrowicz,* München 1978

Bondy, François. „Possenreißen und frühes Leid. Witold Gombrowicz in seinen ‚Polnischen Erinnerungen'", in: *Süddeutsche Zeitung* vom 19. Oktober 1985

Borchmeyer, Dieter und Zmegač, Victor (Hg.). *Moderne Literatur in Grundbegriffen,* Frankfurt am Main 1987

Breitenstein, Andreas. „Der heilige Ruf des Leibes. Das offene Geheimnis des Witold Gombrowicz", in: *Neue Zürcher Zeitung* vom 20./21. Juli 1996

Buck, Theo. „‚Die Majestät des Absurden'. Zum Zusammenhang des Schlusses in Victor Hugos *Marion de Lorme* und Georg Büchners *Dantons Tod*", in: Burghard Dedner und Günter Oesterle (Hg.). *Zweites Internationales Georg Büchner Symposium 1987,* Referate, Darmstadt 1990, S. 265-285

Dedecius, Karl. „Ein Drama als Parodie eines Dramas. Über Witold Gombrowicz ‚Die Trauung'", in: *Akzente* 4/1971, S. 296-309

Dedner, Burghard und Oesterle Günter (Hg.). *Zweites Internationales Georg Büchner Symposium 1987,* Referate, Darmstadt 1990

Dirks, Walter und Kogon, Eugen (Hg.). *Frankfurter Hefte. Zeitschrift für Kultur und Politik,* Jahrgang 1950

Dürrenmatt, Friedrich. „Theaterprobleme", in: ders. *Essays und Gedichte* (= Gesammelte Werke, Band 7), Zürich 1988, S. 28-69

Eibl, Karl. „Ergo totschlagen. Erkenntnisgrenzen und Gewalt in Büchners Dantons Tod und Woyzeck", in: *Euphorion,* 75. Band, 1981, S. 411-429

Endres, Elisabeth. *Die Literatur der Adenauerzeit,* München 1980

Engelhardt, Hartmut und Mettler, Dieter (Hg.). *Materialien zu Samuel Becketts Romanen,* Frankfurt am Main 1976

Ertel, Suitbert. *Psychophonetik. Untersuchungen über Lautsymbolik und Motivation,* Göttingen 1969

Esslin, Martin. *Jenseits des Absurden. Aufsätze zum modernen Drama,* Wien 1972

Esslin, Martin. *Das Theater des Absurden* (erweiterte Neuausgabe), Reinbek 1987

Ferchl, Wolfgang. Zwischen „Schlüsselroman", Kolportage und Artistik. *Studien zur gesellschaftskritisch-realistischen Romanliteratur der 50er Jahre in der Bundesrepublik Deutschland in ihrem sozialgeschichtlichen und poetologischen Kontext*, Amsterdam 1991

Fleischer, Michael. „Die Sprachmetapher im polnischen absurden Theater und ihre Funktion", in: *Die Welt der Slaven*, Jahrgang XXX, Heft 1, München 1985, S. 29-52

Frei, Hans. *Konkrete Architektur? Über Max Bill als Architekt*, Baden (Schweiz) 1991

Gadamer, Hans-Georg. *Wahrheit und Methode. Grundzüge einer philosophischen Hermeneutik*, Tübingen ³1972

Georgin, Rosine. *Gombrowicz*, Lausanne 1977

Görner, Rüdiger. „Die Musik des Absurden", in: *Neue deutsche Hefte* 4-1989/90, S. 605-610

Görner, Rüdiger. *Die Kunst des Absurden: über ein literarisches Phänomen*, Darmstadt 1996

Goltschnigg, Dietmar. *Rezeptions- und Wirkungsgeschichte Georg Büchners*, Kronberg/Ts. 1975

Goltschnigg, Dietmar (Hg.). *Büchner im „Dritten Reich". Mystifikation – Gleichschaltung – Exil. Eine Dokumentation*, Bielefeld 1990

Gomringer, Eugen (Hg.). *Max Bill*, Teufen 1958

Gomringer, Eugen. *theorie der konkreten poesie. texte und manifeste 1954-1997*, Wien 1997

Grack, Günther. „Wenn die Welt in Finsternis gefallen ist. Ernst Schröder inszenierte Gombrowiczs ‚Trauung' im Schiller-Theater", in: *Der Tagesspiegel* von 11. Januar 1968

Hädecke, Wolfgang. „Rebellion gegen die Form", in: *Neue Rundschau*, 83. Jg., 1972, S. 243-257

Hädecke, Wolfgang. „Seltene Dreieinigkeit: Witkiewicz, Schulz, Gombrowicz", in: *Literatur und Kritik*, Heft 76-77 (1973), S. 390-408

Haftmann, Werner. *Malerei im 20. Jahrhundert. Eine Entwicklungsgeschichte*, München, London u.a. ⁹2000

Haftmann, Werner. *Malerei im 20. Jahrhundert. Eine Bild-Enzyklopädie*, München ⁶1996

Hart Nibbrig, Christiaan L. *Rhetorik des Schweigens. Versuche über den Schatten der literarischen Rede*, Frankfurt am Main 1981

Haug, Wolfgang Fritz. *Vom hilflosen Antifaschismus zur Gnade der späten Geburt*, Hamburg ²1987

Hauschild, Jan-Christoph. *Georg Büchner. Studien und neue Quellen zu Leben, Werk und Wirkung. Mit zwei unbekannten Büchner-Briefen*, Königstein/Ts. 1985

Heidsieck, Arnold. *Das Groteske und das Absurde im modernen Drama*, Stuttgart, Berlin u.a. ²1971

Heißenbüttel, Helmut. *Versuch über die Lautsonate von Kurt Schwitters* (= Akademie der Wissenschaften und der Literatur Mainz, Abhandlungen der Klasse Literatur, Jg. 1983, Nr. 6), Wiesbaden 1983

Helbig, Louis Ferdinand. *Das Geschichtsdrama Georg Büchners. Zitatprobleme und historische Wahrheit in „Dantons Tod"* (= Kanadische Studien zur deutschen Sprache und Literatur, Nr. 9), Bern und Frankfurt am Main 1973

Hensel, Georg. *Spielplan. Der Schauspielführer von der Antike bis zur Gegenwart*, Band II, München ³1993

Herlemann, Falko. *Zwischen unbedingter Tradition und bedingungslosem Fortschritt. Zur Auseinandersetzung um die moderne Kunst in der Bundesrepublik Deutschland der 50er Jahre*, Frankfurt am Main 1989

Hinderer, Walter. *Über deutsche Literatur und Rede. Historische Interpretationen*, München 1981

Hoffmann, Gabriele. „Das Peinliche provoziert seinen Tod. ‚Yvonne, Prinzessin von Burgund' von Witold Gombrowicz am Schiller-Theater Berlin", in: *Schwäbische Zeitung* vom 25. März 1970

Horkheimer, Max und Adorno, Theodor W. *Dialektik der Aufklärung. Philosophische Fragmente*, Frankfurt am Main 1969

Huelsenbeck, Richard (Hg.). *Dada. Eine literarische Dokumentation*, Reinbek 1984

Iden, Peter. „Der erstickte Widerspruch. ‚Yvonne' von Gombrowicz auf einer neuen Bühne des Bremer Theaters", in: *Frankfurter Rundschau* vom 10. Februar 1971

Jancke, Gerhard. *Georg Büchner. Genese und Aktualität seines Werkes*, Kronberg/Ts. 1975

Jarzebski, Jerzy. „Zwischen Kreation und Interpretation", in: Witold Gombrowicz. *Führung durch die Philosophie in sechs Stunden und fünfzehn Minuten*, Bonn 1994, S. 13-54

Jauß, Hans Robert. *Literaturgeschichte als Provokation*, Frankfurt am Main 1970

Jauß, Hans Robert. *Ästhetische Erfahrung und literarische Hermeneutik*, Band 1: *Versuche im Feld der ästhetischen Erfahrung*, München 1977

Jelenski, Constantin. „Witold Gombrowicz. Drama und Antidrama", in: *Der Monat*, 22. Jg., Heft 264 (= September 1970), S. 71-76

Jelenski, Constantin und de Roux, Dominique. *Gombrowicz* (= L'Herne, Série Slave), Paris 1971

Karsch, Walther. „Mord – von ganz oben. Schröder inszenierte Gombrowicz im Schiller-Theater", in: *Der Tagesspiegel* vom 28. Februar 1970

Karsch, Walther. „In Operettenschönheit sterben. Ernst Schröder inszeniert Gombrowicz's ‚Operette'", in: *Der Tagesspiegel* vom 30. Januar 1972

Karst, Bronislawa Irene. *The Problem of the other and of intersubjectivity in the works of Jean-Paul Sartre and Witold Gombrowicz*, Diss., New York 1984

Keller, Ingeborg. „Der Protest erstickt in einer großen Geste. ‚Yvonne – Prinzessin von Burgund' im Schiller-Theater", in: *Telegraf* vom 28. Februar 1970

Kersten, Hans Ulrich. „‚Prinzessin Yvonne'. Gombrowicz in Berlin", in: *Braunschweiger Zeitung* vom 18. März 1970

Kesting, Marianne. *Panorama des zeitgenössischen Theaters. 50 literarische Portraits*, München 1962

Kesting, Marianne. „Die Tragödie der Fiktion. Über die Dramen Witold Gombrowiczs", in: *Frankfurter Allgemeine Zeitung* vom 15. Januar 1969; veränderter Nachdruck als: „Hamlet aus Polen. Witold Gombrowicz' Theater", in: *Christ und Welt* vom 8. August 1969

Kesting, Marianne. „Musikalisierung des Theaters, Theatralisierung der Musik", in: *Melos* 3/1969, S. 101-109

Kesting, Marianne. *Entdeckung und Destruktion. Zur Strukturumwandlung der Künste*, München 1970 (darin: leicht veränderter Nachdruck von „Musikalisierung des Theaters, Theatralisierung der Musik", S. 277-302)

Kittler, Wolf. *Der Turmbau zu Babel und das Schweigen der Sirenen. Über das Reden, das Schweigen, die Stimme und die Schrift in vier Texten von Kafka*, Erlangen 1985

Klier, Walter. „Apostel der Unreife. Witold Gombrowicz und der Kult um den authentischen Schriftsteller", in: *Die Zeit* vom 9. Dezember 1988

Klotz, Volker. *Geschlossene und offene Form im Drama*, München 1960

Klotz, Volker. *Dramaturgie des Publikums*, München und Wien 1976

Köhler, Peter. *Nonsens. Theorie und Geschichte der literarischen Gattung*, Heidelberg 1989

Körner, Hans (Hg.). *„Flächenland". Die abstrakte Malerei im frühen Nachkriegsdeutschland und in der jungen Bundesrepublik*, Tübingen und Basel 1996

Krapp, Helmut. *Der Dialog bei Georg Büchner*, Darmstadt 1958

Kremer, Detlef. *Kafka. Die Erotik des Schreibens. Schreiben als Lebensentzug*, Frankfurt am Main 1989

Kuharski, Allen James. *The theatre of Witold Gombrowicz*, Berkeley 1991

Kunstmann, Heinrich. „Über Witold Gombrowicz's Iwona, księżniczka Burgunda", in: *Die Welt der Slaven*, Jahrgang XVIII, 1973, S. 236-246

Kunst- und Ausstellungshalle der Bundesrepublik Deutschland (Hg.). *Bernhard Heiliger. Retrospektive 1945-1995*, Bonn 1995

Kurczaba, Alex. *Gombrowicz and Frisch. Aspects of the Literary Diary*, Bonn 1980

Lehmann, Werner R. *„Geht einmal euren Phrasen nach ...", Revolutionsideologie und Ideologiekritik bei Georg Büchner*, Darmstadt 1969

Lukács, Georg. *Schriften zur Literatursoziologie*, ausgewählt und eingeleitet von Peter Lutz, Neuwied und Berlin [2]1963

Luft, Friedrich. „Wildnis – von innen betrachtet. Witold Gombrowicz' Schauspiel ‚Trauung' im Schiller-Theater", in: *Die Welt* vom 11. Januar 1968

Luft, Friedrich. „Pomp und köstliche Umstände. Witold Gombrowicz' Schauspiel ‚Yvonne' im Berliner Schillertheater", in: *Die Welt* vom 28. Februar 1970

Luft, Friedrich. „Unsere Welt im wurmstichigen Dreivierteltakt. Witold Gombrowicz' ‚Operette' in Berlin aufgeführt", in: *Die Welt* vom 1. Februar 1972

Martens, Wolfgang. *Georg Büchner*, Darmstadt 1965

Mayer, Hans. „Ansichten des Witold Gombrowicz", in: ders. *Weltliteratur. Studien und Versuche*, Frankfurt am Main 1994, S. 335-351

Mayer, Thomas Michael. „Büchner und Weiding – Frühkommunismus und revolutionäre Demokratie. Zur Textverteilung des ‚Hessischen Landboten'", in: *Büchner I/II* hg. von Heinz Ludwig Arnold, München [2]1982, S. 16-298

Mayer, Thomas Michael. „Zu einigen neueren Tendenzen der Büchner-Forschung. Ein kritischer Literaturbericht (Teil I)", in: *Büchner I/II* hg. von Heinz Ludwig Arnold, München [2]1982, S. 327-356

Meer van der, Jan I. J. *Form vs. Anti-Form. Das semantische Universum von Witold Gombrowicz* (= Studies in Slavic Literature and Poetics, Volume XIX), Amsterdam 1992

Meier, Albert. *Georg Büchners Ästhetik*, München o.J.

Sekundärliteratur 391

Melichar, Alois. *Überwindung des Modernismus. Konkrete Antwort auf einen abstrakten Kritiker*, Wien, Frankfurt am Main u.a. ³1955

Mennemeier, Franz Norbert. *Das moderne Drama des Auslandes*, Düsseldorf ³1976

Michaelis, Rolf. „Kleiner Totentanz. Ernst Schröder inszenierte ‚Yvonne' von Gombrowicz im Schiller-Theater", in: *Theater heute* 4/1970, S. 24

Milosz, Czeslaw. *Geschichte der polnischen Literatur*, Köln 1981

Müller, Gerhard. „‚Affenkomödie' oder Georg Büchner als Musikdramatiker", in: Hans-Georg Werner (Hg.). *Studien zu Georg Büchner*, Berlin und Weimar 1988, S. 241-257

Nagel, Ivan. *Gedankengänge als Lebensläufe*, München und Wien 1987

Niehoff, Karena. „Feierliche Irrealität. Deutsche Erstaufführung der ‚Trauung' von Gombrowicz in Berlin", in: *Süddeutsche Zeitung* vom 11. Januar 1968

Niehoff, Karena. „Mord macht die Welt stabil. Gombrowicz' ‚Yvonne, Prinzessin von Burgund' im Berliner Schiller-Theater", in: *Süddeutsche Zeitung* vom 6. März 1970

Niehoff, Karena. „Gift, Blut und Honig. Gombrowicz' ‚Operette' im Berliner Schiller-Theater", in: *Süddeutsche Zeitung* vom 2. Februar 1972

Pfister, Manfred. *Das Drama. Theorie und Analyse*, München ⁹1997

Pohl, Alek. „Anmerkungen zu den literarischen und geistigen Hintergründen des Dramas *Iwona, księżniczka Burgunda* von Witold Gombrowicz", in: *Zeitschrift für slavische Philologie* 49. Jg., 1989, S. 70-96

Raddatz, Fritz J. *Verwerfungen. Sechs literarische Essays*, Frankfurt am Main 1972

Richter, Hans. *DADA – Kunst und Antikunst. Der Beitrag Dadas zur Kunst des 20. Jahrhunderts*, Köln ⁴1978

Ricklefs, Ulfert. „Hermeneutik", in: W.-H. Friedrich und W. Killy (Hg.). *Literatur 2.1 (= Das Fischer-Lexikon Bd. 35/1)*, Frankfurt am Main 1965

Riha, Karl (Hg.). *Dada Berlin. Texte, Manifeste, Aktionen*, Stuttgart 1977

Riha, Karl. *Da Dada da war ist Dada da. Aufsätze und Dokumente*, München und Wien 1980; zweite, erweiterte Auflage unter dem Titel: *Tatü Dada. Dada und nochmals Dada bis heute. Aufsätze und Dokumente*, Hofheim 1987

Riha, Karl (Hg.). *dada Gedichte*, Berlin 1982

Ronge, Hans (Hg.). *Kunst und Kybernetik. Ein Bericht über drei Kunsterziehertagungen Recklinghausen 1965, 1966, 1967*, Köln 1968

Rühle, Günther. „Ein Traum, ein König und kein Reich. Witold Gombrowicz: ‚Die Trauung' im Schiller-Theater, Berlin", in: *Frankfurter Allgemeine Zeitung* vom 11. Januar 1968

Salzmann, Siegfried und Romain, Lothar. *Bernhard Heiliger*, Frankfurt am Main und Berlin 1989

Sand, Uwe. „Die brutale Norm verlangt den Mord. Premiere im Schiller-Theater: Gombrowicz' ‚Yvonne'", in: *Spandauer Volksblatt* vom 28. Februar 1970

Sand, Uwe. „Zuviel Drama für die Operette. Ernst Schröder inszenierte das letzte Gombrowicz-Stück für das Schiller-Theater", in: *Spandauer Volksblatt* vom 30. Januar 1972

Schimming, Wolfgang. „Unschuld muß viel leiden. ‚Yvonne' von Witold Gombrowicz im Berliner Schiller-Theater", in: *Rheinische Post* vom 5. März 1970

Schmidt, Axel. *Tropen der Kunst. Zur Bildlichkeit der Poetik bei Georg Büchner,* Wien 1991

Schmidt, Krystyna. *Der Stil von W. Gombrowicz ‚Transatlantyk' und sein Verhältnis zur polnischen literarischen Tradition* (= Slavisch-Baltisches Seminar der Westfälischen Wilhelms-Universität Münster, Band 18), Meisenheim am Glan 1974

Schröder, Ernst. *Das Leben – verspielt,* Frankfurt am Main ²1978

Schwab-Felisch, Hans. „Yvonne, Prinzessin von Burgund. Gombrowicz-Erstaufführung in Dortmund", in: *Süddeutsche Zeitung* vom 28. Dezember 1964

Schwarz, Monika. *Musikanaloge Idee und Struktur im französischen Theater. Untersuchungen zu Jean Tardieu und Eugene Ionesco,* München 1981

Seidenfaden, Ingrid. „Von oben ausrotten: Gombrowicz' ‚Yvonne' in München", in: *Theater heute* 7/1980, S. 60-61

Skrzypczak, Malgorzata. *Das Problem der Selbsterfahrung und Selbstverwirklichung des Individuums in den Werken von Carl Sternheim und Witold Gombrowicz,* Magister-Arbeit der Universität Hamburg 1977

Sławiński, Janusz. *Literatur als System und Prozeß,* München 1975

Solomon, Janis L. „Büchner's *Dantons Tod*; History as theatre", in: *The Germanic Review,* Volume LIV, Number 1, Winter 1979, S. 9-19

Stone, Michael. „Berliner Hoch. Gombrowicz' ‚Trauung'", in: *Christ und Welt* vom 19. Januar 1968

Strauß, Botho. „Den Traum alleine tragen. Versuch über ‚Die Trauung' von Witold Gombrowicz und die deutsche Erstaufführung am Schiller-Theater Berlin", in: *Theater heute* 2/1968, S. 24-29

Strauß, Botho. „Für Gombrowicz", in: *Theater heute* 9/1969, S. 5

Thompson, Ewa. M. *Witold Gombrowicz,* Boston 1979

Verkauf, Willy (Hg.). *Dada. Monographie einer Bewegung,* Teufen 1957

Viehweg, Wolfram. *Georg Büchners ‚Dantons Tod' auf dem deutschen Theater,* München 1964

Völker, Klaus. „Ein Spielverderber aus Überzeugung. Klaus Völker über Witold Gombrowicz und dessen ‚Tagebuch 1953-1969'", in: *Der Spiegel* vom 21. November 1988

Voges, Michael. „Dantons Tod", in: *Interpretationen Georg Büchner,* Stuttgart 1990, S. 7-61

Werner, Hans-Georg (Hg.). *Studien zu Georg Büchner,* Berlin und Weimar 1988

Widmer, Urs. *1945 oder die ‚Neue Sprache'. Studien zur Prosa der ‚Neuen Generation',* Düsseldorf 1966

Wiegenstein, Roland H. „Staatstheater-Perfektion. Witold Gombrowicz ‚Operette' im Schiller-Theater", in: *Frankfurter Rundschau* vom 31. Januar 1972

Windelboth, Horst. „Großes Experiment bei Barlog: Hamlet vor der Spiegelwand. ‚Die Trauung' von Witold Gombrowicz im Schiller-Theater", in: *Berliner Morgenpost* vom 11. Januar 1968

Windelbroth, Horst. „Diese prunkvoll polierte Operettenwelt war keineswegs der ganze Gombrowicz. Im Schiller-Theater inszenierte Ernst Schröder ‚Yvonne, Prinzessin von Burgund' als witzige Posse", in: *Berliner Morgenpost* vom 28. Februar 1970

Sekundärliteratur

Windelbroth, Horst. „Aus dem Land des Lächelns in die blutige Apokalypse eines großen Welttheaters. ‚Operette' – Ernst Schröders dritte Witold-Gombrowicz-Inszenierung im Schiller-Theater", in: *Berliner Morgenpost* vom 30. Januar 1972

Worringer, Wilhelm. *Abstraktion und Einfühlung. Ein Beitrag zur Stilpsychologie*, Amsterdam 1996

Wünsche, Konrad. „Plädoyer für ein abstraktes Theater" in: *Theater heute* 1/1968, S. 1-4

Zimmer, Dieter E. „Eine irrwitzige Wirklichkeit. Witold Gombrowicz' monströses Schauspiel ‚Die Trauung'", in: *Die Zeit* vom 19. Januar 1968

Zöllner, Bernd. *Büchners Drama „Dantons Tod" und das Menschen- und Geschichtsbild in den Revolutionsgeschichten von Thiers und Mignet*, Diss., Kiel 1972

7.8 Register

Die Transliterierung russischer Eigennamen orientiert sich in der vorliegenden Arbeit in der Regel an der Praxis des Neuen Handbuchs der Musikwissenschaft bzw. der Neuausgabe der MGG. Da die zitierten Quellen zum Teil ältere Verfahren anwenden, ergeben sich bisweilen verschiedene Schreibweisen nebeneinander. Autoren von Sekundärliteratur tauchen im Register nur dann auf, wenn sie – jenseits bloßer Nachweise – in Haupttext oder Anmerkungen eine Rolle spielen.

A

Abert, Anna Amalie 39
Abert, Hermann 60-62
Achberger, Karen 88
Adamov, Arthur 199
Adams, John 35
Adorno, Theodor W. 50, 201, 295, 301, 318
Albert, Hermann 188
Altmeyer, Theo 190
Andersch, Alfred 338
Andersen, Hans Christian 50
Antheil, Georges 20
Arnim, Achim von 146
Aristophanes 15
Arp, Hans 16
Artaud, Antonin 148, 226f.
Auber, Daniel François 299
Auden, Wystan Hugh 41, 43f., 196, 300, 319
Audiberti, Jaques 202

B

Baader, Johannes 197
Bach, Johann Sebastian 188
Bachmann, Ingeborg 22, 41-44, 65, 68
Ball, Hugo 183, 195
Ballif, Claude 21
Barlog, Boleslav 27
Bartók, Bela 339, 347
Baudelaire, Charles 202
Bauer, Felice 294
Baum, Johann Wilhelm 99
Baumann, Herbert 212
Bausch, Pina 209
Beck, Thomas 39, 44f., 47, 67f. 332
Beckett, Samuel 199f., 205, 225, 234, 239, 240, 243, 297, 323
Beethoven Ludwig van 3, 188
Behrendt, Hans 154
Behrmann, Alfred 128
Beilke, Irma 350
Benn, Gottfried 15, 197
Bennedik, Bernhard 164, 349
Bense, Max 178f., 333
Berg, Alban 50, 59, 65, 68, 155, 218, 301, 317, 328f., 333
Berger, Ludwig 16, 211
Bergman, Ingmar 292f.
Berio, Luciano 5
Berlioz, Hector 62, 173
Besseler, Heinrich 5f.
Beyer, Frank Michael 21
Bibalo, Antonio 22
Biczycki, Jan 212
Bielitz, Mathias 171, 184
Bill, Max 169, 178, 333
Bismack, Otto von 14, 347
Blacher, Eduard 344
Blacher, Helene (geb. Wulff) 344

Register

Blacher-Herzog, Gerty 27, 82, 164, 348f., 352, 404
Blaukopf, Kurt 193f.
Böckmann, Gerd 212, 216
Bodendorff, Werner 30, 169f.
Böhm, Karl 78, 83, 347
Böhme, Kurt 167
Bohn, Volker 102f.
Bollert, Werner 31
Bondy, François 220f., 226-228, 233, 240f., 248, 323
Borchard, Leo 16
Borchert, Wolfgang 247
Borchmeyer, Dieter 38, 41
Borris, Siegfried 31, 172, 269
Boruvka, Shari 209
Boulez, Pierre 47, 173, 270, 334, 339
Brahms, Johannes 13
Brauer, Herbert 25, 350
Brecht, Bertolt 85, 154
Breitenstein, Andreas 236
Breker, Arno 12
Brenneis, Gerd 190
Brentano, Clemens 146
Britten, Benjamin 317, 339
Brockhoff, Maria E. 87
Brod, Max 294
Büchner, Georg 24, 68, 77, 84-158, 161, 232, 327-329
Budde, Elmar 335
Burde, Wolfgang 10, 13, 28, 171f., 174, 211, 214, 267f., 330
Burt, Francis 21
Busenello, Giovanni Francesco 42
Busoni, Ferruccio 21, 40f., 61

C

Cage, John 194f., 200f., 203, 206, 268
Čaikovskij, Pëtr 62, 249, 317, 345

Calzabigi, Raniero Simone 42
Camaro, Alexander 177
Camus, Albert 242
Caspar, Horst 210
Čechov, Anton 50
Cerha, Friedrich 82, 182
Chaplin, Charlie 261
Chéreau, Patrice 323
Chopin, Fryderyk 214, 249
Craig, Gordon 226
Cramer, Heinz von 16, 31, 41 83, 98, 196, 199-201, 317, 327f., 330f., 336, 404
Cui, César
→ Kjui, Cezar'
Czaschke, Walter 209
Czernowin, Chaya 49

D

Dahlhaus, Carl 7, 46, 52, 55, 59 65-68, 151, 194, 200, 204, 319, 335f.
Dallapiccola, Luigi 200
Dannenberg, Peter 217
Dante Alighieri 15
Danuser, Hermann 7, 10, 64, 335
Dargomyžskij, Aleksandr 52-57
Debussy, Claude 49, 51, 54-58, 173, 345
Dessau, Paul 16, 217
Diaghilev, Sergej 210, 348
Dibelius, Ulrich 12, 30, 183
Dietrich, Marlene 170
Dirks, Walter 338f.
Dissinger, Beate 52
Dohnányi, Christoph von 352
Donin-Janz, Beatrice 39
Dorati, Antal 83
Dostoevskij, Fëdor 16
Drese, Claus Helmut 82
Duchamp, Marcel 35
Dun, Tan 49

Durgin, Cyrus 191
Dürrenmatt, Friedrich 98, 204
Dworak, Erich A. 86, 152, 190f.

E

Ebers, Clara 167
Eggebrecht, Hans Heinrich 47
Egk, Werner 24, 163-206, 350
Eibl, Karl 103
Eickhoff, Thomas 30, 73, 78, 86, 90, 156, 166
Eifler, Horst 248
Eimert, Herbert 334
Einem, Gottfried von 15, 19, 21 24, 26f., 30f., 65, 73-158, 167, 204, 219, 330, 331, 343, 404
Ellington, Duke 347
Elmendorff, Karl 77f., 81
Enzensberger, Hans Magnus 66
Eötvös, Peter 22, 50
Erbse, Heimo 21, 45, 83
Ertel, Suitbert 180f.
Esslin, Martin 202, 240
Euklid 267
Eysoldt, Gertrud 55

F

Fehling, Jürgen 81
Felsenstein, Walter 9, 41
Fischer, Erik 17, 39, 46, 61, 181, 185
Fischer, Jens Malte 39, 203
Fischer-Defoy, Christine 166
Fischer-Dieskau, Dietrich 28, 30, 211, 404
Fleischer, Michael 224, 237
Floros, Constantin 61
Fortner, Wolfgang 21, 166
Franzos, Karl Emil 91, 155
Frei, Hans 169
Freud, Sigmund 296

Fried, Erich 217
Friedrich, Götz 9
Furrer, Beat 161
Furtwängler, Wilhelm 74, 351

G

Gadamer, Hans-Georg 50f.
Geisler, Fritz 68
Genest, Gudrun 245
Georgin, Rosine 291
Gerhartz, Leo Karl 39, 40, 49, 332
Gerlach, Julia 29, 270-272
Gershwin, George 347
Gerster, Ottmar 163
Ghil, René 173
Gielen, Michael 351
Gier, Albert 17, 39, 43f., 63, 67-69
Goebbels, Josef 74, 170
Gombrowicz, Witold 15, 24, 202, 206, 209-324, 327
Gomringer, Eugen 169, 178
Görner, Rüdiger 201f., 295
Gottwald, Clytus 184
Grabe, Herbert 209
Grack, Günther 247f.
Grafschmidt, Christopher 28f., 176, 265f., 307, 311, 313
Grayson, David 54
Gräwe, Karl Dietrich 64
Grell, Petra 22, 39, 68
Greve, Dietolf 28
Griem, Helmut 213, 245
Grohmann, Will 162
Grümmer, Elisabeth 350
Grünbaum, Herbert 245
Gründgens, Gustav 77, 154
Grünfeld, Heinrich 55
Gryphius, Andreas 42
Gsovsky, Tatjana 16, 210, 245, 248 352

Gülke, Peter 3, 6
Gumprecht, Hans Ulrich 45
Gutzkow, Karl 89, 91, 99, 101, 155

H

Haag, Armin 68
Hacks, Peter 41, 44
Hädecke, Wolfgang 222, 228, 232, 239f.
Haefliger, Ernst 167
Haftmann, Werner 177
Halévy, Jaques F. 42
Haller, Albert von 171f.
Hanka, Erika 16
Harsdörfer, Georg Philipp 42
Hart Nibbrig, Christiaan L. 293, 297, 301, 307
Hartmann, Dominik 77, 86, 106, 330
Hartmann, Karl Amadeus 16, 19, 29
Häusler, Josef 30, 170
Hegel, Georg Friedrich Wilhelm 40, 178
Heidsieck, Arnold 202-204
Heike, Georg 174
Heiliger, Bernhard 186
Heindrichs, Heinz-Albert 217
Heißenbüttel, Helmut 196, 198
Heister, Hanns-Werner 30, 171f.
Held, Martin 212, 215
Helms, Hans G. 183f.
Henius, Carla 15
Henneberg, Claus H. 65
Henrich, Heribert 8, 156
Henze, Hans Werner 16, 29, 41, 317
Henze-Döhring, Sabine 53
Herder, Johann Gottfried 61
Herlischka, Bohumil 210
Hermann, Josef 81
Herrmann, Joachim 87
Herrmann, Wilhelm 189, 198
Herz, Joachim 323

Hindemith, Paul 21, 74, 158, 190f., 334, 347
Hirschova, Jindra 245
Hitler, Adolf 78, 170
Höcker, Karla 28, 78
Höffer, Paul 164f., 349
Hoffmann, E.T.A. 173, 296
Hoffmann, Gabriele 215
Hofmannsthal, Hugo von 46, 56, 60, 200
Hollaender, Friedrich 344
Holland, Dietmar 45, 68
Hölszky, Adriana 22, 48, 339
Honig, Joel 35
Honolka, Kurt 39
Horkheimer, Max 295, 301
Horres, Kurt 209, 216f., 260, 277, 290
Huelsenbeck, Richard 193-195
Hugo, Victor 92
Humperdinck, Engelbert 346
Hundhammer, Alois 165
Hunkemöller, Jürgen 13, 28-30, 170, 196, 266f.
Hunzinger, Stefanie 258

I

Iden, Peter 292
Ihering, Herbert 241
Ingrisch, Lotte 98, 330
Ionesco, Eugène 199f., 206, 239-243, 323
Ishii, Maki 21
Istel, Edgar 58-60, 62

J

Janáček, Leoš
Jancke, Gerhard 124
Janowski, Marek 217
Jarno, Georg 68
Jarocki, Jerzy 204
Jarry, Alfred 200, 203f., 244f.
Jarzebski, Jerzy 232, 235

Jauß, Hans Robert 6f.
Jelenski, Constantin A. 228, 234, 241, 259f., 277-281
Jelinek, Elfriede 66
Jones, Daniel 29
Jordan, Hanna 216f.
Joyce, James 183
Juhrke, Werner 212
Jungheinrich, Hans-Klaus 6, 10
Just, Klaus Günther 38, 43, 57, 60

K

Kaatz, Klemens 89, 131, 144, 148, 156
Kafka, Franz 15, 294-297, 301
Kagel, Mauricio 174, 203, 205f., 209, 309, 337
Kaiser, Georg 16
Kálmán, Emmerich 334
Kandinsky, Wassily 173, 188
Kantor, Tadeusz 209, 229
Karsch, Walther 216
Karst, Bronislawa Irene 222, 234, 240
Kater, Michael H. 167
Kaufmann, Harald 23, 201, 204f.
Kegel, Herbert 347
Kelterborn, Rudolf 21
Kersten, Hans Ulrich 215
Kesting, Marianne 199, 202, 205, 227, 241, 315
Kierkegaard, Søren 51
Kittler, Wolf 294, 301
Kjui, Cezar' 52
Klebe, Giselher 21
Klein, Hans-Günter 36, 163
Klein, Rudolf 193f.
Kleist, Heinrich von 51, 66, 83, 173
Klenau, Paul August von 62
Klotz, Volker 67, 94, 96f., 123, 127, 139, 151, 232, 246

Klüppelholz, Werner 183f., 193
Knapp, Gerhard P. 88, 145
Koch, Friedrich E. 346
Koch, Karl O. 25
Koebner, Thomas 43, 45, 64, 317
Koegler, Horst 31
Köhler, Peter 206
Konold, Wulf 18, 23, 46
Kotschenreuther, Helmut 249
Krapp, Helmut 94, 96, 113, 131, 139
Krause, Ernst 162
Krause, Manfred 352
Kraussold, Max 59
Krebs, Helmut 56, 351
Krenek, Ernst 19, 20, 59, 158
Krips, Josef 76
Kross, Siegfried 30
Krüger, Ingeborg 209
Kuharski, Allen James 210, 229, 244, 287, 293
Kühl, Olaf 222, 225, 232, 235
Kulenty, Hanna 49
Kulka, János 209, 288-290
Kunstmann, Heinrich 212, 258-261, 277-282, 291f.
Kunz, Harald 13, 15, 27, 31, 76, 187, 210, 212, 216f., 258f., 404
Kurtág, György 15

L

Laban, Rudolf von 194, 347
Lachenmann, Helmut 50, 56f.
Lachmann, Hedwig 56
Landau, Paul 155
Lavelli, Jorge 209, 246
Legal, Ernst 83
Léhar, Franz 344
Lehmann, Werner L. 133
Lenz, Jakob Michael 68, 200

Register

Lewinski, Wolf-Eberhard von 13, 28, 217
Liebermann, Rolf 13, 66, 158, 353
Ligeti, György 82, 174, 182-187, 193, 201-205, 267, 272
Lincke, Paul 344
Lindner, Anton 55
Link, Klaus-Dieter 38f., 44
Lockspeiser, Edward 54
Lorenz, Max 83
Lortzing, Albert 40, 58
Lothar, Mark 163
Ludwig, Leopold 83
Luft, Friedrich 246, 319
Lukács, Georg 101, 154
Lutz, Walter 350

M

Maalouf, Amin 66
Maeterlinck, Maurice 54
Mahler, Gustav 173
Majewski, Hans-Martin 216
Mallarmé, Stéphane 173
Mann, Heinrich 16, 336
Markowski, Andrzej 182
Marteau, Henri 345
Martin, Karlheinz 154
Mascagni, Pietro 52, 59
Matačić, Lovro von 88
Matta, Roberto 168
Maupassant, Guy de 16
Mauser, Siegfried 6, 49
Mayer, Matthias 17, 299
Mayer, Thomas Michael 103, 121, 123
Meer, Jan van der 228, 231f.
Meier, Albert 127-129
Meierhold, Wsewolod 229
Meilhac, Henri 42
Melchinger, Ulrich 323

Melichar, Alois 162
Meschke, Michael 204
Messiaen, Olivier 29
Metastasio, Pietro 42, 60
Meyer, Conrad Ferdinand 76
Meyerowitz, Jan 12
Michaelis, Rolf 215
Milhaud, Darius 21, 267, 347
Miller, Arthur 76
Miller, Norbert 404
Milosz, Czeslaw 240
Minks, Wilfried 292f.
Molière 211
Montagnon, Patrice 318
Montaigne, Michel 222
Monteverdi, Claudio 192
Morgenroth, Alfred 81
Moser, Dietz-Rüdiger 165
Mozart, Wolfgang Amadeus 37, 163, 328
Müller, Gerhard 38, 85
Müller, Heiner 47, 148
Müller-Marein, Josef 28
Musorgskij, Modest 52

N

Nagel, Ivan 18, 103
Neef, Sigrid 52f.
Nett, Willi 209
Nickolaus, Barbara 19
Nicolai, Otto 62
Nieder, Christoph 40
Niehoff, Karena 246, 249
Nono, Luigi 35, 270, 334

O

Oehlmann, Werner 88
Offenbach, Jaques 261
Opitz, Martin 42

Orff, Carl 166f.
Orledge, Robert 54
Ormandy, Eugene 82

P

Palm, Siegfried 352
Pätzold, Sabine 77, 156
Penderecki, Krzysztof 204, 272
Peri, Jacopo 64
Petersen, Peter 69, 317, 328
Petzold, Friedrich 190
Pfister, Manfred 44
Pfitzner, Hans 60-63
Piscator, Erwin 189
Poe, Edgar Allan 25
Prokofjev, Sergej 347
Puccini, Giacomo 345
Puškin, Aleksandr 52-54, 62, 317
Puzyna, Konstatin 229

R

Raddatz, Fritz J. 222, 228, 230, 240, 247, 293, 310, 315
Radecke, Hans-Jürgen 258
Ravel, Maurice 171, 268
Reich, Günter 12
Reimann, Aribert 21, 47, 65, 268, 404
Reinhardt, Hannes 28
Reinhardt, Max 55, 111, 154, 351
Rennert, Günther 210
Reutter, Hermann 163
Rezzori, Gregor von 16
Riha, Karl 195
Rimbaud, Arthur 173, 223
Rimskij-Korsakov, Nikolaj 345
Rinuccini, Ottavio 42, 64
Rohde, Willi 154
Rolland, Romain 15, 57
Roloff, Helmut 353

Rott, Adolf 154
Roux, Dominique de 209, 221, 224
Roy, Klaus George 191, 198
Rufer, Josef 11, 28, 31, 164, 168f.
Rufer, Rüdiger 352
Rühle, Günther 247
Rühm, Gerhard 173
Rutz, Hans 111, 118

S

Saathen, Friedrich 30, 77, 79, 81, 87, 141
Sacher, Paul (Stiftung) 49
Salmenhaara, Erkki 173, 184
Sandburg, Carl 15
Sardou, Victorien 42
Sartre, Jean-Paul 239, 241f.
Satie, Erik 194f. 268
Säuberlich, Lu 212, 215f.
Sauerländer, Johann David 91, 99
Schanze, Helmut 50
Scher, Steven Paul 39
Scherchen, Hermann 190
Scherf, Peter 30, 175f.
Schering, Arnold 346
Scherle, Arthur 37
Schillinger, Joseph 29
Schläder, Jürgen 38, 88,122, 127, 136, 149, 171
Schlee, Alfred 82
Schlemmer, Oscar 173
Schletterer, H. M. 36
Schmidgall, Gary 39
Schmidt, Dörte 50, 96
Schmidt, Manfred A. 74
Schmidt, Siegfried 209
Schmidt-Isserstedt, Hans 16
Schmitz, Eugen 144
Schnebel, Dieter 174, 183

Schneider, Siegmar 212, 215
Schnitzler, Arthur 46
Schoeck, Othmar 51, 59, 65
Scholem Alejchem 16
Schönberg, Arnold 4, 5, 11, 21, 47, 164, 173, 320, 347
Schostakowitsch, Dmitri
→ Šostakovič, Dmitrij
Schreiber, Ulrich 218, 223, 265, 299, 315,
Schreker, Franz 158, 243
Schröder, Ernst 16, 27, 75, 211, 212f., 215f., 225, 229, 240f., 245f. 249, 259
Schuh, Oscar Fritz 83, 99, 166
Schüler, Hans 188
Schüler, Johannes 74, 82f.
Schulte, Gerda 188
Schulz, Bruno 221, 238, 239
Schumann, Karl 20, 37, 63, 66, 200
Schumann, Robert 61, 136, 148
Schuricht, Carl 14, 210, 347
Schuster, Klaus-Peter 177
Schwab-Felisch, Hans 209
Schwalbé, Michel 350
Schwarz, Hans 212
Schwitters, Kurt 197f.
Scribe, Eugène 42
Sedlmayr, Hans 162
Seidenfaden, Ingrid 293
Sellner, Gustav Rudolf 16, 165
Serreau, Geneviève 259, 260, 277-281
Shakespeare, William 15, 92f., 106, 204, 211, 226f., 244f.
Skutsch, Karl Ludwig 168
Sławiński, Janusz 322
Smith, Patrick J. 39, 42, 54
Smith, Warren S. 191
Solf, Reinhild 212
Solomon, Janice L. 113, 118, 136
Solti, Georg 351

Šostakovič, Dmitrij 339
Sotelo, Mauricio 49
Sparrer, Walter-Wolfgang 30
Stanislavskij, Konstantin 229
Steffens, Walter 217
Stein, Gertrude 171
Stendhal 267
Stenzl, Jürg 20, 36, 51, 53, 194, 335
Stockhausen, Karlheinz 183, 270, 272, 334
Stoeber, Adolph 99
Stoeber, August 99, 133
Stramm, August 173
Strauß, Botho 220f., 228, 246f., 249, 317
Strauß, Johann 344
Strauss, Richard 51, 54-58, 60, 163, 200, 267, 320, 345
Stravinskij, Igor 4f., 20, 29, 163, 190, 267f., 347
Streich, Rita 83
Strindberg, August 148, 199f.
Strobel, Heinrich 8
Stuckenschmidt, Hans Heinz 11f., 14, 20, 28, 30, 164, 170, 217f., 258, 266, 332, 343
Stürzbecher, Ursula 28, 80
Sutermeister, Heinrich 76
Svoboda, Josef 212, 245, 248
Szell, George 82
Szmolyan, Walter 79

T

Tardieu, Jean 202, 297
Tennyson, Alfred 16
Théot, Catherine 123
Thiel, Walter 258
Thomas, Dylan 217
Thomas, Eugen 68
Thompson, Ewa 224, 243, 245, 287, 291, 316
Thomson, Virgil 170

Thorak, Josef 12
Thormann, H. U. 190
Tiessen, Heinz 165
Tietjen, Heinz 164
Toller, Ernst 247
Treichel, Hans-Ulrich 43
Trojahn, Manfred 22
Tschaikowsky, Peter
→ Čaikovskij, Pëtr
Tschechow, Anton
→ Čechov, Anton
Turnage, Marc-Anthony 317
Turrini, Peter 66

U

Ullmann, Victor 68
Ullrich, Almut 64f., 329

V

Valentin, Erich 37, 45, 61-63
Valentin, Karl 173
Verdi, Giuseppe 53, 299, 328
Viëtor, Karl 102, 104, 155
Villon, François 15
Vischer, Friedrich Theodor 39
Vogt, Hans 30, 320
Völker, Klaus 226
Völker, Wolf 190, 241
Vostrák, Zbynek 68

W

Wagenbach, Klaus 258
Wagner, Friedelind 76
Wagner, Richard 37, 40, 54, 56, 58-62, 193, 267, 329
Wagner, Siegfried 60
Wagner, Ulrich 209
Wagner-Régeny, Rudolf 16, 29, 68, 163, 167, 347

Walter, Michael 164, 167
Walter, Paul 188
Wälterlin, Oskar 83
Wangenheim, Gustav von 210
Weber, Carl Maria von 37, 61
Webern, Anton von 6, 301, 334
Wedekind, Friedrich 232
Weill, Kurt 20, 331f.
Weisstein, Ulrich 38
Welter, Friedrich 73
Wendland, Jens 217
Werner, Robert 192
Westermann, Gerhard von 16, 331
Weyrauch, Wolfgang 338
Wigman, Mary 194
Wilde, Oscar 55-57
Wilder, Thornton 86
Willenbrink, Martin 28f., 181, 331
Williams, Tennessee 76
Windelbroth, Horst 247
Winter, Hans-Gerd 69
Wiora, Walter 8
Wirth, Andrzej 241
Witkiewicz, Stanislaw J. 238-240
Witsch, Christa 212, 215
Wohlleben, Joachim 128
Wolf, Friedrich 15f.
Wolf, Hugo 148
Wolf, Winfried 14
Wolff, Hellmuth Christian 168f.
Wolzogen, Ernst Ludwig von 56
Wörner, Karl H. 31, 334
Worringer, Wilhelm 162, 177f.
Wünsche, Konrad 173
Würffel, Stefan Bodo 144, 153

Y

Yun, Isang 21

Z

Zachwatowicz, Krystyna 244
Zeidler, Hans-Dieter 245, 251
Zemlinsky, Alexander 243
Zender, Hans 3, 336
Zeno, Apostolo 42

Zillig, Winfried 163, 267
Zimmer, Dieter E. 247f., 255
Zimmermann, Bernd Alois 19, 111, 200, 317
Zola, Emile 170
Zuckmayer, Carl 16, 76, 336

Dank

Vorliegende Studie ist die überarbeitete Fassung meiner Dissertation, die im Sommersemester 2001 von der Fakultät I (Geisteswissenschaften) der Technischen Universität Berlin angenommen wurde. Allen, die mich während der Arbeit unterstützt haben, gilt mein herzlicher Dank. In der Anfangsphase des Projektes waren die Hinweise von Zeitzeugen besonders hilfreich: Gerty Blacher-Herzog, Heinz von Cramer und Dr. Harald Kunz wiesen keine Frage zurück.

Prof. Dr. h.c. Dietrich Fischer-Dieskau berichtete mir ausführlich von seinen Erfahrungen mit Boris Blacher und mit Gottfried von Einems Oper „Dantons Tod". Prof. Aribert Reimann vermittelte mir nicht nur in seiner Meisterklasse an der Hochschule der Künste in Berlin eine erste – praktische – Begegnung mit Blachers Musik, sondern nahm sich auch später viel Zeit für Fragen, die im Zusammenhang mit dieser Dissertation auftauchten.

Für Hinweise zum Polnischen bin ich dem Institut für Slawistik der Humboldt-Universität zu Berlin verpflichtet. Zu danken habe ich außerdem den Mitarbeiterinnen und Mitarbeitern folgender Institutionen:

- Archiv der Gesellschaft der Musikfreunde, Wien,
- Landesarchiv Berlin,
- Stadt- und Landesbibliothek, Wien,
- Stiftung Archiv der Akademie der Künste Berlin,
- Universal Edition, Wien,
- Universität der Künste Berlin, Universitätsarchiv,
- Verlag Boosey & Hawkes / Bote & Bock, Berlin,
- Zeitungsarchiv des Bayerischen Rundfunks, München.

Bei Dr. Uwe Schweikert möchte ich mich für die sorgfältige verlegerische Betreuung bedanken. Besonderer Dank gilt meinem Doktorvater, Herrn Prof. Dr. Norbert Miller, der mich auf den Pfad zwischen Literatur und Musik gelockt und den Verlauf dieser Arbeit mit aufmunterndem Interesse begleitet hat. Meine Eltern haben mein Interesse an vielen Facetten der Kunst geweckt. Auch und gerade ihnen sei an dieser Stelle herzlich gedankt.

Berlin, im März 2002 *Stephan Mösch*